2019 武进年鉴

（总第32卷）

WUJIN YEARBOOK

常州市武进区人民政府 主办
常州市武进区地方志办公室 编

方志出版社
Publishing House of Local Records

图书在版编目（CIP）数据

武进年鉴．2019／常州市武进区地方志办公室编．--北京：方志出版社，2019.9

ISBN 978-7-5144-3840-6

Ⅰ.①武… Ⅱ.①常… Ⅲ.①武进区-2019-年鉴 Ⅳ.①Z525.34

中国版本图书馆CIP数据核字（2019）第219881号

武进年鉴（2019）

编　　者：常州市武进区地方志办公室

责任编辑：宁　芳

出 版 者：方志出版社

地址　北京市朝阳区潘家园东里9号（国家方志馆4层）

邮编　100021

网址　http://www.fzph.org

发　　行：方志出版社图书经销中心

电话（010）67110500

经　　销：各地新华书店

印　　刷：常州市武进第三印刷有限公司

开　　本：889×1194　1/16

印　　张：24

字　　数：921千字

版　　次：2019年9月第1版　2019年9月第1次印刷

印　　数：0001～3200册

ISBN 978-7-5144-3840-6　**定价**：180.00元

年度荣誉 2018

NIANDU RONGYU

全国投资潜力百强区第一名

全国科技创新百强区第一名

全国综合实力百强区第三名

全国绿色发展百强区第三名

全国新型城镇化质量百强区第三名

中国工业百强区第八名

国家农产品质量安全区

数说武進 2018

SHUSHUO WUJIN

总面积 1065.26 平方千米
耕地面积 3.12 万公顷
国家级高新区 1 个
省级高新区 1 个（筹）
省级经济开发区 2 个
综合保税区 1 个
省级旅游度假区 1 个
省级现代农业产业园 1 个
年末户籍人口 96.96 万人
年末常住人口 145.04 万人
常住人口城镇化率 67.87%
年末就业人数 88.07 万人
地区生产总值 2380.13 亿元

第一产业增加值 39.67 亿元
第二产业增加值 1292.04 亿元
第三产业增加值 1048.42 亿元
三次产业比例 1.67:54.28:44.05
人均地区生产总值 16.45 万元
固定资产投资总额增长 7.5%
社会消费品零售总额 645.43 亿元
进出口总额 797.02 亿元
实际利用外资及港澳台资 7.7 亿美元
一般公共预算收入 178.48 亿元
一般公共预算支出 171.06 亿元
税收收入 157.80 亿元
旅游总收入 255 亿元

城镇登记失业率 1.8%
最低生活保障标准 800 元 / 月
全社会用电量 194.82 亿千瓦时
公园绿地面积新增 11 万平方米
城镇绿化覆盖率 44.5%
货运周转量 6.46 亿吨千米
客运周转量 1.88 亿人千米
港口货物吞吐量 1019.60 万吨
本外币存款余额 2875.28 亿元
人民币贷款余额 2265.85 亿元
人口自然增长率 1.9‰
教育总支出 271991 万元
科学技术支出 89308 万元
文化体育与传媒支出 11862 万元
社会保障和就业支出 126502 万元
医疗卫生与计划生育支出 107810 万元
医疗卫生机构 376 个
医疗技术人员 5976 人
医院、卫生院床位数 4340 张
当年授权专利 11030 件

全社会研究与试验发展经费（R&D）支出占地区生产总值（GDP）比重 2.91%
高层次人才 2.1 万人
技能劳动者 30 万人
在校学生数 17.22 万人
全体居民人均可支配收入 47086 元
城镇居民人均可支配收入 56610 元
农村居民人均可支配收入 29826 元
全体居民生活消费支出 26939 元
城镇居民人均生活消费支出 30531 元
农村居民人均生活消费支出 20430 元
全体居民家庭人均住房面积 66.8 平方米
城镇居民家庭人均住房面积 60 平方米
农村居民家庭人均住房面积 79 平方米
城乡居民社会养老保险人数 61258 人
参保养老保险企业职工人数 525864 人
城镇职工医疗保险人数 586935 人
城乡居民医疗保险人数 493116 人
养老、医疗、失业三大保险综合覆盖率 98.82%
获地（市）级以上体育竞赛金牌数 482 枚

武进解放70年来，勤劳智慧的武进人民在中国共产党领导下，在完成对农业、手工业和资本主义工商业的社会主义改造以后，开始全面建设社会主义，在曲折中前行。改革开放后，武进人民解放思想，抢抓机遇，开拓创新，探索出一条跨越式发展的道路。武进是“苏南模式”发源地之一，民营经济活力迸发；全国十大常规粳稻品种有4个出自武进，为全国水稻机械化生产第一县；教育科技、文化卫生体育、社会保障水平领先全国，被评为中国最爱民生县（区）、中国最具幸福感城市和“国际花园城市”。全区人民正以豪迈的姿态建设强富美高新武进。图为城乡新貌

1

3

2

4

1. 11 月 29 日，武进区召开庆祝改革开放 40 周年大会
2. 11 月 29 日，中共武进区委副书记、区长戴士福（中）与受表彰的改革开放 40 周年“武进十大风云人物”合影
3. 10 月 13 日，“日出阳湖·风雅江南”武进区第六届市民艺术节·“歌声飘过四十年”全民嗨唱 K 歌大赛收官，姚丞一曲《在此刻》夺冠
4. 5. 庆祝改革开放 40 周年“武进诗词大会”历时半年，经过 15 场笔试海选、15 场分会场比拼，11 月 3 日决出总冠军吴翔，庄静飞和盛熠分获亚军和季军。图为“毗陵诗国”沃土深耕的武进市民参与诗词文化盛况

5

改革开放 40周年 十件大事

1. 武进大力弘扬“阳湖精神”，综合实力持续增强

1991年在首次全国百强县评比中，武进名列第二，被誉为〞华夏第二县〞。此后多年名列全国前十位。2013—2018年，连续六年荣获中国中小城市综合实力百强区第三名、中国最具投资潜力中小城市百强区第一名。

2. 武进成为“苏南模式”发源地之一，民营经济活力迸发

改革开放初期，武进在全国较早地发展乡镇工业。20世纪90年代初，武进在全国率先探索对乡镇企业进行股份制改造，成功走出了一条民营经济跨越发展之路，连续多年稳居全国民营经济最具活力县区第一名。

3. 武进农业和农村改革成就斐然

20世纪80年代初，武进全面推行家庭联产承包责任制。2004年，武进比全国提前两年取消农业税，千年〞皇粮国税〞终成历史。武进农业生产方式在全国率先实现重大转变，2006年成为〞中国水稻机械化生产第一县（区）〞。2017年，农村土地制度改革三项试点创造〞十二项全国率先〞。

4. 武进现代新城迅速崛起，宜居家园加快打造

1993年，武进县政府驻地由常州市区迁至湖塘镇，新城建设全面启动，基础设施日益完善，城乡一体加力推进。武进制定出台全国首个县级《城乡发展一体化指标体系》。2010年成为全国首个〞人居实

验城市”。2011年创成“全国文明城市”。2013年成功举办第八届中国花卉博览会。连续13年举办“花都水城、浪漫武进”旅游节。

5. 武进加速提升生态文明，环境面貌日新月异

2007年在第11届全球“国际花园城市”竞赛中一举夺得金奖。2011年创成“全国生态区”。2017年启动建设全省“生态保护引领区”。

6. 武进社会保障水平、慈善事业和光彩事业全国领先

城乡养老、医疗保险制度实现统一，养老、医疗、失业“三大保险”基本实现全覆盖，城镇困难家庭住房保障实现应保尽保。慈善事业和光彩事业发展迅猛，区慈善基金、光彩基金总额始终位居全国县（市、区）前列。

7. 武进开放型经济蓬勃发展

1985年，武进被列为全国首批对外开放县。1996年、1997年，先后成立武进高新技术产业开发区（2012年升格国家级）、江苏省武进外向型农业综合开发区（后更名为江苏武进经济开发区）。2015年，常州经济开发区成立。改革开放40年来，武进累计批办外资及港澳台资企业2600多家，实际到账外资及港澳台资突破100亿美元。

8. 武进创优发展环境，浓厚创新创业氛围

深化行政审批制度改革，打响武进服务品牌，激发创新创业活力。2004年成为“全国科技进步示范区”，2016年被国务院列为全省唯一、全国首批双创示范基地。

9. 武进社会事业快速发展，民生福祉持续改善

1992年全面普及九年义务教育，2007年全国高等职业教育基地常州科教城落户武进。城乡一体“十分钟体育健身圈”全面建成，社会公众安全感和法治建设满意度处于全省第一方阵。连续12年实施为民实事工程，武进被评为中国最关爱民生县（区）和中国最具幸福感城市。

10. 武进自觉践行新发展理念，努力实现高质量发展

智能装备制造、新材料两大产业先后跨入千亿级新兴产业行列。精心打造“一古一今一生态”特色旅游产品，春秋淹城旅游区创成国家AAAAA级旅游景区。苏澳合作园区落户西太湖，中以常州创新园成为首个中以两国政府层面共建园区，石墨烯产业诞生10个全球第一，中国驰名商标总数位居全省首位、全国第二，至2018年拥有上市企业30家。

5

1. 6 月 29 日，龙江路长虹路高架全线贯通，实现武进城区与常州市区、金坛区互通
2. 快速公交 BRT 连通常州主城区
3. 省级“四好农村路”月季绽放
4. 常州地铁 1 号线武进城区阳湖路高架站基本建成
5. 沿江高速武进国家高新区道口
6. 水上高速京杭运河武进段。南移后的运河武进段数桥连跨，堪为当代武进“桥梁博物馆”

1

2018中国（常州）轨道交通产业国际技术对接交流会

2

常州市机器人及人工智能领域成果专题洽谈会
第四届武进国家高新区海智对接交流会

3

4

1.12月13日，澳门特别行政区行政长官崔世安率团考察苏澳园区筹建工作。图为代表团与参加座谈会的常州市、武进区领导合影

2.5月19日，2018中国（常州）轨道交通产业国际技术对接交流会在常州经开区举行

3.9月26日，2018常州市机器人及人工智能领域成果专题会暨第四届武进国家高新区海智对接交流会举行

4.11月30日，经济学家李稻葵在常州·武进企业发展论坛畅谈经济走势，为武进企业创新发展建言献策

5.5月12日晚，首届西太湖·全球公司发展论坛在武进落下帷幕，宣布论坛将永久落户西太湖，每年一届，共话全球公司与中国经济发展未来

5

1

3

1. 武进高新区现代滨湖科技产业新城鸟瞰
2. 武进绿建区为部、省绿色建筑产业集聚示范区，累计有 874 家建筑行业相关企业、84 个科研机构入驻，2018 年入选中国建材园区 20 强
3. 常州经开区“国家火炬计划轨道交通车辆及部件特色产业基地”轨道交通产业化基地项目一瞥
4. 常州石墨烯小镇是全国首个以石墨烯为特色的产业小镇，2018 年石墨烯产品总产值超过 30 亿元，为全省六个优秀小镇之一

1

2

1. 4月15日，央视7套五一特别节目《向祖国汇报——大国工匠职业技能大荟萃》在中车戚墅堰公司录制，来自全国各地的工匠云集武进。全国劳动模范、中车戚墅堰公司高级技师张忠展示焊接绝技
2. 工业和信息化部第三批制造业单项冠军产品——龙城精锻汽车发电机用精锻爪极数控自动化生产车间
3. 江苏东方龙机车集团总投资超1亿元的轻量化轮毂技术改造项目于7月部分投产，达产后可年产250万个轮毂
4. 江苏省重大项目——常州星源新能源材料有限公司“高性能锂离子电池湿法隔膜”一期项目1号、2号生产线于12月建成投产。年产能可达2.6亿平方米
5. 常州回天新材料有限公司太阳能电池背板复合绿色生产智能车间一角
6. 9月19日，常州二维碳素科技股份有限公司在西安“全球石墨烯秋季会议”上发布全球首款变频石墨烯加热膜产品

1

2

3

1. 前黄李臣家庭农场试行现代生态循环农业“稻鸭共作”技术，稻鸭收益亩均可增收800—1000元
2. 9月18日，江苏（武进）水稻研究所培育的新品种“武科粳210”通过农业部国家农作物品种审定。图为水稻专家和种田大户在新品种稻田参观
3. 常州市名牌产品——戴溪青鱼捕捞
4. 2018年，武进区设施农业生产主要环节自动化水平在73%以上
5. 武进为中国水稻机械化生产第一县（区）。2018年，全区粮食生产机械化水平在95%以上

1

2

3

1. 4月30日至5月1日，太湖湾旅游度假区嬉戏谷7周年偶像音乐盛典举行
2. 国家AAAA级旅游景区——嬉戏谷，以自然观光与“动漫艺术、游戏文化”相结合，为全国首批智慧旅游景区之一
3. 太湖湾旅游度假区露营谷自然植被丰富，是一个集房车露营、生态游乐、农趣体验、拓展基地等一体的户外休闲体验地
4. 国家AAAAA级旅游景区——春秋淹城旅游区淹城春秋乐园鸟瞰
5. 淹城野生动物世界大熊猫憨态可掬
6. 游客在淹城野生动物世界自驾区与动物亲密接触
7. 横山桥风景旅游区鸟瞰

4

5

6

7

1

3

4

2

2018 年，全区推进大城管建设，实施市容精细化管理，提升人居环境质量。

1. 小区河道治理显成效，水清岸绿成为风景区
2. 中心城区氧吧新天地公园
3. 潞城街道住宅区一瞥
4. 横林公园鸟瞰
5. 改造后的文慧园景观河道早樱争奇，市民驻足观赏

5

1

2

坚持绿色发展
2018年江苏省湖泊水生生物资源
3

4

1. 坐落在武进高新区的滆湖低碳公园
2. 遥观镇采用清淤疏浚、设立生态浮岛等一系列措施整治河道，水质明显改善
3. 3月21日，2018江苏省湖泊水生生物资源增殖放流暨滆湖第十届放鱼节在西太湖揽月湾举行
4. 武进区持续10余年整治滆湖围网养鱼水域，2018年9月全部拆除围栏，滆湖不再有“隔”，重现万顷碧波
5. 遥观镇宋剑湖生态湿地公园与民居相得益彰

5

1

3

2

1. 武进高新区与前黄镇聚力推动城乡一体化建设
2. 2月3日，坤泰车辆系统（常州）有限公司总投资104亿元汽车核心系统项目在路城街道工业区奠基。图为建设中的项目基地
3. 洛阳镇国家级重点高新技术企业——江苏南方通信科技有限公司取得100余项专利，为国内通信光缆优质供应商
4. 全国小城镇综合改革试点镇——横林镇一瞥

4

1

5

6

全区围绕乡村振兴“产业兴旺、生态宜居、乡风文明、治理有效、生活富裕”的总要求，推进乡村振兴战略，面貌日新月异。

1. 乡村振兴省级先进典型——横山桥镇五一村
2. 整洁、康居型村庄——横林镇卫星村
3. 省级生态村——南夏墅街道戴家头村水清岸绿
4. 洛阳镇罗家头村民小组结合生态环境建设创建省级美丽村庄
5. 常州市第二批美丽乡村建设示范村——湟里镇西墅村围绕“一村一品一主题”，走以工促农、产业与乡村建设融合发展之路
6. 省级生态村——嘉泽镇晨山村经济与生态建设协调发展，留得住乡愁，留得住生态美
7. 省级特色田园乡村示范村——雪堰镇城西村一景

2

3

4

7

1

2

3

1. 9月8日，常州大学西太湖校区开学。常州大学西太湖校区为武进科技长廊主要接点，有利于政校双方合作共赢
2. 2月25日，总投资1.7亿元的武进区实验小学教育集团人民路小学启用，可容纳学生2500人
3. 2018年，全区卫生医疗单位签约“家庭医生”服务70万人
4. 4月10日，央视七套《乡约》栏目走进武进太湖湾旅游度假区嬉戏谷，近2000人进场相亲互动
5. 位于中心城区的武进医院南院

4

5

1

3

1. 2月6日，上海交响乐团名誉总监陈燮阳携团回家乡武进，指挥中天钢铁专场新年音乐会
2. 6月9日，不止骑·2018第六届中国24H单车环太湖认证赛在武进太湖湾旅游度假区开赛，遍布全球的5000余名参赛选手挑战24小时内完成500千米环太湖骑行
3. 武进锡剧团从2003年起送戏下乡，每年与票友联袂演出超过200次。图为锡剧爱好者在社区表演
4. 12月4日，武进老年大学350多位交谊舞学员进行交谊舞表演
5. 前黄镇雅韵艺术团将党建文化融入乡村群众文化生活，《映山红》获常州市天天乐广场舞大赛总冠军

2

4

5

“影像武进”图片摄影：谷建平　陆新　高岷等

武进年鉴编纂委员会

《武进年鉴》编辑部

地　址　江苏省常州市武进区行政中心1号楼东侧二楼　　邮政编码　213159

电　话　（0519）86310155　86310472　86312826　86310473（传真）

网　址　www.wjsz.org.cn　　邮　箱　wjnj88@163.com

《武进年鉴》审稿人

（按姓氏笔画排列）

丁晓瑾	王　红	王　娟	王今丰	王伟红
王红明	王阿娣	王贤方	王保华	王洪新
王晓军	王锁法	毛　兴	毛冬霞	毛福群
卞曙光	叶彩萍	冯　宇	戎文杰	朱小平
朱志伟	朱宏英	庄　跃	刘　超	刘建庆
汤向阳	许中伟	严　征	严　波	严　琳
李　荣	李　俊	李　涛	李　婷	李　新
李云辉	李月峰	杨丹珂	杨文伟	杨欣婷
杨美英	吴　玲	吴元明	吴丹萍	吴汉忠
吴献荣	何伟杰	狄旭东	邹文娟	应书清
羌云庆	沈　叶	沈　彬	沈　轲	沈建平
张乃佳	张永相	张芝端	张建新	张映霞
张晓军	张曙炎	陆俊阳	陈　云	陈宇辰
陈明霞	陈海明	陈黎云	罗君贤	季　峰
周　蓉	周晓忠	周嫣倩	郑全伟	郑政平
赵　珺	赵天晟	赵忠明	赵春丽	赵菊明
查伟明	恽益明	宦庆辉	祝正庆	胥勤乐
姚志平	袁　涛	袁　丽	聂亚玉	莫健新
顾　青	顾枫华	顾咏梅	顾树民	钱如玉
钱建忠	倪文达	徐　敏	徐亚娟	徐国琴
徐鸿飞	殷中华	殷锡峰	奚惠芳	翁路英
高立华	高国华	唐　俊	宰　娟	陶春健
曹　冰	曹法南	曹雄伟	龚　黎	符　伟
梁晓波	巢丽云	巢俊杰	巢剑锋	董瑞峰
蒋金标	曾文军	谢　健	蔡　华	管向阳
谭文俊	潘　琪	薛　健	薛　鑫	薛亚清
薛建忠	魏　峰			

武进区主要机构全称、简称对照表

全　　称	简　称	全　　称	简　称
中共常州市武进区委员会	区委	武进区文化广电新闻出版局	区文广新局
常州市武进区人民代表大会常务委员会	区人大常委会	武进区卫生和计划生育局	区卫计局
常州市武进区人民政府	区政府	中共江苏常州经济开发区工作委员会	常州经开区党工委
政协常州市武进区委员会	区政协	江苏常州经济开发区管理委员会	常州经开区管委会
中共常州市武进区纪律检查委员会	区纪委	中共武进高新技术产业开发区工作委员会	武进高新区党工委
常州市武进区监察委员会	区监委		
武进区人民法院	区法院	武进高新技术产业开发区管理委员会	武进高新区管委会
武进区人民检察院	区检察院	中共常州西太湖科技产业园（江苏武进经济开发区）工作委员会	西太湖科技产业园（武进经发区）党工委
武进区人民武装部	区人武部		
武进区委办公室	区委办	常州西太湖科技产业园（江苏武进经济开发区）管理委员会	西太湖科技产业园（武进经发区）管委会
武进区委组织部	区委组织部		
武进区委宣传部	区委宣传部	中共常州市武进绿色建筑产业集聚示范区工作委员会	武进绿建区党工委
武进区委农村工作办公室	区委农工办		
武进区精神文明建设指导委员会办公室	区文明办	武进绿色建筑产业集聚示范区管理委员会	武进绿建区管委会
武进区委统一战线工作部	区委统战部		
武进区委政法委员会	区委政法委	常州市国土资源局武进分局	武进国土分局
武进区机构编制委员会办公室	区编办	常州市规划局武进分局	武进规划分局
武进区委区级机关工作委员会	区级机关工委	武进区市场监督管理局	区市场监管局
武进区委党史工作委员会	区委党史工委	常州市武进区国家税务局	区国税局
武进区地方志办公室	区地方志办	常州市武进地方税务局	区地税局
武进区人大常委会办公室	区人大办	共青团武进区委员会	团区委
武进区政府办公室	区政府办	武进区妇女联合会	区妇联
武进区政府法制办公室	区法制办	武进区科学技术协会	区科协
武进区政府侨务办公室	区侨办	武进区归侨侨眷联合会	区侨联
武进区政府台湾事务办公室	区台办	武进区文学艺术界联合会	区文联
武进区民族宗教事务局	区民宗局	武进区工商业联合会	区工商联
武进区发展和改革局	区发展改革局	武进区残疾人联合会	区残联
武进区经济和信息化局	区经信局	武进区关心下一代工作委员会	区关工委
武进区科学技术局	区科技局	中国国民党革命委员会武进区基层委员会	民革武进区基层委员会
常州市公安局武进分局	武进公安分局		
武进区人力资源和社会保障局	区人社局	中国民主同盟武进区基层委员会	民盟武进区基层委员会
武进区住房和城乡建设局	区住建局	中国民主建国会武进区基层委员会	民建武进区基层委员会
武进区环境保护局	区环保局	中国民主促进会武进区基层委员会	民进武进区基层委员会
武进区生态文明建设办公室	区生态办	中国农工民主党武进区委员会	农工党武进区委
武进区安全生产监督管理局	区安监局	中国致公党武进区基层委员会	致公党武进区基层委员会
武进区城市管理局	区城管局	中国人民银行常州市武进支行	人民银行武进支行

编辑说明

1.《武进年鉴》以马克思列宁主义、毛泽东思想、邓小平理论、“三个代表”重要思想、科学发展观、习近平新时代中国特色社会主义思想为指导，坚持辩证唯物主义和历史唯物主义的立场、观点和方法，求真存实，全面、客观、系统地记述2018年度武进区经济社会的基本情况和发展状况，为决策者提供参考依据，为社会多层面提供资讯，是了解和研究武进的窗口。

2.《武进年鉴（2019）》采用分类编辑法。主体内容分为栏目、分目、子分目、条目4个层次，部分信息资料较少的行（事）业合设一个栏目，部分分目设子分目，条目为记述内容的主要形式。卷首设“图片专辑”，有栏目40个、分目（子分目）216个，收录条目1223个、照片270幅（随文照片189幅）、表格96个、图表2个。

3.《武进年鉴（2019）》《人物》栏目设“新任区级领导”“先进个人”“中国好人”和“改革开放四十周年武进‘十大风云人物’”等分目。“新任区级领导”收录2018年3月31日至2019年3月31日任职的武进区委、人大、政府、政协领导。“组织机构与负责人名录”收录时间下限为2019年3月31日。为记述方便，设“武进区主要机构全称、简称对照表”。

4.《武进年鉴（2019）》稿件、资料全部由区各级、各部门和驻武进单位提供，部门和单位负责人审稿，经武进年鉴编纂委员会和区委保密委员会办公室审核。“统计资料”采用法定计量单位，由区统计局提供，地区生产总值、增加值、工农业产值（除注明者外）均按当年价计值。因统计口径原因，年鉴供稿单位提供的个别数据与区统计部门的统计数据或不一致。

5.为方便读者阅读，全书文字和图片链接常州市武进区人民政府网站（网址：www.wj.gov.cn）发布。

6.《武进年鉴（2019）》配备多重检索系统，卷首有内文总目，目录、栏目、分目、子目中英文对照目录，卷中有部分条目横向参见，卷末有条目主题、表格、随文图片、人名、书名索引。

内文总目

目 录
Contents

图片专辑
Photo Album

专 记
Special Record

武进概览
General Situation of Wujin

大事记
Chronicle of Main Events

中共常州市武进区委
Changzhou Wujin District Committee of the Communist Party of China

常州市武进区人大
Changzhou Wujin District Standing Committee of People's Congress

常州市武进区政府
Wujin District People's Government of Changzhou City

政协常州市武进区委
Changzhou Wujin District Committee of the Chinese People's Political Consultative Conference

纪检监察
Discipline Inspection and Supervision

民主党派·无党派人士联谊会·工商联
Democratic Parties · Fraternity of Independents · The Association of Industry and Commerce

工会·共青团·妇联
Federation of Trade Unions · The Communist Youth League · Women's Federation

法 治
Governing by Law

军 事
Military

园区建设
Construction of Park

农业和农村工作
Agricultural and Rural Work

工　业
Industry

建筑业 · 房地产业

Construction Industry · Real Estate

商贸服务业

Commodity and Currency Trade

对外及港澳台经济与合作

External and Hong Kong, Macao and Taiwan Economy and Cooperation

旅游业
Tourism

金融业
Financial Industry

城乡建设与管理

Construction and Management of the City and Towns

水利 · 水务

Water Conservancy · Water Affairs

生态环境保护
Protection of Natural Environment

交通·邮政
Communications · Postal Service

信息化建设
Information Construction

财政·税务
Finance · Taxation

综合管理
Comprehensive Management

科学技术
Science & Technology

教 育
Education

文　化
Culture

大众传媒
Mass Media

体　育
Sports

医疗卫生
Medical and Health Work

社会生活
Social Life

镇 · 街道

Towns · Streets

组织机构与负责人名录
Organizations and Name List of Leaders

人　物
Characters

荣誉栏
Honor Roll

文　献
Documents

附　录
Appendix

索　引
Index

封面图照　杨桥庙会
栏目题照　春秋淹城遗址——三城三河

专 记

Special Record

栏目编辑　万向阳

全面深化改革

【概况】 2018年是贯彻中共十九大精神的开局之年，也是改革开放40周年，武进区深入贯彻落实中央和省、市关于全面深化改革的决策部署，出台《区委全面深化改革领导小组2018年工作要点》《2018年度武进区改革创新项目清单》，印发《进一步健全改革推进落实机制的意见》，明确改革目标，完善工作机制，梳理汇总涵盖经济体制、行政管理体制改革和城乡一体发展等重点领域改革任务41项，统筹推进“农村土地制度改革三项试点、教育事业发展均等化改革、网格化集成管理、干部‘三项机制’及公职人员人力资源和机构优化配置改革、工业用地绩效评价及成果应用改革、生态保护引领区建设责任落实改革、生态农业生产体系改革”七大改革，深化产城融合、水稻收入保险等国家级改革任务，以及行政审批制度改革等省级重点改革任务，围绕当前发展过程中突出短板和薄弱环节开展自主改革探索，有效化解发展难题，为全区高质量发展提供有力支撑。

【农村土地制度改革三项试点】 2018年，武进区按照“农村土地征收、宅基地制度改革、集体经营性建设用地入市全推开”的农村土地制度改革三项试点要求，拓展试点广度和深度，重点实施农村土地精细化综合整治、规范有偿租赁合同和差异化年租金政策等，有效推动三项试点从“统筹谋划、先行先试”到“集成创新、全面推进”，得到自然资源部和省、市领导肯定，新增“五个率先”工作成果，即率先利用集体建设用地建设公共租赁住房，率先探索集体建设用地收储整理机制，率先完成全域“多规合一”的村土地利用规划编制，率先设立农村土地精细化综合整治“工具箱”，率先建立农村土地制度改革乡镇辅导员工作机制，形成更加系统完善的政策体系，打响农村土地制度改革“武进品牌”。通过深化改革，全区农村发展空间进一步拓展，土地权能进一步释放，镇村和农民增收渠道进一步拓宽，实现政府、企业、村集体和农民“四方共赢”。2018年，全区盘活集体建设用地空间1346.67公顷，全区集体经营性建设用地入市过万宗、面积5780公顷，交易总金额87.5亿元。其中，出让入市1165宗、面积793.33公顷，交易总金额40.48亿元；作价出资4宗、面积6.68公顷，涉及金额2.3亿元；租赁入市8867宗、面积4666.2公顷，年租金（收益）总额25.12亿元；通过入市后办理抵押184宗、面积229.1公顷、金额16.77亿元，转让108宗、面积81.93公顷、金额2.83亿元；土地增值收益总计36亿元，惠及农民67.5万人。全区村均集体经营性收入增长8.9%，收入超千万元村达到25个；农民人均可支配收入达2.98万元，增长8.2%，全区涉农信访人数下降40%，农民在农村居住和生活的获得感和幸福感得到提升。武进农村土地制度改革三项试点经验被纳入江苏省《关于加快改善苏北地区农民群众住房条件推进城乡融合发展的意见》。

6月1日，礼嘉镇召开集体土地入市集中签约、颁证暨推进会　供稿/区自然资源局

【教育事业发展均等化改革】 2018年，武进区在教育资源供给机制、办学模式、人事制度等方面深入推进改革举措，进

一步促进全区教育事业优质均衡发展。(1)资源短板有效弥补。优化教育规划布局，推进学校项目建设，年内建成投用小学3所、幼儿园4所。盘活资源存量，改（扩）建中小学校4所、幼儿园1所。创新教育投入机制，在中心城区确定6个学校项目引入社会资本投资建设，新增民办幼儿园4所。深化集团化办学，全区基本实现义务教育集团化办学全覆盖。(2)职教整合有效推进。整合开放大学和职教中心办学资源，实行“一所学校、一套班子、两块牌子”的管理模式，完成职教资源整合、教师分流。推进校企融合，建立校企合作“订单班”28个、“现代学徒制”人才培养基地18个，武进区创成江苏省职业学校学生创业示范基地。(3)人事制度改革激发活力。在“区管校聘”和工资岗位竞聘的基础上，年内完成教职工工作岗位竞聘，全区有116名教师在学校内部转岗，33名教师进入区级竞聘转岗到缺额学校。城乡结对学校之间教师交流389人，全区校级领导交流任用19人，促进全区师资均衡配置。创新建立教师“编内录用、备案聘用、编外临代”三结合的用人机制，有效激发队伍活力。

【网格化集成管理】 2018年，武进区贯彻省、市关于创新网格化社会治理和推进集成改革的部署要求，构建富有武进特色的“四梁八柱”(以党建引领、为民服务、社会治理、综合执法四大功能为引导，在网格内集成整合社会治安、公共安全、城市管理、环境保护、民生服务、综合执法、政务代办、综合管理八大服务管理事项）网格化集成管理工作格局。(1)推进基础工作。科学划定基层网格1036个，完成电子地图标注，实现网格全域覆盖、不留空白。按照“一长四员”(网格长，网格联络员、专职网格员、兼职网格员、网格志愿者）模式，配备各类专兼职网格员8500余人。梳理形成网格工作事项准入清单56项、服务管理事项清单1107项、网格信息采集目录76项。(2)整合平台系统。建立区网格化服务管理中心，实现人员进驻，从4月开始全面运行；同步推进镇村两级中心（工作站）建设，大部分实现常态运转。配备“网格通”移动终端1700余部，分级分类开展操作培训50余场。按照“成熟一个、整合一个”的思路全面梳理排查各类信息平台，经核定对接，计划整合纳入网格化系统平台48个，年内整合完成党建云平台、数字城管、“12345”服务热线等平台14个。(3)加强联动协调督导。实时开展数据分析研判，定期通报平台运转情况，确保全区运行态势持续向好。出台《常州市武进区网格化集成管理实施意见》《武进区网格管理员队伍建设指导意见》等指导性文件近20个，修订汇编镇村两级上墙制度13项。通过区镇村网格工作的联动协调，切实推动基层网格事务高效、有序开展。年内，区、镇、村三级联动指挥平台累计上报流转各类服务管理事项、开展走访服务次数等数据稳居全市前列。区网格化服务管理中心累计接待考察学习20余批300余人次，受到社会各界高度评价。网格化集成管理工作被评为2018年度武进区十大创新工作之一。

【干部“三项机制”及公职人员人力资源和机构优化配置改革】 2018年，武进区积极贯彻上级机构改革部署，研究推进人力资源优化配备，着力破除制约改革发展的体制机制弊端，加快构建系统完备、科学合理、规范高效的职能运行体系。(1)推进干部“三项机制”。认真落实省委“三项机制”，创新实践干部“鼓励激励、容错纠错、能上能下三项机制”，于10月制定出台《武进区党政干部鼓励激励实施办法》《武进区推进党政领导干部能上能下实施办法》2个文件，编印《“三项机制”情景案例》，组织开展情景案例征集活动，形成情景案例42个和相关漫画创作，为想干事、能干事的干部免除顾虑、加油鼓劲，勉励全区干部提振精神、担当作为。(2)公职人员人力资源和机构优化配置改革。启动“机关干部到基层一线挂职任职”，通过组织选调和个人自愿相结合的方式，组织动员区级机关年轻干部到基层任职、挂职，到上市后备企业定点帮扶股改上市，有效充实基层工作力量。在职能配置方面，系统梳理区级部门工作职能，重新拟定区级工作职能清单，确定各部门岗位清单；在机构设置方面，根据上级改革部署要求，统筹考虑，科学推动区级部门机构设立、重组和整合；在人力资源配备方面，统筹使用、动态管理编制资源，在全区范围内择优配备公职人员，实现“以责定岗、以岗择人、以岗定薪”和“人随岗走、编随岗定”。选取个别单位，开展岗位优化设置的探索，通过定性定量分析岗位常规工作量，合理设置单位部门岗位数量，为推进公职人员人力资源的优化配备积累工作经验。

【工业用地绩效评价及成果应用改革】 2018年，武进区探索建立工业用地绩效评价机制，精准评价工业企业资源集约利用贡献度，并深入探索评价成果应用，推动土地资源高效集约利用。(1)规范评价办法和工作方案。在贯彻省、市相关文件精神的基础上，结合工作实际出台《武进区工业企业资源集约利用综合评价工作推进方案》《武进区工业企业资源集约利用综合评价办法(试行)》《武进区工业企业贡献度评价办法（试行)》，建立健全评价工作机制。(2)建成综合评价系统。在原有工业企业综合效益评价信息系统的基础上，根据新的指标体系和评价办法，再次开发和升级，建成武进区工业企业资源集约利用综合评价系统，完全实现数据采集、企业评价、统计分析网络化和自动化。(3)推进信息采集。普查全区地块11418个，合计工业用地11819.49公顷；确定主评价企业10284家，涵盖企业19475家，实现工业地块全覆盖。探索制定差别化政策，形成《关于推进武进区工业企业资源要素差别化配置改革的实施意见（讨论稿)》。

【生态保护引领区建设责任落实改革】 2018年，武进区制定区镇两级生态保护引领区建设责任清单，明确各自建设责任、监管责任和执法责任，确保“有人干事、有人负责、有人问责”。(1)明晰工作责任。制定出台《武进区生态保护引领区建设责任落实改革方案》，明确责任范围和责任体系，建立责任协调机制，明确牵头部门职责。对涉及配合部门、乡镇板块职责不明的，牵头部门根据责任机制落实交办，并抓好跟踪督查。对未依法履行生态环境保护执法监管职责和未完成重点工程建设任务，造成资源环境问题的，追究相关人员责任。(2)推进生态环保工作。全面落实中央、省环保督察信访案件交办整改责任，整改工作得到中央环保督察组认可。成立生态环境犯罪侦查大队，加大对生态违法犯罪行为的打击。成立大气污染防治攻坚行动指挥部，出台攻坚行动方案，全面部署攻坚工作。推进生态基础设施建设、水环境治理等重点工作，责任部门各司其职。(3) 依规开展生态问责。对照问责清单开展问责，通报武宜运河钟溪断面总磷超标及武宜运河武进段重点污染问题、半夜浜马元桥河道周边管网老化等生态环境领域问责案例，督促各责任单位全面履职尽责。

【生态农业生产体系改革】 2018 年，武进区充分发挥农业在生态、生产、景观方面的综合作用，创新推进生态农业生产体系改革，推动乡村振兴，促进农民增收、改善乡村生活环境。(1) 建立工作机制。制定《武进区生态农业生产体系改革方案》，从落实农地管理责任、建立农地管理标准等方面构建农地管理责任机制，着力解决职责不清问题。从加快土地流转、激励规模经营、推进园区建设等方面建立适度规模经营机制，突破农地零散化瓶颈。从开展调查摸底、分类整治、建立机制等方面构建闲散土地管理机制，化解土地利用低效问题。从探索生态循环新模式、建立绿色生产新制度、发挥湿地生态景观功能等方面构建生态循环利用机制，破解农业面源污染难题。(2) 探索生态循环模式。以资源环境承载力为基准，探索“稻渔共作”等环境友好型生产模式，建立 106.67 公顷雪堰镇新康村生态种植模式示范基地等生态循环农业示范点。鼓励多种途径利用秸秆、粪污等废弃物，培育扶持竞争力、影响力和带动力强的废弃物综合利用企业。(3) 发挥湿地生态景观功能。各镇在支流支浜、农田水系以及重要湖泊加强生态湿地建设与保护，对退出的水产养殖区域，依据宜湿则湿的原则，实施生态修复工程。在有条件的镇村打造湿地景观样板工程，实现与乡村田园的有机结合、相得益彰，凸显生态湿地景观效果。年内，全区修复生态湿地 340.13 公顷。

【产城融合综合改革】 2018 年，武进区编制完成国家产城融合示范区建设总体方案，获省发展改革委发文批复，并报国家发展改革委备案。纵深推进土地改革，实现农民富裕、集体发展，为经济转型发展储备宝贵土地资源。积极探索人口管理，加快建设人口基础信息平台化，结合轨道交通走向布局和专项规划实施要求，稳步推进城镇有机更新。推进落实《常州市级产城融合示范区 2018 年建设计划》，常州经开区、轨道交通产业园、武进高新区、西太湖科技产业园、雪堰镇 5 个市级产城融合示范区试点深入推进，全区产城融合工作取得全面进展。

（王　斌）

【全国双创示范基地建设】 2018 年，武进区作为全国首批 28 个双创示范基地之一，结合苏南模式转型升级试验区建设，打造以“创新＋资本＋开放＋人才＋融合”为主要特征的“新苏南模式”，推进全国双创示范基地建设。(1) 壮大产业企业。发挥民营企业集聚优势，以战略性新兴产业和十大产业链为主攻方向，推动产业链向两端延伸、价值链向高端攀升，推进新兴产业集聚壮大。年末，全区有规模以上工业企业 1665 家、高新技术企业 537 家。(2) 发挥载体功能。依托常州科教城，聚焦智能、设计、信息三大方向，加快构建“创新链”“生态圈”和“互联网”体系。年内新增入驻公司 450 家，累计 2750 家。(3) 注重人才引领。积极实施“龙城英才计划”，在国内、国外设立人才工作站，引进引领产业技术革新、具有自主知识产权的领军人才项目，形成“武进英才”品牌。至年底，全区累计引进领军人才团队 998 个，入选省“双创团队”6 个、省“双创人才”125 人；每万人人才拥有量达 2674 人，每万名劳动力中高技能人才达 1083 人。(4) 开展国际化创新创业合作。中以常州创新园集聚中以合作项目 81 个，建成中以创新合作中心网络平台、国际技术转移交易平台和中以新零售平台；中德创新园区建设稳步推进，引建中德产业创业创新与合作中心、中德职业教育与科技创业服务中心、中德设计研究中心、江南克拉尼设计院等创新创业平台和科技企业；苏澳合作园区作为中葡创新创业平台，年内完成总体规划、产业规划完善。(5) 建设创新创业平台。整合孵化器、加速器、众创空间资源，组建武进区科技创新创业联盟，建设阿里云创新中心、固高智能装备协同创新中心等载体。年内，新增市级及以上创业平台 7 家，其中省级及以上 3 家；全区有市级及以上科技企业孵化器、加速器和众创空间 93 家，其中，国家级孵化器 9 家、众创空间 3 家，省级孵化器 12 家、加速器 3 家、众创空间 17 家；全区双创载体面积超 500 万平方米。(6)优化服务体系。推进区级政务服务“一张网”和镇级为民服务体系建设，推行不见面审批改革，不见面审批（服务）事项占比达 95%，“一窗受理、一窗通办”模式全面实行，“2345”（新开办企业、不动产登记、工业建设项目施工许可审批时间分别压缩至 2 天、3 天、45 天）改革目标基本实

10 月 12 日，武进区开展“人才贷”融创对接活动，化解领军人才项目融资难题

供稿 / 区人社局

现。(7) 营造“双创”氛围。先后举办高层次创新创业人才论坛、“创业在路上”等创新创业活动，促进在校大学生及企业初创者与创业家、风创投机构、银行、民间投资机构交流；对接长江三角洲双创示范基地联盟，推进科技、人才、资本、项目等资源深度融合；组织2018年“创响中国”常州站活动，开展全国双创活动周常州分会场活动，促进创新创业项目与市场资本对接。

(俞　煜)

【水稻收入保险改革】 2018年，武进区纵深推进水稻收入保险改革，实现水稻收入保险适保品种由武粳系列扩大到适宜本地种植的审定品种全覆盖，保险对象由4户合作社扩大到3.33公顷以上规模种植的新型农业经营主体全覆盖，保障风险范围由传统自然风险延伸至自然和市场全覆盖；实现“种植农户收入更有保障、粮食生产结构更加稳定、保险企业市场得到扩大、农村金融体系更加完善”四大红利。

【相对集中行政许可权改革】 2018年，围绕提升服务效能，武进区重点推进流程再造，做实“2345”审批速度，打响政务服务品牌。市场准入领域推行企业名称登记网上自助核准、合并设立登记、公章刻制（备案）并联审批、银行开户和国税新办企业套餐并联申请等优化举措。投资建设领域设立“工业45专窗”“多评合一专窗”“预受理专窗”，实行审批流程标准化、模板化，推行“项目预审+代办”融合服务，对区级以上重大项目寄送友情提醒单，全面促进重大项目审批提速增效。新华社、《新华日报》等媒体专题报道武进区行政审批制度改革成效、工业“45”举措等情况，有力打响“武进审批”品牌。提升“互联网+政务服务”水平，推动基层政务体系建设，统筹建立镇级为民服务中心，打通服务群众“最后一千米”。全区大部分镇级为民服务中心硬件建设到位，审批服务人员到岗到位，各类业务网络畅通，工作制度逐步健全。推进雪堰镇行政管理体制改革，首批4个部门52项行政权力事项及9个部门43项公共服务事项下放雪堰镇办理，结合区行政综合执法体制改革试点，扩大雪堰镇行政处罚领域范围，加强综合执法效力。结合机构改革，积极谋划雪堰镇机构设置、人员配置方案，深化改革成效。

【自主改革探索】 (1) 常州经开区系统集成改革探索。常州经开区探索系统集成改革，年初出台《江苏常州经济开发区深化改革总体方案》，排出年度改革项目23项，系统推进各项改革。深化相对集中行政许可权改革，实现审批流程全链条、审批事项全领域。深化相对集中行政处罚权改革，向镇（街道）派驻执法中队，实现综合执法重心下移。完成镇（街道）管理运行模式改革方案，根据上级机构改革部署适时启动。开展服务业工作一系列创新探索，完成产城融合、大运河文化带、新商业经济等调研报告。推进国有企业市场化运行改革，完成镇、街道投融资平台规范化整合和市场化改造。常州经开区营商环境在全省82个省级开发区中居第16位，在常州市9个省级以上开发区中居第1位。加快省金融改革创新试点区建设，今创集团股份有限公司和康利国际控股有限公司主板挂牌上市，帝斯博（常州）医疗用品股份有限公司“新三板”挂牌，新增股改企业16家，占全市实际股改数的30%以上，推动企业并购重组6起，上市企业累计利用资本市场募集资金98亿元。(2) 金融改革创新。武进区做大做强国资担保，常州市武进高新技术融资担保有限公司完成验资及工商变更登记，注册资本由2亿元增加到10亿元，成为专业担保机构，为规范和防控地方债务提供强大的保障。加速推动企业股改上市，今创集团股份有限公司、江苏小牛电动科技有限公司分别在上交所主板、美国纳斯达克上市，新城悦控股有限公司、康利国际控股有限公司在香港联交所主板上市，全区上市企业累计30家。(3) 优化营商环境服务经济转型发展。深化“放管服”改革，优化税收营商环境，稳步推进国税地税征管体制改革，93%的办税事项实现“即来即办”，90%以上的涉税事项均可通过电子税务局在网上办理。深化部门间的协同共治，通过与房产局实时同步共享数据库，实现一手房交易税收自助办理、二手房交易网上办理。(4) 实施国企营运能力提升工程。成立常州泽武城市公共资源经营管理有限公司，积极挖掘户外广告位经营权、公共停车场（位）、地下管网经营权等可经营的政府资产资源，整合后委托集团公司统一运营管理。有效管控国有企业融资成本，实行融资备案制度，备案全区国有公司融资情况。推动国有企业股权多元化改革，引入民营投资方，对江苏绿和环境科技有限公司实行增资扩股，实现股权多元化改革，激发企业活力。(5) 推动全域旅游示范区创建。西太湖板块省级旅游度假区创建工作启动，完成《武进西太湖旅游度假区总体规划（2018—2030）》编制和专家评审；太湖湾旅游度假区加快发展，在全省46家省级旅游度假区中排名第二。围绕“过境地向目的地的提升”，精心编排一日游、二日游线路，武进区重新修订《2018年度武进区旅游地接考核奖励办法》，重点扶持引导远程市场和研学旅行等旅游新业态，暑期到武进研学旅行学生达4万多人次。

(王　斌)

“五个三年行动计划”实施

【概况】 2018年，是武进区实施“产业创新发展、城乡精细化管理、生态文明建设、教育卫生事业均等化、特色强镇建设”五个三年行动计划突破年，区委、区政府出台《2018年全区五个三年行动计划突破年实施意见》，突出抓重点、补短板、强弱项，坚持系统化思维，注重规律性把握，强化创造性开拓，着力改革攻坚，深化创新驱动，提升城市品质，增进人民福祉，推动“五个三年行动计划”实现新的突破、经济社会实现更高质量发展，奋力在高水平全面建成小康社会、探索开启现代化新征程上走在前列，争当示范。

【产业创新发展】 2018年，武进区产业创新发展工作组各部门按照《武进区产业创新发展三年行动计划（2017—2019年）》《2018年全区五个三年行动计划突破年实施意见》要求，实施招才（商）引智（资）突破行动、民营企业高质量发展突破行动、平台载体资源整合突破行动，促进产业水平迈上新台阶。产业质量效益同步提升，成功引进欣盛载带、国科微芯片等2个超100亿元、2个超

50亿元、5个超30亿元投资项目，十大产业链（新能源汽车及汽车核心零部件，新材料，新一代信息技术，新能源产业，新医药及生物技术，高端轨道交通装备，航空装备，节能环保，智能制造装备和智能电网）完成规模以上产值1640.41亿元，增长15.0%；4家企业中标国家工业强基工程，占全省的一半；新增省级专精特新小巨人企业11家，列全省第一；成立科技创新创业联盟，与常州科教城合作更加紧密，全区新增省级创业创新平台50家，净增高新技术企业90家；工业企业亩均开票销售、亩均税收均增长10%以上；“武进英才荣誉工程”深入实施，12名“武进工匠”脱颖而出，新增省双创人才项目20个、领军人才项目92个。武进绿建区、津通现代服务业集聚区被评为省生产性服务业集聚示范区，太湖湾露营谷、白金汉爵酒店等建成迎客，服务业增加值首破千亿元。农业现代化步伐加快，培育新型农业经营主体2700家，创成国家农产品质量安全区，7家农业企业在江苏股权交易中心农业板挂牌。企业上市工作再获佳绩，新增今创集团股份有限公司、江苏小牛电动科技有限公司、康利国际控股有限公司、新城悦控股有限公司4家上市企业，新增“新三板”挂牌企业3家。园区发展能级不断提升，常州经开区加快发展三年行动计划收官，一般公共预算收入实现翻番，在全省省级经开区中排名上升47位，列第13位；武进高新区综合排名上升至全国第45位，继续保持全省县级国家高新区第1位的排名，并以全省第一的成绩顺利通过国家知识产权试点园区验收；西太湖科技产业园成功获批江苏省石墨烯创新中心，石墨烯小镇被评为首批江苏优秀特色小镇，常州市委、市政府与以色列经济部签署新一轮中以常州创新园共建计划，中以常州创新园发展成效得到国家副主席王岐山充分肯定。苏澳合作园区总体规划和产业规划已形成初步成果，园区筹建取得阶段性成效。

【生态文明建设】 2018年，武进区生态文明建设部门按照《2018年全区五个三年行动计划突破年实施意见》要求，全力推进水环境治理，稳步开展环境隐患治理，促进生态质量获得新改善。出台生态保护引领区建设责任落实改革方案和责任追究办法，严肃开展中央环保督察“回头看”、省环保督察交办问题整改，率先成立生态环境犯罪侦查大队，探索实施绿色生产标杆企业评定，全面开展“散乱污”企业专项整治，减少化工、印染、电镀企业数量达53.9%。26项“治太工程”全面完成，滆湖网围养殖整治基本完成，滨湖污水处理厂、农村分散式生活污水处理工程一期建成投用，漕桥、太湖湾污水处理厂完成提标改造，新增污水主、支管网305千米，39个集镇排水片区全面实施雨污分流改造，315个村庄生活污水实现集中收集处理，20个工业集中区企业污水做到“应接尽接”。21个重点水功能区水质进一步改善，治理黑臭水体103条，清淤镇村河道270千米，高质量完成洛阳镇戴溪片区小流域水环境整治一期项目；区镇村三级河（湖）长累计巡河3.3万次。加大大气污染防治力度，开展第二次全国污染源普查，实施内河码头、预拌混凝土搅拌站专项整治，完成610家企业挥发性有机物整治任务。推进生活垃圾分类设施建设，夹山危废焚烧处置中心、大件垃圾分拣中心、有害垃圾临时收储中心投入运行，餐厨垃圾规范收运深入实施；建筑装潢垃圾资源化处置能力持续提升，管理体系在全省示范领先。开展“生态共建”光彩行动，社会力量投入1000余万元，全区创成省生态文明建设示范镇5个、示范村5个。

【城乡精细管理】 2018年，武进区长效管理各责任单位按照《武进区城乡精细管理三年行动计划（2017—2019年）》《2018年全区五个三年行动计划突破年实施意见》要求，围绕“城乡精细管理突破年”主题，推进执法体制改革、基础设施建设、全要素网格化管理，促进城乡发展焕发新活力。乡村振兴战略全面实施，《武进区贯彻落实乡村振兴战略的实施意见》《常州市武进区乡村振兴战略实施规划（2018—2022年）》《武进区生态农业生产体系改革方案》《农村人居环境三年行动》“1+1+N”的政策体系逐步健全。特色强镇建设持续深入，雪堰镇实施中心镇管理体制改革，马杭、夏溪、寨桥等被撤并乡镇焕发新颜，陡门塘省级特色田园乡村和市级美丽乡村建设试点全面完成，武进美丽乡村嘉年华活动精彩亮相，全区村集体经营性收入平均增长6%，年内创成省、市级美丽乡村示范村（点）3个，康居村庄达标率达71.2%。中心城区核心区拆迁遗留问题全部化解。城乡精细化管理向纵深推进，试点推行路长制和流动红黄旗制度，深入开展垃圾分类收集处置、路面本色化保洁、公厕家居式清洁等专项行动，建立健全“防违控违”五大机制，加大区镇联动，城乡面貌有效改善，武进区文明城市评测排名全市前列。

【教育卫生事业均等化】 2018年，武进区教育、卫生部门按照《武进区教育卫生事业均等化三年行动计划（2017—2019年）》《2018年全区五个三年行动计划突破年实施意见》要求，抓均等，强特色，促进民生服务实现新提升。教育资源日趋均等，教师“区管校聘”效应持续释放，武进开放大学与职教中心资源整合工作启动实施，常州大学西太湖校区、常州经开区小学、火炬路幼儿园等13所学校竣工投用，17所城区学校与26所乡镇学校结对共进，集团化办学取得明显成效。医疗卫生服务体系更加健全，武进人民医院外科大楼、中医医院综合大楼基本竣工，新（改、扩）建村卫生室20个，建成紧密型医联体3个、专科共建型医联体27个，区疾控中心建成全省唯一县级南京医科大学实践教学基地，全区实现国家卫生镇全覆盖。卫生综合改革持续深入，创新试行药品耗材集中采购价格谈判制度，采购成本大幅降低。积极探索医养融合、居家养老模式，实现老年助餐点城市社区全覆盖，机构养老床位总数7395张，其中护理型床位数占比达61%。

（方 志）

【特色强镇建设】 2018年，武进区围绕乡村振兴战略要求和特色强镇建设三年行动目标，制定特色强镇建设三年行动计划2018年突破方案，重点推进“区镇联动、中心镇管理体制改革、被撤并镇焕颜、资源整合增效”四大突破，深入实施特色强镇建设“特色企业壮大、特色园区提升、精致集镇打造、美丽村庄建设、富民增收小康、文明风尚培育”六大工程，有效助力乡村振兴发展。“四大突破”稳步推进，区镇联动方面，湖塘科技产业园与常州科教城共建常州科教城湖塘分园，牛塘镇与西太湖科技产业园挂钩联动发展，区镇国有企业联动改革工作正式启动；中心镇管理体制改革方面，雪堰镇机构改革全面推进，各镇网格化集成管理基础网格、人员配备、事项清单基本到位，管理平台开始流转事项；被撤并镇焕颜突破方面，被撤并镇65个提升工程项目开工率达65%，完工率达33%；资源要素整合突破方面，全面开展农村土地精细化综合整治和管护工作，全区新增农用地969.33公顷，集体经营性建设用地有偿使用合同签订率92.5%，农民自建区开工建设20个，建筑面积92.7万平方米，节地率达25%。“六大工程”成效明显，特色企业全年收入增幅达10%，新增省级专精特新小巨人企业11家，位列全省第一，今创集团股份有限公司在主板上市，江苏绿浥农业科技股份有限公司、江苏轩瑞减振设备股份有限公司、帝斯博（常州）医疗用品股份有限公司3家企业在“新三板”挂牌；特色园区提升方面，镇级工业园区规模以上产值增幅达12.5%，基础设施投入10亿元，入驻企业超过1000家；精致集镇打造方面，181个重点项目开工率达85%，完工率达56%；美丽乡村建设方面，武进美丽乡村嘉年华活动精彩亮相，陡门塘省级特色田园乡村建设全面完成，同时创成市级美丽乡村示范点，全区累计创成省、市级美丽乡村示范村（点）3个，康居村庄达标率达71.2%；富民增收小康方面，村级集体经济实现提速增效，村集体经营性收入增长6%，收入超千万元村25个，居民人均可支配收入47086元，增长8.4%，城乡居民收入比为1.9∶1，建档立卡低收入农户脱贫率达98.8%；文明风尚培育方面，完成文化项目8个，建成行政村综合服务中心93个、农村精神文明建设示范村13个、特色文化村5个。经测评，2018年全区11个镇特色强镇建设评价平均得分为89.29分，横山桥等6个镇得分超过90分。

（崔臣子）

为民办实事

【促进就业创业】 2018年，武进区实施就业助推工程，新增就业岗位11万个、城镇就业2.4万人，开发公益性岗位800个，新增大学生就业见习2000人。完成职工技能培训3万人次，培育新型职业农民2200人。实施创业护航工程，为“双创”职工提供3055万元工会小额保证保险贴息贷款。

【促进社会关爱】 2018年，武进区实施阳光帮扶工程，推进千企帮千户精准帮扶项目，募集光彩基金500万元。组织全区党员干部与3142户建档立卡低收入农户开展结对帮扶。实施慈善惠民工程，发放慈善救助金3996万余元，惠及困难群众1.2万人次。实施康复救助工程，为区内户口且需要康复的0～14周岁残疾儿童提供康复救助，为约2000名精神病患者提供药品救助，为全区2万余名持证残疾人办理30种重大疾病保险，帮扶救助约100户新增双癌家庭和白血病家庭。实施职工关爱工程，免费为2万名企业优秀职工提供健康体检，为9000名以上环卫职工、公安协警、城市协管员办理意外伤害保险，新建20家爱心母婴室。

【优化群众生活环境】 2018年，武进区实施交通便民工程，推进常宜高速、苏锡常南部高速、苏南沿江高铁等重大交通项目建设，改造农危桥10座。实施人居环境改善工程，对存在问题的老旧住宅小区开展道路破损修补、管网堵塞疏通改造、绿化修整等综合整治。实施公积金扩面工程，新增住房公积金缴存职工5万余人，投放住房低息贷款25亿余元，解决6224户家庭购房资金需求。

【优化医疗卫生服务】 2018年，武进区实施医疗资源普惠工程，新（改、扩）建村卫生室20家。10家镇卫生院与大型公立医院组建专科共建型医联体，打造基层重点专科，提升基层医疗服务水平。为特殊人群提供家庭医生免费签约服务。实施群众健康守护工程，筹资7000万元用于大病保险及城乡救助补助。推动医保智能监控信息系统在定点医药机构全覆盖。做好产前诊断，将新生儿疾病筛查病种从3种扩大到29种。为全区适龄妇女开展“两癌”检查，服务超2.7万人。

【优化基本公共服务】 2018年，武进区实施教育资源均衡配置工程，建成投用采菱小学等4所中小学，加快人民路初中等9所学校建设，完成横林中心幼儿园、玉兰广场幼儿园、火炬路幼儿园建设。启动城乡学校结对共进计划，17所城区学校与26所乡镇学校结对共进。实施文化共享工程，组织18个示范社区全年开展文化活动1400场次，开展文化周末周周演20场，送戏送综艺节目各200场，流动图书车送书下乡100次，举办阳湖大讲堂12场，每个行政村每月放映1场电影。建成行政村（社区）综合文化服务中心62个。实施全民健身工程，提升镇（街道）、行政村（社区）健身场地设施，60%达到省公共服务配置标准，重点扶持15个经济一般村。

【提升生态环境质量】 2018年，武进区实施水污染防治工程，加快推进农村分散式生活污水处理（一期）PPP项目，覆盖215个自然村；启动二期工程建设。综合整治黑臭河道9条。清淤长沟河、里底河等河道200千米。新建污水主管网60千米。开展武进港洛阳区域小流域整治、城区雨水管护和积水点改造。实施生态共建光彩工程，引导企业积极参与生态文明建设，募集光彩基金1000万元。实施垃圾处置工程，改造小庙、长虹、聚湖3座转运站。

【提升公共安全水平】 2018年，武进区实施食品安全工程，加大食品安全抽检力度，完成7200批次食品安全评价性检测任务。实施技防城升级工程，建立全区社会综合治理共享云平台，整合各类视频监控资源，实现全面接入、互联互通、共享共用，全面提升社会治理能力和水平。

【提升政务服务水平】 2018年，武进区实施政务服务体系完善工程，加强基层政务服务体系建设，实现镇级便民服务中心全覆盖，方便群众就近办事。实施审批效能提速工程，探索网上批、快递送、不见面审批新模式，推动政务服务事项全流程网上办理，实现群众办事服务“零距离”。推进安置房办证工程，完成23个区级安置小区不动产权初始登记手续，办理安置房不动产权证超5000套。

（方　志）

武进概览

General Situation of Wujin

栏目编辑　万向阳

自然地理

【地理位置】 武进区位于长江三角洲太湖平原西北部，北纬 31° 20′ ~ 31° 48′、东经 119° 40′ ~ 120° 12′，濒太湖，衔滆湖，东邻无锡，西毗常州金坛、镇江丹阳，南接无锡宜兴，北靠常州天宁、钟楼，总面积 1065.26 平方千米。

【地貌地形】 武进境内形成剥蚀和湖积的基本地貌，地形总体呈西南高、北东低。有海拔 30 米以上的山丘 39 座，最高的牛肩顶头 179.4 米，均分布在东南、东北诸镇，为天目山余脉。大椒山、小椒山位于太湖之中。有大小河流 1048 条，每平方千米陆地有 1.82 千米河道，是典型的江南水网地区。京杭运河横贯东西，新孟河、德胜河、藻江河、北塘河、舜河形成南北向运北水系，孟津河、扁担河、武宜运河、采菱港、武进港等形成南北向运南水系。湟里河、北干河、中干河西起金坛洮湖，东入滆湖。太滆运河西起滆湖，东入太湖。众多次级河道与骨干河道相接，形成较为完善的灌排、航行系统。

【自然资源】 武进位于亚热带北缘，光温适宜，雨水充沛，土地肥沃，物产丰富，素有“鱼米之乡”之称。植物资源丰富，东部雪堰、潘家低山丘陵地区盛产茶叶和桃、梨、葡萄等水果。有滆湖、阳湖、宋剑湖等自然湖泊，河港汊荡纵横交错，淡水渔业资源丰富，适宜于鱼、蟹、虾、蚌等水产养殖。矿产资源主要有潘家、芙蓉等地的优质矿泉水，新安等地的白泥、紫砂、陶土等。

（方　志）

京杭运河戚墅堰段民国风旅游观光带　　摄影 / 余甜萍　徐梦超

【气候】 气温　2018 年（1—12 月），全区平均气温 17.4 ℃，较常年偏高 1.2 ℃。冬季（2017 年 12 月至 2018 年 2 月）平均气温 4.5℃，比常年偏低 0.2℃；春季（3—5 月）平均气温 17.5℃，比常年偏高 2.3 ℃；夏季（6—8 月）平均气温 28.5℃，比常年偏高 1.5℃；秋季（9—11 月）平均气温 18.8 ℃，比常年偏高 0.9 ℃。一年中，6 月、7 月、11 月气温偏高，5 月、8 月气温显著偏高，3 月、4 月、9 月气温异常偏高，其余月份正常（偏均值小于 1℃）。年极端最高气温 38.4℃，出现在 5 月 16 日；年极端最低气温 −7.7 ℃，出现在 1 月 30 日。日最高气温 ⩾ 35.0 ℃的高温日 33 天，其中 5 月 2 天、6 月 3 天、7 月 16 天、8 月 12 天；日最低气温 ⩽ 0 ℃的低温日为 35 天，其中 1 月 16 天、2 月 12 天、3 月 1 天、12 月 6 天。

降水　2018 年（1—12 月），全区降水量 1204.2 毫米，比常年偏多 100.0 毫米，属正常年份。冬季（2017 年 12 月至 2018 年 2 月）降水量 159.4 毫米，比常年偏多 16.9 毫米；春季（3—5 月）降水量 306.8 毫米，比常年偏多 39.7 毫米；夏季（6—8 月）降水量 465.2 毫米，比常年偏少 37.2 毫米；秋季（9—11 月）降水量 152.2 毫米，比常年偏少 39.9 毫米。各月降水时空分布不均，其中显著偏多的月份有 7 月、11 月，异常偏多的有 1 月、8 月、12 月，显著偏少的有 6 月、10 月，偏少的有 2 月、9 月，其余月份均正常。一日降水量极大值为 180.3 毫米，出现在 8 月 17 日。6 月 22 日进入梅雨期，属入梅正常偏晚的年份；出梅时间在 7 月 9 日，正常偏早；梅期偏短，梅雨量111.3毫米，梅雨量较常年偏少5成，属显著偏少年份。

日照　2018年（1—12月），全区日照时数2111.0小时，比常年偏多0～1成，属正常年份。冬季（2017年12月至2018年2月）日照时数418.2小时，比常年偏多20.7小时；春季（3—5月）日照总时数537.9小时，比常年偏多38.2小时；夏季（6—8月）日照时数722小时，比常年偏多144.8小时；秋季（9—11月）日照时数521.4小时，比常年偏多22小时。1月、5月、11月、12月日照时数较常年偏少，2月、4月、6月和10月较常年偏多，其余月份均正常。

（马天骄）

历史文化

【建置沿革】　武进在5000多年前就有人类定居，繁衍生息。郑陆寺墩、横林青墩出土的文物表明，新石器时代武进境内已形成原始村落。到春秋时期已有城池出现，淹城（在今武进中心城区）是国内迄今为止保存最为完整的西周至春秋早期地面城池遗址。春秋战国时期武进称延陵邑，为吴国季札封地。秦置延陵县，汉改称毗陵县、毗坛县，西晋太康二年（281年）置毗陵郡、县，分丹徒、曲阿以东地区置武进县，晋永嘉五年（311年）改称晋陵郡、晋陵县。此后，晋陵、武进两县时分时合，数易其名。清雍正四年（1726年）分置武进、阳湖两县，清宣统三年九月（1911年11月）合并为武进县。1949年4月23日，武进解放，县城析出建立常州市。1983年3月，实行市管县体制，武进属常州市管辖。1993年7月18日，武进县政府驻地由常州市区迁至湖塘镇。1995年6月8日，国务院批准武进撤县设市。2002年4月，武进撤市设区。2015年4月28日，国务院批准撤销常州市武进区和戚墅堰区，设立新的武进区，以原武进区（不含奔牛镇、郑陆镇、邹区镇）和戚墅堰区的行政区域为新设立的武进区行政区域。

【武进地名由来】　三国吴大帝孙权崇尚武功，曾以统一大业为己任，于嘉禾三年（234年）诏复丹徒为武进，取以武而进之意，故名。西晋太康二年(281年)，晋武帝恢复丹徒旧称，并分丹徒、曲阿以东地区置武进县。

【风景名胜】　武进水乡风情浓郁，文物古迹众多，花木园艺发达，旅游资源丰富。依托春秋淹城遗址、太湖湾湖光山色、横山桥清明山自然风光，以及嘉泽、夏溪“全国花木之乡”和农业观光项目、花卉主题公园，开发建设旅游景区，形成太湖湾旅游度假区、春秋淹城旅游区、中国花卉博览园和横山风景旅游区等主要风景区。

太湖湾旅游度假区　位于武进区雪堰镇境内，南濒太湖，面积39.6平方千米。以低山丘陵为主，山丘占总面积的66%。大气环境达国家一级标准，植物生长茂盛，植被良好，有乔木、灌木、草本植物百余种，鸟类70多种。太湖湾沿湖岸线长约7千米，有山头19座、山坞11个、大小水库8个，临湖山湾7个，湖中大、小椒山2座。文化底蕴深厚，有春秋五霸之一吴王阖闾的都城、全国重点文物保护单位阖闾城遗址和宋代龟山书院及蓼莪寺、王孝子墓、陈烈帝墓等古迹，以及中共早期社会活动家董亦湘故居、吴稚晖故居。2007年获“国家旅游名片”称号，2009年5月被命名为“国家龙舟竞赛基地”。区内环球动漫嬉戏谷2012年11月创成国家AAAA级旅游景区，中华孝道园2014年12月创成国家AAAA级旅游景区。

春秋淹城旅游区　位于武进中心城区，规划总面积7.6平方千米，分为春秋淹城遗址、淹城春秋乐园、淹城野生动物世界、淹城传统商业街坊和宝林禅寺五大旅游景区。春秋淹城遗址占地面积300公顷，为国内保存最为完整的春秋早期地面城池遗址，1988年被列为全国重点文物保护单位，2007年被国家旅游局命名为“中国第一水城”。淹城春秋乐园是一个以文化游乐与文化休闲相结合的人文主题公园，2010年4月29日开园，景点淹城春秋王宫2011年5月1日建成开放，“春秋水战”水上互动游乐项目2014年5月1日开放。淹城野生动物世界占地面积133.33公顷，是以野生动物生态散养为特色，集动物野趣观赏、休闲娱乐、科普教育为一体的大型综合性主题公园。淹城传统商业街坊由丰乐坊、常乐坊、怡乐坊3条古街组成。宝林禅寺位于淹城遗址西北约1000米处，始建于南朝梁武帝年间，2015年10月重建开放，宝林观音阁高91.9米，供奉39.9米高的三面十方观世音菩萨。春秋淹城旅游区于2011年创成国家AAAA级旅游景区，2012年9月获“全国低碳旅游示范区”称号，2018年4月国家AAAAA级旅游景区揭牌。

中国花卉博览园　位于武进西太湖畔，占地面积近200公顷，展馆由主展馆、科技馆、自然馆、艺术馆、雅集园组成。入口服务区有玉带花海，雅集园刘海粟、夏伊乔艺术馆和陈履生美术馆陈列艺术大师真迹；山水展区高低错落、层次多变，科技馆应用科技展示各类花卉，艺术馆展示常州乱针绣、梳篦、留青竹刻、根雕等传统非遗工艺品；室外展区各展园匠心独运，亭台楼阁、繁花美景；湿地展区展现武进春秋淹城“三河三城”古貌，自然馆热带雨林植物、沙生植物、水生植物等特色植物种类繁多，有800年珍稀油橄榄、直径2米的水生大王莲、3米多高的“巨人柱”仙人掌等。该博览园于2013年9月28日至10月27日成功承接第八届中国花卉博览会。

【历史名人】　武进历史上曾出过1500多名进士，其中科考状元佘中、霍端友、陈祖仁、杨廷鉴、吕宫、赵熊诏、钱维城、庄培因、孙廉（武状元）9人和特科状元萧立、刘纶2人，名列全国县级前三名。春秋时期著名政治家、外交家、音乐鉴赏家季札受封延陵（今武进属之），南朝齐高帝萧道成、梁武帝萧衍故里南兰陵（武进，今常州市新北区），梁昭明太子萧统组织编纂《昭明文选》。至清代，武进有以庄存与为代表的今文经学派、以恽敬为代表的阳湖文派、以张惠言为代表的常州词派、以恽南田为代表的常州画派等。中医孟河医派名家众多，清末民初有“吴中名医甲天下，孟河名医冠吴中”之说。清代史学家、诗人赵翼所著《廿二史札记》为清代三大史学名著之一，其诗句“江山代有才人出，各领风骚数百年”至今传诵，李宝嘉的《官场现形记》开创中国近代谴责小说之先河。现代有中共早期领导人、革命活动家瞿秋白、张太雷、恽代英和中共早期革命活动家董亦湘，抗日救国“七君子”中的李公朴、史良，东北抗日联军著名将领冯仲云，著名外交活动家章汉夫、冯铉和谢启美，两院院士秦仁昌、吴阶平、许学彦等57人，著名画家刘海粟、谢稚柳、吴青霞，著名戏剧家洪深、吴祖光、阿甲，小说家高晓声，诗人严辰等，誉满中外。

（方　志）

区划·人口·方言

【行政区划】 全区有镇11个、街道5个和国家级高新区1个、综合保税区1个、省级高新区（筹）1个、省级经济开发区2个、省级旅游度假区1个、省级现代农业产业园区1个，以及住房和城乡建设部（武进）绿色建筑产业集聚示范区，辖行政村192个、社区129个。

【人口】 2018年年末，全区常住人口145.04万人，其中户籍人口96.96万人，总户数343037户，人口密度910人/平方千米（按户籍人口计算）。户籍总人口中，男性47.32万人，女性49.64万人。年内出生8865人，户籍人口出生率9.19‰，计划生育率99.77%。死亡7030人，死亡率7.29‰，人口自然增长率1.9‰。

2018年武进区行政区划和人口情况表

表1

镇、街道和开发区	面　积（平方千米）	行政村（个）	社　区（个）	年末户籍人口（人）
湖塘镇	59.04	—	45	175668
牛塘镇	34.64	9	6	43937
洛阳镇	55.75	18	3	52572
雪堰镇	104.75	25	4	78826
前黄镇	103.59	20	4	66742
礼嘉镇	57.84	14	3	48930
嘉泽镇	101.49	19	5	76596
湟里镇	86.10	16	3	63800
横林镇	46.67	15	6	51705
遥观镇	44.70	15	7	47179
横山桥镇	58.23	19	4	60333
武进高新区（含高新区北区、南夏墅街道）	78.22	14	19	102185
西太湖科技产业园（含武进经发区、西湖街道）	48.21	4	4	26489
丁堰街道	10.18	4	3	14137
潞城街道	16.77	—	6	23287
戚墅堰街道	4.73	—	7	37213

【方言】 武进方言属吴语，是北吴语片（太湖片）中常州小片的代表，在语音上较完整地保留古全浊声母的体系，诸如冻≠洞、富≠父、记≠忌、柄≠病。有声母28个、韵母42个和声调7个（阴平、上声、阴去、阴入、阳平、阳去、阳入），古代平上去入4个声调各以声母清浊为条件分成阴、阳2个调类，只是阳上和阳去不分，诸如稻=盗、妇=附、舅=旧。武进方言与其他吴语一样，有一部分字有文白两读的现象，文言读舌面音声母，白话读舌根音声母。一般来说，文言音接近普通话，有少数词语受北方方言影响带有“官话”色彩。语助词“佬”出现频率较高，可以附在名词性成分、动词性成分和形容词成分的后面，构成“佬”字短语，表示不同的语法功能，诸如铁佬、木头佬和晓得佬、开心佬及好佬、甜佬等等。武进地方说话内部差别表现在语音上，东面的横林、崔桥等地有些字带有无锡口音，南面的漕桥、东安等地有些字音与宜兴相近，西南的夏溪、湟里等地语音受到金坛一定影响。武进方言受到日益普及的普通话影响，尤其是年轻人口音发生了一定的变化。

（方　志）

民族·宗教

【民族】 武进区居民以汉族为主。2018年，全区有户籍登记的少数民族族别36个，常住少数民族人口4300人，外来流动少数民族人口3.3万人。回民聚居村1个（雪堰镇城西村），回民聚居组1个（雪堰镇夏墅村后承村民小组），水族聚居点1个（丁堰街道）。

【宗教】 武进宗教有佛教、道教、伊斯兰教、天主教和基督教。西晋泰始年间（265—274年），道教传入武进。南北朝时期，佛教在武进已广泛流传。元初，伊斯兰教随陇、豫等地回族迁徙武进而传入，大部分人居住在雪堰镇的陡门塘和仁庄村小坞里。天主教最早传入武进是在清道光年间（1821—1850年）。基督教于清光绪二十八年（1902年）由苏州教会派宣教士罗格恩到常州传教而传入。20世纪50年代，宗教影响趋弱。“文化大革命”期间，宗教场所被拆毁或占用，民间散居道士纷纷转业，圣像和宗教用品被毁，神父被逐，宗教活动停止。中共十一届三中全会后，武进宗教事业得到恢复性发展，宗教信仰受到尊重和保护，寺庙、教堂恢复开放。2018年，武进区有寺庙39座、道观7座和基督教堂13处、天主教堂1处。

（方　志）

地方特产

【淡水鱼类】 武进是苏南著名的淡水鱼养殖基地，大水面鱼类养殖面积5986.67公顷，主要淡水鱼除扁、草、鲤、鲫、鲢等大宗鱼类外，还精养和温控养殖鲑鱼、鳝鱼、甲鱼、鲟鱼、鳗鱼等10多种名贵鱼类，温控养殖面积达数千公顷。2018年，生产成鱼3.4万吨，产值8.3亿元。

虾类养殖品种主要有青虾、罗氏虾、基围虾、龙虾等，清水蟹以中华绒螯蟹为主。2018年，全区虾蟹类产量3482吨，产值2.5亿元。

【太湖“三白”】 太湖“三白”即银鱼、白鱼、白虾，为中国五大淡水湖之一的太湖特产。银鱼无刺，鲜嫩爽口，主要出口到日本和东南亚国家，供应沪宁杭等大中城市高档饭店。白鱼肉质细腻，刺软。白虾壳薄，晶莹味鲜。

【茶叶】 主要产区为雪堰、潘家、漕桥、横山桥等地的丘陵地区。以高品质绿茶碧螺春茶、“阳湖新月”绿茶为主。潘家城湾茶场产“阳湖新月”绿茶是江苏省名牌产品，“雪堰”碧螺春茶为中国名牌产品。2018 年，全区茶园面积 168 公顷，茶叶产量 36.62 吨。

【水蜜桃】 主要产区为雪堰、潘家、洛阳、漕桥等地。雪堰、潘家两地在民国时期种植水蜜桃，色润汁丰，口感甜爽，因地近无锡被称为“无锡水蜜桃”。2018 年，全区桃园面积 2138.9 公顷，桃产量 3.02 万吨。6 月，武进“阳湖”水蜜桃通过中国森林认证，成为全国首个通过森林认证水蜜桃。

【葡萄】 全区各地普遍种植葡萄，主要产区为礼嘉、洛阳等地。在推广种植“巨峰”“藤稔”等丰产品种的同时，引进种植“夏黑”“黑峰”等新品种，果肉坚实味甜。礼嘉镇葡萄文化小镇入围省农业特色小镇培育名单。2018 年，全区葡萄种植面积 1710.8 公顷，产量 2.18 万吨。

【农家招牌菜和特色菜】 招牌菜：寨桥老鹅、焦店扣肉、湟里牛肉、横山百页、黄天荡大闸蟹、雪山草鸡、芙蓉鲜螺、常州萝卜干、尊龙酱鸭、太湖银鱼。

特色菜：太湖白鱼、年洪羊肉、阿兴鸭头、名贵甲鱼、横山板鸡、戴溪青鱼、泰村鱼圆、长渔黄鳝。

（方　志）

经济建设

【经济总量】 2018 年，全区认真贯彻落实习近平新时代中国特色社会主义思想和中共十九大精神，以及省委“六个高质量”（经济发展高质量、改革开放高质量、城乡建设高质量、文化建设高质量、生态环境高质量、人民生活高质量）、市委“种好幸福树，建好明星城”部署要求，突出围绕项目增效、企业股改、特色平台、高效用地、生态引领、教育均等、增收节支、高效服务 8 个方面的重点难点，深入解放思想，狠抓改革创新，实现“产业创新发展、城乡精细管理、生态保护引领、教育卫生事业均等化、特色强镇建设”五个“三年行动计划”的有效突破。全年完成地区生产总值 2380.13 亿元，可比价增长 6.8%；一般公共预算收入 178.48 亿元，增长 9%；工业开票销售收入 4640 亿元，增长 14.2%；实际到账外资及港澳台资 7.7 亿美元，产业类占比超 90%；进出口总额 797.02 亿元，增长 7.7%；城乡居民人均可支配收入 47086 元，增长 8.4%。武进区连续六年获得全国综合实力百强区第三名、全国投资潜力百强区第一名，获评 2018 年度全国科技创新百强区第一名、全国绿色发展百强区第三名、全国新型城镇化质量百强区第三名。

【农业与农村经济】 2018 年，武进区围绕“率先实现农业现代化”总体目标，贯彻落实乡村振兴战略要求，顺应高质量发展需求，推进农业供给侧结构性改革，立足产业发展、生态可持续、农业功能拓展，突出农业生产、生态、景观三大功能，建设基础农业、生态农业、品牌农业，促进现代农业实现突破、发展、转型。年内，新增高标准农田面积 1346.67 公顷、高效设施农业面积 66.67 公顷、高效设施渔业面积 81.33 公顷，分别累计 2.27 万公顷、0.67 万公顷、0.19 万公顷。实施现代农业项目 58 个（含重点项目 1 个），获得上级财政补助资金 3.06 亿元。申报无公害农产品、绿色食品、有机食品（简称“三品”）21 个，复查换证及续展产品 10 个，“三品”农产品累计 153 个，绿色优质农产品比重达 63.8%，武进区创成国家农产品质量安全区。农业产业化稳步推进，年末拥有市级以上现代农业产业园区 15 个，其中省级现代农业产业示范园、省级现代农业产业园区各 1 个。有区级以上农业龙头企业 35 家，其中国家级企业 2 家、省级 12 家、市级 11 家，在江苏股权交易中心农业板挂牌农业企业 7 家。争创省、市农产品电子商务示范企业 9 家和省“一村一品一店”示范村 5 个，全年农产品电子商务累计销售额突破 8.5 亿元。全区农机总动力 25.41 万千瓦，农业综合机械化水平稳定在 90% 以上。农村综合改革深入实施，土地经营权入股发展农业产业化经营试点主体有序增多，累计建立村级股份合作社 252 个。全年完成农林牧渔业总产值 67.75 亿元，较 2017 年降低 5.2%。

【工业】 2018 年，武进区紧扣重大项目增效和产业创新发展突破年主题，稳增长、调结构、转方式、推创新、促融合、强载体，推动经济高质量发展，保持全区工业经济总体平稳发展。欣盛载带、国科微芯片、晶品 LED 外延片、星源材质、新科人居智能等重大项目成功落户。区重点项目完成投资 546 亿元，全区固定资产投资、工业投资分别增长 7.5% 和 7%，技改投入占工业投资比重 59%。工业企业资源集约利用综合评价工作持续推进，工业企业亩均开票销售和亩均税收收入均增长 10% 以上；“五新三高两智能”（新能源汽车及汽车核心零部件、新材料、新一代信息技术、新能源产业、新医药及生物技术，高端轨道交通装备、航空装备、节能环保，智能制造装备和智能电网）十大产业链完成规模以上工业总产值 1640.41 亿元，增长 15.0%。新增市长质量奖企业 2 家，参与制（修）订国家、行业标准 12 项，江苏国茂减速机股份有限公司等 22 家企业通过国家级两化融合管理体系达标评定，三鑫重工机械有限公司、马拉兹（江苏）电梯导轨有限公司、常州同泰高导新材料有限公司被工业和信息化部认定为绿色工厂，瑞声光电科技（常州）有限公司、江苏恒立液压股份有限公司、今创集团股份有限公司和汽车发电机用精锻爪极分别被工业和信息化部认定为第三批制造业单项冠军示范企业、单项冠军产品，数量居全国县（市、区）首位；新增省级专精特新小巨人企业 11 家，位列全省第一。全区规模以上工业企业完成工业总产值 4217.96 亿元，完成高新技术产业产值 1902.83 亿元，分别增长 10.4%、11.5%。

【服务业】 2018 年，武进区扶持发展服务业重点项目和集聚区、生活性服务业（商贸流通业、文化产业、旅游产业）和生产性服务业（互联网产业、现代物流业），实现服务业扩容提质。津通现代服务业集聚区、武进绿建区入选省生产性服务业集聚示范区，万帮充电设备有限公司星星充电智能运维平台入选国家中小企业公共服务示范平台，爱琴海购物公园建成开业。新增省级农村电子商务示范村2个、省级乡镇电子商务特色产业园（街）区1个，分别累计7个、3个。全年服务业增加值突破千亿元，达1040亿元；全年实现社会消费品零售总额645.43亿元，其中城镇消费品零售额554.32亿元、农村消费品零售额91.12亿元，分别增长10.1%、10.8%、5.5%。成交额超亿元市场全年完成成交总额740.89亿元，比2017年增长2.0%。全面启动国家级全域旅游示范区创建，推动旅游业由高速增长向高质量发展。全区列入市旅游重点项目9个，太湖湾露营谷等3个景区类市旅游重点项目和城西回民村陡门塘特色田园乡村等6个乡村类市旅游重点项目年内完成投资5.16亿元，太湖湾露营谷、嬉乐湾研学营地、白金汉爵酒店建成投运。新增省三星级乡村旅游示范区（点）3个、市级美丽乡村示范区1个，年末拥有省级旅游度假区1个和国家AAAAA级旅游景区1个、国家AAAA级旅游景区2个、省星级乡村旅游示范区（点）9个、省工业旅游点1个、省自驾游基地4个。全年旅游接待1900万人次，实现旅游总收入255亿元，分别增长5.6%、12.3%。

【开放型经济】 2018年，武进区完成外贸进出口总额797.02亿元，其中进口总额232.02亿元、出口总额565亿元，分别增长7.7%、4.7%、9.0%。一般贸易进出口占货物进出口总额比重为83.3%。全年新增外资及港澳台资项目108个(新设项目67个，增资项目41个)，新增协议注册外资及港澳台资11.33亿美元，比2017年下降21.3%。新增协议注册外资及港澳台资超3000万美元以上项目11个，其中制造业项目7个、服务业项目4个。实际到账外资及港澳台资7.7亿美元，增长6.8%。战略性新兴产业项目实际到账外资及港澳台资占全区实际到账外资及港澳台资的73.1%。总投资4.8亿美元的瑞声移动通信微型精密器件增资项目、总投资2亿美元的慧泽新材料并购项目、总投资1.05亿美元的嘉浩物流项目等重大项目相继落户。全区通过备案的境外投资项目38个（其中增资项目10个），武进方面协议投资额3.77亿美元，比2017年增长49.0%。

【园区建设】 2018年，武进区推进园区发展能级提升。常州经开区加快发展“三年行动计划”收官，一般公共预算收入实现翻番，在全省省级经开区中排名上升47位，列第13位。武进高新区在国家级高新区排名上升6位，列第45位，继续保持全省县级国家高新区第1位，顺利通过国家知识产权试点园区验收，机器人及智能装备产业园获评中国优秀机器人产业园区，瑞声科技小镇列入省级特色小镇创建名单。西太湖科技产业园成功获批江苏省石墨烯创新中心，常州国药医学检验实验室建成运行，石墨烯小镇被评为首批江苏省优秀特色小镇，中以常州创新园区集聚中以合作项目81个，得到国家副主席王岐山肯定。苏澳合作园区总体规划和产业规划已形成初步成果，园区筹建取得阶段性成效。

（方　志）

政治建设

【人民代表大会制度建设】 2018年，武进区召开第十六届人民代表大会第二次会议，听取和审议政府工作报告、2017年国民经济和社会发展计划执行情况及2018年计划安排的报告、武进区2017年财政预算执行情况和2017年财政预算安排意见的报告、人大常委会工作报告、法院工作报告、检察院工作报告，批准以上报告并通过相应决议。区十六届人大常委会共召开常委会会议8次，听取和审议“一府两院”(政府、法院、检察院)专项工作报告17项，作出决议、决定11项，任免国家机关工作人员55人次，其中任命副区长1人。开展代表建议意见督办、执法检查和调研视察活动，助推全区经济社会建设和法治武进建设。

【协商民主制度建设】 2018年，武进区政协召开第十四届委员会第二次会议，审议并通过区十四届政协常委会工作报告和提案工作报告。开展政协专题调研，形成《关于全区教育资源优化配置的思考与建议》《关于加快推进“绿色发展标杆企业”创建工作的建议案》和调研报告28篇。加强政协提案督办，由区政协领导领衔督办，并邀请区政府分管领导参加督办《支持上市企业并购重组》《加快我区电商发展》《加强农业人才队伍建设》3个重点提案课题。围绕“弘扬传承历史名人文化”“帮扶关爱失独家庭”“老住宅小区加装电梯”“关爱帮扶失能人员”“支持上市企业实施并购重组”“进一步加强和改进城乡规划工作”等专题，开展考察活动，为全区经济社会发展献计出力。

【法治和平安建设】 2018年，武进区优化营商环境，创新施行《政法机关服务保障企业上市发展的实施意见（试行）》，对接服务各类企业3400余家；率先成立生态环境犯罪侦查大队，联动查处新型环境污染案件。开展党政主要负责人履行推进法治建设第一责任人专项督查活动，有效压实“关键少数”法治建设主体责任。完善社会治理体系，在全市首推网格化集成管理模式，区、镇、村级网格工作平台日均上报流转事项4600余件，开展走访服务5700余次，网格化集成管理工作获评2018年度全区十大创新工作之一。完善区、镇、村三级法律服务体系，区级法律顾问直接参与重大议事决策20余次，未发生因决策失误造成社会影响事件。深化平安武进建设，推进扫黑除恶，各项主要打处指标位居全市前列；创新开展信访积案集中攻坚“125”行动，化解各类矛盾超出既定目标51%；实施《升级版技防城总体建设方案》，实现重点行业、重点区域、重点部位技防网络建设全覆盖。武进区连续第14年获评“全省平安区”，再次获评“全省综治工作（平安建设）先进区”，被省委、省政府授予“2016—2017年度全省法治建设示范区”和“2015—2018年度全省社会治安综合治理先进集体”称号。

（方　志）

文化建设

【武进区第六届市民艺术节】 9月8日，武进区第六届市民艺术节在淹城东广场开幕，10月7日闭幕。该届艺术节由区委、区政府主办，以“日出阳湖·风雅江南”

武进锡剧团锡剧折子戏巡演　　供稿/武进日报社

为主题，围绕庆祝改革开放40周年这一主线，推出“庆祝改革开放40周年”武进诗词大会总决赛、“庆祝改革开放40周年”锡剧折子戏专场巡演、“歌声飘过四十年”全民嗨唱K歌大赛、武进区公益文化项目创投大赛、“艺美武进·民星大舞台”海选活动、第四届武进国际藏书票博览交流会、武进袁氏名人书画作品品读会、武进博物馆书画修复成果展演、武进区书协理事书法作品展、武进区美术家协会第二届新人美术作品展等主题活动48项，参与群众15万人次。9月8—14日，区、镇、村三级联动开展“全民艺术普及周”系列活动，涵盖遥观镇参观风筝馆活动、雪堰镇航模制作大赛、十字绣展览和丁堰街道“感受非遗文化、传承中华传统”草木染活动等200多个，全面展示武进群众文化建设丰硕成果、具有浓郁武进地方特色的群众文化节庆活动。区委宣传部、区文广新局、武进日报社联合举办“艺美武进、民星大舞台”才艺大赛，有300多组选手报名参赛，于10月7日举办决赛，网络直播观看人数达数十万人次。

【公共文化建设】 2018年，武进区推进公共文化体系建设，实施文化惠民工程，繁荣发展文化事业。第六届市民艺术节成功举行，全区建成基层综合性文化服务中心64个。全年举办周末文艺汇演20场，锡剧团、凤凰艺术团开展送戏送综艺节目下乡均达200场，实施农村电影“2131”工程免费放映电影3300场，开展流动图书服务150次。各文化窗口全年接待群众约130万人次，“阳湖书房”外借图书超21万册。区文化馆公益性培训联盟招收学员3000多人，受益群众超3万人次。区博物馆举办科普类、爱国主义教育类活动93场次，参与5万余人次。武进广播电视台全年播音8655小时、电视播出6752小时，“微武进”“生活连线”“乐活常州”“886阳湖之声”等微信矩阵粉丝数达52万人次，获评“江苏省新闻出版广电（版权）系统先进集体”。

（方　志）

社会建设

【城乡建设】 2018年，武进区完成重大交通设施、村土地利用等专项规划，多规融合持续深入。常宜高速、苏锡常南部通道建设加快推进，青洋快速路建成通车，大明路、长虹路高架互通改造主体工程和轨道交通1号线武进段车站主体结构施工完成；新沟河、永安河工程主体基本完工，新孟河工程进展顺利。统筹城市资源经营管理，全年出让经营性土地19宗、面积87.47公顷。化解征迁历史遗留问题43个，中心城区核心区征迁遗留问题全部解决，完成征迁签约面积132万平方米。海绵城市建设全面展开，新增绿色建筑面积250万平方米、装配式建筑面积180万平方米。完成湿地修复面积340公顷、造林绿化面积626.67公顷，戚墅堰运河风光带建成开放。实施乡村振兴战略，《武进区贯彻落实乡村振兴战略的实施意见》《常州市武进区乡村振兴战略实施规划（2018—2022年）》和《武进区生态农业生产体系改革方案》《农村人居环境三年行动》等配套政策相继出台。特色强镇建设“区镇联动、中心镇管理体制改革、被撤并镇焕颜、资源整合增效”四大领域有效突破，武进美丽乡村嘉年华活动精彩亮相，陡门塘省级特色田园乡村建设全面完成，创成省、市级美丽乡村示范村（点）3个，康居村庄达标率达到71.2%。推进城乡精细管理，推行路长制和流动红黄旗制度，开通微信公众号“随手拍”，府北等消费品综合市场整治到位，住宅小区、“两违”、户外广告和交通干线沿线环境整治行动高频率开展，重点区域“脏乱差”现象得到有效解决。全区城乡面貌有效改善，文明城市评测排名居全市前列。

【科技】 2018年，武进区深入推进全国双创示范基地建设，组织开展“创响中国”系列活动，成立科技创新创业联盟，加快打造“创新+资本+开放”的新苏南模式。新能源汽车能源与信息创新中心、石墨烯创新中心获批省级制造业创新中心试点，戚墅堰轨道交通产业园获批国家高端装备制造业标准化试点，固高数控精密制造创新中心落户，智能照明联合实验室、中汽研汽车工程研究院建成投用。第二届中以创新创业大赛决赛（常州站）、2018以色列智慧交通技术对接会、2018中英智慧医疗跨境科技创新论坛（常州场）、“武南创智汇”项目路演、“慧创讲堂”、中国机器人TOP10峰会、中国焊接机器人发展论坛等活动成功举办。列入国家级科技项目8项、省级科技项目90项，分获资助金额1054.2万元、9440.8万元；净增高新技术企业90家，累计537家，获得省科技进步奖5个；申请专利16506件，获授权11030件，其中发明专利1311件；研发经费支出占全区地区生产总值的比重提高到2.91%。武进区获得2018年度全国科技创新百强区第一名和中国知识产权领域最具影响力县域第二名。

【教育】 2018年，武进区教育资源配置日益均衡，常州大学西太湖校区、常州经开区小学、火炬路幼儿园等13所学校建成投用，武进开放大学与职教中心职教资源全面整合，教师“区管校聘”效应持续释放，17所城区小学与26所镇级学校结对共进，实现义务教育阶段集团化办学全覆盖。年末，全区有独立建制学校182所，其中公办小学50所、初中25所、九年一贯制学校5所、高级中学及完全中学8所；民办小学2所、民办初中2所、民办九年一贯制学校2所、民办高中1所；社区教育中心16所，特殊教育学校1所，少体校1所，开放大学、幼儿师范学校、职教中心校各1所；幼儿园（注册园）66所（不含16所分园）。另有简易托幼机构75所，新市民学校12所。在校（园）学生23.03万人，其中幼儿园5.8万人、小学9.41万人、初中3.94万人、高中1.45万人、职业学校1.2万人、新市民学校1.21万人、特殊教育学校144人。全区公办学校教职工8170人，民办学校教职工1054人，中小学代课教师1610人。年内，学龄儿童入学率达100%，初中毕业生升学率达99.1%，普通中学有4879名中学毕业生被各类大专院校录取，高考录取率97.2%，其中高考本科录取率92.9%。

【卫生】 2018年，武进区均衡卫生资源配置，投入医疗基础设施建设和设备购置资金3.59亿元，武进人民医院外科大楼、中医医院综合大楼基本竣工，实现国家卫生镇全覆盖，新（改、扩）建村卫生室20个，建成紧密型医联体3个、专科共建型医联体26个。年末，全区有医疗卫生机构373个，其中区级医院3个。拥有医疗床位4340张，有各类卫生技术人员6661人，其中执业（助理）医师2792人、注册护士2732人。加强防疫和卫生保健，人均基本公共卫生服务经费提高至65元，居民卫生保健意识增强。年内，甲乙丙类传染病总发病率317.3/10万，孕产妇系统管理率98.87%，7岁以下儿童健康管理率98.06%，爱婴医院巩固成果抽查合格率83%；家庭医生签约70万人，其中重点人群签约34万人、特殊人群签约17862人，签约率分别达48%、78%、97%；全区近5.4万人签订个性化有偿签约服务包。年末，每万人常住人口拥有全科医生数5.78人。

【体育】 2018年，武进区成功承办第23届女子曲棍球世界冠军杯比赛、2018年西太湖国际半程马拉松比赛和全国男子曲棍球冠军杯赛、全国女子曲棍球锦标赛、全国女排联赛等国际和国家级赛事。参加江苏省19届运动会，获金牌56枚、银牌25枚、铜牌30枚，并获全省县（市、区）输送奖第一名、贡献奖第二名。参加第15届市运会青少年部比赛，获金牌425.5枚，列金牌榜、团体总分榜第一。省队区办江苏女曲获2018全国女子曲棍球锦标赛冠军，全国女曲锦标赛第三名。完善镇（村）健身设施，新（改、扩）建村（社区）体育健身工程30个，新增健身体育场地面积2.5万平方米。年末，全区公共体育场地总面积达319.39万平方米，人均2.21平方米。拓展全民健身活动内涵，举办区级体育活动40余项。全年完成体育彩票销售总额11.27亿元，比2017年增长90.0%。

【人民生活】 2018年，全区新增就业岗位11万个，城镇新增就业2.4万人；扶持创业5994人，下岗失业人员再就业1.81万人，其中就业困难对象再就业2229人；城镇登记失业率1.8%；新增农村劳动力转移就业2982人。居民人均可支配收入47086元，居民人均生活消费支出26939元，分别增长8.4%、8.1%。新开工棚户区改造拆迁项目6个，新开工925套（折算套数）；棚改安置房建设项目2个，新开工3276套，合计新开工4201套，基本建成2181套。为389户发放城镇住房保障家庭租赁补贴。全年归集住房公积金28.24亿元，发放贷款25.02亿元。扩大社会保障覆盖面，城镇、农村保险综合参保率均在98.82%以上。企业职工养老、医疗、失业、工伤、生育五项保险分别净增2.35万人、1.98万人、2.21万人、2.2万人、2.21万人，五项保险参保总人数分别达到43.38万人、58.69万人、36.96万人、37.7万人、37.69万人。居民基本医疗保险筹资标准由年800元/人提高到年876元/人，最高补偿限额由年750元/人提高到年900元/人。提升最低生活保障水平，最低生活保障由每月760元/人提高到每月800元/人，全年发放居民最低生活保障金2107万元，享受保障2080户、2843人。推进“阳光扶贫”，低收入人口脱贫率达98.8%。全年发放慈善救助金3996万余元，惠及困难群众1.2万人次。积极探索医养融合、居家养老模式，实现老年助餐点城市社区全覆盖，机构养老床位总数7395张，其中护理型床位数占比达61%。

（方　志）

精神文明建设

【概况】 2018年，全区各级、各部门按照武进区精神文明建设计划，围绕区委、区政府各项目标任务，推进社会主义核心价值引领工程、公民道德建设实践工程、全域文明城市建设基础工程、未成年人思想道德建设激励工程，提升市民道德水平、文明素养和全社会文明程度。雪堰、礼嘉、前黄、湖塘、牛塘、洛阳、湟里、横林、遥观、横山桥10个镇获2018年度“武进区文明镇”称号，雪堰、礼嘉、前黄、湖塘、洛阳、湟里、横林、遥观8个镇获“2016—2018年度武进区文明镇标兵”称号。全区入选“常州好人”13人，林小生、姚小兵、俞金坤入选2018年“中国好人榜”。年末，武进区精神文明建设综合考核成绩名列全市第一。

【社会主义核心价值引领工程】 2018年，武进区围绕社会主义核心价值观日常化、具象化、生活化的原则，推进社会主义核心价值引领工程，促进社会主义核心价值观落地生根。结合文明城市建设，发挥《武进日报》、“今日武进”“微武进”等新闻媒体和户外宣传载体作用，加强公益宣传，传播诚信建设、邻里和谐、文明交通、文明旅游、绿色节约、文明乡风等内容。通过武进市民广场、金源绿地社会主义核心价值观主题公园和《阳湖尚德》系列宣传阵地建设，引导各镇打造社会主义核心价值观主题广场、主题公园，把本土愿景、好人文化、村规民约、家风家训、乡风民情等内容融入其中。组织参加常州市第十一届社区邻里节暨“迈进新时代、幸福舞起来”广场舞大赛，开展“社区天天乐”“我们的节日”和文明交通行动、文明旅游行动等活动，推进诚信体系建设、道德领域突出问题整治，全力营造文明、健康、和谐的社会氛围。推动志愿活动常态化，依托“志愿江苏”平台，发布并组织开展志愿服务活动；扶持“微云义剪”“馨缘种子社”“繁星公益基金”等志愿服务组织发展，深入开展扶贫帮困、助学帮学、爱老敬老、关爱特殊儿童等志愿活动。

【公民道德建设实践工程】 2018年，武进区围绕提升公民思想道德素质，推进公民道德建设实践工程。深化道德讲堂，于4月出台《关于推进道德讲堂高质量建设的实施意见》，加强对各级道德讲堂的课程设置和分类指导，推广“掌上道德讲堂”，在机关、事业单位重点开展“三大一实干”、解放思想大讨论等学习教育活动，在镇、村（社区）组织百姓视角巡演，全年开讲22次，向市道德讲堂总堂送课4堂。推选身边好人，全区入选“常州好人”13人，林小生、姚小兵、俞金坤入选2018年“中国好人榜”。弘扬乡村文明，以培育新型农民、优良家风、文明乡风、新乡贤文化为重点，推进农村精神文明建设、农村精神文明建设示范村建设。牛塘镇、湟里镇葛庄村、洛阳镇岑村村、雪堰镇城西回民村、横山桥五一村创成市级农村精神文明建设示范镇、村，湖塘镇、湟里镇、潞城街道和城西回民村、太滆村、雅浦村、共建村、三勤社区、西墅村、跃进村、勤新村、五一村、长汀村被列入“新时代文明实践中心（所、站）建设”市级试点单位。

【全域文明城市建设基础工程】 2018年，武进区围绕文明城市建设这一主线，实行长效化管理、常态化检查、制度化考核，全面提升文明城市建设管理水平。每个季度印发《全国城市文明程度指数测评体系责任分解表》，开展违章停车整治、餐饮住宿行业日常巡查和专项督查，及时更换破损道板、公益广告、遵德守礼提示牌，组织市民寻访巡查。完善协调机制，落实长效管理责任人制度，对市级季度测评、市民寻访团巡查、区级自查、领导督查、市民找差等发现问题限期整改，实现文明城市巡访督查问题闭环解决。坚持“创建为民、利民、靠民”的原则，开展专项整治，推行垃圾分类，解决与群众密切相关的公共场所设施破损、街巷和小区环境卫生、校园周边环境等重点难点问题，提升市民对文明城市建设的满意度。

【未成年人思想道德建设激励工程】 2018年，武进区坚持立德树人，坚持目标化管理，发挥区教育、团区委、区妇联、区科协、区关工委等部门职能作用，加强未成年人思想道德建设。深化“中华美德”读书教育活动，组织未成年人开展读书、征文、社会实践活动，教育引导青少年。开展未成年人文明礼仪教育提升行动，推动“八礼四仪”（仪表之礼、仪式之礼、言谈之礼、待人之礼、行走之礼、观赏之礼、游览之礼、餐饮之礼，入学仪式、成长仪式、青春仪式、成人仪式）养成教育家庭、学校、社会全覆盖，从学礼知礼向守礼行礼延伸，接受文明礼仪洗礼。结合文明校园创建，开展“我们的节日”“向国旗敬礼，争做新时代升旗手”活动，积极传播正能量。推进以美育人工程，开展童诗、童话、童谣征集评选，编创推广优秀少儿文化文艺精品。提升区未成年人成长指导中心设施功能，加强区家长学校总校建设，统筹协调各镇阳光驿站、学校少年宫、文体站、图书馆、纪念馆等阵地，支持和推广关爱帮扶特色项目，全力优化未成年人成长发展环境。年内，省横林高级中学、前黄实验学校、省前中附属人民路初级中学、湖塘桥实验小学、星韵学校获得全国青少年“中华美德”读书教育活动优秀组织奖，横山桥高级中学、东安实验学校、庙桥小学、戚墅堰实验小学获评“读书育人特色学校”，湖塘桥实验小学马楚琪等15名学生分获全国青少年“中华美德”读书教育活动一等奖、二等奖。

（陈　伟）

生态建设

【环境质量】 （1）水环境质量。2018年，武进区“水十条”考核断面消灭劣五类水，武进港、太运河、漕桥河3条入太湖河道水质均有改善。全区15个“水十条”考核断面中有11个达标，国考断面太湖西部区、百渎港百渎超标，省考断面漕桥河裴家、太滆运河黄埝桥超标。集中式饮用水水源地水质达标率、水域功能区水质达标率均为100%。

（2）环境空气质量。全区优良天数224天，较2017年减少23天，空气优良率62.7%，下降5.7个百分点；$PM_{2.5}$均值为53.8微克/立方米，比2017年上升9.4个百分点。

【生态文明建设】 参见《专记》栏目P5同名条目。

（方　志）

武进区领导人名录

（2018.4.1—2019.3.31）

区委领导

书　记　史志军（—2018.9）
　　　　李　林（2018.11任）
副书记　戴士福　顾伟国　叶明华
常　委（书记、副书记在常委中不重复列名）
　　　　华　飞　孙金才　郑政平
　　　　杨国成　徐　萍※（—2019.1）
　　　　唐家中（2019.1任）　陆秋明
　　　　石旭涌　卜宪沛（2018.8任）
　　　　钱文华（—2018.12）

区人大领导

主　任　臧建中
副主任　陈　虎　张　美※　蒋国强
　　　　蒋红英※

区政府领导

区　长　戴士福
副区长　陆秋明　张　强　薛建忠
　　　　是　峰　刘志峰　薛红霞※
　　　　徐治国　张小虎
　　　　钱文华（—2018.12）
　　　　许让磊（—2019.3）
　　　　张承祖　吴　飞（—2018.12）
　　　　宋　歌※（2018.6任）

区政协领导

主　席　江建文
副主席　单骏初　杜　强（—2019.1）
　　　　陆雅芬※　万卫新　刘云英

说明：带※者为女性

（吴　城）

大事记

Chronicle of Main Events

栏目编辑　蒋　聆　张怡菁

1 月

1 日　武进全民健身“1 号活动”迎新登高暨 2018 常州武进首届垂直马拉松城市挑战赛在武进万达中心开赛，500 名健身爱好者参加。

3—4 日　政协常州市武进区第十四届委员会第二次会议在武进假日酒店会议中心召开。常州市副市长、武进区委书记史志军作《深入贯彻十九大精神，合力推进“五个三年行动计划”为高水平全面建成小康社会而团结奋斗》的讲话，区政协主席江建文作工作报告。

4 日　武进区横林强化木地板产业集聚区被国家质量监督检验检疫总局批准为全国强化木地板产业知名品牌创建示范区。

4—6 日　武进区第十六届人民代表大会第二次会议在武进假日酒店会议中心召开。区长戴士福作《政府工作报告》。

6 日　常州市武进区监察委员会成立。

8 日　中车戚墅堰机车车辆工艺研究所有限公司主导完成的“高铁列车用高可靠齿轮传动系统”在国家科学技术奖励大会上获得国家科学技术进步奖二等奖。

14 日　武进图书馆、武进地方文献研究会编撰的《武进图书馆馆藏宗谱萃编》在区图书馆首发，成为全国首部县区级图书馆馆藏家谱目录。

16 日　江苏顺风新能源科技有限公司 1.5 吉瓦（GW）高效太阳能电池项目启动，总投资 8 亿元。

22 日　常州汉科汽车科技有限公司再制造车门通过工业和信息化部认证，被列入《再制造产品目录（第七批）》，全国仅有 7 家制造商入选。

23 日　“鲜花属于你”2017 年武进区就业创业先进表彰暨第五届“优秀农民工”颁奖典礼在常州工程职业技术学院举行，颁发武进区技能状元、企业首席技师、十佳农民工等奖项。

2 月

3 日　坤泰车辆系统（常州）有限公司开工奠基，总投资 104 亿元，建设坤泰汽车核心系统项目，成为常州经开区首个百亿级项目。

9 日　区政府办印发《关于进一步修订完善常州市武进区城乡居民基本养老保险制度的通知》，明确个人养老保险费缴费标准、政府补贴等规定，从 2018 年 7 月 1 月起施行。

22 日　武进区突出贡献企业表彰大会召开，表彰纳税大户企业 88 家和优秀企业家 88 人。

27 日　今创控股集团有限公司在上海证券交易所上市，股票代码“603680”。

3 月

8 日　江苏省副省长郭元强考察调研西太湖科技产业园石墨烯产业发展情况，参观石墨烯产业展示馆和石墨烯小镇客厅。

9 日　江苏省戏剧学校武进锡剧班签约暨新闻发布会在凤凰谷大剧院举行。该锡剧班招收戏曲（锡剧）表演专业学生 16 人（8 男、8 女），学制 6 年，学费由区财政承担。

13—14 日　常州市副市长、武进区委书记史志军率武进区党政代表团在深圳学习考察，参观比亚迪股份有限公司、深圳市大疆创新科技有限公司、瑞声科技控股有限公司等高新技术企业。

19 日　武进区住房保障政策调整，低收入和中等偏下收入家庭公共租赁住房以及经济适用住房标准均降低，保障覆盖面扩大。

是日　嬉戏族集团有限公司在全省文化产业工作座谈会上被省文化厅授牌为第一批江苏省重点文化产业示范基地。

20—22 日　第十二届（中国 · 横林）国际地板博览会在上海新国际博览中心举行，60 余家横林地板企业代表组团参展。

22 日　6 头津巴布韦非洲象在淹城野生动物世界对外展出，成为全省首个引进的非洲象种群。

28日 区检察院制作的微电影《妈妈》在中国金鸡百花电影节第三届国际微电影展映上获优秀作品奖。

4月

8日 “书香武进、悦读人生”武进区第二届读书月活动在凤凰谷大剧院开幕。读书月期间，全区开展好书推荐、诗词朗诵、读书奇妙夜、感悟分享等阅读活动36项。

11日 江苏省委书记娄勤俭调研西太湖科技产业园石墨烯产业。

是日 全国人大华侨委员会副主任委员、致公党中央副主席曹鸿鸣一行调研武进区产城融合工作。

是日 第一届淹城百花节开幕，持续至6月18日。

是日 南夏墅街道华阳村委与江苏正气浩然律师事务所共建法律诊所。该诊所成为全区首个村级法律诊所。

13日 武进区召开“爱国敬业创新诚信守法贡献”先进事迹汇报表彰大会暨理想信念报告会，中天钢铁集团有限公司、远宇电子科技有限公司等97家企业获得2017年度“爱国敬业创新诚信守法贡献先进会员”称号。

21—22日 常州市副市长、武进区委书记史志军率武进区党政代表团在陕西省安康市汉滨区、平利县开展扶贫协作和对口支援工作，落实苏陕扶贫协作工作有关要求，加强武进与陕西省安康市对接交流。

22—27日 第45届世界技能大赛全国机械行业焊接项目选拔赛在中车戚墅堰机车车辆工艺研究所有限公司举行。20多所院校48名选手参赛，成都市技师学院雷世宇获第一。

26日 江苏省副省长费高云专题调研武进区农村土地制度改革三项试点工作推进情况。

28日 武进区召开庆祝“五一”国际劳动节暨表彰大会。江苏协和电子股份有限公司等27个单位获得2017年度武进区“五一劳动奖状”，史超等80人获得2017年度武进区“五一劳动奖章”。

5月

10日 武进区实验小学教育集团上善党建联盟成立，成为全区教育系统首个党建联盟。

11—12日 首届中国西太湖·全球公司发展论坛在西太湖科技产业园举行，国际商会和机构代表、企业家等200余人参加。

15日 以“智能互联：知识产权技术供给与法律保障”为主题的2018首届中国互联网知识产权大会在武进举行，国家、省、市知识产权部门，互联网企业代表、专家学者等300余人参加。

18日 江苏省副省长马秋林率省有关部门人员调研武进高新区加快科技创新、培育经济发展新动能情况，考察瑞声科技控股有限公司、万帮德和新能源科技有限公司。

是日 《常州市武进区网格化集成管理实施意见》出台，明确按照“人在格中、事在网中”的原则，将全区村（社区）及其他特定空间科学划分成若干网格，分为基础网格和专属网格两大类。

19日 位于京杭大运河戚墅堰段的戚墅堰运河公园揭牌。公园长3.45千米，宽约57米，总投资3.7亿元。

23日 江苏省委常委、省纪委书记、省监委主任蒋卓庆调研武进区解放思想大讨论活动开展情况。

30日 海峡两岸关系协会会长张志军调研武进台资企业发展情况。

31日 江苏嗨购网络科技股份有限公司被省科技厅、商务厅等6个部门联合认定为江苏省2017年度技术先进型服务企业，成为全区首家省技术先进型服务企业。

是日 《武进区贯彻落实乡村振兴战略的实施意见》出台，明确提出到2020年，在全国率先实现农业现代化，农业综合机械化水平保持在90%以上；农村居民收入增速与经济增速同步，建档立卡低收入农户全部脱贫。

6月

7—8日 常州市副市长、武进区委书记史志军率武进区党政代表团考察学习杭州市萧山区城市建设、创新发展、特色小镇方面的先进经验。

8日 清英外国语学校阿福童国际学校成立，成为全国首所阿福童国际学校。

9日 不止骑·2018第六届中国24H单车环太湖认证赛在武进太湖湾旅游度假区开赛，5000名骑手参加。

11日 2018年流动人口积分入学报名结束。纳入积分范围学校学位数由2017年的9981个减少到9603个，7458名流动人口子女通过积分顺利入学。

13日 位于路劲城小区内的建筑垃圾可卸式箱体收集试点投入运营，成为全市首个箱体收集点。

13—14日 武进区党政代表团在广东省深圳市南山区学习考察，参观深圳湾创业广场等地，学习南山区创新驱动发展、产业优化升级、城市规划管理等方面先进经验。

16日 米兰游艇驾照培训基地在西太湖揽月湾米兰游艇俱乐部成立，成为全市首个全国通用内河游艇操作员培训基地。

22日 武进以绿建区为平台入选省住房城乡建设厅和财政厅公示的2018年度省级节能减排（建筑节能和建筑产业现代化）奖补资金项目绿色生态城区高品质建设奖补城市，美的国宾府入选高品质建造奖补项目。

23日 武进阳湖牌水蜜桃获得中国森林认证，成为全国首个通过森林认证的水蜜桃品牌。

25日　武进区被教育部、科技部等5个部门评为第三批国家级农村职业教育和成人教育示范县。

25—27日　武进鸣凰徐氏第三代竹刻代表性传承人徐风被亚太地区竹工艺评委会、国际竹藤组织评为第一届亚太地区竹工艺名匠。

26日　礼嘉镇武南现代农业产业园被省教育厅确认为2018年全省教育服务“三农”高水平示范基地。

28日　全市首家上市公司党建联盟在遥观镇成立，今创集团股份有限公司等8家上市企业和“新三板”挂牌企业成为该联盟第一批成员。

7月

6日《武进区物业服务从业人员见义勇为行为奖励暂行办法》颁布，全区20名物业服务行业从业人员受到表彰。

9日　武进区王野、刘建芳、邵丹薇3人被科技部确认为2017年科技创新创业人才。

26日　生态环境部副部长黄润秋一行督导调研武进区“水专项”项目。

28日《常州市武进区人民政府关于鼓励社会力量兴办教育促进民办教育健康发展的实施意见》出台，提出加强党对民办学校的领导、创新民办教育体制机制、完善对民办教育的扶持政策、加快民办学校现代学校制度建设、优化民办教育管理。

30日　原武进区人武部和原戚墅堰区人武部合并整编为新的武进区人武部。

是日　武进区连续第8次被省委、省政府、省军区授予“江苏省双拥模范区”称号。

8月

6日　雪堰镇入选农业农村部、财政部联合发布的2018年农业产业强镇示范建设名单。

8日　江苏省人大常委会副主任、省总工会主席魏国强走访武进区职工创新创业基地，调研武进区服务职工“双创”工作。

是日　中国春秋淹城旅游区被国家市场监督管理总局授牌为“全国春秋文化旅游知名品牌创建示范区”。

9日　区委十二届五次全会召开，常州市副市长、武进区委书记史志军代表区委常委会向大会作《思想再解放、改革再突破、奋力推动武进高质量发展走在前列》的工作报告。

10日　武进区首届“创新引领未来，创业成就梦想”职工创新创业大赛举行。共收到机电、汽修、无人机、园艺等领域的参赛作品156个，常州朗奇威电器有限公司夺得冠军。

12—13日　陕西省安康市平利县委副书记、县长陈伦富率党政企代表团在武进区考察交流，举办“平利特产进武进，百家企业手拉手”招商推介会。

13日　武进图书馆连续第6次被文化和旅游部评定为国家一级公共图书馆。

17日　常州信息职业技术学院汤雨龙、陈俊、鄂晓雨等报送的“多工位柑桔果肉自动分离机”作品获得2018年“挑战杯——彩虹人生”全国职业学校创新创效创业大赛特等奖，该院成为全国唯一一所连续三届获此赛项特等奖的学校。

28日　武进绿建区被省发展改革委认定为第三批省级生产性服务业集聚示范区。

是日　常州强力电子新材料股份有限公司董事长钱晓春在全省科学技术奖励大会暨科技创新工作会议上获得江苏省专利发明人奖。

9月

8日“日出阳湖·风雅江南”武进区第六届市民艺术节在淹城东广场开幕，持续时间1个月。其间，开展展演、展示、比赛等系列文化活动48项。

8—9日　尼勒克县党政代表团在武进考察，学习借鉴社会治理、经济建设、旅游开发等方面成熟经验和做法。

19日　常州二维碳素科技股份有限公司在中国国际石墨烯创新大会上发布世界首款变频石墨烯采暖膜。

10月

8日　武进区被中小城市发展战略研究院评为2018年度全国综合实力百强区第三名、全国绿色发展百强区第三名、全国投资潜力百强区第一名、全国科技创新百强区第一名、全国新型城镇化质量百强区第三名。

是日　国产首台套850吨/天生活垃圾焚烧炉排在光大环保有限公司总装下线。该设备代表国内环保装备最高制造水平。

是日　位于湖塘镇大学新村一社区的大件垃圾分拣中心正式运行，成为全区首个大件垃圾分拣中心。

11日　遥观镇“新观点”众创空间获评江苏省乡镇电子商务特色产业园区。

14日　2018常州西太湖半程马拉松赛在西太湖举行。美国、德国、法国等18个国家和地区的选手以及国内马拉松爱好者共计2万人参赛。

16日　浙江省绍兴市市长盛阅春率政府代表团考察武进，参观江苏恒立液压股份有限公司、中国石墨烯科技产业展示馆，学习武进在搭建平台、集聚人才、培育特色产业方面的经验和做法。

19日　江苏小牛电动科技有限公司在美国纳斯达克上市，证券代码为“NIU”。

28日　武进区“美丽乡村”嘉年华暨雪堰镇城西村陡门塘美丽乡村示范项目揭牌仪式在太湖湾举行。

是日 《关于建立武进区长期护理保险制度的实施方案（试行）》出台，明确长期护理保险坚持全覆盖、保基本、多层次、可持续原则。试行期间的筹资标准为100元/人·年。

30日 武进区与陕西省安康市平利县对口协作座谈会暨签约仪式举行。双方签订人才交流、镇（村）合作、投资意向、劳务协作等合作协议，深化精准扶贫协作、特色产业合作和干部人才交流。

11月

3日 “诗韵武进”——纪念改革开放40周年武进诗词大会总决赛在嬉戏谷举行，15名选手参赛，湟里分会场冠军吴翔夺得总冠军。

6日 国务院港澳事务办公室主任张晓明一行调研武进区，察看中以常州创新园、苏澳合作园区建设办等地。

是日 新城悦控股有限公司在香港联合交易所主板上市，股票代码“1755”。

是日 武进绿建区入选由中国建筑材料企业管理协会与中国建筑材料工业规划研究院联合发布的中国建材园区20强。

8日 山西省晋城市市长刘锋率政府代表团考察武进，实地察看江苏省绿色建筑博览园、今创控股集团有限公司，详细了解武进区新兴产业布局、先进装备制造业发展情况。

是日 由新城控股集团开发建设的新城帝景被中国房地产业协会评为中国百年住宅示范项目。

9日 江南石墨烯研究院、常州国成新材料科技有限公司和常州市计量测试技术研究所联合制定的地方标准《石墨烯薄膜微区覆盖度测试 扫描电子显微镜法》（DB32/T 3459—2018）发布实施，填补国内外石墨烯薄膜微区覆盖度检测标准方法、检测规程等方面的空白。

15日 江苏省副省长马秋林调研中以常州创新园，了解中以合作发展情况。

17—25日 第23届女子曲棍球世界冠军杯在武进曲棍球基地举行，是国内首次举办最高规格曲棍球单项赛事。

19日 康利国际控股有限公司在香港联合交易所主板上市，股票代码“6890”。

是日 国家副主席王岐山一行专题调研中以常州创新园，实地参观以色列中心和征图新视（江苏）科技有限公司。

28日 旷达科技设计研发团队自主创作作品“生态多功能车用内饰面料”在2018国际CMF设计大会获得材料创新奖和网络至尊奖两大奖项。

30日 中南高科·常州武进创智云谷项目启动暨企业入园仪式在牛塘镇举行，18家入驻机构、企业代表现场集中签约。该项目由中南控股集团有限公司投资建设，打造集高端制造、研发测试、生产性服务、公共技术平台等功能于一体的智能装备研发制造基地。

12月

1日 宿迁市委常委、常务副市长史志军率政府代表团考察武进区农村土地制度改革三项试点工作。

4日 连云港市委书记项雪龙、代市长方伟率党政代表团考察武进区城市建设、产业发展等情况。

5日 武进区领导干部会议召开，宣布李林任武进区委委员、常委、书记和武进高新区党工委书记。

6日 江苏省委常委、组织部部长郭文奇调研武进高新区经济社会发展、基层党建工作和中以常州创新园、苏澳合作园区相关工作情况。

是日 武进区召开见义勇为先进分子表彰大会，授予许建平、戴旭锋等10人“武进区见义勇为先进分子”称号。

7日 江苏省委常委、政法委书记王立科专题调研常州经开区铁牛汽车七速双离合变速箱项目，要求各级各部门综合施策，加强协作，积极配合，全力推动重点项目顺利实施。

7—9日 由区体育总会主办的2018GPKS第二届中国江苏武进“太湖湾杯”卡丁车邀请赛在常州嬉戏谷卡丁车赛场举行。

11日 常州武进万达广场商业管理有限公司入选省商务厅公布的13个省级绿色商场创建单位名单，成为全区首个省级绿色商场创建单位。

13日 澳门特别行政区行政长官崔世安率团考察苏澳合作园区筹建工作推进情况。

是日 武进高新区民营企业家沈本忠自行研制的F27轻型直升机获得民航华东地区管理局颁发的个人自制航空器实验类适航证，成为中国民航首张实验类适航证。

18日 武进绿色建筑产业园被省工业和信息化厅确认为2018年江苏省小型微型企业创业创新示范基地。

19—20日 全国政协副主席、农工党中央常务副主席何维在武进调研中以合作和医疗器械产业发展情况。

22日 常州爱琴海购物公园奥特莱斯开业，成为常州经开区首个大型高端商业综合体。

26日 常州市钱璟康复股份有限公司入选全国第二批智慧健康养老示范企业。

27日 首届“武进工匠”表彰大会在凤凰谷大剧院举行，武进先进制造业、现代服务业、战略性新兴产业和优势产业等领域的基层一线、操作岗位劳动者共12人被授予“武进工匠”称号。

28日 “南田风骨”——第三届恽南田全国花鸟画作品展在中国·环太湖艺术城开幕，展出中国花鸟画作品187件，持续至2019年1月15日。

30日 区委十二届六次全会召开，常州市副市长、武进区委书记李林代表区委常委会作《深化改革开放，决胜三年行动，奋力争当高质量明星城建设排头兵》的报告。

中共常州市武进区委

Changzhou Wujin District Committee of the Communist Party of China

栏目编辑　王国新

区委重要会议

【区委十二届五次全会】 8月9日在区行政中心召开，区四套班子全体领导出席会议。常州市副市长、中共武进区委书记史志军代表区委常委会向全会作《思想再解放，改革再突破，奋力推动武进高质量发展走在前列》的报告。会议深入学习贯彻习近平新时代中国特色社会主义思想和中共十九大精神，落实省委、市委全会部署要求，回顾总结上半年工作，研究部署下半年任务，动员全区上下以更强的决心、更大的力度、更实的举措，有效突破“五个三年行动计划”，确保高水平全面完成各项目标任务，推动武进高质量发展走在前列。要求全区上下深入解放思想，引领高质量发展，以“打造苏南模式转型升级试验区、当好常州明星城建设排头兵”为总目标，以高效推进八大攻坚为抓手，牢牢突出目标导向、问题导向、效果导向，坚持“以改革增动力、激活力，以管理破难题、求效益”的总思路，用精准有效的措施，做扎实细致的工作，抓好工业转型升级、高端服务业创新发展、环境管理提质、改革落地见效、投融方式创新五方面，切实以“五个三年行动计划”的高质量突破，推动高质量发展走在前列。持续学习贯彻习近平新时代中国特色社会主义思想和中共十九大精神，扎实推进省委巡视巡察反馈意见整改，纵深推进解放思想大讨论活动，创新展现“三项机制”提振精气神功能，充分发挥基层党组织战斗堡垒作用，以高质量党建引领和推动高质量发展。

【区委十二届六次全会】 12月30日在区行政中心召开，区四套班子全体领导出席会议。常州市副市长、中共武进区委书记李林代表区委常委会作题为《深化改革开放，决胜三年行动，奋力争当高质量明星城建设排头兵》的报告。会议深入学习贯彻习近平新时代中国特色社会主义思想和中共十九大精神，以及省委“六个高质量”、市委“种好幸福树，建好明星城”部署要求，回顾总结2018年工作成绩，研究部署2019年的工作任务，动员全区各级要以习近平新时代中国特色社会主义思想为指导，全面贯彻中共十九大精神，坚持新发展理念，坚持以人民为中心的发展思想，按照“推动武进高质量发展走在前列”的总体要求，落实市“重大项目攻坚年”工作部署，紧紧围绕“五个三年行动计划决胜年”主题，持续深化改革，全力扩大开放，全面从严治党，统筹推进稳增长、促改革、调结构、惠民生、防风险各项工作，切实维护社会稳定，确保“五个三年行动计划”圆满完成，奋力在“打造苏南模式转型升级试验区、当好常州明星城建设排头兵”进程中迈出坚实步伐，为决胜高水平全面建成小康社会打下决定性基础。要求全区各级党组织进一步树牢“最大政绩”“首要之责”理念，全面提高新时代党的建设质量，切实鼓足精神干劲，筑牢夯实组织基础，从严净化政治生态，广泛凝聚起全区上下的智慧和力量，有力保障武进高质量发展大局。

12月30日，区委十二届六次全会在区行政中心召开　　摄影/陆　新

【全区党建工作暨作风建设会议】 2月7日在区行政中心召开，区四套班子全体领导出席会议。会议动员全区各级党组织和广大党员干部统一思想、振奋精神、转变作风、提升效能，为扎实推进“五个三年行动计划”突破年提供有力的组

织保障和强大的精神动力。常州市副市长、中共武进区委书记史志军强调要把十九大精神宣讲到每一位党员干部，创新打响“严治厚爱、创优争先”的党建品牌，全面开展“赢在创新、干在担当、评在实效”的作风建设主题实践活动，严格执行市委“十带头、十严禁”规定，积极推进监察体制改革，充分发挥巡察和派驻作用，有效推动全区党员干部思想持续转变、作风持续优化、效能持续提升。必须继续坚持弘扬“阳湖精神”，继续坚持推进创新实干，聚焦党建、作风建设中问题最突出、需求最迫切、群众意见最集中的重点难点痛点，真正通过点上的突破攻坚，推动党风政风面上的持续改善，为扎实推进“五个三年行动计划”突破年的各项工作、高质量完成全年目标任务汇聚强大力量。为实现“五个三年行动计划”大突破，要从讲担当入手，坚守追求愿担当，创新实干勇担当；要从走出办公室、深化改革、强化学习等方面转作风，让作风建设跟得上新时代的要求；要从抓落实收效，用好督查问责的指挥棒，拉好反腐倡廉的警戒线，鼓足创新创业的精气神。

【领导干部研讨会】 2018年12月16日在区行政中心召开，区四套班子全体领导出席会议。会议决定将2019年确定为“五个三年行动计划”决胜年，常州市副市长、中共武进区委书记李林要求全区上下要凝聚共识、接续发力，紧紧围绕“推动武进高质量发展走在前列”的总体要求，咬定“打造苏南模式转型升级试验区、当好常州明星城建设排头兵”的目标，继续以“五个三年行动计划”为主抓手加强改革攻坚，确保决战决胜。全区上下要统筹兼顾，突出重点。坚持发展是硬道理，妥善处理负债和投入之间的矛盾，突出抓好重点平台载体建设，主抓制造业转型升级，全力以赴推动重大项目建设；绘好蓝图，补长短板，提升品质，守住底线；做好规划，量入为出，整合资源，让武进百姓增加更多的获得感。

（吴柯霖）

区委决策部署

1月24日，全区“五个三年行动计划”突破年动员大会在区行政中心召开　供稿/区委办

【2018年全区“五个三年行动计划”突破年实施意见】 1月23日，区委、区政府出台《2018年全区“五个三年行动计划”突破年实施意见》(简称《意见》)。《意见》全面贯彻落实中共十九大精神，按照省委“两聚一高”、市委“六大行动”和区委十二届四次全体（扩大）会议部署要求，突出抓重点、补短板、强弱项，坚持系统化思维，注重规律性把握，强化创造性开拓，着力改革攻坚，深化创新驱动，提升城市品质，增进人民福祉，推动“五个三年行动计划”实现大的突破，经济社会实现更高质量发展，奋力在高水平全面建成小康社会、探索开启现代化新征程上走在前列、争当示范。《意见》明确：全区上下以创新驱动为引领，推动产业创新发展；以精细管理为主线，提升城乡环境品质；以美丽武进为目标，补齐生态建设短板；整合教卫资源，推进教育卫生均等化；以优质均等为原则，整合教育卫生资源；以强镇富民为核心，高效推进特色经济五大重点工作。《意见》要求各级努力以“五个三年行动计划”的重点、短板和弱项作为突破的总体目标，采取有力有效的行动措施，强化攻坚、务求突破，把“五个三年行动计划”突破工作作为增创发展新优势的重要抓手，量质并举提升发展内涵，推动全区实现更高质量发展。

【武进区督查工作重点】 4月4日，区委出台《2018年武进区督查工作重点》，明确2018年度全区督查工作重点13项，即市委“六大行动”贯彻落实情况、全区“五个三年行动计划”突破情况、全面深化重要领域改革情况、重点工程（项目）推进情况、党政主要负责人履行推进法治第一责任人职责情况、全面从严治党建设情况、《政府工作报告》目标任务推进完成情况、省委巡视巡察整改落实情况、阳光扶贫实施情况、“两减六治三提升”专项行动实施情况、农村集体“三资三化”专项提升行动实施情况、“12511”党外人才培养工程及上级和领导交办任务的落实情况。

【武进区委全面深化改革领导小组2018年工作要点】 4月16日，区委出台《中共常州市武进区委全面深化改革领导小组2018年工作要点》，明确武进区2018年全面深化改革工作的总体思路是：以习近平新时代中国特色社会主义思想为指导，把握高质量发展要求，以供给侧结构性改革为主线，紧扣“改革创新开新路，攻坚克难求突破”的工作主题和“五个三年行动计划”突破年的目标任务，坚持目标导向和问题导向，突出抓重点、补短板、强弱项，通过改革来打头阵、找出路、谋突破，着力补齐体制机制短板，着力抓好改革落地生根，着力提升人民群众获得感，确保全区改革的重点领域和关键环节取得实质性成果，推动“五个三年行动计划”实现新的更大突破，奋力在高水平全面建成小康社会、探索开启现代化新征程上走在前列、争当示范。围绕上述目标，重点开展深化经济体制改革，夯实高质量发展的经济基础；探索行政管理体制改革，全力提升行政服务的质量和效益；聚焦农村土地资源，探索促进乡村振兴的长效机制；聚焦社会民生重点，增强人民群众的幸福感、获得感；创新加强党的建设，开创新时代全面从严治党崭新局面五大类13项重点工作，要求全区各级各部门在思想观念、思路理念、方式方法等方面勇于打破常规、敢于先行先试，努力通过大力度的改革创新，推动每一个条线、每一个板块、每一项工作争第一，当一流。

（吴柯霖）

区委重要活动

【武进区解放思想大讨论活动】 5—12月，区委按照市委《关于在全市开展解放思想大讨论活动的实施意见》要求，不折不扣抓好“规定动作”，先后开展3次集体学习、3次集中调研和3次交流研讨活动，结合武进实际，创新开展“自选动作”，推出一批特色活动和特色举措，全区解放思想大讨论活动取得良好成效。

集体学习。5—7月，区委围绕省委“学习新思想，改革再出发，开放迈新步，发展高质量”的活动主题，紧扣习近平新时代中国特色社会主义思想和中共十九大精神、省委“六个高质量”、市委“种好幸福树，建好明星城”、武进“苏南模式转型升级”等重要内容，组织开展3次集体学习。5月11日，召开区委中心组学习会，全面动员部署全区解放思想大讨论活动，集体学习讨论教育局、行政审批局、试点办、生态办4个单位改革创新的成功经验和下一步深化改革的思路。6月14日，邀请上海社科院应用经济研究所原所长杨建文作《长三角高质量一体化背景下的“苏南模式”升级再造》专题辅导。7月25日，邀请南京大学政府管理学院教授李永刚作《高质量发展：国家战略与主攻方向》专题辅导。其间，全区各级各部门分别结合各自实际，灵活采取集中学习、专家辅导、个人自学、主题征文、演讲比赛等形式开展丰富多彩的学习活动，全区上下迅速兴起一股持续解放思想的学习热潮，为推动武进高质量发展凝聚智慧力量。

调研走访。6—7月，区委围绕打好“三大攻坚战”、推动“六个高质量”、建好“三个明星城”等重大使命任务，结合武进自身的发展基础、发展定位，聚焦各板块各部门急需破解的问题、短板和努力方向，组织开展3次集中调研。6月，开展集中调研月活动，区党政代表团分别考察调研深圳市南山区、杭州市萧山区、无锡市江阴市等标杆地区，对标找差，学习先进经验。6月27日，区四套班子领导史志军、戴士福、臧建中、江建文、顾伟国、叶明华等分3路观摩调研常州经开区、武进高新区、西太湖科技产业园、礼嘉镇等板块的全省、全市重点项目建设推进情况，相关领导深入解放思想大讨论联系点及社区、企业一线，了解基层发展现状以及解放思想大讨论活动开展情况，并为各板块深入解放思想、攻坚重点难点、发展提质增效提出有针对性的指导意见。

交流研讨。6—7月，区委组织开展三次集中研讨活动，进一步扩大思想解放成效，凝聚思路、理念和共识。6月27日，区委、区政府组织召开“双过半”推进大会，区四套班子全体领导参加，围绕“双过半”主要经济指标、重点项目建设推进、重大项目招引、企业股改上市等情况，开展研讨交流。6月29日，召开纪念中国共产党成立97周年暨解放思想大讨论活动座谈会，围绕党政代表团在先进地区学习考察、对标找差的经验启示，开展研讨交流。7月26日，召开“深入解放思想、落实高质量发展”乡镇（街道）座谈研讨会，围绕强化乡镇（街道）基层党组织战斗堡垒作用、生态环境治理、企业投资转型、创新落实“三项机制”等工作，开展深入研讨。通过集中研讨，全区各级党员干部进一步拓宽发展思路，坚定发展信心，明晰前进方向。

组织创新活动。区委始终坚持问题导向、效果导向，结合武进实际，创新开展一系列“自选动作”，确保活动高效务实。围绕中心排查难点问题，区四套班子领导主动认领各基层单位集中反映的九大类26条意见建议，并分别挂钩联系19项重点改革项目，亲自研究、协调解决推进过程中的重难点问题。针对困扰武进发展的重难点问题，区委落实完成“关于建设苏南模式转型升级试验区”和“深化农村土地制度改革”2个市重点课题。全区各板块、部门围绕打造“苏南模式转型升级试验区”、生态保护引领区建设等重大课题开展调研，征集汇总重点难点问题，落实具体解决方案。创新开展“弘扬企业家精神、再创苏南模式辉煌”系列活动，宣传今创集团等民营企业解放思想、创新转型的成功经验，创新出台《关于营造企业家健康成长环境，弘扬优秀企业家精神，更好发挥企业家作用的意见》，进一步激发全区党员领导干部和民营企业家解放思想、改革创新的思想共识和创业激情。创新编制“三项机制”情景案例。面向基层广泛征集、遴选情景案例42个，其中鼓励激励情

6月27日，区委书记史志军（前中）率区四套班子领导观摩重点项目铁牛集团汽车核心系统项目

供稿/区委办

景案例12个、容错纠错情景案例20个、能上能下情景案例10个，通过漫画形式生动展示情景案例。通过大量可观可感可参照的情景，达到以事析理、以例引路的效果。

在全区解放思想大讨论活动中，新华社客户端江苏频道专题刊发武进区相对集中行政许可权改革试点成功经验，《中国国土资源报》《中国自然资源报》专题报道农村土地制度改革典型成功案例，《江苏省解放思想大讨论活动简报》刊登《武进区解放思想全面推进七大改革》《武进区：解放思想、提速效能、行政审批制度改革奋力走在前列》《常州市武进区：农村土地制度改革三项试点见成效》等文章。

【区委常委会专题调研经开区经济社会发展情况】 1月16日，区委常委会专题调研常州经开区经济社会发展情况，实地查看大明路、潞横河东枢纽工程、横山桥卫生院改扩建工程，实地调研漕上路项目、横林镇双蓉村农村宅基地制度改革、临津花园等重点项目。区领导史志军、戴士福、臧建中、江建文、顾伟国、叶明华、华飞、孙金才、郑政平、杨国成、徐萍、陆秋明、石旭涌、钱文华参加调研。常州市副市长、中共武进区委书记史志军充分肯定经开区改革创新举措实、理念思路清、干部精气神足，要求相关部门抓好项目的关键节点，保质保量完成项目建设，发展要彰显活力，进一步激活体制机制活力，考核评价上体现激励，运行机制上有序有效、降低成本；要抓住市、区两级给予的政策机遇期，确定有效、精准的政策，引进一批有带动力的重大项目；要转变融合的观念和坚持高质量发展、城乡一体化发展、经营城市的观念，敢于改革攻坚，加强基层党的建设，齐心协力，鼓足干劲，进一步增强综合竞争力；要进一步深化改革创新、产业提质增效，真正成为推进全区、全市新一轮跨越发展的强大新引擎，力争创成国家级经开区。

【区委常委会专题调研武进高新区经济社会发展情况】 1月23日，区委常委会专题调研武进高新区经济社会发展情况，实地查看瑞声新科技小镇项目、石坝浜环境整治工程、众创服务中心等重点项目。区领导史志军、戴士福、臧建中、江建文、顾伟国、叶明华、华飞、孙金才、郑政平、杨国成、徐萍、陆秋明、石旭涌参加调研。常州市副市长、中共武进区委书记史志军充分肯定武进高新区发展思路清晰、定位准确、工作扎实，要求相关部门在产业定位、机制创新、改革攻坚等方面继续强引领、增活力，进一步将园区打造成开放、创新、高效的区域发展高地。要更高层次确定产业定位，围绕电子信息、新能源汽车与核心零部件、机器人三大产业，下定决心及早布局、及早攻坚；更高水平提升各项保障和服务，更高效率推动精准招商，更高精度配置资源政策，更大力度推进体制机制改革，继续在全区、全市发展中挑大梁。

【区委常委会专题调研西太湖科技产业园经济社会发展情况】 2月11日，区委常委会专题调研西太湖科技产业园经济社会发展情况，实地查看苏文电能科技有限公司、新恒东薄膜材料（常州）有限公司和国药集团基因科技有限公司等重点企业。区领导史志军、戴士福、臧建中、江建文、顾伟国、叶明华、华飞、孙金才、郑政平、杨国成、徐萍、陆秋明、石旭涌、钱文华参加调研。常州市副市长、中共武进区委书记史志军充分肯定西太湖科技产业园在重点产业布局、企业培育、资本市场、城镇建设、组织架构优化等方面的突破，要求西太湖科技产业园进一步彰显大空间的生态特色，坚持生态优先发展理念，将生态优势转化成景观优势、核心竞争优势；进一步彰显产城融合的形态特色，充分体现现代、精品、生态、效益等理念；进一步彰显龙头引领的业态特色，不遗余力引进一些顶天立地的大项目，标杆性、专业性的大院大所和大基金项目，提供系统化的保障和服务，实现新一轮"现代宜居城、科技创新城、生态文明城"的发展目标。

【区委常委（扩大）会议专题研讨生态文明建设】 6月28日，区委常委（扩大）会议在区行政中心召开，区四套班子全体领导出席会议。会议集中讨论生态保护引领区建设，传达全国生态环境保护大会和《中共中央国务院关于全面加强生态环境保护，坚决打好污染防治攻坚战的意见》精神、全省长江经济带发展工作推进会精神。常州市副市长、中共武进区委书记史志军指出，作为全省生态保护引领区，武进必须在打赢污染防治攻坚战中当好"急先锋"，重点推进"散乱污"企业整治，强力推动全区产业转型升级。要统一标准，全面排查，彻底整治，坚持长效、全面推进"散乱污"企业整治，优先打好治水、治气、管土三大重点战役；抓住河多、湖多的优势，加快修复自然生态系统，全力提升生态环境自我调控的能力。深化生态环境监管体系、经济政策体系和法治体系改革，构建生态环境保护社会行动体系。鼓励全区上下能把对绿水青山的心动，转化成生态文明建设的行动，每个人都成为美丽武进的建设者和受益者。

（吴柯霖）

组织工作

【概况】 2018年年末，武进区有党组织3269个，其中党委（党工委）121个、党总支323个、党支部2825个；有党员71101人，其中女党员20635人、大专及以上学历党员35672人，分别占党员总数的29%、50.2%。年内，区委组织部按照区委党建工作、组织工作目标和上级部署，统筹推进干部工作、基层党组织建设和人才工作，为全区经济社会发展大局提供坚强的组织保证和人才支撑。全年发展党员758人，其中35岁以下党员533人，占70.3%。

【实施组织力提升"123"工程】 2018年，区委组织部坚持把党的力量挺在第一线，实施组织力提升"123"工程（突出党的领导这个核心，推动基层队伍和基础工作过硬，实现经济强管理强、生态美家园美、口袋富脑袋富"双强双美双富"），充分发挥村（社区）党组织战斗堡垒作用。坚持村（社区）党组织这一领导核心，出台《村（社区）党组织战斗堡垒作用考核评估的指导意见》，对321个村（社区）党组织精准考核，并与经济待遇、政治荣誉等挂钩。推进基础工作和基层队伍"两个过硬"，健全基层组织体系，开展村（社区）书记

8 月 24 日，“践行党的组织路线，打造武进最美风景”专题学习会在区行政中心召开
供稿 / 区委组织部

AAAAA 制管理，深化支部规范化建设，提高党建工作质量。落实经济和管理强、生态和家园美、口袋和脑袋富的“三双目标”，配套出台指导手册和政策汇编，全力保障推进中心工作。

【干部教育培训】 2018 年，区委组织部完善“一课一档”制度，建立干部“月月谈”机制，将干部教育培训工作嵌入干部选拔培养全过程。围绕建设高素质专业化干部队伍的要求，坚持实用实践导向，突出分层分类实施，不断提高干部教育培训的精细化水平。全年完成各类培训班次 41 个，培训 1.81 万人次；组织党政干部参加上级调训 28 人次，组织区党政领导干部上讲台授课 10 人次。推进“深化新时代改革，推动高质量发展”系列培训，组织全区副科职干部轮训 9 场。启动青年干部三年滚动培训，三年一周期，每年 1 期，集中封闭培训 1 个月。首届青年干部培训班参训学员 45 人，安排专题讲座 28 场。经培训，一批优秀青年干部走上重点平台、一线岗位。举办“四新经济”专题培训，首次采用“企业家 + 干部”混合编班的形式，选派 52 名青年企业家、26 名经济部门青年干部骨干一起研修学习。

【“青年大学习，建功新武进”活力机关创建活动】 2018 年，区委组织部完善竞争性干部选拔培养机制，联合区委区级机关工委、团区委开展“青年大学习，建功新武进”第二期活力机关创建活动，190 名 30 岁以下青年干部参加。该活动围绕“解放思想大讨论”“五个三年行动计划”“改革开放 40 周年”等主题，由学、思、践、悟 4 个维度构成，开展“青年大学习”风采比拼和“建功新武进”结构化研讨，历时 4 个月。经过两轮评审，一批优秀青年干部进入组织视野。

【青年干部挂职锻炼】 2018 年，区委组织部遵循年轻干部的成长规律，将青年干部成长与岗位工作需求精准匹配，于 6 月出台《关于鼓励和支持青年干部赴基层锻炼、在一线成才的实施意见》，大力推动机关优秀干部到重要岗位、艰苦岗位蹲苗淬火。选派 43 名青年干部到基层一线交流任职、挂职锻炼、服务企业，推荐 7 名青年干部到科技部、国务院港澳办、澳门中联办及驻深圳、上海办事处挂职跟学。区委组织部建立月度纪实、季度小结、年度走访制度，确保真挂真练取得实效。

【苏澳双方公务人员交流】 2018 年，根据《关于苏澳互派公务人员交流学习协议书》，围绕苏澳合作园区建设发展实际，区委组织部选派 2 批 19 名公务人员到澳门挂职跟学 1 个月，进一步了解澳门经济社会发展和行政管理体制。接待澳门方面 2 批 14 名公务人员到武进学习考察，邀请电子政务、智慧城市建设等领域的资深专家和领导为澳方人员讲课，通过课堂授课、部门实习、参观调研等形式，促使苏澳双方人员加深了解，为“一国两制”下公务人员挂职交流提供生动的实践样本，得到国务院港澳办、澳门中联办以及省委组织部的充分肯定。

【“走进基层，走近干部”活动】 2018 年，区委组织部开展“走进基层，走近干部”活动，普遍走访调研全区 65 个区级机关部门，以分片联系的方式，通过个别谈话、查阅资料、现场走访等形式，将督事与察人相结合，全面了解被访单位班子运行、履职能效、干部队伍状态等方面情况，着力提升综合研判能力和干部工作科学化水平，为推进机构改革做好充分准备。

【干部管理“三项机制”贯彻落实】 参见《专记》栏目 P2 相关条目。

【干部实绩档案建设】 2018 年，区委组织部以深化干部精细化管理为抓手，对全区领导干部实行月度工作自我评估制度，并按照“一人一册”形式建立实绩档案，动态掌握干部履职情况。为提升工作实效，每季度会同区委督查室、区目标办等部门比对实绩数据，综合运用查阅资料、实地调研、干部面谈、领导点评等方式，印证实绩信息，精准研判干部履职表现，并将履职实绩作为干部评先评优、提拔重用、能上能下的重要依据。

【探索建立干部监督“四维”体系】 2018 年，区委组织部探索建立干部监督“四维”体系（全程监督、群众监督、正面监督、惩戒监督），提升干部监督工作质量和选人用人精准度。坚持干部监督工作联席会议协调配合机制，制定《干部监督信息沟通办法》，为全面了解干部信息提供重要来源。在区、镇（街道）、开发区机关，村（社区）、企业和领军人才中聘请特邀监督员 100 人，实现区、镇、村三级干部监督工作全覆盖。建立区委组织部各职能科室联系通报制度，形成有分有合、共同参与、齐抓共管的干部监督内部沟通运行机制。定期开展综合研判，发现领导干部苗头性问题，及时通过“组织寄语”提醒，严肃查处重大问题，有效防止领导干部“带病提拔”“带病上岗”。

【人才“三池一社区”建设】 2018年，区委组织部抓住建设全国首批“双创”示范基地的契机，围绕政策池、项目池、资金池和人才社区（简称“三池一社区”），优化人才发展“生态圈”。做优“政策池”，建立完善人才“引进、发展、壮大”全生命周期的政策体系，制定实施新一轮“武进英才计划”，探索引进项目绩效对赌和全程分阶段递进扶持。编制《武进区人才发展行动计划政策白皮书（2018—2020年）》，实现人才重点从产业人才向经营管理、专业技术、社会事业等领域全覆盖。做强“项目池”，持续做大做优领军型创新创业人才项目，逐步提高填补国内空白、引领产业技术革新、具有自主知识产权的人才项目招引比重。至年末，全区累计引进领军人才团队998个，累计入选省“双创团队”6个、省“双创人才”125人；设立外籍院士工作室3家、产业研究院3个，有领军人才上市企业1家、“新三板”挂牌企业9家。做大“资金池”，按照“政策性+市场化”模式，与创业成功领军人才、上市企业、重点企业家、投资基金等合作，先后发起设立3个总规模4亿元的武进区人才专项基金。建设“人才社区”，筹建江南国际人才港，提供一站式、全流程、专业化高效服务。建立完善高端人才安居保障体系，以“‘创客公寓’租赁+‘韭田服务’”管理模式，在武进高新区、西太湖科技产业园、湖塘科技产业园等加快推进人才公寓连锁化、品牌化建设，营造更加舒适便利的国际化宜居环境。年末，全区技能劳动者总量超过30万人，每万名劳动力中高技能人才1083人。

【武进英才“荣誉工程”推进】 2018年，区委组织部推进武进英才“荣誉工程”，集成子女入学、医疗健康、创业扶持、安居落户等九大类25项高质量服务，为312名领军人才和88名突出贡献企业家颁发“武进英才荣誉卡”，享受更好礼遇。在瑞声科技、亚邦医药等4家重点企业建立人才服务工作站，贴近企业服务人才。贯彻落实各级人才新政，加大领军人才、产业人才在创业扶持、薪酬待遇、安居宜居等方面扶持力度，三年累计兑现领军人才创业扶持专项资金及人才开发资金2.4亿元。实施领军人才创新产品政府首购首用机制，拓宽人才产品展示空间。持续优化人才创业环境，加快创业投资、股权投资机构引进步伐，全区累计入驻投资机构155个，注册资本超200亿元。

【“智慧组工”管理系统建设】 2018年，武进区“智慧组工”管理系统进一步完善，形成“干部智慧管理信息系统”“武进党建云平台”“武进干部云学堂”和“新媒体宣传矩阵”四大子系统。“干部智慧管理信息系统”将干部的自然信息、档案信息、考核信息、考察信息等全部纳入，分类标签，精准画像，为选配分离打下坚实基础。“武进党建云平台”有效管控党支部活动、党员管理，打造党支部和党员“双先榜”，有效压降基层组工台账负担。“武进干部云学堂”实现办班审批、教学管理、评价反馈等不见面管理，提升管理效率和培训实效。“新媒体宣传矩阵”根据不同类型党员特点，构建“PC端+手机端+有线电视端”立体宣教格局。

（符小宝）

区委组织部建成“智慧组工”管理系统　　供稿 / 区委组织部

宣传工作

【概况】 2018年，区委宣传部坚持学习贯彻中共十九大精神主线，加强社会主义意识形态，聚焦理论、舆论阵地，聚力文明、文化建设，取得宣传各项工作显著成绩。组织开展庆祝改革开放40周年系列活动，举办“武进讲坛”专题讲座4场、“阳湖精神”干部讲坛1期，评选表彰2018年度“阳湖先锋”集体2个、个人10人，全年在市级及以上媒体发稿外宣文章600余篇，编发《舆情专报》15期，编写网络问政情况综述2期。下拨区级文化产业发展项目引导资金135万元，全区实现文化产业增加值135.73亿元。武进区获评江苏省基层党员冬训工作示范县（市、区）。

【理论学习教育】 2018年，区委宣传部依托“武进讲坛”举办专题讲座4场，邀请省环保厅法规处副处长乔继安、常州大学教授莫良元、省纪委监委案件审理室主任杨光分别专题解读《江苏省太湖水污染防治条例》《中华人民共和国宪法修正案（草案）》《中华人民共和国监察法》。举办武进区“阳湖精神”干部讲坛1期，区委农工办和区发改局、生态办、城管局、教育局、卫计局围绕“推动高质量发展，实现‘五个三年行动计划’大突破”主题作交流。印发《2018年度区委中心组理论学习计划》，加强中心组学习双向旁听和专题检查，利用“学习日”活动对4个镇、8个机关部门中心组学习开展旁听，抽查24个党委（党组）中心组学习情况。印发《关于在全区实施“学习新思想，拥抱新时代”理论宣讲“1121”行动计划》，打造湟里镇杨柳埠宣讲工作室、湖塘镇府东社区蒲公英理论宣讲团等示范点，组建“1+N”宣讲队伍，深入企业、农村、机关、校园、社区，举办集中宣讲活动1000余场。

印发《全区基层党委（党组）中心组解放思想专题学习计划》，召开纪念中国共产党成立97周年暨解放思想大讨论活动座谈研讨会。开展“学习新思想，砥砺新作为”专题读书调研活动，收到调研报告225篇。常态化开展基层党员冬训工作，武进区被评为江苏省基层党员冬训工作示范县（市、区），牛塘镇、湖塘镇被评为江苏省基层党员冬训示范乡（镇、街道），《立足“三实三聚三促”，推动冬训高质量发展》获评全省基层党员冬训工作创新项目。

【全面落实意识形态工作责任制】 2018年，武进区加强党对意识形态工作的全面领导，推动各级党委（党组）全面落实意识形态工作责任制，牢牢掌握领导权、管理权、话语权。强化制度建设，在全市率先制订意识形态工作责任制考核指标评价体系，完善意识形态领域情况分析研判联席会议制度，建立网络意识形态工作联席会议制度，梳理制定联席会议成员单位和基层党组织落实意识形态工作责任制两类责任清单。召开意识形态领域情况分析研判联席会议2次，编发专报10期，开展意识形态领域风险隐患排查3次。强化阵地管理，严格落实主管主办和属地管理原则，加强公开类讲坛讲座的备案制，坚持政治家办报办台，加强区管媒体自身建设和规范管理。坚持弘扬主旋律、传播正能量，提升公共文化阵地的服务力，增强群众文化的吸引力，发挥传统文化的感召力。强化检查考核，严格落实每半年专项检查制度，专项检查16个镇（街道）、开发区和8个区级机关党委意识形态阵地管理情况，点对点通报检查情况。开展意识形态领域风险点排查，针对九大类排查重点，列出《风险点排查工作责任分工清单》，组织拉网式大排查，排查出风险点32个，形成专题情况报告，落实处置措施。

【“阳湖先锋”推选活动】 2018年，武进区每季度开展“阳湖先锋”提名推选活动，23人和7个集体获“阳湖先锋”提名。区委、区政府发文通报表彰，戎亚雄、刘小明、闫向辉、汤国刚、李仕金、郑文明、俞新春、钱爱芙、徐小琴、程立力10人获“阳湖先锋”称号，武进区行政审批局社会事务科、常州新奥燃气发展有限公司获“阳湖先锋”集体称号。

【改革开放40周年庆祝活动】 2018年，区委宣传部把庆祝改革开放40周年作为贯穿全年的重大主题、重大任务，于3月6日印发《关于开展庆祝改革开放40周年系列活动的通知》《庆祝改革开放40周年系列活动工作方案》，组织开展系列活动。

武进庆祝改革开放40周年图片展。该展览从11月29日起在市民广场展出。分设历史时刻、经济腾飞、城乡巨变、民生幸福、社会文明、党的建设、展望未来7个篇章98块展板，全面展示武进区在党的坚强领导下改革开放40年的发展成就，生动展现武进区综合实力不断提升、经济社会繁荣发展、城乡面貌日新月异、文化事业不断繁荣、人民生活富裕幸福的崭新面貌。展览活动持续至12月底。

改革开放40周年武进十件大事、“武进十大风云人物”评选活动。该活动于6月25日启动，经过基层推荐、评委初评、公众投票等程序，12月评选结果揭晓。改革开放40周年武进十件大事：武进大力弘扬“阳湖精神”，综合实力持续增强；武进成为“苏南模式”发源地之一，民营经济活力迸发；武进农业和农村改革成就斐然；武进现代新城迅速崛起，宜居家园加快打造；武进加速提升生态文明，环境面貌日新月异；武进社会保障水平、慈善事业和光彩事业全国领先；武进开放型经济蓬勃发展；武进创优发展环境，浓厚创新创业氛围；武进社会事业快速发展，民生福祉持续改善；武进自觉践行新发展理念，努力实现高质量发展。改革开放40周年“武进十大风云人物”：邹兴华、汪立平、沈惠兰、张忠、陈静、钮中一、俞金坤、徐成大、梅鹤康、潘中来。

庆祝改革开放40周年大会。11月29日在凤凰谷大剧院举行，臧建中、江建文、顾伟国等区四套班子领导、区四套班子老领导，相关板块主要领导及社会各界代表参加大会。大会总结武进40年经济社会发展的成功经验，发布改革开放40周年武进十件大事、“武进十大风云人物”，动员全区广大干部群众进一步解放思想、创新实干，谱写“强富美高”新武进建设的崭新篇章。“潮涌新阳湖”武进区庆祝改革开放40周年文艺汇演随后举行，演出“画梦”“筑梦”“寻梦”“圆梦”“追梦”5个篇章节目。

庆祝改革开放40周年系列宣传文化活动。4月，启动“诗韵武进”庆祝改革开放40周年武进诗词大会，经过报名、海选、分会场比赛，历时半年，吸引上万名诗词爱好者参加。11月3日，诗词大会总决赛在嬉戏谷全国电子竞技运动基地举行，湟里分会场冠军吴翔夺得总冠军。7月26日，在凤凰谷大剧院举行庆祝改革开放40周年“咏唱阳湖美”

11月29日，在武进区庆祝改革开放40周年大会上，区委、区政府表彰“武进十大风云人物”
供稿/区委宣传部

大合唱比赛，各镇（街道）、开发区、机关、企业等20支代表队参赛，区教育局、湟里镇、区人社局获一等奖。11月29日，围绕“庆祝改革开放40周年”主题推出的口述类书籍《阳湖春潮》《阳湖商潮》出版发行。《阳湖春潮》全书共收录口述文章44篇，生动展现武进区改革开放40年中各项事业快速发展的光辉成就。《阳湖商潮》一书记录49名武进企业家的故事，以其视角见证改革开放40年武进经济社会发展巨变。

【新闻舆论宣传】 2018年，区委宣传部围绕区委、区政府重大决策部署和全区中心工作，精心组织“五个三年行动计划突破年”等主题重点报道，强化主流舆论引导力，为建设“强富美高”新武进营造良好氛围。

组织区级媒体开设《解放思想大讨论》栏目，分专栏设置“一把手访谈”“问计”“行动”“理论”“对标”等篇章推进实施。组织“阳湖先锋”集中报道，先后报道2017年度先进人物10人和先进集体1个。指导组织各类新闻发布会10余场。加强新闻阅评工作，建立专家库，开展主题宣传阅评2次。开展“武进新闻奖”“武进区十佳新闻工作者（外宣工作先进个人）”等评选活动。年内，武进区依托“聚焦武进”外宣品牌，在市级及以上媒体发稿300余篇。其中，《科技日报》《中国青年报》《央视新闻》、新华社国家高端智库论坛、新华社《要情动态》发表各1篇，《新华日报》发表6篇，新华社客户端网络平台发表2篇，《常州日报》头版发表20余篇。区委宣传部加强舆情管控，召开网络意识形态联席会议4次，编发《舆情专报》15期，编写网络问政情况综述2期，引导处置涉及武进的网络舆情3000多条。其中，常州网络发言人平台全年处置回复帖子300余个，回复率100%，有效化解重大舆情。

【文化艺术繁荣发展】 2018年，区委宣传部组织实施文化惠民工程，推进文化精品生产，发展文化产业，实现区域文化艺术繁荣发展。

打造特色文化项目，推进特色文化镇建设、特色文化村创建。组织8个镇上报9个特色文化项目，打造“一镇一品”特色文化品牌。开展特色文化村联合考评，经镇村申报、开展创建、联合考评等环节，5月21日，雪堰镇雅浦村、前黄镇杨桥村、湖塘镇三勤村、湟里镇葛庄村、遥观镇勤新村5个村获评2017年度全区特色文化村。制定大运河文化带武进段建设规划，依托运河沿线生态环境提升工程、运河南侧低洼易涝区域综合改造项目（戚墅堰运河公园）等，推进大运河文化带武进段建设。

实施文化惠民工程。开展“文化周末”周周演和“红色电影展演年”活动，全年举办活动20场次。全区组建27支“红色文艺轻骑兵”服务队，推动社区天天乐活动，各示范社区全年举办活动1500场次。9月8日至10月7日，举办武进区第六届市民艺术节，推出展演、比赛、展示等活动48项，用文艺形式唱响时代主旋律。

推进文艺精品生产。3月28日，武进区检察院制作的微电影《妈妈》获中国金鸡百花第三届国际微电影节优秀作品奖。4月3日，江苏西太湖影视拍摄基地常州悦众影视有限公司生产的电视剧《最后一张签证》获中国广播影视大奖、第31届（2015—2017）电视剧“飞天奖”优秀电视剧大奖提名奖。年内，武进区重点做好动漫电影《我是哪吒2》、电视剧《老中医》、广播剧《五姓之家》等作品的创作生产。

（陈　伟）

统一战线

【概况】 2018年，武进区统一战线工作部门以《中国共产党统一战线工作条例（试行）》为指引，按照《2018年度中共常州市武进区委与区各民主党派政治协商计划》，围绕“聚力新时代，服务新发展”主题，发挥法宝作用，凝聚智慧力量，强化责任担当，服务中心大局，扎实推进多党合作、光彩事业、营商环境提升、“梧桐同心”品牌建设等工作，全力促进政党、民族、宗教、阶层、海内外同胞关系。区委统战部牵头制定出台《关于营造企业家健康成长环境弘扬优秀企业家精神更好发挥企业家作用的意见》，凝聚全区之力，服务非公企业高质量发展。深入推进“谏言直通车”制度，党派团体重要信息直报区委、区政府主要领导，畅通党派团体联络工作，优化合作环境。召开民主协商会和区民主党派、工商联、无党派人士情况通报会5次。区委统战部获常州市委统战部2018年全市统战工作实践创新成果奖、全市统战信息工作先进单位一等奖和全市统战宣传工作先进单位一等奖，获评常州市辖市区统战工作目标管理考核优胜单位。

【非公经济高质量发展服务】 2018年，区委统战部深入开展非公有制经济人士“四有”理想信念教育，促进非公有制经济健康发展、非公有制经济人士健康成长，构建“亲”与“清”的新型政商关系。8月，牵头举办绿色发展政企座谈会，宣传环保政策，在全区民营企业家中广泛形成绿色发展共识，推动企业编制纺织、涂料等行业标准6个，为全区绿色标杆企业评选工作及企业绿色高质量发展做出贡献。创新培训模式，提升培训质量，成立武进商会大学，组织新一代企业家深圳大学培训班、企业经理人培训、“百千万工程”武进班等培训19期次，参训人员1800人次；各基层统战部门、行业商会开展安全、法律、税务、劳务等培训33场，参训人员4900人次。组织开展院企产学研对接活动18场，达成各类合作意向130余项。

【“12511”党外人才培养工程】 4月，区委统战部联合区委督查办、区委组织部专项督查“12511”党外人才培养工程（培养10名左右党外副处级后备干部培养对象，20名左右党外正科级后备干部培养对象，50名左右党外副科级后备干部培养对象，100名左右党外中层后备干部培养对象，1000名左右党外代表人士），走访应配必配部门，了解党外干部工作情况，并编发督查专报，进一步加强党外人才的培养和使用。全区有党外领导干部66人，其中正处职（级）2人、副处职（级）7人、正科职（级）7人、副科职（级）45人、重点学校及医院部管领导干部5人。4月27日，召开全区纪念中共中央发布“五一口号”70周年暨多党合作座谈会，回顾多党合作形成发展历史进程，总结历史经验，健全合作机制，进一步推动多党合作事业蓬勃发展。9月，区委统战部在浙江省杭州市举办党派团体理想信念教育培训班，全区各民主党派、无党派人士联谊会40多名主要负责人和骨干成员参训。10月，区委组织部、统战部和党校联合举办第三期党外中青年干部培训班，推动全区党外干部应配必配部门、基层及重点医院学校全覆盖。年内，武进区深化党外代表人士联系交友制度，17名区委常委、党员副区长与34名党外代表人士建立交友制度。至年末，全区有28个单位与区各民主党派、工商联、无党派人士联谊会建立对口联系关系，66名党外代表人士受聘于10个部门担任特约人员。

11月12日，武进区“梧桐同心”品牌建设成果汇报会暨新的社会阶层人士联合会揭牌仪式在武进国家高新区众创服务中心举行　　供稿/区委统战部

【新的社会阶层人士统战工作】 2018年，区委统战部贯彻落实全国新的社会阶层人士统战工作会议精神和《关于加强新的社会阶层人士统战工作的意见》，推进“128”工作模式（做大1个格局，突出2项重点，搭建8个平台），落实新的社会阶层人士统战工作联席会议制度。6月21日，召开武进区新的社会阶层人士统战工作会议暨新的社会阶层人士联合会成立大会，印发《关于调整新的社会阶层统战工作领导小组及其联席会议制度和成员单位职责的通知》，进一步明确新的社会阶层人士统战工作的职责要求。年内，区委统战部推进新的社会阶层人士统战工作示范点建设，累计建成西太湖科技产业园创客工寓、武进高新区众创服务中心等示范点11个，其中西太湖科技产业园创客工寓的“五圈联动”（空间圈、思想圈、组织圈、服务圈、成长圈）品牌被列为江苏省30个典型案例之一在全省推广。中央及省委、市委统战部专题调研武进区新的社会阶层人士统战工作5次。

【“梧桐同心”统战品牌建设】 4月，区委统战部出台《关于在全区统一战线开展“梧桐同心”品牌建设的实施意见》，在全区统一战线开展争先创优活动，助推品牌创建工作。10月29日，在区行政中心召开全区“梧桐同心”品牌建设工作推进会暨“梧桐同心基地”评审会，36个基地通过PPT路演及互评，展示基地建设成果。11月12日，在武进高新区众创服务中心举办武进区“梧桐同心”品牌建设成果汇报会，市委统战部及有关部门、市各民主党派及各辖市区委统战部负责人参加活动，武进区发布“梧桐君”动漫推介宣传片和“梧桐同心”统战工作品牌地图，进一步扩大品牌建设的影响力。年内，武进区“梧桐同心”统战品牌建设经验文章被省委统战部《挚友》杂志刊登。

【“美丽武进，幸福家园”同心惠民光彩行动】 2018年，区委、区政府围绕乡村振兴和“五个三年行动计划”，在全区开展为期五年的“美丽武进，幸福家园”同心惠民光彩行动，广泛动员社会各界为建设经济强、百姓富、环境美、社会文明程度高的新武进做出贡献。6月5日，武进区光彩事业促进会成立十五周年表彰大会暨第四次会员代表大会召开，传承弘扬光彩精神，激发非公有制经济人士的荣誉感、责任感和使命感，表彰感动武进杰出光彩人物10人、感动武进优秀光彩人物50人、光彩事业优秀组织奖单位10个。7月，区光彩事业促进会组织“跟着经典去游学”——第三届烛光爱心基金关爱青少年公益游学夏令营活动。10月，组织全区统战系统、党派团体、爱心单位600余人组成光彩跑团，参加“常马健康跑，光彩公益行”活动，将公益理念与马拉松赛事相融合，以众筹方式募集资金关爱孤残儿童，在全社会宣传光彩精神，弘扬社会正能量。年内，全区新建千万光彩基金1个、百万光彩基金18个，实际到账光彩资金3984万元，投入使用光彩资金3552万元，实施光彩项目192个。

【港澳台及海外统战工作】 3月，区委统战部组织香港春茗、澳门常州联谊会理事会议、中国侨联“海外侨胞故乡行——走进江苏”武进站等活动。4月，成立全市首个区级华侨投资权益保障协调委员会。5月，承办武进海外华文媒体常州行武进活动，23家海外华文媒体齐聚武进，报道展示武进形象。5月30日，海峡两岸关系协会会长张志军调研武进区《关于促进两岸经济文化交流合作的若干措施》落实情况，走访相关台资企业。9月27—29日，第11届“相聚武进、共谋发展”海外人才推介会举行，来自13个国家的60多名海外高层次人才应邀与武进区相关单位对接洽谈。10月17日，省委常委、统战部部长杨岳在武进调研苏澳合作园区建设情况。年内，全区新批台资企业5家，总投资2547万美元，注册资本1414万美元。成功签约总投资1亿美元的台湾太平洋医材项目和5亿美元的晶品光电4寸图形化蓝宝石衬底LED外延片制造项目。常州欣盛微结构电子有限公司启动二期建设，增资15亿美元。

【统一战线解放思想大讨论活动】 5月21日，区委统战部按照区委部署，召开解放思想大讨论活动动员会并印发实施方案，在全区统战系统以问题为导向，全面对标找差，掀起活动热潮。6月22日，召开统战系统“解放思想、担当作为、推动统战工作高质量发展”专题研讨会，邀请区委党校教师杨广作《思想再解放，改革再出发，发展高质量》专题辅导，聚智聚力，推动统战工作新发展。6月29日，组织统战部全体机关人员在浙江省嘉兴市和杭州市开展“解放思想大讨论”学习考察活动，学习“红船精神”和杭州市新的社会阶层人士“同心荟”统战工作经验。全年举办统战理论政策培训班2期、“同心·微讲堂基层行”6期、专题党课4期、专题交流讨论3期。

（顾　潇）

老干部工作

【概况】 2018年年末，武进区有离休干部178人，其中武进直属148人、代管（含垂直条线部门）22人、易地安置8人；副处级以上退休干部129人。全区有离退休干部党支部（总支）101个（区级机关57个，镇、街道、开发区44个），中共党员5400人；有卫计系统、教育系统、区级机关事业单位退休干部协会3个。年内，区委老干部局加强离退休干部服务管理，建设“桑榆”工作品牌，积极引导广大离退休干部增添正能量。全区创成常州市“五好”离退休干部党支部1个、“五好示范”离退休干部党支部1个，常州市“三星级”老干部活动室2个、“四星级”老干部活动室4个。

【离退休干部党建工作】 2018年，区委老干部局加强离退休干部党组织基础建设，完善保障机制，开创离退休干部党建新局面。1—4月，与相关部门就武进区离退休干部党组织建设、武进区离退休干部党支部书记（支委）工作补贴和武进区离退休干部党支部活动经费保障机制联合印发3个文件，与区委《加强离退休干部党建工作意见》相配套，形成“1+3”文件体系。5月，牵头印发《全区离退休干部党建工作三年行动计划（2018—2020）》。通过调查离退休干部党组织和党员基本情况，建立全区离退休党建基础数据库。6月，制定出台《全区离退休干部（党建）工作考核细则》《离退休党支部规范化建设考核细则》。至年末，举办党建工作骨干培训班1期，开展全区离退休干部(党建)工作调研1次，完成武进区离退休干部正能量展示馆筹建设计。配合财政部门对43个区级机关核算发放离退休干部党组织活动经费和支部书记（支委）工作补贴27.38万元。新增参与全区老干部工作片区活动的离退休干部党支部（总支）10个，累计101个；新增中共党员1400人，离退休干部党员累计5400人。评选表彰离退休干部先进党支部26个、优秀支部书记26人。

【离退休干部服务管理】 2018年，区委老干部局采取培训学习、走访慰问等形式，对全区离退休干部实施精准化服务管理。举办副处级退休干部培训班1期，培训24人；区管退休干部轮训班1期，培训145人；老干部智能手机应用培训班1期，培训200人。召开老干部情况通报会2次，举办“聚焦当前社会三大热点”老干部形势报告会和“十九届三中全会和全国‘两会’精神”专题辅导讲座各1场。开展“共建新时代，奉献新武进”主题活动，收到“回顾40年，展望新时代”主题征文196篇、各类活动信息359条，评选先进个人150人。年内，协调2家区属医院完善离休干部就医绿色通道，探望慰问住院离退休干部2次。

【“桑榆”工作品牌建设】 2018年，区委老干部局深化“桑榆”工作品牌建设，凝聚离退休干部合力，发挥正能量。桑榆宣讲团精选16名成员、21个课题，在基层开展宣讲活动39场。征集宣传老干部先进事迹22篇，命名桑榆支部品牌10个。桑榆爱心基金开展第三次集中帮扶，向55户特困对象发放帮扶款15.75万元。桑榆志愿者在湖塘镇花园、东方等社区开展义诊、送春联活动2次。桑榆智囊团以“我为城乡精细管理献计出力”为主题，提出意见、建议30多条。围绕“改革开放40周年”主题，桑榆艺术团、桑榆健身队以及全区老干部文体爱好者，举行门球、书画摄影、文艺展演等文体活动；各离退休干部党支部（退干协会）组织开展趣味运动会、演讲比赛、参观调研等活动，展示武进老干部“忠诚慈爱，乐活有为”的风采。“武进桑榆”微信公众号全年推送信息16条。

（王　敏）

党校工作

【概况】 2018年，区委党校、区行政学校坚持党校姓党的根本原则，紧扣全区工作大局，以争创全省示范党校为目标，全面深化主体班次提标工程、科研资政提效工程、服务保障提质工程。举办主体班37期，参训8456人次；承接各类培训活动和外来办班344场次，参训81739人次。完成市级以上科研课题8个，在省级及以上刊物发表学术论文13篇，编发《学习参考》8期。

【干部教育培训】 2018年，区委党校、区行政学校按照《2018年全区干部（人才）教育培训工作要点》，做好干部教育培训。

3月16日，武进区青年干部培训班在区委党校开班，集中封闭培训1个月，45名青年干部参训。培训班围绕“创新强区、实干富民”的发展主题，聚焦实施产业创新发展、城乡精细管理、生态保护引领、教育卫生事业均等化、特色强镇建设“五个三年行动计划”，按照思想理论和党性修养、“强富美高”新武进建设、“四新经济”发展、能力素质要求4个单元组织教学，通过专题讲授和课堂研讨相结合、理论学习与实践感悟互为补充，坚定学员理想信念，为建设“强富美高”新武进提供政治保证、人才支撑和智力支持。

4月27日，武进区“五个三年行动计划突破年”轮训班开班。至年底，累计举办9期，600多名副科级领导干部及青年干部参训，重点学习“国家治理体系与治理能力现代化”“中国四十年对外开放和改革经验启示”“打造新苏南模式，推进高质量发展”“习近平新时代中国特色社会主义思想三十讲”等，进一步促进广大干部思想解放、作风改进和能力提升。

6月10—15日，武进区“四新经济”系列研修班暨青年企业家培训班在区委党校举办，首次采取“干部+企业家”

6 月 10 日，武进区"四新经济"系列研修班在区委党校开班　　供稿 / 区委党校

的形式组织培训，84 人参训。培训班重点设置"新经济 + 跨时代变量""新技术——人工智能大数据时代""新制造 + 工业 4.0"等课程，组织实地考察海云数据、长城花冠、盒马鲜生 3 家"独角兽"企业。通过集中授课、面对面互动、探营"独角兽"企业等形式，帮助学员拓宽视野、提升专业化素养。

【举办主题理论宣讲 200 场】 2018 年，区委党校学习贯彻中共十九大精神，围绕全区"五个三年行动计划"突破年实施目标，配合庆祝改革开放 40 周年活动及解放思想大讨论活动，确立"不忘初心、牢记使命"、改革开放 40 年、理论时政、五位一体、素质能力 5 个板块 47 个专题宣讲内容，选派骨干教师深入部门和基层单位开展主题理论宣讲，累计举办宣讲活动 200 场，听众 2 万余人次。其中，"庆祝改革开放 40 周年"主题理论宣讲 100 场。

【新疆尼勒克县基层干部武进区集中轮训培训班】 8 月 13 日在区委党校开班，分 3 期举办，为期 1 个月，尼勒克县各乡（镇）党委书记、乡（镇）长、村党支部书记、村委会主任和村后备干部等 175 人参训。培训内容有"武进区乡村振兴的实践与探索""农村基本法律知识及热点问题"等基础理论辅导，武进区城市规划展览馆、绿色建筑博览园、嬉乐湾生态农业示范园、查家湾、永定社区、三勤社区等参观考察，通过理论紧密联系实践，提升素质、开阔眼界、促进交流。

（李　琳）

区级机关党建

【概况】 2018 年，区委区级机关工委适应机构改革新形势，新建武进区生态文明建设办公室党支部等党组织 21 个，撤销党组织 32 个，转入区行政审批局党总支等党组织 6 个，督促指导 41 个基层党组织完成换届选举。至年末，区直属机关共有党组织 46 个，其中机关党委 3 个、总支部 16 个、直属支部 27 个，党员 2559 人。年内，区直机关围绕学习贯彻落实中共十九大精神，全面深化思想政治引领、机关基层组织建设、机关干部队伍建设、机关作风和反腐倡廉建设，为加快推进高质量发展、建设"强富美高"新武进提供坚强的政治和组织保证。

【党建工作责任制落实】 2018 年，区委区级机关工委按照区委关于《区级机关部门、事业单位党委（党组）书记抓基层党建工作责任清单》要求，建立承诺、述职、评议、考核、问责"五位一体"党建工作责任体系。围绕全年重点工作，与 64 个机关部门党组织书记签订党建工作责任状。修订印发《武进区级机关 2018 年度党建工作目标管理考核办法》，通过集中督查的方式推进目标责任落实。开展机关基层党组织书记党建述职评议，现场评议区委党史工委党支部等 6 个直属党组织的书记。严格执行《关于新形势下党内政治生活的若干准则》，落实领导干部双重组织生活、民主评议党员等制度，引领机关各级党组织加强工作规范，着力解决"灯下黑"问题。

【机关党支部品牌化建设】 2017 年 5 月，区级机关首批特色支部创建活动启动，有 70 个区级机关党支部申报创建。2018 年，区级机关工委精心培育机关支部品牌，扎实推进首批特色支部评选活动，遴选 9 个支部参与终评。10 月 31 日，武进区级机关首批特色支部评选会在区行政中心举行，经现场展示、评委及观众评比等程序，武进区机关幼儿园党支部、武进国土分局机关一支部、武进区航道管理处党支部等 6 个党支部被命名为区级机关首批特色支部。

【党群统筹共建】 2018 年，区委区级机关工委坚持党建带群建，深入开展"小时空微课堂"、青年志愿者服务、巾帼文明岗创建及各类群众性文化体育活动，进一步激励机关广大干部职工立足岗位创新创优。举办"青声习语"五四主题演讲比赛，引导青年机关干部进一步坚定理想信念、强化党性修养、促进作风转变。围绕"倡导全民阅读，建设学习型机关"目标，开展"党务干部荐书""开放式借书""互联网 + 阅读"和图书漂流等活动，推动"书香机关"建设，提升机关干部思想文化水平。区级机关妇工委通过"小时空微课堂"、专题讲座、妇联主席读书品人生、妇联主席讲党课、捐书献爱心等活动，提升机关妇女干部的综合素养。

【党务干部队伍建设】 2018 年，区委区级机关工委突出抓好机关党组织书记队伍建设，实施"讲党性、重责任、牢使命、强技能"党组织书记培养工程，开展党建业务培训 4 次。5 月，与区委组织部在上海交通大学联合主办武进区党建工作高质量发展专题培训班，提升机关党组织书记党建工作水平。9 月，围绕党建工作的巡察重点、支部规范化建设以及党务实务等内容，举办区级机关党务实务培训班，67 个机关党组织 180 名党务干部参训。

（周　超）

常州市武进区人大

Changzhou Wujin District Standing Committee of People's Congress

栏目编辑　王国新

人大重要会议

【区第十六届人民代表大会第二次会议】 1月4—6日在武进假日酒店会议中心召开。会议听取和审议《武进区人民政府工作报告》《武进区2017年国民经济和社会发展计划执行情况及2018年计划安排的报告》《武进区2017年财政预算执行情况和2018年财政预算安排意见的报告》《武进区人大常委会工作报告》《武进区人民法院工作报告》《武进区人民检察院工作报告》。会议批准以上报告并通过相应决议。会议选举徐萍为武进区监察委员会主任。

【区十六届人大常委会会议】 2018年，区十六届人大常委会共召开常委会会议8次，听取和审议政府、法院、检察院专项工作报告17项，作出决议、决定11项，任免国家机关工作人员55人次，其中任命副区长1人。8名镇（街道）人大负责人和28名区人大代表、14名选民受邀列席各次会议。

第十次会议　1月6日在武进假日酒店会议中心召开。会议任命朱志伟、符毅梅为区监察委员会副主任，姜震宇、杨云飞、顾忠泽为区监察委员会委员。通过关于接受符毅梅辞去区十六届人大常委会委员职务请求的决定。

第十一次会议　2月28日在区行政中心召开。会议通过区政府工作部门调整情况备案报告，区政府工作部门调整为28个。审议通过有关人事任免事项，任命张琪为区行政审批局局长、唐黎刚为区人民检察院副检察长，免去朱志伟区监察局局长职务，免去顾忠泽区人民检察院副检察长、检察委员会委员职务。审议通过区人大常委会2018年度工作要点。

1月4—6日，区人大十六届二次会议在武进假日酒店召开　供稿／区人大办

第十二次会议　3月29日在区行政中心召开。会议批准《2018年度全区旧城改建计划》。审议通过《常州经开区人民法院2017年度工作及诉前调解工作报告》《常州经开区人民检察院2017年度工作及刑事检察工作报告》。开展2017年度常委会审议意见落实情况的满意度测评。

第十三次会议　6月5日在区行政中心召开。会议批准武进区区级河道长效管护实行政府购买服务、武进区农村分散式生活污水处理工程（二期）PPP项目。审议通过区人民法院案件执行工作报告、区人民检察院未成年人权益保护检察工作报告和有关区人大代表辞职和补选事项。同意金晓琳、诸建伟辞去区第十六届人大常委会人大代表的职务。通过《关于补选祝正庆、薛健峰、钱松、周永强为武进区第十六届人民代表大会代表的代表资格的审查报告》。任命吴小红为区人民检察院检察员、检察委员会委员、副检察长，并审议通过其他人事任免事项。

第十四次会议　7月30日在区行政中心召开。会议审议通过《2017年财政决算和同级审计情况报告》《2018年上半年国民经济和社会发展计划执行情况报告》、府北教育培训中心物业租赁项目纳入财政中长期预算有关事项。任命宋歌为区人民政府副区长、丁文柯为区监察委员会委员。免去陈兴福区人民检察院副检察长、检察委员会委员职务，免去潘德方区人民检察院检察委员会委员职务，并通过其他人事任免事项。

第十五次会议　9月26日在区行政中心召开。会议审议通过全区长期护理保险制度实施方案、《江苏省学前教育条例》

贯彻实施情况报告、全区绿色建筑产业平台集聚发展情况报告。述职评议常州市第十六届人大代表武进团32名代表。

第十六次会议 11月30日在区行政中心召开。会议审查批准2018年财政预算调整方案。审议通过2018年环境质量状况和环境目标完成情况的报告、区十六届人大二次会议代表建议办理情况报告。审议通过区人民法院、常州经开区人民法院重新确定人民陪审员名额事项，确定区人民法院人民陪审员名额为280人、常州经开区人民法院人民陪审员名额为110人。审议通过有关人事任免事项和个别代表资格终止事项。开展对区经信局、司法局、卫计局3个部门工作评议和满意度测评。

第十七次会议 12月28日在区行政中心召开。会议通过《关于补选李林、卜宪沛、杨志明为区第十六届人民代表大会代表的代表资格的审查报告》。审议通过《关于召开第十六届人民代表大会第三次会议的决定、代表变动情况报告》。讨论通过区人大常委会、财政经济委员会、法制委员会工作报告。听取区监察委员会专项工作报告。审议通过《武进区2018—2020年突出环境问题清单》。任命石岩为常州经济开发区人民法院副院长，免去其横山桥人民法庭庭长职务，并通过其他人事任免事项。

【区十六届人大常委会主任会议】 2018年，区人大常委会召开主任会议11次，听取讨论决定重大事项年度工作安排、财政决算同级审计整改、农业综合执法、学前教育、部门工作评议、镇街道人大工作及人大“代表之家”“人大代表联络站”建设等工作情况汇报25项。

（秦永正）

人大主要工作

【代表建议意见督办】 2018年，区十六届人民代表大会第二次会议期间，共收到代表建议170件，其中综合经济类31件、城建城管类89件、社会事业类34件、社会保障类9件、社会管理类7件。区人大常委会加强代表建议意见督办，区政府及各承办单位自觉接受监督，完善分级负责、归口办理工作机制，提升办理水平。170件代表建议全部办复，其中所提问题年内解决、基本解决或落实措施的112件，占65.88%；推进解决和列入规划逐步解决的34件，占20%；因条件限制暂时难以解决的8件，占4.71%；需向上级反映或留作参考的16件，占9.41%。根据第三方调查机构调查问卷结果，承办单位与代表见面率和答复率均达100%，代表对建议办理结果表示满意和基本满意的达99.4%。年末，评选表彰优秀代表建议8件。

【执法检查】 5—9月，区人大常委会组建执法检查组，开展《江苏省学前教育条例》实施情况执法检查。检查区编办、发展改革局、教育局、财政局、人社局、规划局等部门和前黄镇、牛塘镇、湟里镇、横林镇、高新区北区实施《江苏省学前教育条例》情况。通过单位自查与检查组抽查相结合、听取汇报与实地察看相结合、听取基层意见与考察学习周边地区经验相结合等途径，指出规划建设、资金投入、师资队伍、监督管理等方面存在的不足，提出改进建议15条。

【调研视察】 2018年，区人大常委会围绕经济社会、民生事业和重点板块建设，组织开展专题调研视察活动18次，针对实际情况提出意见建议。

3月13日，调研常州经开区人民法院和常州经开区人民检察院工作。调研组听取常州经开区人民法院2017年工作汇报、诉前调解工作情况和常州经开区人民检察院2017年工作汇报、刑事检察工作情况。建议扎实推进司法责任制改革，围绕主责主业，服务地方经济社会发展，促进司法公正，努力让人民群众在每一个司法案件中感受到公平正义。

3月22日，调研杨桥古镇开发利用和文物保护工作。调研组考察杨桥古镇的文物保护和修缮工作，听取古镇居民对古镇开发利用的构思设想，现场调研外地游客对古镇发展的意见建议。建议珍惜宝贵文化遗产，注重古镇开发保护。

3月23日，调研民防工作。调研组听取民防指挥系统的改造升级、民防科普馆的推陈出新、民防基础设施维护管理等重点工作开展情况，并提出相关建议。

3月28日，调研区监察委员会工作。调研组听取区监察工作情况汇报。建议旗帜鲜明讲政治、依法履职敢担当、打铁还需自身硬，履行新职能，开创新业绩，经受新考验，树立新形象。

4月4日，视察扁担河治理工作。视察组实地察看河道治理情况，听取相关部门工作情况汇报。建议加强源头治理，加快污水处理设施、污水管网建设，提高污水接管率，做好沿河污染源整治；加强巡查巡防，实行网格化管理，加大违法行为的打击力度；加强责任落实，形成“横向到边、纵向到底”的责任落实机制；引导全民参与，营造氛围。

4月18日，视察常州经开区经济社会发展情况。视察组视察大明路建设现场、横林科创中心、中车戚墅堰研究所和常州轨道交通展示馆，听取常州经开区管委会关于发展建设情况的汇报。建议更加注重项目招引、产业升级、城乡统筹、机制创新、社会管理，全力创建国家级经济技术开发区、常州市体制机制创新先行区、高新技术产业集聚区、生态文明示范区和产城融合样板区。

5月22日，视察常州经开区公安工作。视察组视察遥观派出所“一站式”服务窗口、常州经开区公安分局案管室和“智慧经开”视频云项目，听取常州经开区公安工作情况汇报。建议紧盯警徽，牢记光荣使命；疾恶如仇，保一方平安；立足本职，服务经济社会大局；心系百姓，体现为民担当；严管队伍，树立公安形象。

5月23日，视察基层文化惠民设施建设工作。视察组视察湖塘镇府南社区、嘉泽镇嘉新社区和凤凰谷“阳湖书房”，听取区文广新局和嘉泽镇工作汇报。建议进一步提升基层文化惠民工作地位、发挥文化中心效应、提升文化中心内涵，使文化惠民工程在助推“五位一体”建设中发挥阵地作用和文化引领作用。

6月13日，视察规划工作。视察组听取规划工作情况汇报，着重询问教育、医疗卫生等公共服务设施规划布局情况。提出增强科学规划意识、推进“多规合一”、加快城乡均衡发展进程、注重规划刚性执行4项建议。

6月27日，视察武进高新区经济社会发展情况。视察组视察博世汽车电子事业部中国区武进工厂和安川（中国）机器人有限公司，听取武进高新区关于经济社会发展情况的汇报。提出对外开放更强、产业发展更精、资源整合更优、产城融合更深、创新担当更好5项建议。

7月11日，视察“七五”普法工作。视察组视察洛阳镇岑村村、洛凯机电公司和区法宣中心等普法平台，听取“七五”普法规划中期落实情况汇报。提出健全普法工作机制、明确普法工作重点、创新普法方式方法、全面推进重点人群精准普法4项建议。

7月20日，视察常州经开区人民法院执行工作。视察组视察常州经开区人民法院执行指挥中心，远程视频观摩2起涉环资类案件的集中执行情况。建议加强部门联动，形成齐抓共管的良好局面；加大宣传力度，提升社会信用意识；加大执行力度，发挥威慑作用；加强信息化建设，提高执行效率。

9月28日，视察民防工作。视察组视察区人防地下指挥中心、有关社区“民防微展馆”、民防疏散基地，观摩机动指挥车音视频互联互通，听取民防工作情况汇报。建议顺应形势，树立新思维；突出重点，展现新作为；落实措施，营造新氛围。

10月18日，视察台资企业。视察组视察常州祥明智能动力股份有限公司、常州欣盛微结构电子有限公司，听取对台经济工作情况汇报。建议营造良好环境，提供优质服务；加快转型升级，增强企业核心竞争力；推进合作共赢，深化经贸交流合作。

10月23日，视察科技创业载体建设。视察组视察湖塘科技产业园、大连理工江苏研究院、区科创中心及部分企业，听取科技创业载体发展情况汇报。建议加快建立以政府投入为引导、企业投入为主体、银行贷款为支撑、社会资本为重要组成的多元化科技投融资体制，落实上级政策和区级奖励办法，积极帮助企业夯实发展后劲。

10月30日，视察农业农村工作。视察组视察礼嘉镇科丰绿诚家庭农场、雪堰镇新康村江苏武进现代农业示范园区、城西村美丽乡村，听取农业农村工作情况汇报。建议紧抓改革主线，完善机制，盘活农业资源，激发农村活力；紧抓发展主业，建设特色强镇，打造特色企业，特色民俗文化；紧抓富民主题，因地制宜，打造样板典型，促进均衡发展。

11月13日，视察黑臭河道整治工作。视察组视察东西十字河、前黄浜等重点整治河道，听取黑臭河道整治工作汇报。

12月12日，区人大代表视察光宝华东运营中心的光电智能新厂　　供稿/区人大办

建议牢固树立“绿水青山就是金山银山”理念，在思想上高度重视，措施上狠抓关键，机制上不断创新，真抓实干，统筹治水，实现水更清、景更美。

12月12日，组织开展区人大代表集中视察。近300名区人大代表视察中以常州创新园、常州大学西太湖校区、光宝华东营运中心的汽车电子和光电智能新厂、青洋路快速化工程、陡门塘自然村美丽乡村建设、太湖湾露营谷等重点项目建设，了解全区经济社会发展情况。

【工作评议】 5月3日，区人大常委会区启动对区司法局、经信局、卫计局3个部门工作评议。制定部门工作评议办法和实施方案，组成部门工作评议组，通过区镇联动、座谈调研、代表参与、集中评议等形式，收集意见、建议100多条。10月30日，区十六届人大常委会第二十三次主任会议听取工作评议开展情况汇报。11月30日，区十六届人大常委会第十六次会议对被评议部门工作集中评议并开展满意度测评。测评总票数为37票，区经信局满意37票，区司法局满意36票、基本满意1票，区卫计局满意34票、基本满意3票。

【“听百案、议百事、评百员”活动】 2018年，按照常州市人大常委会统一部署，区人大常委会组织开展“听百案、议百事、评百员”（简称“三百”）活动。印发《关于贯彻常州市“三百”活动的实施意见》，建立“三百”活动联席会议制度，成立协调小组办公室。“听百案”，组织人大代表旁听各基层人民法院依法公开审理、执行的刑事、民事（含商事、知识产权）、行政诉讼等案件，调研对公安机关侦查未诉结案案件。“议百事”，通过召开评议座谈会，及时分析、归纳代表的意见、建议，并向同级司法机关及有关部门反馈；“评百员”，组织人大代表参加旁听庭审结束后，对法官、检察官、律师等人员评议。全年召开联席会议3次，组织旁听庭审评议活动15场，参与代表150人次，收到意见、建议30余条。

【人大代表履职服务平台建设】 2018年，区人大常委会坚持常委会领导和工委联系代表小组、常委会组成人员联系代表等制度，采取多种形式，加强和改进代表联系人民群众工作，保障代表履职发挥作用。规范建设“家+站”，全区有“人大代表之家”88个、“代表联络站”198个，实现五级人大代表进“家”“站”全覆盖，镇（街道）、村（社区）服务半径全覆盖。洛阳镇岑村“人大代表之家”设立全国人大代表周立成定点联络站，创建“立言唯真，诚系民生”品牌。开发完成人代会智能表决系统，常委会会议、主任会议实现无纸化，表决电子化。推进“互联网+代表”建设，开发使用“武进智慧人大”App，整合网站、微信公众号、建议办理系统资源，搭建“掌上履职”平台，使代表“一机在手”就能及时了解人大工作动态和信息，接收会议和活动通知，记录履职档案，查看履职成绩。

（秦永正）

常州市武进区政府

Wujin District People's Government of Changzhou City

栏目编辑　王国新

政府重要会议与活动

【区政府常务会议】 2018 年 1 月 18 日，区政府第十一次常务会议在区行政中心召开。会议讨论并原则通过《2018 年全区五个三年行动计划突破年实施意见》《2017 年度五个三年行动计划先进集体和先进个人建议名单》《关于开展 2018 年“重大项目增效年”活动的实施意见》《2018 年区级重点项目投资计划表》《2018 年武进区政府投资项目建设计划表》《2018 年度国有公司投资项目指导计划》《2018 年主要经济指标指导计划》《武进区雪堰镇行政管理体制改革试点方案》《关于表彰全区平安法治建设暨党的十九大安保维稳工作先进集体和先进个人的决定》《关于表彰 2014—2017 年武进区群众体育先进集体和先进个人的决定》，听取关于全区乡镇工作补贴有关情况和 2017 年武进区区长质量奖评审工作情况的汇报。

2 月 5 日，区政府第十二次常务会议在区行政中心召开。会议集体学习《以案说纪》，讨论并原则通过《2017 年度镇、重点园区绩效考核情况》《2017 年度区级机关绩效管理和综合考核情况》《2017 年度区级机关目标管理考核情况》《2017 年度文明镇考核情况》《武进区文明城市建设三年行动计划（2018—2020）》《2017 年度区经济工作先进光荣册》《2018 年武进区生态保护引领区暨“两减六治三提升”专项行动工作方案》《关于表彰湖塘镇荣立全区征迁安置工作集体三等功的决定》。

3 月 10 日，区政府第十三次常务会议在区行政中心召开。会议集体学习《中华人民共和国环境保护税法》，讨论并原则通过《武进区政府投资项目管理办法》《武进区国有企业投资管理暂行办法》《武进区“生态绿城”建设 2018 年目标任务》《江苏省现代农业产业示范园创建实施方案》《江苏省现代农业示范园奖补资金使用方案》。

2 月 3 日，重点工业项目坤泰车辆系统（常州）有限公司奠基　供稿 / 区政府办

3 月 24 日，区政府第十四次常务会议在区行政中心召开。会议讨论并原则通过《关于 2018 年度镇绩效考核奖励的意见》《关于 2018 年度重点园区绩效考核奖励的意见》《关于 2018 年度区级机关绩效管理和综合考核工作的实施意见》《2018 年武进区区级机关职能工作目标考核实施细则》《武进区生态农业生产体系改革方案》《关于深化教育改革创新加快实现武进教育现代化的若干意见》《武进区工业企业资源集约利用综合评价办法》《武进区工业企业资源集约利用综合评价工作推进方案》《武进区工业企业贡献度评价办法》，传达太湖应急防控工作座谈会精神，听取生态保护和水资源治理情况汇报。

5 月 7 日，区政府第十五次常务会议在区行政中心召开。会议集体学习《江苏通报六起落实全面从严治党主体责任和监管责任不力典型案例》，讨论并原则通过《武进区贯彻落实乡村振兴战略的实施意见》《武进区“散乱污”企业（作坊）集中整治工作方案》《武进区工业废水接入城镇生活污水处理厂管理办法（试行）》《武进区企业污水规范接管的实施意见》《关于在全区开展网格化集成管理的实施意见》《关于武进区政法机关服务保障企业上市发展的实施意见（试行）》《武进国家高新技术产业开发区“证照分离”改革试点工作方案》《关于进一步完善行政审批与监管联动机制的实施意见》《常州市武进区事业单位

公务用车制度改革实施意见》《关于进一步加强武进区级党政机关和事业单位办公用房集中统一管理的实施意见》《武进区“武进工匠”评选办法》。

5月12日，区政府第十六次常务会议在区行政中心召开。会议听取关于中央、省、市环保督察问题整改情况和关于加强当前水环境整改工作情况，关于防汛工作安排情况，关于全区农村土地制度改革三项试点工作相关情况的汇报。

6月16日，区政府第十七次常务会议在区行政中心召开。会议集体学习《行政诉讼案例解读》，听取“散乱污”企业（作坊）整治工作启动组织情况、中央环保督查“回头看”准备工作及大气污染防治攻坚战情况、夏季水环境应急处理保护方案、牛塘片区管网移交进展情况、武进区半夜浜治理工作方案、收储土地管理情况及亚邦收储地块整治方案和1—5月全区安全生产工作情况的汇报，传达市防控政府债务风险会议精神。

8月11日，区政府第十八次常务会议在区行政中心召开。会议集体学习高质量发展监测评价体系，讨论并原则通过《常州市武进区集成改革试点总体方案》《关于加强税收属地管理的实施意见》《关于建立武进区长期护理保险制度的实施方案（试行）》，听取2018年上半年度信访工作情况的汇报。

11月9日，区政府第十九次常务会议在区行政中心召开。会议集体学习《中国共产党纪律处分条例》，讨论并原则通过《“武进工匠”候选人名单》《武进生态保护引领区“绿色生产标杆企业”评定及促进企业高质量发展的实施意见》《关于推进安全生产领域改革发展的实施办法》《2018年预算调整草案》《2019年预算安排草案》《武进区关于深化综合行政执法体制改革的实施方案》《武进区关于雪堰镇开展相对集中行政处罚权的实施方案》，讨论《江苏常州经济开发区扩大相对集中行政处罚权施行范围的工作方案》，听取武进区2018年政务公开工作情况的汇报。

12月7日，区政府第二十次常务会议在区行政中心召开。会议集体学习《大气污染防治法及相关政策解读》，听取省对县（市、区）高质量发展监测评价情况、江苏省武进高级中学新校区建设情况、2018年全区安全生产工作情况、2018年度全区食品安全形势分析报告和武进区人民政府2018年法治政府建设工作情况的汇报，讨论并原则通过《关于推进武进区工业企业资源要素差别化配置改革的实施意见》《武进区区级国有集团公司领导人员管理暂行办法》《武进区关于在相关镇（开发区）开展相对集中行政处罚权的实施方案》。

12月21日，区政府第二十一次常务会议在区行政中心召开。会议讨论并原则通过《2018年国民经济和社会发展计划执行情况及2019年计划安排的报告》《2019年政府工作报告》《2019年“两促三优三提升”为民办实事项目》《常州市武进区乡村振兴战略实施方案规划（2018—2022年）》《关于打赢打好全区脱贫攻坚战三年行动计划的实施意见》《武进区农村人居环境整治三年行动计划的实施意见》《关于企业危房改造管理的意见（试行）》《关于进一步明确武进区耕地占补平衡工作有关事项的通知》《武进区公立医院法人治理结构改革试点工作方案》《武进区人民政府关于武进区2018—2020年突出环境问题清单的报告》，研究深化供销合作社综合改革工作。

【经济协作与招商活动】 1月3日，江苏申达检验有限公司与中国科学院南京土壤研究所、常州大学举行签约仪式，开展战略合作，面向常州乃至华东地区提供建设环境测试分析及服务、技术咨询和成果转化服务。区领导戴士福、是峰出席仪式。

2月3日，常州经开区首个百亿级项目坤泰车辆系统（常州）有限公司汽车核心系统制造项目奠基。该项目总投资104亿元，主要研发、生产和销售动力总成、四驱系统、智慧底盘和智能驾驶四大产品。市、区领导丁纯、俞志平、史志军、戴士福、顾伟国参加奠基仪式。

2月28日至3月1日,2018武进（上海）经贸合作活动周举行，有关方面开展经贸招商活动，区领导史志军、戴士福、华飞、石旭涌、徐治国、许让磊出席对接中南控股集团等活动。

3月26日，北汽新能源第20万辆纯电动汽车下线暨EX360上市仪式在武进高新区举行，市、区领导丁纯、史志军、戴士福、石旭涌、徐治国出席活动。

3月30日，柳工挖掘机一季度产销突破4000台暨柳工中国服务万里行启动仪式在武进高新区柳工常州机械有限公司车间举行，区领导史志军、石旭涌、徐治国出席活动。

4月6—7日，深圳市常州商会、无锡商会考察武进区，副区长徐治国陪同考察。

4月21—22日，区领导史志军、陆秋明率武进区党政代表团，先后在安康市汉滨区、平利县开展扶贫协作和对口支援工作。

4月22日，常州集成电路生态产业园项目签约仪式在武进区举行。该项目总投资100亿元，主要从事驱动芯片和可信计算、国密安全、多媒体芯片以及通讯、人工智能等芯片设计业务。市、区领导汪泉、史志军、戴士福、石旭涌、徐治国出席活动。

5月11—12日，首届中国西太湖·全球公司发展论坛在武进区举行，海内外政、商、学界200余人齐聚一堂，研讨海外利益保护、营商环境改善、企业合规、智能化发展等重大议题。市、区领导汪泉、史志军、梁一波、戴士福、陆秋明、徐治国出席活动。

5月18日，2018第六届常州国际工业装备博览会在西太湖国际博览中心举行，市、区领导张耀钢、张承祖出席活动。

7月26日，2018中国焊接机器人发展论坛在武进高新区举行，300多名行业专家学者、企业家参加。市、区领导梁一波、石旭涌、徐治国出席活动。

8月12—13日，陕西省安康市平利县委副书记、县长陈伦富带领平利县党政企代表团在武进区考察交流，举行“平利特产进武进百家企业手拉手”招商推介会，300家企业及武进26个部门、6个镇（街道）负责人参加对接。区领导戴士福、顾伟国、陆秋明、蒋红英、徐治国出席活动。

9月14日，常州高端装备与智能制造产业创新中心项目签约仪式在市行政中心举行。该创新中心计划与常州大学、常州信息职业技术学院、常州机电职业技术学院等院校合作培养创新创业人才，并设立天使基金和产业发展基金，打造国内具备核心技术的高端装备标杆。市、区领导丁纯、徐光辉、梁一波、戴士福、石旭涌出席活动。

9 月 28 日，武进区 2018 重点项目集中签约仪式举行，总投资近 87 亿元的 34 个项目落户，其中外资项目 8 个、内资项目 26 个，涵盖先进制造业、新能源、新材料、现代服务业等领域。市、区领导丁纯、戴士福、臧建中、江建文、石旭涌、徐治国出席签约仪式。

11 月 26 日，常州斯道拉恩索包装技术有限公司投产仪式在武进高新区举行。该项目年产基于可再生材料的彩盒 8800 万个，满足世界领先品牌商绿色环保的高档包装需求。市、区领导梁一波、戴士福、石旭涌出席仪式。

12 月 13 日，澳门特别行政区行政长官崔世安率团考察苏澳合作园区筹建工作。市委书记汪泉、市长丁纯与该代表团座谈。省政府港澳办主任费少云，市、区领导方国强、李林、戴士福、刘志峰出席活动。

（李月峰）

机构编制管理

【概况】 2018 年，武进区深化行政管理体制改革，落实“放管服”改革重点任务，提升机构编制管理水平。全年划转行政审批事项 155 项，省、市权力事项承接 211 项，取消 13 项；出台《武进国家高新技术产业开发区“证照分离”改革试点工作方案》，推进“不见面审批”改革，“不见面审批”事项占比 95.87%。“两镇一街道”（雪堰镇、湟里镇、西湖街道）综合行政执法体制改革取得明显成效。增核学前教育编制 111 人，保障幼儿园管理和教学水平逐步提升。推进公立医院人员备案管理工作，核定公立医院备案制人员控制数和临时用工数 2873 人。区编办获评 2018 年度区级机关绩效管理和综合考核优胜单位。

【行政审批制度改革】 2018 年，区编办组织召开全区深化行政审批制度改革会议，印发《常州市武进区人民政府关于进一步深化行政审批制度改革的实施意见》《武进区重点项目建设审批信用承诺预审制实施方案（试行）》，推进行政审批标准化、智慧化，形成规范、清晰的审批工作标准清单，全面推进自助办理和数据智慧化运用。按照《常州市武进区人民政府关于进一步完善行政审批与监管联动机制的实施意见》，加强审批监管衔接，强化审管无缝对接、有痕联动。与各开发区、镇（街道）畅通信息双向推送，横向上促进审批、监管、执法“三位一体”，纵向上促进区、镇“两级互联”，打造现代政府治理体系。开设中介超市，推动辖区内 38 个中介机构入驻。区农业局“农药经营许可证审批”、区安监局“建设项目安全设施设计审查”的子项“储存烟花爆竹的建设项目安全设施设计审查”、区住建局“商品房现售备案”3 项行政审批事项划转至区审批局，取消“机动车维修经营许可”“农业机械维修技术合格证核发”“船舶进出渔港签证”“设立分公司备案”“外商投资合伙企业设立、变更、注销分支机构备案”“营业执照作废声明”6 项行政许可事项。至年末，划转至区审批局的行政审批事项涉及 22 个部门 155 项。

【规范权力清单管理】 2018 年，区编办根据《省政府关于取消 15 项行政许可事项的通知》《关于取消 25 项中央指定地方实施行政审批中介服务等事项的通知》《关于转发〈关于取消 27 项中央指定地方实施行政审批中介服务和材料证明的通知〉的通知》《市政府关于取消、规范一批行政许可事项、中介服务事项和材料证明的通知》要求，及时调整全区权力清单，取消“建设项目水资源论证报告书审批”“渔业无线电台（站）设置使用许可”“木材加工经营许可证”3 项行政许可事项，规范“公路桥梁结构荷载验算报告编制”“提交食品经营许可所需的自酿酒成品安全检验合格报告”“人民防空工程竣工验收前人防设备质量检测”3 项行政审批中介服务事项，取消“提交营业性演出活动所需的演出经纪人员的资格证书”“出版物经营许可证（批发、零售）遗失声明”“出版物印刷许可证遗失声明”“内部资料性出版物准印证遗失声明”“提交申请医疗机构执业许可所需的验资证明”“特种设备作业人员资格许可证件补办声明”“计量标准器具核准许可证件补办声明”“制造、修理计量器具许可证签发许可证件补办声明”8 项行政审批材料证明。按照市审改办部署，组织各相关部门梳理汇总 2013—2018 年国务院、省、市下放的行政权力事项承接情况，下放到全区的 236 项事项，已承接 211 项、已取消 13 项、实际未下放仍为市级权限的 8 项、因其他原因未承接的事项 4 项。

【“2345”行政审批制度实施】 2018 年，区编办深化“放管服”改革，实施区委、区政府提出的“2345”行政审批制度。6 月，印发《全区“放管服”改革近期重点任务一览表》，细化“实现 2 个工作日完成企业开办”“实现 3 个工作日内办理不动产权证”“实现 45 个工作日完成工业建设项目施工许可证领取”“提升投资项目审批效能”“推进‘证照分离’改革”“开展营商环境评价”6 项任务具体措施，明确责任单位和实施时间表。年内，相关单位简化优化审批流程，提升完善多部门信息共享机制，全面推行“2345”行政审批制度。至年末，全区基本实现省委、省政府提出的“3550”目标；区委、区政府提出的“2345”目标中，施工许可达标率为 100%，开办企业在 2 个工作日以内完成的比例为 94%、3 个工作日以内完成的比例为 99.84%，不动产交易登记 5 个工作日内办结的达标率 100%。

【武进高新区“证照分离”改革试点】 4 月 28 日，《武进国家高新技术产业开发区“证照分离”改革试点工作方案》出台，武进高新区“证照分离”改革试点启动。按照取消审批、审批改备案、实行告知承诺制、提升审批的透明度和可预期性、对涉及公共安全等特定活动加强市场准入管理五大类管理方式，区编办组织各部门制定管理措施和监管制度，出台审批管理办法 32 项、事中事后监管措施 57 项。建立“证照分离”月报制，明确相关部门联络人，按时上报“证照分离”改革推进情况及相关案例、数据等。该试点改革通过科学设定办理环节、再造审批流程、缩短审批时限，确保审批管理和运行更加规范高效，园区各类市场主体真正得到改革红利。

【“不见面审批”改革】 2018 年，武进区不断完善政务服务“一张网”，持续推进网上办、集中批、联合审、区域评、代办制、快递送、不见面的审批模式。

根据省、市部署，完成全省“不见面审批（服务）”改革专项督察工作，开展“我为‘不见面审批’改革献一策”活动，汇总29个部门的意见、建议50条。编制“就近办”“网上办”“马上办”3个“100项事项”清单。推进“一网通办”，32个部门六大类行政权力事项在省“一张网”中应进尽进，实现在线填报、提交和审查。全面启用在线预约功能，实现即来即办、办事“零等候”。在区政务大厅开设邮政EMS服务窗口，武进成为常州市辖市区首个实行办理结果送达服务政府买单的地区，打通“不见面审批（服务）”的最后一环。推动办件量前100位的事项“一证通办（身份证）”“一照通办（营业执照）”，实现办事材料、程序、结果全电子化。在江苏政务服务网武进区综合服务旗舰店开通“不见面审批”专栏,集中展示成熟的“不见面审批”应用场景,推动“不见面审批”落到实处。至年末，全区“不见面审批”事项占比为95.87%。

【管理体制集成改革】 2018年，区编办参与全要素网格化管理，设立区级网格管理中心，梳理网格管理事项清单，围绕打造纵向到底、横向到边的网格化集成管理新体系的目标，组织各相关职能部门梳理形成社会治安、公共安全、城市管理、环境保护、民生服务、综合执法、政务代办、综合管理八大类51个小类1107项服务管理事项清单，实现公共服务、社会治理、综合执法领域网格化集成管理全覆盖。

【基层政务服务体系建设】 2018年，武进区加大向基层简政放权，以方便基层群众办事为出发点，建立区、镇、村三级基层政务服务体系。5月，出台《武进区推进基层政务服务工作方案》，召开全区为民服务中心建设现场推进会，梳理拟下放的权力事项和公共服务事项清单。6月，雪堰镇、湟里镇率先完成镇级政务服务中心建设，承接区行政审批局（政管办）下放事项清单，实现行政权力事项和公共服务事项集中办理，为基层政务服务体系建设提供模板。至年末，武进高新区、西太湖科技产业园、湖塘镇、礼嘉镇基本完成政务（为民）服务中心实体大厅建设。

【综合行政执法体制改革】 2018年，在雪堰镇、湟里镇、西湖街道和常州经开区实施综合行政执法体制改革试点的基础上，区编办起草全区综合执法体制改革试点方案，将安全生产监察、城建监察、交通运输综合执法、农业管理综合行政执法、劳动监察、水政监察、文化市场综合执法、卫生监督、市场监督管理稽查、城市管理行政执法等行政处罚权相对集中，整合规范执法主体，相对集中行政执法权，推动执法重心下移，优化执法力量配置，完善基层执法制度体系和创新执法监管方式，全面推进部门内部、跨部门跨行业综合行政执法改革，切实解决多头执法、多层执法和重复执法等突出问题。年内，按照常州市“双随机一公开”监管抽查工作部署，完成安全生产监督管理局、财政局、城市管理行政执法局、发展和改革局、档案局、交通运输局、教育局、经济和信息化局、旅游局、民防局、民族宗教事务局、农业局、人力资源和社会保障局、商务局、市场监督管理局、水利局、体育局、卫生和计划生育局、文化广电新闻出版局、住房和城乡建设局、民政局、统计局22个单位“两库一清单”录入工作，纳入随机抽查范围检查对象37439户、执法人员861人、抽查事项1318项，各部门全年按规定完成随机抽查2080次，通过监督检查过程全留痕，全面掌握检查对象的真实情况和存在问题。

【机构编制调整】 2018年，区编委明确武进区科创服务中心、江南石墨烯研究院、城市管理行政执法大队、网格化服务管理中心、政务服务中心5个单位机构规格，明确老干部活动中心、政务服务中心、农村财务辅导3个单位“三定”（定职能、定机构、定编制）方案，调整经开区法院执行局和人大工委2个单位领导职数。全区教育系统有事业单位96个，公办学校教师总额为9651人，其中教师编制数为8120人、编外教师员额为1531人。完成湖塘中心幼儿园、经开区部分学校的更名，增核学前教育编制111人，调整后全区公办幼儿园事业编制总量为368人（调整前257人）。卫生系统有事业单位34个，编制数4287人，实有人员4056人。推进公立医院人员备案管理，将区级公立医院和二级医院建设单位确定为第一批创新公立医院人员编制管理对象，依据医院等级、功能、床位使用率等因素，科学核定公立医院人员总额，其中备案制人员控制数和临时用工数合计为2873人，为深化公立医院改革提供有力保障。

（白　熊）

人才与人事管理

【概况】 2018年，武进区立足干部队伍高质量发展要求，落实人事制度改革措施，规范招录，加强管理，落实考评，全面增强干事创业能力。招录公务员及

1月19日，区委、区政府举办外国专家、博士后“迎新春、话发展”沙龙活动

供稿/区人社局

参公人员64人，招聘教育、卫计系统备案制人员491人。贯彻落实公务员法及配套法规，举办公务员初任培训班、军转干部培训班，提升干部队伍能力素质。围绕“人才强区”战略，编制《2018年全区高层次、紧缺人才需求目录》《2018年全区海内外招才引智计划》，出台《武进区领军型创业人才队伍高质量发展行动计划》《武进区产业紧缺人才高质量发展行动计划》，推进“武进英才计划”实施，实行更加积极、开放、有效的人才服务举措，在壮大高层次、高技能人才队伍上持续发力。年内，武进区入选省“双创人才”10人、高技能人才2人，获领军人才优秀创业企业奖5个，拥有国家级博士后工作站9个、省级博士后工作站17个，在站博士后32人，获省级引智项目立项10个，2人获省突出贡献奖。年末，全区高层次人才总数增至2.1万人。技能劳动者总量超过30万人，每万名劳动力中高技能人才达1083人。

【机关事业单位人事管理】 2018年，武进区组织机关事业单位招录笔试16次、面试17次，招录公务员及参公人员64人，招聘教育、卫计系统备案制人员491人。推进机关人员平时考核、季度考核，全区146名机关工作人员和120名事业单位工作人员受到区政府记三等功（记功）奖励。参与教育系统“优才计划”，招聘优秀教师优化师资结构，扩大“区管校聘”的成效。开展公立医院人员备案制改革，逐步放开人员编制管理束缚，实现由身份管理向岗位管理转变，为医护人员自由执业、合理流动疏通渠道，促进医疗资源均衡分配。稳妥开展职务职级并行工作，全年审批74人。组织机关事业单位工勤人员参加升级考核培训57人次，向常州市申报技师资格19人、高级技师资格2人。调整1273名区机关事业单位遗属人员生活补贴标准，补发补贴364万元。出台人民警察加班补贴、值勤津贴及法检人员特岗津贴有关政策。完善事业单位收入分配制度改革，核增绩效工资单位13个，累计29个。落实全区机关事业单位工作人员带薪年休假制度，完成8608人应休未休年休假审批。安排145名优秀公务员健康休养、7860名机关事业单位人员参加健康体检。

【军转干部安置与解困】 2018年，区人社局联合26个单位提前开展军转干部需求摸底，做好军转干部及随调家属接收安置，全年接收安置军转干部57人、随调家属1人。走访慰问企业军转干部，发放解困补贴1053.5万元、节假日慰问金256.7万元、医疗困难救助金58.1万元。主动关心企业军转干部的精神生活和健康状况，赠阅《武进日报》614份，组织505名企业军转干部参加健康体检。

【“武进英才计划”实施】 2018年，武进区对接常州市“龙城英才计划”，推进“武进英才计划”实施，编制《2018年全区高层次、紧缺人才需求目录》《2018年全区海内外招才引智计划》，组织“龙城英才计划”推介会4场，110名高层次“双创”人才对接洽谈。参加第十六届中国国际人才交流大会，与多国专家建立合作关系。引进领军人才团队92个，累计引进998个；新增青年专家2人，累计引进99人。入选“龙城英才”A级项目38个，占全市总数的46%。入选省“双创”创业类人才10人、高技能人才2人，分别占全市总数的45%和100%。2名专家入选省突出贡献中青年专家，8名高层次人才、3名高技能人才入选市突出贡献中青年专家，4名高端人才入选江苏省第十五批“六大人才高峰”项目。全区高层次人才总数增至2.1万人。南方轴承、龙城精锻2家企业的博士后工作站升级为国家级博士后科研工作站，强力电子、征图新视2家企业设立省博士后创新实践基地，新誉集团和亚邦集团申请独立招收博士后资格。全区拥有国家级博士后工作站9个、省级博士后工作站17个，在站博士后32人。

【人才服务多元化】 2018年，《武进区领军型创业人才队伍高质量发展行动计划》《武进区产业紧缺人才高质量发展行动计划》出台，延展人才扶持政策，打出引才留才“组合拳”。全年为74名领军人才兑现创业扶持资金4330万元，为1064名高层次紧缺人才和53个项目发放人才开发资金2254万元，协调解决“拨改贷”政策中一次性还贷资金5580万元。集聚银行、创投及民资等多方资源建设“人才贷”品牌，帮助18家初创企业解决资金2570万元。在全市率先成立区级“外国人来华工作许可”办证点，节约企业办证时间50%以上，累计办理460批次。做好重点企业人才服务，一对一挂钩联系57家市十大产业链重点企业。搭建交流提升平台，举办外国专家及博士后迎春沙龙、天使下午茶、创业分享会等活动70余场。协办2018“资者见智”武进对接会，推介投资发展环境。

【技能人才总量突破30万人】 2018年，《武进区高技能人才高质量发展行动计划》等政策出台，破解技能人才培育难题。全年举办维修电工、家政服务等职业技能培训班300余期，参加培训学员超过6万人次。在全市率先试点企业新型学徒制校企合作班，83名初中毕业生进入卡尔迈耶和慕林电器两家企业定向培养。举办“技行武进”职业技能大赛8场，探索网络职业技能培训模式。年末，全区技能劳动者总量超过30万人，每万名劳动力中高技能人才1083人。

（张连惠）

信访工作

【概况】 2018年，全区信访工作部门突出矛盾化解、责任落实、基层基础等方面工作，依法及时就地解决群众合理诉求，营造和谐稳定的社会环境。开展信访矛盾化解攻坚战和积案化解行动，全年化解各级信访积案121件。全区主要信、访指标全面下降，到区、去市、赴省、进京上访量分别比2017年下降51.3%、46.4%、11.6%和43.5%；未发生进京集访，到区、去市、赴省集访量分别比2017年下降50.3%、39.3%和82.1%。受理省、市、区长信箱信件量比2017年下降26.1%。未发生进京、赴省集体上访，未发生有影响的个人极端事件，未发生因工作不当引起的负面炒作。区信访局接访窗口获评省“群众满意接访窗口”。

【疑难信访事项化解】 2018年，区信访局发挥信访联席会议制度作用，对重大疑难信访突出问题，及时提请区领导召集相关责任单位会商会办，化解突出信访矛盾。年内，区领导到区人民来访接

8月27日，区长戴士福在区信访局接待信访人，会办其信访事项　供稿/区信访局

待中心接待、会办重点信访事项29件，其中征地拆迁类9件、欠薪欠费类7件、其他事项13件。开展信访积案集中攻坚行动，化解各类信访积案121件，其中市级矛盾10件、区级矛盾20件、镇级矛盾91件，超额完成既定工作目标。全年化解或办结国家、省信访部门交办的重点信访案件6件、常州市信访部门交办的信访案件9件。

【信访工作责任落实】 2018年，区委常委会、区政府常务会议定期听取信访工作情况汇报，研究部署信访工作。区主要领导阅批、转办群众来信253件。按照省、市“百县千案”化解工作要求，区主要领导包案的7件积案均化解完毕。区、镇两级领导包案80件，重点积案包案率100%。区信访局联合相关部门对各板块和区级重点部门开展信访督察30余次，推动落实信访重点、重点积案化解工作的责任、措施和时限。结合省、市考核指标的调整，修订完善区信访工作考核细则，以精细化考核推动责任落实。

【“阳光信访”系统建设】 2018年，区信访局建立“阳光信访”系统业务季度评查通报制度，通报责任单位阳光信访系统业务办理中存在的问题30余件次，督促指导整改，推动各板块、部门及时规范办理。完成“市长信箱”纳入“阳光信访”信息系统流转办理工作。组织“阳光信访”系统操作和依法分类处理信访诉求工作专题培训，区级机关和镇（街道）、开发区信访干部70余人次参训。组织35名镇（街道）、开发区和部门的信访工作人员分批次到区信访局，跟学“阳光信访”系统操作、网信操作规范等。印发《武进区依法分类处理信访诉求清单汇编》及《依法分类处理信访诉求工作流程》，推进信访诉求依法分类处理工作。

（魏海波）

对外事务

【概况】 2018年，全区因公出国（境）团组60批次70人次，接待外宾10批次20人次。区外事部门按照“计划控制、总量管理”的原则，从严审批因公出国（境）团组，确保出访团组精简高效。出台《因公出国境行前宣传教育要点》，加强因公出国（境）人员政治纪律、外事纪律、财经纪律等方面的学习教育。成立武进区人民对外友好协会，密切武进与各国驻沪总领馆联系，扩大武进的影响力。

【武进区人民对外友好协会成立】 2月26日，武进区人民对外友好协会成立大会暨第一届理事会在区行政中心召开。会议通过协会章程，选举产生第一届理事会成员52个。该协会为民间外交组织，以增进人民友谊、推动国际合作、促进共同发展为宗旨，旨在代表武进在国际社会和世界各国广交、深交朋友，抢抓“一带一路”建设机遇，集聚国际优质资源，推动武进经济建设和社会发展。

【对外交流与合作】 3月12日，武进区组团在上海参加常州市与各国驻沪总领馆新春联谊会，借助领馆资源，宣传全区中外合作园区发展情况和武进区投资环境，提升武进的国际知名度。5月11日，美国驻沪领馆政治经济处处长南希（Nancy Leou）在武进区参加首届中国西太湖·全球公司发展论坛。5月30日，应以色列驻沪总领馆邀请，武进区派员参加上海以色列独立日庆典活动。6月5日，土耳其共和国驻中国大使阿布杜卡迪尔·埃明·约南（Abdulkadir Emin ÖnenAmbassador）一行访问武进，考察土耳其在武进区洛阳镇的投资企业常州倍科电器有限公司。8月1日，以色列驻华副大使兼公使姚纳森率团参观考察武进。8月6日，日本松下集团久保冈启一行访问武进高新区，参观考察金石机器人、纳博特斯克（中国）精密机器、快克智能装备等企业。10月23日，罗马尼亚阿拉德省省长琼卡－尔古尔·贾斯汀－马里内奥、阿拉德市市长法尔卡·乔戈一行9人访问武进，参观今创集团。11月7日，以色列外交部经济司副司长伊尔·拉维娅·扎多克和以色列驻沪总领事普若璞一行专题调研中以常州创新园，参观以色列中心展馆及滕氏、泰迪泰迩等以色列企业。

（何伟杰）

港澳事务

【概况】 2018年，武进区推动与港澳的交流合作，实现双边互利共赢。全区赴港澳团组15批80人，接待港澳官方、非官方访问115人次。全区有240多家出口贸易企业与香港有贸易往来，金额3.5亿美元。年内，江苏省委常委、统战部部长杨岳，国务院港澳事务办公室主任张晓明先后调研武进苏澳合作园区建设情况。

【武进与港澳交流合作】 3月12日，武进区代表团在上海拜访香港入境事务组驻沪办事处、香港贸发局华东办事处，进一步密切与香港的经贸往来。4月25日，澳门特区政府高级代表团13人访问武进，考察苏澳合作园区边界，开展交流座谈。5月28—29日，澳门中联办处长陈燕影率澳门闽籍青年骨干代表团36人访问武进，考察西太湖科技产业园、春秋淹城旅游区。11月14—15日，澳门美高梅控股有限公司22人访问武进，参观苏澳合作园区、西太湖影视产业基地、中以常州创新园等。11月，澳门和统会21人参访苏澳合作产业园。12月13日，澳门特别行政区行政长官崔世安与常州市委书记汪泉、市长丁纯就苏澳合作园区筹建情况及整体规划召开座谈会议，中国城市规划设计研究院绿色城市研究所所长董珂、项目负责人胡晶代表编制组汇报总体规划方案；江苏省港澳办主任费少云、常州市副市长方国强、副市长兼武进区委书记李林，以及常州市政府秘书长、副秘书长、武进区区长，澳门特别行政区行政长官办公室主任、新闻局局长、礼宾公关外事办公室主任、政策研究和区域发展局局长等相关部门领导参加会议。

（何伟杰）

台湾事务

【概况】 2018年，武进台湾工作部门贯彻落实中共中央总书记习近平对台工作重要思想，践行“两岸一家亲”工作理念，围绕全区“五个三年行动计划”目标，以“武台情·一家亲”品牌建设为抓手，主动作为，推动武进台湾两地交流合作。全区新批台资企业7家，累计总投资2.19亿美元，台企增资2519.15万美元。两地互访交流团组64批768人次。区台办先后举办惠台政策、税务知识等讲座7次，组织开展台企“走进武进经开区”“走进西太湖科技产业园”“走进大型台企”活动，依法依规解决台企各类求助15起，慰问台胞、台属82人次，发放困难补助、慰问金2.6万元。报送涉台宣传信息180篇，其中被国台办刊物《两岸关系》《台湾工作通讯》录用4篇、省台办刊物《台湾工作动态》录用1篇。区台办被中央台办评为2018年“两刊”对台宣传先进单位。

【武进台湾交流合作】 2018年，武进区组织经贸、科技、农业、文化、商务交流合作团组39批98人次访问台湾。2月，武进籍画家、造型艺术家许琪萍在台北参加“墨色无界——水墨与织品/伞/茶/乐的对话”跨界艺术展。5月，常州经开区管委会主任周永强率武进区工商联经贸考察团考察台湾车辆股份有限公司、新竹科学工业园、台湾长庚医院等单位，寻求合作契机，推进项目落户。5月12日，2018国际尖端机能性材料发展高峰论坛在西太湖健康产业园举办，两岸生物科技专家50余人就聚烯高分子在生物医药、医疗器械等领域运用交流演讲，研讨石墨烯在生物科技产业的创新发展，寻求西太湖健康产业园项目突破。6月，武进区农业参访团考察台湾农会管理制度、农产品精深加工及农业休闲观光方面的经验。12月，西太湖科技产业园经贸考察团3人在台湾开展招商推介。全年接待台湾参访团组25批670人次。5月，宜兰县农会参访团访问武进，与区农业专家及企业家在夏溪花木市场交流各自特色产业。7月，宜兰县民众服务社28人在武进参观交流。8月，宋毅祥率台湾宜兰县三星乡参访团23人在武进考察交流。

【武进与台湾两地青少年交流】 2018年，武进、台湾两地青少年交流团组7批408人次。常州幼儿师范学校连续第二年派出师生到台湾学习交流。6月，台湾铭传大学20余名师生连续第六年到武进开展暑期研习交流活动。光宝华东营运中心、武进区锦绣幼儿园等涉台单位提供30多个岗位供台湾大学生实习。7月19日，在西太湖科技产业园江苏省台湾青年就业创业基地举办两岸青年创业推荐分享会；区台办主办的第六届单车天使神州圆梦公益之旅（常州站）活动在西太湖揽月湾举行，30余名台湾学生参加活动。8月16日，320名参加第四届苏台青少年科技创意创新大赛的台湾师生在武进开展历史文化交流活动；台湾大学生暑期研习就业创业总结分享会在武进高新区举行，来自台湾大学、清大、北科大和中原、东海、铭传大学的32名台湾大学生参加。

【台北市武进同乡会成立50周年纪念活动】 2018年，武进区台办支持台北市武进同乡会开展成立50周年系列主题纪念活动，提供《武台情·一家亲》《武进辞典》《常台交流合作30年》等文史资料300余件，组织撰写纪念专稿6篇，被《两岸关系》《常州日报》等媒体刊发。7月1日，武进区代表团参加台北市武进同乡会成立50周年庆典，捐赠100万新台币及书法作品《海天歌·台北武进同乡会成立50周年有感》。在庆典上，理事长汪国通宣读武进区人民政府贺电，荣誉理事长王钟渝等嘉宾分别发言，回顾武进同乡会50年的发展历程。

台北市武进同乡会成立于1968年6月30日，长期致力于服务武进籍（含常州城区全部及无锡马山）旅台同乡。两岸开放交流30年中，台北市武进同乡会先后组织278批653人次回乡访问，

7月30日，国台办重点交流项目“第六届单车天使神州圆梦公益之旅”在武进西太湖揽月湾举办

供稿/区台办

其中青年访问团5批93人，为促进武进台湾两地交流合作做出贡献。程沧波、刘庆生、张寿贤、张文彬、杨仁初、朱淦祥、陆观沂、王钟渝、蒋乃辛、姚立德、汪国通等相继担任理事长。

【“武台情·一家亲”品牌建设】 2018年，区台办依托台北市武进同乡会、武进台属联谊会等平台开展“武台情·一家亲”品牌建设活动，设立50万元台属联谊会光彩基金，慰问台胞、台属，建立武进台属联谊会两岸婚姻家庭委员会，创建富克斯流行广场“梧桐同心基地”等，进一步扩大“武台情·一家亲”品牌的影响力。

【海峡两岸关系协会会长张志军调研武进台企】 5月30日，海峡两岸关系协会会长张志军率调研组调研武进区关于促进两岸经济文化交流合作的若干措施落实情况。该调研组先后调研台资企业常州欣盛微结构电子有限公司、光宝华东营运中心，听取两家公司基本情况介绍，参观公司生产线，与管理层座谈交流。张志军充分肯定武进区深入贯彻“31条惠台措施”方面的举措，希望武进继续秉持“两岸一家亲”理念，进一步激发台胞在武进创业就业的热情，助推台企转型升级更上新水平，不断扩大和深化两岸经济文化交流合作，增进两岸同胞亲情福祉。

（陈俏松）

侨　务

【概况】 2018年年末，全区常住人口中有归侨21人，归侨侨眷8000余人；有华人、华侨及港澳同胞5000余人，分布在世界近40个国家和地区，相对集中于美国、加拿大、日本、英国等发达国家和中国香港地区；有侨资、侨属企业800家。区侨商联合会有会员企业68家，区侨界青年联谊会有理事70人。年内，全区接待海外华人、华侨、侨团侨社30余批160余人次，邀请并接待来自16个国家和地区的海外高层次人才60余人次。区侨办侨联牵线英国、以色列等国的3家企业落户武进。开展全区机关、事业单位侨情调查，新增侨情150余条。召开武进区侨界青年联谊会第二次会员大会，推选侨青理事会员70人。牵头成立武进区华侨投资权益保障协调委员会，与武进区法院、常州经开区法院签署加强涉侨纠纷案件诉调对接协议，推进涉侨领域矛盾纠纷多元化解。承办中国侨联“海外侨胞故乡行——走进江苏”活动、国侨办2018海外华裔青少年“中国寻根之旅”夏令营（武进营）以及海外华文媒体常州行武进活动，展示武进经济社会发展情况和良好文化形象。成立武进侨联艺术团，弘扬中华优秀文化，展示武进地域文化。与上海市长宁区侨办、苏州市吴中区侨办缔结侨务工作友好单位。区侨办主任、侨联主席杨美英当选中国侨联委员，金东方社区侨联主席王亮亮获评全国归侨侨眷先进个人。《武进侨联志》初编完成。

【侨务资源巩固拓展】 2018年，区侨办侨联组织侨界联谊活动7场次，先后接待美国西东大学代表团、澳大利亚常州商会、安哥拉驻香港总领事、多伦多常州联谊会、法国常州联谊会等侨界社团、国际友人、华侨华人等160多人次，与美国江苏经贸文化联合会、墨西哥江苏商会、尤卡坦半岛华人华侨联合会等社团新建良好关系，与澳大利亚、新加坡及中国香港、澳门的海外联谊会保持密切联系，进一步提升涵养侨务资源的广度和深度。区侨联组织开展侨情调查，动态新增登记归侨侨眷、海外归国人员150余人，新增侨情150余条。

【“四季四送”服务品牌建设】 2018年，区侨办侨联加强春送健康、夏送清凉、秋送亲情、冬送温暖“四季四送”服务品牌建设，发挥侨联联系广大归侨、侨眷和海外侨胞的桥梁和纽带作用。1月10日，在江苏省前黄高级中学举行“侨爱·安民”助学金第八次发放仪式，15名家境贫困的优秀学生领取助学金。春节前，在湖塘永定社区、华侨活动中心举行“墨香迎新春、侨爱送春联”活动，为社区居民现场绘写并送出喜庆春联200多副。协办“全球华人一骑来、城门挂春联”活动，全区20余名海外侨胞、归侨侨眷、侨务工作者参加活动。3月30日，组织区政协侨联组新老委员视察武进智慧社区信息平台，会同礼嘉镇政协委员视察礼嘉镇经济社会发展情况。5月5日，开展“古韵新风，侨忆江南”武进区侨界名媛旗袍沙龙，20余位侨界名媛参加活动。7月，举办“归侨侨眷看家乡”活动，参访江苏省华侨文化交流基地——宝林寺、西太湖科技产业园等。中秋时节，举办中秋戏曲专场活动，协助澳大利亚常武同乡联谊会举行第三届“情寄中秋”跨境晚宴，武进、悉尼、墨尔本、阿德莱德四地联动，同设分会场，共度团圆佳节。年内，区侨办侨联以金东方社区侨联为平台，举行2018金东方侨界春节联欢会、第十次全国归侨侨眷代表大会精神传达暨金东方“侨”这40年座谈会、金东方百名归侨侨眷看武进、金东方中秋国庆联欢会等活动，金东方归侨侨眷累计800多人次参加。武进侨联艺术团在雪堰等镇的社区举办文艺专场演出，弘扬中华优秀文化，展示武进地域文化。

【武进区华侨投资权益保障协调委员会成立】 4月，区政府办印发《关于成立武进区华侨投资权益保障协调委员会的通知》，成立常州市武进区华侨投资权益保障协调委员会，办公室设在区侨办，副区长张小虎任主任，27个职能部门、5个园区板块分管领导为成员。该委员会主要职能是负责协调解决华侨投资和权益保障工作中的重大问题。区侨办与武进区法院、常州经开区法院签署诉调对接协议，为指导侨资企业发展、协调重大涉侨经济纠纷、维护侨商合法权益提供重要保障。

【海外华文媒体采访团武进行活动】 5月19日举行，《南美侨报》《西非华声》周报、《环球华报》等23家海外华文媒体聚焦武进，开展实地考察采访，“零距离”感受武进的发展脉搏。活动期间，23名海外华文媒体人先后在瑞声科技控股有限公司、新誉集团有限公司和淹城遗址采访，了解武进经济和智能制造情况，感受武进悠久历史文化。武进城市面貌、经济发展、历史文化给海外华文媒体人留下深刻印象。

【2018海外华裔青少年“中国寻根之旅”夏令营武进营】 7月30日至8月10日在武进区举办。该活动由国侨办、省侨办主办，常州市侨办、武进区侨

办、武进职业教育中心校承办，来自西班牙巴塞罗那孔子文化学校、美国大纽约华夏中文学校、德国曼海姆中文学校的38名青少年营员参加。这次夏令营安排中华传统文化体验课程18次、常州人文历史景点参观5次、常州大剧院观看演出1次。营员广泛体验趣味汉语和中国民谣、舞蹈、书法、国画、舞龙、武术等中国民族文化精髓，接触留青竹刻、面塑等常州非遗课程，近距离了解体验中华传统文化、江南文化和吴文化。

【武进区侨青会第二次会员大会】 11月28日在区行政中心召开。区第二届侨界青年联谊会（简称“侨青会”）全体会员和各界嘉宾共90多人出席。会议审议通过《常州市武进区侨界青年联谊会工作规则（草案）》，选举产生常州市武进区第二届侨青会领导班子，钱晓锦当选会长。

（张　茹）

对口支援与合作

【概况】 2018年，武进区加强对口支援新疆维吾尔自治区尼勒克县，与陕西省安康市汉滨区、平利县开展扶贫协作，与盐城市阜宁县、射阳县开展经济技术交流合作。武进援疆工作组加快推进教育、富民安居、乡村公共服务基础设施、维稳等民生援疆项目建设，引进教育、医疗、财政、旅游、农业等方面柔性人才48人。推进尼勒克武进民生产业园项目，入驻企业19家，带动当地群众就业600余人。全年推进实施援建项目19个，完成援疆投入9515万元，其中民生项目建设投入8563万元，占投资总额的89.67%。年内，市区两级党政领导及58个部门320人次到尼勒克县考察调研，开展业务交流、扶贫帮困。9月，尼勒克县实现脱贫摘帽。

武进区援助重庆市云阳县资金30万元，主要用于受援地发展农业项目、社会公共基础设施建设。武进区与陕西省安康市汉滨区、平利县开展党政交流互访8次和对接活动20多次。区人社局等部门3次组团参加苏陕劳务协作招聘洽谈会，达成引进劳务就业意向844人。潞城街道与平利县兴隆镇签订合作框架协议。横山桥镇及省庄村、星辰村向结对镇村捐赠帮扶资金16万元。遥观镇和勤新村向结对镇村捐赠帮扶资金13万元。推进建设贫困村光伏扶贫电站项目、中药材粗加工厂、800万套外贸童装生产线项目、恩杰恩智慧扶贫项目等，增强受援地脱贫致富能力。

武进区在盐城市建有阜宁、射阳两个省级共建工业园，2018年完成开票销售收入143.42亿元。

（严　超　左喜平）

【援助尼勒克县脱贫摘帽】 2018年，武进区援疆工作组坚持以解决瓶颈制约为重点，以补短板为突破口，助力尼勒克县脱贫攻坚、脱贫摘帽。制定完善《2018年度武进援尼扶贫工作方案》，分解落实五大类20项重点工作任务，构建全方位、立体式扶贫援疆机制。全年建设援疆扶贫项目13个，完成援疆扶贫投入8563万元，占全年援疆投入的90%。利用特色援疆（“小援疆”）资金，持续深入开展脱贫攻坚“十大行动”。资助县妇女就业创业基地100万元，添置纺织机械等设备。对贫困村退出攻坚行动开展“回头看”，确保脱贫攻坚项目覆盖全县30个贫困村。实施全州首个整村推进厕所革命项目，改造加尔托汗村355户旱厕。深化爱心帮扶，动员后方党政机关、企事业单位、党员干部和社会爱心人士参与对口支援，支持脱贫攻坚。持续开展“万人帮万户，共同奔小康”援疆帮扶活动，全年募集帮扶资金110.94万元，帮扶贫困家庭1050户。创新成立武进援疆爱心小分队，通过援疆干部人才、社会爱心人士捐赠等渠道设立爱心基金，每月开展扶贫帮困、贫困学生微心愿等爱心帮扶活动，援疆干部人才累计捐赠资金4.11万元。加强劳务输出和转移就业，在今创集团挂牌尼勒克县驻武进区转移就业管理服务站，组织今创集团等12家企业到尼勒克举办现场招聘会，向江苏武进、昆山等地转移就业239人。9月26日，经新疆维吾尔自治区人民政府批复同意，尼勒克县正式退出贫困县序列。10月17日，经国务院扶贫开发领导小组审核同意，尼勒克县正式脱贫摘帽。

【民生援疆】 2018年，武进区援疆工作组加快推进教育、富民安居、乡村公共服务基础设施、维稳等民生援疆项目建设。武进实验学校（一期）通过竣工验收，完成投资6400万元。完成富民安居工程投资1527万元，建设安居富民房1064户。实施乡村振兴战略，推进加尔托汗村美丽乡村建设项目，完成工程总量的80%。投入特色援疆资金125万元，支持兰干买里村、尤喀克买里村等21个村建设村民活动阵地，改善农牧民夜校设施，实施村级道路硬化、亮化工程等基础设施建设项目。投入援疆资金150万元助力“雪亮工程”，重点建设县综治中心、综治视联网平台，实现治安防控全覆盖、无死角；投入48万元支持县公安局购置警车，投入20万元支持

武进区援建的尼勒克富民安居房　　供稿/武进日报社

加哈乌拉斯台乡3个自然村改善便民警务站配套设施。

【产业援疆】 2018年，武进区援疆工作组坚持把促进产业带动就业作为援疆工作的突破口，更好地实现从“输血”向“造血”的转变、从支援向合作的拓展。推进尼勒克武进民生产业园项目，高标准建成12栋厂房、仓储物流及配套设施，入驻企业19家，带动当地群众就业600余人。推动发展旅游产业，完善旅游基础设施，在唐布拉景区新建生态旅游厕所6座。先后在武进区和南京市举办旅游推介会，举办首届唐布拉草原帐篷音乐节，在线观看逾百万人次。开展“千人原疆行”旅游活动，组织江苏游客赴尼旅游6200余人次，收到捐资捐物价值30余万元。加大产业招商力度，推进与后方劳动密集型企业洽谈合作，先后组织新疆江苏商会、江苏华虹新能源有限公司、常州宏昌电子有限公司等11批次20余家企业90人次到尼勒克考察调研，对接项目，引进江苏华虹、武进蒋记食品、爱斯妮服饰、天时猫服饰、新疆申岳牧业、恒丰菌业6家企业，协议注册资金2.57亿元。加大电商平台打造力度，拓展农副产品流通渠道，在武进城区开设原疆馆实体店，线下销售尼勒克黑蜂蜂蜜、牛羊马肉、冷水三文鱼、特色林果等绿色天然食品，全年销售额超600万元。飨家电子商务平台专门开通尼勒克馆，上线“天汇黑蜂”“弥玥泉”等尼勒克特色品牌产品。武进日报社与尼勒克首家旅行社——凤凰旅行社合作，开设武报乐购伊犁特产体验店。

【人才援疆】 2018年，武进援疆工作组立足尼勒克发展需求，引进教育、医疗、财政、旅游、农业等方面柔性人才48人。在伊犁州首次实施财政人才组团式援疆，选派5名财政专业人才指导县乡两级强化财务管理和财政监管。组织武进区旅游局等单位4名旅游管理人才，助力尼勒克县实施旅游兴县战略。投入资金386万元，加强尼勒克县人才培训，培训干部和技术人员1万余人；举办尼勒克县基层干部集中轮训培训班3期，邀请武进飨家惠农电商平台为尼勒克县年轻创业者提供电子商务培训。

【教育援疆】 2018年10月，武进实验学校（一期）通过竣工验收。“武进班”高考本科达线率实现100%，一本达线率为35%。在江苏省教育厅支持下，武进区在伊犁州首次开展幼师师资合作培养，组织常州幼儿师范学校与尼勒克县教育局从幼师委培、跟岗培训、实习支教、结对帮扶等方面开展深度合作，为尼勒克县定向培养普通话幼儿师资。组织“同心同向，放飞梦想”援助尼勒克县双语教育助力系列活动，实施“远程在线课堂”试点。落实“万名教师援藏援疆支教计划”，8月下旬，常州市范围统筹选派的17名初高中教师到尼勒克县任教。年内，组织援疆教师“送课下乡”活动，为边远乡村中小学、教学点提供教学示范和专业指导。

武进区援建的尼勒克县武进实验学校　　供稿/武进援疆工作组

【医疗援疆】 2018年，武进医疗组团持续开展特色专科建设，帮助受援医院填补技术空白7项；一次性引进柔性医疗人才12名，开展专业讲座20场次，培训乡镇卫生院医生200余人；组织援疆医生到种蜂场、贫困乡村、县福利院等地开展义诊活动近20场，受益群众1000余人次；协调后方企业向县人民医院捐赠医疗器械及药品价值近15万元。

【武进与尼勒克两地交流交往】 2018年，武进援疆工作组开展“同愿互助”行动，常态化推动两地党政机关、企事业单位、社会团体双向对口交流、学习考察，增进了解，促进合作。9月，常州市委书记汪泉看望慰问武进援尼干部人才，勉励大家聚焦社会稳定和长治久安的总目标，发挥性、主动性和创造性地推动对口援疆工作走在前列；常州市常务副市长曹佳中、武进区委副书记叶明华分别率市党政代表团在尼勒克对接、指导援疆工作；尼勒克县委书记周立新率党政代表团参观考察武进区，考察瑞声科技控股有限公司、国茂减速机集团、西太湖湿地公园、科教城展示厅和纳恩博（常州）科技有限公司等单位，推动两地在经济文化方面加深合作交流。年内，市委组织部和武进高新区等58个部门320人次到尼勒克考察调研，开展业务交流。

推进镇村（社区）对接，武进区援疆工作组动员武进30个优强村（社区）与尼勒克30个贫困村结对共建，实现贫困村结对全覆盖。全区有19个镇(街道)、开发区和村（社区）近百人在尼勒克县对接交流，捐款捐物价值131万元。

加深文化交流，组织2018“民族团结一家亲”江苏武进巡演活动，市（区）领导及社会各界人士近1500人观演。开展“牵手尼勒克·同行援疆路”江苏媒体行、“万里援疆、情系天山”大型新闻采访等活动，宣传武进援疆工作，推荐当地旅游线路、特色农副产品等。

（严　超）

【苏陕合作】 2018年，武进区委、区政府本着“优势互补、互惠互利、长期合作、共同发展”的原则，通过友好互访、对口扶贫、项目合作等形式，带动安康市汉滨区经济与社会事业发展。4月13日，武进区人大常委会主任臧建中一行在汉滨区考察交流人大工作。4月18—20日，汉滨区政协副主席熊建华带队考察武进区就业扶贫工作。4月21—22日，常州市副市长、武进区委书记史志军率党政考察团考察调研汉滨区、平利县，召开两地高层联席会，深化扶贫协作和对口支援。5月6—10日，汉滨区在武进区举办党务干部能力素质提升培训班，42名科级领导干部参训。5月11—12日，武进区委副书记叶明华随常州市党政代表团考察汉滨区谭坝镇毛绒玩具社区工厂。5月30日，汉滨区第二批4名挂职领导干部在武进区就职。7月12—15日，汉滨区委书记王孝成率领汉滨区党政代表团在武进开展扶贫协作交流活动，签订干部交流及培训合作框架协议。8月12—13日，陕西省安康市平利县委副书记、县长陈伦富带领平利县党政企代表团在武进区考察交流，举行“平利特产进武进百家企业手拉手”招商推介会，300家企业及武进26个部门、6个街道参加推介活动。10月23—26日，武进区政协党组书记、主席江建文一行10人在汉滨考察交流。11月，武进向汉滨区和平利县分别选派18名帮扶人才。

年内，武进区人社局等部门3次组团参加苏陕劳务协作招聘洽谈会，达成引进劳务就业意向844人。江苏省工商联（总商会）及常州民盟、常州电子商务协会、常州轻工职业技术学院、常州红十字会等考察团先后考察汉滨区，为汉滨区经济发展出谋划策。常州经开区加强对平利县扶贫协作和对口支援工作，捐赠爱心资金100万元。潞城街道与平利县兴隆镇签订合作框架协议。横山桥镇及省庄村、星辰村向结对镇村捐赠帮扶资金16万元。遥观镇和勤新村向结对镇村捐赠帮扶资金13万元。至年末，汉滨区贫困村光伏扶贫电站建设项目完成施工60%以上。江苏亚邦制药有限公司汉滨分公司成立，启动筹建中药材粗加工厂；年产800万套外贸童装生产线项目落地建设；恩杰恩智慧扶贫项目基本完工；江苏田娘生物有机肥生产基地项目开工建设。

【南北挂钩共建工业园】 2018年，武进高新区阜宁工业园新增外资项目3个，累计注册项目45个。完成基础设施投入3.13亿元，累计28.6亿元。园区完成开票销售收入81.32亿元，增长34.5%；实现一般公共预算收入2.51亿元，增长68.4%；实际到账外资1090万美元。武进经济开发区射阳工业园签约亿元以上项目6个，开工亿元以上项目6个，竣工投产项目12个，年末累计实施各类项目49个。园区全年实现工业销售62.1亿元，完成一般公共预算收入1.31亿元。

（左喜平）

应急管理

【概况】 2018年，全区应急管理系统不断完善应急工作体系，推进基层应急救援队伍建设，持续增加应急物资储备，组织开展应急演练，有效加强应急宣教培训，全力做好应急值守和信息报送，应对各类突发事件。全年修订专项预案23个、部门预案32个、镇（街道）和开发区总体预案19个、村（社区）预案297个，修订率96%。全区建立各类应急救援队伍31支3000余人。接报各类突发公共事件信息213件，上报突发公共事件信息3件。

【应急演练】 2018年，全区各级、各部门组织各类应急演练1500余次。2月10日，淹城春秋乐园商街开展火灾应急疏散救援演练。4月18日，区民族宗教局在前黄宝相寺举行消防安全培训及应急演练。6月16日，区应急办会同区安监、环保、公安消防、卫计等部门在江苏省常州市武进南方轴承有限公司开展“有限空间”应急救援演练。9月4日，江苏省武进高级中学开展全年级消防演练。10月25日，区交通局在武进汽车站开展客运车辆消防应急演练。11月19日，瑞声科技控股有限公司组织开展人员密集场所消防应急演练。通过应急演练，促进各应急责任单位之间的协调配合，形成应急联动工作态势，提高现场应急处置能力。

（何伟杰）

机关后勤管理服务

【概况】 2018年，区级机关后勤管理服务中心贯彻落实《党政机关办公用房管理办法》《党政机关公务用车管理办法》《公共机构节能条例》，出台《关于进一步加强武进区区级党政机关和事业单位办公用房集中统一管理的实施意见》，印发《关于进一步加强公务用车管理的通知》，建立健全办公用房、公务用车及公共机构节能常态长效监管机制。重点实施“标准化+”提升工程，推进机关事务管理工作的法治化、标准化、信息化，打造品质会务、健康餐饮、精确运维和平安守护，完成“两会”后勤保障工作。区级机关后勤管理服务中心获评全省机关事务系统先进集体及省、市公共机构节能先进单位。组织指导武进绿建区创成江苏省公共机构节能示范单位。

【办公用房及设施设备维护管理】 2018年，区级机关后勤管理服务中心加强办公用房及设施设备维护管理，有序推进区办公用房的权属登记转移，全面提升后勤管理服务水平。8月，实施区网格化集成管理指挥平台建设工程，仅41天完成装潢改造。9月，完成机关食堂“明厨亮灶”改造工程，建成“智慧食堂”。11月，全面实施区人武部迁建工程，50天内完成建设、修缮、装潢等工作，节省项目总投资58%。

【企事业单位车改】 2018年，根据省、市公务用车制度改革部署，武进区改革企事业单位公务用车制度，于7—9月完成国有企业及事业单位取消车辆的评估、拍卖、转让和调拨工作，两次公开拍卖涉及车辆247辆，溢价率达127.65%。按照“管理平台化、平台信息化、公车标识化、监管常态化”的要求，加强对保留车辆的集中统一管理。同时做好司勤人员安置，确保司勤人员队伍稳定。

【行政中心合同能源管理综合节能改造项目】 2018年3月26日启动实施。该项目是武进区公共机构首家实施合同能源管理的项目，也是常州市公共机构节能改造第一家。至年末，改造全面竣工，更换LED照明灯2万多盏，完成搭建能耗监测管理平台，新建中央空调云控制系统。该项目完成后，7—12月能耗与2017年同期相比，节约用电量49.55万千瓦时，节约率13.2%；节约用水量7397吨，节约率13.2%。

（储佳丽）

政协常州市武进区委

Changzhou Wujin District Committee of the Chinese People's Political Consultative Conference

栏目编辑　王国新

政协重要会议

【政协常州市武进区第十四届委员会第二次会议】 1月3—4日在武进假日酒店会议中心召开，政协委员377人出席，在武进的省、市政协委员及各镇（街道）统战委员列席。常州市副市长、中共武进区委书记史志军在开幕式上作《深入贯彻十九大精神，合力推进“五个三年行动计划”，为高水平全面建成小康社会而团结奋斗》的讲话。会议审议并通过区政协主席江建文代表区十四届政协常委会所作的工作报告和区政协副主席陆雅芬代表区十四届政协常委会所作的提案工作报告。与会委员列席人大常州市武进区十六届二次会议，听取区长戴士福所作的《政府工作报告》，并参与分组讨论。会议期间，桑遥等9名各界别委员围绕“创新强区，实干富民”主题作大会发言。

【政协常州市武进区常委会议】 2018年，政协常州市武进区第十四届常委会共举行5次会议。1月4日，第五次常委会议在区行政中心召开，听取全会期间各讨论组关于区政协常委会工作报告、提案工作报告和政府工作报告等的讨论情况汇报，审议通过区政协十四届二次会议关于提案审查情况的报告（草案）和区政协十四届二次会议决议（草案）。1月31日，第六次常委会议在区行政中心召开，协商讨论《区政协常委会2018年工作要点（讨论稿）》、协商课题和民主监督有关工作。6月5日，第七次常委会议在区行政中心召开，通报区政府1—5月经济社会发展情况，专题协商讨论教育资源优化配置专题调研情况，协商讨论张群的人事任免事项。9月11日，第八次常委会议在区行政中心召开，专题协商加快推进“绿色发展标杆企业”创建工作。12月28日，第九次常委会议在区行政中心召开，协商讨论并通过《区政协常委会工作报告（讨论稿）》和《提案工作报告（讨论稿）》等全体会议有关材料，提请区政协十四届三次会议审议。区政协常委会协商通过有关人事事项，表决同意曹忠、季苏云请求辞去政协委员职务，王唱东辞去政协常委、委员职务；表决同意增补沈俊、狄欣荣、杨一峰、赵娴、刘沛5人为第十四届区政协委员。副区长刘志峰代表区政府通报区政协十四届二次会议以来提案办理情况。

（何启华）

1月3—4日，区政协十四届二次会议在武进假日酒店召开　　摄影/陆　新

政协主要工作

【政协专题调研】 2018年，区政协紧扣区委、区政府中心工作，聚焦“五个三年行动计划”突破年主题，围绕教育资源优化配置和“绿色发展标杆企业”创建工作开展两次常委会专题协商。3—5月，区政协常委会围绕全区教育资源配置情况开展调研协商。区政协常委会先后召集与教育事业有关的职能部门、属地板块的代表及学校负责人开展多层次座谈交流，通过问卷调查、实地视察等广泛听取各层面的意见、建议；组织实地考察学习惠山、萧山等地区优化教育资源配置的先进经验，形成《关于全区教育资源优化配置的思考与建议》。该建议客观分析全区教育资源配置的基本情况和存在问题，提出四方面建议：强化系统思维，提高资源配置的精准性；强化市场思维，促进教育投入的多元化；强化内涵思维，实现教育发展的高质量；强化创新思维，探索教育改革的新路径。

7—9月，区政协常委会围绕“绿色生产标杆企业”创建工作开展调研协商。区政协常委会创新调研方式，吸纳相关界别活动组、各镇（街道）政协工委19个调研单位，开展“绿色生产标杆企业”创建工作大调研活动。区政协组建5个调研组，发放调查问卷800余份，召开专题座谈会20场，深入不同类型企业100多家，与200余名企业家面对面交流，全面了解企业环境治理中存在的问题和困难，广泛听取意见和建议，形成《关于加快推进“绿色发展标杆企业”创建工作的建议案》，提出四方面建议：深化共识，大造声势，迅速形成争创“绿色发展标杆企业”浓厚氛围；明晰标准，落细落实，有效强化争创“绿色发展标杆企业”工作导向；科学评估，公平公正，切实规范争创“绿色发展标杆企业”工作流程；整合资源，多方发力，充分释放争创“绿色发展标杆企业”政策红利。区政协将该建议案报送区政府。区政府及相关部门制定出台《武进生态保护引领区“绿色生产标杆企业”评定及促进企业高质量发展的实施意见》。年内，区政协着力发挥界别优势，打造特色鲜明、规范有序的界别协商格局。22个界别组密切联系各界群众，履行政协职能，开展调查研究、专题学习、社会服务等活动56次。围绕培育全球行业标杆企业、推动学前教育可持续发展、实现城区高端服务业态和新业态突破、推动建筑装潢垃圾资源化处置等课题，各界别组深入开展调研协商，形成调研报告28篇。

【政协提案督办】 政协常州市武进区十四届二次会议期间，共收到委员提案283件，立案239件。区政协提案委筛选出支持上市企业并购重组等3个重点提案课题，分别由区政协领导领衔督办，并邀请区政府分管领导参加督办。4月17日，区政协主席江建文、副主席杜强和秘书长刘宗凉，带领工商联组等提案人召开重点提案督办会，专题督办《关于鼓励支持上市企业实施并购重组的建议》提案。该提案围绕如何进一步推进上市企业实施并购重组提出四方面意见和建议：加强宣传辅导，形成共识；制定出台政策，加大扶持；引进高端人才，提供支撑；强化专业服务，提高效率。区政协听取区金融办、地税局、财政局和人社局关于全区企业上市、并购重组工作及专题重点提案办理情况的汇报。区金融办采纳区政协工商联界别活动组提出的意见、建议，大力宣传企业并购重组的优势，把区内上市公司并购区内企业涉及的相关税费对地方贡献部分给予企业奖励，引进和培养专业人才，引进提供专业化中介服务。4月18日，区政协副主席单骏初、万卫新带领相关提案人召开重点提案督办会，专题督办《关于引导和规范电子商务发展的思考和建议》提案。该提案提出冷静分析电商的真实竞争优势、警惕赢家通吃的“马太效应”造成垄断、提升电商物流的包装装备水平、打造和谐的电子商务四方面意见和建议。区政协听取区商务局、发展改革局、农业局关于全区电子商务发展工作情况及存在问题的汇报，详细交流重点提案办理情况。年内，区商务局重点加强宣传引导，推进电商示范单位创建，推广优秀电商团队孵化模式，深化传统产业电商应用系统等方面工作。4月19日，区政协副主席陆雅芬、刘云英带领相关提案人召开重点提案督办会，专题督办《关于加快推进全区新型职业农民培育工作的建议》提案。该提案分析全区新型职业农民工培育工作的现状，提出重塑职业农民形象、精准确定培育对象、科学筛选培育内容、创新开拓培育方式、务实优化培育师资、推动农地规模经营等方面建议。区农业局采纳有关建议，重点做好四方面工作：打造培训套餐，对接农民需求；优化师资配置，更新培训内容；创新服务模式，强化培育成效；完善政策扶持，推进职业经营，推动全区新型职业农民培训由数量扩张型向质量效能型转变。5月17—18日，区政协联合区人大、区政府组成督查组，督查区教育局、公安分局、住建局、城管局、文广新局、卫计局6个部门承办的提案办理情况，协调解决提案办理过程中存在的难点问题，跟踪督查2017年B类建议提案答复落实情况。11月1日，区政协召开提案办理“回头看”座谈会，跟踪督查区经信局、民政局、交通局和水利局等部门提案办理的落实和推进情况。督办区民政局承办有关养老类提案29件，对2017年度B类提案办理“回头看”，助推新城域日间照料中心等项目签约投用。政协委员对提案办理的满意率和基本满意率达100%。年底，区政协评选表彰《关于鼓励支持上市企业实施并购重组的建议》等优秀提案24件。

【政协专题协商活动】 2018年，区政协围绕“弘扬传承历史名人文化”“帮扶关爱失独家庭”“老住宅小区加装电梯”“加快电商发展”“加快农业人才队伍建设”“关爱帮扶失能人员”“支持上市企业实施并购重组”“进一步加强和改进城乡规划工作”等专题开展考察活动。为充实协商队伍，区政协选取26名关联度高、专业性强的政协委员参与活动，并以课题为纽带密切与各部门的联系交流，邀请区政府分管领导参与协商。区政协开展实地视察、学习交流、听政问政等形式的协商活动，深入研讨交流，形成协商成果，报送《视察建议》7期。其中，《关于帮扶失能人员的建议》提出“实施长期护理保险制度，着力释放政策帮扶的最大效应”的建议，被相关部门及时采纳。区政府办相继印发《关于建立武进区长期护理保险制度的实施方案（试行）》《关于进一步明确基本医疗保障政策和长期护理保险政策的通知》。

【政协民主监督活动】 2018年，区政协向区水利局、行政审批局、民政局、综治办、农村土地三项制度改革试点办、信访局派遣民主监督小组6个、政协委员48人，分别围绕“河长制”工作落实、优化营商环境、推进阳光精准扶贫、创新网格化社会管理、农村土地三项制度改革和重点信访积案化解等内容开展民主监督活动。民主监督小组通过列席会议、明察暗访、查阅台账、座谈交流等形式，整理反馈意见和建议，推动部门改进工作。6个民主监督小组全年共开展活动20余次，形成报告6篇。其中，区政协“河长制”工作落实民主监督小组围绕“推进河长制落实、助力河道环境整治”重点课题，全年开展视察、座谈活动5次，并学习考察、借鉴杭州市富阳区等地经验，形成《关于武进区河长制实施情况的建议》，推动民主监督工作由即时性向常态化转变。

【政协社情民意办理】 2018年，区政协收到社情民意信息35条，经核实整理，向区委、区政府报送《社情民意》简报12期。其中，《关于雪漕路由东向西上青洋快速路新增右转车道的建议》《关于及时更新武进政府网站内容的建议》《关于加强我区校外教育培训机构公共卫生安全管理的建议》《关于破解我区小学生“三点半”难题的建议》《关于加强茧行弄文化路段违停整治的建议》《关于进一步加强我区禁毒工作的建议》《关于强化科技支撑特色小镇发展的建议》7期《社情民意》信息得到区委、区政府主要领导批示。《关于加强茧行弄文化路段违停整治的建议》报送后，经区政府主要领导批示，区公安部门立即开展现场核查，并在该路段设置电子警察抓拍，同时加强日常巡查，有效解决违停问题。年底，评选出《关于雪漕路由东向西上青洋快速路新增右转车道的建议》等优秀社情民意信息5条。

【政协智库建设】 2018年2月，区政协智库成立，由国内外经济、科技、教育、文化等领域方面成就突出的33名专家组成。区政协密切与智库成员的联络沟通，引导智库成员通过政协平台资政建言。智库成员周志兴协助举办中国西太湖·全球公司发展论坛。智库成员围绕“一带一路”倡议下加强与泰国合作交流，成立武进智能制造研究院等课题深入调研。其中，《关于成立武进智能制造研究院的建议》被采纳，并与武进高新区开展专题对接活动。

【区政协开展委员沙龙活动】 2018年，区政协为政协委员知识分享和深度交流搭建创新平台。4月10日，以“国学·茶道”为主题，首次举办政协委员沙龙活动。7—12月，开展以“书画鉴赏”和“健康养生”为主题的政协委员沙龙活动。全年组织政协委员沙龙活动3次，100多名政协委员参加。

【“政协委员之家”建设】 2018年11月，在政协各基层工委建立的16个“政协委员之家”的基础上，区政协提案委员会、委员工作委员会、经济科技委员会、社会事业和法制委员会、港澳台侨委员会、学习与文史委员会建成7个集履职、交流、展示为一体的“政协委员之家”。至此，全区有“政协委员之家”23个，为委员搭建了履职平台。

【《阳湖春潮》出版】 11月，该书由凤凰出版社出版，是改革开放40周年武进记忆丛书之一。全书30.6万字，配图169幅，收录历史事件当事人的“武进记忆”44篇，生动展现武进改革开放40年的光辉发展历程。

2018年度政协常州市武进区第十四届委员会优秀提案情况表

表2

提案人（提案单位）	界别组	提案名称	提案编号
朱亚红	无党派人士活动组	关于打造“特色小镇”、建设“美丽乡村”的建议	5
蒋亚电	妇联活动组	关于推进中小企业转型升级的对策与建议	14
何静华等	侨联活动组	关于加快在我区推广“智慧社区”建设的建议	17
农工党武进区委	农工民主党活动组	关于加快推进全区新型职业农民培育工作的建议	23
吴文全	侨联活动组	关于引导和规范电子商务发展的思考和建议	26
史俊华	中共活动组	关于加强环境保护工作的建议	30
工商联组	工商联活动组	关于鼓励支持上市企业实施并购重组的建议	39
羌晓丹	特邀民主党派活动组	关于建设“智慧停车”系统提升城市形象的建议	59
蔡自力	教育界活动组	关于多层安置房改造加装电梯的建议	82
朱华芳	农业农村界活动组	关于加快推进农村生活污水处理的建议	120
王中元	农工民主党活动组	关于苏澳合作园区完善配套功能的建议	130
金宏平等	科技界活动组	关于挖掘“城南书院”文化遗址，保护武进文化之根的建议	134
吴文英等	经济界活动组	关于推迟我区小学生上学时间的建议	142
方　姣	特邀民主党派活动组	关于切实加强幼教管理的建议	148
狄旭东等	医药卫生界活动组	关于加强公共卫生能力建设，推动健康中国战略实施的建议	172
钟震宇	无党派人士活动组	关于加快我区养老事业发展的建议	180
曾益山	医药卫生界活动组	关于加快推进我区医疗卫生和养老服务相结合的建议	185
费叶青	总工会活动组	关于进一步推进职业病防治工作，确保职工群众健康和生命安全的建议	187
陈　捷	农工民主党活动组	关于引进海外高端人才，打造具有国际竞争力人才发展环境的建议	192
周　洁	总工会活动组	关于推进职业教育校企合作体制机制创新的建议	194
王云芬等	文化艺术界活动组	关于进一步关爱帮扶我区“失独家庭”的建议	195
妇联组	妇联活动组	关于推进妇女“两癌”“防治保”提升家庭幸福感的建议	197
徐　鑫	文化艺术界活动组	关于强化居民住宅小区消防安全管理的建议	211
张建红	科技界活动组	关于建立工业固体废物处理长效机制的建议	229

（何启华）

纪检监察

Discipline Inspection and Supervision

栏目编辑　王国新

纪检监察体制改革

【概况】 2018年，区纪委监委深化监察体制改革，扛起党内监督、国家监察双重责任，坚守职责，护航全区实施“五个三年行动计划”。区纪委监委实行监督检查部门和审查调查部门分设，规范派驻纪检监察组相应设置和监察权限，建立派出监察员办公室3个，实现对所有行使公权力的公职人员监察全覆盖，使依法治国与依规治党、党内监督与国家监察有机统一。年末，全区有纪检监察干部237人，常态监察对象19058人。“深化监察体制改革”项目获区委、区政府“改革创新工作奖”。

【机构改革】 1月6日，武进区监察委员会揭牌成立。监察委员会是行使国家监察职能的专责机关，监察机关与中共纪律检查机关合署办公。2月，区监委制定《武进区监察委员会委务会议事规则（试行）》。在内设机构职能设置上，实行监督检查部门与审查调查部门分设，明确将区纪委监委第一、第二、第三执纪监督工作室调整为第七、第八、第九纪检监察室，将5个纪检监察室定位为监督检查部门，派驻纪检组更名为派驻纪检监察组。

【建立派出监察员办公室】 11月，区委办印发《武进区监委向镇（街道）综合派出监察员办公室工作实施方案》，明确在第七至第九纪检监察室增挂3个派出监察员办公室牌子，赋予监察员办公室运用“第二种形态”开展监察调查的权限，负责对基层行使公权力的公职人员开展监察监督。3个监察员办公室设有专兼职监察员33人，镇（街道）不再保留行政监察机构，原行政监察机构人员整合到镇（街道）纪（工）委，监察范围覆盖8个镇、3个街道9365名行使公权力的公职人员。年内，派出监察员办公室组织监督检查17次，跟踪督办联系单位巡视巡察反馈要求整改的10个方面32项问题，共收到交办问题线索21条、信访29件。

（马丽华）

1月6日，武进区纪委监委第一次会议在区行政中心召开　　供稿 / 区纪委

全面从严治党

【概况】 2018年，区纪委监委全面贯彻从严治党工作要求，将纪检监察工作融入全区发展大局，严格落实“两个责任”（党委负主体责任，纪委负监督责任），认真开展专责监督，突出抓好廉政风险防控，强化对区委、区政府重大决策部署落实情况的监督检查，确保政令畅通。建立监督执纪案例综合分析中心，加强综合研究、推进完善、跟踪督办防范机制建设。贯彻市纪委《关于进一步发挥监督执纪治本功能的实施意见》，全区实施“一案双查”224次（查审查质效112次，查执纪规范112次）；“一案双报告”121个（审查报告112个，剖析报告9个）；“一案双问”20个（问主体责任19个，问监督责任1个）；“一案双落实”22个（发送纪检监察建议书14个，要求整改问题8个）。

【“两个责任”项目化管理】 3月，区纪委监委根据区委办印发的《关于深化落实党风廉政建设“两个责任”项目化管理的通知》，围绕全面从严治党开展压责行动，明确基层党组织第一责任人、班子成员责任清单，推动“两个责任”项目化管理，一体推进明责、考责、问责，通过部门申报、纪委审核，全区确

定主体责任项目75个、监督责任项目23个及专责监督责任项目12个，逐一明确任务目标及完成时限，真正让责任落实到位。年中，区纪委常委分片调研联系部门“两个责任”项目化管理推进情况，督促推动项目实施。年底，区纪委组织评估“两个责任”项目实施绩效情况，推动各单位把责任扛在肩上、把纪律挺在前面、把任务落在实处。

【专责监督】 4月，区纪委监委制定《武进区关于开展专责监督工作的实施办法》，针对上级纪委和区委、区政府交办的监督重点，结合监督执纪和巡察过程中发现的问题线索，重点剖析相关党委（党组）落实全面从严治党“两个责任”方面存在的突出问题，从源头上防范违纪违法行为的发生，推动党内监督的主体责任和监督责任有效落实。8月，建立监督执纪案例综合分析中心，以“六步递进法”（综合研判、报审确定、送达启动、推进整改、全程督办、结果评估）研判问题易发多发领域，开展专责监督，压实压紧“两个责任”，促进形成“不能腐”的防范机制。至10月，完成区安监局党组、春秋淹城旅游区党工委、太湖湾旅游度假区党工委、卫计局党委4个党组织专责监督，立案10件10人，对4名主要负责人诫勉谈话，指导被监督单位修订完善内控机制20项。

【容错纠错机制建立健全】 2018年，区纪委监委按照中共中央办公厅印发的《关于进一步激励广大干部新时代新担当新作为的意见》精神，准确把握容错纠错政策界限，建立健全容错纠错机制，通过合理容错、及时纠错、澄清保护，消除干部思想顾虑。年内，面向全区征集“容错纠错”情景案例133个，从中选编典型案例20个，制成手绘漫画读本，供基层干部参照学习。9—12月，在全区分片开展“容错纠错”情景案例基层研讨辨析活动，释放对该容的大胆容错、不该容的坚决不容的信号，解决部分干部困惑，主动为敢闯敢干的干部卸下包袱、打消顾虑。同时，健全信访举报失实澄清机制，严把选人用人关，为45批1332人次干部廉政回复，为受到不实举报的18名干部澄清事实。

（马丽华）

正风肃纪

【概况】 2018年，区纪委监委抓住年节假期重要节点，把握具体问题线索，关注“四风”（形式主义、官僚主义、享乐主义和奢靡之风）问题新动向，严肃查处违反中央“八项规定”精神问题与群众身边的腐败问题，通报曝光典型案例，全力净化政治生态，营造风清气正的政治环境。开展作风建设自查自纠专项行动，集中整治形式主义、官僚主义，查处违反中央“八项规定”精神问题45件64人，其中党纪政务处分32人。运用监督执纪“四种形态”（党内关系要正常化，批评和自我批评要经常开展，让咬耳扯袖、红脸出汗成为常态；党纪轻处分和组织处理要成为大多数；对严重违纪的重处分、作出重大职务调整应当是少数；严重违纪涉嫌违法立案审查的只能是极少数），强化精准思维，做到精准发现问题、精准把握政策、精准作出处置。全年运用监督执纪“四种形态”处置861人次。

【“微腐败”集中整治】 6月，区纪委监委出台《全区乡村振兴战略纪律保障行动督查方案》，重点督查“两个责任”“三资三化”（资金、资产、资源，制度化、民主化、规范化）、“阳光扶贫”、污染防治、“扫黑除恶”、作风建设六大类工作，切实维护群众切身利益，构建标本兼治的长效机制。围绕防范化解重大风险，查处国企违纪乱法案件，立案9件9人，向区政府提出风险防控处置建议5条。推进中央环保督察组督察反馈意见整改落实，组织跨部门协作联合督查22次，倒逼环保责任落地生根。专项治理扶贫领域腐败和作风问题，问责“阳光扶贫”作风不实党组织1个、人员16人，问责“三资三化”工作不实村干部18人。有序推进教育领域突出问题专项治理，立案9起9人，诫勉谈话9人，提醒谈话5人，函询2人。大力整治“四风”问题，组织作风建设专项督查117批次，暗访酒店、农家乐、机关食堂等餐饮场所279家，抽查商场、超市预付卡销售情况23次，抽查97个党政机关、事业单位公务用车管理情况，及时查纠问题。

【“四种形态”执纪监督】 2018年，区纪委监委认真贯彻党要管党、从严治党要求，强化主体责任及监督责任落实，坚持思想教育、政策感化、纪法威慑相结合，通过实践和运用监督执纪“四种形态”，加强对党员干部以及监察对象依法履职和行使权力情况的日常监督，营造良好的政治生态。通过武廉网、微信公众平台等渠道深入宣传“四种形态”的内涵实质和关键要素，将各单位运用监督执纪“四种形态”实施情况实行定期通报并纳入全区“两个责任”考核。创新建立“三库一表”（廉政档案信息数据库、“三重一大”决策事项备案库、“两个责任”履职信息库、执纪监督日常监督工作表）监督模式，建立干部廉政信息数据库2245份、“三重一大”（重大问题决策、重要干部任免、重大项目投资决策、大额资金使用）决策备案库1028项、“两个责任”履责档案库1283条，审核各单位报送的日常监督工作表，定期形成评估报告，督促各单位直面存在问题，将执纪监督落到实处。

（马丽华）

审查调查

【概况】 2018年，区纪委监委深入推进执纪执法惩腐固本行动，聚焦事关发展全局和国家安全的重大工程、重点领域、关键岗位，强化对权力集中、资金密集、资源富集的部门和行业的监督，依法查处贪污贿赂、滥用职权、玩忽职守、徇私舞弊等职务违法和职务犯罪。拓展线索来源渠道，注重从派驻监督、专项行动、巡审联动、监督检查中发现有价值的线索，提升问题线索成案率。着力构建上下联动、部门协同、技术支撑的办案机制，统筹推进党纪政务处分案件和留置案件查办，精准研判，准确处置，提升职务违法犯罪案件查办率。全区立案查处职务违纪违法案件351件，比2017年增长12.5%，移送司法机关8人。

【问题线索处置】 2018年，区纪委监委畅通网络、电话、来信、来访“四位一体”信访举报渠道，构建全覆盖、多渠道、立体式的受理体系，完善接访机制，建立健全日常接访制、人民来访接待中心每周三轮流接访制和机关工作人员轮值接访制，鼓励实时实名举报。全年受理各类信访件845件次，信访总量上升

41.5%；向案件监督管理部门移送问题线索320条，全区立案案件中源于信访举报立案数77件，信访转立案贡献率为21.9%。建立线索研判、初核评估、立案会商、审查调查专题研究、问责会商和履职情况评估六大机制，分类绘制问题线索处置四张流程图（派驻纪检监察组、乡镇纪委、监督检查与审查调查、监察员办公室问题线索处置流程图），再造衔接有序、监督有力、制衡有效的工作流程。编发《党纪政务案件质量负面清单》，倒逼审查调查和审理工作规范化。制定《一般性审查谈话安全风险防范指南》，加强全区一般性谈话场所管理，实现安全文明办案“双零”（零违纪、零事故）目标。

【违纪违法案件查处】 2018年，区纪委监委紧盯重点领域和重要岗位、关键少数，严肃查处损害群众利益的腐败案件。全区纪检监察系统共立案查处各类违纪违法案件351件，其中自办案件112件，占立案案件总量的31.9%；立案查处科级干部13人，查处10万元以上案件62件，挽回直接经济损失共计680.56万元。办理留置案件4件4人，查处群众身边不正之风和腐败问题172件，各项考核数据完成情况均列全市第一。4—5月，办理全市基层监委首例留置案件，办案组克服涉案人员多、犯罪金额大、作案手段特殊、无办理留置案实战经验等困难，查实文化和旅游领域7名犯罪嫌疑人贪污、受贿总金额430余万元的职务犯罪大案。

（马丽华）

廉政教育

【概况】 2018年，区纪委监委加强基层公权力监督，组织典型案件剖析，开展廉政教育宣讲，定制廉政短信，提醒失范言行，堵塞制度漏洞，筑牢不能腐、不想腐、不敢腐的制度防线。积极打造“武廉网+”党风廉政品牌，开展“武家吾廉”、廉洁文化“十进”活动，推动廉政教育进党校、廉洁公益广告进传统展播平台和廉洁文化进机关、企业、学校、农村（社区）家庭、景区、体育赛场、网络、交通运输站点，提升廉洁文化的教育、熏陶和导向作用，弘扬清风正气。持续开展“打铁还需自身硬”专项行动，排查岗位廉政风险，完善防控措施330项，健全干部队伍建设的管理制度13项，新建纪检监察干部勤廉档案250余份。

【“清风问纪”活动】 2018年，区纪委创新开展“清风问纪”系列活动，以案示警、以案明纪、以案为鉴，达到教育在先、明纪在心的效果。分片召开“清风问纪站”典型案例研讨会12场，组织纪检干部剖析村务不公开、违反社会公序良俗、违规受送礼、挪用公款等典型案例，讨论定性量纪、适用条款等，并邀请专业人员解析疑点、难点和分歧意见，提升纪检干部的业务水平。设立“清风问纪站”电话热线，为100余名干部解答纪律问题300多条。组织“走基层”廉政宣讲活动，80余个单位的2万名党员干部受到教育。结合《机关党员干部“十带头”“十严禁”规定》有关要求，印发《失范言行提醒手册》2000余册，开列负面清单68项，定制发送专属廉政短信2万余条。在《武进日报》和“武廉网”微信公众号同步推出“以案示警月月谈”专栏10期。采编制作作风建设专题视频，曝光警示典型问题。

【清廉文化涵养】 2018年，区纪委监委以“传承武进文脉，铸扬清廉风尚”为主题，突出廉文化培育、廉工作展示和廉能量释放，加强“武廉网+”党风廉政品牌建设。发出“大力弘扬廉政文化，努力建设廉洁机关”倡议书，要求全区党员干部努力争做弘扬廉洁文化的先锋表率。开展廉洁文化作品评选活动，共计征集书法、绘画、漫画、诗文等廉政文化作品130件，评选出一等奖、二等奖、三等奖和优秀奖共计56个。在学校组织开展“我的廉洁梦”主题征文、主题漫画创作以及“遵纪守法、廉洁自律”主题班会活动，累计收到征文类、漫画类作品200余件，提升师生诚实守信、崇廉尚洁的意识。组织各村（社区）建立“廉洁微课堂”、廉洁宣传专栏，开辟清廉教育“空中课堂”，打造廉洁文化长廊，编唱廉洁歌曲，开展清廉文化户外主题活动等，寓教于乐，推动廉洁文化扎根群众，参与群众10万余人次。8月，在全区村（社区）、企业遴选一批清廉守纪、勤政为民、爱岗敬业的勤廉先进个人，制成“榜样的力量”事迹展板，先后在14个基层单位巡回展示，树立清正廉洁、无私奉献的榜样，激励基层干部创新实干、廉洁履职。

【“打铁还需自身硬”专项行动】 2月，区纪委监委全面启动“打铁还需自身硬”专项行动，打造忠诚干净担当的纪检监察队伍。年内，开办解放思想“群音汇”大讲堂5期，开展深化监察体制改革系列专题培训11次，夯实纪检监察干部理论和业务基础。构筑多维监督网格，邀请社会各界监督、法律界专业监督、媒体“啄木鸟”监督，把接受党内监督同接受人大监督、民主监督、司法监督、群众监督、舆论监督贯通起来，确保检监察干部守住“守正固本”承诺。组织开展“不忘初心牢记使命”主题党日活动20余次。建立党员专题活动室，拓展党员活动阵地。举办“天使助廉亲情守护”活动，推动家庭文化与纪检文化的深度融合。

（马丽华）

8月，区纪委开展“天使助廉亲情守护—涵养廉洁家风”活动　供稿／区纪委

民主党派·无党派人士联谊会·工商联

Democratic Parties · Commerce the Association of Non-party Personages · The Association of Industry and Commerce

栏目编辑　王国新

民主党派·无党派人士联谊会

【概况】 2018年年末，武进有民革武进区基层委员会、民盟武进区基层委员会、民建武进区基层委员会、民进武进区基层委员会、农工民主党武进区委、致公党武进区基层委员会、九三学社武进支社7个民主党派组织和无党派人士联谊会。民主党派和无党派人士联谊会共有成员924人，其中担任省人大代表2人（常委1人）、省政协委员2人、市人大代表19人、市政协委员19人（常委5人）和区人大代表15人（常委4人）、区政协委员139人（常委26人）、特约人员63人。民主党派、无党派人士联谊会人士担任领导干部64人，其中处级9人、正科职（级）7人、副科职（级）43人；担任重点学校及医院正副职领导5人。年内，武进区各民主党派、无党派人士联谊会围绕全区中心工作，积极参政议政、建言献策，提出提案118件，完成调研课题23个。举办庆祝“五一口号”发布70周年系列活动，进一步深化一党派一特色工作，打造梧桐同心基地11个。

【民主党派和无党派人士参政议政】 2018年，武进区各民主党派、无党派人士联谊会发挥参政议政职能，提出提案118件，完成调研课题23个。其中，农工民主党武进区委《关于加快推进全区新型职业农民培育工作的建议》《关于苏澳合作园区完善配套功能的建议》《关于加强公共卫生能力建设，推动健康中国战略实施的建议》《关于引进海外高端人才，打造具有国际竞争力人才发展环境的建议》，民进武进区基层委员会《关于推迟我区小学生上学时间的建议》《关于切实加强幼教管理的建议》《关于建立工业固体废物处理长效机制的建议》，民革武进区基层委员会《关于建设“智慧停车”系统提升城市形象的建议》《关于强化居民住宅小区消防安全管理的建议》，九三学社武进支社《关于挖掘“城南书院”文化遗址，保护武进文化之根的建议》，区无党派人士联谊会《关于打造“特色小镇”、建设“美丽乡村”的建议》《关于加快我区养老事业发展的建议》等13篇提案被评为区政协优秀提案。农工民主党武进区委《关于雪漕路由东向西上青洋快速路新增右转车道的建议》《关于加强我区校外教育培训机构公共卫生安全管理的建议》和致公党武进区基层委员会《关于加强茧行弄文化路段违停整治的建议》3篇社情民意被区政协评为优秀社情民意。农工民主党武进区委《关于推进西太湖科技产业园产业高质量发展的几点建议》、民盟武进区基层委员会《稳定全区幼教队伍，推动学前教育可持续发展》、民建武进区基层委员会《关于提升我区餐厨废弃物处置水平的建议》、九三学社武进支社《关于武进区科技金融的现状调研与发展建议》4篇调研报告被区政协评为优秀调研报告。

2018年武进区民主党派、无党派人士联谊会基本情况表

表3　　单位：人、件

单位名称	成员							建议、提案		
	总数	人大代表			政协委员			总数	优秀提案	重点发言材料
		省	市	区	省	市	区			
民革武进区基层委员会	80	—	3	2	—	—	12	11	2	—
民盟武进区基层委员会	150	2	4	—	—	3	20	18	—	1
民建武进区基层委员会	164	—	2	4	1	4	16	11	—	1
民进武进区基层委员会	129	—	2	6	—	3	17	16	3	—
农工民主党武进区委	218	—	3	2	1	6	33	33	4	1
致公党武进区基层委员会	52	—	1	—	—	—	7	5	—	—
九三学社武进支社	46	—	1	—	—	1	9	8	1	1
区无党派人士联谊会	85	—	3	1	—	2	25	16	3	—

【庆祝“五一口号”发布70周年系列活动】 2018年是中共中央发布“五一口号”70周年，武进区各民主党派、无党派人士联谊会通过召开座谈会、参观学习等形式纪念这一具有重要历史意义的事件。在全区纪念中共中央发布“五一口号”70周年暨多党合作座谈会

上，各民主党派、无党派人士联谊会负责人回顾武进多党合作形成发展历程，继承和发扬老一辈党外人士与中国共产党肝胆相照、荣辱与共的优良传统，推进多党合作事业蓬勃发展。区各民主党派、无党派人士联谊会撰写主题纪念文章67篇，其中农工党党员冷建伟撰写的《不忘初心、风雨同舟》于4月13日刊登在《新华日报》。结合“不忘合作初心、继续携手前进”主题教育，民革武进区基层委员会开展“征集老照片·讲述背后故事”活动，激发党员的向心力和凝聚力，增强党员的归属感和使命感。民盟武进区基层委员会组织盟员到溧阳市水西村参观新四军江南指挥部纪念馆，学习新四军抗日史，接受革命传统教育。民建武进区基层委员会召开专题学习会，传达学习全区纪念中共中央发布“五一口号”70周年大会精神，加强会员思想政治建设。民进武进区基层委员会组织委员参观苏州王绍鳌纪念馆，深切缅怀为中国革命事业做出卓越贡献的民进先辈。农工民主党武进区委组织委员参观武汉农工党中央党史教育基地——武昌中央农民运动讲习所（农工党“新时代湖北讲习所”），追寻革命先辈足迹，重温多党合作历史，增强接受中国共产党领导的坚定性和自觉性。致公党武进区基层委员会开展“致爱行”献爱心活动，慰问医护人员、环卫工人。九三学社武进支社组织社员参观宜兴周培源故居，缅怀九三学社先贤，学习社史，坚定合作初心。

【梧桐同心基地建设】 梧桐同心基地是民主党派、无党派人士联谊会学习教育、展示形象、开展社会服务的重要载体。2018年，武进区各民主党派、无党派人士联谊会共建设梧桐同心基地11个，分别是武进民革中山博爱之家（民革）、李公朴生平事迹展览馆（民盟）、武进民盟“盟员之家”（民盟）、极客车间（民建）、武进区横山桥博物馆（民进）、雪堰镇南宅实验学校（农工党）、武进人民医院“农工之家”（农工党）、江苏蒙彼利生物科技有限公司（致公党）、九三学社红房子医院专家工作站（九三学社）、同心助残驿站（九三学社）、武进区青少年活动中心（无党派人士联谊会）。

【一党派一特色工作】 2018年，武进区各民主党派、无党派人士联谊会进一步整合资源优势，开展党派特色工作。

中山博爱工程　5月，民革武进区基层委员会在陕西省平利县开展以“中山博爱牵手支援”为主题的对口扶贫活动，捐赠医疗物资价值20万元，诊疗患者66人，做手术10台，举办讲座3场，结对帮扶贫困家庭学子6人。6月毕业季和10月开学季，分别承办“中山博爱·为梦想护航”“护航法律法润成长”普法剧巡演活动，通过自编自导情景剧，为青年学生奉上“法治大餐”。

“烛光”一线牵，同心教育行　民盟武进区基层委员会发挥盟员教育资源优势，在城东小学、坂上小学、牛塘中心小学和前黄小学设立4个“送课上门”固定基地，持续指导英语、语文学科教育，提升农村地区教学质量，并捐资2万元在城东小学设立奖学金。

致力创业投资与孵化　民建武进区基层委员会依托会员企业——极客车间，服务会员企业，助推小微企业发展。至年末，培育的优秀企业有：常州天正工业发展股份有限公司，专业研发、生产与销售中功率激光切割设备；江苏天麒工业环境科技有限公司，专业研发与制备阻尼金属材料；江苏全芯能源科技有限公司，专业生产发泡石墨和石蜡的混合材料；常州市迈坤科技有限公司，专业研发生产伺服电动缸。

春风行动　2018年，民进武进区基层委员会聘请8名省、市优秀教师进入结对学校，通过示范课、同课异构等形式传授经验，提高观摩教师的课堂教学水平。在湖塘桥第二实验小学开展“非遗文化校园行”活动，聘请金坛刻纸代表性传承人杨兆群、留青竹刻江苏省代表性传承人王志伟、乱针绣第三代传承人孙燕云、常州梳篦江苏省代表性传承人邢粮等非物质遗产大师走进校园授课。在江苏理工学院开展“革命文史进校区”活动，会员肖飞诠释常州名人、中共早期革命活动家董亦湘爱国为民、忠贞不渝的革命精神，还向部分学生赠送专著。开展“水族娃喜闹元宵”活动，部分会员陪伴来自贵州水族三都自治县的15个孩子欢度元宵节，增进

6月14日，民革武进区基层委员会举办“中山博爱·为梦想护航”普法剧进校园活动　供稿/民革武进区基层委员会

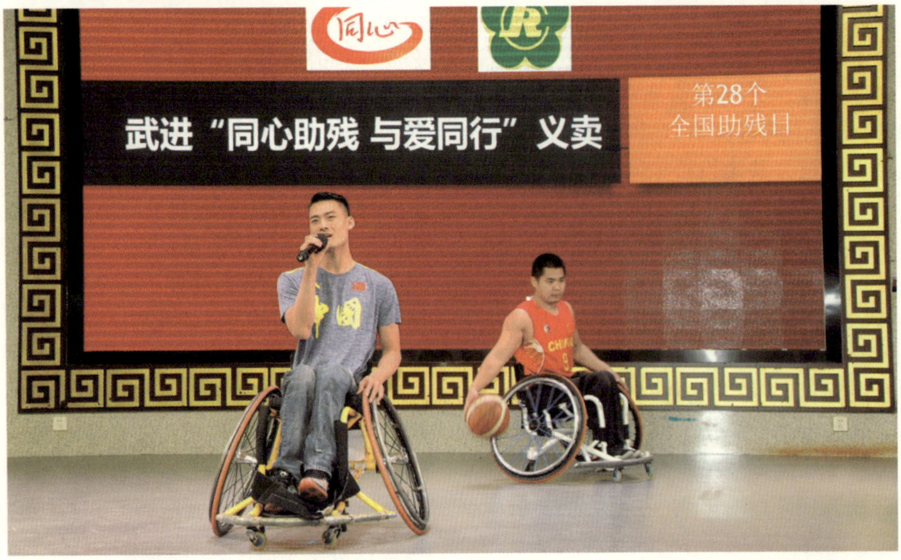

九三学社武进支社举办“同心助残与爱同行”义卖活动　供稿/九三学社武进支社

民族团结。

“健康百千万”工程　农工民主党武进区委组织开展义诊、科普、技能培训等活动13次，参与党员60余人，受益群众2000余人。同心健康驿站申报的项目《“健康与爱同行”——百名医学专家走基层义诊活动》入围2018年武进区财政资金扶持公益创投项目，获公益扶持金1万元。

“引凤工程”实施　6月21日，致公党武进区基层委员会配合致公党常州市委和武进高新区共同承办2018“引凤工程”第三届创新创业赛，吸引前景好、潜力大的创业项目落户武进，武进高新区获“引凤工程”创新创业基地授牌。参与常州市机器人及人工智能领域成果专题洽谈会暨第四届武进国家高新区海智对接交流会、2018跨国技术转移对接交流会，邀请国外专家参与武进高新技术发展。

聚焦精准助残，致力帮困脱贫　2月，九三学社武进支社助残驿站新春慰问残疾人家庭42户。5月，承办第四届“梦之蓝杯”“同心助残、与爱同行”大型义卖活动，获得各类善款73万元，中央、省、市、区媒体集中报道这次义卖活动。年内，2个项目被立为区公益创投项目，获资金7.5万元。其中，“立体帮扶重残群众”项目，依托中医院康复科青年志愿者团队，探索每月2次上门服务重残群众，深受群众好评。

梧桐花开，同心健行　2018年，无党派人士联谊会组织开展“同心·联创”微讲堂活动3期，以课前参观、主题讲座等方式，引导会员碰撞思想、学习交流、拓宽视野、提升自我。“同心护蕾”驿站开展活动30余场，获区公益创投基金资金2万元。重阳节期间，副会长沈惠兰为金东方颐养园老人献演锡剧折子戏《双珠凤》。

【民革武进区基层委员会换届大会】 4月2日在区行政中心召开，76名党员参加大会。大会选举产生民革武进区第二届基层委员会及主委、副主委，羌晓丹任主委，王晖、张光还、武佳任副主委。

（安永彬）

武进区工商业联合会

【概况】 2018年，区工商联贯彻落实区委《关于营造企业家健康成长环境弘扬优秀企业家精神更好发挥企业家作用的意见》，围绕全区中心工作，服务非公经济“两个健康”（非公有制经济健康发展和非公有制经济人士健康成长），实施铸魂领航、赋能接力、提质创新三大行动，加强政治引领，创新服务模式，夯实组织基础，加力新生代企业家培养，不断展示工商联组织在全区经济社会发展中的地位和作用。年内，新增会员企业250家，累计4676家；改组行业商会1家，新建异地商会1家。年末，全区有镇（街道）、开发区商会15家、行业商会31家、异地商会2家，会员企业经济总量占全区经济总量的86%以上。会员企业入选“中国民营企业500强”6家、“中国民营企业制造业500强”9家，“中国民营企业服务业100强”2家。区工商联被确认为全国“五好”县级工商联。

【非公有制经济人士主题教育】 2018年，区工商联围绕贯彻落实中共十九大精神和习近平新时代中国特色社会主义思想，采取主题教育、交流座谈、典型表彰等形式，开展非公有制经济人士理想教育实践活动。4月13日，召开全区“爱国敬业创新诚信守法贡献”先进事迹汇报表彰大会暨理想信念报告会，总结回顾全区民营经济发展取得的成绩，表彰先进会员企业97家、先进基层商会7家、先进行业商会7家、商会先进工作者30人，组织江苏九洲投资集团有限公司董事长刘灿放、江苏日盈电子股份有限公司董事长是蓉珠、江苏博隆环保设备有限公司董事长唐建忠、信承瑞技术有限公司总裁金良赞4名企业负责人作典型事迹汇报交流。6月2日，组织50名重点企业家参加区“思想大解放、改革再出发，学习今创经验、弘扬企业家精神”大会，学习弘扬优秀企业家精神，推动民营企业高质量发展走在前列。6月26日，组织青年企业家参加常州市年轻一代民营企业家理想信念报告会，今创集团股份有限公司董事长戈建鸣作交流发言，引导年轻一代民营企业家不忘创业初心、接力改革伟业。

【企情调研】 2018年，区工商联利用基层行业商会阵地，结合经济社会热点难点问题，开展企业调查研究。2月，组织工业系统行业商会，采取问卷调查、实地走访的形式，收集整理800余家规模以上会员企业春节后开复工情况，分析企业面临困难及原因，提出政府注重政策引导和帮扶、关注中小企业用工、减少企业受政策影响等建议，为区委、区政府掌握情况、作出决策提供参考。其中，区机械装备业商会调研报告获区委主要领导赞扬。引导非公经济代表人士参政议政，建言献策，《关于鼓励支持上市企业实施并购重组的建议》被区政协列为2018年度重点督办提案。结合解放思想大讨论活动要求，深入全区七大行业、40余家企业开展走访调研，撰写的《关于培养全球行业龙头标杆企业的思考与建议》被区委《调查与研究》采用。年内，区工商联开展全国工商联上规模民营企业和民营企业履行社会责任情况调研，完成调研报告68份。完成《民营企业运行状况调查问卷》4期136份，完成“供给侧结构性改革降成本调查”“2018年度全国营商环境评价”“县域民营经济营商环境调查”“企业涉法环境调查”等调查8次，形成调研报告70余份。

【经济转型升级服务】 2018年，区工商联加强政企沟通、院企产学研对接和企业管理培训，助推全区经济转型升级。1月31日，举办“新时代、新经济、新模式”——武进区新一代企业家论坛，邀请全国总商会副会长、红豆集团党委书记、董事局主席、CEO周海江和德盈金融控股集团首席战略官叶开做主题演讲，开拓青年企业家眼界思路。2月22日，召开“政企同心、共谋发展”重点企业家新春座谈会，营造亲清新型政商关系。7月10日，牵头举办绿色发展政企座谈会，引导企业正确应对“环保风暴”。会后，发放调查表，收集整理企业意见、建议150余条，走访企业200余家，协助有关部门出台纺织、涂料等6个行业的绿色标杆创建标准，推动企业环保高质量发展。9月15日，召开“提振发展信心、提升发展质量”重点企业家中秋座谈会。9月16日，与上海交通大学安泰经济与管理学院、常州大学、武进区委党校签署战略合作协议，成立武进商会大学，完善区工商联教学培训体系。11月30日，举办“智引未来——常州·武进企业发展”论坛，邀请清华大学中国与世界研究中心主任李稻葵做主题演讲，提振区内企业发展信心。年内，举办第24期企业经理人培训班10场次，参训500余人次。

会同区委统战部等举办新一代企业家深圳大学培训班，培训企业家36人。牵头各基层行业商会，举办安全生产、税务新政、人力资源等专题培训班33场次，培训4900人次。与基层行业商会合作开展法律维权服务，组织法律财税类讲座7场，听讲人员超过1200人次。各基层行业商会组织会员企业与华中科技大学、江南大学、浙江林业大学等高校院所开展院企产学研对接活动16场，达成合作意向130余项。区工商联举办武进—澳大利亚商会交流会，区纺织业商会举办越南投资说明会，区新材料产业商会推动实施产业转移，推进民营企业“走出去”。加强与市外办联系，协助企业申报APEC商务旅行卡23张，为26家企业提供保险经纪服务，为20家企业提供节电服务。区酒店业商会举办武进十大创新菜特色菜评比。湖塘镇商会推出“企业家河长制”，成立300万元生态文明共建光彩基金，24名企业家主动认领16条河道，共同参与黑臭河道整治与管护，受到全国工商联肯定。

6月，武进区组织新一代企业家参加深圳大学培训班　　供稿/区工商联

【区工商联庆祝改革开放40周年系列活动】 2018年，区工商联通过多种形式庆祝改革开放40周年，展现武进民营经济发展成就。推荐区内知名企业家参评优秀苏商、常州市杰出民营企业家等活动，展示非公经济代表人士风采，扩大武进民营企业家知名度。其中新誉集团有限公司董事长周立成、百兴集团有限公司董事长茹伯兴、今创集团股份有限公司董事长俞金坤、中天钢铁集团有限公司董事局主席董才平入选“改革开放40年百名杰出苏商”。在《武进日报》开设《阳湖商潮》专栏，专访潘中来、董才平等企业家代表49人，宣传武进民营企业家爱国敬业、艰苦奋斗、追求卓越、勇于担当的优秀品质。编辑出版“武进记忆”——改革开放40周年丛书，宣传弘扬武进优秀企业家精神。开展“重温复兴路”教育实践活动，组织民营企业家参观考察深圳莲花山、北京雄安新区，走进小岗村，感受改革开放成就。组织非公经济代表人士参观考察安徽凤阳、河北西柏坡。举办非公经济代表人士《学习红船精神》《传承西柏坡精神做优秀共产党员》专题党课，重温党的光荣历史，开展爱国主义教育。举办“庆祝改革开放四十年、武进民营企业发展成就展”。

【商会组织建设】 2018年8月24日，武进区化工业商会改组，更名为武进区新材料产业商会。10月13日，武进区邳州商会成立，骆国峰任会长，发展会员80人。年内，牛塘镇商会、横山桥镇商会、高新区青年企业家商会、区花木园林商会、区青年企业家商会、区冶金业商会、区建筑业协会、区新材料产业商会8家商（协）会完成换届。各基层行业商会按时完成年检和2017年度财务审计工作。至年末，洛阳镇商会、湟里镇商会、区电子业商会、区冶金业商会、区新材料产业商会、区食品业商会、区花木园林商会7家商会通过AAAA社会组织评估，区总商会、区青年企业家商会、区建筑业协会、区轻工业商会、区房地产业商会、区机械装备业商会、区医药医疗器械业商（协）会7家商会通过AAAAA社会组织评估。

（许建勋）

工会·共青团·妇联

Federation of Trade Unions · The Communist Youth League · Women's Federation

栏目编辑　王国新

武进区总工会

【概况】 2018年年末，武进区总工会下辖镇总工会11个、街道总工会5个、国家级开发区总工会1个、省级开发区总工会1个、旅游区管委会工会2个、系统（局）工会9个和直属单位工会18个。全区有独立基层工会4486个、联合基层工会368个，覆盖单位15780个。全区职工总数661672人，会员625838人，入会率94%。年内，区总工会围绕“五个三年行动计划”突破年主题，加强基层组织建设，补齐工作短板，增强工会活力。组织会员学习中共十九大精神和中国工会十七大精神，开展解放思想大讨论活动。推进书香企业建设，为22个单位的职工书屋赠送1万余册价值38万元的书籍。举办纪念改革开放40周年暨“放歌新时代”职工书画摄影比赛、“我爱常州”职工歌手大赛。组织职工参加常州市第十五届运动会职工部比赛，获奖牌7枚。举办各类职工技能竞赛34场次，参加选拔赛和决赛近10万人次。开展“三个十佳”（“十大科技创新成果”“十佳合理化建议”“十佳师徒”）评选活动、安全隐患随手拍活动。开展劳模、技术状元走进校园、走进社区、走进企业“三走进”和“劳模宣讲团”进基层活动40余场次。加强与区财政、人社部门及相关银行、保险公司的合作，发挥创新创业专项扶持资金的杠杆作用，全年为251家创业企业发放贷款3055万元，为233家企业发放贷款贴息保费补贴239.2万元。新增全国工会系统表彰的先进单位5个、先进个人1人，省级工会系统表彰的先进单位32个、先进个人24人，市级工会系统表彰的单位95个、先进个人151人。区总工会获常州市总工会“2018年度辖市、区工会工作考核特等奖”。

【关爱职工行动】 2018年，区总工会开展的“关爱职工行动”连续第四年被列入全区为民办实事项目。全年增发工会服务卡2.2万张，发放工会卡专享保障补助金16.42万元，慰问职工580人（其中住院慰问571人，大病、工伤补助9人）。出台《武进区一般困难职工帮扶救助暂行办法》，进一步扩大困难职工救助范围，全年救助困难职工、农民工家庭317户，发放慰问金125.5万元。组织100名一线环卫工人和100名劳模分批在汤山工人疗养院参加疗（休）养。组织爱岗敬业优秀职工体检2万余人、劳模293人、困难女职工40人分别参加免费体检和“两癌”筛查体检。联合区卫计局举办劳模志愿者义诊活动。举办2018年农民工专场招聘会，提供岗位4000余个，1400人与企业达成用工意向。组织职工培训177期，受惠职工9268人次。开展“关爱筑梦”行动，为困难职工子女提供暑期勤工俭学岗位482个。为全区一线环卫工人、城市协管员、交通辅警等特殊岗位9388名职工，每人购买一份最高赔付5万元的意外伤害保险。举办送健身下基层活动350场次。新建环卫工人爱心驿站5家，累计102家。招募18名热心人士组建武进工会红娘志愿者服务队，开展单身职工主题交友活动15场。配合央视七套节目组在太湖湾旅游度假区举办大型相亲交友户外访谈节目《乡约》。年内，创建省最美职工书屋1个、省职工书屋示范点1个、市职工书屋示范点4个。

【武进区首届职工“创新创业创意”大赛】 7月4日，由区总工会发文启动。7月13日，武进区首届职工“创新创业创意”大赛培训班在区委党校举办，江苏省创业指导专家团委员、博创文化艺术共创园理事长秦斌应邀讲授企业商业模式的构建以及商业计划书的撰写等，250余名企业代表参训。此后，征集机电、汽修、无人机、园艺等“创新创业创意”项目方案156个，经过筛选，10个项目进入决赛。8月10日，该大赛总决赛在区行政中心举行，常州朗奇威电器有限公司“智能BC风机”项目获一等奖，常州市达文电动车辆配件厂“气压自动控制的油气混合减震系统”项目、江苏尚花坊园艺有限公司“尚花坊·园艺村——一个可以触及的园艺生活平台”项目均获二等奖，常州艾可获电器科技有限公司等7个单位的项目获三等奖。9月，区总工会推荐获奖项目参加常州市总工会首届职工“创新创业创意”大赛总决赛，常州朗奇威电器有限公司和常州市达文电动车辆配件厂的项目均获三等奖，常州市达文电动车辆配件厂和常州市武进区星馨残疾人康乐家园的项目均获优秀创意奖。

【首届“武进工匠”评选活动】 5月初，区劳动竞赛委员会启动首届“武进工匠”评选活动，弘扬劳模精神、劳动精神、工匠精神。经基层推荐、社团推荐和个人自荐，全区53人获报名资格，经初选，

12月28日，首届"武进工匠"表彰大会在凤凰谷剧场举行　　供稿/武进日报社

表4　2018年首届"武进工匠"情况表

姓名	工作单位	职务	职称	所属行业
严　成	新誉轨道交通科技有限公司	班长	高级技师	机械
陈　兵	常州谱瑞眼科医院	院长	主治医师	医疗
李　杰	常州市武进广宇花辊机械有限公司	钳工	高工	机械
梁泽锋	常州旷达威德机械有限公司	旋压工	技师	制造
沈本忠	常州中联飞机制造有限公司	总经理	—	制造
曹玉剑	柳工常州机械有限公司	电焊工	技师	机械
徐　春	江苏顺风光电科技有限公司	经理	—	新能源
叶春松	北汽新能源汽车常州有限公司	维修工	技师	汽车
卜庆伟	江苏龙城精锻有限公司	调试工	技师	锻造
高　翔	常州新奥燃气发展有限公司	所长	中级	燃气
缪　玮	中车戚墅堰机车有限公司	工具钳工	高级技师	制造业
贡文明	江苏华电戚墅堰发电有限公司	热控专职	高级技师	电力

确定候选人21人。8月，区劳动竞赛委员会邀请常州工业职业技术学院副院长姜泽东、大国工匠张忠等5名相关领域专家开展专业评审，提出正式候选人名单，经征求意见、集中公示等程序，评定"武进工匠"12人。12月27日，首届"武进工匠"表彰大会在凤凰谷共青团剧场举行，区政府命名表彰严成、陈兵、李杰、梁泽锋、沈本忠、曹玉剑、徐春、叶春松、卜庆伟、高翔、缪玮、贡文明12人为"武进工匠"。

【"技行武进"职业技能大赛】 5月22日，2018年"技行武进"职业技能大赛启动仪式暨叉车工、邮政快递、数控车工、车工、维修电工职业技能大赛在武进职业教育中心校举行。该大赛由区总工会与区人社局联合举办，全区1128名技术能手报名，经选拔，233名选手参加大赛。武进区于2013年启动"技行武进"职业技能大赛，先后举办区级职业技能比赛37场，共有近千家企业开展职工大练兵，万余名选手报名参赛，1500余名选手晋升职业资格，100余名技能人才获得省、市、区各类荣誉。

【"争创模范职工之家、争当优秀工会工作者"活动】 2018年，区总工会组织各基层工会对照有组织网络、有工作制度、有经费保障、有活动开展、有活动阵地、有工作成效的"六有"标准，持续开展"争创模范职工之家、争当优秀工会工作者"活动。9月21日，召开"模范职工之家"创建工作现场推进会，提升创建水平。年内，新增区级"模范职工之家"44家，累计213家；新增"常州市信赖职工之家"18家，累计58家；新增"江苏省模范职工之家"9家、"全国模范职工之家"2家。14个工会小组获评"常州市信赖职工小家"。评选表彰区级优秀工会工作者100人，9人获评"江苏省优秀工会工作者"，1人获评"全国优秀工会工作者"。

【武进区五一劳动奖状奖章评选】 2018年3月15日，区总工会发文启动2017年度武进区五一劳动奖状、奖章评选工作。各级基层工会坚持评选条件和标准，按照公开、公正、公平和群众公认的原则，在名额分配、程序推荐、材料审查、实绩考察等环节上认真把关，经过层层筛选，共评选出武进区五一劳动奖状获奖单位27个、五一劳动奖章获得者80人。4月28日，武进区在区行政中心召开庆祝五一国际劳动节暨五一劳动奖状奖章表彰大会，分别表彰获奖单位和个人。2017年度武进区五一劳动奖状获奖单位：江苏协和电子股份有限公司、江苏迪欧姆股份有限公司、常州安凯特电缆有限公司、江苏圣贤锻造有限责任公司、常州市华鑫毛纺织有限公司、常州市公安局常州经济开发区分局、江苏恒基路桥有限公司、常州市武进区丁堰街道梅港村工会联合会、常州市武进区实验小学、常州市公安局武进分局、新纶科技（常州）有限公司、常州经济开发区政务服务中心、江苏日盈电子股份有限公司、常州九洲花园大酒店有限公司、常州国茂鑫鳌机械有限公司、常州市武进区妇幼保健计划生育服务中心、江苏圣乐机械有限公司、江苏华凌机电科技有限公司、常州市武进区农业局、江苏龙英管道新材料有限公司、常州市戴溪建筑工程有限公司、常州经济开发区社会事业服务中心、斯泰必鲁斯（江苏）有限公司、常州砼筑建筑科技有限公司、常州市武进区旅游局、中国共产党常州市武进区委员会农村工作办公室、江苏武进经济发展集团有限公司。2017年度武进区五一劳动奖章获奖个人：史超、钱波、阮丽丽、殷月华、蒋金来、钱敏、沈巍、居学良、秦蓁、姚鸿波、沈蓉、顾永来、孟矗、王朝海、邓吉勇、蒋荣刚、蒋朝红、金建新、陈一奇、王国妹、陈必军、王虎、殷伟庆、黄华、王宝艳、陈文阁、张伟、王慧、恽建方、蒋惠琴、钱伟明、钱福卿、袁丽、杨新平、金文华、吴庆峰、赵龙、吴敏、曹勇、姜泽红、吉建平、朱渊卿、汪琦、杨建、吉红梅、王玉宇、徐丹、施明波、许国军、韩朱斌、朱效良、吴振宇、朱丽娜、刘志鸿、高双军、金伟新、张生荣、禹志远、高阳、徐敏丽、李锦涛、赵艳、欧阳孔震、华弘杰、金小平、樊天润、居颜萍、陈建伍、许玉燕、何发伟、薛云杰、潘晓宇、王银瑞、宦璐璟、李峰、蒲启城、周法根、高庆亚、胡文伟、熊凯。

（储家浩）

共青团常州市武进区委员会

【概况】 2018年，全区有团（工）委71个、团总支40个、团支部1433个，专（兼）职团干部3232人，团员47758人。其中，直属团组织59个，新发展团员2506人。全区在册青年志愿者2.8万人。团区委围绕区委、区政府“五个三年行动计划”突破年主题，推进共青团改革，各项工作实现新进展。前黄高级中学团委获评省五四红旗团委，江河港武水务有限公司团总支获评省五四红旗团（总）支部，武进职教中心校团委获评省十佳中职学校共青团组织。武进高新区经济发展局等5个单位获评2017—2018年度江苏省青年文明号，中天钢铁集团等3个单位创成市级青年安全示范岗。武进公安分局团委副书记朱天亮获评全国优秀共青团员，武进区星韵学校贺渝雅获评全国优秀少先队员，区青联委员樊天润获评第十届常州市“十大杰出青年”。团区委获评2017年度区级机关综合考评优胜单位。

【“青年大学习”行动】 2018年，团区委以学习好、宣传好、贯彻好习近平新时代中国特色社会主义思想为主线，组织各基层团组织开展“青年大学习”行动。建成团员学习社、青年学习社20余家，开展演讲朗读、青年道德讲堂、团日团课等线上线下主题学习活动近100场。开展“新时代·新武进·新青年”武进区纪念五四青年节主题团日活动、“40年变与不变，武进青年再出发”改革开放40周年主题活动、“争做新时代向上向善好青年”系列活动等60余场。“武进青年”微信公众号发布“团团邀你朗读《梁家河》”“港珠澳大桥的‘常州元素’”“武进河长制表情包”等主题消息160余条，累计阅读量28万人次。

5月5日，“新时代·新武进·新青年”武进区纪念五四青年节主题团日活动在凤凰谷剧场举行
供稿/团区委

【团组织建设“强基聚力”工程】 4月，团区委印发《关于实施“强基聚力”工程全面提升基层组织建设的工作意见》，重点围绕共青团组织建设中存在的薄弱环节和问题，规范团的组织建设。年内，开展组织架构优化专项行动，通过制作组织架构图、数据填报、实地走访、集中座谈的方式，摸底排查基层团组织基本情况。走访基层团组织58个、团员青年350余人，收集意见、建议45条。严格遵循团员发展制度，新发展团员2506人，初中毕业班团学比下降15%，高中毕业班团学比下降8%。推进区域化团建，与常州轻工职业技术学院团委成立区域化共建委员会，围绕农村生态文明、城乡精细化管理等方向，实施共建项目8个，开展农村水环境监测、巡河护河、文明礼仪教育等活动100余次，覆盖青少年突破3000人次。建成“青年之家”23个，实现镇（街道）全覆盖，其中11个“青年之家”上线云平台，覆盖青少年7000余人。实施“三青互动·益家青”青少年社会公益项目双选计划，促进青年社会组织提供的33个公益服务项目在基层“青年之家”落地实施。

【活力机关建设活动】 7—12月，团区委联合区委组织部、区级机关工委开展“青年大学习，建功新武进”活力机关建设活动，通过学、思、践、悟4个维度的活动设计和能力考察，组织开展主题演讲、即兴演讲、思辨会、结构化研讨、实地调研、现场展示问答等活动10余场。在此基础上，优选青年干部79人，分成8个课题组，在8名“青年导师”和7名“专家导师”的带领和指导下，围绕全区高质量发展、“放管服”改革、产城融合、乡村振兴、“河长制”等热点难点问题实地调研106场，发放调查问卷2172份，开展组内研讨100余次，形成调研文章8篇。其中，《壮大集体经济，助推乡村振兴》《乡约农文旅，乡伴新旅游——以乡村旅游助力武进乡村振兴的路径研究》2篇调研文章入选区委《调查与研究》。

【青年创新创业创富扶持】 2018年，团区委扶持青年创新创业创富，开展武进区科技创新创业联盟项目路演、创新创业沙龙、创客训练营等创业陪伴活动17场，服务创业青年900余人次。创客空间孵化的常州鲸益求精营销策划有限公司（E01828）挂牌中国青年创新创业板，亮相“苏高新杯”2018第五届“创青春”中国青年创新创业大赛全国赛。推广常州市青年创业贷款和武进区创业担保贷款等青年资金扶持政策，全年审核青年创业贷款16笔2100万元，累计申请额达6610万元。实施“青武优品”创富项目，扶持青年创业，带动精准扶贫，新增“红阳”红心猕猴桃、“蜜宝”红心火龙果、“大玉儿”生态玉米和“不孤蛋”生态鸡蛋4款产品，帮助农民提高产品附加值平均达50%。

【青年岗位建功系列活动】 2018年，团区委发挥青年突击队、青年岗位能手、青年文明号等“青”字品牌团队的模范带头作用，开展青年岗位建新功系列活动。武进高新区经济发展局、横林殡仪馆业务科、中天钢铁集团有限公司第一烧结厂青工创新工作室、青武家园青少年服务中心、江苏明都汽车集团常州路捷支部5个单位获评2017—2018年度江苏省青年文明号，中天钢铁集团有限公司、江苏大禹水务股份有限公司、柳工常州机械有限公司3家企业创成市级青年安全生产示范岗。

【“小水滴”志愿服务】 2018年，团区委加强“小水滴”志愿服务品牌建设。开展学雷锋志愿服务月集中行动，组织300余名志愿者服务2018年女子曲棍球世界冠军杯赛、第十三届中国常州先进制造技术成果展洽会、第三届江苏志愿服务展示交流会、武进区“美丽乡村”嘉年华等大型活动，提供优质服务和赛事保障。为24名成绩优异的贫困家庭大学新生募集善款13.5万元，累计帮助330多名贫困学子圆梦大学。开展“保护母亲河，争当河小青”主题植树活动，在雪堰镇阳光果园认植桃、梨、橘树等5种果树168棵，筹集认植费用10余万元，帮助困难农户脱贫致富。与新疆尼勒克县少先队员开展“一十百千”（援建1支少先队鼓号队器材、10个手拉手红领巾书架、500个爱心包裹，结对1000名少先队员）手拉手互助活动，捐赠现金3.24万元，捐赠爱心图书1.04万册、爱心包裹521个，价值5.21万元。

【中学中职共青团改革】 9月，团区委贯彻共青团中央和教育部联合印发的《中学共青团改革实施方案》，与区教育局联合制定印发《武进区中学中职共青团改革实施方案》，明确优化组织制度和运行机制、加强先进性建设、创新工作内容和方式方法、改善团干部制度、强化有关制度保障五大方面的15条细则。至年底，全区45所中学中职校举办十八岁成人仪式、入团仪式等仪式教育活动60余场，开展青年大学习教育实践活动20余场、新团员团课培训100余场。

【少先队“五彩靓武进”品牌建设】 2018年，团区委根据上级少工委要求，继续深化少先队“五彩靓武进”品牌建设。指导全区82所中小学成立校级少工委。组织各级少先队开展“诵读学传”活动30余场，“我们在队旗下合影”活动、“习爷爷的教导记心中”升旗仪式等仪式教育80余场。完善少先队星级单位考核制度，考评形式由以往的分片考核变成全区集中考核，考评内容中思想引领工作和活动开展情况所占比值从28%提高至36%。创建武进区少先队“创未来”品牌项目，组织少先队实践教学科研基地常州创客空间、油灯博物馆、未来伙伴机器人等8个单位开展实践、寻访活动50余场。星韵学校贺渝雅获全国优秀少先队员和江苏省少年科学院十佳小院士称号，湖塘桥实验小学的“苗苗少科院”获第四届江苏省优秀少年科学院称号，武进区星河实验小学推选的作品《用生活用品提取植物DNA》获首届江苏省红领巾“创未来”创新创意创造征集展示活动高年级组一等奖，刘海粟小学的情景剧《拯救》在第五届常州市中小学生自我保护情景剧大赛中获一等奖。

（金　婉）

武进区妇女联合会

【概况】 2018年年末，全区有镇（街道）、开发区妇联19个和机关事业单位妇联41个，有村（社区）妇联316个。年内，区妇联全面落实党中央和省市区党的群团改革精神，围绕市委“种好幸福树、建好明星城”高质量发展要求和区委“五个三年行动计划”突破年主题，坚持以联系服务妇女群众为工作生命线，持续打造“巾帼心向党”党建工作、“巾帼创业花”女性发展工作、“幸福使者百千万工程”女性素质提升工作、“妇联好声音好故事”、和美家庭建设工作、“绽放爱的希望”妇女维权工作、“美丽女性”先进典型宣传和“圆梦微心愿”困境妇女儿童关爱帮扶七大工作品牌。出台《武进区妇联改革方案》，加强基层妇联组织建设，改革妇联干部管理模式，创新工作内容和载体，明确开展女性思想引领、妇女发展、妇女维权、家庭建设、特殊困难妇女儿童关爱等工作的新要求、新思路和新方法。组织“巾帼好声音”十九大精神宣讲活动200余场，协调落实妇女小额贴息贷款和创业贷款8266万元。全区表彰三八红旗手23人、“最美家庭”293户、美丽女性104人、“十佳好儿女”“十佳母亲”22人、“优秀好儿女好母亲”50人。区妇联获2018年江苏省妇联系统宣传工作先进集体一等奖、2018年度武进区人民政府优秀项目奖，被评为2018年度常州市妇女维权工作先进集体。

【妇联改革】 4月，《武进区妇联改革方案》出台，改革妇联干部管理模式，打造妇联专兼职干部队伍，明确兼职干部的选拔培养、工作职责及妇联机关干部联系基层、妇女的制度与机制，加强妇联机关干部和基层妇女的联系。年内，区妇联贯彻方案精神，推荐基层妇联干部到市妇联和区妇联挂职锻炼各1人。

12月5日，首届繁星公益节在西太湖街道滆河公园举行　　供稿/区政协办

新建嘉泽镇夏溪花木市场妇联、懒人园艺妇联、繁星公益基金会妇联等妇联组织100余个。开展“亮身份、转作风、促实干”活动，妇联干部佩戴统一标识的胸牌，主动走到妇女身边，认真了解对接妇女需求。探索建立“1+5”联系制度，即1名妇联机关干部联系1个女干部集聚的机关事业单位，联系1个非公有制经济组织或新社会组织，联系1个妇女群众微信群或QQ群，联系1名优秀女性人才和1名弱势女性。

【“巾帼心向党”党建工作】 2018年，区妇联组织开展“巾帼好声音”十九大精神宣讲活动200余场、各级妇联主席讲党课160余场，推出微信版党课8期。通过购买女性社会组织“阳湖雅韵传家风”项目，编排作品《十九大精神放光芒》《党员家庭会》等，利用“社区天天乐”舞台组织宣讲、演出200多场。开展“不忘初心·牢记使命”妇联主席讲党课活动8期，讲述党的光辉历史、巾帼豪杰的革命事迹和革命家庭感人故事。在“阳湖女声”微信公众号开展十九大精神知识竞赛，5000余人参与。开展“不忘初心·传承志愿精神”为主题的巾帼志愿者活动29场，服务5000余人次。

【家庭建设】 2018年，区妇联持续开展“妇联好声音·家庭好故事”最美家庭讲好家训巡讲活动，全年巡讲352场。在全区开展“科学家教进万家”公益讲座40场，提升家庭教育质量，优化儿童健康成长的家庭环境；联合省妇联，在武进区洛阳初中开展“护蕾行动——江苏家长大讲堂”公益讲座。创建市家庭教育工作室——“张良名师工作室”，示范、引领和发展全区家庭教育工作；在武进高新区北区喜盈门社区打造家庭多元成长空间，展示最美家庭档案、家风家训、家庭教育、亲子阅读等内容。年末，评选表彰武进区“最美家庭”293户、武进区“书香家庭”5户。

【“巾帼创业花”妇女发展品牌】 2018年，区妇联围绕高质量发展要求，深化“巾帼创业花”妇女发展品牌建设。组织农村妇女参加劳动技能培训2000人次。举办“三八”女性专场招聘会，提供岗位1000余个。组织申报巾帼文明岗区级20个、市级14个，嬉戏谷乐园餐饮部和高新区十里幼儿园大班年级组创成省级巾帼文明岗。建立区级巾帼创新创业资料库和人才库，走访调研合作社、企业和创业项目60余个，命名区级巾帼创新创业基地17个、巾帼创新创业项目30个。引导女大学生创业项目进驻“丁香苗圃”创业基地，列入市级项目10个、省级项目3个。全年为125名妇女协调提供小额贴息贷款和创业贷款8266万元。

【“绽放爱的希望”妇女儿童维权服务】 2018年，区妇联深化妇儿维权服务品牌建设，以“平安家庭”筑牢“平安武进”的基石。开展“维权服务在身边·携手共建幸福树”三八维权宣传周、法律进家庭、送法进企业、“法律歌曲进社区、进家庭”传唱活动以及“法润我家·法驻我心”网络有奖知识问答活动3期。以项目化方式引导社会组织参与平安家庭创建活动，武进区金色百灵家庭暴力防护中心承接常州市妇女儿童公益社工服务项目，在武进区湖塘镇府南社区实施“绽放爱的希望”幸福家庭成长计划，开展婚姻家庭咨询、女性权益保护、法律宣传、亲子教育、家庭暴力预防及介入等系列服务。与武进大爱调解协会合作开展平安家庭建设行动，参与婚姻家庭纠纷案件庭前介入，积极化解家庭纠纷。向全社会发出《“护航春蕾·携手同行”女童保护倡议书》，发起“撑起爱的保护伞”女童保护行动，营造全社会关爱女童的氛围。

【“圆梦微心愿”妇女儿童关爱帮扶】 2018年，区妇联充分利用社会组织专业技术，组织实施妇女儿童服务项目。4月12日，在武进高新区众创服务中心举办武进区2018年女性社会组织公益秀活动，区女性社会组织公益联盟及基层妇联代表50余人参加，组织路演“幸福花开”残障女性心理能力建设等女性社会组织服务项目11个，吸引爱心企业和各级妇联购买、扶持。年内，“绽放爱的希望——幸福家庭成长计划”入选省级妇女儿童公益社工服务项目，“茁壮成长——流动儿童精准服务社工”“心手相牵，合力筑梦——流动儿童城市融合社工项目”“童心呵护——留守儿童心灵成长计划”3个项目入选市级妇女儿童公益社工服务项目。区妇联联合区政协妇联组、常州公交五公司503党支部、卢家巷社区及武进地税爱心妈妈志愿服务队，举办“童心乐·爱汇聚”武进区新市民学子集体生日会，“爱心妈妈”帮助16名新市民子女圆梦微心愿。推进“爱心邮包圆梦母亲”公益行动，全年结对完成微心愿60个。

【“两癌”妇女救助帮扶模式创新】 2018年，区妇联落实农村妇女“两癌”（乳腺癌、宫颈癌）免费检查惠民政策，联合武进区妇婴医院开展新市民女性免费体检活动。与太平洋保险公司合作，持续开展“美丽人生女性健康保险”活动。完善全区“两癌”贫困妇女救助信息库，拓宽救助范围和救助渠道，提升微公益平台建设。做好“两癌”患病妇女网上填报及救助工作，全年累计为符合条件的患病妇女争取全国救助金2万元，为50名贫困“两癌”妇女完成微心愿。

【“幸福花都·女子学堂”品牌建设】 2018年，区妇联深化“幸福花都·女子学堂”品牌建设，持续开展“幸福使者百千万工程”，通过百名讲师、千场授课，培训数万名妇女，实现区镇村三级学堂全覆盖，全面提升女性素质。全年开展培训12期，课程涵盖时事政治、家庭教育、家庭健康、家庭关系、家风家训、妇女维权、妇女保健七大主题，参训5000人次。全区各村（社区）自主选课，开讲500余场。

【儿童幸福成长服务系列活动】 5月，区妇联举办第四届“绘剧童心·美德润家”亲子绘本剧大赛，全区幼儿园56支队伍同台竞技，近1000名幼儿与家长献演多部由经典绘本改编、创意而成的绘本剧。7—8月，联合江苏银行武进支行在武进区妇女儿童活动中心举办“未来银行家”暑期公益体验活动，并在潞城、湖塘、洛阳等镇（街道）开展系列体验课堂10节。9—11月，联合区教育局、武进电视台举办武进区首届“不忘乡音·争做武进文化小传人”少儿方言大赛，21所幼儿园近1200名幼儿参赛。武进区广播电视台开设首档本土方言类少儿综艺节目《小佬吉棍咾》，传承弘扬武进传统语言文化。

（朱靖蛟）

法 治

Governing by Law

栏目编辑　张怡菁

政法委及综治

【概况】 2018年，武进区政法机关围绕服务保障“五个三年行动计划”突破年和高质量发展走在前列的要求，全面深化平安武进、法治武进、政法队伍和智能化建设，人民群众获得感、幸福感、安全感稳步增强。优化企业发展环境，通过推行优秀企业家服务金卡工程等，对接服务实体企业3400余家。加强风险防控，促进矛盾纠纷化解，做好全国“两会”、国际进口博览会等时期稳定工作。推进社会治理创新，通过治理项目化、智能化和管控精细化，提升治理成效。推进普法责任落实，创新法律宣传工作机制，浓厚尊法、学法、守法、用法良好氛围。加强政法队伍建设，涌现出“全国法院知识产权审判工作先进个人”赵肖易、“全国模范司法所长”刘饮海、“全国优秀共青团员”朱天亮等先进典型。全区公众安全感达97.75%，法治建设满意度达98.5%，比2017年上升4个百分点。年内，武进区连续第14年获评全省平安区，获得全省综治工作（平安建设）先进区称号，被省委、省政府授予2015—2018年度全省社会治安综合治理先进集体、2016—2017年度全省法治建设示范区称号。

【大局发展护航】 2018年6月，区委政法委联合区政法各部门制定出台《关于武进区政法机关服务保障企业上市发展的实施意见（试行）》，协助企业规避上市发展风险。在全市率先成立生态环境犯罪侦查大队，联动查处新型环境污染案件130余起。依法办理钱璟康复商业信誉受损案等重点复杂经济案件20余起。全区破获各类刑事案件3470起，抓获作案成员6282人；批准逮捕797起1082人；提起公诉1901起2587人；审结刑事案件1945起，判处刑罚2211人。全区刑事警情比2017年下降7.76%。依法审执结民间借贷、婚姻家庭等案件2.5万起，结收案比达103.5%。破获非法集资、电信诈骗、网络传销等民生案件近2200起，挽回经济损失1.35亿元。依法起诉涉企诈骗、职务侵占、商业贿赂等经济案件25起，挽回经济损失逾2700万元。

【矛盾隐患整治】 2018年，武进区共办结上级交办涉法涉诉信访事项48件，其中中央巡视组交办件36件。创新开展信访积案集中攻坚“125”（化解市级以上矛盾积案不少于10起、区级重点矛盾积案不少于20起、镇级矛盾积案不少于50起，全年化解各类矛盾积案不少于80起）行动，化解矛盾121起。受理矛盾纠纷9086起，调解成功8995起，调解成功率达99%。按照《常州市武进区升级版技防城总体建设方案》要求，新建重点路段、重要部位、复杂场所等前端人脸监控设施近1500路，实现全区机动车重要通行枢纽高清监控全覆盖，以及重点行业、重点区域、重点部位技防网络全覆盖。组织开展出租房屋治安隐患排查整治专项行动，排查整治重点户2.2万户，消除治安隐患1.4万处。区委政法委会同区公安、住建、城管等部门，合成整治大学城周边等社会治安重点地区、突出治安问题各17个，累计消除安全隐患3600余处。

【社会治理创新】 2018年，武进区创新实施社会治理重点项目24个，其中“探索建立环境执法联动机制”项目获评“全省首批优秀法治实事”，“平安法治考核‘4+1+1’新模式”“‘一站一港’观护帮教工作站再深化”“禁毒工作网格化”项目分别获评2017—2018年度全市政法工作创新创优一等奖、二等奖、三等奖。协调构建交通事故纠纷“网上数据一体化处理平台”，实现责任认定、法院诉讼、一键理赔等业务一站式办理，全年高效处理道路交通事故纠纷1280起。关注特殊人群，排查、收治、管控三级以上严重精神障碍患者197人；实施戒毒人员回归社会工程，全区戒毒人员复吸率下降40%，社区戒毒（康复）执行率在98%以上。累计登记新增流动人口24.2万人，7458名流动人口子女通过积分顺利入学。

（李大岭）

【法治建设】 2018年，武进区开展党政主要负责人履行推进法治建设第一责任人专项督查活动，落实“关键少数”法治建设主体责任。创新施行“4+1+1”（4类考核细则、1份目标管理责任书和1张个性化任务清单）考核模式，实现全区机关部门平安法治建设履职考评全覆盖，被省委政法委作为典型向全省推广。完善区、镇、村三级法律服务体系，区级法律顾问直接参与重大议事决策20余次，未发生因决策失误造成的社会影响事件。区委政法委开展行政执法评议活动，抽查行政部门10个、执法案卷180余份，当场反馈落实整改意见64条；办理行政复议案件48起、行政诉讼案件127起，行政负责人出庭应诉率达100%。配合监察体制改革，完成职务犯罪侦防职能划转和人员转隶工作。统筹推进司法体制综合配套改革，健全员额退出、绩效考核等监督体系。破解执行难题，立案侦查拒执案件6起，开展专项行动40余次，执结案件9000余起，执行到位标的额20余亿元。

【普法工作】 2018年，区委政法委举办“法治引领新武进”文艺演出，累计巡演10场，通过网络或电视观看人数达10余万人。深化法治进学校“六个一”(组建一支法治教育骨干队伍、编印一套法治教育地方教材、打造一批法治教育示范阵地、开展一批法治教育特色活动、培育一批法治教育先进典型、形成一套法治教育长效机制）工程，组织开展全区首届法治公开课比赛，征集法治课件112件，评选优秀法治视频30个。7月，武进区民主法治示范村联合会成立，吸纳会员单位190个，通过打造交流学习、引导指导、创新创造、促进振兴平台，提档升级全区基层民主法治建设。8月，武进区通过省级“七五”普法中期考核验收。

【政法队伍建设】 2018年3月，《武进区政法机关党委（党组）向区委请示报告重大事项的实施细则》出台，推动全区政法机关重大事项及时报告、应报尽报。区委政法委推进解放思想大讨论，开展“两学一做”主题教育，引导干警树牢“四个意识”(政治意识、大局意识、核心意识、看齐意识)，增强“四个自信”(中国特色社会主义道路自信、理论自信、制度自信、文化自信)，坚决做到“两个维护”(坚决维护习近平总书记党中央的核心、全党的核心地位，坚决维护党中央权威和集中统一领导)。组织开展政法干部能力提升培训，实地考察学习先进地区网格化社会治理等典型经验。开展业务大研讨、岗位大练兵、技能大比武等，提高政法干警专业素养和履职能力。开展执法办案专项检查，评查政法部门办案卷宗4类137起，及时通报落实整改意见20余条。全区政法队伍建设群众满意率达93.95%，比2017年上升1.2个百分点。

【扫黑除恶专项斗争】 2018年，武进区出台《关于深入开展扫黑除恶专项斗争的工作方案》《武进区扫黑除恶专项斗争重点任务责任分解方案》等，于4月成立扫黑除恶专项斗争领导小组，抽调成员单位22名业务骨干组建工作专班2个。全区政法部门深入贯彻落实中央、省委、市委及区委部署要求，统一思想认识，强化组织领导，深入排查线索，落实从严打击，全面开展扫黑除恶专项斗争。全区累计破获涉黑涉恶案件262起1191人，各项主要打处指标位居全市前列。其中，摧毁黑社会犯罪集团1个16人，摧毁恶势力犯罪团伙7个118人，查处涉黑涉恶“保护伞”问题2起5人（刑事立案2人、诫勉谈话3人)，判决全市首起黑社会性质组织案和首起恶势力犯罪集团案。

7月18日，“法治引领新武进”文艺巡演首场演出在凤凰谷大剧院举行

供稿/区委政法委

【网格化集成管理】 参见《专记》栏目P2同名条目。

（李大岭）

法治政府建设

【概况】 2018年，武进区围绕“五个三年行动计划”突破年主题，深化行政管理体制改革，创新法治政府建设工作机制，为推动武进高质量发展提供有力法治保障。全面履行法定职责，加快法治政府建设，推进学法用法常态化，提高领导干部法治思维能力和依法行政能力。完善依法决策机制，提升科学决策水平，制定《政府投资项目管理办法》和《武进区国有企业投资管理暂行办法》等规范性文件。深化“放管服”改革、行政管理体制改革、综合行政执法体制改革，严格公正、规范、文明执法。制约监督行政权力，全面推进政务公开，完善政府信息主动公开、依申请公开、投诉举报、责任追究、保密审查、监督考核等制度。健全多元调处机制，有效化解矛盾纠纷。年内，区法制办办理劳动工伤、环境保护、治安管理、信息公开等行政复议案件48起，其中不予受理1起、维持24起、确认违法2起、撤销2起、驳回行政复议申请9起、经调解申请人撤回申请10起，法定期限内结案率100%。协助省政府处理复议案件1起，办理区政府为被申请人的复议案件3起。代理区政府为被告的行政诉讼案件40起。全年办理交通纠纷、劳动纠纷、消费纠纷等行政调解申请8805起，协议履行5758起。

【深化“放管服”改革】 2018年，《常州市武进区人民政府关于进一步深化行政审批制度改革的实施意见》等规定出台，全区形成规范、清晰的审批工作标准清单。加强审批监管衔接，《常州市武进区人民政府关于进一步完善行政审批与监管联动机制的实施意见》于5月出台，横向促进审批、监管、执法“三位一体”，纵向促进区、镇“两级互联”，打造现代政府治理体系。至年末，划转至区行政审批局行政审批事项涉及22个

部门155项。推进“网上办、集中批、联合审、区域评、代办制、快递送、不见面”审批模式，推进“一网通办”。全面启用在线预约功能，实现办事“零等候”。在区政务大厅开设邮政EMS服务窗口，武进区成为辖市区首个办理结果送达服务由政府买单的地区，打通“不见面审批（服务）”最后一环。根据省、市工作部署，在武进高新区开展“证照分离”改革试点。按照取消审批、审批改备案、实行告知承诺制、提升审批的透明度和可预期性、对涉及公共安全等特定活动加强市场准入管理五类管理方式，组织区市场监管局、城管局等部门制定管理措施和监管制度，出台审批管理办法32项、事中事后监管措施57项。加强信用体系建设，召开年度“爱国敬业创新诚信守法贡献”先进事迹汇报表彰大会，表彰奖励诚信企业97家；6月，出台《常州市武进区事业单位信用等级评价实施方案》等社会信用体系建设工作制度。发挥失信联合惩戒机制作用，通过电视、广告等途径公示失信人员。探索“信易贷”“信易租”“信易批”等“信易+”系列项目实践应用，建立新型农业经营主体信用信息管理平台，科学合理评价家庭农场与专业合作社信用。鼓励社会资本流向信用体系建设，在全国首创“工业大数据征信”系统，解决工业与金融之间信息不对称问题，常州天正工业股份有限公司获得央行企业征信牌照授权。

【行政管理体制改革】 2018年，武进区围绕打造“横向到边、纵向到底”的网格化集成管理新体系目标，组织区城管局、住建局等相关职能部门梳理形成八大类51个小类包含1107项具体事项的网格服务管理事项清单，设置区级网格管理中心，实现公共服务、社会治理、综合执法领域网格化集成管理全覆盖。加快基层“互联网+政务服务”体系建设。建立区、镇、村三级基层政务服务体系，全区16个镇（街道）为民服务中心大厅建成，电子政务网点实现全覆盖。在雪堰镇、湟里镇率先做好镇级政务服务中心场地建设和事项集中办理工作，下放的第一批行政权力事项及公共服务事项试运行规范顺畅，为基层政务服务体系建设提供模板。8月，江苏政务服务网武进区综合服务旗舰店各镇、街道频道上线，向社会公布全区各镇（街道）、村（社区）基础信息和基层服务事项。推进雪堰镇经济发达镇行政管理体制改革。上报雪堰镇行政管理体制改革试点方案，拟定经济发达镇工作方案，出台政务服务清单，首批4个部门52项行政权力事项及9个部门43项公共服务事项下放至雪堰镇办理，制定《武进区关于在雪堰镇进一步推进相对集中行政处罚权改革的实施方案》，保障经济发达镇行政管理体制改革顺利推进。制定《武进区关于深化综合行政执法体制改革的实施方案》，推进区域综合行政执法体制改革。按照“减少执法层级、整合执法队伍、提高执法效率”原则，整合部门内部和部门之间相同相近执法职能和资源，理顺执法关系。通过撤销26个、组建8个事业单位实现执法职能归并，管理机构精简高效。在文化、市场监管、安全生产、城乡建设、农业、交通等领域均实现“一支队伍”管执法。推进城市管理领域大部门制改革，将住建、规划相关行政处罚职能划转到城管执法机构，合理调整机构设置、人员编制，构建“横向到边、纵向到底”和以信息化、数字化技术手段为支撑的“大城管”执法体制。

【政府公权力公开透明运行】 2018年，武进区落实“五公开”（决策、执行、管理、服务、结果公开）工作要求，完善政府信息主动公开、依申请公开、投诉举报、责任追究、保密审查、监督考核等制度，优化门户网站页面布局、栏目布局，突出重点领域、预决算公开、建议公开等栏目。完善权力清单、责任清单、涉企收费清单，实行动态调整。主动公开重大决策、重要政策落实情况，加大对党中央、国务院和省委、省政府及市委、市政府决策部署贯彻落实结果的公开力度。全区主动公开各类政府信息20479条，全文电子化率达100%。文件公布时，相关解读材料与文件同步在政府门户网站发布，形成关联，增强政策传播力、影响力。采用图解、在线访谈、媒体解读等形式发布政策解读36条。区政府收到依申请公开33起，协助常州市处理12起，全部办结。深入推进“双公示”（行政许可和行政处罚事先网上公示）工作，“双公示”系统累计公示行政许可事项104990件、行政处罚事项4909件。

【行政执法“三项制度”推行】 2018年5月，《区政府办公室关于推行行政执法公示制度执法全过程记录制度重大执法决定法制审核制度的实施意见》出台，全面贯彻落实行政执法“三项制度”。全区重点执法单位均配备执法记录仪、摄像机等执法记录设备，建立重大执法决定法制审核制度。提高执法专业化水平，武进公安分局生态环境犯罪侦查大队于8月成立，加大涉嫌污染环境罪案件查处力度，保障生态文明建设。加强行政执法人员资格管理，落实行政执法持证上岗制度。举办行政执法人员法律知识培训班，提升执法人员依法行政意识和行政执法能力。全面铺开“双随机一公开”（在监管过程中随机抽取检查对象，随机选派执法检查人员，抽查情况及查处结果及时向社会公开）监管抽查工作，全区23个单位“两库一清单”（市场主体名录库、执法检查人员名录库，随机抽查事项清单）录入工作全面完成，纳入随机抽查范围检查对象37439户、执法人员861人、抽查事项1318项。全区各行政执法部门严格落实事项、程序、结果公开制度，实行随机抽查全程留痕，全年各部门按规定开展随机抽查2080次，提高行政执法透明度和公信力。

（王子潇）

公 安

【概况】 2018年，武进公安分局深入实施现代警务战略，稳步推进警务机制改革，全力抓好各项重点工作，为加快推进武进经济社会高质量发展创造和谐稳定社会环境。建强专业打击体系，6起命案全部破案，侵财案件破案率上升5.3个百分点，公诉率上升2.5%，破获系列案件数、打掉犯罪团伙数分别上升22%、12.6%。严厉惩治涉企犯罪，破获经济案件84起，为企业挽回经济损失5000余万元。落实企业挂钩联系制度，主动对接服务53家星级企业和46个重大项目，全年走访服务企业3148家次，解决诉求1240项。深化公安“放管服”改革，完成派出所“一站式”服务窗口建设18个，新增交通违法计分处理点3个，“110报

9月，武进公安分局破获特大数额票证诈骗案　　供稿/武进公安分局

警服务台”接警39万余起，接警满意率达99.9%。开展“263”、食药打假“利剑”、打击环境犯罪“清水蓝天”专项行动，于8月挂牌成立生态环境犯罪侦查大队，完善部门联合执法机制。开展扫黄禁赌专项行动，黄赌打处数上升11.8%。年内，分局2018年综合绩效考核排名全市第一，获评全市年度考核优胜单位和区级机关综合考核优胜单位，有1个集体、2名民警获二等功，10个集体、99名民警获三等功，陈静获评改革开放40周年武进区“十大风云人物”。

【治安管控】 2018年，武进公安分局围绕“六重三管”（出租房、流动人口、重点人员、旅馆、网吧、寄递6个重点，依法管、精准管、联动管），推进旅馆、网吧、寄递业“3个100%”（100%收寄验视、100%实名收寄、100%过机安检）等措施落实，通过旅馆业管理查处案件数和抓获逃犯数分别上升102%和56%，通过寄递业管控破案数上升164%，寄递业、危险品监管等绩效均排在全市前列。强化治安突出问题和重点部位综合整治，全年开展集中清查25家，13个重点发案部位盗窃案件发案压降24.9%。年内，刑事案件、“八类案件”（故意杀人、故意伤害致人重伤或死亡、强奸、抢劫、贩卖毒品、防火、爆炸、投毒）和侵财案件分别下降8.9%、23.2%、9.7%，“五类侵财”（入室盗窃、偷电动车、扒窃、网络和电信诈骗）和黄赌警情分别下降4.3%、23%。9月，破获涉案金额达6.9亿元的特大虚开增值税专用发票案，捣毁开票窝点12个。

【公安扫黑除恶专项斗争】 2018年，武进公安分局深入贯彻落实上级各项部署要求，将扫黑除恶专项斗争作为一项重要政治任务，统筹谋划、精心组织、广泛发动、全力推进，取得显著成效。破获“九类案件”（聚众斗殴、强迫交易、寻衅滋事、敲诈勒索、非法拘禁、组织卖淫、强迫卖淫、开设赌场、故意毁坏财物）176起，刑事拘留599人，比2017年分别上升21.4%、41.3%，破获全市首个黑社会性质组织案件和3个恶势力犯罪集团案件，扫黑除恶工作绩效排名全市第一，分局被推荐为“全省扫黑除恶先进集体”。建立完善涉黑涉恶线索滚动排摸机制，排摸梳理各类涉黑涉恶线索138条。开拓“互联网＋扫黑除恶”宣传模式，受理群众举报线索178条，成功敦促105名犯罪嫌疑人投案自首。

【基层警务工作】 2018年，武进公安分局深入开展基础工作大排查，排摸各类风险隐患11661个、治安重点人员2.3万人，登记出租房屋16.5万户、暂住人口52.1万人，暂住人口、出租房屋新登记数分别比2017年上升8.9%和11.9%，社区警务考核排名全市第一。融入全区社区网格化集成管理，将社区警务纳入社区网格“八大服务管理事项”（社会治安、公共安全、城市管理、环境保护、民生服务、综合执法、政策咨询、综合管理）和“一长四员”（网格长、网格联络员、专职网格员、兼职网格员、网格志愿者）标准管理，凝聚社区服务管理工作合力。加强全区人民调解室实体化运作，试点推行调解员先期处置、调解室前置、律师驻所服务3种工作模式，对非执法性矛盾纠纷警情，由调解员先期到现场处置，在日均警情30起以上的派出所实行“5+2”24小时随警作战，最大限度实现矛盾纠纷在接处警环节有效分流。在湖塘派出所试行律师驻所援助制度，由派出所对接司法部门，根据矛盾纠纷数量及性质，通过聘请兼职司法援助律师等方式，签署援助协议，律师通过定期驻所和网上、电话等在线服务方式参与疑难矛盾纠纷化解。

【公安专项行动】 2018年，武进公安分局开展“春雷”“夏安”“百日会战”交通整治专项行动。实施交通安全防护工程，整改完善道路安全隐患178处，对40家重点源头监管企业的1218辆车、1050名驾驶人实施落地管控，“清零”重型货车732辆，淘汰老旧汽车3158辆。全年现场纠正违法行为21.28万起，比2017年上升35.37%。开展冬春、春夏火灾防控、“四项整治”（危险化学品运输车、群租房、电动自行车及瓶装液化气整治）攻坚行动，持续加强消防隐患专项整治，全区未发生重特大火灾事故，火灾死亡4人，与2017年持平，火灾事故数、伤人数、直接经济损失分别下降1.65%、100%、16.7%。开展“263”、食药打假“利剑”、打击环境犯罪“清水蓝天”专项行动，深入完善与城管、环境、市场监管等部门的联合执法机制，全年公诉以上犯罪嫌疑人207人，上升10%。

【见义勇为表彰奖励】 2018年，全区以“弘扬见义勇为精神，倡导见义勇为行为，服务见义勇为人员”为宗旨，开展见义勇为表彰奖励和宣传活动，落实见义勇为人员权益保护措施，推进基层基础工作，提升见义勇为工作效能。区见义勇为基金会组织集中表彰奖励活动4次，召开表彰会26场次。表彰奖励见义勇为先进集体1个、见义勇为积极分子119人，发放奖金34.9万元。奖励治安积极分子15人，发放奖金1.45万元。奖励物业服务从业人员25人，发放奖金3.25万元。在受表彰奖励人员中，有95人抢险救灾挽救40人，有32人抓获盗窃等犯罪嫌疑人39人。

【出入境管理】 2018年，武进区有出入境业务受理点19个，办理各类出入境证件83893份，没有发生一起群众投诉和材料质量事故，武进公安分局出入境大队窗口被评为2018年市级巾帼文明岗。开展入学法制宣传教育7场，受训新留学生700余人。加大对“三非”（非法入境、非法居留、非法就业）人员清查力度，开展暑期外国留学生专项摸排及非法就业查处工作，加大对辖区语言教育培训机构、餐饮表演娱乐场所的走访力度，全年查处违反出入境管理法律案件120起，行政处罚63人，拘留审查5人，遣送出境3人，案件查处数列全市第一。

（周世民）

【道路交通安全管理】 2018年，武进区公安交警大队围绕“五个现代”（现代治理机制、现代警务机制、现代防控体系、现代警方公共关系、现代职业警队）警务战略，破解管理难题，实施畅行工程，推进交通管理工作持续发展。围绕公安部交管局、省公安厅交警总队和市公安局交警支队攻坚战役，共开展10项129次区域性整治，现场纠正违法行为为21.28万起。电子警察抓拍交通违法行为97万起；查处无证驾驶1062起、假牌套牌车辆178辆，查处酒驾808起，涉酒事故下降28.02%；查获涉毒人员5人，抓获网逃人员24人，破获重大交通肇事逃逸案15起，破案率100%；清理“啪啪车”236辆、“僵尸车”216辆，查获“黑加油车”30辆、改装车78辆；对480辆快递电动车实行“四统一”（统一外观标识、车辆尺寸、编号、登记发证）行业自律；查获黄标车470辆，查处货车闯禁区4515起，淘汰老旧汽车3158辆；查缉布控违法大户2876辆；查处超限超载违法行为为615起，上升100%。开展生命防护工程行动，重新渠化武宜路广电路口等20个路口，整改S239、S342等道路安全隐患43处，安装爆闪警示灯113个；加快推进2条快速路监控覆盖；维护信号灯1034处，标线施划322处，护栏维修2578处，安装标志900处，安装护栏41.9千米。年内，全区共发生交通事故7.52万起，上升0.37%，道路交通死亡事故发生141起，下降2.76%，死亡147人。

【城市交通畅行工程实施】 2018年8月，武进区城市交通管理委员会暨城市交通畅行工程领导小组成立，明确部门各司其职、联动配合、落实责任。年内，区公安交警大队巩固“一校一策”，完善学校周边设施，通过警校互动、家长联动，实施校园接送高峰提前15分钟结束。推进公安交管“放管服”改革，落实“放管服”具体措施15项。推广交通事故快速处理平台和“12123”App使用，年内快速处理事故17169起。新增交通违法记分处理点3个。推进社会动员攻坚行动，依托微博、微信等媒体开展交通宣传，刊发稿件65篇，其中省级以上36篇，微信公众号推送帖文120余篇，召开发布会2场，制作视频1部，组织交通宣传200余场次，对“饿了么”“滴滴”等外卖和网约车从业人员开展普法上门22次。组织交通劝导7560人次，在亡人事故发生5日内开展事故地举案说法162次，提高宣教及时性、针对性、有效性。加强城区停车泊位管理，泊位周转率提高56%，优化古方路、长安路等5条道路人行道板改造，新增停车泊位近1000个。完成2018常州西太湖半程马拉松赛等重大活动警卫安保121档、202批次。

（周燕敏）

【消防管理】 2018年11月9日，武进区消防大队按照公安消防部队转隶要求，全部退出现役，区消防机构保持原有职责不变。年内，区消防大队开展冬春、春夏火灾防控，“四项整治”（危险化学品运输车、群租房、电动自行车及瓶装液化气）攻坚行动，以及商场和市场、博物馆和文物古建筑等消防安全专项治理，全区消防机构和公安派出所共检查单位61441个次，发现火灾隐患102处，完成整改91处，受案查处32处。裁决一般程序行政处罚案件2691起，发放临时查封决定书167份，责令“三停”（停止施工、停止使用或者停产停业）单位108个，拘留71人，新挂牌重大火灾隐患单位2个，其中提前整改销案1个，督促社区和消防安全重点单位按照标准建设微型消防站318个。在“三合一”（住宿与生产、仓储、经营功能违章混合设置在同一空间内）、“九小场所”（小学校或幼儿园、小医院、小商店、小餐饮场所、小旅馆、小歌舞娱乐场所、小网吧、小美容洗浴场所、小生产加工企业）、群租房推广安装点式报警660个、简易喷淋447套，保护面积2.2万平方米。在人员密集场所、居住住宅推广安装电气火灾监控237套，提高初起火灾预警处置能力。推广群租房“三色管理”（将群租房按照火灾发生几率分成“红、黄、绿”三色）法，绘制“三色地图”，排查群租房5689户，新增灭火器401具、应急照明182具。经信、公安、住建、市场监管、安监等部门联合组成检查小组对全区电动车销售和维修企业的安全资质管理、产品质量检测、车辆注册登记、使用管理等环节开展动态监管，新建电动车智能集中充电设施718处，建成面积11.5万平方米。区消防大队联合区住建、安监、城管、市场监管等部门全面检查辖区内生产、销售、运输、储存、使用燃气的单位和环节，建立数据底册；完成武进大学城夜排档、古方路小餐饮场所燃气集中建设，检查燃气供应、

12月29日，武进区消防大队举行换装宣誓仪式　　供稿／武进区消防大队

经营、使用单位2255个，开展使用瓶装液化气的移动商贩和夜排档治理行动85次；依法拘留非法运输、销售、存储瓶装液化石油气钢瓶人员48人，收缴非法液化气钢瓶225个，捣毁非法充装点20个。建立Coco City、路劲又一城等15家大型商业综合体消防基础台账，拍摄制作暗访检查视频，曝光消防隐患。检查全区博物馆及文物古建筑25处，发现问题63处，督促整改59处。消防部门共接警出动2420起，其中火灾535起，比2017年下降1.65%。出动警力21219人次、车辆4073车次，抢救被困人员153人，抢救财产价值1.1亿元，成功处置“8·6”礼嘉镇嘉润水处理有限公司酸泄漏等灾害事故，完成全国“两会”、G20青岛峰会等重大消防安保任务。

（刘　丹）

3月1日，区检察院开展三八维权周广场宣传活动　　供稿/区检察院

检　察

【概况】 2018年，区检察院按照全国模范检察院新时代要求，围绕“全省领先，全国有影响力”目标，服务经济发展，履行宪法和法律赋予职责，强化法律监督，深化司法改革，加强队伍建设，为全区改革发展和法治建设提供司法保障。刑事检察部门依法批准逮捕各类犯罪嫌疑人857人，提起公诉2123人，报市检察院审查起诉22人。刑事执行检察部门依法开展羁押必要性审查，及时对97名犯罪嫌疑人变更强制措施。对刑罚变更执行实施同步监督，开展清理判处实刑罪犯未执行刑罚、暂予监外执行罪犯诊断检查鉴别等专项行动，监督收监5人。坚持每日巡查、定期问询、受理举报投诉等方式，保障在押人员合法权益，依法提出口头建议和书面检察建议12次，均得到采纳和整改。依法开展对2405起财产刑执行案件的专项监督，追缴罚金395.75万元。控告申诉检察部门受理群众信件177件、上访136人，依法妥善解决疑难复杂信访案件10起，保持无涉检赴省进京上访；受理刑事申诉案件6起，办结6起；重视弱势群体司法保护，向18名涉案特困被害人发放救助金9万元。民事行政检察部门开展审判程序纠违、执行监督、非诉执行监督等专项行动，依法办理生效裁判结果监督案件8起，提请抗诉、发出再审检察建议7起，发出执行监督检察建议29起、审判纠违检察建议16起。加大虚假诉讼预防和打击力度，办理虚假诉讼监督案件6起。做好不支持监督案件的释法说理和息诉工作，切实维护司法权威和社会稳定。案件监督管理部门全面推行案件信息公开，全年公开案件程序信息3470起、法律文书1760份，公布重要案件信息192起，接待律师查询455人次。年内，2个典型案例入选最高检第九批指导性案例，区检察院被评为全国检察宣传先进单位、全省检察机关先进集体等。

【刑事检察】 2018年，区检察院刑事检察部门依法起诉虚开增值税发票、伪造金融票证等危害金融秩序类犯罪32起52人；依法起诉非法吸收公众存款、集资诈骗、合同诈骗等侵财类犯罪16起27人；依法起诉污染环境、非法捕捞水产品、非法收购盗伐和滥伐林木等破坏环境资源类犯罪74起166人；严厉打击经营“黑作坊”“黑市场”等犯罪行为，依法起诉生产、销售有毒有害食品和假药劣药等犯罪被告人61人。坚持宽严相济刑事政策，从严把握逮捕必要性和社会危险性分析，慎用少用逮捕措施，对295名犯罪情节轻微、危害不大的犯罪嫌疑人做出不捕、不诉决定。

【青少年可视化法治教育成效显著】 区检察院探索法治教育新模式，建立青少年可视化法治教育资料库，于2017年8月启动“武房杯”青少年可视化法治教育短片竞赛，收到情景剧、微电影、歌舞剧等艺术表现形式的法治教育短片69个，其中小学组41个、中学组28个，评选出特等奖4个、一等奖15个，在2018年6月5日举行的竞赛颁奖典礼上给予表彰。联合区教育局精加工法治视频资料，按犯罪类型细分建立可视化法治教育资料库，增添未成年人防性侵视频资料，规范资料库使用和推广。2018年3月28日，区检察院制作的微电影《妈妈》在中国金鸡百花电影节第三届国际微电影展映上获得优秀作品奖，成为检察系统唯一参赛获奖作品。该影片以检察官许榴琴办理案件为原型，讲述一名失足少年在检察官真情感化下，从叛逆嫌犯变成好学、懂事少年的故事，成功塑造了慈爱、温婉的“检察官妈妈”，展现了新时代下基层检察官追求公平正义、传递司法温情的形象。

【依法起诉涉案金额达7.5亿元特大虚开发票案】 2018年1月15日，区检察院依法以涉嫌虚开发票罪对陈某某、刘某某等6名被告人提起公诉。2015年8月至2017年8月，被告人陈某某、刘某某等人，采用虚假注册、购买等方式控制常州贝铭达贸易有限公司、常州刘平鸿建材有限公司等空壳公司9家，通过虚构经营业务，向区税务部门申购增值税普通发票后为他人虚开建材类发票，采用月初开票月底作废、当月开票下月红冲等方式逃避税务监管和纳税义务，为武进区、钟楼区、金坛区等地企业或个人虚开增值税普通发票4296份，开票金额合计75629.74万元。公安机关移送审查起诉时，认定被告人陈某某等人涉案金额为4500余万元。区检察院承办检察官审查发现该案案情重大复杂，涉案事实远未查清，列出详细补证提纲，引导区公安机关收集证据。通过电子证据、书证等，认定被告人陈某某等人涉案金额为7.5亿元。2018年3月9日，区检察院观点被区法院采纳，被告人陈某某因虚开发票罪被判处有期徒刑5年，并处罚金50万元；被告人刘某某等6人因虚开发票罪被判处1年至3年不等有期徒刑。

【依法起诉全省首例制造销售假冒名牌汽车钥匙案】 2018年5月7日，区检察院依法以非法制造、销售非法制造的注册商标标识罪对犯罪嫌疑人刘某某作出批准逮捕决定，成为全省首例制造销售假冒汽车钥匙案。2014年至2018年，被告人刘某某在未得到上海大众汽车有限公司、保时捷（中国）汽车销售有限公司、一汽—大众汽车有限公司等10余家公司授权许可情况下，在武进鸣凰地区租用厂房内，组织工人利用模具制造名牌汽车钥匙及配件，通过淘宝、QQ、微信等网络平台销售。至案发，在刘某某租用车间及仓库内查获假冒名牌汽车钥匙及配件10万余个。在案件办理过程中，承办检察官咨询相关法律人士、知识产权注册代理专业人员，查阅《商标注册用商品和服务国际分类》，认定汽车钥匙属于汽车及其零配件，认定犯罪嫌疑人刘某某的行为构成非法制造、销售非法制造的注册商标标识罪。2018年9月14日，被告人刘某某被判处有期徒刑1年4个月，并处罚金10万元。

（潘人杰）

法 院

【概况】 2018年，区法院围绕中心主动提供司法服务，为全区经济社会发展提供司法保障。全年受理各类案件23611起(包括旧存4597起),审执结19811起，分别比2017年上升13.9%、22.8%，解决争议标的额122.48亿元。审结各类刑事案件1595起，下降1.3%，判处罪犯2146人。审结家事纠纷1018起，上升1.29%。依法审结普通民商事案件9239起，上升9.16%。审结知识产权案件351起，上升2.28%。审结行政案件119起，下降0.08%。审查非诉行政执行案件244起，上升33.3%，其中判决行政机关败诉11起，占结案总数的9.24%。建立行政纠纷实质性化解机制，经法院协调后和解、撤诉案件35起。运用“网上数据一体化处理”平台高效办理道路交通事故纠纷案件1280起，调撤率66.8%。审结非法捕捞、污染环境、非法狩猎等刑事案件77起171人，判处罚金326.6万元。推进诉讼服务中心转型升级，提升智能服务水平，全年办理网上立案、跨域立案等诉讼服务2865件次，办理诉讼指引、材料收转等服务7371人次，“12368”诉讼服务热线接受案件查询3309件次。推进“一站一室”建设，50名公益律师全年提供法律咨询与帮助2000余次，驻院（庭）调解室全年调解案件1500余起。

【刑事案件律师辩护全覆盖试点】 参见“司法行政”分目P67同名条目。

【审判机关扫黑除恶专项斗争】 2018年，区法院根据区委和上级法院要求，于2月8日成立以院长为组长的扫黑除恶专项斗争领导小组，8月16日印发《关于排查涉黑恶势力或腐败问题线索的通知》，统筹部署扫黑除恶专项斗争，采用逐案登记方式排查全院2015年1月至2018年7月所有审结案件、涉诉信访案件和在办案件，向公安机关移送涉黑恶势力线索4条。2018年11月5日，对省公安厅、检察院、法院联合督办的李某某等5人涉恶“套路贷”案件一审公开宣判，认定5名被告人构成诈骗罪和敲诈勒索罪，判处2年至7年不等有期徒刑，并分别判处罚金。2018年12月20日，对省公安厅、检察院、法院联合督办的陆某等人黑社会性质犯罪集团案件2起16人一审公开宣判，认定被告人陆某构成组织和领导黑社会性质组织罪、寻衅滋事罪、聚众斗殴罪、非法拘禁罪、强迫交易罪、开设赌场罪、敲诈勒索罪，执行有期徒刑22年，并处没收个人全部财产、剥夺政治权利2年。陆某犯罪集团其他15名成员分别被判处11年及以下不等有期徒刑并处罚金。全年审结涉黑恶案件4起27人。

【基本解决执行难】 2018年，区法院围绕最高人民法院提出“四个90%，一个80%”核心指标要求，即90%以上有财产可供执行案件在法定期限内执结，90%以上无财产可供执行案件终结本次执行程序符合规范要求，90%以上执行信访案件得到化解或办结，全国90%以上法院达标，2016年至2018年执行案件整体执结率超过80%，细化工作任务和工作清单，受理执行案件9652起，执结8131起，执行到位金额19.8亿元。推行执行指挥中心实体化运行，加强指挥调度功能，织密执行查控网络，基本实现银行存款、保险理财、房产车辆等财产形式“一网打尽”。发布失信被执行人名单3594例，限制高消费8568人次，促使278名失信被执行人自动履行义务。开展保护涉民营企业债权专项执行行动等专项集中执行30次。探索运用司法拍品询价机制等服务功能，开展网络拍卖506次，成交额8.9亿元，某拍品成交价9736.6万元创辖区历史新高。6月24日，《人民法院报》5版《院长话执行》栏目刊登区法院院长任志清文章《推进“四个一”工程决胜基本解决执行难》；12月2日，《人民法院报》5版刊发《悬赏拍、拍卖险……武进执行用了哪些“险”招》专题报道，展示区法院基本解决执行难工作成果。

【深化司法体制改革】 2018年，区法院严格落实司法责任制要求，合议庭和法官审判定案有权有责，组建以法官为中心的办案团队，探索高质、高速、高效团队运行模式，员额法官人均结案283起，比改革前法官人均结案数量上升53.8%。推进院庭长办案常态化和全覆盖，全年审执结案件7662起，占全院结案总数的38.7%。9月17日，根据《江苏省高级人民法院关于在全省法院全面推进司法体制改革试点工作的通知》《江苏法院司法体制改革试点过渡期法官入额业绩考核实施办法（试行）》《全省法院2018年度员额法官遴选工作方案》等规定，制定《常州市武进区人民法院2018年度法官入额遴选业绩考核实施细则》《常州市武进区人民法院2018年度法官入额遴选考评实施细则》，落实“有进有出”“能上能下”员额常态化动态调控机制，1名法官有序退出，3名法官通过遴选增补入额。按照市场化招录、专业化管理要求，公开招录司法辅助人员17人，书记员与法官配比达到省定1∶1目标值。

12月3日，参与办理全区首例刑事附带民事公益诉讼案件的检察官、法官在西太湖揽月湾开展生态资源修复鱼苗放流活动　供稿／区检察院

【武进知识产权审判工作全省领先】 2018年，区法院加大力度惩罚侵犯知识产权行为，降低维权成本。审结冠珏餐饮管理（上海）有限公司诉武进好恬烘焙店侵害商标权纠纷、某油画大师诉武进某公司著作权侵权纠纷等案件，全年审结相关案件351起。4月25日，区法院召开知识产权司法保护新闻发布会，公布《2017年武进法院知识产权司法保护蓝皮书》，发布2017年武进法院知识产权司法保护十大典型案件，展示武进知识产权保护成果。《新华日报》《扬子晚报》《常州日报》等媒体记者参加发布会，通过舆论引导传播司法正能量。7月9日，区法院知识产权庭干警赵肖易在第四次全国法院知识产权审判工作会议上获全国法院知识产权审判工作先进个人称号。11月22日，区法院知识产权庭被省高院评为全省法院知识产权审判工作先进集体。

【受理全区首例刑事附带民事公益诉讼案件】 2018年3月22日，区法院受理全区首例刑事附带民事公益诉讼案件。2017年10月23日，曹某等5人在滆湖鲌类国家级水产种质资源保护区内采用电力捕鱼方式，非法捕捞白鱼、鲢鱼等水产品，被区渔政监督部门和公安机关查获。法院经审理后认为，曹某等5人在禁渔区使用电力捕鱼方式非法捕捞水产品，构成非法捕捞水产品罪，同时认为该行为对渔业生态资源造成破坏，损害社会公共利益，应当共同承担因非法捕捞而损害的渔业资源补偿费，刑事方面对曹某等5人判处拘役；刑事附带民事公益诉讼方面，经法院调解后，由曹某等5人共同赔偿渔业资源损失共计17619元，用于滆湖保护区增殖放流，补偿因违法捕捞造成的渔业损失。

【在常州首推“法拍房”保证保险】 5月10日，区法院联合人民保险武进支公司在常州首推“法拍房”保证保险，全面降低参拍者准入门槛。在淘宝司法拍卖房产中，买受人可以通过“一键贷款服务”购买“法拍房”保证保险，拍得房产后，由保险公司提供贷款担保，银行将贷款打入法院账户，法院出具裁定协助买受人办理过户。“法拍房”保证保险将司法房产拍卖付款准入门槛由全款降为贷款，吸引更多有意者参与竞拍，提高资产变现率，缩短向申请人兑现执行款时间，为基本解决执行难提供有力保障。至年末，该保险成功协助10余名购房者贷款购得司法拍卖房产。

（周　运）

司法行政

【概况】 2018年，武进区有基层司法所17个，其中区司法局垂直管理司法所1个(高新区北区司法所)。有公证处1个、律师事务所33个、基层法律服务所11个、人民调解组织（机构）389个。有公证员7人、执业律师350人、基层法律服务工作者60人、专职和兼职人民调解员639人。全区司法行政系统开展各类法治宣传教育活动320余场，发放宣传资料25万余份。新建省级法治文化建设示范点1个，累计7个，省级民主法治示范村（社区）创成率达45%。区公共法律服务中心受理法律援助案件784起，惠及受援人1000余人。各级调解组织接待群众4973批次、12545人次，组织排查矛盾纠纷5432次，受理矛盾纠纷9086起，调解成功8995起。全区律师代理案件1.5万起,担任1000余家企业法律顾问，担任90余个机关事业单位法律顾问，法律服务收费1.27亿元。5月18日，区司法局在全市率先启动刑事案件律师辩护全覆盖试点工作，维护刑事被告人合法权益。7月，在全省首创成立常州市武进区民主法治示范村社区联合会，提升基层法治建设。区司法局牛塘司法所所长刘饮海被司法部评为全国模范司法所长。

【公共法律服务】 2018年，武进区实施公共法律服务中心升级改造，规范统一标识标牌，配置齐全便民服务设施，优化设置办公区、接待受理区、业务办理区等功能和服务区域。推进镇（街道）公共法律服务中心贯标（贯彻公共法律服务中心标准化建设）工作，统一为镇（街道）公共法律服务中心配备视频会议系统、“矫务通”“人民调解小助手”、执法记录仪等智能化信息装备，6个镇（街道）年内完成贯标工作。武进区和常州经开区公安局、检察院、法院、劳动人事争议仲裁院法律援助工作站以及全区33个律师事务所法律援助代办点全部建立，完善村（社区）居民“15分钟法律援助服务圈”。区司法局调整村（社区）法律服务项目，明确法律服务对象、标准、规范等要求，将考核评价权赋予村（社区），促进法律服务质量提升。实施法律援助“名优工程”，组织名优律师团成员办理法律援助案件、开展法律咨询服务和案件质量评估。名优律师团成员全年参与法律援助值班、现场咨询服务121人次，接待群众1100余人次，办理援助案件162起。11月，在南夏墅街道全面开展“法律诊所”试点，专职调解员、法律工作者、律师轮流“坐诊”，为基层企事业单位有效防范和化解风险提供精准服务184次。指派132名律师、32名基层法律服务工作者与村(居)委会结对，村（社区）法律顾问覆盖率达100%。建立覆盖村（社区）的“法润民生”微信群 299 个，实行线上、线下全天候服务。村（社区）法律顾问全年提供上门服务 3557 次，提供电话、网络咨询 2339 件次，开展讲座 531 次，参与调解 186 次，审查、代书法律文书 136 件次，代理诉讼 26 件次，提供其他法律服务 84 件次。

【刑事案件律师辩护全覆盖试点】 2018 年 5 月，武进区在全市率先开展刑事案件律师辩护全覆盖试点工作。招募符合条件的志愿律师 99 人，在区法院诉讼服务中心设立律师值班专窗，与区法院协调建立刑事案件辩护工作联席会议制度，共同加强律师值班管理，完善志愿律师轮值模式，保障被告人刑事辩护权。与武进公安分局协调，优化区看守所会见手续，在现有基础上增设律师会见室，保障律师会见权利。全年受理法院指定辩护案件 97 起，为 774 名未有委托辩护律师的刑事案件被告人提供法律帮助。

【法治宣传教育】 2018 年，区司法局打造高素质法治教师队伍，提升法治教育地方教材《尊法学法守法用法》应用，举行首届法治公开课比赛，收到教学设计 112 份，评选出优秀视频 20 个，深化法治进学校“六个一”工程。5 月和 7 月，分别邀请常州大学莫良元教授和省纪委监委专家，为区委中心学习组成员和区级机关、镇（街道）领导干部解读《中华人民共和国宪法修正案》和《中华人民共和国监察法》。组织第六届万人学法知识竞赛，推动领导干部学法用法。通过“农民工学法活动周”结合“企业法治文化建设”，开展“劳动创造美好 · 德法涵养文明”主题法治文化系列活动，至年末，建成区级企业法治文化阵地 15 个。在司法日、国家宪法日，会同 20 余个区级机关部门在富克斯流行广场、湖塘镇消费品综合市场集中开展法治宣传和法律服务广场行动，向市民发放宣传画册，以案例或动漫方式呈现法治内容，向公众推介“12348 江苏法网”，引导群众使用江苏法网 App 开展在线法律咨询、网上预约办证等服务。

【矛盾纠纷排查化解】 2018 年，武进区新建校园纠纷调委会、环保纠纷调委会、物业纠纷调委会，调解纠纷 23 起。区司法局向全区 25 个公安派出所调解工作室派驻 25 名专职人民调解员和 34 名辅助人民调解员，拨付专项经费 131.5 万元，全年调解纠纷 2213 起，调解成功 2173 起。向全区 9 个基层法庭诉调对接工作室派驻 26 名专职调解员，拨付专项经费 130 万元，全年调解纠纷 1970 起，调解成功 1954 起。注重“智慧”调解应用，引导村（社区）居民加入“法润民生”微信群、关注使用掌上“12348 江苏法网”，实行线上线下“一站式”受理群众诉求，利用热线、网站、微博、微信等新平台，与群众沟通、交流，帮助群众解决微、小型矛盾纠纷。运用人民调解小助手 App 智能化系统，提升人民调解员信息化应用水平，通过集中化培训、个性化指导等方式，自动统计、智能分析全区矛盾纠纷数据，及时掌握社会矛盾纠纷热点领域，为司法行政工作开展和其他部门分析研判提供数据支撑。

6 月 12 日，牛塘司法所普法宣传员向群众宣讲《中华人民共和国宪法修正案》

供稿 / 区司法局

【社区矫正】 2018 年，全区接收社区服刑人员 805 人，解除社区矫正 559 人，在册社区服刑人员 822 人。接收刑满释放人员（简称“刑释人员”）629 人，在册刑释人员 2700 人，接回重点刑释人员 87 人，在册后续照管对象 201 人。开展审前调查 200 件、释前评估 21 件、暂予监外执行评估 2 件，未发生有重大影响的重新犯罪案件。推进社区矫正标准化建设，修改完善亮证执法、细化请假信息等 11 个方面相关文书格式。规范开展暂予监外执行罪犯病情诊断复核工作，首次引入法医审核程序。开展损害修复提高矫正质量，推进“国学洗心”项目，增加传统文化教育活动频次，全年开展传统文化教育 18 场，受教育人数 2032 人次。

【专项帮扶】 2018 年，区司法部门开展专项帮扶活动，通过走访慰问、临时救助、特困家庭未成年子女“护苗”行动等，增强帮教帮扶效果，全年发放特困帮扶金 7.9 万元。7 月，与区禁毒办联合出台《武进区后续照管与社区戒毒康复融合工作实施意见》，建成生理脱毒、身心康复、就业安置、融入社会“四位一体”的戒毒格局。

【公证】 2018 年，区公证处办理公证事项 6815 件，比 2017 年减少 20%。其中国内民事公证 2538 件、经济公证 1075 件，安置房公证 950 件，涉外民事公证 2089 件、经济公证 98 件，涉港澳台公证 65 件。没有投诉、错假证发生。强化服务意识，为行动不便的市民预约上门办证 200 余次。认真办理全区重点工程项目建设重大公证事项，办理国有土地使用权出让招投标公证 2 件，为湖塘镇永安河拓浚工程项目房屋征收选择评估机构以及 2018 年夏季、冬季滆湖鱼种放流活动开展现场监督公证。分别于 7 月和 9 月为亚邦投资控股集团有限公司办理抵押借款合同公证 2 件，为其成功融资 10 亿元提供有效法律服务。

（王 煜）

军 事

Military

栏目编辑　张怡菁

人民武装

【概况】 2018 年，区人武部坚持以习近平新时代中国特色社会主义思想为指导，全面贯彻习近平强军思想，加强民兵队伍建设和国防动员创新实践，完成多样化军事任务。加强基层武装工作规范化建设，全区 80% 的镇、街道和开发区完成村级民兵营规范化建设，为民兵完成军地赋予多样化军事任务奠定基础。加强安全管理，组织安全管理工作检查 6 次，派员完成上级报废弹药调运任务。推进全民国防教育，军训工作由基地化驻训改为选派军训教员进驻全区 11 所高中、职技校轮训，全年军训学生 7500 余人次。落实征兵“五率”（报名率、上站率、合格率、择优率、退兵率）考核标准，高质量完成征兵任务，区政府征兵办被省政府、省军区表彰为 2017 年度征兵工作先进单位。

【思想政治建设】 2018 年，区人武部坚持以党的创新理论武装头脑，学习贯彻中共十九大精神以及习近平系列重要讲话精神，组织党委理论学习中心组带领机关全体人员开展集中专题学习 7 次、讨论交流 4 次，为完成多样化军事任务提供思想保证和精神动力。开展“传承红色基因、担当强军重任”主题教育，组织开展参观见学、授课辅导、重温入党誓词等活动，激发工作热情，强化备战意识，提升战斗精神。8 月，组织机关干部职工、全区民兵预备役人员和预征新兵开展向时代楷模王继才学习活动，通过集中学习《关于认真学习领会、坚决贯彻落实习主席对王继才同志先进事迹重要批示的通知》，收看先进事迹报告会，开展大讨论，强化投身强军实践使命意识。

【练兵备战】 2018 年，区人武部按照军事训练大纲要求落实各项训练，组织主官参加动员业务强化集训，机关干部开展军事理论、参谋业务、军事体能训练综合考核 4 次，强化备战打仗能力素质；选派 4 名专武干部参加江苏省军区专武干部集训；组织全区民兵应急分队 283 人次参加常州军分区“跨区域联训、分专业轮训”，提升民兵队伍遂行灭火救灾、抗洪抢险、水上搜救等非军事化行动任务能力。出动民兵应急分队 1000 余人次扫雪除冰，保障主要道路畅通，确保人民群众出行安全。落实战备常态化要求，协调地方相关部门研判周边形势，准确掌握民情社情。组织民兵应急分队完成上级民兵战备值班应急拉动点验 4 次。做好部队过境保障点勘察对接工作，完善相关保障方案。

【国防动员】 2018 年，区人武部按照“准、全、新”要求，开展国防动员潜力核查工作，完成动员潜力数据采集，推动动员领域向航空航天、新材料、生物医药等高新产业拓展。4 月，成立 2 个工作组，对全区各镇、街道、开发区民兵应急排开展拉动点验，到点率均达到 100%。推进军民融合发展，当好军民融合“联络员”“信息员”“推销员”，配合地方部门开展相关课题调研。全区以智能装备、功能新材料、航空航天以及

5 月，区民兵应急分队骨干在区国防教育训练中心开展水上搜救训练　供稿 / 区人武部

后勤保障产业为主的军民融合产业体系进一步巩固。

【人武部整编合并完成】 2018年，按照中央军委国防动员部、江苏省军区统一部署，在常州军分区和武进区委、区政府领导下，原武进区人武部与原戚墅堰区人武部整编合并为新的武进区人武部。7月31日，新的武进区人武部成立大会召开，宣布任命新一届领导班子。按照常州军分区党委首长指示精神，召开党委会部署党委分工，解决重点、难点和敏感问题。在规定期限完成人员安置和物资清点交接，原戚墅堰区人武部现役干部到武进区人武部任职，职工由常州经开区安置。党委成员与所属人员谈心教育，准确掌握思想动态，针对性做好相关工作，确保合编合心合力，主动融入地方经济社会发展。

【国防教育和双拥工作】 2018年，区人武部创新国防教育思路，凝聚社会力量营造全民国防教育氛围。6—7月，会同区委宣传部、区民政局、区爱国拥军促进会等，以纪念建军91周年、庆祝改革开放40周年为主题，开展军民一家文艺晚会、“潮涌新阳湖”文艺汇演等活动，军地1600余人次参与。做好宿迁市宿城区罗圩乡三胡村结对帮扶脱贫工作，拨付帮扶资金15万元，帮建蔬菜大棚滴水灌溉工程。参加常州市阳光扶贫工程，定期走访湟里镇葛庄村孤残贫困群众12户，赠送生活慰问品，帮助解决实际困难。

（周建平）

人民武警

【概况】 2018年，武警常州支队武进中队坚持以习近平强军思想为引领，深入学习贯彻中共十九大精神，围绕“听党指挥、能打胜仗、作风优良”强军目标，严作风、强素质、重规范，完成以执勤处突为中心的各项任务。围绕“传承红色基因、担当强军重任”主题教育，开展读红色书籍、看红色电影、唱红色歌曲等活动。开展“和平积弊大起底大扫除”活动，加强练兵备战，营造“训练有为、训练有位、训练有功”氛围，军事训练成绩稳步提升，中队中士吴民达在“军体之星”比赛中取得负重组合练习第三名。对照新颁布的中国人民解放军共同条令，坚持依法治军、从严治军鲜明导向，突出“三抓”（抓精细、抓规范、抓经常），提振“三气”（日常生活有朝气、集体活动有生气、军事训练有虎气），展现军人、军营、部队新形象。年内，选送技术学兵2人，发展党员2人，上士谢晨军被记三等功1次，中队长阮俊龙、下士何玉升等5人受到支队表彰。

3月，武警常州支队武进中队在训练场组织战备拉动训练　　供稿／武警武进中队

【科技强勤】 2018年，武警常州支队武进中队以习近平科技兴军重大战略思想为引领，与武进公安分局、区财政局等部门联动协调，推进科技支撑的“智慧磐石”工程建设，推动遂行任务由人力密集型向科技效能型转变。开展“学规范、查隐患、抓建设、守底线”执勤安全教育整顿活动，严格规范勤务，加大检查力度，确保执勤秩序规范。全年协助区看守所完成临时押解和嫌犯看护任务百余次，出动兵力百余人次。

（周　骏）

人民防空

【概况】 2018年，区民防局按照“体系完备、队伍健全、能力充分、融合发展”目标，推进人防指挥通信信息化建设，常态化开展人防实战化训练。优化政务服务，实现区级民防行政许可事项网上办理、不见面审批。创新建立人防工程质量监督“交底、检查、约谈”三项制度和维护管理“巡查社会化、维修专业化、监管网络化”“三化”机制，加强事中事后监管。开展民防知识宣传教育活动，夯实基层民防工作，推动民防事业科学发展、融合发展、创新发展和率先发展。

【人防指挥通信建设】 2018年，区民防局完成区人防指挥中心信息化升级改造，重新布局调整指挥所风、水、电等基本建设部分及各库室功能，整合和技术升级指挥通信设备，初步建成人防信息平台，实现人防数据资源整合，强化数据实际应用，提升人防信息支撑能力。启动《武进区城市人民防空方案》和《武进区重要经济目标防护方案》修编工作，完成全区重要经济目标普查和分类定级。配合市民防局完成警报建设专项规划编制，新增电声防空警报器6台。9月18日，完成防空警报统一试鸣任务，组织全区62个社区和12所学校开展防空袭疏散掩蔽演练和民防知识宣传活动，近2万人参加。加强人防专业队伍建设，高标准完成抢险抢修、抢救防疫、消防防化、通信保障、城市管制、综合保障、伪装防护7支专业队伍和灭火救援、人防无线电通信2支应急分队整组训练任务。开展实战化训练，定期组织开展机动指挥通信训练，新增无

8 月 30 日，区民防局开展人防无人机操作训练　　供稿 / 区民防局

人机训练科目。10 月，区民防局代表市民防局参加省人防办组织的视频汇报活动，利用无人机视频传输疏散基地全景，向省政府汇报武进疏散基地建设和实战化训练成果。

【人防工程建设监管】 2018 年，区民防局按照“谁主管、谁监管”要求，严格执行《省政府办公厅关于推动人防工程建设与城市地下空间开发融合发展的意见》《江苏省防空地下室建设实施细则（试行）》和市物价局《关于调整常州市防空地下室易地建设费收费标准的通知》，依法落实配建政策，推进人防工程建设。加强人防工程建设质量监管，于 8 月制定《关于加强人防工程质量监督工作的实施意见》，创新建立“交底、检查、约谈”三项制度，对在建人防工程实施质量监督管理，全年开展检查 153 次，确保人防工程建设质量合格达标。

【人防工程维护管理】 2018 年，区民防局根据人防工程维护管理市场化改革要求，制定了《关于创新人防工程维护管理机制的实施意见》，建立了“巡查社会化、维修专业化、监管网络化”三化机制，引入人防工程专业巡查评估机构和维护维修单位，对全区人防工程开展专业化的巡查和维护，完善区一镇（街道）一社区的三级监管网络，强化监管职能。进一步加强自建工程的维护管理，跟踪落实平战结合项目合同履约情况，严格考核实施社会化管理的项目，加强自建工程使用管理，使其更好地发挥平时使用效能。

【民防知识宣传教育】 2018 年，区民防局在全区民防系统组织开展“民防连着你我他”纪实图片征集活动，共征集图片 600 余张，评选出优质图片 180 张，编制成《2018 年武进区民防工作纪实图片集》。以“9 · 18”防空警报试鸣日活动为契机，制作人防普法宣传挂图和警报试鸣宣传广告，联合武进电视台开展深度访谈类系列报道。利用社区民防微展馆、“社区天天乐”等载体，开展民防科普巡展、民防文化巡演。落实民防知识课本发放和教学安排，持续开展民防教育进学校“六个一”（一堂民防优质公开课、一节民防教育班队会、一次民防科普馆参观活动、一期民防宣传手抄报、一次小记者走进民防活动、一次民防应急疏散演练）活动。举办全区民防信息报道培训，全年报送信息 342 条，其中《中国人民防空》杂志录用 2 条、《江苏民防》杂志录用 11 条。

【基层民防工作】 2018 年 3 月，区民防局完善考核机制，出台《武进区 2018 年度镇（街道）民防工作考核办法》，围绕指挥通信建设、人防工程建设管理、社区民防工作、宣传教育等重点工作考核，加强镇（街道）民防工作规范化、标准化指导。湖塘镇、西湖街道、高新区北区人防办推进社区民防工作站标准化建设。遥观镇人防办结合镇 24 小时自助图书馆建设，在临津书院图书馆打造人防文化墙和人防阅读专栏。戚墅堰街道人防办组织街道办、学校、社区、企业开展民防主题演讲比赛。横山桥镇、湟里镇、南夏墅街道、西湖街道人防办分别在新安小学、东安实验学校、庙桥中学、礼河实验学校开展民防知识公开课、民防知识竞赛和民防小志愿者建队等活动。

（陆文强）

9 月 18 日，武进区城东小学开展防空袭演练　　供稿 / 区民防局

园区建设

Construction of Park

栏目编辑 陈 蓉

江苏常州经济开发区

【概况】 江苏常州经济开发区（简称“常州经开区”）于2015年6月挂牌成立，总面积181.3平方千米，辖镇、街道各3个和行政村58个、社区26个，常住人口48万人，其中户籍人口23.5万人。有个体工商户2.1万户、企业1.3万家。其中，年主营业务收入2000万元及以上（简称“规模以上”）工业企业573家，高新技术企业135家；产销超100亿元企业3家，入库税收超1000万元企业79家；上市企业8家，“新三板”挂牌企业11家。2018年，常州经开区坚持开展国家级经济技术开发区创建，持续实施《常州经开区改革创新三年行动计划（2017—2019年）》，把稳增长与促转型相结合，各项事业呈现增速加快、结构优化、效益提升的态势。固定资产投资比2017年增长13%，其中工业投资增长10.1%；完成地区生产总值808.7亿元、一般公共预算收入51.9亿元，分别增长7.5%、16.8%；完成规模以上工业产值1981.7亿元、工业开票销售收入2065.7亿元，分别增长8.7%、13.9%，完成高新技术产业产值670亿元；实际到账外资及港澳台资1.5亿美元，完成进出口总额294亿元，分别增长22.5%、4.7%。在省商务厅公布的2017年度全省经济开发区科学发展综合考核评价排名中列第13位。

【常州经开区主导产业集聚升级】 2018年，常州经开区重点发展先进轨道交通装备、新型特种材料、智能电力装备三大主导产业。轨道交通产业园投资13亿元，建设轨道交通产业孵化标准厂房和服务平台，轨道交通产业化基地（一期）于6月开园，占地面积11.27公顷，企业入驻率超85%。新材料产业园建成标准厂房面积19万平方米，总投资近8亿元，签约入驻项目6个。智能电力装备产业园总投资5亿元，是集研发、制造、销售、集散、服务于一体的高端产业园区，华硕智能连接系统项目、绿能年产30万辆电动两轮摩托车改扩建项目签约落户并开工建设。2018年，常州经开区131个重点项目完成年度投资268.4亿元，增长32%。其中，坤泰汽车七速双离合变速箱项目总投资104亿元，是常州市唯一一个省领导挂钩重点项目，一期工程主体建筑封顶。常州星源新能源材料有限公司、哈焊所华通（常州）焊业股份有限公司实施的项目均中标2018年工业强基工程，中车戚墅堰机车有限公司（简称“戚机公司”）参与起草的一项国际标准获2018年中国标准创新贡献奖一等奖，灵通展览系统股份有限公司入选国家知识产权优势示范企业，今创集团股份有限公司（简称“今创集团”）入选全国制造业单项冠军企业。新增工程技术研究中心13个，其中省级2个。中天钢铁集团有限公司（简称“中天钢铁集团”）董事局主席董才平等6名企业家获评常州市杰出民营企业家，今创集团董事局主席俞金坤、横山桥镇五一村党委书记梅鹤康、中天钢铁集团董事局主席董才平获“为常州改革开放作出突出贡献的先进个人”称号。

【常州经开区新城建设】 2018年，常州经开区加快城市建设，拓展发展空间，完善功能配套。龙锦路、兴东路、江南路、潞横北路全面完工并通车，漕上路、东方二路部分路段建成通车，常青路、山水路加快建设，全年新增投资7.7亿元，新增通车里程27千米，基本形成纵贯南北、横联东西、常锡一体的现代综合交通网。投资4.01亿元，完成潞横河东枢纽、西平河枢纽、青龙浜河道整治等水利工程。投资2.09亿元，新开赛马河、立新河、镇北河、草塘浜4条河道，促进区域内水系连通。投资800万元，提档升级区域内防洪基础设施。全年征迁面积33.5万平方米，提供各类安置房源3300套。白金汉爵大酒店投入运营，常州爱琴海购物公园奥特莱斯开业，戚墅堰运河公园、天虹大明1921创意园两大文旅型项目建成开园。常州经开区小学、横林新槐幼儿园建成招生，常州市第七人民医院成为全市首家老年病医院，医院二期工程启动，横山桥镇创成国家级卫生镇。实施全要素网格化社会治理，“智慧经开·视频云”一期建成运行，开辟智能化管理新路径。

【常州经开区系统集成改革探索】 参见《专记》栏目P4相关条目。

【区域生态环境质量改善】 2018年，常州经开区创新城市管理方式，推进城乡环境整治和精细化管理。实施绿化提升工程，启动三山港生态廊道规划编制，宋剑湖改造提升一期工程建设完工；以双庙村、狄坂村等村庄为重点，推进农村垃圾处理、污水治理和村容村貌提升、乡村面貌优化、村庄规划管理等六大类40项城乡绿化工程，全年新增绿化面积

504.4公顷；开展交通干线治理，232省道沿线环境综合整治初见成效，大明路、五一路等道路绿化改造完成，朝阳路、漕上路等道路环境水平提升。改善区域环境质量，推进中央环保督察“回头看”和升级环保督察交办问题整改，完成整改任务103项，创新利用激光雷达等技术推进科技治污，与天宁区联合组建大气污染治理联合指挥部，初步实现国控站点周边一体化管控，关停化工、印染、电镀企业130家，关停取缔“散乱污”企业998家，整治改造93家。加强污水处理系统建设，投资2.7亿元，实施前杨、横山桥、横林3家污水处理厂提标扩容改造。投资7000万元，治理90个自然村生活污水，完成1085个企事业单位污水接管。投资3000万元，整治黑臭河道25条，清淤疏浚河道72条。投资1000万元,建设经开区“智慧水务”一体化平台；投资700万元，建成投运水质自动监测站17个。强化农业污染控制及生态修复建设，投资4500万元，取缔辖区畜禽养殖场200余个。

【戚墅堰轨道交通产业园获批开展国家高端装备制造业标准化试点】 9月，江苏戚墅堰轨道交通产业园被国家标准化管理委员会、工业和信息化部批准开展国家高端装备制造业标准化试点，试点期3年。该产业园有戚机公司、中车戚墅堰机车车辆工艺研究所有限公司、今创集团、新誉轨道交通科技有限公司等龙头企业，主要生产内燃机整车、轨道交通牵引系统、铁路信号系统、电气控制系统、车辆内装饰等产品。10月，试点工作启动，产业园依托戚机公司，对标分析国内外标准，特别是欧盟轨道交通互联互通标准（TSI）、内燃机车标准，参与国际、国家、行业标准化活动，把标准与自主创新相结合，推动制定各类标准。试点期间，计划参与制修订国际标准3项、国家标准6项、行业标准30项、企业标准150项，建立内燃机车及其柴油机、转向架等重要部件的标准体系，实现技术专利化、专利标准化、标准产业化，为企业国际化并占领国际内燃机车市场奠定标准基础。

【戚墅堰轨道交通产业园获评江苏省特色创新（产业）示范园区】 2018年12月，戚墅堰轨道交通产业园被省商务厅评为首批江苏省特色创新（产业）示范园区。轨道交通产业是常州经开区的特色主导产业，戚墅堰轨道交通产业园有效集聚区域内外轨道交通产业优质创新资源，优化配置产业发展要素，促进传统产业转型升级和新兴产业培育发展，在高铁、城铁、地铁、货运机车、客运专列整车及相关关键零部件的技术研发储备、生产制造装配、检测维修保养等方面拥有核心优势，产业集聚效应明显，标准化优势突出。其内燃机、城市轨道交通牵引传动控制系统、车辆内装系统分别占国内市场的60%、45%、65%，基本形成轨道交通牵引动力与关键部件生产及维修服务的完整产业链，2017年实现产业链总收入750亿元。

【常州经开区重点项目招引与建设】 2018年，常州经开区推进“重大项目增效年”活动，签约产业项目44个，总投资超260亿元。建设重点项目131个，其中省重点项目4个、市重点项目24个、区重点项目60个，总投资624亿元。至年底，新建项目63个，开工60个，竣工投产57个。

铁牛汽车七速双离合变速箱项目　2月开工。由铁牛集团有限公司建设，总投资104亿元，是常州经开区首个投资百亿级项目、2018年度江苏省重点项目，用地面积35.33公顷，建设生产厂房、科研中心面积23万平方米，新增动力总成、四驱系统、智慧底盘、智能驾驶等生产设备及研发设备，项目投产后可年产汽车动力总成50万套、四驱系统15万套、智慧底盘部件160万套、智能驾驶60万套。

江苏星源涂覆隔膜项目　5月奠基。由深圳市星源材质科技股份有限公司建设，总投资30亿元，被列为常州市重点项目，引入进口干法薄膜生产线8条、进口涂覆生产线50条，达产后可年产干法隔膜4亿平方米、涂覆隔膜10亿平方米。

常州新华昌智能化工厂及海关监管中心　10月开工。由常州新华昌国际集装箱有限公司建设，总投资5600万美元，是常州市重点项目，新增用地面积9.17公顷，建设内容包括集装箱智能化工厂、国际物流园和海关监管中心。项目建成后，工厂可实现生产智能化、联网联控自动化，生产过程环保绿色、高效节能，产品满足海关监管要求，可就地报关入库，按实际出口需求出关，年生产能力可提至20万TEU（国际标准集装箱）。

神力高端电机新基地　12月竣工投用。由常州神力电机股份有限公司建设，总投资6亿元，总用地面积13.33公顷，新建生产车间面积14万平方米，新增自动焊接、冲压、数控加工中心等生产设备120台套。项目投产后，可年产各类定转子冲片、电机铁芯10万套，为柴油发电、轨道交通、风力发电、电梯制造等领域提供专用电机配套。

神力高端电机新基地鸟瞰　　供稿/常州经开区

博瑞智能电网研发及总装基地项目12月竣工投运。由常州博瑞电力自动化设备有限公司建设，总投资7亿元，用地面积13.33公顷，建设研发试验孵化及生产厂房面积15万平方米，新增自动化生产线等主要设备，建设大容量柔性直流换流阀、大容量静止无功发生器等科研实验平台及生产线，实现发电机励磁系统、光伏产品、集装箱产品的系列化、成套化和规模化量产。达产后可年产智能电网成套产品3000套、发电机励磁系统200套。

【戚机公司一标准获中国标准创新贡献奖一等奖】 2018年10月，戚机公司参与制订的国际标准ISO 17599:2015《技术产品文件 机械产品数字样机通用要求》被国家市场监管总局、国家标准化管理委员会授予2018年度中国标准创新贡献奖一等奖。2012年4月，戚机公司参加该标准项目组，成立项目工作团队，逐条分析标准中的模型要求、构建要求、管理要求、评审及应用要求等，提出修改意见与建议，历时4年，完成近30轮编写和校核。2015年1月，该标准颁布实施。戚机公司在标准制订中开展基于数字样机的内燃机车三维工程化试点应用，制定企业应用系列标准，用于研制时速160千米客运内燃机车、常州经开区有轨电车、采用永磁技术的混合动力调车机车等。部分产品销往肯尼亚、坦桑尼亚等国家和地区，参与“一带一路”建设。

【国产首台套850吨/日炉排在光大环保公司下线】 2018年10月8日，国产首台套850吨/日炉排在光大环保技术装备（常州）有限公司（简称“光大环保公司”）下线。光大环保公司于2015年启动850吨/日焚烧炉研发，历时3年，克服炉膛大、燃烧不均匀不完全等十多项技术和制造难关，自主研发不结焦、低污染的大倾角炉膛和翻动式、末端加长的炉排，获授权专利39件。该产品采用模块化设计，由5个薄壳单元组成，关键部位在生产线组装，具有易安装、维护方便、超负荷能力强等优点，适应垃圾热值范围广，可满足不同地域垃圾处置需求，日焚烧垃圾850吨，每吨垃圾可发电600多千瓦时。经冷态调试，焚烧炉的热灼减率小于3%，高于国家标准。

【“5·18展洽会”常州经开区系列活动】 5月，第十三届中国常州先进制造技术成果展示洽谈会（简称“5·18展洽会”）期间，常州经开区围绕“智力智造智慧，创新创业创优”主题，结合特色产业及企业需求，举办高端产业峰会、论坛、技术对接交流会、项目集中开竣工等重大活动6次，助力高端科技人才资源集聚和特色产业提升。其中，“核电厂用FMYC阀门远传机构研制”成果鉴定会于5月12日举行，该项目由常州纽克力核电科技有限公司研发，通过中国核工业集团公司主持的成果鉴定；常州市“龙城英才计划”政策推介暨领军人才智能装备驱动技术及人才对接会于5月18日举行，全市80家智能装备企业和创新创业团队参加会议，中天钢铁研究院、江苏日盈电子股份有限公司、常州强力电子新材料股份有限公司分别与北京科技大学、上海理工大学庄松林院士团队、南京大学签订人才技术合作协议；2018中国（常州）轨道交通产业国际技术对接交流会于5月19日举行，挪威工程院院士王克胜作《深度人工智能技术在城市轨道交通系统未来预测性维护中的应用》专题报告，50多家省内外轨道交通企业代表探讨行业发展新趋势、新技术、新对策，并与常州轨道交通企业家对接交流。

戚机公司生产的机车行驶在肯尼亚的蒙内铁路上　　供稿/常州经开区

【常州经开区资本市场联盟成立】 4月20日，该联盟成立，成为常州经开区首个跨区域、跨行业的企业交流服务组织。该联盟由今创集团、中天钢铁集团、江苏长海复合材料股份有限公司、常州强力电子新材料股份有限公司、常州市神力电机有限公司、江苏雷利电机股份有限公司、江苏日盈电子股份有限公司联合发起成立，首批成员单位有65家，汇聚企业家90多人。作为企业与企业、企业与政府、企业与金融机构间的交流合作平台，整合利用各类资源，为企业开展产业创新和资本运作提供交流合作、专业培训、项目资源、融资支持、联合投资等系列服务，打造常州经开区互联互通、共享共赢的资本市场生态圈，助力企业依托资本市场规范升级、整合资源、做大做强。至年底，常州经开区借助该资本市场联盟，举办企业资本运作高级研修班、沪深交易所走进企业、宋剑湖资本市场沙龙等活动，通过典型引路、案例示范和专业指导，为企业股改上市引路。

【常州经开区新增上市企业2家】 2月，今创控股集团有限公司在上海证券交易所主板挂牌上市。11月，康利国际控股有限公司在香港联合交易所主板挂牌上市。至年底，常州经开区有上市企业8家、“新三板”挂牌企业11家，累计利用资本市场募集资金98亿元。相关内容参见《金融业》栏目P138相关条目。

【产业项目及拟IPO项目签约】 6月23日，常州经开区产业项目及拟IPO（首次公开募股）项目签约。12个产业项目签约，总投资近40亿元，包括雷利微电机项目、蓝沛隔磁材料项目、科技产业园项目等，涉及新材料、高端装备制造等战略性新兴产业。常州市薛巷电讯元件有限公司等10家拟IPO企业与保荐机构签约，为企业上市做准备。10家拟IPO企业涉及绿色家居、绿色电机等传统制造业，具有符合产业政策导向、契合企业和地方发展需求、增长潜力大、发展前景好等特点。

【2018年常州企业成长与创新资本合作洽谈会暨宋剑湖投资并购论坛】 9月7日，在常州经开区举行，常州产业界、金融界和政府代表400余人参加，共同探讨新形势下投资并购助推企业成长与产业转型升级之策。该活动主题是"汇聚资本力，建好明星城"，券商投行、创投机构专家学者分别围绕宏观经济金融形势、创业投资与企业成长、并购重组助推企业加速转型发展等主题作演讲，突出科技、产业、资本的链接互动和深度融合。第三方评价机构《新财富》发布2018年常州优秀创投机构和优秀投资并购案例榜单，中国创投委远见投资（宋剑湖）学院落户常州经开区。

【常州经开区教育发展基金成立】 7月26日，常州经开区教育发展基金成立大会暨捐赠仪式举行。中天钢铁集团、今创集团、江苏江南实业集团有限公司、横林镇商会等单位及爱心人士慷慨解囊，共筹集教育发展基金2750万元。该基金由常州经开区管委会发起并成立，公平、公正、规范、透明运行，用于吸引更多优秀人才投身教育事业，激励更多学校主动发展。至年底，基金总额增至2800万元，计划于2019年启用。

【常州爱琴海购物公园奥特莱斯开业】 12月22日，常州爱琴海购物公园奥特莱斯开业，成为常州市东部首个大型高端商业综合体。相关内容参见《商贸服务业》栏目P119相关条目。

【常州经开区中央花园廊道一期工程竣工】 常州经开区中央花园廊道工程于2017年开工，分三期实施，总投资约3亿元，依托潞横河—革新河—机厂河打造生态廊道，通过穿城连片、东联西引，重塑水岸生态空间，构建水陆交融的水岸生态系统。2018年年底，一期工程竣工，完成投资9700万元。该工程滨水长度10.3千米，绿化面积71.6万平方米，依托潞横河岸线布设，东至东城路，西起龙城大道金狮桥，紧邻丁塘河湿地公园，南至潞横南路，北临潞横路，面积14.4万平方米。集绿化、景观、人文于一体，包含绿化、标志性雕塑、景观桥、休息亭廊、滨水步道、绿道、广场、观景平台、停车场、栏杆、太平庵文保修复等工程。

（陈爱娣）

常州经开区中央花园廊道一期滨水美景　　供稿/常州经开区

武进高新技术产业开发区

【概况】 武进高新技术产业开发区（简称"武进高新区"）地处常州市南翼，1996年3月获省政府批准设立，1997年7月挂牌成立，2012年8月经国务院批准升级为国家高新技术产业开发区，规划控制面积182平方千米，下辖社区19个、行政村14个。累计引进30多个国家和地区的企业7000多家，有世界500强企业投资项目23个，主板上市和"新三板"挂牌企业24家、高新技术企业165家，以及武进综合保税区、津通国际工业园、高新区众创服务中心、中国汽车技术研究中心汽车工程研究院华东院等重要平台。2018年，武进高新区对照高质量发展和系统性思维的要求，以"发展增效年、改革攻坚年、争先进位年、精细管理年、基层党建年"为抓手，深入实施经济提质增效、创新驱动、生态环境提升、民生幸福、社会治理、改革攻坚六大工程，全面推进市场化改革、管理创新改革、规划土地改革、社会治理改革、科技创新改革、党建人事改革。全年完成地区生产总值381.6亿元、公共财政预算收入41.7亿元，分别增长8.5%、11%。工业企业实现工业开票销售收入1004亿元，增长11.9%。实现限额以上批发零售业商品销售额196.7亿元、规模以上服务业营业收入10.8亿元、进出口总额267.7亿元，分别增长10.3%、15.5%、7.5%。在全国157家国家高新区综合排位中晋升6位，排名第45位，在全国115家新升级国家高新区中列第4位，在全国县区国家高新区中连续两年排名第一，并以全省第一的成绩通过国家知识产权试点园区验收。

【武进高新区招商引资】 2018年，武进高新区坚持产业链招商思路，推进强链、补链工作，组织相关活动，加大项目储备力度。先后举办智能网联产业化之路沙龙、集成电路大赛、智电汽车大会等专题招商活动，组织到欧洲专题招商活动2次、到日本招商活动3次，针对日资企业和欧美企业举办外企联谊会4场。组织拜访中介和客商990批次，接待客商854批次，获取重点有效项目信息195个，客商接待量、项目信息量分别增长 14% 和 10%。全年引进重点产业类项目 50 个，计划总投资超过 250 亿元，总投资超 1 亿元或 1000 万美元重大项目 27 个，其中总投资超 10 亿美元或 100 亿元项目 1 个。新引进项目中，特色产业项目比重较大，其中机器人产业类项目 7 个、智电汽车及零部件产业类项目 11 个、智能装备产业类项目 16 个、新一代信息技术产业类项目 3 个。全年完成协议注册外资及港澳台资 6.44 亿美元，实际到账 4.72 亿美元，分别占武进区的 56.8% 和 61.3%。

3 月 26 日，北汽新能源常州有限公司第 20 万辆纯电动车下线暨 EX360 车型上市仪式举行

供稿 / 武进高新区

【武进高新区“4+2”主导产业建设】 2018 年，武进高新区继续推进高端装备、节能环保、电子和智能信息、新型交通和机器人及系统集成、智电汽车“4+2”主导产业建设。“4+2”产业规模以上企业 207 家，完成开票销售收入 793.5 亿元，分别占园区规模以上工业企业的 68.4%、88.4%，获批市级及以上智能车间 21 家。在高端装备产业方面，发展数控机床、智能纺机、现代工程机械和关键核心零部件产品群及相关上下产业链，新引进恩格尔注塑机械（常州）有限公司二期、常州猛犸电动科技有限公司等重点项目 16 个，全年完成开票销售收入 309.8 亿元。在电子和智能信息方面，打造在全国乃至全球具有重要地位的新型电子元器件基地，新引进常州纵慧芯光半导体科技有限公司、集成电路生态产业园等重点项目 3 个，举办全国集成电路“创业之芯”大赛 2018 年武进分站赛等活动，武进瑞声科技小镇获批省级特色小镇并在年内开工，全年完成开票销售收入 276.1 亿元。在节能环保产业方面，打造具有全球竞争力的光电产业基地，组织开展第四届中国太阳能热发电大会等活动，全年完成开票销售收入 72.8 亿元。以轨道交通产业园为载体发展新型交通产业，重点突破牵引逆变器、牵引电机等关键零部件，逐步向牵引控制系统、列车牵引网络等领域延伸，全年完成开票销售收入 134.8 亿元。发展机器人及系统集成产业，在机器人本体、集成应用、服务机器人等重点领域，形成涵盖机器人本体、核心零部件、系统集成产品、配套服务的产业链，打造国内具有影响力和竞争力的国家级机器人产业基地。新引进遨博（江苏）机器人有限公司、松科快换（常州）智能装备有限公司、华数锦明智能装备技术研究院等重点项目 7 个，组织召开机器人及智能制造产业发展交流探讨会、2018 年“创响中国”常州站启动仪式暨武进高新区机器人产业峰会、中国焊接机器人发展论坛等活动，园区获批苏南国家科技成果转移转化示范区机器人及智能装备科技成果产业化基地、科技部机器人及智能装备创新型产业集群试点，机器人及智能装备产业园获评 2018 年中国优秀机器人产业园区，全年完成开票销售收入 58.7 亿元，产业产能占全省的 70%。在智电汽车产业方面，推进充电桩建设运营、电池梯次利用、分时租赁，努力形成智能汽车产业生态氛围，新引进壹久新能源科技江苏有限公司、奇普电源（常州）有限公司、世特科汽车工程产品（常州）有限公司二期等重点项目 11 个，江苏万帮德和新能源科技股份有限公司与德国 Hubject 公司签署合作协议，北汽新能源汽车常州有限公司 EX360 车型上市，北汽法雷奥西门子电驱动系统首批下线，全年完成开票销售收入 65.5 亿元。

【武进高新区科技创新】 2018 年，武进高新区突出科技创新驱动，开展整体创新氛围营造、创新主体培育、创新人才引进及平台打造等工作，编制并发布全国首个县区国家级高新区创新指数，构建园区创新发展的动态评价体系，提升园区在国内高新区中的示范及影响力。全年新认定高新技术企业 76 家，保有量 165 家，江苏国茂减速机股份有限公司等 11 家企业获评苏南国家自主创新示范区瞪羚企业；完成高新技术产业产值 606 亿元，占规模以上工业产值的 65.5%，全社会研发投入占地区生产总值的 4.64%，万人发明专利拥有量 84.4 件，以总分全省第一的成绩通过国家知识产权试点园区验收和省知识产权示范园区考核复评。引进固立高端数控精密制造创新中心、中汽研（常州）汽车工程研究院、南德新能源汽车动力电池检验实验室等重点科技平台，万帮新能源投资集团牵头成立的江苏省新能源汽车能源与信息创新联盟及创新中心获批，常州市龙城精锻有限公司、江苏南方轴承股份有限公司获评国家级博士后科研工作站，阿里巴巴创新中心、纺织云获评省级众创空间，新增市级工程技术研究中心 11 个。“数字化全成形经编装备及智能生产管理系统”项目获江苏省科学技术奖二等奖，“液压多路换向阀关键技术及应用”“汽车高精密微型壳体件拉深级进模技术及应用”项目获江苏省科学技术奖三等奖，瑞声科技（常州）有限公司、新誉集团有限公司入选 2017 江苏省创新型企业 100 强。引进“985”“211”高校毕业生 1000 多人，立项“龙城英才计划”A、B 类项目各 1 个，新增“龙城英才计划”C 类或同等标准项目 30 个；与艾普拉斯投资顾问（北京）有限公司（以太资本）等机构合作设立全市第一支市场化参股人才基金，与100余家风创投机构建立合作关系，基金规模近100亿元。

（王晓芳）

【武进综保区】 前身是武进出口加工区，2015年1月升格为综合保税区（简称“综保区”）。位于武进高新区，批准面积1.15平方千米，实际围网验收面积1.08平方千米，东至凤林路、南至武进大道、西至淹城路、北至阳湖路。有公路转关监管点、进口商品展示中心两大平台，具有仓储物流对外贸易、国际采购、分销配送、商品展示等功能，进口商品交易展示中心展示十多个进口商入区业务以及澳大利亚、美国、西班牙、新西兰等国家的商品200余种。2018年，武进综保区加快招商引资，优化企业通关环境，加快产业转型升级和对外开放合作。全年新增进区生产型企业1家、物流服务型企业6家、贸易型企业6家，累计有各类企业45家。申请一般纳税人资格试点，与企业探讨增加保税维修检测等新兴业务，扩大保税展示的商品种类，拓展大宗物资保税仓储、分拨业务，推动综保区企业转型升级，光宝光电（常州）有限公司、晶品光电（常州）有限公司、常州瑞声光学有限公司等企业继续扩大产能，成为重要经济增长点。年底，因企业发展需要，晶品光电（常州）有限公司迁至区外，武进综保区面积缩减至0.95平方千米。全年完成工业总产值133.85亿元、进出区货值72.11亿美元，分别下降13.59%、27.4%；完成实际进出口额9.16亿美元、进出区72.11亿美元，分别下降1.3%、27.4%；完成保税物流实际进出口额2.64亿美元、进出区（不含进出境）34.12亿美元，分别下降12.2%、26.3%。

（衡　波）

【领导考察和调研武进高新区】 相关内容参见《大事记》栏目P15～18。

【《武进高新区创新指数（2018）》发布】 2018年5月25日，由武进高新区管委会、中国科学院科技战略咨询研究院中国高新区研究中心联合编写的《武进高新区创新指数（2018）》发布，成为全国县区国家级高新区首个创新发展指数。该指数包括创新驱动力、产业成长力、开放竞争力、持续发展力、区域带动力5个一级指标及40个二级指标，以2014年为基期，分别计算2015年、2016年、2017年武进高新区各项指标表现情况，采用加权方法，合成总指数，全面、多角度衡量园区创新发展总体趋势。测算结果显示，2014—2017年，武进高新区在响应时代变革、增强创新创业活力、推动产业转型升级、参与国际竞争、促进产城融合等方面都取得较好成绩，创新总指数呈现持续增长趋势，2017年综合指数193.9，比2014年增长93.9点。从5个一级指标看，2017年多数指数均呈上升态势。其中，创新驱动力181.7，比2016年增长37.9点；产业成长力指数147.7，比2016年增长15.8点；开放竞争力指数266.6，比2016年增长20.2点；区域带动力241，比2016年增长62.2点。发布会上，武进高新区与江苏省生产力促进中心签署“武进国家高新区企业创新能力提升行动”合作协议，由中心提供发展规划、创新能力培训、创新能力评价等科技服务。

【武进高新区获评苏南国家科技成果转移转化示范区机器人及智能装备科技成果产业化基地】 10月16日，在省科技厅召开的苏南国家自主创新示范区创新载体评估结果发布会上，武进高新区被苏南自创区建设促进服务中心评为苏南国家科技成果转移转化示范区机器人及智能装备科技成果产业化基地，江苏国茂减速机股份有限公司、安费诺（常州）高端连接器有限公司、常州回天新材料有限公司、江苏汤姆包装机械有限公司、金石机器人常州股份有限公司等11家园区企业因发展潜力大、成长速度快、盈利能力强、产业模式新，获评苏南国家自主创新示范区瞪羚企业。机器人及智能装备产业是武进高新区主导产业之一，有机器人、数控机床、轨道交通、智能网联汽车及零部件、智能工程机械、智能农机装备六大产业方向，集聚新誉集团有限公司、快克智能装备股份有限公司、曼恩机械有限公司、爱科（常州）农业机械有限公司、江苏恒立液压股份有限公司等骨干企业。其中，全球四大机器人生产企业之一日本安川电机株式会社在园区建立首个海外机器人生产基地，常州纳博特斯克精密机械有限公司生产的精密减速机全球市场占有率超60%，常州市钱璟康复股份有限公司是国内专注于智能康复训练行业的隐形冠军。园区引进常州先进技术研究所、常州数控技术研究所、机械科学研究总院江苏分院、中科院智能科学技术应用研究院等科研机构，建立全国首个中国（常州机器人及智能硬件）知识产权保护中心，一批龙头骨干企业与清华大学、北京大学、华中科技大学、中国科学院沈阳自动化研究所等全国80多所高校及科研机构开展产学研合作，实施合作项目181个，合同金额2亿元。园区企业还承担“脑机接口中的微弱信息收集技术产品开发”“空

安川（中国）机器人有限公司生产车间　　供稿/武进高新区

天车地信息一体化轨道交通运营与安全综合保障技术研究与应用示范”2个国家重点研发计划项目，合同金额1.3亿元。武进高新区先后获评科技部创新型产业集群、省级科技产业园等。2018年，有高新技术企业165家，申请专利7532件，获授权4163件，技术交易额达4.35亿元。

【武进高新区通过国家知识产权试点园区验收】 2018年10月11日，武进高新区通过江苏省知识产权局组织的国家知识产权试点园区建设验收考核。武进高新区于2015年12月获批建设国家知识产权试点园区后，将知识产权工作纳入“十三五”发展规划与国家创新型特色园区建设方案，增挂知识产权局牌子，配置专职管理人员，建立高新区、街道、企业三级知识产权工作体系，制定《关于进一步加强知识产权工作的实施意见》等政策文件，设立知识产权专项经费。试点期间，贯彻知识产权强区战略，发挥知识产权支撑科技创新作用，围绕苏南国家自主创新示范区建设要求，重点实施知识产权服务提档工程、高价值专利培育工程、专业平台赋能工程、知识产权人才倍增工程，推动园区高质量发展走在全省开发区前列。瞄准实现科技成果产业化目标，立项市级及以上各类科技计划项目314个，1000余件专利实现产业化，争取上级资金支持3.4亿元，带动新增投资29亿元，实现产值66亿元。知识产权经费平均增长率18.8%，累计培育企业知识产权总监、知识产权工程师、知识产权体系内审员、技术经纪人等知识产权人才800余人，其中13人获知识产权工程师职称；向36家（名）企业和个人实施知识产权许可，交易额2.5亿元，知识产权转让交易额1361.8万元，97件专利质押融资额9200万元；22家企业实施知识产权管理规范贯标备案，5家企业通过知识产权贯标，获得经费资助465万元，创成国家知识产权优势企业5家、国家知识产权示范企业2家，园区企业知识产权指数71。集聚知识产权服务机构30多个，建立技术成果转移中心19个，建有牛津大学（常州）艾斯伊斯国际技术转移中心、中美创新产业园、中德创新中心等国际技术转移平台，与常州市知识产权维权援助中心合作成立中国（常州）知识产权维权援助中心武进国家高新区分中心；成立江苏省机器人及智能装备制造产业知识产权联盟、武进国家高新区半导体照明产业专利联盟，建设半导体照明产业知识产权公共服务平台；建立并完善武进高新区专利备案系统，成立全国首家知识产权保护中心——中国（常州·机器人及智能硬件）知识产权保护中心。2018年，武进高新区获授权专利4163件。其中，发明专利818件，比2015年增加567件。万人有效发明专利拥有量84.4件，比2015年增加39.8件。

【武进瑞声科技小镇获批省级特色小镇】 2018年6月29日，武进瑞声科技小镇被省发展和改革委认定为江苏省第二批特色小镇。该小镇位于武进高新区，于5月16日开工，由瑞声科技控股有限公司投资建设并管理，规划面积3.7平方千米、核心区面积1平方千米，形成“两轴多廊，五片区两中心”总体布局。“两轴”即产业发展轴、服务发展轴，“多廊”即多条滨水生态景观廊，“五片区”即国际创新技术交流区、龙头企业智能制造区、创智孵化研发区、综合服务配套区、农业观光区，“两中心”即展示服务中心、综合服务中心。2018—2020年，规划建设声学、光学等产业类项目，打造研发、交流、制造核心功能，计划至2020年初步形成以瑞声小镇为核心平台的产业空间布局，孵化一批技术创新型中小企业，产业规模增至500亿元。

【武进高新区重大项目签约与建设】 2018年，武进高新区签约落户总投资超1亿元或1000万美元重大项目27个，建设重点项目48个。至年底，项目开工35个，竣工投产24个。

顺风新能源1.5吉瓦高效太阳能电池项目　1月16日开工。由江苏顺风新能源科技有限公司承担，总投资8亿元，租赁顺风光电原有厂房，新建规格200兆瓦/条高效单晶电池生产线8条，每条生产线配置PERC（钝化发射极背面接触）设备，配备先进硅片分选机、制绒机、扩散炉、丝网印刷机、烧结炉和分类检测仪等设备，使单晶电池转换效率增至21.5%以上。达产后可新增单晶高效电池片产能1.5吉瓦。

常州华数锦明智能装备技术研究院有限公司　1月19日入驻。是武汉华中数控股份有限公司旗下企业，总投资7000多万元，一期占地面积约1公顷，专注研发工业机器人、制造系统集成，依托母公司新能源汽车动力电池设备、工业机器人、全自动包装设备、大物流系统和智能软件开发等领域研发和设计能力开展生产。至年底，公司生产新能源模组组装自动线、电池PACK组装自动化生产线、智能物流集中码垛系统等产品，主要客户有众泰汽车、长安汽车、神龙汽车、百事等品牌企业，与南南铝业股份有限公司签订合作协议，为其打造全国首条轻量化电动汽车铝合金智能生产线。

日立解决方案（常州）研发中心　2月10日开业。建筑面积约600平方米，主要业务涵盖智慧养老研发体验、工厂数字化及可视化解决方案研发、软件服务外包研发等。至年底，分别与武进高新区北区签署康养业务合作协议，与浙江省汽车工业技术创新协会签署在常州市开展IOT(物联网)业务战略合作协议，与江苏明月软件技术有限公司签署软件服务外包战略合作协议。

恒立高精密液压铸件项目　3月26日开工。由江苏恒立液压股份有限公司承担，总投资5亿元，新建厂房面积3.68万平方米，建设铸造自动流水线2条，用于生产高精密液压铸件，引进德国KW公司自动生产线、日本东久无箱线及德国全自动混砂机带自动检测设备，可根据工艺要求自动调整配方，引进德国企业制作的大数据库，用于控制生产重量成本。项目竣工投产后，可年产高精密液压铸件3万吨。

常州集成电路生态产业园　4月20日落户。由湖南国科控股有限公司承担，总投资100亿元，总规划面积33.33公顷，在产业园组建系列芯片研发公司，从事驱动芯片、可信计算、国密安全、多媒体芯片、通讯、人工智能等芯片设计业务。在产业园引进湖南国科控股有限公司投资、参股的芯片公司或生态企业，牵头成立可信计算联合实验室和院士工作站，联合有关单位成立数字版权保护研发、测试中心，打造4K内容管理和运营服务产业基地。

4月20日，常州集成电路生态产业园项目签约落户武进高新区　　供稿/武进高新区

安川（中国）机器人有限公司二期项目　6月15日开业。总投资4500万美元，用地面积4.8公顷，扩大机器人本体产能，生产工业用六轴机器人及3C机器人新品，达产后可年产相关机器人1.8万台。

世特科汽车二期项目　7月3日落户。由世特科汽车工程产品（常州）有限公司投资建设，总投资7500万美元，增加注册资本2000万美元，新建研发中心和生产基地，研发车用电子泵、流体动力系统，生产发动机排放控制装置等汽车关键零部件、汽车机油泵及其零配件。

泓准达电子科技（常州）有限公司　7月22日开业。该公司总投资1亿元，租用津通国际工业园厂房1500平方米，主要服务半导体全产业链，立足产学研合作，为客户提供芯片失效分析、可靠性验证、技术咨询及相关科技服务，是中国首家以虚拟IDM（具备集成电路设计、制造、封测全产业链能力）方式提供集成电路代设计、代加工、设计指导、工艺设计服务的实验室，也是该细分行业首家进驻武进高新区并开业的项目。

纳博特斯克精密减速机二期项目　8月23日落户。由纳博特斯克（中国）精密机器有限公司投资建设，总投资1亿美元，征用原有工厂西侧地块面积6.53公顷，新增精密减速机年产能20万台。项目竣工后，一、二期项目累计可年产精密减速机40万台。

常州高端装备与智能制造产业创新中心　9月14日签约落户。该中心由松山湖机器人产业基地、固高科技（深圳）有限公司及武进高新区管委会合作共建，总投资5亿元，一期建筑面积2.52万平方米。计划与常州大学、常州信息职业技术学院等高校合作打造“新工科”创新创业人才培养体系，5年内为常州市培养优秀人才750人；设立天使基金，孵化培育智能终端类创业项目，计划5年内孵化初创企业15家、初创团队20个以上，争取培育“独角兽”企业1～2家；建设高端主轴及精密加工项目，打造顶级机床主轴生产企业。

恒泰医药现代化物流中心项目　9月12日奠基。由常州恒泰医药投资有限公司承担，总投资3亿元，规划面积超8万平方米，组建物流配送区、仓储作业区等5个功能区，形成药品储存、养护、分拣、配送运输、电子商务等综合服务功能。

光宝汽车电子、尖端光电智能新厂　11月1日，光宝汽车电子（常州）有限公司开业，智能展示馆启用。新厂总投资1.05亿美元，汽车电子方面，主要生产新型LED车灯模块、天窗及电动尾门驱动马达、环车影像镜头等高精密度车用电子产品；尖端光电事业方面，生产LED车用照明组件、3D感测组件双成长引擎。智能展示馆由光宝华东营运中心打造，面积约800平方米，展出智能城市、智能汽车、智能工厂等解决方案。

【恒立液压公司入围全国供应链创新与应用试点企业】　10月16日，江苏恒立液压股份有限公司（简称“恒立液压公司”）被商务部、工业和信息化部等八部门认定为全国供应链创新与应用试点企业，试点期2年。该公司位于武进高新区，是生产、销售工程机械关键零部件核心液压元件的高新技术企业，先后获评《中国制造2025》标杆企业、工业和信息化部强基工程示范企业、中国智能制造百强企业等。企业处于上游原材料、液压部件和下游工程装备制造商的中间环节，是贯穿整个产业链的关键，通过加强企业信息化投入和建设，完善供应链管理制度，建立专门的供应链管理部门，整合销售管理系统、采购管理系统、仓库管理系统等单项应用，形成完整的信息管理系统，在销售、采购、生产、质量、仓库五大部门建立与优化ERP系统（企业资源计划）模块，实现全过程的监控化、数据化以及可查询化，并在OA系统基础上实现公司门户管理、供应商管理、客户关系管理及销售过程、售后服务、境外仓库管理等系列管理，建立企业快速反应机制。逐步推进与上下游企业的ERP系统对接，基本实现供应链上下游互联互通。试点期内，与专业开发商合作，搭建全球供应链管理平台，培养企业供应链管理标准化及供应链管理方面专家型、复合型人才，加强与行业供应链上下游企业协同和整合，完善高端液压件产业领域供应链体系，提升行业企业运行质效。

【恒立高精密液压铸件智能工厂入选省首批智能制造示范工厂】　12月，江苏恒立液压股份有限公司建设的年产5.5万吨高精密液压铸件智能工厂作为常州市唯一代表，入选江苏省首批智能制造示范工厂，项目实施周期2年。该智能工厂于年初启动建设，总投入2.2亿元，综合运用增材制造、合金绿色熔炼、精确喂丝球化、全自动化浇注等先进技术与装备，集成铸造信息系统、PLM（产品生命周期管理）、MES（制造企业生产过程执行管理）、ERP等信息化系统，实现产品从合金熔炼、制芯造型、定量浇铸、柔性清理到砂再生处理等全流程智能化生产与信息化管控。智能工厂建立以客户关系管理为出发点的PLM系统，实现产品设计、工艺数据等与客户服务、客户关系管理相结合；建立自动配料与定量熔炼系统、全自动造型与浇注系统、高效柔性清洁打磨系统、型砂回收再利用系统等，通过以太网等技术实现设施高度互联；基于铸造信息数据库、工艺控制系统等建立 MES 系统，结合人工智能技术，实现产品智能生产，物流自动运转，数据在线实时监测，质量可追溯；实现 PLM、MES 与 ERP 系统互联互通，利用云服务平台，实现生产车间远程监控、指令实时调整、资源科学配置。工厂建成后，生产效率提高 25%，能源利用率提升 15%，运营成本降低 25%，产品研制周期缩短 33%，产品不良品率降低 20%，可实现 200 余种高精密液压铸件高效高质量生产。

【万帮德和公司与德国 Hubject 公司签署战略合作协议】 9 月 28 日，江苏万帮德和新能源科技股份有限公司（简称“万帮德和公司”）与德国 Hubject 公司签署战略合作协议，在新能源产业方面开展合作，成为 Hubject 公司进入中国充电市场选择的首位合作伙伴。双方计划共同搭建全球最大的跨国充电网络，建设充电网点 10 万个，为全球电动车主打造便捷充电体验。万帮德和公司是国内专业研发、生产、销售和运营新能源汽车充电设施的高新技术企业，是中国电动汽车充电基础设施促进联盟的发起单位和副主任单位，也是日均充电量位于全国前列的电动汽车充电运营商，建有星星充电平台，有自建充电设备终端 8 万余个，日充电量约 350 万千瓦时。Hubject 公司是欧洲充电行业大型集团，在 26 个国家拥有充电桩 8.3 万个，有 B2B 合作伙伴 300 多个，建有 eRoaming 平台，自主研发 intercharge 网络，汇聚充电站运营商和电力供应商，实现充电基础设施统一接入。

【全国集成电路“创业之芯”大赛 2018 武进分站赛】 4 月 17 日，在武进高新区举行。由工业和信息化部人才交流中心主办，武进高新区管委会承办，全国集成电路产业知名专家等近 100 人参加。该大赛是国内首个专注集成电路相关领域中早期项目的全国赛事，武进分站赛旨在聚焦集成电路产业，挖掘有创新潜力、投资前景、可促进传统产业转型升级的技术和应用，通过创新技术产品和商业模式、人才和资本的结合，搭建创新创业平台。来自上海市、南京市、宁波市的 5 家企业开展现场路演，经评比，琏捷电子科技有限公司承担的“汽车传感器接口控制芯片”项目和英匠信息科技有限公司承担的“Fab 智能制造控制系统”项目获武进区的落地支持政策，并获艾新基金的绿色通道快速投资。比赛期间，“长三角集成电路产业规划”高峰论坛举行，全国集成电路产业知名专家受邀共同探讨长三角集成电路产业发展和创新方向，园区相关企业参加论坛。

【2018 首届中国互联网知识产权大会在武进举行】 5 月 15 日，该会议在武进高新区举行，由中国知识产权研究会和国家知识产权局知识产权发展研究中心联合主办，中国（常州·机器人及智能硬件）知识产权保护中心、江苏佰腾科技有限公司、北京同力钧成知识产权代理有限公司、深圳众信电子商务交易保障促进中心协办，国家、省、市知识产权主管部门和知识产权法院相关负责人，以及国际组织、互联网企业、社会机构的知识产权领军人物 300 多人参加。大会围绕智能互联创新与知识产权技术供给、智能互联创新、知识产权法律保障等话题展开交流，发布《2018 首届中国互联网知识产权大会常州宣言》，达成强化互联网知识产权创造、强化互联网知识产权保护、强化互联网知识产权运用、完善互联网知识产权管理、提升互联网知识产权服务、培育互联网知识产权文化的共识。会上，常州市科教城管委会、大连理工大学和知识产权出版社有限公司签约共建江苏省知识产权服务业集聚区，江苏佰腾科技有限公司和中国知识产权研究会签约共建中国专利产品平台。

【第四届中国太阳能热发电大会在武进举行】 9 月 12—14 日，该会议在武进高新区举行，由国家太阳能光热产业技术创新战略联盟、中国工程热物理学会、中国可再生能源学会、中国电机工程学会主办，常州龙腾光热科技股份有限公司联合主办，北京奥普科星技术有限公司和河北道荣新能源科技有限公司共同协办，国家太阳能光热产业技术创新战略联盟、常州龙腾光热科技股份有限公司和中国科学院电工研究所共同承办，中国科学院院士徐建中、周孝信、何雅玲及光热发电企业的技术专家等参加会议。大会是中国最具权威性和影响力的太阳能热发电科学技术年度会议，主题是“以科学技术创新推进太阳能热发电产业化发展”，与会人员围绕太阳能集热技术、高温储热换热技术、太阳能供暖等主题开展交流研讨。武进高新区组织园区相关企业参加活动。

（王晓芳）

常州西太湖科技产业园（江苏武进经济开发区）

【概况】 常州西太湖科技产业园（江苏武进经济开发区）简称西太湖科技产业园（武进经发区），位于西太湖北侧核心地带，实际管辖面积 68.99 平方千米（含滆湖水域 14 平方千米），近城临湖，风景优美。沿江高速、常泰高速、312 国道等干线公路，常州高架、延政西路、长虹西路等城市主干道和京杭大运河穿境而过，交通便捷。围绕“现代宜居城，科技创新城，生态文明城”的发展目标，坚持中以合作和苏澳合作双轮驱动，发展以石墨烯为代表的先进碳材料产业、以医疗器械为代表的健康产业、智能装备制造产业和以“互联网+”和文化旅游为核心的现代服务业。2018 年，实施强平台优产业、强生态优城市、强改革优创新、强管理优服务、强保障优民生的“五强五优”工程，经济社会实现健康快速发展。全年完成全社会固定资产投资 86.65 亿元，比 2017 年增长 10%。其中，工业投资 40.2 亿元，服务业投资 48.4 亿元，分别增长 7.5%、15%。至年底，完成地区生产总值 132.96 亿元，增长 7.7%；完成规模以上工业产值 189.89 亿元、规模以上工业增加值 39.5 亿元、高新技术产业产值 150 亿元，分别增长 16.8%、8%、15.4%；完成服务业增加值 33.5 亿元、规模以上服务业五大行业营业收入 20.92 亿元，分别增长 11.3%、26.3%；完成一般公共财政收入 12.2 亿元，增长 15%；外资及港澳台资注册资金 1.51 亿美元、到账资金 0.87 亿美元，完成外贸进出口总额 59.14 亿元，增长 16.7%。

【西太湖科技产业园四大特色产业建设】 2018年，西太湖科技产业园（武进经发区）加快发展石墨烯产业、健康产业、智能装备制造产业和现代服务业四大特色产业。

石墨烯产业 引进常州百韩科智能装备有限公司、常州红宇阳石墨烯科技有限公司等8家石墨烯相关企业，全年新增投资16.9亿元，累计实施石墨烯项目140个；武进石墨烯企业研制的人体阳气（能量）石墨烯传感器、石墨烯散热系统应用于华为Mate20手机，石墨烯发热地板量产；江苏省石墨烯创新中心试点建设获批，其分中心——常州先导石墨烯高端制造装备协同创新促进中心揭牌，江苏省产业技术研究院石墨烯材料研究所落户，常州市武进区石墨烯产业联合会成立，2018石墨烯前沿技术高峰论坛、圆桌对话“石墨烯的现在与未来”等活动举办；石墨烯小镇建设加快推进，全年完成石墨烯产业产值30亿元。

健康产业 引进一滴准生物科技（常州）有限公司、太平洋医材股份有限公司等健康产业项目15个，累计有健康产业项目302个；江苏省产业技术研究院生物医药和医疗器械产业科技服务中心常州工作站设立，医疗器械第三方物流平台、第三方公共灭菌中心签约入驻，常州国药医学检验实验室揭牌，2018国际尖端机能性材料发展高峰论坛和中国国际骨科、生物材料及口腔医学产业投资峰会等举办；全年实现健康产业销售收入48.5亿元、入库税收2.9亿元，分别增长26.5%、23.5%。

智能装备制造产业 新增智慧出行全球工厂、高性能精密特种胶带等项目；常州国成新材料科技有限公司成功申报省级高端装备研制赶超工程，征图新视（江苏）科技有限公司、江苏小牛电动科技有限公司分别成为省级科技小巨人、隐形小巨人企业，苏文电能科技股份有限公司成为省级服务型制造示范企业，征图新视（江苏）科技有限公司、新纶科技（常州）有限公司、江苏小牛电动科技有限公司、尼霍夫机械制造（常州）有限公司等骨干企业产销增幅均超40%。

现代服务业 “四新”（新技术、新产业、新业态、新模式）经济、总部经济快速集聚，京东医药电商物流江苏总部项目和西太湖现代物流中心落户，新增互联网企业21家，累计258家，互联网产业全年实现销售收入48亿元、税收3.7亿元，分别增长6.1%、2.3%；首届2018中国西太湖·全球公司发展论坛举办，西太湖电子商务产业园被认定为首批市级三星级现代服务业集聚区；江苏西太湖影视产业基地合作场景增至126个，入驻影视公司159家，全年接待43个剧组进场拍摄，接待数位列全国前五、全省第一；启动编制《西太湖文化旅游产业规划》，举办西太湖风筝文化艺术节、滆湖之星观光塔中秋家宴活动等节庆主题活动30场，举办纪念刘海粟诞辰122周年画展、江海相连——澳门城市大学特聘教授作品交流展等精品展览和西太湖国际半程马拉松赛，全年接待游客100万人次。

西太湖影视产业基地拍摄场景　　供稿/西太湖科技产业园

【企业培育工程推进】 2018年，常州西太湖科技产业园（武进经发区）继续推进企业培育工程，全面普查园区工业企业，完善工业企业综合效益评价系统，对列入培育名单的企业，在产业创新、人才培育、科技金融、科技创新等方面给予政策支持。企业培育成果不断突破，江苏小牛电动科技有限公司年销售收入超10亿元；新增上市企业2家，江苏小牛电动科技有限公司在美国纳斯达克交易所挂牌上市，新城悦控股有限公司在香港交易所主板挂牌上市，江苏绿浥农业科技股份有限公司挂牌“新三板”；加快资源集约利用，集约化清退低效企业23家，腾出标准厂房面积2万多平方米。

【招商体制机制改革创新】 2018年，西太湖科技产业园（武进经发区）优化机构职能设置，调整招商职能，撤销先进碳材料产业管理办公室和健康产业管理办公室，将其招商职能归入园区招商局，实施统一管理；设立特色产业服务办公室，侧重于健康产业管理与服务，按照“研究院+公司”模式，改制江南石墨烯研究院，组建江苏江南石墨烯科技有限公司，重点引进石墨烯领域人才团队，组织相关活动，改组江苏江南烯元石墨烯科技有限公司，加快创建国家级、省级创新中心；将公共资源交易管理站并入园区行政审批局，提升公共服务水平。健全招商政策体系，调整优化招商优惠政策，出台各大产业项目招商扶持政策细则，拟定进区租赁及用地项目标准协议模板，对进区企业设置合理的优惠政策对赌门槛。创新招商模式，采用股权投资、参与增发等形式开展资本运作招商，优化招商项目进区评审管理办法。全年签约各类项目73个，总投资49亿元。其中，小牛电动智慧出行全球研发与制造基地项目、苏州高泰电子技术股份有限公司项目总投资均超10亿元，1亿元至10亿元（不含10亿元）项目4个，5000万元至1亿元（不含1亿元）项目8个。

【西太湖科技产业园科技创新】 2018年，常州西太湖科技产业园（武进经发区）持续实施创新驱动发展战略，先后出台

《关于进一步推进企业知识产权工作奖励的意见》等文件，加力园区“双招双引”（招商引资、招才引智）工作。完成高新技术投入28亿元，R&D经费（科学研究与试验发展经费）投入4.33亿元，比2017年增长41.9%。完善对上海交大(常州）科技园和常州大学科技园的考核办法，签订新一轮五年合作协议，计划两所大学科技园5年内分别引进各类项目75个和50个。新增高新技术企业13家、市级工程技术研究中心6个，累计有高新技术企业81家、省级工程技术研究中心23个、市级工程技术研究中心27个。制定出台《常州西太湖科技产业园“龙城英才计划”领军人才申请入住人才公寓管理办法（暂行)》，提供部分免租金公寓和租房补贴，引进“龙城英才计划”A类项目2个、B类项目1个、C类项目17个，引进省“双创”人才项目3个。推动科技金融创新，江苏德源材料科技有限公司和江苏星凯新能源科技有限公司通过“金融超市”获授信800万元，泰迪泰迩（常州）汽车电子有限公司等3家企业完成转贷，“金融超市”累计签约合作银行5个，累计有15家企业获授信6900万元。至年底，园区企业申请专利2331件，获授权1018件，其中发明专利申请531件、获授权84件，有效发明专利拥有量527件；获各级科技项目立项26个，其中省级及以上3个、市级23个；完成高新技术产业产值150亿元，增长15.4%。西太湖科技产业园（武进经发区）获批江苏省知识产权试点园区。

【西太湖科技产业园产城融合】 2018年，西太湖科技产业园（武进经发区）重新布局产城融合重点发展的三大片区，编制完成《花博片区总体策划》，调整石墨烯小镇中以合作工业地块及北侧办公项目策划和一期控制性详细规划，推进嘉泽镇总体规划调整前期工作。规范土地管理，实施土地精细化综合整治，清理出土地539宗、面积87.07公顷，完成土地报批24宗、面积74.4公顷，完成供地22宗、面积68.13公顷，挂牌出让用地13宗、面积39.47公顷，持续做好续订和新增土地发包工作，土地管控率93%。推进生态治理，关停常州市武进礼河电镀有限公司、江苏中宇玻璃钢有限公司，提前完成“263”专项行动减少落后化工产能任务；推进废气治理工程，完成17家企业的有机废气整治，危险废物集中收集贮存试点项目主体工程竣工；排查认定“散乱污”企业207家,年内关停58家、提升整治42家；全面推行“河长制”，整治园区河、西中沟河、长汀浜等黑臭河道，清淤礼河、东中沟河共计8千米；全面开展雨污分流规范接管整治，办理企事业单位排水许可证25个，新建污水主管网2.77千米、支管网4.97千米；推进湖面环境净化，打捞蓝藻290.1万千克、水草21.6万千克；推进成片造林工程，新增生态林面积42.87公顷。深化网格化管理，构建权责明晰、管理精细、执法规范、安全有序的城市管理体制，考评城市长效管理问题4524个，整改率94%，处理“12319”平台案卷703起，开展市容市貌专项整治，查处偷倒垃圾、偷倒渣土事件79起，查处违法建设117起，拆除面积4360平方米，完成全域垃圾分类设施建设和生活垃圾收集“房改亭”项目。

【中以常州创新园】 参见《科学技术》栏目P196相关条目。

【中以常州创新园组团参加中国以色列创新合作联合委员会第四次会议】 10月24日，中国以色列创新合作联合委员会第四次会议在以色列耶路撒冷召开，中国以色列常州创新园（简称“中以常州创新园”）代表常州市代表团参加会议。会上，国家副主席王岐山与以色列总理内塔尼亚胡共同签署《中以创新合作行动计划（2018—2021)》，明确继续支持中以常州创新园建设，为以色列创新型企业进入中国市场提供便利。常州市委书记汪泉与以色列经济部部长艾里·科恩签署《中国江苏省常州市人民政府与以色列创新署关于进一步深化落实中国以色列常州创新园共建计划的联合声明》，进一步支持以色列企业在常州市创新创业。至年底，中以常州创新园新增中以合作项目2个，总投资800万元。

【领导考察和调研西太湖科技产业园】 相关内容参见《大事记》栏目P15～18。

【常州石墨烯小镇建设】 常州石墨烯小镇位于常州西南部、西太湖科技产业园中部片区，规划面积3.22平方千米，2017年5月入选江苏省首批特色小镇创建名单。2018年，常州烯望建设发展有限公司成立，作为石墨烯小镇总体运营商，获土地一级开发许可，与社会资本实施合作开发。至年底，石墨烯小镇累计有入驻企业162家，其中规模以上企业20家、高新技术企业20家；完成总投资20.3亿元，其中特色产业投资16.9亿元，特色产业投资占比83.3%；企业年度研发经费支出占销售收入的6.4%，累计拥有有效专利847件，其中发明专利177件。小镇企业全年完成营业收入40亿元，实现税收1.7亿元，102家工业企业完成产值33.1亿元，其中石墨烯产业产值30亿元。石墨烯小镇建设在全省首批特色小镇创建工作考核中获优秀等次。

【西太湖科技产业园重大项目建设】 2018年，西太湖科技产业园（武进经发区）按照“重大项目增效年”活动要求，聚焦产业发展方向，完善项目服务联动机制，破解土地、规划瓶颈制约，加快项目集聚，实施区级及以上重点项目49个。至年底，49个重点项目中，28个新建项目全部开工，30个计划竣工项目全部竣工，开工率、计划竣工率均为100%。

常达汽车零部件项目　6月开工。由江苏常达金联汽车科技发展有限公司分两期建设，总投资3亿元，用地面积3.33公顷。一期项目配置数控机床、空压机、超声波清洗机等主要设备，生产油轨连接件和汽车生产线工装夹具，设计开发电子电器产品。达产后可年产油轨连接件3000万件、汽车生产线工装夹具3万台套。

朗光高功率激光器用核心器件项目　2018年6月开工。由朗光（常州）信息技术有限公司建设，总投资2亿元，用地面积2.12公顷，建设厂房1.5万平方米，新增拉锥机、环境实验设备、光纤熔接机、光谱仪等主要生产设备约400台套，生产高功率光纤激光器器件产品，计划于2019年2月主体竣工。达产后可年产光纤耦合器100万个、微光学器件20万件、光纤合束器10万件。

小牛电动智慧出行全球研发与制造基地建设项目　9月25日奠基。由江苏小牛电动科技有限公司分两期建设，总投资10亿元，总用地面积11.33公顷。一期项目用地面积5公顷，新建钢结构厂房2.5万平方米、5层综合办公楼8000余平方米，新增电动车全自动组装线、半自动组装线、全自动测试组线共8条，引进全球先进的测试与数据采集系统等设备，一期项目达产后可年产电动两轮车70万台。

美硕专业舞台音响项目　10月开工。由常州美硕音响有限公司建设，总投资2.1亿元，用地面积3.34公顷，建设厂房5万平方米，新增纯水机组、粉末固化炉、空压机等主要设备，研发生产音响、音响零部件及音响配套产品，达产后可年产各类音响300万台。

常州国药医学检验实验室　10月投入试运营。主要开展感染性疾病、肿瘤、生殖遗传疾病、个体化治疗相关基因检测，血液学检测，生化检查以及免疫学检测等。该实验室作为国药实验室总部，打造立足常州、布局全国的第三方实验室网络。

万云汇信息科技云计算服务平台项目　12月竣工。由江苏万云汇信息科技有限公司建设，总投资3亿元，用地面积2公顷，建筑面积3万平方米，主要建设供电系统、空调系统、网络系统、机房物理设施、服务器集群、存储系统、云计算平台等。

【西太湖科技产业园入选省知识产权试点园区】　2018年9月，西太湖科技产业园（武进经发区）被省知识产权局认定为江苏省知识产权试点园区。自2015年起，园区贯彻《国家知识产权战略纲要》精神，成立知识产权局，把知识产权与经济发展、自主创新、运营管理等工作相结合，建立知识产权管理体系和工作体系，实施“发明专利100计划”（“十三五”期间，年新增发明专利100件）等，强化宣传培训，完善激励政策，加强人才队伍与中介服务体系建设，探索实施知识产权质押融资，促进产业结构调整和经济发展方式转变。至2018年年底，累计出台知识产权激励政策4项，培养园区企业知识产权工程师累计近30人，有效发明专利拥有量527件，万人有效发明专利拥有量114.6件，在省内同类开发区中排名第一。

【常州西太湖石墨烯众创社区获批省级众创社区】　2018年5月，常州西太湖石墨烯众创社区被省科技厅认定为省级众创社区。该众创社区于2017年11月获批建设，分南北两个片区，规划面积2.88平方千米，有创新创业服务载体建筑面积52.7万平方米，致力于建设专业化众创空间，构筑完整创业孵化链条，培育高成长性创业企业，搭建高水平支撑平台。至2018年4月，集聚企业140多家，其中高新技术企业25家，集聚创新创业人才132人；有专业化众创空间2个、科技企业孵化器2个、其他科技创业载体7个；累计引进团队19个，有在孵企业55家。

【首届中国西太湖·全球公司发展论坛】　5月11—12日，在九州喜来登酒店举行，全球经济问题实践者、研究者等200多人参加。该论坛由西太湖科技产业园、北京智享荟咨询有限责任公司主办，设置海外利益保护和全球公司发展、合规和全球公司发展、营商环境改善和全球公司发展、数字化智能化和全球公司发展4个分论坛，分别就中国保护海外利益最新政策和举措、国内企业面临的合规风险、中国吸引外资和市场准入、前沿科技趋势等问题开展数十场主题发言，为国内外公司实现战略对接提供实际操作经验和策略方法，促进常州市企业与世界各地区更大范围、更高层次互动合作。经主办单位决定，该论坛永久落户西太湖科技产业园。

5月11—12日，首届中国西太湖·全球公司发展论坛举行　供稿／西太湖科技产业园

【第二届中以创新创业大赛医疗器械领域决赛】　12月17日举行。该比赛由中国科学技术交流中心、以色列创新署和常州市政府主办，常州市科技局、武进区政府、中国以色列常州创新园、中以创新园（常州）发展有限公司承办，获科技部国际合作司、以色列驻上海总领事馆、江苏省科技厅支持。11个优质项目从初赛脱颖而出，展开最终角逐。经过项目路演、评委问答等环节，Vectoriuos Medical公司、Synoia Technologies公司、Belkin Laser公司获生命科学领域决赛前三名。其间，以色列项目B2B对接会在大赛分会场举办，全国240余家企业代表与参赛的28个以色列项目负责人对接，达成合作意向40余个。

【2018年西太湖半程马拉松赛】　10月14日在西太湖畔举办。内容参见《体育》栏目P227相关条目。

（徐舒洁　邵骏飞）

住房和城乡建设部（武进）绿色建筑产业集聚示范区

【概况】　住房和城乡建设部（武进）绿色建筑产业集聚示范区（简称“武进绿建区”）位于武进中心城区西南部、西太湖东岸线，东至牛溪路，西至龙江路，南至滆湖路，北至虹西路，核心区面积1.66平方千米。2018年，武进区坚持“一核引领、全区联动”方式推进绿色建筑产业发展，全域推广绿色建筑技术。武进绿建区重点发展以绿色科技研发、绿

维绿大厦外景　　供稿/武进绿建区

色建筑设计、绿色检测认证、绿色商贸服务和绿色企业总部等为主的生产性服务业，形成绿色建材、绿色机电、建筑工业化、新能源、资源循环利用、建筑科技六大产业。全年引进绿色建筑行业相关企业31家、科研机构19个，累计注册绿色建筑行业相关企业874家、科研机构84个，新增绿色建筑产业技术创新战略联盟规模以上成员企业30家，累计104家。实施绿色建筑项目33个，全区装配式建筑、绿色建筑分别新增建筑面积223万平方米、253万平方米，分别累计350万平方米、1000万平方米。累计有省级建筑产业现代化示范基地7个、项目5个，基地和项目数量均列全省第一。年底，武进绿建区核心区完成绿色建筑产业产值23.28亿元，比2017年增长13%，全区403家规模以上绿色建筑企业完成总产值738亿元。新增协议外资及港澳台资9906万美元，实际到账500万美元。维绿大厦实现税收4000万元/幢的楼宇经济目标，中科院绿建产业园实现税收40.00万元/亩的目标。年内，武进区入围省绿色生态城区高品质建设示范区，武进绿建区获评省级生产性服务业集聚示范区、省公共机构节能示范单位，入选中国建材园区20强，园区核心能级和品牌效应持续放大。

【绿色建筑产业管理模式创新】 2018年，武进区基于获批全国装配式建筑示范城市，完善全区绿色建筑、装配式建筑、海绵城市管理体系，通过技术融合互补、监管全面覆盖，推动管理驶入规范化、制度化轨道，实现全省首创、全国领先。8月，贯彻《江苏省绿色建筑发展条例》精神，区政府办印发《关于加强和落实绿色建筑管理相关工作的意见》，明确土地出让、规划设计、施工、竣工验收等环节，加强绿色建筑、建筑产业现代化、海绵城市全过程监管。10月，《常州市武进区装配式建筑管理办法（试行）》出台，明确常州市武进区绿色建筑和建筑产业现代化推进工作领导小组负责全区绿色建筑和建筑产业现代化工作的研究决策、整体推进、统筹协调和督促落实，武进绿建区管委会和区发改、财政、住建、行政审批、国土、规划等部门共同推进，实现装配式建筑从立项、规划到竣工验收、投用的闭合管理。武进区在全省首创绿色建筑、装配式建筑、海绵城市“三合一”联合审查方式，由武进绿建区管委会组织审查并出具意见，意见作为区规划分局作出行政许可的重要依据。武进区率先探索实施行政、产业、技术“三合一”工作机制，借助政府、企业、市场三方合力，打通行政管理、行业管理和技术服务，实现叠加效应。至年底，武进绿建区管委会审批绿色建筑面积250多万平方米，审查海绵城市专项方案项目10个，涉及地块总面积约100万平方米；组织召开江苏省建筑垃圾资源化利用工作现场推进会、2018年生态城市（武进）发展论坛、第三届中国工程建设表转化论坛等活动10场；海绵城市试点区工程行政中心片区、绿建区片区、太湖片区建设初步成形，总面积4.3平方千米。全区新开工装配式建筑面积180多万平方米，绿色建筑在全区推广效应显著。

【武进绿建区成为省级生产性服务业集聚示范区】 8月，武进绿建区被省发展改革委认定为2018年度省级生产性服务业集聚示范区。2018年，武进绿建区整合园区资源，重点打造设计集聚平台、产学研云平台、中外合作创新创业平台，逐步完善并基本形成涵盖绿建科技研发、绿色建筑设计、绿色企业总部、绿色商贸服务、绿色检测认证等领域的全产业链。上线产学研云平台，聚焦信息和技术两大企业需求，提供科技成果展示、产学研合作、金融对接、人才交流、产业链等配套服务，线上为建筑科技的供给方和转化方搭建桥梁，线下提供专利申报、技术论证、企业认证、产品认证等技术转化服务，推进技术、成果、数据等直接转化为生产力。利用极客车间、中科创客孵化营、绿弘创客工厂三大众创服务平台，中科绿色科技产业园和绿建创研中心两大孵化和加速平台，为园区企业创新创业提供科技成果转化支撑。依托江苏省绿色建筑博览园、绿色建筑创研中心、中科院常州绿色科技产业园等载体，吸引周边总部经济企业入驻和生产性服务业集聚集中，形成绿色产业生态链，推动园区良性增长式发展。至6月，引进生产性服务业企业219家，注册资金超31亿元。

【入选省级节能减排奖补资金项目2个】 2018年6月，武进区2个项目被省住建厅、省财政厅列为2018年度省级节能减排（建筑节能和建筑产业现代化）奖补资金项目。其中，武进区获评绿色生态城区高品质建设城市，获奖补资金400万元，美的国宾府获评江苏省建筑产业现代化示范项目。

武进区绿色生态城区高品质建设奖补城市项目　以武进绿建区为平台实施，创建周期为2018—2020年。总体定位是产业集聚、技术集成、展示体验、国际合作，整合、贯穿、连通1.66平方千米核心区域内绿色建筑“碎片产业”，实施区域集中提升。通过绿色建筑和高品质建造集聚发展、高星级和低能耗建筑技术集成应用、绿色施工管理评价全面推进、绿色生态宣传展示和感知体验等，打造 1.66 平方千米为核心，世界一流、国内领先的绿色建筑产业集聚区、绿色建筑技术集成区、绿色建筑创新创业区、绿色建筑国际合作区，建设“一心四区”全产业链高品质建设示范区。

美的国宾府　位于武进区花园街东侧、人民中路北侧，由常州市翔辉房地产发展有限公司开发建设，建设周期 2018 年 5 月至 2020 年 12 月。总投资 20 亿元，总用地面积 6.41 万平方米，总建筑面积 20.52 万平方米，规划建设 6 ~ 9 层洋房 11 栋、高层商品住宅 4 栋、办公楼 1 栋。综合运用灌浆套筒连接技术、全现浇混凝土外墙技术、内遮阳系统、装配式铝合金组合模板体系、海绵城市等技术，达绿色建筑二星级标准，成为绿色建筑、建筑产业现代化、海绵城市的综合性示范项目。

【改革开放四十周年“建筑的变迁”图片展】 2018 年 12 月 20—26 日，在江苏省绿色建筑会议展览中心举办。该图片展由江苏省住房和城乡建设厅科技发展中心与武进区委宣传部联合主办，武进绿建区管委会、区住建局、区文联承办，以“砥砺奋进四十载，牢记使命谱新篇”为主题，分全省展区和武进展区，展出面积 1458 平方米，展出图片 120 余张。全省展区展示江苏省 13 个地级市的单体绿色建筑和绿色示范城区，武进展区分“序厅”“定格老街，巷弄砖瓦诉说旧宅繁华”“一夜春风，广厦万间见证改革时代”“顺应潮流，栉比高楼崛起武进新城”“彰显特色，绿建新篇盛放时代之花”“百姓乐居，家装风格回味双廿变迁”6 个展厅，展示 20 世纪 70 年代至 21 世纪武进建筑的变迁，展现从砖瓦平房、单元新村到绿色社区、智慧住宅的转变，从绿色建筑到绿色城市的转变，全面、立体、多角度地展示人民生活居住水平的巨大变化，吸引近 1 万人次参观。

【第三届中国工程建设标准化高峰论坛在武进举行】 11 月 8—10 日，第三届中国工程建设标准化高峰论坛在九洲花园酒店举行，中国房地产业协会、中国品牌建设促进会、省住建厅等单位负责人及国内科研机构、相关企业代表 600 余人参加。该论坛由中国工程建设标准化协会、住房和城乡建设部标准定额研究所、中国建设科技集团、中国建筑科学研究院有限公司、武进区政府联合主办，中国建筑标准设计研究院有限公司、江苏省绿色建筑产业技术研究院有限公司承办，主题是“标准引领质量提升，品牌铸就美好生活”，采取主论坛、分论坛与成果展示相结合的形式开展。主论坛围绕标准、质量、品牌等热点议题，邀请住房和城乡建设部等单位负责人及标准化领域知名专家学者作主旨报告、专题演讲和研讨交流，4 个分论坛主题分别是“标准化改革沙龙”“建筑绿色发展论坛”“工程防水防护与修复论坛”“地下综合管廊”。其间，中国工程建设标准化协会第八届第二次理事会召开，中国工程建设标准化成就展、品牌企业新闻发布会及签约会等活动举办。

【全省首个“中国百年住宅示范项目”落户武进】 2018 年 11 月 8 日，绿色建筑示范项目新城帝景 33 号楼和 36 号楼被中国房地产协会认定为“中国百年住宅示范项目”，成为全省首个获此认定的项目。新城帝景 33 号楼和 36 号楼由新城控股集团股份有限公司投资建设，建筑面积 4.71 万平方米，总高 31 层，设计户数 240 户，参照《百年住宅建筑设计与评价标准》施工，实现住宅建筑长寿性能、品质优良性能、绿色低碳性能，为住宅产业转型升级提供新范本。其中，36 号楼是常州市首个集三星级绿色建筑、成品住房和装配式建筑于一体的省级建筑产业现代化示范项目。

【晨光涂料公司制成智能变色调光膜】 2018 年年初，江苏晨光涂料有限公司（简称“晨光涂料公司”）成功研制智能变色调光膜。采用最新专利技术，混合具有介电各向异性的纳米颗粒与特种预聚物，采用全自动连续紫外固化涂膜装备技术，制成均匀稳定的智能、变色、柔性薄膜。非透明时可替代传统遮光介质，透明时可结合投影机，实现多媒体触控与动态体感显示，用作屏幕投影、隔热保温、窗户外遮阳，可广泛应用于公共场所、住宅、商场、医院、橱窗、玻璃幕墙，适用于现代化办公环境。

【绿和环境公司装修垃圾处置生产线投运】 5 月，装修垃圾处置生产线投运。由江苏武进绿和环境科技有限公司（简称“绿和环境公司”）建设，总投资 8000 万元，从芬兰、荷兰、英国、韩国等地引进先进工艺技术和装备，建设装修垃圾无害化处置和资源循环利用产业化示范项目。其进口人工智能分拣系统及设备集成全球领先的垃圾自动分拣技术，有 6 个机械手，每个手臂最多可抓取 4 种不同材料，有效分拣率 98%，最大分拣时速 2000 次，可 24 小时连续工作。该生产线自动化程度近 80%，可年处理装修垃圾 30 万吨。

（汤乃颖）

江苏武进绿和环境有限公司装修垃圾处置生产线　　供稿 / 武进绿建区

农业和农村工作

Agricultural and Rural Work

栏目编辑　万向阳

现代农业建设

【概况】 2018年，武进区围绕“率先实现农业现代化”总体目标，贯彻落实乡村振兴战略要求，顺应高质量发展需求，推进农业供给侧结构性改革，立足产业发展、生态可持续、农业功能拓展，突出农业生产、生态、景观三大功能，建设基础农业、生态农业、品牌农业，促进现代农业实现突破、发展、转型。全区耕地面积3.12万公顷、养殖水域面积0.52万公顷。年内，新增高标准农田面积1346.67公顷、高效设施农业面积66.67公顷、高效设施渔业面积81.33公顷，分别累计2.27万公顷、0.67万公顷、0.19万公顷。受不利天气和农业产业结构调整影响，粮食、畜禽、水产等农产品产量减少，年产粮食6.47万吨、蔬菜19.1万吨、水果5.87万吨、肉类1.38万吨、水产品3.4万吨，全年完成农林牧渔业总产值67.75亿元，较2017年降低5.2%。全区实施现代农业项目58个（含重点项目1个），获得上级财政补助资金3.06亿元。申报无公害农产品、绿色食品、有机食品（简称“三品”）21个，复查换证及续展产品10个，累计“三品”农产品153个，全年实现产量6500余吨，占比59%，武进区创成国家农产品质量安全区。有区级以上农业龙头企业35家，其中国家级企业2家。争创省、市农产品电子商务示范企业9家和省“一村一品一店”示范村5个，全年农产品电子商务累计销售额突破8.5亿元。12月5日，常州市杰记水果销售有限公司、常州市中舜生态农业科技有限公司、江苏绿川生态农业有限公司、常州市福民园林绿化工程有限公司、江苏省华东园林建设有限公司、常州市枫华牧业有限公司、常州市广茂园林绿化有限公司7家农业企业在江苏股权交易中心农业板挂牌。举办新型职业农民培训班81期，培育新型职业农民2510人，新型职业农民培育程度达66%。全区农机总动力25.41万千瓦，农业综合机械化水平稳定在90%以上。区动物疫病预防控制中心被全国畜牧总站评为“2018年全国基层畜牧（草原）技术推广示范站”。区动物检疫站副站长杜文炳获全国动物检疫检验一等奖，获得“全国技术能手”称号。礼嘉镇畜牧兽医站王志刚获全国动物疫病防治三等奖。

彩色稻秀起武进观光农业　　　　供稿／武进水稻研究所

【武进区创成国家农产品质量安全区】 2018年11月，武进区通过国家农产品质量安全区验收。武进区从2017年5月起，按照常州市创建全国农产品质量安全区（简称“创安”）的总体要求，围绕10个大类82项指标，高效推进全区创安工作。到2018年年末，全区本级财政累计投入监管、执法、检测、服务等方面经费超1400万元；各镇配套相关监管工作经费，有效保障创建工作的有序开展；鼓励和引导企业、社会资金投向农产品质量安全体系建设领域，逐步形成政府投入为引导、企业投入为主体、社会投入为补充的多渠道投入机制。将农产品质量安全监管的考核范围扩大到产地环境、投入品、过程控制、监测预警、执法检查、认证管理等各个环节，健全农产品质量安全监管体系，提升农产品质量安全水平和基层监管能力，食用农产品抽检合格率在98%以上，本地生产销售的农产品中禁用药物监测合格率达

100%，农产品质量基本实现可控、可管、可追溯，公众对农产品质量安全满意率达70%以上。建立农产品质量安全信用体系，对全区生产经营企业实行信用评价，引导生产单位加强行业自律，建立诚信品牌。建成畜禽综合产业、雪山鸡、优质稻米3个国家级标准化示范区；开展农业经营主体“一品一策”试点，制定主要农产品关键节点控制措施、标准化生产模式图、关键生产技术和用药细则，标准入户率达100%。借助“3·15”消费者权益日、农产品质量安全乡镇行、放心农资下乡、“阳湖”果品节等活动，加强创安宣传，形成“共建、共治、共享”的良好社会氛围。

【高标准农田建设】 2018年，武进区积极改善农业生产基本条件，提高农业综合生产能力，实施高标准农田建设项目6个。其中，国家农业综合开发高标准农田建设项目2个，在雪堰镇新康村、城东村和礼嘉镇蒲岸村、武阳村、陆庄村新建砖砌渠、水泥路、电灌站等农田水利设施，建设总面积666.67公顷，总投资1559.45万元，其中财政补助资金1500万元；区级高标准农田建设项目4个，在湟里镇武宜村、嘉泽镇成章村、洛阳镇朝安村、礼嘉镇庞家村新建U型渠、砖砌渠、水泥路等农田水利设施，建设总面积133.3公顷，总投资445.59万元，其中财政补助资金400万元。至年底，累计建成高标准农田2.27万公顷，占全区耕地面积比重72.88%。

【品牌农业建设】 2018年，武进区贯彻绿色优质农产品发展要求，打造以区域公用品牌为龙头、农业品牌为主体、绿色优质农产品为基础的农产品品牌体系。全年组织新申报“三品”21个，完成复查换证及续展产品10个，累计“三品”农产品153个，实现产量6500余吨，其中绿色食品6000余吨，申报的“三品”种植产量占比达59%。区域公用品牌“阳湖”果品、江苏立华牧业股份有限公司雪山牌雪山鸡成功入选常州市十大农产品品牌；“礼新”葡萄、“太湖雪堰”冻银鱼等16个农业品牌首批入选常州市农产品品牌目录；“阳湖”果品、“科丰”葡萄参选江苏省农产品品牌目录评定；“阳湖红”武育粳米获评江苏名牌产品，“鸿图”商品猪、“新卓”红掌等4个品牌获评常州市名牌，“西太湖”珍珠米、“昌润鲜”水蜜桃等8个产品入选常州市名优农产品。推进标准化示范园区建设和地方标准制定工作，申报“武运粳30号机插精确定量栽培技术规程、葡萄限根栽培生产技术规程、苏南地区秸秆还田直播稻10500千克/公顷生育指标及生产技术规程”3个常州市级地方标准并获立项，常州市立华畜禽有限公司、常州市枫华牧业有限公司2家企业3个标准获省质监局批准发布。

【智慧农业建设】 2018年，武进区推进“互联网+”现代农业融合发展，重点推动农业物联网技术在畜禽、水产、园艺、粮油等领域的推广和应用，以示范点带动周边智能化、精准化生产，提升农业生产、经营、管理和服务水平。全年新增物联网示范点7个，涵盖畜禽养殖、粮食生产、园艺种植等产业。常州市枫华牧业有限公司承担实施的畜禽养殖数字农业建设试点项目基本建成。洛阳金种子家庭农场在全市率先引入高速插秧机自动导航无人驾驶系统，雪堰汉伟家庭农场引进秧盘输送机，郭鲁农业专业合作社引入基质硬盘播种流水线育秧提高育秧效率，常州市君辰农业服务专业合作社采用基质硬盘播种流水线育秧推广机插秧硬地育秧、果树套作喷滴灌育秧新技术，引领武进粮食种植智能化发展。常州市常洛果品专业合作社将原有大棚升级为智能化联体大棚，购买可调自走割草机、登高作业搬运机、履带遥控植保机等智能机械，实现电动控温控光、水肥一体化喷灌率100%。洛阳镇岑村村建设乡村驿站，积极推动农产品电子商务下沉到村，提供便民服务，带动农村消费。全区累计物联网示范面积86.63公顷。

【农产品电商销售额突破8.5亿元】 2018年，武进区深化农村电商体系建设，扶持电商企业，重点发展电商平台，全力打造电商示范村，构建区、镇、村三级电商服务体系。组织常州市西湖山庄水产科技有限公司、常州鱼米之乡电子商务有限公司等9家企业争创省、市农产品电子商务示范企业，雪堰镇夏庄村、洛阳镇马鞍村等5个村创建省“一村一品一店”示范村，洛阳镇岑村村申报常州市乡村驿站，144家企业入驻“吃在常州”农业综合服务平台。全区纳入统计的电商45家，全年实现农产品电子商务销售额突破8.5亿元，较2017年增幅超50%。

【新型职业农民培育程度达66%】 2018年，武进区围绕实施乡村振兴战略的要求，实施新型职业农民培训工程，提升农民科学文化素质和生产技能，打造符合现代农业发展需求的新型职业农民队伍。全年举办新型职业农民培训班81期，培育新型职业农民2510人。其中，开展省级农业职业技能培训42期，培训1200人；市、区级新型职业农民培训39期，培训1310人。开展基层农技推广人员培训2期，培训80人，遴选农民合作组织骨干80人和农业经营主体带头人及专业大户180人参加部级培训，全面提高农业科技人员和农民科技素质、为农服务水平和致富能力。全区新型职业农民培育程度达66%（持专业证书的农业劳动力占比），在全省处于领先水平。

（唐承之）

粮油作物种植业

【概况】 2018年，因农业种植结构调整，全区粮食播种面积0.92万公顷，完成粮食总产6474.5万千克，分别较2017年减少0.14万公顷、1125万千克。其中，水稻种植面积0.49万公顷，平均亩产633.4千克，较2017年增加3.7千克；小麦种植面积0.33万公顷，平均亩产291千克，较2017年增产3.9千克。推广以“武运粳系列”“南粳5055”为主的优质高效水稻品种和以“扬麦系列”为主的中、弱筋小麦品种，稻麦良种覆盖率100%；推广机插稻面积0.44万公顷，占水稻种植总面积的88.3%；推广应用商品有机肥1万吨，落实小麦轮作休耕面积1666.67公顷。区农业局组织各镇开展粮食“绿色、高质、高效”创建活动，落实水稻绿色高质高效创建千亩示范片雪堰1个、前黄2个、礼嘉1个；创建落实水稻绿色生态防控示范区1333.33公顷。新增“稻+”综合种养试点9个，其中稻鸭共作示范点8个、稻虾共作示

表 5　2018 年武进区粮油作物生产情况表

类　别	面　积（公顷）	比 2017 年（±%）	总　产（万千克）	比 2017 年（±%）	亩　产（千克）	比 2017 年（±%）
全年粮食	9230.00	−13.50	6474.50	−14.80	467.70	−1.50
夏　粮	3520.00	−9.00	1492.30	−7.80	282.60	1.40
小　麦	3310.00	−9.10	1444.80	−7.80	291.00	1.40
秋　粮	5710.00	−16.00	4982.20	−16.70	581.70	−0.80
稻　谷	4930.00	−18.00	4684.20	−17.50	633.40	0.60
油　料	280.00	−43.90	62.00	−35.30	147.60	13.20
油菜籽	250.00	−40.50	52.00	−38.40	138.70	3.50

范点 1 个，累计示范推广面积 20.13 公顷。完成粮食生产功能区和重要农产品生产保护区（简称“两区”）划定，“两区”划定地块面积 7580.3 公顷，其中水稻生产功能区 4369.7 公顷、水稻小麦复种区 2735.6 公顷、大豆生产保护区 230.1 公顷、水稻油菜复种区 244.9 公顷。常州市顺农农业发展有限公司“前黄”大米获第三届“江苏好大米”评选粳米组金奖，常州武育农业科技有限公司“武育粳芯泰软米”、常州市君辰农业服务专业合作社“君辰”大米获银奖，常州希望粮食购销有限公司“阳湖红”大米获“苏米十大创优品牌”称号。

【水稻新品种通过国家和省级审定 4 个】 2018 年 6—9 月，江苏（武进）水稻研究所培育的水稻新品种丰粳 3227 通过江苏省农作物品种审定委员会审定，豪运粳 2278、皖垦粳 11036 通过安徽省农作物品种审定委员会审定，武科粳 210 通过农业部国家农作物品种审定委员会审定，审定编号分别为“苏审稻 20180009”“皖审稻 2018020”“皖审稻 2018021”“国审稻 20180123”。

丰粳 3227　由武运粳 30 号和武运粳 8 号杂交育成，属迟熟中粳稻品种，平均株高 88.5 厘米，结实率 93.2%，千粒重 26.2 克，中感稻瘟病，感白叶枯病，感纹枯病，中抗条纹叶枯病，米质理化指标达到国标 2 级优质稻谷标准，适宜在江苏苏中及宁镇扬丘陵地区种植。2017 年，该品种生产试验平均亩产 679.97 千克，较对照品种增产 5.6%。

豪运粳 2278　由武育粳 19 号 / 武育粳 23 号和繁 103 杂交育成，属常规晚粳水稻品种，平均株高 79.9 厘米，结实率 83.4%，千粒重 27.5 克，抗稻曲病，中抗纹枯病、白叶枯病，高抗条纹叶枯病，米质为部标 2 级，适宜在安徽省双季晚粳稻区推广种植。2017 年，该品种生产试验平均亩产 512.2 千克，较对照品种增产 7.45%。

皖垦粳 11036　由 F6（扬 4038/075）和宁粳 3 号杂交育成，属常规晚粳水稻品种，平均株高 79.1 厘米，结实率 87.8%，千粒重 27.9 克，中抗稻瘟病，抗稻曲病，中抗纹枯病、白叶枯病，高抗条纹叶枯病，适宜在安徽省双季晚粳稻区推广种植。2017 年，该品种生产试验平均亩产 497.0 千克，较对照品种增产 0.54%。

武科粳 210　由武运粳 27 号 /2180 和武运粳 30 号 /2816 杂交育成，属粳型常规水稻品种，平均株高 96.2 厘米，结实率 85.4%，千粒重 24.3 克，中感稻瘟病和条纹叶枯病，米质理化指标达到国标 3 级优质稻谷标准，适宜在河南沿黄及信阳地区、山东南部、江苏淮北、安徽沿淮及淮北地区稻瘟病轻发区种植。2017 年，该品种生产试验平均亩产 668.63 千克，较对照品种增产 8.46%。

【轮作休耕试点扩面】 2018 年，武进区在太湖一级保护区试点耕地轮作休耕的基础上，扩大试点面积，选取前黄镇、南夏墅街道武宜运河沿线耕地轮作休耕，累计实施面积 1666.67 公顷，其中轮作换茬 328.87 公顷、深耕晒垡 428.65 公顷、休耕培肥 909.15 公顷。该轮作休耕试点充分尊重和保护农户享有的土地承包经营权益，在农户自愿的基础上，以村、组为单元集中连片推进，建立利益补偿机制，对承担轮作休耕任务的农户给予每亩 200 元财政补贴，保障农户基本收入；对采取绿肥种植和冬耕晒垡方式的地块，由政府统一组织实施。通过轮作休耕试点，逐步建立符合武进生产特点的可持续、可复制的耕地轮作休耕模式和政策体系，有效促进耕地休养生息和农业可持续发展。

【稻麦病虫害专业化统防统治】 2018 年，武进区以“提高作业功效和农药利用率、减轻用工负担、实现绿色防控”为发展方向，推进稻麦病虫害专业化统防统治。区农业部门利用中央财政农业生产救灾及特大防汛抗旱（农作物及草原病虫害防治）补助专项资金 19.5 万元，开展小麦赤霉病和水稻“两迁”害虫等重大病虫害的防控，采购高效低毒低残留农药氰烯 · 戊唑醇和生物农药短稳杆菌补助重点地区的规模种植户；利用市级财政配套资金 10 万元，采购稻纵卷叶螟性信息素诱捕器及诱芯，并结合农业措施、理化诱控、生物防治等绿色防控技术，在武进区建设水稻绿色生态防控示范区，其中核心示范区 66.67 公顷，周边辐射区域面积 1333.33 公顷，项目区使用生物物理等非化学防控技术覆盖面积占项目区总面积的 38%；充分利用服务组织拥有的 4 台植保无人机、14 台高地隙喷杆喷雾机等高效植保机械，开展专业化统防统治，提高农药利用率、防治效果和作业效率。年末，全区小麦与水稻病虫害专业化统防统治覆盖率分别为 67.2% 和 70.7%，稻麦病虫害专业化统防统治综合覆盖率为 70.1%，水稻、小麦产量损失率分别控制在 0.96% 和 0.11%。

（唐承之）

林果园艺业

【概况】 2018 年，武进区以“常州市国家森林城市建设三年行动计划”为纲，推进绿色武进、林业“三化”（珍贵化、彩色化、效益化）建设，提升全区生态环境形象和造林绿化水平。全年造林绿化面积 627 公顷，其中成片造林面积 217 公顷；“四旁”（村旁、宅旁、路旁和水旁）植树 326 万株，其中义务植树 83 万株。完善提高农田林网 2000 公顷，创成湟里镇葛庄村张家、遥观镇钱家塘村曹塘、横山桥镇省庄村方家塘、嘉泽镇朝东村金鸡、洛阳镇圻庄村东庄和天井村西庄、雪堰镇城西回民村陈家塘和夏墅村孙家头、前黄镇坊东村朝南和观咀村小桥头10个省级村庄绿化示范村。推进生态湿地修复和保护，全年修复生态湿地358公顷，管护重点湖泊湿地植物面积200公顷，自然湿地保护率53.6%。加强护林防火，重点抓好森林防火责任制落实、防火基础设施建设、森林消防队伍专业化建设、火情监测预警管理、森林火灾科学扑救六大环节，全年无大的森林火灾和人员伤亡事故发生，森林火灾受害率控制在0.3‰以内，火案查处率在70%以上。

2018年，全区引进种植水蜜桃、葡萄、梨等品种50余个，果品栽培面积4292.1公顷，其中种植桃树2138.9公顷、梨树232.4公顷、葡萄1710.8公顷，年产果品5866.03万千克，产值4.6亿元。茶园面积168公顷，茶叶产量36620千克，产值1634.06万元。蔬菜常年性耕地面积2653公顷，全年完成蔬菜播种面积（含复种）5992.27公顷，产量1.91亿千克，产值5.29亿元。武进区洛阳欣荣果品种植园、常州市常洛果品专业合作社创成省级园艺作物标准园，岑村美丽小菜园通过市级验收；"阳湖"水蜜桃成为全国首家通过森林认证水蜜桃，认证面积340公顷，获得进入国内外市场的"绿色通行证"。第十届"阳湖"果品节成功举办，武进果品知名度和影响力进一步增强。

武进有"中国花木之乡"之称。2018年，全区花木种植面积8540.2公顷。其中，苗木种植面积6455.67公顷，花卉种植面积154.73公顷，盆景种植面积30.8公顷，草坪种植面积1899公顷，年产苗木14.9亿株、盆栽植物4.3亿盆、草坪面积299公顷。有花木种植专业村（花木种植面积占全村耕地总面积70%以上）34个、花木专业组织49个、花木专业大户（花木种植面积2公顷以上）1000多户，三者种植面积占全区花木总面积的80%以上。有花木经纪人9600余人，花木园林企业203家，花木市场中间商4000多人，从业总人数达7.8万人。嘉泽、湟里两大花木板块镇花木面积达0.78万公顷，占全区花木总面积的91.76%。至年底，全区完成花木业产值20.31亿元，销售额（含园林绿化工程）近250亿元，其中夏溪花木市场交易额197.32亿元。

【第十届"阳湖"果品节】 7月15日至8月15日举行。该届果品节以"游武进农园·品阳湖鲜果"为主题，延续"走出去，请进来"模式，先后举办武进阳湖果品产业创新发展交流会、全国首家通过森林认证水蜜桃发布会、武进阳湖水蜜桃上海专场推介会、第十届"阳湖"果品节开幕式、特色果品观光品鉴推介会、第二届"醉美桃王"大赛、自驾采摘、淘宝常州馆线上展销八大活动，在上海、北京等部分水果精品超市、常州市杰记水果销售有限公司热销门店等60余家水果门店设置"阳湖"果品直销专柜，邀请省内外固定水果采购客商参加果品产销对接活动，全面推介宣传武进地产名优果品。依托杰记水果这一平台，"阳湖"水蜜桃以每天1.5万千克的量销往北京、上海等地，礼嘉镇葡萄以每天1万千克的量销往北京，整个销售季超65万千克，形成"政府搭台、产区唱戏、果农收益"的良好局面。果品节期间，全区累计接待游客1万余人次，果品销售额超440万元。

【"阳湖"水蜜桃成为全国首个通过森林认证水蜜桃】 武进水蜜桃于2005年注册以雪堰、洛阳水蜜桃为发源地的"阳湖"商标，2009年获得"阳湖"水蜜桃地理标志商标。2018年6月23日，经中国森林认证委员会对洛阳欣荣果品种植园、洛丰果品专业合作社、城西果品专业合作社、雪堰水蜜桃专业合作社、晓明农业专业合作5家水蜜桃生产单位开展森林认证，武进"阳湖"水蜜桃获得森林认证授牌，成为全国首个通过森林认证水蜜桃，首批认证面积340公顷，取得进入国内外市场的"绿色通行证"。

【美国白蛾防控】 4月28日，武进区在夏溪花木市场首次发现美国白蛾成虫19头。为全面落实美国白蛾防控，保障苗木安全，区农业部门在嘉泽、湟里等地布设性诱捕器102个，在夏溪花木市场周边布置风吸式及电击式杀虫灯共70个，对该市场形成包围圈，确保美国白蛾监测全覆盖，实行疫情"一日一报"制，定点定人跟踪监测，及时掌握疫情发生情况。多次对夏溪花木市场及周边300米范围的隔离带实行喷药防治，分两批在市场周围释放美国白蛾天敌——周氏啮小蜂寄生蛹2000个、约1000万头周氏啮小蜂，从源头上降低虫口密度。年内，诱集美国白蛾成虫63头，现场查处从外地无证调入苗木的苗木经营户3家，未出现美国白蛾大规模爆发。

（唐承之）

畜牧业

【概况】 2018年，武进区围绕"优供给、提质量、保生态"三大目标，引导完善畜牧业养殖布局，提升基层畜牧服务能力，推动畜牧业提档升级。受畜禽养殖污染整治和非洲猪瘟疫情影响，全区畜牧生产总量有较大幅度下降，全年生猪出栏10.73万头、肉禽出栏351.85万羽、蛋禽存栏2.85万羽、奶牛存栏178头，较2017年分别下降19.63%、42.52%、76.64%、24.58%；年产肉类1.38万吨，禽蛋产量0.15万吨，奶类产量719吨，生猪大中型规模比重85.09%；全年实现畜牧业总产值2.65亿元，较2017年减少67%。实施标准化示范创建和种质资源保护，争取上级资金55万元。推进重大动物疫病春季防疫及犬类狂犬病防疫行动、夏季重大动物疫病集中补免和消毒灭源行动、重大动物疫病秋季集中防疫行动三大防疫行动，累计防疫高致病性禽流感323.58万羽次、新城疫313.63万羽次、猪牛羊口蹄疫39.21万头次、猪瘟22.52万头次、高致病性猪蓝耳病14.85万头次、羊小反刍兽疫0.21万头次，防疫犬45801只，全年未发生区域性重大动物疫情。新建病死动物无害化处理收集点2个，全年无害化处理病死猪9315头，产地检疫生猪10.62万头、家禽176.57万羽，屠宰检疫牛4126头。持续开展"瘦肉精"专项整治行动，实行养殖环节"月月检"、屠宰环节"批批检"，监测样品0.69万批次，无"瘦肉精"事件发生。区动物疫病预防控制中心（区畜牧兽医站）成功获评2018年全国基层畜牧（草原）技术推广示范站，为江苏省6家获评单位之一。

【非洲猪瘟防控】 为应对全国非洲猪瘟疫情，保障全区生猪养殖安全，8月上旬，武进区成立防控非洲猪瘟应急指挥部，统一指挥全区非洲猪瘟防控工作。

表 6　2018 年武进区畜牧业生产情况表

项　目		单 位	指　标	比 2017 年（±%）
大牲畜	年末存栏	头	178	−24.58
	乳　牛	头	178	−24.58
	牛奶产量	万千克	71.9	−75.68
生　猪	年末存栏	万　头	5.44	−13.38
	母　猪	万　头	0.34	−33.33
	年内出栏	万　头	10.73	−19.63
	猪肉产量	万千克	804.75	−19.63
羊	年末存栏	万　头	0.08	−42.86
	年内出栏	万　头	0.243	−38.94
	羊肉产量	万千克	3.6	−39.7
家　禽	年末存栏	万　羽	82.06	−7
	鸡	万　羽	77	−7.14
	鸭	万　羽	2.76	1.1
	鹅	万　羽	2.3	−10.85
	年内出栏	万　羽	351.85	−42.52
	禽肉产量	万千克	575.35	−41.23
	禽蛋产量	万千克	149.84	−42.89
兔	年末存栏	万　只	0.27	107.69
	年内出栏	万　只	—	—
	兔毛产量	千　克	—	—

一方面，定期召开非洲猪瘟防控例会，根据疫情发展态势第一时间部署非洲猪瘟防控的最新要求，及时掌握非洲猪瘟各项防控措施落实进度。另一方面，紧急采购动物扑杀器 10 台、消毒喷雾机 52 台、动物尸体袋 10000 个和消毒药 3.5 吨，及时补充防护服、手套、口罩等常规防疫物资，全面做好应急保障工作。在养殖环节，要求生猪养殖户做好封闭管理，严禁泔水饲喂生猪和违法调运，同时做好进出人员、车辆的消毒工作，全年查处案件 8 起，发放责令改正通知书 35 份，罚没款 1.4 万元。在运输环节，全面执行省生猪调运监管规定，对生猪运输车辆实行备案管理，累计备案生猪运输车辆 16 辆，其中跨县境 6 辆，有效防范非洲猪瘟疫情跨区域传播。在交易环节，累计排查农贸市场、肉品冷库等相关场点 3000 余场次，餐饮单位 1600 余场次，餐厨废弃物运输车辆 200 余辆次，未发现非洲猪瘟疑似疫情。

【新建病死动物无害化处理收集点 2 个】 2018 年，武进区按照“点面结合，以点带面”的工作方针，建成礼嘉、湟里 2 个病死动物无害化处理收集点，有效提升病死动物无害化处理的智能化、自动化水平，为形成“场户送交、镇设站点、统一收集、集中处理”的动物无害化处理收运体系，建立病死动物无害化处理长效机制夯实基础。全年无害化处理病死猪 9315 头，财政补贴资金 7.45 万元。礼嘉、湟里 2 个病死动物无害化处理收集点计划于 2019 年 6 月完成与市动物卫生处理中心的对接，并开始试运行。

（唐承之）

渔　业

【概况】 2018 年，武进区紧抓“转方式、调结构、保生态”主线，咬定“提质增效、减量增收、绿色发展、生态发展、富裕渔民”总目标，持续深化水产供给侧改革，着力培育新动能、打造新业态、扶持新主体、拓宽新渠道，加快推进水产业转型升级。全区水产养殖面积 5196 公顷，其中池塘养殖 5096 公顷、河沟养殖 100 公顷。新增高效设施渔业面积 81.3 公顷，累计 1903 公顷，占全区水产养殖面积的 36.62%。全年人工繁殖鱼苗 10 亿尾，养殖河蟹、青虾等特种水产 476.4 万千克，特种水产覆盖率 85%，水产品总产量 3403 万千克，渔业产值达 8.3 亿元。《滆湖渔业发展规划》《水域滩涂养殖规划》编制完成。区农业部门在雪堰镇直湖港支流水域开展渔业资源增殖放流活动，投放花白鲢冬片 3.5 吨。加强渔业质量安全管理，全年完成水产品药残快检 553 批次，协助完成水产品抽检 120 批次，无水产品禁用药物超标事件发生。开展渔业安全生产检查，全年检查 20 次，出动渔政艇 15 艘、检查人员 95 人次，检查渔港和渔船 156 次；签发各类渔船签证 612 艘，主机功率 15680.7 千瓦，总吨位 3948 吨，签证率 100%。

【《水域滩涂养殖规划》编制完成】 2018 年 12 月，武进区编制完成《水域滩涂养殖规划》。该规划主要以武进区渔业发展现状为基础，结合农村经济发展和生态保护需要，重点科学划定禁养、限养、养殖三大功能区，实现合理布局水产养殖生产，稳定基本养殖水域，保护水域生态环境，确保有效供给安全、环境生态安全和产品质量安全的发展总目标。

【渔业科技推广】 2018 年，武进区依托省级渔业科技入户工程、省级农技（渔业）推广项目，以团头鲂、河蟹、青虾、鳜鱼等为主导养殖品种，开展“微生物制剂应用技术”“微孔管道增氧技术”“病害防治与渔用药物安全使用技术”“水产品质量安全控制技术”“膨化浮性饲料应用技术”五项水产实用技术的推广工作，以科技带动全区水产业发展。全年联系科技入户示范户 350 户、农技推广示范户 200 户，工程实施覆盖养殖面积 1533.33 公顷，辐射带动其他养殖户 2500 余户，辐射养殖面积 3733.33 公顷。积极开展渔业科技培训，着力实施“富脑工程”。全年举办各级培训班 15 期，培训渔民 2600 余人次，印发技术资料

表7　2018年武进区渔业发展情况表

项目			单位	指标	比2017年(±%)
基本情况	养殖面积		万公顷	0.5196	−3.19
	其中：池塘养殖		公顷	5096	−3.19
	围网养殖		公顷	0	−100
	河沟养殖		公顷	100	177
	水产品产量		万千克	3403	−9.18
	渔业产值		亿元	8.3	−13.09
	鱼池改造面积		公顷	104	2.9
	工厂化养殖面积		立方米水体	17880	−4.5
特种水产养殖	总面积		公顷	2020	−15.27
	总产量		万千克	467.4	−12.43
	河蟹	面积	公顷	1806	−13.92
		产量	万千克	307	0.89
	青虾	面积	公顷	903	26.89
		其中：单养面积	公顷	14	0
		产量	万千克	35.2	−1.95
		其中：单养产量	万千克	4.3	−0.44
	龟鳖	控温面积	公顷	3.5	0.00
		养殖面积	公顷	15	−35.85
	黄颡鱼面积		公顷	9	−10
	鳜鱼面积		公顷	152	−22.84
苗种生产	淡水鱼苗产量		亿尾	6.72	−27.21
	扣蟹育苗量		公斤	11000	−18.52

3250余份，有效提升养殖户的科学养鱼技能和水平。持续推进渔业信息服务工程，依托“服务惠三农”“送科技下乡”“12316”等专业平台，发送各类渔业信息50余条。

（唐承之）

农业产业化

【概况】 2018年，武进区积极引导农业龙头企业做大做强，推进休闲观光农业健康发展，实现农业产业化发展水平稳步提升。实施龙头企业培育项目3个，其中先建后补类项目1个、贷款贴息类项目2个，争取各级财政资金93.54万元；实施开放型农业项目2个，争取财政资金23.2万元。农业产业化稳步推进，成立农业产业联合体3个，新增市级农业龙头企业7家、区级8家。至年底，全区有市级及以上现代农业产业园区15个，其中省级现代农业产业示范园1个、省级现代农业产业园区1个、市级现代农业产业园区13个。有区级及以上重点农业龙头企业35家，其中国家级2家、省级12家、市级11家、区级10家，全年实现销售额292.69亿元，较2017年减少3.3%。其中，销售收入（交易额）超10亿元的3家，分别是夏溪花木市场控股有限公司、常州市横山桥农副产品批发市场有限公司和江苏立华牧业有限公司。江苏嬉乐湾生态农业示范园有限公司（简称“嬉乐湾”）获评全国休闲农业和乡村旅游四星级示范企业（园区），雪堰镇凤凰村、武进一亩水果乐园分获省休闲农业精品村、省主题创意乐园称号。

【建成农业产业化联合体3个】 2018年，武进区积极响应江苏省创建农业产业化联合体的相关要求，先后建成立华雪山鸡、夏溪花木、太湖雪堰水产3个农业产业化联合体，推动合作社、家庭农场、企业经营协同发展。

立华雪山鸡产业联合体　9月12日成立。该联合体由省级龙头企业——江苏立华牧业股份有限公司牵头，20余家企业、合作社、养殖大户参与组成，围绕龙头企业构建产业链，在合理分工的基础上开展一体化经营，促使各雪山鸡产业经营主体发挥各自优势，有效配置资源要素，在降低内部交易成本和违约风险、提高综合竞争力的同时，有助于农户获得长期、稳定、更多的经营收益。

夏溪花木产业联合体　10月23日成立。该联合体由国家级龙头企业——

10月23日，夏溪花木产业联合体揭牌成立　　供稿/区农业农村局

万臻生态科技有限公司主导，以“龙头企业＋公司＋合作社＋农户”的四合一运作模式，形成市场—企业—农村合作社—农户的四级联结方式，依托夏溪花木资源优势，充分发挥纽带和引领作用，帮助农户合理选种、科学种植，提高种植效率，协调突破产业发展瓶颈，不断提升武进花木产业竞争力。

太湖雪堰水产产业联合体　12月20日成立。该联合体由省级龙头企业——江苏太湖雪堰水产科技有限公司牵头，常州市太湖湾避风港水产品交易市场、江苏太滆水产科技有限公司、常州市武进佳华水产有限公司、江苏润泽生态农业发展有限公司参与组成，充分发挥纽带作用，将龙头企业与专业合作社、养殖大户密切联结，协调突破产业发展瓶颈。

【嬉乐湾获评全国休闲农业与乡村旅游四星级示范企业（园区）】 2018年1月5日，江苏嬉乐湾生态农业示范园有限公司被农业部农村社会事业发展中心、中国旅游协会休闲农业与乡村旅游分会联合评为“2017年全国休闲农业与乡村旅游四星级示范企业（园区）”。该公司成立于2015年5月，园区建设总面积80公顷，总投资2.5亿元。围绕“农业＋旅游”主题，以农业种植、农业研发、农业深加工为基础，以创造优美的自然环境和生产优质的绿色、有机农产品为宗旨，充分利用生态园自然景观，建设形成可览、可游、可居的环境景观和集自然、生产、休闲、康乐于一体的景观综合体，涵盖开心农场、石斛种植基地、健康养生园、百果园、青少年军事拓展基地等休闲娱乐设施，发展体验农业与示范农业相结合的特色现代农业。2018年，接待游客51万人次，实现营业收入2458万元。

【一村一园入选省休闲农业精品村和主题创意乐园】 12月31日，雪堰镇凤凰村、武进一亩田水果乐园分别被省农业农村厅评为2018年江苏省休闲农业精品村和主题创意农园。

凤凰村　位于雪堰镇北部，总面积2.87平方千米，其中耕地面积130公顷，山、林地面积56.67公顷，有村民小组20个，总人口1868人。该村注重农业产业结构调整，建设以特色农业、观光型生态农业为主的乡村旅游点，推动全村茶叶、水蜜桃、葡萄、梨、杨梅等优质农产品销售和推广，促进农村剩余劳动力就业，进一步带动农民增收，并吸引常州市龙凤谷生态旅游发展有限公司、武进区雪堰得源家庭农场、常州市凤凰乐农林果专业合作社等5家企业落户，为发展农业产业和经济增添持续发展的活力。

武进一亩田水果乐园　位于礼嘉镇武南现代农业产业园内，由常州市一亩田现代农业有限公司经营管理，总投资800余万元，水果种植面积13.33公顷，主要从事无花果、桑葚、梨、桔、桃等20余种水果种植、销售和深加工，是当地水果品种最多的水果园。全年实现营业收入359万元。

【蒋记食品签订产业援疆项目2个】 11月26日，常州市蒋记食品有限公司（简称“蒋记食品”）与新疆伊犁州尼勒克县签订产业合作协议，计划投资2000万元，在尼勒克县建设农副产品销售渠道拓展项目和农畜产品加工营销项目。该项目分两期实施：一期项目计划由蒋记食品负责经营尼勒克县优势农畜产品，采用蒋凤记OEM贴牌，力争打造1～2个网红单品。二期项目计划在尼勒克县设立农畜产品深加工企业，建设3条食品加工流水线，同时开发旅游产品，进一步拓展市场份额。

（唐承之）

表8　2018年武进区省级及以上农业龙头企业情况表

级别	企业名称	销售额（万元）
国家级	常州市枫华牧业有限公司	24501.17
	万臻生态科技有限公司	1973200.00
省级	江苏艺林园花木有限公司	17843.00
	常州市尊龙食品有限公司	8853.00
	江苏春晖乳业有限公司	15947.00
	常州家绿林果园艺有限公司	8245.00
	江苏太湖雪堰水产科技有限公司	8072.60
	常州市横山桥农副产品批发市场有限公司	353064.40
	江苏立华牧业股份有限公司	305655.64
	常州祝庄园艺有限公司	13568.20
	常州市红太阳生物工程有限公司	15981.00
	常州市津津乐食品有限公司	18260.00
	常州市蒋记食品有限公司	16734.75
	常州市希望粮食购销有限公司	22300.00

生态农业

【概况】 2018年，武进区按照江苏省“263”专项行动和太湖流域水环境治理要求，加快推进农村生活污水治理、种植业化肥农药减施、农田废弃物综合利用及生态湿地修复等工作。成功申报2018年省级现代生态循环农业试点项目，连续两年成为省试点县（区）之一。全面完成农村分散式生活污水治理工程PPP一期项目建设，启动二期项目建设，全区215个自然村生活污水得到有效收集和处理。积极探索秸秆综合利用市场运作机制，秸秆资源综合利用率达96.24%。严格落实畜禽养殖网格化监管和资源化利用工作，畜禽粪便综合利用率96.46%。完成第一轮轮作休耕1000公顷，启动第二轮轮作休耕。推进绿色农药推广试点项目，第一轮试点累计发放奖励资金95.1万元，第二轮试点启动。实施农药包装废弃物回收处置、农膜回收利用等工作。开展商品有机肥推广工作，推广使用有机肥近1万吨。完成生态湿地修复358公顷，自然湿地保护率

53.6%。开展蓝藻打捞处置，实现资源化利用率100%。

【省级现代生态循环农业试点项目申报成功】 9月，武进区成功申报2018年省级现代生态循环农业试点项目，连续两年成为全省10个试点县（区）之一。该项目计划总投资1982万元，其中省级财政补助资金1000万元，重点用于实施雪堰镇新康村现代生态循环农业工程、武进区林业科技发展中心生态循环农业全链条示范工程、水产健康养殖尾水生物生态处理工程、畜禽养殖污染综合防控及废弃物资源化利用工程和武南片区典型镇农业标准化清洁化生产工程五大工程建设，逐步实现农业减量化、清洁化、标准化生产，构建全区范围的农业大生态和大循环，初步形成以农业清洁化生产为主导、农田生态系统修复为抓手的现代生态循环农业体系。该项目实施期限为2018年8月31日至2019年8月31日，已下拨启动资金204万元，五大项目整体进度达30%，有10个子项目启动实施。

【农村分散式生活污水处理PPP项目实施】 2018年，武进区坚持重点区域优先治理的总体思路，推进农村分散式生活污水处理PPP项目实施。10月，该项目一期全面完成，收集范围覆盖215个自然村，受益农户1.5万户，工程建设总投资2.4亿元（不含运营维护费）。11月，二期招投标完成，北京碧水源科技股份有限公司—江苏大禹水务有限公司—江苏恒诺园林建设有限公司—江苏今创嘉蓝环境工程有限公司联合体被确定为中标单位，治理范围覆盖洛阳、前黄、雪堰等镇400多个自然村，受益农户2.6万户，工程建设总投资5.4亿元（不含运营维护费），建设年限为2019—2020年，主要建设生活污水收集及尾水排放系统、污水处理设施、远程监控信息系统、道路修复及环境提升等内容。

【生态湿地修复】 2018年，武进区按照江苏省"263"专项行动和太湖水环境治理的总体要求，推进生态湿地修复和保护。全年修复生态湿地358公顷，管护重点湖泊湿地植物面积200公顷；开展林业湿地碳汇计量监测，生成林地碳汇一张图；开展重要湿地认证，建立各类湿地保护形式，完善湿地保护体系。全区自然湿地面积1.78万公顷，受保护的自然湿地有：滆湖备用水源地保护区，总面积1776.72公顷，其中受保护自然湿地面积1776.72公顷；滆湖国家级水产种质资源保护区，总面积2700公顷，其中受保护自然湿地面积2629.19公顷；滆湖、太湖湿地保护小区，总面积3721.67公顷，其中受保护自然湿地面积3671.33公顷；江苏常州鲌类国家级水产种质资源保护区，总面积1496公顷，其中受保护自然湿地面积941.71公顷；江苏武进滆湖省级湿地公园，总面积1625公顷，其中受保护自然湿地面积414.08公顷；宋剑湖湿地保护小区，总面积117.6公顷，其中受保护自然湿地面积115.1公顷。全区自然湿地保护率53.6%。

宋剑湖生态湿地　　摄影／高　岷

【水产养殖污染整治】 2018年，武进区坚持生态优先、绿色发展的导向，持续推进滆湖网围（捕捞）拆除工作。各涉及镇及相关部门按照《武进区滆湖网围（捕捞）拆除实施方案》，序时推进工作实施，强化事前、事中、事后监管，确保资金使用安全。至年底，滆湖网围（捕捞）拆除工作基本完成，涉及养殖户334户、捕捞户197户，资金总投入2.7亿元，渔民全部上岸。根据《江苏省湿地保护条例》和《湿地保护管理规定》，在2018年9月1日—2019年8月31日期间实行滆湖武进段湿地封闭轮休，由区农业农村局联合省滆湖渔政监督支队每天早晚两次巡查湖区，做好对越界渔民的劝阻和劝离工作。年内，湖区治安平稳，沿湖渔民情绪稳定，取得湿地封闭轮休工作阶段性成果。

【秸秆资源综合利用】 2018年，武进区完善农作物秸秆综合利用体系，于5月出台《关于加强秸秆综合利用工作的意见》《推进农作物秸秆综合利用试点工作实施方案》等文件，明确各镇（街道）的工作职责和要求，健全秸秆综合利用基础数据上报机制，积极探索秸秆综合利用市场运作机制，提升市场主体在秸秆综合利用工作中的参与度，发挥社会力量作用。区财政投入资金335.6万元，强化对综合利用试点镇（街道）秸秆还田、打捆运输、收储利用等方面补贴。全区农作物秸秆产生总量65560吨，综合利用63100吨，秸秆资源综合利用率达96.24%。

【蓝藻打捞处置】 2018年，武进区按照江苏省"263"专项行动目标要求，着力提高蓝藻打捞处置能力，提升机械化水平，实现"确保饮用水安全，确保不发生大面积湖泛"的任务目标。配置机械打捞船19艘、吸藻车4辆、蓝藻围隔9100米、藻水分离设备3套和资源化利用中心1个，蓝藻日打捞能力4000多吨，日处置能力4800吨。制定《武进区太湖蓝藻打捞处置应急方案》，建立三级应急响应网络，购置移动式曝气装置、蓝藻收集器、推进器等应急设备，强化重点区域和狭窄水域蓝藻的应急处置能力，有效预防湖泛发生。全年累计出动人员7732人次、船只2310船次、车辆268车次，共计打捞太湖蓝藻20余万吨，产藻泥3010.9吨，打捞水草垃圾128吨，藻泥制成生物有机肥2945吨，实现资源化利用率100%。

【商品有机肥推广】 2018年，武进区开展商品有机肥推广工作。全面调查全区各类种植业经营主体有机肥需求，立足于当地畜禽粪便、蓝藻藻泥等农业废弃物的资源化利用，以太湖一级保护区（雪堰镇、前黄镇）为主要核心区，辐射周边区域（礼嘉镇、洛阳镇等），通过招投标确定常州市天绿生态有机肥有限公司、江苏科力农业资源科技有限公司2个有机肥推广主体，利用价格补贴机制引导林果、蔬菜、茶叶等种植户增加有机肥施用，将有机肥推广与农业废弃物生态消纳有机衔接，削减污染物的同时改善农地质量，促进全区生态循环农业发展。在推广实施中，严格规范有机肥配送流程，定期审查推广主体台账资料，抽检供肥企业货物质量，强化推广绩效考核，在林果、蔬菜、茶叶等种植业推广有机肥0.98万吨，下拨财政补贴资金196万元。

（唐承之）

农业机械化

【概况】 2018年，武进区围绕稳粮提质增效，坚持量质并举，积极开展粮食生产全程机械化整体推进示范区创建工作。在巩固粮食生产全程机械化水平的基础上，于5月出台《2018年武进区农机化发展扶持政策》，促进农机装备水平、作业水平及管理服务水平稳步提升。全年新增各类先进适用补贴农业机械62台套，其中大中拖拉机6台、高性能联合收割机2台、高性能插秧机4台、空气源热泵热风炉2台，共投入中央及省级财政补贴资金47.55万元。全区有农机专业合作社、农机作业服务公司等农机服务组织60个，农机服务组织作业面积占机械作业总面积的80%以上。区农机部门大力扶持农机服务组织机库和维修点建设，确定2家机库和1个维修点建设项目。至年底，全区农机总动力25.41万千瓦，其中柴油机动力13.24万千瓦、汽油机动力1.64万千瓦、电动机动力10.53万千瓦；机插秧面积0.44万公顷，占水稻种植面积的88.16%。全区农业综合机械化水平90%，其中粮食生产机械化水平95%以上、设施农业生产主要环节机械化水平73%以上，农业机械化水平在全省保持领先地位。

【粮食生产全程机械化示范区建设】 2月6日，武进区被省农业农村厅确定为创建省粮食生产全程机械化示范区后，围绕智能化、信息化、绿色环保等高性能上档次新机具新技术发展方向，稳步推进粮食生产全程机械化示范区创建工作，促进机械装备提档升级。成立粮食生产全程机械化示范区创建工作领导小组，制定《武进区推进粮食生产全程机械化实施意见》和《武进区粮食生产全程机械化示范镇创建考核办法》，以示范镇创建为抓手，加强行政推动，打造粮食生产全程机械化示范方。组织农机农艺专家制定《武进区粮食生产全程机械化技术规程汇编》《武进区粮食生产全程机械化技术指导意见》等文件，进一步建立优化适合武进区粮食生产全程机械化的生产模式和技术路线。2018年，全区粮食生产机械化水平在95%以上。

【高效设施农业机械化扶持发展】 武进区坚持农机与农艺相结合，于5月出台《2018年武进区高效设施农业机械发展扶持办法》，鼓励加快引进和发展水产养殖业、畜禽养殖业、蔬菜园艺业、林果业、花卉苗木业五大高效设施农业机械新技术、新装备，使更多新型、先进、适用的农业机械应用于农业生产，推动全区农业机械化全面、全程、高质、高效发展。同月，出台《2018年武进区林果业"机器换人"示范基地发展奖励办法》，大力扶持林果机械化生产"机器换人"示范基地建设，重点围绕林果种植中中耕整地、除草、开沟、施肥、灌溉、植保、枝条修剪粉碎、采收、田间转运、保鲜、初加工等环节，对注重各环节机械化技术组装集成和整体推进、机械化应用水平比较高、起到典型示范引领作用的"机器换人"示范基地给予奖励，促进林果产业提档升级。2018年，全区设施农业生产主要环节机械化水平在73%以上。

【农机社会化服务建设】 2018年，武进区大力实施农机社会化维修服务奖励政策，鼓励并引导更多的维修力量投入农机社会化维修服务，提高全区农机维修能力和服务水平。常州市武进区潘家小建农机修理部、江苏常州汇丰农机有限公司、常州武进现代农机有限公司前黄分公司、常州市前丰农机维修有限公司、常州武进现代农机有限公司汽修厂5家农机维修网点经过专业考评，获得奖励资金扶持共计17万元。积极培养和锻炼高素质专技人才，组织选手参加省、市农机修理工竞赛，武进选手孔晨飞在常州选拔赛中夺得第一名，在第四届江苏技能状元大赛农机修理工竞赛暨第六届全省农机职业技能竞赛中获得第二名。

（唐承之）

农村工作

【概况】 2018年，武进区围绕乡村振兴"产业兴旺、生态宜居、乡风文明、治理有效、生活富裕"总要求，紧扣"五个三年行动计划"突破年主题，全力提升镇村发展质量，积极营造乡村振兴新局面。编制出台《武进区贯彻落实乡村振兴战略的实施意见》《常州市武进区乡村振兴战略实施规划（2018—2022年）》，明确乡村振兴目标任务和重点举措。制定《武进区特色强镇建设三年行动计划2018年突破方案》，重点推进"区镇联动、中心镇管理体制改革、被撤并镇焕颜，资源整合增效"四大突破。全面推进农产品（水稻）收入保险、土地经营权入股发展农业产业化经营两项国家和省农村改革试验，省农村改革试验基本结束。全年完成政策性农业保险保费1924.78万元，理赔总额807.55万元。全区创成区级"美丽型"乡村20个、"康居型"村庄达标171个，武进区美丽乡村嘉年华活动成功举办。58个家庭农场被纳入2018年区级示范家庭农场名录，155个工商注册家庭农场被纳入农业农村部和省农业农村厅家庭农场名录系统。全面建成农村会计服务站，开展新一轮农村集体资产清产核资，村均集体年收入达562万元，居民人均可支配收入47086元，城乡居民收入比1.9∶1。完成扶贫对象年度动态调整，年度脱贫农户749户，脱贫率达98.8%。全年农村产权交易项目2889个，交易额28.45亿元，武进区农村产权年度交易额列全省县区级第三名；累计办理土地承包经营权抵押贷款43笔，放贷总额3052.7万元，武进区农村产权交易工作继续保持全省领先。区委农工办获评省农工办系统先进集体。

【武进区部署实施乡村振兴战略】 2018年，武进区按照乡村振兴"产业兴旺、生态宜居、乡风文明、治理有效、生活富裕"总要求，紧扣产业振兴、人才振兴、文化振兴、生态振兴、组织振兴"五个振兴"科学论断，全面部署实施乡村振兴战略，构建"1+1+N"政策体系。第一个"1"即出台《武进区贯彻落实乡村振兴战略的实施意见》，明确全区乡村振兴的目标任务，以及"提高农业产业质量，繁荣农业农村经济""推进农村改革创新，激发乡村发展活力""推进生态绿色发展，打造美丽宜居环境""聚焦强村富民增收，增创农民富裕生活""优化资源要素配置，推动城乡融合发展""推进乡风文明建设，实现乡村和谐善治"六项重点工作，"产业融合提质""农业用地提效""农业品牌提优""就业创业增收""改革创新增效""人才引育增智""农村人居环境整治""美丽村庄建设""淳美乡风兴盛""三资三化""阳光扶贫"十大重点工程；第二个"1"即出台《常州市武进区乡村振兴战略实施规划（2018—2022年）》，明确五年的目标任务与重点举措；"N"即研究出台《武进区生态农业生产体系改革方案》《常州市武进区贯彻落实建立健全村务监督委员会的指导意见实施办法（试行）》《农村人居环境三年行动》等一系列配套政策文件。年内，乡村振兴典型培育亮点纷呈，涌现出雪堰镇城西村、太滆村，洛阳镇管城村、岑村村，湟里镇葛庄村、西墅村，嘉泽镇跃进村、礼嘉镇何墅村和横山桥镇五一村、金丰村等乡村振兴的先进典型，其中雪堰镇城西村、横山桥镇五一村的经验做法入选省先进典型案例。

【特色强镇建设】 参见《专记》栏目P5同名条目。

【政策性农业保险高效运行】 3月，武进区出台《关于2018年高效农业保险工作的考核办法》，落实高效农业保险投保任务，努力提高高效农业保险险种适保农户的参保率。5月25日，区农险办与南京农业大学金融学院签订专家咨询协议，进一步完善水稻收入保险实施细则，调整水稻收入保险部分政策，取得良好成效。农业农村部在农村改革工作动态第12期刊登《江苏省常州市武进区水稻收入保险试点情况调查》，宣传武进区水稻收入保险改革经验，并在7月份全国农村改革试验区金融支农体制机制创新调研交流会上介绍经验，得到与会领导和专家学者的一致认可。年内，全区完成政策性农业保险保费1924.78万元，理赔总额807.55万元。

【美丽村庄建设】 2018年，武进区围绕常州市全域美丽乡村建设规划的总体布局，全方位推进全域美丽乡村建设。按照"整洁型"村庄拉网式整治、"康居型"村庄达标化提升、"美丽型"村庄特色化打造的要求，因地制宜推进"三类三型"（一般村、重点村、特色村和整洁型、康居型和美丽型）村庄建设，创成区级"美丽型"村庄20个、"康居型"达标村庄171个，达标率近50%。重点推进农村生活污水集中处理，完成215个村庄分散式生活污水治理，受益农户1.41万户；实施河道生态修复工程等8个重点项目，高标准通过市级验收；加快村级道路改造提升等基础设施建设以及村级卫生室改造提标、文体设施等公共服务配套设施建设；组织雪堰镇城西回民村全力打造省级特色田园乡村和市级首批美丽乡村示范村，举办武进区美丽乡村嘉年华活动，充分展示美丽乡村魅力，加速农村生态文明建设。

【武进区美丽乡村嘉年华活动】 2018年10月28日，武进区美丽乡村嘉年华暨雪堰镇城西村陡门塘美丽乡村示范项目揭牌仪式在太湖湾海棠园举行。该活动持续15天，配套市民艺术节优秀作品展演、太湖美食节、丰收节暨农副产品展销会、民俗文化展示、"美丽乡村"摄影作品展示和"庆祝改革开放40周年"武进诗词大会总决赛、钓鱼节、锡剧折子戏专场巡演8个子活动，全方位推介具有武进特色的农业产业、民俗文化、乡村旅游资源，打响"美丽乡村"武进品牌。雪堰镇城西村陡门塘于2017年入围江苏省第一批特色田园乡村建设和常州市美丽乡村示范点建设试点，围绕"路要通起来、水要活起来、景观要透起来、文化要靓起来、旅游要串起来"五大要素，2018年总投资6000万元，建设回村乡韵民宿区、农业实践科普区、滨水梨园赏花区、农业采摘观光区、山林登高观光区、国学教育养生区、坝顶茶禅休闲区、农家田园乐活区8个功能区，并在陡门塘核心区1.6平方千米建

美丽田园城西回民村　　摄影/高　岷

设大涧河滨水休闲区、村南游客中心、乡村美学馆、农业科普馆、特色民宿等，积极打造“太湖灵秀地、风情陡门塘”。武进区坚持典型引路、示范带动，推进全域美丽乡村建设，打造“南部太湖湾片区、中部南环线片区、东部经开区片区、西部滆湖片区”四大片区，形成美丽乡村示范带，让农村更宜居，让村民更富裕，让乡风更和谐。

【新型农业经营主体培育】 2018年，武进区深入贯彻中央关于农业农村优先发展的精神，突出抓好新型农业经营主体培育，落实扶持小农户发展政策，培育各类社会化服务组织，提高农业经营效率和水平。全区58个家庭农场被纳入2018年区级示范家庭农场名录库，155个工商注册的家庭农场被纳入农业农村部和省农业农村厅家庭农场名录系统。16个家庭农场实施“先建后补”项目，投资总额近300万元，其中财政补助134万元。创成省级示范农场2个（横山桥鼎盛家庭农场、前黄沈记家庭农场）和市级优秀家庭农场10个，获得“以奖代补”资金40万元。深化社区股份合作制改革，190个行政村和62个涉农社区完成社区股份合作制改革，累计建立社区股份合作社252家，改革总体完成率为97.3%。继续推进农民专业合作社规范化建设，41家合作社进入政府优先扶持名录，11家合作社实施“先建后补”项目，投资总额超过400万元，其中财政补助206万元。创成市星级农民合作社11家，获得“以奖代补”资金31万元。

【农村会计服务站全面建成】 2018年1月，武进区16个镇和涉农街道会计服务站全部挂牌成立，64名工作人员全部到岗到位。根据省“三资”专项治理和市、区“三资三化”提升行动实施方案精神，武进区于2017年12月出台《关于建立镇（街道）会计服务站的实施方案》，按照管代分离、规范核算、多方审核、强化监管的原则，以镇为单位建立农村会计服务站。该服务站专职从事村级集体财务会计核算，设站长或财务总监1名，原则上5个村配备1名代理会计，并对代理会计实行“三年一轮岗”的动态管理；同时，接受镇级农经部门的财务检查监督，彻底改革农村财务监管模式。

【新一轮农村集体资产清产核资】 从2018年7月起，武进区对照中央和省、市关于稳步推进农村集体产权制度改革意见要求，在农村“三资”信息化监管的基础上，开展新一轮农村集体资产清产核资工作。按照尊重历史、兼顾现实、实事求是、依法依规的原则，根据不同集体资产的形成过程和历史沿革，从有利于管理实际出发，将集体资产确权到镇、村、组集体经济组织。各地根据实施方案，以会计核算资料为基础，先账内、后账外，逐项清查核实。全面清查核实农村集体经济组织经营性资产、非经营性资产和资源性资产，摸清债权债务，全面梳理相关经济协议与合同，对账外实物资产清查核实、补充登记，在此基础上，按类别建立管理台账，开展初次公示和二次公示，对公示无异议的清产核资结果，经相关规定程序后确认和备案，并完成全国农村集体资产清产核资管理系统数据录入上报工作。据清产核资结果显示，截至2017年12月31日，全区农村集体资产总计2652423万元，负债总计1023935万元，所有者权益总计1628488万元，其中经营性资产838177万元、非经营性资产1814246万元。全资企业类资产总额11075万元。资源性资产中集体土地总面积61297.8公顷，其中农用地38455.87公顷、建设用地21226.53公顷、未利用地（河流水面）1615.4公顷。

【村级集体经济发展】 2018年，武进区把强村富民作为加快城乡一体化的重要抓手、促进区域均衡发展的重要举措、增进民生幸福的重要支撑，坚持以政策创新为突破口，完善村级集体经济发展的政策措施，积极鼓励各地探索集体资产保值增值的方法和途径，全面激活内生动力，多措并举拓宽收入来源，确保村级集体收入的持续稳定增长。积极挖掘土地制度改革红利，全面推进集体经营性建设用地入市，村级土地租金收入占村级总收入的26%左右。到年底，全区259个行政村（涉农社区）集体收入总额达14.57亿元，所有村集体年收入均在120万元以上，村均集体年收入达562万元，其中集体年收入超1000万元的村有25个。

【扶贫开发工作】 2018年，武进区坚持以政策保障为引领，以慈善救助为补充，积极构建“政府主导、上下联动、社会参与”的大扶贫格局，着力巩固提升脱贫质量。加大财政兜底保障力度，低保金标准从每人每月760元提高至800元，贫困户财政转移性收入明显增加，已脱贫农户年人均收入13531元，户均转移性收入达13272元。积极促进产业扶贫，通过开展就业技能培训、提供公益性服务岗位及产业发展帮扶，促使部分贫困户家庭劳动力就业，增加其工资性收入和经营性收入，在年度脱贫人口中有516人参加各类就业，占脱贫人数的41.62%，就业增收成为贫困户家庭增收脱贫的重要途径。全面落实“两不愁、三保障”（扶贫对象不愁吃、不愁穿，保障其义务教育、基本医疗和住房）要求，完成建档立卡低收入农户住房情况摸底排查，推广简便易行的危房鉴定程序，制定实施危房改造计划，建立危房台账并实施精准管理。加强党员干部结对帮扶，“阳光扶贫”实现建档立卡低收入农户全覆盖。按照应进则进、应退则退的原则，完成全区扶贫对象年度动态调整，年度脱贫农户749户1240人，累计脱贫率达98.8%。

【农村产权交易】 2018年，武进区按照农村集体资产资源交易“应进必进”的要求，以规范化建设为抓手，提升交易覆盖，基本实现村级交易全覆盖、线上交易镇级全覆盖。在抓好交易覆盖的同时，积极拓展交易项目，结合农村改革创新的工作要求，将集体建设用地使用权纳入平台交易。全年实现交易项目2889笔，交易金额达28.45亿元，分别增长141.76%、419.71%，武进区农村产权年度交易额列全省县区级排名第三，遥观镇农村产权交易额列全省乡镇级排名第一。全区累计实现交易项目5570笔，交易金额达35.96亿元。积极做好土地经营权抵押贷款权证办理工作，有效缓解农业经营主体融资难问题。至年底，累计办理土地承包经营权抵押贷款43笔，放贷总额3052.7万元。

（崔臣子）

工 业

Industry

栏目编辑　陈　蓉

工业经济运行

【概况】 2018年，武进区有国家级高新技术产业园区1个、省级工业产业园区2个、镇特色工业园区10个，工业企业2.4万家，其中年主营业务收入2000万元以上（简称“规模以上”）工业企业1665家、超100亿元企业6家、超1000亿元企业1家，有高新技术企业537家。工业企业入围2018年中国民营企业500强6家、中国民营企业制造业500强9家，新增上市工业企业4家，累计24家，获市长质量奖企业1家。年内，全区围绕建设工业明星城市和“产业创新发展突破年”目标，持续实施民营企业升级工程、特色工业园区提升工程和特色企业培育三年行动计划，有效应对挑战，工业生产总体平稳，高质量发展基础不断夯实。据中国信息通信研究院发布的《中国工业百强县（市）、百强区发展报告》，武进区位列中国工业百强县区全国第八、全省第一。

从主要指标和收入效益看，全区工业经济总体平稳，稳中有忧。2018年，工业投资比2017年增长7.1%，规模以上工业企业完成产值4217.96亿元，增长10.4%，规模以上工业增加值按可比价计算增长6.2%；规模以上工业企业实现主营业务收入4678.27亿元、利税总额423.40亿元、利润总额282.91亿元，分别增长9.8%、14.2%、18.2%；增加工业用电量161.68亿千瓦时，增长5.0%。聚焦智能装备制造、新材料等特色新兴产业，持续引导优势传统产业向中高端发展，促进制造业转型升级，纺织、冶金、金属制品三大传统产业规模以上工业企业完成产值1520.4亿元，省标战略性新兴产业规模以上工业企业完成产值1618.35亿元，分别占全区规模以上工业企业产值的36.05%、38.37%。10个镇特色工业园区有入驻工业企业1063家，完成工业总产值1059亿元。因受中美贸易摩擦、光伏补贴取消等因素影响，市场需求走向不确定性和企业投资风险有所增加，主要指标增幅回落，经济效益增长放缓，持续稳定增长压力较大。

从发展质量和经济贡献看，全区工业经济较为稳定，质效提升。工业投资结构好转、质量改善，企业投资主要用于淘汰落后产能、实施技术改造，全年工业技改投入增长15.0%，占工业投资的60.3%。销售收入百强工业企业累计完成产值2721.44亿元、销售收入3220.50亿元、利税284.53亿元，有效拉动全区工业发展。全区累计实现工业税收175.48亿元，增长14.9%，有效支撑全区税收，其中净入库税收超3000万元的工业企业65家，增加7家。全区综合能源消耗量871.38万吨标准煤，上升0.7%，低于调控序时进度要求。

（张杏阳）

【镇特色工业园区产值超1000亿元】 武进区有雪堰精密机械产业园、前黄绿色低碳产业园、礼嘉农用机械工业园、洛阳冷藏冷链装备及电机电器产业园、湟里东方产业园、牛塘军民融合产业园、湖塘科技产业园、遥观轨道交通及绿色机电产业园、横林绿色能源及绿色家居产业园、横山桥智能电力装备产业园10个镇特色工业园区，区域集中、特色鲜明，累计入驻企业1063家。2018年，全区围绕产业创新发展三年行动计划、特色强镇建设三年行动计划及区委办、区政府办印发的《武进区特色工业园区提升工程实施方案》精神，持续实施园区提升配套政策，优化园区布局，提升园区功能，提高用地效益，壮大主导产业，优化企业结构。10个镇特色工业园区投入基础设施建设资金9.3亿元，完成工业投资46亿元，实施1000万元以上投资项目64个，完成工业总产值1059亿元，实现销售收入980亿元，其中规模以上工业企业实现销售收入850亿元，占86.7%。

（薛舒明）

【区工业重点项目投资259亿元】 2018年，武进区实施区重点工业项目133个，完成投资259亿元，完成年度目标的105.9%。其中，投资额超10亿元的项目5个。至年底，长海池窑改造及复合材料制品项目、今创轨道交通产业园（二期）项目、江苏星源超级涂覆工厂项目等70个项目超额完成年度投资计划，长海池窑改造及复合材料制品项目、顺风高效太阳能电池片项目、新纶复合铝塑膜项目等63个项目竣工投产。

（郑佑雄）

【重点企业运行监测】 2018年，全区围绕年度工业经济目标任务，筛选重点工业企业60家、成长型工业企业120家，开展定期和专题运行分析，加强重点行业、重点企业监测预警，着力培育新增长点，发挥重点企业和成长型企业对工业经济的支撑作用，确保工业经济运行态势稳健向好。年内，全区重点企业、成长型企业、新增长点企业应对外部形势和环保压力，保持持续增长。60家重点工业企业累计完成产值2180.06亿元，占全区规模以上工业企业产值的51.69%，有力支撑全区工业发展。120家成长型企业累计完成产值440.06亿元，比2017年增长19.3%，高于全区规模以上工业企业产值平均增幅8.9个百分点，有效拉动全区工业增长。

（姜 枫）

表9 2018年武进区60家重点工业企业主要经济指标完成情况表

单位：万元

主要经济指标 / 企业名称	产值		主营业务收入		利税		利润	
	2018年	比2017年（±%）	2018年	比2017年（±%）	2018年	比2017年（±%）	2018年	比2017年（±%）
中天钢铁集团有限公司	5724307	−3.32	11206812	−0.50	418986	12.65	223564	19.86
亚邦投资控股集团有限公司	—	—	—	—	—	—	—	—
东方润安集团有限公司	1970159	6.62	1908853	3.02	134458	32.51	91092	28.86
瑞声科技控股有限公司	1302642	58.06	1158431	39.59	187250	142.31	157588	198.50
江苏江南实业集团有限公司	1427291	9.58	1446452	10.56	114974	2.19	61288	4.73
常州同泰高导新材料有限公司	1548046	24.17	1523941	24.73	174913	0.36	123597	12.00
常州今创控股有限公司	1360806	8.34	1235304	2.66	166292	−2.80	104310	−7.30
江苏常发实业集团有限公司	530180	−1.41	455092	12.35	23581	−23.52	14972	−31.50
光宝科技（常州）有限公司	903239	1.94	897705	5.81	20169	23.99	20110	24.44
江苏国茂减速机股份有限公司	174938	19.00	174938	18.98	32636	104.21	25073	68.87
旷达控股集团有限公司	184744	−7.47	175567	−13.76	33993	32.99	29995	50.11
新誉集团有限公司	409363	41.69	374229	62.23	86820	−53.61	64154	−57.29
江苏顺风光电科技有限公司	172827	−59.77	157223	−63.75	−4144	/	−5135	/
百兴集团有限公司	172340	30.00	162127	34.69	18540	48.67	8302	90.48
江苏长海复合材料股份有限公司	380132	8.57	366416	11.40	71074	16.67	51976	13.90
江苏恒立液压股份有限公司	325785	25.33	326778	29.04	109155	76.48	94721	83.36
江苏华电戚墅堰发电有限公司	241395	−3.11	241395	−3.11	33319	−8.29	9389	−37.87
中车戚墅堰机车有限公司	233404	5.68	311404	32.36	20457	/	577	/
中车戚墅堰机车车辆工艺研究所有限公司	242059	10.02	214940	6.25	15130	−3.55	4602	−57.51
卡尔迈耶（中国）有限公司	234096	13.84	209761	4.77	76196	−13.11	65084	−17.42
江苏赛拉弗光伏系统有限公司	214365	16.02	212310	16.37	26977	30.19	16407	34.91
江苏丰润电器集团有限公司	291370	77.60	286426	80.89	9660	9.34	3984	/
柳工常州机械有限公司	347339	118.84	340930	116.65	42322	154.38	33132	173.18
常州博瑞电力自动化设备有限公司	268711	45.40	240195	54.00	59955	86.05	50445	117.87
常州新奥燃气发展有限公司	184915	20.69	184720	20.49	45985	24.34	40169	26.05
江苏常宝钢管股份有限公司	158105	48.47	220201	48.44	29668	89.54	24021	104.39
光大环保技术装备（常州）有限公司	228818	76.76	228818	66.87	48435	83.46	33487	428.58
江苏雷利电机股份有限公司	192031	18.03	183889	17.64	20748	−11.53	18853	−12.69
安费诺（常州）高端连接器有限公司	159755	35.28	149822	22.80	58811	24.64	49794	26.42
安川（中国）机器人有限公司	98000	−9.31	97689	−9.60	16336	−15.84	13335	−9.16
倍科电器有限公司	84343	7.71	106063	2.51	4593	37.68	−2375	/
江苏南方通信科技有限公司	88754	−8.17	88754	−8.17	13219	−37.46	10209	−39.97
江苏龙城精锻有限公司	98160	−2.07	96917	2.02	9262	16.21	5638	17.56
江苏贝尔装饰材料有限公司	139923	13.41	134234	9.08	10486	−39.12	6230	−45.97
新华昌集团有限公司	109932	16.43	129969	51.16	22851	41.99	5363	30.36
腾龙科技集团有限公司	85849	0.74	83572	−0.56	26061	58.67	23277	67.84

续表 9

主要经济指标 企业名称	产值		主营业务收入		利税		利润	
	2018 年	比 2017 年（±%）	2018 年	比 2017 年（±%）	2018 年	比 2017 年（±%）	2018 年	比 2017 年（±%）
博世力士乐（常州）有限公司	102670	23.64	100235	20.75	25296	71.29	18993	159.91
安费诺（常州）连接系统有限公司	80678	21.47	83928	3.84	9429	−12.68	7176	24.78
常州市凯迪电器股份有限公司	111589	41.66	111487	41.65	39571	68.34	30778	67.49
新纶科技（常州）有限公司	65048	−35.77	60521	−21.64	18370	11.39	16729	6.72
哈焊所华通（常州）焊业股份有限公司	81342	3.21	86188	19.82	9536	10.36	5865	6.15
常州市薛巷电讯元件有限公司	174887	82.12	170606	49.32	8427	27.54	5214	66.55
常州市神力电机有限公司	87867	34.07	87867	34.07	6671	19.09	3945	21.71
常州市长润石油有限公司	57608	−17.48	64162	1.44	1754	120.12	863	130.42
江苏东方龙机车集团有限公司	45779	−32.30	44054	−29.34	1683	−48.29	730	−42.61
江苏金鼎电器有限公司	52272	−12.56	53073	−10.37	5283	−10.09	3099	−11.51
三鑫重工机械有限公司	67506	9.31	69027	25.25	6806	4.58	3054	−18.99
江苏晶雪节能科技股份有限公司	49151	5.11	55768	4.23	9437	26.25	5395	34.24
江苏洛凯机电股份有限公司	54538	6.32	53640	13.34	9887	14.23	7482	20.07
江苏南方卫材医药股份有限公司	48886	−3.56	44923	−7.57	8719	−0.24	6259	1.81
江苏瓯堡纺织染整有限公司	60540	27.90	59771	26.65	822	71.12	9755	55.23
常州强力电子新材料股份有限公司	62167	−29.49	56115	19.31	14238	−1.46	11648	0.25
碳元科技股份有限公司	54962	6.14	50750	9.01	8479	25.98	7848	23.88
江苏海鸥冷却塔股份有限公司	43632	4.72	46144	3.45	4161	47.14	3589	53.46
江苏兰陵化工集团有限公司	43180	−4.40	42381	7.79	4109	16.24	2363	22.87
江苏南方轴承股份有限公司	40029	0.10	39306	0.30	15149	57.75	12466	50.63
快克智能装备股份有限公司	44175	18.68	43298	19.94	19301	12.07	15904	10.12
江苏鑫和泰机械集团有限公司	28205	−14.56	27281	−19.28	1697	−59.34	947	−61.69
江苏日盈电子股份有限公司	32260	8.85	31359	6.65	3023	−19.92	2262	2.67
常州市同和纺织机械制造有限公司	23507	−17.52	23507	−5.01	−202	/	−462	/
合计	21800598	9.04	26837268	7.55	2410808	16.52	1659129	22.46
占全区规模以上工业比重（%）	51.69		57.37		56.94		58.64	

说明：①表内企业按《区政府办公室关于公布 2018 年武进区重点工业企业、成长型工业企业名单的通知》中 60 家重点工业企业名单排序；②“/”表示本期或同期为负数；③“−”表示企业未列入统计 （姜 枫）

【工业节能降耗】 2018 年，武进区突出“节能降耗，绿色发展”主题，持续压降能源消耗，发展循环经济，万元 GDP 能耗下降 5.02%，规模以上工业企业全年综合能源消耗量 871.38 万吨标煤，增长 0.7%，增幅下降 7.6%。年内，区经信局贯彻《武进区“两减六治三提升”专项行动淘汰化工、印染、电镀重点污染行业产能实施意见》要求，对全区 103 家限停产企业实行管控日报，有序淘汰低端低效产能，关停行业污染企业 292 家，其中化工企业 230 家、印染企业 51 家、电镀企业 11 家，减企比例 56.5%，下达奖补资金 5806.44 万元，奖补企业 84 家；实施重点行业淘汰低端低效项目 5 个，淘汰纺织产能 2000 万米、印染产能 1415 吨、电镀产能 3 万吨、铸造产能 3000 吨，通过市级验收；集中整治“散乱污”企业（作坊）3591 家，完成企业能源审计 12 家、清洁生产审核 8 家，推动工业企业淘汰落后电机及设备 844 台套。推进清洁生产和资源综合利用，组织各镇、开发区开展长江经济带固体废弃物大排查，指导常州汉科汽车科技有限公司汽车及其零部件项目申报进入工业和信息化部再制造目录（第七批）。加快构建绿色制造体系，开展重点用能企业“百千万”行动（国家发展和改革委根据用能量划分百家、千家、万家重点用能单位，并实施目标责任评价考核），马拉兹（江苏）电梯导轨有限公司、常州同泰高导新材料有限公司、三鑫重工机械有限公司完善基础设施和管理体系，优化能源资源投入，减少污染排放，入选工业和信息化部绿色工厂。区节能与循环经济项目库新增项目 10 个，可年节约标准煤 28 万吨。多渠道宣传节能政策、节能技术、节能先进设备和节能典型单位，推进 5 家燃煤企业

常州同泰高导新材料有限公司铜杆车间一角　　供稿/区经信局

完成清洁能源替代，规模以上工业非电用煤企业由2016年的109家降至6家，全年完成减煤目标进度的123.2%。

（万永吉）

工业转型升级

【概况】 2018年，武进区坚持稳增长、调结构、促转型，加快推进产业结构调整、发展方式转变、企业提质增效，发展高端装备、新材料等战略性新兴产业，促使传统产业改造提升，促进工业向高端化、特色化、集约化方向发展。全区累计有国家火炬特色产业基地4个、国家新型工业化产业示范基地2个、省特色产业集群4个、省高端装备制造业特色和示范产业基地2个、省新型工业化产业示范基地4个。实施智能制造工程，鼓励骨干企业开展智能制造试点示范项目建设，龙头企业加快智能制造新模式推广应用，实现从自动化生产线到智能车间再到智能工厂的稳步提升，新增省级示范智能车间8个，累计35个，江苏恒立液压股份有限公司的年产5.5万吨高精密液压铸件智能工厂获评省级智能工厂。加快“两化”深度融合，鼓励企业推进“互联网+”行动，新增国家级“两化”融合管理体系达标评定企业25家，企业获工业和信息化部贯标试点企业认定3家、省贯标试点企业认定6家。实施“企业上云”三年行动计划，鼓励大中型工业企业与云平台服务商合作，把信息基础架构和应用系统向云上迁移，实现管理“上云”、业务“上云”，推动工业小微企业使用成熟云存储、云桌面、云设计、云管理、云系统等应用服务，降低企业信息系统构建成本，全年有8家工业企业获省星级“上云”企业认定，其中五星级1家、四星级5家、三星级2家，4家企业获评江苏省工业互联网服务资源池单位。提升企业自主创新能力，鼓励建设企业技术中心，新增企业技术中心省级8个、市级13个，立项2018年度省重点技术创新项目导向计划65个，企业新技术（新产品）通过省级鉴定6个，列入省重点推广应用目录2个。实施制造业创新中心建设工程，江苏省新能源汽车能源与信息创新中心、江苏省石墨烯创新中心获批省级制造业创新中心试点，4家企业获评江苏省制造业“双创”示范平台。实施工业强基工程，中标工业强基项目

表10　2018年武进区省级及以上特色、示范产业基地（集群）情况表

类　别	名　称	所在区域
国家火炬特色产业基地	常州轨道交通车辆及部件特色产业基地	常州经开区
	武进特种材料特色产业基地	西太湖科技产业园
	常州湖塘新型色织面料特色产业基地	湖塘镇
	常州经开区智能微电机特色产业基地	常州经开区
国家新型工业化产业示范基地	装备制造（轨道交通装备）国家新型工业化产业示范基地	常州经开区
	电子信息（新型电子元器件）国家新型工业化产业示范基地	武进高新区
江苏省特色产业集群	横林强化木地板产业集群	横林镇
	遥观轨道交通产业集群	遥观镇
	西太湖功能新材料产业集群	西太湖科技产业园
	武进高新区新光源产业集群	武进高新区
江苏省高端装备制造业特色和示范产业基地	常州市轨道交通产业园——江苏省高端装备制造业示范产业基地	常州经开区
	武进高新区——江苏省高端装备制造业特色产业基地	武进高新区
江苏省新型工业化产业示范基地	江苏省新型工业化产业示范基地（新型电子元器件）	武进高新区
	江苏省新型工业化产业示范基地（轨道交通装备）	常州经开区
	江苏省新型工业化产业示范基地（新型色织）	湖塘镇
	江苏省新型工业化产业示范基地（功能新材料）	西太湖科技产业园

4个，累计11个，33个产品获市级及以上首台套重大装备及关键部件认定，累计200个。实施质量品牌工程，组织企业创建质量标杆，推进品牌经营和市场多元化，加强产业集群区域品牌建设，新增省质量标杆企业1家，马拉兹（江苏）电梯导轨有限公司获评市长质量奖单位。顺应制造业与服务业深度融合发展趋势，推动制造业服务化转型，新增省级工业设计中心19个、省级服务型制造示范企业24家。实施军民融合工程，整合各方资源，协调推进军民融合发展。

（张杏阳）

【4家企业中标工业强基工程】 2018年，武进区贯彻实施工业和信息化部工业强基工程，促进制造业创新发展和质量提升。8月，瑞声精密制造科技（常州）有限公司、常州星源新能源材料有限公司、常州联德电子有限公司、哈焊所华通（常州）焊业股份有限公司4家企业的实施方案中标工业强基工程，中标方向分别为5G中高频通信大规模MIMO天线、高效电池组及高密度储能元器件用高分子薄膜、车用智能型氮氧传感器、特种焊接材料。4家企业研制的产品均突破重点工程和重大装备的核心基础零部件（元器件）、先进基础工艺、关键基础材料和产业技术基础等工业基础薄弱环节，是新一代信息技术、新能源、新材料领域高端产品。经鉴定，相关技术处于国内领先水平。

（金文光）

【3家企业获全国制造业单项冠军示范企业认定】 2018年10月，江苏恒立液压股份有限公司、瑞声光电科技（常州）有限公司、今创集团股份有限公司被工业和信息化部认定为制造业单项冠军示范企业，武进区获认定数量位列全国县区级第一。

江苏恒立液压股份有限公司 成立于2005年，是全球知名大型高压油缸生产基地、盾构机专用液压油缸生产企业。重点产品车辆工程系列液压油缸产品服务三一重工、柳工、徐工、科特彼勒、久保田等国内外品牌企业，销往20多个国家和地区，2017年销售产品40万个，实现销售收入22亿元，占主营业务收入的86.2%，产品国内市场占有率13.34%、全球市场占有率3.48%。2015—2017年，产品市场占有率稳居国内第一、全球前三。

瑞声光电科技（常州）有限公司 成立于2006年4月，专业研制并销售微型受话器、微型扬声器、微型振动马达等微型电声产品，服务于谷歌、微软、华为等国内外近30个知名品牌企业。2017年，微型受话器和扬声器全球市场占有率24.6%。2015—2017年，产品国内和全球市场占有率在同类企业中均排名第一。

今创集团股份有限公司 注册于2003年，专业研发、生产、销售轨道交通车辆配套产品，相关领域设计、研发、生产规模及综合配套能力全国领先，是全球相关设备主要供应商。2017年，实现轨道交通内装饰产品销售收入22.65亿元，占全部业务收入的96.17%。2015—2017年，产品国内及全球市场占有率在同类企业中均排名第一。

（李伟华）

【5家企业成为省隐形冠军企业】 6月，快克智能装备股份有限公司等5家企业被省经济和信息化委员会认定为隐形冠军企业。

快克智能装备股份有限公司 成立于2006年，是智能装联设备及自动化综合解决方案提供商，是高新技术企业、2017年度中国智能制造百强企业、中国电子专用设备工业协会理事单位、中国机器人产业联盟理事单位、江苏省信息化与工业化融合示范企业。科技人员占员工总数的40.83%，建有江苏省锡焊自动化工程技术研究中心、江苏省企业技术中心，自主研发精密烙铁焊接、激光喷锡微焊接、热压连接、高速点胶涂覆、自动螺丝锁付、3D真空贴合、机器视觉检测、工业机器人自动化生产线等智能装联设备，广泛应用于3C消费电子、汽车电子、新能源锂电池等行业。获授权专利40余件，其中发明专利9件；注册商标22件，其中江苏省著名商标1件，机器人精密锡焊自动生产线被认定为江苏省首台套重大装备产品，“基于i-MES架构的柔性装联生产线的研发及产业化”项目立项江苏省科技成果转化专项资金项目，锡焊机器人、柔性自动化生产线等产品国内市场占有率居领先地位。

江苏洛凯机电股份有限公司 成立于2010年，专业研发、生产、销售断路器核心配件，累计开发产品13个系列、100多个品种规格，主导产品DW45系列智能型万能式断路器操作机构及抽架属《国家重点支持的高新技术领域》，产品专业化特色明显，环保节能，品质领先，远销美国、法国、德国、意大利、荷兰、波兰、印度等国家和中国台湾地区，主导产品国内市场占有率领先同行业产品。先后成为第二届中国低压电器行业最佳供应商、中国电器工业协会优秀会员，2017年实现销售5.8亿元、利润近7500万元。

江苏雷利电机股份有限公司 成立于1993年，专业研发、生产、销售微电机，是全球高品质电机产品生产企业之一。产品应用于冰箱、洗衣机、空调、卫生洁具、小家电等领域，配套服务近30家世界500强企业，主营产品步进微电机性能达到国际先进水平，在全国及世界同类产品中市场占有份额在30%以上，位列国内第一、国际前二。2017年，实现产品销售收入13.46亿元。

江苏恒立液压股份有限公司 成立于2005年，专业生产油缸、液压阀、液压泵、液压系统、精密铸件等产品，在全球建有四大研发中心、七大制造基地，是高新技术企业、工业和信息化部工业强基工程承研单位、全球最大挖掘机用高压油缸生产基地、全球最大盾构机专用液压油缸生产企业。建有省内唯一挖掘机用高压油缸智能生产车间，是全省智能制造先进企业，拥有核心技术专利104件，其中核心发明专利8件，参与制定国家标准、行业标准，具有挖掘机油缸45万个和非标重型油缸15万个的生产能力，连续多年被评为卡特彼勒、三一重工、徐工、柳工等全球知名品牌企业优秀供应商。2017年，实现油缸销售收入25亿元、利润4.87亿元。

江苏龙城精锻有限公司 成立于1994年，是汽车零部件精锻件制造企业，集研发、设计、生产、销售于一体，主要产品有汽车发电机精锻爪极、皮带轮、转子、高压共轨系统精锻件、轨道交通精锻件、小型异型精锻件和有色金属精锻件等高端精密锻件。建有省企业技术中心、省汽车零部件精密锻造工程技术研究中心、省发动机零部件近净成形

江苏龙城精锻有限公司引进的国内爪极生产最大吨位高性能电动螺旋压力机生产线
摄影 / 高 岷

工程研究中心、省研究生工作站、省博士后创新实践基地等研发平台，先后承担省级科技支撑项目 1 个、省级科技成果转化专项资金项目 1 个，获授权专利 106 件，其中发明专利 18 件，起草国家标准 2 项、行业标准 1 项，产品出口十余个国家，全球市场占有率 38%，可年产各类汽车零部件精锻件 6500 万件，为客户提供精锻产品工艺开发、制造、销售、售后等完整服务。2017 年，实现主导产品汽车发电机精锻爪极销售收入 7.68 亿元。

【新增省隐形小巨人企业 2 家】 6 月，江苏万帮德和新能源科技股份有限公司、江苏小牛电动科技有限公司被省经济和信息化委员会认定为省隐形小巨人企业。

江苏万帮德和新能源科技股份有限公司　成立于 2014 年，专业研发、制造、销售新能源汽车充电设备，建有生产线 10 条，可年产电动汽车智能高效充电设施 30 万台套，是全国新能源汽车充电设备制造龙头企业、全国电动汽车充电设施发展促进联盟发起单位。牵头制订 IEC 大功率充电等充电相关领域国际和国内标准，曾获国家能源局能源互联网重大应用示范项目、工业和信息化部智能制造综合标准化与新模式应用重点项目库项目、科技部重点研发专项资金项目。运营平台“星星充电”是国内三大运营商之一，是全国出货量最多的充电桩生产企业，与戴姆勒、捷豹路虎、大众、比亚迪等 40 余家全球知名品牌汽车企业结为战略合作伙伴，2017 年实现销售收入 3.23 亿元。

江苏小牛电动科技有限公司　成立于 2014 年，是北京牛电科技有限责任公司独资子公司，主要设计与研制高品质、智能化、时尚电动车及周边产品。引入“互联网 + 智能硬件 + 汽车级功能和体验”理念，打造智能环保出行产品，提高产品数字化、网络化、智能化水平，产品质量通过欧盟级品质认证，获授权专利 108 件，其中发明专利 1 件、实用新型专利 12 件、外观设计专利 95 件，获软件著作权 6 件，产品销往德国、奥地利、比利时、卢森堡、法国、意大利、挪威、瑞典、日本等国家。变革传统电动自行车技术、服务、销售模式，以众筹、线上销售与线下授权 4S 标准体验店等模式打开全渠道销售，运用 O2O（线上线下）、云计算、大数据等，打造用户聚合平台、多元社交平台，开展远程维护、故障预警、过程优化等在线增值服务，提供个性化产品服务。

【3 家企业被认定为省科技小巨人企业】 2018 年 7 月，征图新视（江苏）科技有限公司等 3 家企业被省经济和信息化委员会认定为江苏省科技小巨人企业，全区累计有省科技小巨人企业 12 家。

征图新视（江苏）科技有限公司　创建于 2009 年，是国内专业机器视觉及自动化完整解决方案提供商，为制造业提供工业图像检测机配套自动化设备，是国家级重点高新技术企业。有大专以上学历科技人员 170 人，专职研发人员 72 人，占员工总数的 36%。建有江苏省机器视觉工程技术研究中心，在图像检测核心技术及配套自动化方面开展技术创新，具备自主研发各类机器视觉检测设备能力，在上海市设立研发中心，累计拥有有效专利 44 件，其中发明专利 6 件。借助 PLM 系统（产品生命周期管理系统）实施信息化管理，保证研发通道顺畅、高效、受控。2017 年，实现产品销售收入 1.56 亿元，增长 34.77%，创利税 3736 万元。

常州天正工业发展股份有限公司　成立于 2013 年，集装备、软件、物联网、金融服务等业务于一体，是高新技术企业，有全资子公司 3 家。拥有装备调试车间面积 5 万平方米、外协生产基地面积 20 万平方米，累计拥有有效专利 44 件，其中发明专利 22 件。企业年增长率常年保持在 100% 以上，累计服务中小企业客户 1 万多家，是华东地区大型大中功率激光设备供应商、光学器件供应商，市场占有率在国内同行业中排名前三。2017 年，实现营业收入 1.4 亿元、利润总额 4173.14 万元。

常州康普瑞汽车空调有限公司　成立于 2006 年，专业研发、生产、销售旋叶式汽车空调压缩机，是高新技术企业。产品旋叶式汽车空调压缩机属滑片式机构，是第三代汽车空调压缩机，通过工艺提升，攻克多次加工定位、工时长、报废率高等难题，达到一次加工、几乎零报废。具有体积小、转速高、低能耗和低噪音等特点，可替代国外同类产品，广泛应用于发动机排量 1.6 ~ 2.5 升的轿车、面包车、轻重型卡车、皮卡车、SUV 越野车等。公司累计获授权专利 38 件，注册商标 6 件。2017 年，实现产品销售收入 8591 万元，增长 89.44%。

（薛舒明）

【2 个新技术新产品入选省重点推广应用目录】 4 月，武进区企业研发的基于云计算的配电移动监控平台与诊断决策关键技术、窑炉外轨自动化生产线被省新技术新产品推广应用工作联席会议办公室纳入第十六批省重点推广应用的新技术新产品目录，推广有效期 3 年，可优先享受相关政策支持。

江苏省新能源汽车能源与信息创新中心实验室一景　　供稿/区经信局

基于云计算的配电移动监控平台与诊断决策关键技术　由常州市科惠电力设备有限公司研发，采用4G网络传输技术，具备检测与试验数据采集、储存、分析、诊断、管理等功能。以配电网设备振动波局部放电检测、超声波与地电波检测、红外测温检测为基础，构建云计算平台，实现配网设备进行数据收集、实时监测、大数据分析、状态评估、故障诊断和终端可移动监测等功能，为配电网设备状态检修提供技术支持。该技术累计获授权专利5件，经检索，填补国内外空白。至2018年年底，公司新增销售额1000万元。

窑炉外轨自动化生产线　由常州百利锂电智慧工厂有限公司研发制造，集中开发机器人自动装卸钵段集成技术、全自动匣钵摇匀技术、自动匣钵检测技术、产线机器人清理技术、产线扫钵叠钵联合一体机技术等，创新设计新材料窑炉外轨自动化生产线。该生产线全程采用封闭式、无人化生产，无粉尘扬出，装卸钵速度、装钵精度提升，检钵出错率降低，各单体功能设备合理链接与布局，实现生产过程绿色环保、安全低耗、机器替人，获授权专利7件。至2018年年底，公司累计完成销售额1800多万元。

【新增省级企业技术中心8家】 2018年，武进区继续鼓励和引导企业加大创新投入，从组织机构、运行机制、经费投入、人才引培、产学研合作等方面加强企业技术中心建设，发挥其促进企业技术进步、推动产业转型升级的作用。10月，武进区8家企业技术中心被省经济和信息化委员会、省发展改革委、省科技厅、省财政厅、省国税局、南京海关联合认定为省级企业技术中心，分别是江苏协和电子股份有限公司技术中心、江苏欧密格光电科技股份有限公司技术中心、苏文电能科技股份有限公司技术中心、常州剑湖金城车辆设备有限公司技术中心、征图新视（江苏）科技有限公司技术中心、江苏华阳电器有限公司技术中心、江苏格林保尔光伏有限公司技术中心、江苏万帮德和新能源科技有限公司技术中心。至年底，全区累计有市级及以上企业技术中心149家，其中国家级3家、省级73家。

【获批省制造业创新中心试点2个】 10月、12月，江苏省新能源汽车能源与信息创新中心、江苏省石墨烯创新中心先后获江苏省制造业创新中心试点批复。

江苏省新能源汽车能源与信息创新中心　依托主体为国创新能源汽车能源与信息创新中心（江苏）有限公司，由万帮新能源投资集团有限公司发起建设，总投资5000万元，首期股东单位有行业企业11家，组织行业企业、院校、机构、协会等52个单位成立联盟，开展合作。该创新中心主要开展新能源汽车能源与信息的技术研发、测试服务、产业孵化，通过人才培养、成果扩散、行业服务和国际合作，加快科技成果转化，助推国内新能源汽车产业达国际先进水平。

江苏省石墨烯创新中心　依托主体为江苏江南烯元石墨烯科技有限公司，由江南石墨烯研究院发起建设，总投资3000万元，由产业链龙头企业、研究院所、高校等18个单位共同组建联盟，采用“公司+联盟”方式，以产学研融协同创新模式服务全行业和重要应用领域。该创新中心重点围绕石墨烯原材料研制以及下游应用领域的共性关键技术和前瞻性技术开展技术研发、成果转化、国际合作、公共服务和人才培养，实现石墨烯原材料高质量、低成本和稳定生产，计划在一批重大工程应用领域实现突破。

（许湘平）

【8个车间通过省级示范智能车间认定】 12月，武进区8个工业企业生产车间被

江苏赛拉弗光伏系统有限公司耐高压高效双玻太阳能组件智能生产车间　供稿/区经信局

省经济和信息化委员会认定为2018年度江苏省示范智能车间，分别是江苏长海复合材料股份有限公司的高性能绿色环保玻璃纤维智能车间、江苏赛拉弗光伏系统有限公司的耐高压高效双玻太阳能组件智能生产车间、世特科汽车工程产品（常州）有限公司的汽车油泵智能生产车间、安费诺（常州）高端连接器有限公司的高速背板连接器组装智能生产车间、江苏今创交通设备有限公司的国际轨道交通内饰装备智能生产车间、常州回天新材料有限公司的太阳能电池背板复合绿色生产智能车间、常州欧瑞电气股份有限公司的互感器智能数字化生产车间、光宝科技（常州）有限公司的电源供应器SMT智能生产车间。8家企业均制定智能化发展战略规划，拥有提升企业智能制造水平的技术研发机构和一定规模智能制造人才队伍，经智能设备投入和改造，智能设备数量占设备总数的70%以上，实现智能装备广泛应用、车间设备互联互通、生产过程实时调度、物料配送自动化、产品信息及生产过程可追溯，车间环境、资源能源消耗、车间网络系统智能管控，车间与车间外部联动协同，经济效益明显提升。至年底，全区累计有省级示范智能车间35个。

（郑佑雄）

【湖塘科技产业园投资管理有限公司获评省中小企业公共服务四星级示范平台】 2018年3月，湖塘科技产业园投资管理有限公司被省经济和信息化委员会认定为江苏省中小企业公共服务四星级示范平台。湖塘科技产业园成立于2014年7月，由常州市武进湖塘科技产业园投资管理有限公司运营，占地面积40.8公顷，厂房面积26万平方米，有入驻企业117家，其中小微企业102家，从业人员1738人。面向智能装备制造、智能制造服务、电子信息、医疗器械、2.5产业（介于第二和第三产业的中间产业）等主导产业，为企业提供信息和"两化"融合服务、创业辅导咨询、技术创新支持、人力资源引进和培训、市场营销和产业链整合、投融资服务、企业诊断和管理咨询、法律和知识产权咨询、现代电子商务运作等服务，是武进区大学生创业园以及省级科技企业孵化器、加速器、众创空间，先后获评江苏省重点培育小企业创业基地、江苏省三星级公共服务平台、江苏省"两化"融合示范区、江苏省小型微型企业创业创新示范基地。

【武进绿色建筑产业园获评省小型微企业创业创新示范基地】 2018年12月，常州市武进绿色建筑产业园被省经济和信息化委员会认定为小型微企业创业创新示范基地。该产业园成立于2016年4月，由江苏绿弘科技发展有限公司运营管理，引进绿建科技研发、绿色建筑设计、绿色企业总部、绿色商贸服务、绿色检测认证等领域生产性服务业企业（含注册企业）217家，注册资金超12亿元，引进江苏东晟律师事务所、常州百通企业管理咨询有限公司、武进人力资源服务中心等单位，为企业提供法律咨询、知识产权代理与维权、项目申报、人事招聘与培训、租赁、能源审计、清洁生产等多样化服务。至2018年年底，累计入驻企业217家，实现营业收入27.05亿元、利税2.06亿元，吸收就业人员8256人。

（薛舒明）

省标战略性新兴产业

【概况】 武进区省标战略性新兴产业涵盖新能源、新材料、生物技术和新医药、节能环保、新一代信息技术、高端装备制造、新能源汽车、智能电网、海洋工程装备九大产业领域。2018年，全区加速发展以轨道交通、智能装备和工业机器人为核心的高端装备制造产业，以石墨烯、先进碳材料和新型特种材料为引领的新材料产业，以新型显示、高端电子元器件为代表的新一代信息技术产业，重点培育节能环保、智能电网、新能源等产业，引导主要产品向智能化、高端化、规模化、品牌化方向发展，打造一批同级领先的高质量新兴产业集群，支撑产业转型升级。至年底，全区省标战略性新兴产业有规模以上工业企业390家，完成产值1772.95亿元，比2017年增长14.10%，占全区规模以上工业企业产值的42.03%，实现主营业务收入1714.23亿元、利税225.95亿元、利润165.38亿元，分别增长13.89%、14.40%、20.73%，分别占全区规模以上工业企业的36.64%、53.37%、58.46%。其中，新材料、新一代信息技术、高端装备制造产业发展稳定向好，规模以上工业企业分别完成产值324.16亿元、399.85亿元和722.41亿元，分别增长11.17%、24.82%和15.82%，分别占全区省标战略性新兴产业规模以上工业企业产值的18.28%、22.55%和40.75%。

【海洋工程装备产业】 武进区海洋工程装备产业骨干企业有常州液压成套设备厂有限公司、常州市中海船舶螺旋桨有限公司、常州市汇丰船舶附件制造有限公司等主力海工装备企业，其中常州液压成套设备厂有限公司率先拥有水利部颁发的超大型液压式启闭机使用许可证和设计许可证书，是中国船舶与海洋工程张力补偿器制造中心、水轮机组接力器的研发及生产制造基地，成为国内外著名品牌水轮机组过流面热喷涂企业合作伙伴。2018年，海洋工程装备产业规模以上工业企业完成产值5.71亿元，比2017年增长36.88%。

（沈立人）

新能源产业

【概况】 2018年，武进区新能源产业有规模以上工业企业17家。行业企业加快现代工厂建设，投入资金建设智能车间，江苏赛拉弗光伏系统有限公司的耐高压高效双玻太阳能组件智能生产车间获评省级智能示范车间，江苏格林保尔光伏有限公司的太阳能光伏电池智能生产车间、常州天合亚邦光能有限公司的高效切半光伏组件智能生产车间获评市级智能车间。因受光伏补贴退坡影响，产业骨干企业江苏顺风光电科技有限公司、江苏格林保尔光伏有限公司、常州天合亚邦光能有限公司等光伏企业产值均有不同程度下滑。全年生产太阳能电池（光伏电池）276.78万千瓦，完成产值74.96亿元，分别比2017年下降43.49%、34.18%。

（沈立人）

【顺风新能源公司高效太阳能电池片项目竣工】 该项目由江苏顺风新能源科技有限公司（简称"顺风新能源公司"）于2018年度实施，12月竣工投产，总投资8亿元。利用原有厂房，购置先进电池片生产线，达产后可年产太阳能电池片1500兆瓦，为母公司顺丰光电投资（中国）有限公司增加产能、向“一带一路”沿线国家输出光伏行业技术提供支撑。

【九洲裕光新能源公司渔光互补电站项目竣工】 该项目由常州九洲裕光新能源有限公司（简称“九洲裕光新能源公司”）于2018年度实施，9月竣工投产，总投资3.1亿元。采用鱼塘养殖与光伏电站互补综合利用开发模式和集中式光伏电站运营模式，利用鱼塘面积56.67公顷，完成光伏电站装机容量40兆瓦。

（金文光）

5月19日，2018年石墨烯前沿技术高峰论坛在武进区举行　供稿/西太湖科技产业园

新材料产业

【概况】 武进区新材料产业有国家火炬计划武进特种材料产业基地、国家石墨烯新材料高新技术产业化基地，主要研发生产新型功能材料、先进结构材料、共性基础材料。其中，最具特色的是集中于西太湖科技产业园（武进经发区）的石墨烯产业，建有常州石墨烯科技产业园，是国内唯一的石墨烯新材料高新技术产业化基地。2018年，该产业有规模以上工业企业64家，主要研制石墨烯、先进碳材料、高性能金属材料、新型特种材料等产品。骨干企业有百兴集团有限公司、新纶科技（常州）有限公司等新型功能材料企业，江苏长海复合材料股份有限公司等先进结构材料企业，常州第六元素材料科技股份有限公司等石墨烯材料企业，碳元科技股份有限公司等先进碳材料企业。全年生产石墨及碳素制品80吨，完成产值324.16亿元，比2017年增长11.17%。灵通展览系统股份有限公司为中国国际进口博览会埃及国家馆、德国国家馆等15个展位提供模块化、构建化环保展具。

（沈立人）

【石墨烯产业发展】 武进区石墨烯产业主要集中在西太湖科技产业园，有石墨烯产业相关企业140余家、石墨烯领域领军型人才团队30多个，武进石墨烯行业龙头企业数量约占全省的80%。全区研发生产石墨烯各类应用产品150余种，基本形成包括石墨烯薄膜和粉体在内的原材料生产，并在设备制造、光电显示、加热散热、复合材料、穿戴设备以及能源、环保、医疗、建材等下游领域实现初步应用和产业化，总体发展水平位居全国前列。2018年，全区引进常州百韩科智能装备有限公司、常州红宇阳石墨烯科技有限公司、常州暖乐康碳材料科技有限公司、常州舒温石墨烯科技有限公司等科技水平高、市场前景好的石墨烯相关企业15家，引进新奥集团石墨烯复合材料及新奥先进碳材料应用技术研究院项目，总投资约2亿元。加快更新产品技术及应用，江南石墨烯研究院参与制定省内首个石墨烯地方标准，全球首款石墨烯变频加热膜、人体阳气（能量）石墨烯传感器等新产品先后研发成功，常州富烯科技股份有限公司的石墨烯散热系统应用在华为Mate20新型手机上，园区企业研发的石墨烯加热地板、石墨烯尼龙和锦纶、石墨烯高端光栅、石墨烯远红外能量房、石墨烯粉末涂料、石墨烯屏蔽料等产品订单有显著增长。加快建设创新平台载体，西太湖石墨烯科技成果产业化基地入选首批苏南科技成果产业化基地，江苏省石墨烯创新中心试点建设获批，创新中心分中心——常州先导石墨烯高端制造装备协同创新促进中心揭牌，校企合作建设石墨烯超级电容器应用研发中心。年内，2018年石墨烯前沿技术高峰论坛、石墨烯“现在与未来”圆桌会议、2018年石墨烯高端制造装备仪器研讨会、中国首届智能石墨烯发热地板高峰论坛、中国首届石墨烯发热建材应用高峰论坛等行业活动举行，《新华（常州）全球石墨烯指数报告（2017年）》《2017—2018年中国石墨烯发展年度报告》在武进区发布。全区石墨烯产业持续健康发展，西太湖科技产业园石墨烯产业完成产值超30亿元。

（邵骏飞）

【江南石墨烯研究院参与制定省内首个石墨烯地方标准】 11月，石墨烯领域地方标准DB32/T 3459—2018《石墨烯薄膜微区覆盖度测试　扫描电子显微镜法》发布实施。该标准由常州市质量技术监督局提出，江南石墨烯研究院、常州国成新材料科技有限公司和常州市计量测试技术研究所联合制定，讨论和分析石墨烯薄膜微区覆盖度的不确定性，提出采用扫描电子显微镜开展测试。确定测量区域所需的封闭覆盖区域或封闭未覆盖区域数量，把测量不确定度降至最低，同步分析扫描电子显微镜的校准系数对微区覆盖度的不确定度影响。该标准填补国内外石墨烯薄膜微区覆盖度检测标准方法、检测规程等方面的空白，可稳定、重复、定量测量石墨烯薄膜微区覆盖度。相关企业使用证明，使用该标准测试方法，可数据化监控设备运行状况，完善生产工艺，提高产品优良率，降低企业生产成本，提升产品附加值。

【二维碳素公司发布全球首款石墨烯变频加热膜】 9月，常州二维碳素科技有限公司（简称“二维碳素公司”）在中国国际石墨烯创新大会上发布全球首款石墨烯变频加热膜。该产品保留原有加热膜产品寿命长、可靠性高、工作功率及电压可制定化等特点，引入变频技术，可根据工作状态动态调节工作功率，工作温度偏高或偏低时，调整工作功率。与传统加热膜相比，改变用温控器控制温度的方法，产品节能型更佳、加热效率更高、取暖加热舒适性更好，主要应用于地板采暖。

（吴志坚）

【强力电子新材料公司新型复合材料项目竣工】 该项目由常州强力电子新材料股份有限公司（简称“强力电子新材料公司”）于2016—2018年度实施，2018年12月竣工投产，总投资2.9亿元。用地面积4.2公顷，新增建筑面积4万平方米，购置OLED（有机发光半导体）器械制作及评价设备、UVLED（紫外发光二极管）面光源、UVLED线光源、激光切割机、三维缠绕机等设备，达产后可年产新型纤维复合材料、OLED平板显示技术关键材料等25万吨。

【长海复合材料公司池窑改造及复合材料制品项目竣工】 该项目由江苏长海复合材料股份有限公司（简称“长海复合材料公司”）于2016—2018年度实施，2018年4月竣工投产，总投资8亿元。在企业原厂区内，改造原7万吨池窑，拆除原3万吨池窑及厂房，新建年产5.5万吨玻纤复合材料拉丝池窑1座及厂房，订购玻纤制品设备450台套，达产后可年产玻纤复合材料8.5万吨、玻纤制品2.5万吨。

【新纶复合材料公司复合铝塑膜项目竣工】 该项目由新纶复合材料科技（常州）有限公司（简称“新纶复合材料公司”）于2017—2018年度实施，2018年10月竣工投产，总投资3.18亿元。用地面积2公顷，建设厂房面积3.5万平方米，新增进口AC涂布机、分条机、共挤复合机等主要设备，达产后可年产铝塑膜产品3600万平方米，用于锂离子电池外包装材料。

【蓝沛新材料公司电子级隔磁材料生产基地一期项目竣工】 该项目由上海蓝沛新材料科技股份有限公司（简称“蓝沛新材料公司”）于2018年度实施，12月竣工投产，总投资3.3亿元。租用轨道交通产业园标准厂房面积约6000平方米，引入平板压合机、卷对分条机、阻抗分析仪、扫描电镜等设备，达产后可年产吸波材料100万平方米。

（金文光）

生物技术及新医药产业

【概况】 2018年，武进区生物技术及新医药产业有规模以上工业企业31家，骨干企业有亚邦医药股份有限公司、江苏南方卫材医药股份有限公司等医药企业，有创生医疗器械（中国）有限公司、常州华森医疗器械有限公司等医疗器械企业，主要研制生物医药及医疗设备。全年生产医疗仪器设备及器械1487台，完成产值62.25亿元，比2017年增长29.13%。11月，常州市钱璟康复股份有限公司作为合作参展商，在中国国际进口博览会展示专为儿童步态功能障碍患者下肢康复设计的康复机器人。

（沈立人）

【迈拓公司与常州一院共建中以运动康复实验室】 5月18日，在第十三届中国常州先进制造技术成果展示洽谈会开幕式上，迈拓（常州）医疗科技有限公司（简称“迈拓公司”）与常州市第一人民医院（简称“常州一院”）签约，合作建设中以运动康复实验室，常州市钱璟康复股份有限公司参与合作。根据共建计划，迈拓公司引进以色列MediTouch公司、以色列国家康复中心和科研院校尖端康复设备研发技术，针对中国急需的老年人摔倒风险评估与预防、远程精细康复训练项目等，开展亚洲人种临床验证与参数适配，研发适合中国需求的康复方案系统，共同开发运动控制、远程康复、防摔倒（姿势控制）、全身运动反馈系统等技术产品。

（吴志坚）

【集硕医疗器械公司医疗器械项目竣工】 该项目由常州集硕医疗器械有限公司（简称“集硕医疗器械公司”）于2017—2018年度实施，2018年11月竣工投产，总投资1.6亿元。用地面积2.59公顷，新增建筑面积2.7万平方米，新增立式镗铣加工中心、数控切割机床等主要设备，达产后可年产创伤系列矫形康复用医疗器械6万套、脊柱内固定系列矫形康复用医疗器械4万套。

【泰科博曼医疗器械公司止血产品项目竣工】 该项目由江苏泰科博曼医疗器械有限公司（简称“泰科博曼医疗器械公司”）于2017—2018年度实施，2018年12月竣工投产，总投资1.5亿元。用地面积1.67公顷，建设厂房面积2.7万平方米，新增五轴加工中心、平面磨床、空压机等设备，达产后可年产止血、局部镇痛产品20万套。

【泰科捷迅生物科技公司诊断试剂项目竣工】 该项目由江苏泰科捷迅生物科技有限公司（简称“泰科捷迅生物科技公司”）于2017—2018年度实施，2018年12月竣工投产，总投资1.1亿元。用地面积1公顷，建设厂房面积1.4万平方米，新增全自动包装线、全自动切割机等主要设备，达产后可年产诊断试剂产品10万套。

（金文光）

节能环保产业

【概况】 2018年，武进区节能环保产业有规模以上工业企业46家，骨干企业有常州市国宇环保科技有限公司等环保药剂企业，光大环保技术装备（常州）有限公司等环保设备企业，江苏海鸥冷却塔股份有限公司等节能设备企业，主要生产环保药剂，研制环保设备和节能设备，开展资源再生利用，完成产值81.22亿元，比2017年增长12.89%。江苏河马井股份有限公司研发的新产品雨水收集模块适用于城市绿化带、停车场、运动场下方，可广泛应用于国家“海绵城市”建设工程。

（沈立人）

【国产首台套850吨/日炉排下线】 10月8日，该产品在光大环保技术装备（常州）有限公司下线。参见《园区建设》栏目P73相关内容。

（陈爱娣）

【恩泰环保公司高性能水处理膜项目竣工】 该项目由恩泰环保科技（常州）有限公司（简称“恩泰环保公司”）于

2017—2018 年度实施，2018 年 12 月竣工投产，总投资 3 亿元。用地面积 2.6 公顷，新增建筑面积 2.6 万平方米，新增聚砜混料机、铸膜机、涂膜机等生产设备 31 台套，达产后可年产反渗透膜组件 600 万平方米。

【华虹新能源公司源分离家用资源型厕所项目竣工】 该项目由江苏华虹新能源有限公司（简称“华虹新能源公司”）于 2017—2018 年度实施，2018 年 12 月竣工投产，总投资 1.5 亿元。用地面积 2.67 公顷，建设厂房面积 4 万平方米，新增加工、装配生产线等设备，达产后可年产源分离家用资源型厕所 30 万台。

【科信燃气设备公司节能环保燃气调压设备项目竣工】 该项目由江苏科信燃气设备有限公司（简称“科信燃气设备公司”）于 2017—2018 年度实施，2018 年 12 月竣工投产，总投资 5000 万元。用地面积 1 公顷，建设厂房面积 1.25 万平方米，新增机械加工等设备，生产节能环保燃气调压箱（器），达产后可年产节能环保燃气调压箱（器）5000 台。

（金文光）

新一代信息技术和软件产业

【概况】 武进区新一代信息技术和软件产业主要分布在武进高新区和常州科教城内常州信息产业园等信息技术和软件产业集中区。2018 年，该产业有规模以上工业企业 47 家，产业骨干企业有瑞声科技控股有限公司、安费诺（常州）高端连接器有限公司、江苏日盈电子股份有限公司等电子核心器件企业，光宝科技（常州）有限公司、江苏新科科技有限公司等新型显示产品企业，常州信息产业园等软件产业集中区等，主要生产电子核心器件和新型显示产品。全年生产光电子器件 16.92 亿个（片、套）、电子元件 6.49 亿个、印制电路板 30.44 万平方米，完成产值 399.85 亿元，比 2017 年增长 24.82%。行业内 2 家企业中标工业和信息化部工业强基工程，瑞声科技控股有限公司被评为工业和信息化部制造业单项冠军示范企业，新增省级示范智能车间 1 个、省级企业技术中心 2 个。年内，江苏省特色小镇武进瑞

武进瑞声科技小镇鸟瞰　　摄影/高　岷

声科技小镇开工建设，打造国家新一代信息技术及“中国制造 2025”示范基地。

（沈立人）

【NB-IOT 智能照明联合实验室启用】 12 月 28 日，该实验室在武进高新区启用。该实验室由常州市政府、华为技术有限公司、常州市武进区半导体照明应用研究院和福州物联网实验室合作共建，依托区半导体照明应用研究院运营，有技术人员 12 人，建筑面积 500 平方米，配备半导体照明先进设备 150 多台套，借助 NB-IOT 这一基于蜂窝的窄带物联网，依靠其广覆盖、大连接、低功耗、高可靠性等性能，整合国内外优势创新资源，开发智能照明系统，研发光健康、第三代半导体产品封装及产品，开展失效检测与分析、可靠性设计等，逐步形成联合、开放、可持续发展的公共技术研发实体。

（吴志坚）

【光宝光电公司半导体元器件项目竣工】 该项目由光宝光电（常州）有限公司（简称“光宝光电公司”）于 2018 年度实施，12 月竣工投产，总投资 2.5 亿元。利用原有厂房，新增固晶机、焊线机、胶饼预热机等生产设备 230 台套，达产后可年产光电半导体元器件 20 亿个。

（金文光）

高端装备制造产业

【概况】 武进区高端装备制造产业主要集中在常州经开区和武进高新区，主要研发生产轨道交通装备和生产航空配套产品，制造智能装备、工业机器人和其他专用装备，有国家火炬特色产业基地 2 个、国家新型工业化产业示范基地 1 个。2018 年，该产业有规模以上工业企业 149 家，产业骨干企业有新誉集团有限公司、今创集团股份有限公司、中车戚墅堰机车有限公司、中铁建电气化局集团轨道交通器材有限公司等轨道交通装备企业，卡尔迈耶（中国）有限公司、江苏润源控股集团有限公司、五洋纺机有限公司、常州市同和纺织机械制造有限公司等高端纺机制造企业，安川（中国）机器人有限公司、金石机器人常州股份有限公司、快克智能装备股份有限公司、常州铭赛机器人科技股份有限公司等工业机器人企业，江苏龙城精锻有限公司、利优比压铸（常州）有限公司、世特科汽车工程产品（常州）有限公司等高端汽车零部件装备企业，常州市新墅机床数控设备有限公司等智能装备制造企业，博世力士乐（常州）有限公司、江苏恒立液压股份有限公司、常州市神力电机有限公司、柳工常州机械有限公司等专用装备企业，常州市蓝托金属制品有限公司等航空配套产品企业。全年生产液压元件 48.88 万件、滚动轴承 8012 万套、齿轮 15739 吨、建筑工程用机械 10020 台、工业机器人 14574 套，完成产值 722.41 亿元，比 2017 年增长 15.82%。年内，全区依托重点企业和产业优势，实施高端装备创新工程，提升关键核心部件制造、智能控制系统集成水平，新增国家高端装备制造业标准化

试点1个，2个项目入选江苏省高端装备研制赶超工程，新增省首台套重大装备及关键部件认定产品9个、市首台套重大装备及关键部件认定产品24个，累计有200个产品获市级及以上首台套重大装备及关键部件认定。武进智能制造企业亮相第三届世界智能制造大会、首届中国国际进口博览会，产品受到广泛关注。武进轨道交通企业多个产品运用于常州地铁1号线工程，新誉庞巴迪牵引系统有限公司提供牵引系统，新誉集团和新誉庞巴迪牵引系统有限公司提供空调系统和信号系统，中车戚墅堰机车车辆工艺研究所有限公司提供踏面制动装置和钩缓装置，今创集团有限公司为工程建设提供地铁工程车。

【恒立液压公司一个工厂获评省智能工厂】 12月，江苏恒立液压股份有限公司（简称“恒立液压公司”）建设的年产5.5万吨高精密液压铸件智能工厂被省工业和信息化厅评为江苏省智能工厂试点建设项目。相关内容参见《园区建设》栏目P78相关条目。

【9个产品获省首台套重大装备及关键部件认定】 12月，武进区9家企业的9个产品被省工业和信息化厅认定为省首台套重大装备，产品体现企业自主研发创新能力，高端化、智能化水平在全省领先，为武进打造自主可控的先进制造业体系提供重要支撑。分别是：常州市中迈源纺织机械有限公司研制的ZMY-5/1-4CQPJ型数字提花立体成型经编机、江苏恒立液压科技有限公司研制的HP3V80型斜盘式轴向柱塞变量泵、常州市武进广宇花辊机械有限公司研制的SMS离线复合设备（RZF-D2800）、常州金德纺机科技有限公司研制的FX111C-Z型亚麻梏成机、卡尔迈耶（中国）有限公司研制的DS 21/30 OPTO-EC-2型整经机、江苏华丽食品机械股份有限公司研制的MY165型膨化机（宠物饲料专用）、江苏汤姆包装机械有限公司研制的DGP-SCZ-12型全自动4升灌装生产线、五洋纺机有限公司研制的GE2266型高速拉舍尔经编机、常州永盛新材料装备股份有限公司研制的T1300型千级洁净光学膜涂布设备。

（沈立人）

【龙城精锻公司一爪极产品被认定为工业和信息化部制造业单项冠军产品】 2018年11月，江苏龙城精锻有限公司（简称“龙城精锻公司”）生产的汽车发电机用精锻爪极被工业和信息化部认定为制造业单项冠军产品。该产品采用精锻工艺，通过高温塑性成形，材料利用率高，内部组织精致紧密，性能优，是汽车发电机的关键零件，销往十多个国家，国际市场占有率为38%，主要服务于世界500强企业，2017年实现销售额7.67亿元。龙城精锻公司获相关发明专利授权18件，参与起草汽车发电机爪极国家标准1项、行业标准1项，多年被德国博世集团、法国法雷奥集团、美国佩特来集团等评为年度优秀供应商。

【路航轨道公司一产品获评省中小企业专精特新产品】 6月，常州路航轨道交通科技有限公司（简称“路航轨道公司”）生产的CRH5型车转向架振动监控系统被省经济和信息化委员会认定为中小企业专精特新产品。路航轨道公司针对CRH5型列车万向轴及齿轮箱出现故障影响行车安全的情况，为便于故障诊断，研发设计转向架振动监控系统。该系统集成度高，稳定可靠，满足动车组使用环境要求；可实时监测万向轴健康状态，有效掌握列车在实际线路运营状态下各监测项点参数随服役时间变化而产生的参数变化趋势，对关键系统性能、可靠性及安全性问题开展研究，为列车牵引传动系统故障诊断算法提供报警参数；其数据记录功能便于故障诊断和分析，为优化高速列车设计及制定合理的检修维护周期提供依据，进而建立关键部件随服役时间变化的数据库；采用冗余设计，工作可靠，预留扩展接口，用于其他功能扩展，且具备自诊断功能。2018年，公司销售该产品58套，实现销售收入392万元。

（薛舒明）

【6个新产品通过省级新技术新产品鉴定】 2018年，武进区鼓励企业加大新技术新产品研发，3家企业的6个产品通过省经济和信息化委员会组织的新技术新产品鉴定。其中，五洋纺机有限公司研发的GE2882型数控仿真皮毛双针床经编机、GE2266型（六梳）高速拉舍尔经编机、GE2888型数控成形毛毯经编机、GE2886型数控提花毛绒经编机通过新产品样机鉴定，新誉轨道交通科技有限公司研发的YQ587型异步牵引电机通过新产品样机鉴定，永旭晟机电科技（常州）有限公司研发的YXS-A型自动穿经机通过新产品投产鉴定。经鉴定，6个新产品技术水平填补国内空白，部分技术达到国际先进水平。

（许湘平）

【同和纺机公司纺机整机制造基地项目竣工】 该项目由常州同和纺织机械有限公司（简称“同和纺机公司”）于2016—

常州同和纺织机械有限公司纺机整机制造基地项目设备安装调试现场　摄影/陆　新

2018年度实施，2018年12月竣工投产，总投资7亿元。用地面积14公顷，建设厂房面积16万平方米，新增生产检测设备，达产后可年产纺机罗拉、摇架、紧密纺设备等14万件套。

【宏达数控公司刀架丝杠项目竣工】 该项目由江苏宏达数控科技有限公司（简称“宏达数控公司”）于2018年度实施，12月竣工投产，总投资1.8亿元。用地面积2.87公顷，建设厂房及办公楼面积5万平方米，新增数控刀架、丝杠生产专用设备，达产后可年产液压电动刀架5000套、电机铁芯10亿片。

【恒立液压公司高端液压件及系统技术改造项目竣工】 该项目由江苏恒立液压股份有限公司于2018年度实施，9月竣工投产，总投资1亿元。利用原有厂房，新增卧式加工中心、自动机器人等设备，达产后可年产挖掘机专用油缸48万套、特种油缸15万套、液压泵阀2.5万台。

【德友精密机械公司制药设备项目竣工】 该项目由常州德友精密机械有限公司（简称“德友精密机械公司”）于2018年度实施，12月竣工投产，总投资1.2亿元。用地面积1.67公顷，建设厂房面积1.2万平方米，新增电动剪板机、液压折弯机、铣床等设备，达产后可年产制药设备500余套。

（金文光）

新能源汽车产业

【概况】 武进区新能源汽车产业主要集中在武进高新区，建有北汽新能源常州高端产业基地和重庆理想制造常州分公司2家整车生产企业。2018年，有规模以上工业企业4家，骨干企业有北汽新能源汽车常州有限公司、重庆理想制造常州分公司等整车生产企业，常州市武起常乐电机有限公司等关键配件企业，江苏万帮德和新能源科技有限公司等充电桩企业。全年完成产值29.66亿元，比2017年增长128.79%。年内，省重点项目坤泰车辆系统（常州）有限公司奠基，主要研发生产新能源汽车动力总成、四驱系统、智慧底盘和智能驾驶4类产品，成为常州经开区首个百亿级项目。常州车之翼动力科技有限公司实现模组生产线自动化率100%，可年产新能源汽车动力电池100万千瓦时。

（沈立人）

常州车之翼动力科技有限公司智能化生产线　　供稿/武进高新区

【万帮充电设备有限公司获国家中小企业公共服务示范平台认定】 11月，万帮充电设备有限公司被工业和信息化部认定为国家中小企业公共服务示范平台。该公司主导产品是电动汽车智能充电运营平台，建有省级工程中心，技术水平国内领先，获发明专利授权2件、实用新型专利授权19件、软件著作权14件。其星星充电智能运维平台与其他同类平台相比，能源利用率、运营效率等优势明显；累计有自建充电设备终端5万余个，覆盖全国近200个城市；与55家主机厂合作，日充电量超过260万千瓦时，高频用户逾80万人。公司与大众汽车集团等合作成立充电桩合资公司，开发、设计、生产、销售电动汽车充电墙盒及充电桩，向客户提供充电服务，负责安装、维护、运营充电桩，做好相关技术研发、技术咨询、技术服务、技术转让等。先后成为工业和信息化部智能制造综合标准化与新模式应用重点项目库、国家能源局能源互联重大应用示范项目中唯一的充电企业，是江苏省重点骨干企业“双创”平台、江苏省中小型科技企业、2015年中国年度充换电服务商。

（薛舒明）

智能电网产业

【概况】 2018年，武进区智能电网产业有规模以上工业企业28家，骨干企业有常州电站辅机总厂有限公司等电力控制设备企业，常州市武进红光无线电有限公司等智能储能设备企业，常州博瑞电力自动化设备有限公司等智能输变电设备，江苏洛凯机电股份有限公司、江苏凯隆电器有限公司等智能配电设备企业，主要生产电力控制设备、智能储能设备、智能输变电设备、智能配电设备等。全年完成产值72.72亿元，比2017年增长11.16%。

（沈立人）

【“柔性及特高压直流输电换流阀实施方案”项目通过国家工业强基工程验收】 12月，该项目通过省经济和信息化委员会组织的国家工业强基工程验收。该项目由常州博瑞电力自动化设备有限公司承担，总投资4990万元，通过自主设计和研究柔性直流换流器、特高压直流输电用电阻及其冷却装置，突破第三代柔性直流输电技术，自主研制具备工程应用条件的柔性及特高压直流输电换流阀，形成完整的高压大功率远距离柔性直流输电工程实用化技术方案，完成支撑试验平台建设，建立先进、智能化生产线，实现柔性及特高压直流换流阀的产业化规模生产。获发明专利授权3件、实用新型专利授权13件。

（郑佑雄）

常州博瑞电力自动化设备有限公司智能输变电设备生产线 供稿 / 武进日报社

其中，数百吨 HPB500 型高强度螺纹钢用于港珠澳大桥路面建设。

【中天钢铁集团投入 25 亿元实施绿色发展工程】 2018 年，中天钢铁集团投入 25 亿元，攻坚环保提标防治。其中，投资 1.5 亿元，采用选择性催化还原脱硝工艺，实施 550 平方米烧结机脱硫脱硝升级工程，氮氧化物、二氧化硫、颗粒物均达到国家超低排放标准，分别低于标准的 83.3%、80.6%、50%，成为全省首家运用此类装置实现超低排放的钢铁企业。完成厂区设备及环境“棚化”“仓化”“网化”和皮带通廊封闭化建设，实现面积 35 万平方米原料厂全封闭运行，成为全省首家矿粉、焦炭、煤炭等原辅料封闭式管控的钢铁企业。实施高炉煤气综合利用工程，新建 135 兆瓦发电机组 1 台，提高综合利用发电水平，年新增供电量 9 亿千瓦时，自发电率提升至 70%，年节约标准煤 27 万吨。至年底，该集团基本实现用矿不见矿、用焦不见焦、运料不见料、出铁不见铁的目标。

（吴志坚）

【东方特钢公司节能环保技术改造项目竣工】 该项目由常州东方特钢有限公司（简称“东方特钢公司”）于 2018 年度实施，11 月竣工投产，总投资 6.8 亿元。利用原有厂房，购置烟气循环、烟气脱硫设备、控制系统设备及软件等 46 台套，提升改造烧结机配套系统，购置煤气柜、密封设备、控制系统设备及软件等设备 21 台套，改造煤气柜，达产后可年回收煤气量 15.8 亿立方米。

（金文光）

优势传统产业

纺织业

【概况】 武进区纺织企业主要集中在湖塘镇，有企业 2000 多家，多为中小企业，形成湖塘纺织产业集群，是国家火炬特色产业基地、江苏省新型工业化产业示范基地（新型色织），湖塘镇两次获评“中国织造名镇”，是中国面料之都。2018 年，全区纺织行业有规模以上工业企业 176 家，主要生产纱、混纺纱、绒线、布、印染布、服装等，形成灯芯绒、色织布、牛仔布和经编布等优势特色产品，年产纱 3.11 万吨、布 3.2 亿米、服装 184 万件。受环境压力加大、劳动力成本提高、市场供过于求等要素制约，纺织企业逐步转向面料等产业链上游。规模以上纺织工业企业完成产值 186.58 亿元，实现主营业务收入 184.17 亿元，分别比 2017 年下降 32.71% 和 32.57%。旷达科技集团股份有限公司生产的生态多功能车用内饰面料在 2018 年国际 CMF 设计大会上获得材料创新奖，子公司旷达纤维科技有限公司取得全球回收标准（GRS）证书。

（吴志坚）

【瓯堡染整公司成为省级中小企业数字化智能化升级改造优秀企业】 11 月，江苏瓯堡纺织染整有限公司（简称“瓯堡染整公司”）被省工业和信息化厅授予“江苏省中小企业数字化智能化升级改造优秀企业”称号。该公司是专业色织面料及服装生产基地，拥有染色、浆纱、织造、整理、服装一条龙生产线，年产色织面料 3000 万米、服装 80 万件，是江苏出口工业产品一类企业。通过应用互联网大数据，构建 B2C 电商平台，从传统营销迈向电子商务，从坯料销售拓展到线上成衣定制，有效降低库存，实现全面质量管控。经过数字化、智能化升级改造，企业经济效益和研发设计创新能力提升，产品研发、设计周期和生产周期缩短，设计差错率平均降低 80%，产品一次交检合格率从 95% 提高到 98%。

（李伟华）

冶金业

【概况】 2018 年，武进区冶金业有规模以上工业企业 81 家，主要产品有粗钢、成品钢材、铁合金、生铁、电解铜等，产粗钢 1130.31 万吨、钢材 1122.08 万吨、铁合金 28.69 万吨。该行业规模以上工业企业全年完成产值 1073.96 亿元，实现主营业务收入 1064.34 亿元，分别比 2017 年下降 9.22%、9.84%，分别占全区规模以上工业企业的 25.45% 和 22.75%。中天钢铁集团有限公司（简称“中天钢铁集团”）持续优化钢材结构，形成建筑用钢、工业棒材、工业线材、热轧带钢四大产品系列，主要涵盖轴承钢、帘线钢、弹簧钢等 330 多个优特钢品种，技术含量高、附加价值高，适用于大型电厂、油田钻井、汽车轴承、铁路转向架、船用锚链、跨海大桥等领域，出口 70 多个国家和地区。

金属制品业

【概况】 2018 年，武进区金属制品业有规模以上工业企业 113 家，主要产品有金属集装箱、无缝钢管、冷轧薄板、锁具、钢芯铝绞线等。该行业规模以上工业企业全年完成产值 127.14 亿元，实现主营业务收入 125.47 亿元，分别比 2017 年增长 33.82% 和 34.64%。

（吴志坚）

【哈焊所华通公司高端铝合金焊接材料项目竣工】 该项目由哈焊所华通（常州）

焊业股份有限公司（简称“哈焊所华通公司”）于2017—2018年度实施，2018年12月竣工投产，总投资2.8亿元。利用企业存量土地，建设厂房面积3.1万平方米，新增连铸连轧生产线、拉丝生产线、刮削生产线、高速精密绕生产线、药芯生产线等生产设备139台套，达产后可年产各类铝合金焊接材料9000吨。

【延汉新材料公司高精密冷轧带材项目竣工】 该项目由江苏延汉新材料科技有限公司（简称“延汉新材料公司”）于2018年度实施，12月竣工投产，总投资5500万元。租用厂房面积2500平方米，购置进口20辊森吉米尔轧机、国产光亮退火炉和精密纵剪等主要设备12台套，达产后可年产厚0.03毫米～0.5毫米高精密冷轧带材2000吨。

【益辉金属公司精密金属外观件项目竣工】 该项目由常州益辉金属科技有限公司（简称“益辉金属公司”）于2018年度实施，12月竣工投产，总投资5000万元。租用标准厂房面积3177平方米，新增CNC加工中心、冲床等生产设备101台套，达产后可年产金属手机背板等精密金属外观件1000万件。

（金文光）

地板制造业

【概况】 武进区地板制造业主要分布在横林、湖塘、横山桥等镇，以横林镇最为集中，形成强化木地板为核心，多层复合地板、钢质地板、PVC（聚氯乙烯）地板、木塑地板等为补充的横林强化木地板产业集群，横林镇先后获“中国强化木地板之都”“中国强化木地板出口基地”“中国出口地板产业集群监管示范区”“国家外贸转型升级专业型示范基地”等称号，多个木地板品牌获评江苏省区域名牌。2018年，该产业集群有强化木地板终端企业200多家、配套企业300多家，产能规模大、花色品种多、配套协作强、商务成本低、集聚效应好，是地板生产（出口）基地。面临市场份额缩小、客户需求变化，集群企业走绿色家居产业的转型升级之路，实施智能化改造和产品更新换代，横林镇绿色家居材料产业技术研究院、绿色家居产业园等平台载体不断完善。全区生产实木地板1.87万平方米、复合木地板6808.78万平方米，分别下降83.62%、15.39%，强化木地板出口份额下降10%，绿色家居产业出口增长10%。3月，第十二届（中国·横林）国际地板博览会举行，60多家横林地板企业参展，石墨烯自发热地板、负离子地板、弹性地板等新产品亮相。

（吴志坚）

【洛基木业公司管理模式入选省质量标杆】 2018年10月，江苏洛基木业有限公司（简称“洛基木业公司”）实施的“引进卓越绩效管理模式提升组织绩效”被省经济和信息化委员会确认为江苏省质量标杆。该公司于2006年导入卓越绩效管理模式，组织实施GB/T19580《卓越绩效评价准则》标准，开展自我诊断和持续改进，以PDCA循环管理原则推进卓越绩效模式运行，借助计划、执行、检查、处理的质量管理方式，提升组织绩效和产品质量。洛基牌浸渍纸层压木质地板获评江苏名牌产品，公司获得中国驰名商标、国家科学技术进步奖二等奖和市长质量奖、区长质量奖等，先后获评全国守合同重信用企业、全国轻工业卓越绩效先进企业、江苏省重点培育和发展的国际知名品牌、江苏省AAA级质量信用企业。

（许湘平）

【华集架空地板公司架空地板项目竣工】 该项目由江苏华集架空地板有限公司（简称“华集架空地板公司”）于2017—2018年度实施，2018年12月竣工投产，总投资2亿元。用地面积3.33公顷，利用原有部分厂房，建设厂房、办公楼等9000平方米，新增液压机、热风循环烘箱等主要设备，达产后可年产OA网络地板300万平方米、硫酸钙地板100万平方米。

江苏中鑫成功木业有限公司新型环保装饰材料生产车间　　供稿/武进日报社

【康艳地面装饰材料公司新型环保装饰材料项目竣工】 该项目由常州市康艳地面装饰材料有限公司（简称“康艳地面装饰材料公司”）于2017—2018年度实施，2018年12月竣工投产，总投资1.5亿元。利用企业存量土地，拆除老车间，建设厂房面积3万平方米，新增地片线、压机、开槽线以及辅助配套设施，达产后可年产PVC地板1000万平方米。

【中鑫木业公司新型环保装饰材料项目竣工】 该项目由江苏中鑫成功木业有限公司（简称“中鑫木业公司”）于2017—2018年度实施，2018年11月竣工投产，总投资6000万元。利用企业存量土地，建设厂房面积2.7万平方米，新增木塑、石塑地板成套生产设备以及辅助设施84台套，达产后可年产新型环保装饰材料500万平方米。

（金文光）

重点企业选介

【中天钢铁集团有限公司】 位于常州经开区，成立于2001年9月，是一家以钢铁产业为主，现代物流、国际贸易、酒店、教育、体育等多元产业并举的国家特大型钢铁联合企业，总资产468亿元，总占地面积412.33公顷，员工超1.3万人。拥有西门子奥钢联连铸机、摩根轧钢线、考克斯轧机、阿特拉斯制氧机组、GEA干法除尘等国际先进装备，建成钢铁研究总院研究应用基地、院士工作站、省级技术中心、东北大学—中天钢铁研究院、国家实验室等科技创新平台，配套全流程ERP信息化系统。专业生产轴承钢、焊丝钢、硬线钢、弹簧钢、锚链钢、冷镦钢、帘线钢、机械用钢、高压锅炉管等高技术含量和高附加值优特钢300余种，形成建筑用钢、工业棒材、工业线材、热轧带钢四大产品系列，是工业和信息化部首批公示符合《钢铁行业规范条件》的45家企业之一，年产钢1100余万吨，2015年成功注册“中天”商标。产品广泛用于建筑、汽车、石油化工、船舶海洋、风电等领域，远销东南亚、美洲、非洲的70个国家和地区。作为“十二五”节能减排先进单位、工业和信息化部国家级绿色工厂，累计投入超120亿元，实施低温余热发电、TRT余压发电、烧结脱硫脱硝、电厂脱硫脱硝、城市中水回用、综合污水处理站、能源管控中心、全厂区封闭料场、冶金废渣综合利用等节能减排、循环利用工程110个，形成蒸汽、煤气、固废、工业用水四大循环经济系统，主要环保指标均达行业领先水平。2018年，完成550平方米烧结机脱硝工程、35万平方米的原料场全封闭工程，炼铁863万吨，炼钢865万吨，轧材866万吨，完成工业产值572.43亿元，实现主营业务收入1120.68亿元，上缴税收31亿元，连续十四年入围中国企业500强，位居2018年中国企业500强第136位、中国制造业企业500强第51位、中国民营企业500强29位、江苏省百强民营企业第7位。

（张杏阳）

【瑞声光电科技（常州）有限公司】 位于武进高新区，成立于2006年，由瑞声科技控股有限公司投资1.2亿美元设立，注册资本1.03亿美元。有员工1.2万人，研发人员2138人。专业研制和销售微型受话器、微型扬声器、微型振动马达等微型电声产品，广泛应用于移动通信、信息技术产品、消费电子、汽车和医疗器械等行业。主要产品微型扬声器和微型受话器是智能手机关键部件之一，具有产品结构优、声学性能好、可靠性高等特点，关键性能指标达国内外先进水平，是三星、小米、华为等品牌客户主要供应商。建有江苏省企业技术中心、江苏省电声元器件工程技术研究中心，与南京大学、华中科技大学等开展产学研合作，拥有GP分析实验室、LISTEN测试系统等先进研发检测设备，年研发投入超过企业当年销售收入的3%，拥有有效专利788件，其中发明专利82件。2018年，公司完成产值72.15亿元，实现销售收入63.08亿元、利税9.5亿元、利润7.4亿元。

【今创集团股份有限公司】 位于常州经开区，创建于2003年，注册资本4.2亿元，员工6041人，其中研发及工程技术人员665人。主要从事轨道交通车辆配套产品的研发、生产、销售及服务，主要产品有车辆内装产品和设备产品，涵盖顶板、地板、墙板、间壁、风道、门机构、司机室、箱体、座椅、厨房、电加热器等1000余个细分产品。建有国家级博士后科研工作站、江苏省院士工作站、江苏省企业技术中心、江苏省工业设计中心、江苏省轨道车辆内饰装备工程技术研究中心，有科研用房面积近1万平方米，配备国内外先进研发、试制、检测设备300多台套，相关领域设计、研发、生产规模及综合配套能力全球领先，拥有有效专利139件和软件著作权8件，其中发明专利21件，主持制定行业标准JB/T 12908—2016《冷链物流用蓄冷超导箱式转运设备技术条件》，“KTK及图”为中国驰名商标，是工业和信息化部制造业单项冠军示范企业、国家火炬计划重点高新技术企业、江苏省创新型企业、中国轨道交通装备定点生产企业、江苏省轨道交通装备产业基地，连续多年获评全国重合同守信用企业。参与承担标准化动车组内装、侧拉门机构、厨房、座椅等产品配套研发及国产化任务，参与国内主要城市近百条城轨线路项目，产品出口并应用于英国、法国、意大利、比利时、新加坡、印度等数十个国家的轨道交通车辆项目，2016—2018年，产品全球市场占有率均为25%，稳居全球第一。2018年，公司在上海证券交易所挂牌上市，股票代码“603680”，全年完成产值33.6亿元，实现销售收入21.4亿元、利税3.8亿元、利润2.98亿元。

【江苏恒立液压股份有限公司】 位于武进高新区，前身是无锡恒立液压气动有限公司，成立于2005年，注册资本6.3亿元，有员工2278人，占地面积29公顷，2011年在上海证券交易所A股主板上市。先后在武进高新区投资建立恒立油缸、恒立铸造、恒立液压三大基地，并出资并购上海立新、德国WACO液压油缸、德国INLINE油泵三大品牌工厂，在欧洲、美国、日本成立海外销售服务公司，开拓海外市场。在全球建有四大

江苏恒立液压股份有限公司液压系统生产基地——江苏恒立液压科技有限公司鸟瞰

供稿／武进高新区

研发中心、七大制造基地、两大海外营销中心，有亚洲最大的高压油缸研发中心以及江苏省唯一的超高压油缸小型化轻量化设计工程技术研究中心，另建有江苏省工程中心、江苏省企业技术中心、江苏省博士后科研工作站和江苏省研究生工作站，有专业技术研发人员210人，年研发投入占销售收入的5%左右。拥有核心技术专利104件，是国家行业标准制定单位，是全球最大的挖掘机用高压油缸生产基地和全球最大的盾构机专用液压油缸生产企业、“中国制造2025”标杆企业、工业和信息化部强基工程示范企业及制造业单项冠军示范企业、中国智能制造百强企业、中国绿色铸造企业。挖掘机专用高压油缸生产车间、高精密液压铸件生产车间、液压泵阀智能生产车间配备近1000台套进口自动化加工设备，其中具有国际领先水平的油缸制造、测试设备近250台套，先后入选省示范智能车间，可年产挖掘机油缸45万个和非标重型油缸15万个。产品销往20多个国家和地区，挖掘机用油缸产品主要配套客户有卡特彼勒、三一重工、柳工、徐工、神钢、久保田等全球工程装备知名品牌企业，公司连续多年获评优秀供应商，配套服务实现全球主要盾构机制造商全覆盖。2018年，公司完成工业产值32.58亿元，实现主营业务收入32.68亿元、利税10.92亿元、利润9.47亿元。

（李伟华）

【光大环保技术装备（常州）有限公司】 位于常州经开区，成立于2011年，由光大国际集团投资5.69亿元建设，注册资本1.97亿元，占地面积9.87公顷，有员工191人，是集环保装备研发、制造、销售、售后、总包服务为一体的高新技术企业。拥有固废无害化和资源化工程技术研究中心、企业技术中心、餐厨垃圾资源化利用和无害化处理工程研究中心等省级研发平台。自主研发、引进消化、联合开发行业领先的环保技术及成套设备，提供生活垃圾焚烧成套设备，烟气、渗滤液处理成套设备，餐厨、污泥处理成套设备，危废焚烧成套设备，飞灰处理成套设备，电气及控制系统成套设备等。生产并供应生活垃圾焚烧线251条、垃圾渗滤液处理成套设备108套、烟气净化线202条，产品应用于国内17个省（市）的141个项目，参与埃塞俄比亚、越南等国家的环保项目，成为亚洲最大的固废处理设备供应商之一。坚持核心技术自主研发，形成具有完全自主知识产权的垃圾焚烧发电核心设备技术体系，掌握国内乃至世界先进水平的生活垃圾焚烧系统、烟气净化系统和渗滤液处理系统的核心技术和制造工艺，核心产品多级液压机械式垃圾焚烧炉排炉覆盖从300吨/天至850吨/天全系列规格产品，累计获发明专利授权25件、实用新型专利授权160件，有软件著作权2件，被环保部环境保护对外合作中心联合中国环境科学研究院授予“环保技术国际智汇平台百强技术”称号。2018年，公司完成工业产值22.88亿元，实现主营业务收入22.88亿元。

（张杏阳）

【旷达控股集团有限公司】 位于雪堰镇，创建于2000年，总资产68亿元，有全资和控股子公司、孙公司40多家，制造业厂区占地面积约50公顷、建筑面积80万平方米，有员工近4000人，业务横跨交通工具内饰面料、生态合成革、新能源投资、机械制造、医疗养老、房地产、进出口贸易、实业投资等领域，是综合性现代化企业集团。下属汽车饰件事业部是国内行业龙头企业、国家重点高新技术企业，具备从有色差别化纤维生产到座套成品的完整产业链生产体系和先进的生产技术装备，在全国各地设有子公司，销售、售后网络遍布国内主要汽车主机厂，向全国60多家汽车代工制造商长期提供配套内饰面料、内饰合成革、蒙面座套等产品，获大众、通用等品牌汽车企业全球供应商资格，产品远销欧美。获得第四届中国工业大奖提名奖、国家守合同重信用企业、江苏省优秀民营企业、中国汽车零部件百强企业等，多项产品获江苏省工业设计产品优秀奖。2018年，完成工业产值18.47亿元，实现主营业务收入17.56亿元、利税3.4亿元、利润2.3亿元。

【江苏龙城精锻有限公司】 位于武进高新区，始建于1994年，注册资本1118万元，员工近1900人，占地面积11公顷，建筑面积7万平方米，资产总额近15亿元。主营汽车发电机精锻爪极、皮带轮、转子、高压共轨系统精锻件、轨道交通精锻件、小型异型精锻件和有色金属精锻件等高端精密锻件，可年产各类汽车零部件精锻件6500万个，是行业内起步较早、全球首屈一指的小型精锻件制造商，也是全球最大汽车发电机精锻爪极专业研发制造基地。汽车发电机用精锻爪极产品于2004年全面进军国际市场，出口欧、美、亚、非四大洲十多个国家，国际市场占有率以每年30%的平均速度快速发展，与德国博世集团、法国法雷奥集团、美国博格华纳集团、日本电装集团等全球知名电机供应商建立良好合作伙伴关系，连续多年成为优秀供应商。年均研发投入占主营业务收入的近4%，主编《汽车发电机精锻爪极通用技术条件》行业标准、《汽车发电机精锻爪极工艺编制原则》国家标准，拥有有效专利104件，其中发明专利18件。2018年，主营产品汽车发电机爪极精密锻件被认定为工业和信息化部制造业单项冠军产品，公司完成产值9.82亿元，实现销售收入9.69亿元、利税0.93亿元、利润0.56亿元。

（李伟华）

【江苏万帮德和新能源科技股份有限公司】 位于武进高新区，成立于2014年，注册资本4亿元，有员工521人，其中专业技术人员124人，新能源汽车充电设备制造在国内排名前三。有专业生产线10条，研发、设计、生产、销售、运维新能源汽车充电设施，主要产品有直流充电桩系列、交流充电桩系列、大功率直流充电一体机系列、移动储能充电机、便携充电桩系列及充电设施管理平台等，年产电动汽车智能高效充电设施30万台套。公司是全国电动汽车充电设施发展促进联盟发起单位，唯一成功加入国际充电标准制定协会的中国充电桩企业，参与制定国家标准4个，充电桩产品拥有完全自主知识产权，获授权专利51件。2018年，研发投入4277.88万元，占销售收入的5.92%，获工业和信息化部绿色制造项目、科技部重点研发项目，生产充电桩6.5万台，销售3.65万台，完成工业产值4.7亿元，实现主营业务收入3.02亿元。

（张杏阳）

建筑业·房地产业

Construction Industry · Real Estate

栏目编辑 周小红

建筑业

【概况】 2018年，全区共有建筑企业525家，其中一级企业52家（总承包企业27家、专业承包企业25家）、二级企业189家（总承包企业62家、专业承包企业127家）、三级企业225家（总承包企业171家、专业承包企业54家）、不分等级企业34家、劳务企业25家、资质类别涵盖房屋建筑施工、市政施工、装饰、钢结构、机电安装等专业领域。4月，落实《武进区建筑工地施工扬尘治理实施方案》，强化工地扬尘治理，提升空气质量。7月，实施《关于武进区建筑行业实行建筑工人工资专用账户和银行代发建筑工人工资管理的实施意见（试行）》，解决建筑领域人员流动性大、管理难问题。全年累计施工面积2577.99万平方米，比2017年增长29.53%。其中，年内新开工面积1015.49万平方米，比2017年增长18.21%。全区施工企业完成总产值298.99亿元，比2017年增长11.22%，其中施工产值超亿元企业54家，合计完成产值219.42亿元，占总产值的73.39%。全员劳动生产率30.3万元/人，期末从业人员12.1万人。武进区获2017—2018年度中国建筑工程装饰奖2项、全国工程建设质量管理小组活动成果奖3项、全国市政工程建设质量管理小组活动成果奖1项、江苏省“扬子杯”优质工程奖3项。

【建筑市场秩序管理】 2018年，区住建部门严格规范外来企业市场行为，核查外来施工企业信用39家次，办理分包合同备案83份。在日常巡查中强化在建工程各参建主体的约束和规范，累计巡查137个次。加强建筑业企业诚信建设，建立健全市场准入和清出机制，组织全区建筑行业在建工程综合大检查2次。推行建筑市场与施工现场联动管理，净化全区建筑市场环境。严格不良行为通报制度和农民工工资保证金制度，全年收缴农民工工资保证金2058万元，通报3起建设领域发生恶意拖欠农民工工资的相关建筑业企业，其中通报批评2家、诫勉谈话1家。接待拖欠农民工工资投诉74批次，完成市级平台转办农民工讨薪事件40例，涉及农民工695人、投诉拖欠款1058万元。做好施工建设手续全平台化申报，提升工程建设管理效能。

位于中心城区的星河国际楼盘　　供稿/区住建局

【建筑行业安全生产管理】 2018年，区住建部门开展各项安全生产专项检查10余次。配合区安委会排查整治大型起重机械、深基坑、高大支模等重点隐患，开展日常检查工程项目360个次，开出整改通知书343份、停工通知书12份，查出安全隐患2353条。办理大型起重机械拆卸注销告知363台、大型设备安装告知541台，办理起重设备使用登记证521台。每季度开展施工现场建筑起重机械专项检查，涉及机械设备126台，其中塔式起重机85台、施工升降机38台、物料提升机3台，开出整改通知书53份、停工通知书4份，查出安全隐患143条。全年无重大伤亡事故。

【工程质量监督管理】 2018年，区住建部门加强装配式工程项目以及全区混凝土搅拌站的巡查力度和巡查频次，多次组织专项检查，发现问题及时要求整改，全年无重大质量事故。监理新开工工程131项，面积607.05万平方米，造价120.86亿元。开展质量分部巡查449次，其中桩基155次、基础93次、隐蔽56次、主体145次。日常巡查50次，开出整改通知101份，发现结构隐患14条。参加竣工验收117项、预验收85项。办理竣工验收备案工程122项，建筑面积343.33万平方米，造价60.28亿元。受理各类质量投诉43起，完成处理39起，在处理中4处。全年获江苏省“扬子杯”优质工程奖3项、常州市优质结构工程奖20项、区优质结构工程奖25项。

【扬尘治理】 建筑工地扬尘治理。2018年，面对大气污染防治严峻形势，区住建局印发《武进区建筑工地施工扬尘治理实施方案》《关于落实大气环境质量强化管控方案的通知》，召开全区建筑工地扬尘管控大会和多层次的扬尘治理工作推进座谈会议，强化日常监督管理。推行在建工程分片区域负责制，采取日常、重点、专项、联合检查等方式多管齐下。在重点管控阶段，每日开展扬尘夜间督查，针对问题工地，加强“回头看”频次，做好每日巡查数据汇总，对不配合、拒不整改的单位加强行政处罚力度。创新监管模式，召开问题项目约谈会和参建主体的座谈会，约谈工程各方责任主体。全年共巡查扬尘和环境整治1148个次（含夜查183批次），开出整改通知书99份，开展考核评分185个次，移交行政处罚26起，安装扬尘防控视频监控83家，安装在线监测77家。预拌砂浆生产企业扬尘整治。7月，区住建局印发《关于开展预拌砂浆生产企业扬尘整治工作的通知》《武进区预拌砂浆企业扬尘治理（颗粒物无组织排放深度整治）标准（试行）》。8—12月，针对预拌砂浆企业扬尘问题开展检查29家次，督促全区备案的预拌砂浆生产企业按标准推进扬尘整治。

【实行建筑工人工资专户制度】 7月，区住建局印发《关于武进区建筑行业实行建筑工人工资专用账户和银行代发建筑工人工资管理的实施意见（试行）》，将建筑工人工资款项列入专项资金管

表11

2018年武进区建筑业施工产值超亿元企业情况表

单位名称	资质等级	产值（亿元）	单位名称	资质等级	产值（亿元）
江苏武进建工集团有限公司	A1	32.80	江苏竣翔建设发展有限公司	A1	2.19
江苏成章建设集团有限公司	A1	23.21	江苏秋伟衡达森建设有限公司	A1	2.24
江苏天启建设有限公司	A1	15.06	江苏蓝辉建设集团有限公司	A1	2.10
常州市戴溪建筑工程有限公司	A1	10.40	常州市武进水利工程有限公司	A2	2.04
江苏恒基路桥有限公司	A1	8.87	江苏凯业建设工程有限公司	A1	2.00
中绿建欣达建设工程有限公司	A1	8.16	江苏武进星辰装饰有限公司	B1	2.00
江苏雪湖建设工程有限公司	A1	7.65	常州创新园林工程有限公司	A2	1.88
常州利骏建筑工程有限公司	A2	5.90	常州市武进市政工程有限公司	A1	1.85
江苏常虹钢结构工程有限公司	B1	5.79	江苏常舜建设投资有限公司	A1	1.83
常州伟业混凝土有限公司	B4	5.12	江苏环泰建设有限公司	A1	1.81
常州市企润建材有限公司	B4	4.82	常州江南鼎业混凝土有限公司	B4	1.75
江苏华丽食品机械股份有限公司	A2	4.45	江苏金腾园林建设有限公司	A2	1.74
常州市华江建筑工程有限公司	A2	4.27	常州市通力市政工程有限公司	A1	1.63
常州市华中建筑工程有限公司	A1	3.80	常州市金建路桥工程有限公司	A1	1.62
江苏伟业建设集团有限公司	A1	3.70	常州明大建设工程有限公司	A2	1.54
江苏广亚建设集团有限公司	A1	3.58	常州市瑞力混凝土有限公司	B4	1.45
江苏丰润建设有限公司	A1	3.55	江苏盈通建设科技发展有限公司	A3	1.45
常州市神州园林建设有限公司	A2	2.98	常州华耀建材有限公司	B4	1.42
常州市科豪建设工程有限公司	A2	2.96	常州南夏墅建设有限公司	A2	1.27
常州市安峰建材有限公司	B4	2.94	江苏华盛装饰工程有限公司	B1	1.22
常州市常武建设工程有限公司	A1	2.83	江苏恒泰泳池科技股份有限公司	B2	1.18
江苏森洋环境建设集团有限公司	A2	2.49	常州市晶磊海峡建设工程有限公司	A1	1.10
常州市雪堰建筑工程有限公司	A1	2.41	江苏中道园林建设有限公司	A2	1.07
江苏华盛建设工程有限公司	A1	2.38	常州市武进牛塘建筑工程有限公司	A3	1.05
江苏亚隆路桥工程有限公司	A2	2.26	江苏华辰园林工程有限公司	A2	1.04
常州巨凝永恒混凝土有限公司	B4	2.25	常州市武进东方除尘设备有限公司	B3	1.04
常州华北建筑有限公司	A1	2.24	常州市武进天龙设备安装工程有限公司	A3	1.04

理，工资支付统一由银行第三方扎口，以约束建设、施工等参建主体单位用工管理和农民工工资支付行为，切实保障建筑行业从业人员的合法权益，促进监管部门、建筑企业、从业人员共同推进建筑市场良好平稳运行，最大限度解决建筑行业工资拖欠问题。10月15日至11月9日，开展全区在建工程的工程款、农民工工资支付情况专项检查。排查工程项目132个，开出整改通知书30份，涉及建筑工人1.64万人；施工企业共办理建筑工人个人银行卡4176张。至年底，建设单位支付工程款30.08亿元，尚需支付26.95亿元；施工单位支付建筑工人工资6.39亿元，尚需支付7.28亿元。

【建设工程造价（招标）管理】 2018年，区住建部门发放新改版《常州造价信息》350份，核定类别和工期33个项目（土建15个、园林绿化1个、市政17个），竣工项目安全文明施工费核定60个，建设工程招标控制价备查50个，国有资金投资建设工程竣工结算备案72个。自2017年9月区行政审批局成立后，部分备案权限划转，借助江苏省建筑市场监管与诚信信息一体化平台实行合同备案、人员变更以及竣工申报工作。全年备案建设施工专业分包合同120份、勘察项目合同27份、劳务分包合同7份，关键岗位人员变更40次，竣工工程申报61个，交工工程申报14个。协调处理龙德花园、华鹏国际广场、科教城、常州市中医医院等项目造价纠纷，借助专家的技术支持，维护甲、乙双方合法权益。依法依规开展工程招标，完成监管项目28个。全年参与全区在建工程项目综合大检查90多次。

【墙体材料和散装水泥管理】 2018年，区住建局部门检查工地及企业65家次，其中工程项目建筑面积143万平方米，返退新墙体材料专项基金29笔、金额1107万元，返退散装水泥专项资金21笔、金额209万元。有4家新墙材生产企业完成省产品认定证书换证，1家预拌砂浆生产企业完成省备案换证。

2018年武进区企业（项目）获省级及以上建筑工程质量奖情况表

表12

奖　项	项目名称及内容	施工单位
中国建筑工程装饰奖	常州工学院北部新城新校区二期师生活动中心装饰工程	常州中泰装饰工程有限公司
	常州工学院北部新城新校区一期图书馆工程	江苏武进星辰装饰有限公司
全国工程建设质量管理小组活动成果奖	《施工现场临时办公用房装配工艺的创新》二等奖	江苏天启建设有限公司
	提高复杂弧形变标高梁施工精度（常州大学项目部）三等奖	常州市戴溪建筑工程有限公司
	第二安装QC小组优秀成果奖	江苏成章建设集团有限公司
全国市政工程建设质量管理小组活动成果奖	无线QC小组降低地下车站主体结构渗漏率	江苏广亚建设集团有限公司
江苏省“扬子杯”优质工程奖	武进区经纬大厦	江苏武进建工集团有限公司
	环太湖艺术城艺术展览馆布展装饰工程	江苏日臣建设工程有限公司
	常州英诺激光大厦幕墙工程	江苏后肖幕墙装饰有限公司
江苏省工程建设优秀质量管理小组活动成果奖	粘钢加工施工质量攻关（Ⅱ类成果）	中绿建欣达建设工程有限公司
	减少施工现场扬尘污染率（Ⅲ类成果）	中绿建欣达建设工程有限公司
	提高花篮拉杆式悬挑脚手架一次安装合格率（Ⅲ类成果）	中绿建欣达建设工程有限公司
	外墙伸缩缝模板施工质量控制（Ⅲ类成果）	中绿建欣达建设工程有限公司
	提高PC装配式楼梯一次安装合格率（Ⅲ类成果）	中绿建欣达建设工程有限公司
	地下室叠合梁板加固施工质量控制（Ⅲ类成果）	中绿建欣达建设工程有限公司
	施工现场临时办公用房研制（Ⅰ类成果）	江苏天启建设有限公司
	提高现浇结构实测实量合格率（Ⅱ类成果）	江苏天启建设有限公司
	提高电子交联聚乙烯减振保温隔音地坪合格率（Ⅱ类成果）	江苏天启建设有限公司
	预制叠合板安装质量控制（Ⅱ类成果）	江苏天启建设有限公司
	提高复杂弧形变标高梁施工精度（Ⅱ类成果）	常州市戴溪建筑工程有限公司
	提高砌体墙套管安装合格率（Ⅰ类成果）	江苏成章建设集团有限公司
	提高−0.25米卫生间同层排水混凝土降板施工质量（Ⅱ类成果）	江苏成章建设集团有限公司
	提高住宅现浇混凝土结平构件一次施工合格率（Ⅲ类成果）	江苏成章建设集团有限公司
	提高坡屋面施工质量一次验收合格率（Ⅲ类成果）	江苏成章建设集团有限公司
江苏省工程建设省级工法	混凝土翻边一次性浇筑施工工法	常州市戴溪建筑工程有限公司
江苏省市政工程建设优秀质量管理小组成果奖	无线QC小组获质量管理小组二等奖	江苏广亚建设集团有限公司
	亚飞QC小组获质量管理小组二等奖	江苏广亚建设集团有限公司

（冷　阅）

房地产开发

【概况】 2018年，全区申报房地产开发企业73家。其中，延期换证资质企业60家，新申报资质企业8家；有资质一级企业6家、资质二级企业7家、暂二级企业58家、暂三级企业2家。区住建部门围绕全区“十三五”发展规划实施目标，深入推进房地产市场监管，贯彻落实“房住不炒、因城施策、分类指导”的总体要求，锁定房产市场监管的工作重点，着力稳定房地产市场秩序，完善住房保障体系。全年房地产投资额158.51亿元，上升58.80%。房地产新开工面积301.65万平方米，其中新开工住宅面积224.80万平方米，上升11.40%。商品房竣工验收交付项目33个，面积179万平方米。

【房地产市场销售】 2018年，全区商品房成交量306.85万平方米，其中住宅成交面积227.66万平方米，分别下降5.85%、12.64%。商品房销售额311.20亿元，上升1.21%。其中住宅销售额265.54亿元，下降0.49%。商品房销售均价10142元/平方米，其中住宅销售均价11664元/平方米，分别上升7.50%、13.91%。批准预售（市场新增供应商品房）面积391.87万平方米，上升35%。武进区中心城区商品房成交量248.99万平方米，其中住宅销售184.37万平方米，分别下降11.68%、17.46%。商品房销售额256.85亿元，其中住宅销售额220.45亿元，分别下降5.77%、6.42%。商品房销售均价10316元/平方米，其中住宅销售均价11957元/平方米，分别上升6.69%、13.39%。武进区（不含常州经开区）批准预售面积为277.56万平方米，上升8.61%。

【房地产预销售管理】 2018年，区住建部门按照常州市住房保障和房产管理局《关于加强房地产市场秩序管理、规范房地产企业销售行为的通知》要求，实行房地产开发企业规范销售承诺制度，建立健全市场规则。房地产开发企业在申请商品房预售许可前，需提交承诺书，承诺在商品房销售过程中，严格对照商品房销售负面清单，承诺在销售过程中不得发生商品房销售负面清单列举的变相收取定金、一房两卖、夸大广告宣传等16类行为，做到合法经营、规范销售。9月，针对部分项目有违规租售在建地下车位的迹象，联合区行政审批局印发《关于规范我区地下车位预销售管理的通知》，明确地下车库允许销售的进度节点、预售方案注意事项和后期问题处置原则。全区在预销售管理环节加强房价监督，抑制房价过快上涨。要求开发商在审批商品房预售许可前，对拟销售的商品房明确合理的价格范围，并严格实行明码标价和一房一价制度；跟踪管理已批准预售的项目，检查发现不按预售方案执行、频繁涨价的项目暂停销售合同网签。按照“对比项目成本、对比周边楼盘、对比历史价格”三个对比的原则，对拟销售项目销售价格定位明显偏高的，由两部门联合约谈开发企业负责人，责令对房价合理调整，否则不予物价备案。全年办理车库预售证29张，面积68.71万平方米，车库销售面积28.27万平方米。

【样板房专项管理】 8月，区住建部门联合城管、规划、市场监督等单位组成联合检查组，对辖区内有样板房的在售楼盘开展专项检查，重点检查样板房是否存在擅自搭建建筑物或构筑物，擅自改变住宅外立面，将没有防水要求的房间或者阳台改为卫生间、厨房间，擅自变动建筑主体和承重结构及其他影响建筑结构和使用安全，扩大承重墙上原有的门窗尺寸或拆除连接阳台的砖或混凝土墙体，房地产广告违法宣传6种情况，从源头上预防住宅小区内违法违章建设行为。发现违法违规行为，立即下发《整改通知书》，情节严重的依法依规进行行政处罚。建立长效制度，针对部分开发项目建设的样板房不规范的现象，提出样板房建设备案要求，新开楼盘如需建设样板房的，须在样板房装修方案设计阶段报区住建局，由住建部门联合相关部门审查方案，经现场审查通过的方可对外开放展示，以取得样板房管理良好预期效果。

【房地产市场监管】 2018年，区住建部门加强规范房地产市场经营秩序，保障

表13 2018年武进区商品住宅销售前十名楼盘情况表

楼盘名称	开发单位	销售面积（万平方米）	销售量（套）	销售金额（亿元）	销售均价（元/平方米）
新城桃李郡	常州卓盛房地产发展有限公司	25.99	2006	33.74	12978
星河国际	常州星河协通房地产开发有限公司	13.92	1071	20.06	14411
逸兴聚缘公寓	常州市武进城市建设投资有限责任公司	11.47	1030	9.94	8663
遥观临津花园	常州雨露房地产开发有限公司	10.80	1039	5.21	4823
星河丹堤	常州星河协达房地产开发有限公司	10.31	828	12.16	11795
路劲城	常州路劲房地产开发有限公司	10.20	776	12.04	11803
碧桂园浅水湾	常州柳立置业有限公司	9.92	686	5.33	5370
新城都荟	常州亿隆房地产开发有限公司	8.44	747	8.81	10447
中梁首府壹号	常州市瑞威置业有限公司	8.24	742	9.31	11292
常发珑玥	常发置业（江苏）有限公司	7.66	545	13.35	17433

商品房稳定供给，推动全区房地产行业健康有序发展。全面落实小区车位预销售管理办法，明确地下车库允许销售的进度节点、预售方案注意事项和后期问题处置原则。加强预销售管理监督，严格实行明码标价和一房一价制度。适时加快土地供应节奏，保持供需市场平衡，推进房地产开发项目建设条件意见书制度。全年完成新出让土地的建设条件意见书33个，涉及土地面积135.47公顷。强化房地产开发数据管理，及时统计房地产市场动态，形成月报、季报和年报，为上级决策提供可靠依据。正确把握房地产新闻舆论导向，关注和回应房地产新闻舆情，准确披露市场交易信息，全面客观反映市场动态，引导市场理性投资和消费，提振市场信心。

【美的国宾府开盘】 美的国宾府位于武进区花园街和人民路交会处，毗邻常州地铁1号线及武进花园街成熟商圈。该项目由美的地产集团投资，常州市翔辉房地产发展有限公司开发，总建筑面积20.5万平方米，建设高层住宅4幢、洋房11幢、办公楼1幢，2018年5月27日开盘，预计2020年交付。

【新城明昱玖园开盘】 新城明昱玖园位于武进区洛阳镇，紧邻全民健康主题公园，占地面积4万平方米，总建筑面积9.9万平方米，容积率1.8，建设小高层9幢18层，户型建筑面积约100～131平方米。该项目由新城控股集团股份有限公司投资开发，于2018年6月开盘，至11月全部售罄，完成销售631户，预计2020年6月交付。

（冷　阅）

企业选介

【江苏新城地产股份有限公司】 创立于1993年，位列中国房地产行业前20强，总资产超1000亿元。作为国内领先的综合性房地产集团，以住宅地产和商业地产双轮驱动的战略模式，基本完成全国重点城市群、重点城市的全面布局，在上海、天津、南京、杭州、苏州、常州等70余个城市累计开发住宅和商业项目超300个。2018年，实现销售总额2200亿元，比2017年增长73.95%。

【美的置业沪苏区域常州城市公司】 成立于2004年，为美的置业集团全资子公司，以房地产开发为主，涉及物业管理、智慧家居、商业物业、文旅、装配式产业等多元业务。在常州地区开发包括武进花园街美的国宾府、武进大学城美的翰林府等4个楼盘。2018年5月27日，采用绿色装配式建筑工艺的美的国宾府开盘，当日售罄，全年实现销售额11.4亿元。

【路劲地产集团常州公司】 成立于2005年，属于路劲地产集团，开发房地产项目包括路劲天隽峰、路劲御城、路劲又一城、路劲城等13个。路劲城项目由高层住宅、情景式洋房及社区配套商业组成，总建筑面积近100万平方米。路劲天隽峰荟位于遥观镇中吴大道南侧、今创路西侧，由4幢高层住宅和1幢商业综合体组成。2018年，路劲城项目实现销售额12.94亿元，太湖院子项目实现销售额4.02亿元，天隽峰荟项目实现销售额6.84亿元，路劲城市主场实现销售0.36亿元，路劲城市印象实现销售8.55亿元，路劲铂隽实现销售18.02亿元，全年路劲地产集团实现总销售额37.8亿元。

美的国宾府楼盘热销中　　　　供稿/区住建局

【常州星河协通房地产开发有限公司】 成立于2009年，为星河集团全资子公司，注册资本10亿元。开发的星河城市花园项目位于武进区武宜路板块，占地面积70万平方米，建筑面积180万平方米，2018年，实现总销售额24亿元。

【江苏武进建工集团有限公司】 原为江苏武进建筑安装工程有限公司，2012年9月组建集团公司，投资控股常州金建混凝土有限公司、常州市武建投资有限公司、常州武建项目管理有限公司、常州武建建筑科技有限公司子公司4家，注册资本3亿元，具备房屋建筑工程、市政公用工程施工总承包一级资质和对外签约权。2018年，该公司完成建筑业产值32.8亿元，实现结算收入23.07亿元、利税0.96亿元。

【江苏常虹钢结构工程有限公司】 成立于1990年，具备钢结构专项工程设计甲级资质、钢结构工程专业承包一级资质，具备超重（型）钢结构、大口径钢管结构、大型箱梁结构、大跨网架结构、索结构、异形和曲面结构的稳定生产能力。施工的常州紫荆公园景观塔钢结构工程获中国钢结构金奖，被誉为中国第一无辐式摩天轮。2018年，该公司完成产值5.79亿元，工程结算收入5.75亿元，实现利税2205万元。

【江苏武进星辰装饰有限公司】 创建于1993年，具有国家建筑装修装饰工程专业承包一级资质、建筑装饰工程设计甲级资质、展览陈列工程设计与施工一级资质，是以室内外装饰为主的专业化装饰企业。2018年，该公司完成建筑产值2亿元、实现结算收入2亿元、利税1856万元。

（冷　阅）

商贸服务业

Commodity and Currency Trade

栏目编辑　周小红

商贸流通

【概况】 2018年，区商务部门组织“消费促进月”“汽车下乡”“武进家乡菜评选”等惠民活动，促进消费增长。国庆黄金周期间，武进中心城区6家限额以上批零企业和2家商业综合体实现销售额9949万元，比2017年增长5%。加强市场经济秩序整顿，确保重要商品物资储备。开展汽车销售市场专项整治，重点抓好二手车交易、再生资源回收利用等特许行业监管，全年出动检查组20余个，排查出各类安全生产隐患7个，现场整改4个，确保全区流通领域零事故。全年消费市场呈现繁荣活跃景象，服务业重点项目白金汉爵大酒店、爱琴海购物公园竣工开业，入选全国供应链创新与应用试点企业3家，获评“常州老字号”企业3家。全区社会消费品零售总额645.43亿元，增长10.1%。其中，批发业实现零售额66.07亿元，增长4.2%；零售业实现零售额495.81亿元，增长9.6%；住宿、餐饮业实现零售额83.55亿元，增长17.9%。城镇消费品零售额554.32亿元，农村消费品零售额91.12亿元，分别增长10.8%、5.5%。亿元市场全年成交额740.89亿元，增长2.0%。

【第六届武进汽车下乡巡展】 5月26日至8月19日，2018“怒放夏日购车季，美丽乡镇任我行”第六届武进汽车下乡巡展由区商务局主办，武进汽车城建设指挥部、武进广播电视台承办，深入洛阳、遥观、礼河、南夏墅、前黄、湖塘6个镇（街道），吸引宝尊集团、外汽集团、明都集团、常州浩邦本田、常州中诚吉利、北汽新能源等20多家汽车品牌4S店参展，展出新能源车等多款市场热销车型。巡展期间，共收到销售订单300多个，收集意向客户2500多人，参观人数超2万人。

【3家企业获评“常州老字号”称号】 11月，常州市第三批“常州老字号”授牌，常州市雅浦酿酒有限公司、嘉泽阿兴卤菜店和沙裕昌清真食品店（常州经开区）3家企业获“常州老字号”称号。常州市雅浦酿酒有限公司位于雪堰镇雅浦村，雅浦酿酒始创于1902年，采用本地产糯稻糯米及雅浦山泉水，按“三投发酵法”，并加入陈年黄酒代替酯水，经三次循环发酵酿制，雅浦黄酒具有独特的地域优势和浓郁的地域风格。嘉泽阿兴卤菜店是一家四代传承手艺的家庭作坊，做菜技艺历经百年匠心不变，将卤菜做出名气并创出“阿兴鸭头”品牌，阿兴鸭头曾获武进农家特色菜、武进区非物质文化遗产等称号，被列入江苏省非物质文化遗产申报名录。沙裕昌清真食品店源于“沙裕昌蛋坊”，始创于清乾隆年间，是常州最早制作生产变蛋的作坊。

【酒店行业转型发展】 2018年，遵循厉行勤俭节约、反对铺张浪费的社会风尚，武进区各餐饮企业加快转型发展。面对充满活力的大众消费主体市场，各大酒店将经营主体转向商务、旅游、家庭化和平民化消费，以满足不同层次需求，经营状况开始走出低谷。武进区酒店业商会因势利导，开展“严守食品安全，严格管理制度”食品安全教育、食品安全法知识竞赛活动，召开“创建标准厨房”现场会，组织会员企业开展“贺盛国际厨艺争霸赛”等活动，增强企业

雅浦酒坊非遗展示馆　　摄影/高　岷

竞争力。全区餐饮行业实现总收入超30亿元，其中以香格里拉、九洲喜来登、华谊明都、青枫苑国宾馆为代表的高端酒店营业额平均增长8%以上，中小企业平均增长5%。

【爱琴海购物公园奥特莱斯开业】 12月22日，常州爱琴海购物公园奥特莱斯开业。该商业综合体位于东方东路与东城路交会处，由红星美凯龙家居集团股份有限公司自建，总投资13.5亿元，商业体量15.6万平方米，定位全业态家庭型奥特莱斯，是常州东部首个大型高端商业综合体。将国内外名品折扣中心、特色美食街、精品超市、儿童主题馆、知名书店、休闲娱乐、马场俱乐部、巨幕影院等业态融于一体，为市民提供全新消费娱乐体验。

（孙 文）

商圈·市场

【花园街商业街】 位于聚湖路以南、滆湖路以北，和平路以西、武宜路以东，以花园街为中轴线，涵盖百货、超市、餐饮和娱乐多种业态，运营商业有武进万达广场、茂业天地、新天地不夜城、新城上街、路劲又一城等。武进万达广场位于花园街北端，建筑面积59万平方米，于2014年8月8日开业，定位“家庭欢乐聚”主题，是集百货、超市、五星级酒店、影院、KTV、美食以及办公、居住于一体的城市综合体。2018年，万达广场招商调整服装、精品、餐饮、体验、儿童用品商铺91家，其中餐饮类入驻小菜园、佬土鹅肠火锅、宽巷子、七分甜等品牌商家24家，百货退租区四层全新开业，入驻品牌有密室逃脱、奥冠击剑、YBDL、昂立STIME等体验业态。全年举办各类营销活动20场，助推客流提升11%。全年总客流1505.57万人次，增长10.29%，日均客流4.13万人；完成总销售额5.67亿元，增长11.42%，日均销售额155.62万元。路劲又一城位于花园街、长虹路高架的交会处，建筑面积18万平方米，是武进区最大的公园购物中心，运营品牌有耐克、阿迪、哥弟、阿玛施、千百度、百丽、北疆饭店、钱小奴海鲜自助等97个，2018年商场销售额7.15亿元。

【武宜路商圈】 武宜路作为贯通常州市区与武进中心城区的南北方向主线之一，聚集新城吾悦广场、星河国际商业街、银谷广场、四季青购物中心等商业载体。星河国际商业街总规模30万平方米，拥有欢乐步行街和风情水岸街两条步行街，分布国际欢乐广场、国际风情广场、滨水街、健康运动和教育基地、星河·Home创意生活家居馆。位于国际欢乐广场的儿童主题购物中心Coco City为核心商业项目，入驻哈尼哈尼母婴馆、乐谷儿童乐园、小脚丫儿童馆、新东方泡泡少儿英语等儿童品牌，以及麦德龙大卖场、创意生活家居馆。星河滨水街商业规模1万多平方米，分布西餐厅、酒庄、主题餐厅、超市、清酒吧、教育培训等品牌商家。新城吾悦广场总建筑面积80万平方米，涵盖大型超市、购物中心、主题会所、会议中心、酒店式公寓、高端住宅等业态，汇集购物、美食到娱乐一站式全新生活体验，运营易买得、孩子王、优衣库、海底捞、小米、哥老官、耐克等商业品牌333个。2018年，吾悦商场四层改造形成主题街区域（含商铺30户），引进新品牌，形成湖塘悦色主题街；一层形成潮流运动区域、中心街区域，中心街新增初饭、播、JNBY、七匹狼、酷乐潮玩、LEGO乐高等品牌；全年调整品牌商家120家，完成销售额12.38亿元，增长17%。

【武进乐购商圈】 位于湖塘镇常武路与定安路交会处，分布乐购生活超市、富克斯流行广场、五星电器、武进购物中心、南洋广场等大型商业项目，以及周边沿街商铺。武进购物中心总建筑面积16万平方米，设购物区、休闲餐饮区、主题休闲娱乐区、主题文化艺术区以及金融商务区，入驻深圳海港大酒楼、苏宁电器、莱蒙电脑城、海乐迪量贩KTV等品牌商家，周边有乐购超市、武进路桥小商品市场、家家爱家具、苏宁电器、神采飞扬大型游乐公园等。富克斯流行广场建筑面积7.2万平方米，营业面积4.8万平方米，2018年运营品牌有周大福、潮宏基、通灵珠宝、钻石世家、欧珀莱、百丽、千百度、蹀愫、新秀丽、沙驰、古老鲨鱼、LACOSTE、VERO MODA、欧时力、遐逸、哥弟、波司登、朝峰、玖姿、木子兰、莱芙艾迪尔、报喜鸟、太平鸟、GXG、塔塔罗浮、耐克、阿迪、狼爪、富安娜、梦洁、乐扣、虎牌、好孩子、黄色小鸭、丽婴房等，全年完成销售额5.51亿元。

（孙 文）

【武进汽车城实现年销售总额137亿元】 武进汽车城位于武进中心城区，占地面积100公顷，是华东地区名列前茅的大型综合汽车市场，拥有品牌汽车4S店集中区、二手车（卡车）交易市场、汽车配件市场、配套商业服务区四大功能板块。其中，品牌汽车4S集中区有保时捷、玛莎拉蒂、奔驰、宝马等国际品牌店45家，以及其他品牌汽车门市部23家；汽车二手车市场入驻商户260家；汽车配件市场入驻商户450家，汽车市场配套服务区建筑面积5万平方米。

5月1日，武进万达广场中庭大舞台举行CCTV第二届星光青少年才艺大赛 摄影/高 岷

2018年，武进汽车城加强汽车市场行业管理，着力解决高力汽配市场部分商户的环保违规问题，确保武进汽车城市场持续健康发展。3—10月，组织品牌车商深入前黄等6个镇（街道）开展汽车下乡活动，销售车辆以国家政策鼓励的新能源汽车为主。全年品牌汽车4S店集中区销售新车4.86万辆，销售额103.09亿元，分别下降7.28%和8.75%；二手车市场销售汽车3.4万辆，销售额26.34亿元，分别增长17.67%和21.58%；汽车配件市场销售额7.71亿元，下降0.1%。武进汽车城销售总额137亿元，上缴税款2.12亿元，分别下降3.58%和1.2%。

（周　毅）

【江苏明都汽车集团年销售额67亿元】 江苏明都汽车集团是以汽车销售服务为核心、金融投资及高星级宾馆为辅的多元化集团企业，总部位于武进区常武北路60号，拥有全资子公司40家、控股公司3家、参股公司2家，员工3200余人，固定资产账面余额16亿元。代理销售汽车主流品牌24个，有品牌4S店40家，分布在常州、无锡、苏州、镇江、扬州、南通等地，同时经营汽车租赁、二手车置换等业务，是江苏省汽车销售和服务领域的领军企业，2018年实现销售总额67亿元。

（钱　烨）

【夏溪花木市场年销售额超197亿元】 夏溪花木市场位于“中国花木之乡”嘉泽镇，创办于1994年，占地面积90余公顷，有商家2200余户，内联花木生产基地1.03万公顷，外联全国20多个省、市花木主产区，形成工程花木板块、花卉绿植批零中心、现代庭院展销板块、园艺资材板块、景石板块五大联动发展的产业格局，是全国花卉苗木的重要交易集散地。2018年，该市场抓住家庭园艺发展好势头，打造“夏溪花木市场组合盆栽课程”。邀请业内专家为商户及花木从业者深入剖析新零售时代花木市场态势，讲解如何进行盆栽组合，运用组合盆栽提升文化附加值、拓宽销量，分享园艺生活美学，促进和引领本地家庭园艺消费。实施园艺村项目，引导园艺产品消费，推进周边从事花木业人士有效对接终端消费，改善花木应用与设计需求脱节的境况，丰富并完善花木产业体系、生产体系、销售体系及应用体系，推动一二三产业深度融合。全年市场销售额197.32亿元。

（应　彦）

供销合作

【概况】 武进区供销合作总社系统自2007年7月起仅保留牌子，由武进工贸资产经营管理有限公司管理。武进工贸资产经营管理有限公司辖事业单位9个、国有企业12家，履行对原武进供销总社、物资资产公司、商业资产公司、经贸总公司和部分区属工业企业国有（集体）资产的产权管理、资产经营等职能，确保国有资产保值增值。2018年，武进区供销社系统实现商品销售额115.7亿元，其中购进总额104.31亿元，从生产者购进农产品总额23.31亿元，完成连锁销售额83.19亿元，利润总额0.57亿元。

（李　君）

【武农农资公司年销售额1.48亿元】 常州市武农农资有限公司设在常州市怀德中路48号，经营地址设在常州市运河路奔牛东沙河27号，下设化肥、农药、连锁公司，拥有农资连锁配送中心1个。2018年，该公司完善网络体系，将农资供应网点作为联系农民的重要平台。强化服务领先理念，依靠“庄稼医院”做到以技物结合为基础，全年发布技物信息12万余条。开展田间地头巡诊及综合会诊，现场解决问题2500余次。继续开展农户培训，编制葡萄、水蜜桃、梨、草莓、花卉、蔬菜等系列培训教材，为农民提供产前、产中、产后服务管理等农业生产全链条服务。组织各类农户培训班15场次，培训农民850余人次。做好农药包装废弃物回收，共落实农药废弃包装物回收点100余家，投入农药废弃包装物回收宣传环保袋5万余个，回收农药废弃包装物2.04吨，全年实现农资商品销售额1.48亿元。

（於光强）

【明都超市年销售额增幅5%】 2018年，江苏明都超市有限公司全力应对市场萎缩、电商冲击，以及中小企业的销售减少、利润降低、人才流失诸多因素挑战，采取措施保障市场销售。抓大米、鸡蛋、南北干货等民生商品，大力整合供应商资源，凭借集中采购、物流优势使进价、售价更具市场竞争力，赢得消费者青睐；抓生鲜品质，建立金坛、宜兴、江阴等源头直采基地，从源头上建立保质、保量、保价的供货渠道，保持生鲜的鲜度和有利的竞争价格；锁定年轻消费群体，建立线上微信会员制，在线上投放多种优惠福利吸引消费者。实现年销售业绩增幅5%、员工年收入增幅4%。

（薛文泽）

【信特超市年销售额超5亿元】 常州市信特超市有限公司总部位于常州市和平中路318号，主要经营与消费者密切相关的食品、日用品、五金、小家电、生鲜制品等20个大类近1万余种商品，经营网点遍布常州、武进地区。作为本土零售连锁企业被列入商务部“万村千乡”市场工程、“农超对接”和全国供销合作总社“星网工程”试点企业，有24家门店被江苏省物价局推选为“生鲜平价超市”。2018年，该公司根据市场调整无发展潜力门店2家、整体提升店堂9家，年末拥有连锁店29家、加盟店50多家，总经营面积4万多平方米，全年销售额超5亿元。

（董　维）

烟草专卖

【概况】 2018年，区烟草专卖局（分公司）设置稽查中队4个、市场服务部3个，有专卖营销人员59人。全年新办烟草零售许可证570户，变更24户，延续经营879户。全年销售卷烟4.83万箱，网上订货客户99.60%，实现销售收入19.31亿元，增长3.93%；单箱销售额4万元，增长5.45%；贡献税利5.93亿元，增长4.42%。

【烟草市场监管】 2018年，区烟草专卖局落实市场监管主体责任，突出打假破网、强化案件查处和违法大户治理，优化行政许可服务。深化良性沟通协作机制，组织公安、检察院、法院、烟草四部门联席会议12次，联合公安部门开展调查取证省外14次、省内6次。搭建寄递渠道协同打击涉烟违法犯罪行为平台，牵头公安、交通、邮政部门联合制定《关于建立物流寄递环节打击涉烟违法犯罪协作机制的意见》，在物流快递环节查处涉烟案件100起，比2017年增长132.56%。在互联网和自媒体平台挖掘销售或代购卷烟线索，侦破微信售假网络案件2起。梳理违法违规大户名录，推行集中整治，依法取缔违法违规大户6户。推进不见面审批，"江苏政务服务网"受理申请609份。打造便民高效政务服务，运用EMS邮政送证222份。全年查处各类涉烟违法案件394起，其中金额5万元以上的案件58起、100万元以上的案件3起;查获各类违法卷烟3.77万条，上缴财政罚没款38.48万元。区烟草专卖局获省烟草专卖局嘉奖令表彰3次。

【卷烟营销】 2018年，区烟草分公司围绕"创建文明吸烟环境，助力美丽武进建设"主题，会同区文明办、卫计局等10个部门推进文明吸烟环境建设，引导文明吸烟行为。在新天地公园、武进医院南院、前黄商贸中心建成吸烟亭3个，在武进区行政审批局、淹城公园、遥观镇勤新村等区域安装吸烟柱130个。推动零售户诚信自律互助小组建设，建成自律互助小组97个，涉及零售户1670户，开展小组活动72次。开展零售户经营数据分析，创新课题"缩短卷烟零售客户经营分析时间"获评省优秀质量管理小组活动三级技术成果，客服三组QC小组被授予"江苏省优秀质量管理小组"称号。

（张　珏）

粮食购销

【概况】 2018年，武进区具备粮食收购资质企业48家，其中从事粮食收购的法人企业29家(国有及国有控股企业4家)，个体工商户19户。推进放心粮油工程建设，新增区级放心粮油销售店1家，年末有市级示范粮油销售及加工企业7家、区级放心粮油销售店27家。全年轮换地方储备小麦985万千克、粳稻2460万千克，区地方储备粮管理符合规定要求。

【粮食应急保供建设】 2018年，全区各类粮食收购主体理性参与粮食市场收购，全社会完成粮食收购2.31亿千克，其中小麦6000万千克、粳稻1.71亿千克，较2017年增加2700万千克（主要是粳稻）。区粮食部门做好武进地区粮食收购，组织粮油经营企业建立粮食协作平台，实施与外地粮食生产基地的零距离衔接，全年签订协议粮食购销数量1.5亿千克。按照要求落实应急成品粮油存储，由区发改局与财政局联合监管，与优选部分粮食企业签订协议，确定区粮油应急加工企业和粮油应急保供网点。年末，武进粮食物流园（中心库）项目通过市级竣工验收。

（程卫华）

物流业

【概况】 2018年，全区物流园区、物流中心、乡镇物流场站三级物流体系基本构建，形成以常州武进地区为中心、辐射周边城市与农村的区域性专业配送网络。快运快递网络基本覆盖全区，快递基本做到进村入户。武进粮食物流园(中心库）一期项目主体工程通过验收，江苏安速物流供应链管理有限公司项目完工，江苏亚邦医药物流中心有限公司获评AAA级信用企业，常州正广通物流基地获评AA级信用企业，常州易呼通物流科技有限公司获2018年无车承运人试点资格。全年物流业增加值148.09亿元，增长5.2%。

武进行政审批中心一角安装的吸烟柱　　摄影/徐　欢

【常州正广通物流基地获评AA级信用企业】 2018年12月，常州正广通供应链管理有限公司被中国物流与采购联合会评为企业信用评价AA级信用企业。该公司位于武进区金鸡西路168号，成立于2015年，是"互联网+供应链+实体物流"供应链生态圈的物流基地，2017年获批国家AAA级物流企业。到2018年其物流基地入驻物流专线企业44家，拥有可调度车辆2000余辆，从业人数超1000人，全年营业收入4896.94万元，完成税收80.33万元。

【易呼通获道路货运无车承运人试点资格】 2月，常州易呼通科技有限公司（简称"易呼通"）通过交通部考核，获2018年无车承运人试点资格，有效期至2019年2月28日。该公司成立于2011年12月，注册资金200万元，占地面积1200平方米，是借助互联网平台及相关技术、建立健全交易规则及流程的互联网交易平台。2018年，该公司交易平台新增签约商户1150家，服务客户1.67万家，完成总交易额1.5亿万元、税收390.75万元。该公司全年实现营业收入1.01亿元（含无车承运经营额743.32万元）。

【邮政与快递】 2018年，武进的邮政快递行业持续发展，全区（含常州经开区）有快递品牌30多个，注册企业13家,其中取得独立经营许可企业7家、直营分公司6家，营业网点255个（快递网点220个），从业人员超3000人，配置运输的机动车542辆、电动三轮车752辆，全年实现邮政业务总量20.6亿元。

【安速物流供应链有限公司项目完工】 江苏安速物流供应链管理有限公司（天地汇公路港）项目位于湖塘科技产业园工业标准厂房区，占地面积5.58公顷，于2017年5月开工建设，2018年年底建设完工，投资额1.2亿元。其中，一期仓储面积2.49万平方米，是运用现代物流管理系统，根据客户要求对物品进行标准化流水线式加工、包装、分割、组装和配送，集储存、运输、配送、信息化建设于一体的多功能供应链智慧物流配送中心。至年末，该项目招商工作完成80%。

【亚邦医药物流中心年销售额超10亿元】 江苏亚邦医药物流中心有限公司（简称“亚邦医药物流中心”）是江苏首家医药第三方物流企业、国家AAAAA级物流企业，其核心业务医药物流以信息化建设为载体，在物流功能上实施医药产业的运输、仓储、分拣、配送、信息、采购、销售、物流服务等流程的专业化配套，集交易中心、信息中心、运输中心、仓储中心、配送中心、转运中心及配套服务功能于一体。全过程运用电子标签、手持终端、无线数据采集器、远程跟踪、动态实时监测等信息化手段，全程控制药品运输、仓储、包装、分拣、配送等，最大限度地减少人为差错和缩短流通时间，可为1000多家药品生产企业节约物流配送成本40%以上、压缩药品库存三分之一，为长三角地区1万多家药店提供专业配送，直接降低药品价格20%。2018年，该公司全力应对国家持续管控药品集中统一采购、行业竞争日趋激烈等严峻形势，做好拓展销售渠道和内部降本增效，坚持在经济低谷期练好内功，以期平稳健康发展。12月获评AAA级信用企业称号，全年完成销售收入10.09亿元，实现利税3862万元。

（陈 斐）

餐饮业

【概况】 武进区有各类餐饮单位6000余个，从业人员4万多人。武进中心城区有餐饮企业260余家，从业人员6000多人；餐饮个体店1800余个，从业人员6000多人。经武进招牌面、十佳土菜馆和武进名点评选，武进众多餐饮亮点为百姓熟知。9月，区商务局联合媒体、旅游等部门举办“我最喜爱的武进家乡菜”评选，进一步推动武进餐饮消费市场活跃发展。区烹饪协会组织重点餐饮企业参加常州样板厨房创建活动，推进餐饮质量全面提升。开展打造特色美食商圈活动，组织餐饮企业代表参加省、市餐饮行业评选，派出会员参加常州餐饮职工技能大赛等，推动美食创新，促进餐饮企业成长。全区酒店餐饮行业发展趋暖，餐饮企业经营额持续增长，全年餐饮行业完成总收入31.29亿元，实现税收1.18亿元，分别增长8.%和8.4%。12月，在中国烹饪协会召开的中国餐饮企业家大会上，江苏华怡明都酒店管理有限公司董事长沈益锋获评2018中国餐饮企业家文化传承突出贡献奖。

2018“我最喜爱的武进家乡菜”颁奖　　供稿/武进日报社

【“我最喜爱的武进家乡菜”评选】 9月25日至12月28日举办。该评选活动由区商务局联合武进电视台、武进日报社、区烹饪协会、区旅游协会、区酒店业商会组织，明都林肯汽车冠名赞助，旨在共同发掘最具武进地域特色的家乡美食，繁荣餐饮文化市场。有32家餐饮单位组织77道菜品参与角逐，经专家组、

表14　2018“我最喜爱的武进家乡菜”情况表

菜　　名	单位（餐馆）名称
脆皮银鱼、清蒸白鱼	常州太湖三白餐饮有限公司
巧妇炖豆腐、菌菇王蛳螺	武进区湖塘西新芙蓉鲜螺馆
极品蛋黄狮子头	魏厨常州菜
清蒸白鱼、糟卤银鱼	竺山湖小镇酒店管理有限公司
凯莱太湖鱼头皇、四季老鸡汤	常州嬉戏谷国际大酒店有限公司
干蒸老鹅	金色南都国际大酒店
农家干烧老鹅	明都苏新大酒店
兰陵煒鳝	武进区湖塘新天地家缘大酒店
鱼头大咖	宋剑湖得园大酒店
手工百叶狮子头	常州明都紫薇花园酒店管理有限公司
鸣凰老鸭煲	常州冬梅鸣凰国际大酒店
秘制红头鸭	壹佳人餐饮
肉蟹土烧野鸡蛋、毛蟹红烧鳜鱼	大块头农庄
湟里牛三宝	金鼎明都国际大酒店
高老庄手扒肉	高老庄

表 15

2018 年武进区主要餐饮企业情况表

企业名称	地址	设施配套	接待能力（人/日）	年营业额（万元）	联系电话
武进假日酒店	延政中路 33 号	中西餐宴会厅 2 个、包厢 6 个	1000	4700	86313888
华美达森林公园酒店	淹城旅游区	自助餐厅和宴会厅各 1 个、包厢 9 个	330	4000	89852777
夏岩三勤生态园酒店	湖塘镇三勤村	宴会厅 3 个、包厢 35 个	1000	1200	86328777
锦海国际大酒店	常武中路 89 号	宴会厅 1 个、包厢 10 个	1000	3200	86309888
金龙大酒店	人民路 1 号	宴会大厅 1 个、包厢 25 个	800	500	86550978
常州嬉戏谷开元度假村	雪堰镇太湖湾	湖景餐厅 4 个、宴会厅 2 个、包厢 7 个	2000	2700	85239699
九洲喜来登酒店	长江路与延政中路交叉口	宴会厅 2 个、自助餐厅 1 个、包厢 9 个	1900	8000	68006888
金色南都大酒店	武进区行政中心东侧	宴会厅 5 个、包厢 15 个	2000	4000	86319777
常州明都紫薇花园酒店	嘉泽镇环湖西路 98 号	宴会厅 3 个、包厢 19 个	1000	1300	86569888
金鼎明都国际大酒店	湟里镇	宴会厅 6 个、包厢 27 个	1100	4300	83347777
国瑞宾馆	横山桥镇	宴会厅 2 个、包厢 19 个	840	2100	88603888
常州奥阳华美达大酒店	横山桥镇潞横路 178 号	宴会厅 4 个，包厢 43 个	1400	4000	81166777
鸣凰国际大酒店	湖塘镇鸣凰	宴会厅 4 个、包厢 35 个	980	2000	89810777
常州体缘大酒店	永胜路 99 号	宴会厅 2 个、包厢 16 个	600	860	86337777
枫泽山庄大酒店	嘉泽镇章庄	特色包厢 18 个	450	900	83689777
明都国际会议中心	武进经发区凤苑北路 18 号	宴会厅 3 个、包厢 25 个	1300	5000	89857777
新城希尔顿大酒店	虹北路 68 号	宴会厅 2 个、包厢 35 个	1000	6000	89988888
豪庭皇悦大饭店	府东路 9 号	宴会厅 2 个、包厢 50 个	1000	4300	68868888
常州九重天海港大饭店	定安东路 413 号	宴会厅 3 个、包厢 50 个	1600	4100	89192777
家缘大酒店	湖塘镇花园街 159 号	宴会厅 4 个、包厢 15 个	2000	900	88991677
恒记饭店	湖塘镇花园街 15-01 号	宴会厅 9 个、包厢 40 个	1000	800	83989788

达人组代表分别走进候选菜馆，从菜肴情况、食材来源、餐饮文化、社会美誉度、经营状况及获奖情况六方面作客观评价，采取“试吃达人”评分、网络投票、综合专家评价，最终选评出 20 道菜品为“我最喜爱的武进家乡菜”，并授予 17 道菜品“武进家乡菜人气奖”。

（孙　文）

【常州白金汉爵大酒店开业】 2018 年 5 月 28 日试营业。常州白金汉爵大酒店位于常州经开区东方东路 227 号，建筑面积 17 万多平方米，总投资 17 亿元。该酒店拥有豪华客房 900 多个，餐饮包厢 100 多个，宴会厅及多功能厅 20 余套，能够同时接纳 8000 多人同时就餐，配套设施有 KTV 包厢 77 个、棋牌包厢 60 个、游泳馆等。该酒店坚持自主设计、自主建设、自主经营的发展道路，以餐饮为主、客房娱乐为两翼。2018 年，完成餐饮净营收入 4352 万元，其中菜金 3702 万元。

（李佳蔚）

电子商务

【概况】 2018 年，武进区加强基础设施和软环境建设，推进电子商务应用普及和发展。新增省级农村电子商务示范村 2 个（嘉泽镇跃进村、雪堰镇夏庄村）、省级乡镇电子商务特色产业园（街）区 1 个（遥观镇“新观点”众创空间）、省级首批电子商务众创空间 2 个(龙道创客汇、WINGBASE—横林双创基地)。西太湖互联网产业园、常州科教城电商产业基地汇聚嗨购科技、整搜在线、易得利供应链、捷成华视网聚、佰腾科技、高尔登科技、青之峰、鑫融网络等行业知名电商应用企业。西太湖互联网产业园引进知名电商企业 20 家，新增统计入库电子商务企业 27 家、累计 258 家，实现销售额 47.95 亿元、税收 3.71 亿元，销售额增长 5.67%。至年末，全区有省级电子商务示范基地 2 个、省级乡镇电子商务特色产业园（街）区 3 个、省级农村电子商务示范镇 3 个、省级农村电子商务十强镇 1 个、省级农村电子商务示范村 7 个、市级农村电子商务示范村 9 个、省级电子商务示范企业 10 家、市级电子商务示范企业 28 家。

【省级农村电子商务示范村新增 2 个】 2018 年 6 月，武进区嘉泽镇跃进村、雪堰镇夏庄村获评第六批江苏省农村电子商务示范村。

嘉泽镇跃进村是以花木花卉盆景种植和销售为主导产业的行政村，抓住城乡统筹发展、美丽乡村建设的契机，依托全国最大花卉苗木市场之一的夏溪花木市场，深入发掘农村、农业发展潜力，于 2009 年成立村级土地股份合作社，将全村 65% 的农地集中流转入社。2016 年，成立跃进村花木电商富民合作社，整合十多个分散的花木电商营销点，形成花木专业规模化生产、线上线下市场专业营销模式。全村拥有金牌花木经纪人（创业导师）30 人，发展花木经纪人创客 500 多人，构建“基地 + 经纪人 + 市场”机制，成立跃进村电商创客中心。村民自发兴建温室大棚，生产各种小型盆栽、水培植物、花卉等特色产品。到2018年年末，全村从事电子商务农户达216户，占全村总户数的29%，实现电子商务交易额6680万元。

雪堰镇夏庄村是典型的江南鱼米之乡，全村总面积4.86平方千米，境内地势平坦、土壤肥沃，农业用地面积286.67公顷，主要有大米、葡萄、水蜜桃等农产品。其中葡萄种植面积153.33公顷、年产量6900吨左右，水稻种植面积66.67公顷、年产大米1000吨左右。电子商务交易采用第三方电商平台为主，葡萄、大米分别采取B2B、B2C交易模式。随着电商发展普及化，村民越来越多利用微信、QQ等开展网络营销。2018年，全村完成电子商务产值1780万元。

【“新观点”众创空间获省级乡镇电子商务特色产业园区认定】 2018年11月，遥观镇“新观点”众创空间被省商务厅评为江苏省乡镇电子商务特色产业园（街）区。“新观点”众创空间成立于2015年2月，位于常州国家广告产业园区灵通集团内，整个园区共三期工程，累计建成面积1万平方米，设公共服务区、公共孵化区、独立孵化区，配置有私密电话亭、小众式洽谈区、聚会式休闲区、多变式路演厅等，公共孵化区有开放式工位若干，独立孵化区有5～8人团队孵化“盒子”空间若干。园区依托遥观镇商会和青商会资源，打造遥观青商众筹工坊，设立“青商创业基金”，组建“创业梦想导师团”，扶持各类青年创新创业。2018年，实现电商交易额3.72亿元，主要从事日用品、文化体育用品、家用电器、电子产品、机械零部件、纺织品、服装、农产品、水产品等零售与批发。

【武进入选省首批电子商务众创空间2个】 12月，武进区龙道创客汇、WINGBASE—横林双创基地2个单位被省商务厅确定为江苏省首批电子商务众创空间。龙道创客汇是常州市龙道电商有限公司打造的专业服务型众创空间，主要提供基础设施服务，以及依托资源优势，整合电商运营、企业管理、技术研发、财务税务等方面专家自主研发龙道E学院、常州市网络创业实训平台等学习实训平台，将创业与培训实训对接，营造良好创业氛围，培养复合型创业人才。2018年，该众创空间组织交流研讨会、沙龙等100余场，培养电商人才1800多人进入企业就业，成功孵化创业企业10余家、创业项目20余个，累计服务客户突破300余家。WINGBASE—横林双创基地是横林镇政府围绕当地生态产业链，聚焦互联网与智能设备领域，依靠技术转移、项目培训、企业孵化、企业加速、产业促进、产业转移6个服务阶段，为企业提供良好办公环境、优越投资资源以及创业咨询、导师辅导、风投对接、项目申报等完整创业服务体系的专业孵化平台，服务定位于“大众创业、万众创新”的前沿阵地、人才培训输出基地、智能家居产业服务配套基地和电商交流基地。

【龙道电商获评“全国电商十佳服务商”】 1月，常州市龙道电子商务有限公司（简称“龙道电商”）在2018全国首届新网商技术交流峰会上被公布为“2017年全国电商十佳服务商”，成为江苏省唯一获此荣誉的企业。位于武进高新区的龙道电商连续15年专注于互联网应用领域服务，旗下有三大业务板块：自主品牌事业部，在天猫、京东等平台销售十多年，业绩排名一直位于行业前三名；电商服务事业部，专注于电子商务团队孵化，助力传统制造型企业电子商务等，先后服务多家上市企业；DT新零售事业部，帮助传统实体零售企业打通线上线下，实现数据化运营，服务企业有全家Family、麦当劳和中信集团等。龙道电商是江苏省互联网服务学会副会长单位，首创电商团队孵化模式，先后获江苏省级电子商务示范企业、江苏省巾帼创业创新孵化基地、电子商务孵化基地等荣誉，2018年实现业务收入1400万元。

【跨境电商嗨购科技“双11”销售额破亿元】 2018年11月11日，位于西太湖科技产业园的江苏嗨购网络科技股份有限公司（简称“嗨购科技”）的跨境电商销售额屡创新高，1小时21分销售破亿元，15小时26分销售额突破2亿元。嗨购科技成立于2005年，主要为全球品牌提供专业的中国电商市场整体解决方案，包括互联网品牌整合营销、电商全渠道建设、店铺运营、仓储物流及IT系统解决方案。2015年7月29日在“新三板”挂牌，成为跨境电商运营商第一股。主要服务合作的品牌客户有Chemist Warehouse（澳洲连锁药房）、Woolworths（澳洲零售连锁超市）、Metcash（澳洲大型批发和零售商）、Countdown（新西兰大型连锁超市）、禧贝（美国高端有机婴儿辅食品牌）、麒麟堂（日本药妆集团）、三得利（日本高端保健品品牌）、欧树（法国化妆品品牌）等。2018年参加天猫“双11”活动品牌有27个，自6月起品牌商在保税仓备下6亿元货品，“双11”当天600名工作人员全力迎战。在嗨购科技运营的众多品牌店铺中，拥有超280万粉丝的Chemist Warehouse连续多年蝉联天猫国际“双11”销售冠军。全年嗨购科技及其8家关联企业实现营业收入7613.96万元，比2017年增长27.3%。

（孙　文）

电商企业员工在包装小盆栽准备发运　　摄影/陆　新

对外及港澳台经济与合作

External and Hong Kong, Macao and Taiwan Economy and Cooperation

栏目编辑　周小红

融入"一带一路"建设

【概况】 2018年，武进区企业对"一带一路"沿线国家进出口额226.13亿元，增长5.7%。其中，出口额179.08亿元，进口额47.05亿元，分别增长4.4%和10.8%。在"一带一路"沿线65个国家中，武进企业与64个国家有贸易往来。进出口排列前三位的国家是越南、印度、孟加拉国，进出口额分别为34.49亿元、30.39亿元、18.13亿元。武进区主要出口商品为扬声器、太阳能电池、合金钢热轧条，主要进口商品为已烧结的铁矿砂及其精矿、晶体管、液晶显示板。有13个项目落地"一带一路"沿线国家，增长30%；武进方面协议投资额6530万美元，增长34.21%。

【国际合作平台建设】 2018年，中以常州创新园深入推进《中以常州创新园共建计划》，在全国继续保持合作机制、合作模式、合作成果的"三个领先"。5月，中以创新园（常州）发展有限公司设立，推动板块独立运营。中以创新合作中心网络平台、国际技术转移及交易平台、中以新零售平台进入实际运作，举办2018以色列智慧交通技术对接会、国际医疗器械项目路演对接会、第二届中以创新创业大赛医疗器械领域决赛等活动。10月24日，中国以色列创新合作联合委员会第四次会议在以色列耶路撒冷召开，签订合作协议8项，其中一项为《中国江苏省常州市人民政府与以色列创新署关于进一步深化落实中国以色列常州创新园共建计划的联合声明》，进一步支持以色列企业到常州创新创业。全年引进以色列项目2个——常州以盟置业有限公司、采晟智能科技（常州）有限公司，促成技术合作2项，至年末累计引进以色列企业81家。中俄科技产业园邀请俄罗斯全俄电力安装生产研究与设计院2位专家参加2018中国（常州）配电设备智能化技术国际交流会，举办2018常州市武进区新材料、环保项目发布对接会，俄罗斯科学院乌拉尔分院发布新项目214项，涉及纳米技术、新材料与新工艺、自然资源合理利用等领域。组织本地企业家考察团到哈尔滨参加北纬45°创新论坛，为10余家企业提供对俄技术服务。推进"一带一路"教育交流合作。11月12—14日，哈萨克斯坦共和国教育与科学部国际项目交流与合作办公室5人访问湖塘桥实验小学，签订《湖塘桥实验小学与哈萨克斯坦共和国教育与科学部合作开展国际文化交流框架协议书》，成为武进首份国际文化交流框架协议书。常州大学附属小学与新西兰派卡卡里基小学、常州市戚墅堰实验中学与韩国春川凤仪高等学校开展教育交流活动，武进职教中心校与美国鲁本·第·阿亚拉高中结成友好学校，累计26所。武进清英外国语学校聘请来自美国、英国、加拿大等外籍专职教师，并与浙江海伦国际交流中心、美国ILP国际语言组织等优质资源合作。武进职教中心校继续与德国西门子公司、韩国又石大学、美国埃弗里特社区学院等开展国际合作办学。至年末，全区有16所学校与29个国家的学校合作办学，与19个国家教育机构建有29个联合课程部，有7所学校聘请外籍教师30人。

中以常州创新园内的孵化企业生产现场　　摄影/高　岷

【武进机械行业借力“一带一路”加快发展】 2018年，江苏龙城精锻有限公司开发新产品GDI不锈钢油轨，并通过新产品抢占市场制高点。常州液压成套设备有限公司承接喀麦隆隆潘卡尔电站、白俄罗斯维捷布斯克水电站、危地马拉电站、泰国拉姆瑟波特电站等“一带一路”重要工程，累计拿下“一带一路”建设项目58个，为全区“一带一路”建设打响“常州制造”品牌。江苏华凌机电科技有限公司年订单量增加30%，常州市武进广宇花辊机械有限公司实现满负荷生产，常州凯达重工科技有限公司的订单增加。江苏国茂减速机股份有限公司制造车间引进机械臂在制造五部投用。武进五洋纺织机械有限公司在2013年与南京理工大学专家团队合作，打造首座数字化工厂，实现智能化生产单元，2018年完成开票销售1.95亿元，增长149.9%。

【马杭色织越南生产基地建设】 2018年12月，常州市武进马杭色织有限公司（简称“马杭色织”）确定在越南岘港建设生产基地，协议投资额2800万美元，预计2020年建成投产。马杭色织是专业生产色织布面料的民营企业，主要销售市场为美国和日本，色织布出口占年产量的65%。随着环保压力加大、生产要素成本提高、消费需求向中高端发展，马杭色织积极谋划新的发展空间，于2014年启动超免烫色织布研发，2018年9月投放新产品色织布200万米，全年色织布产量突破500万米。

【柳工常州挖掘机销往“一带一路”国家358台】 柳工常州机械有限公司是广西柳工机械股份有限公司下属子公司，集挖掘机和推土机研发、制造及营销于一体。该公司践行“一带一路”倡议，业务覆盖“一带一路”沿线58个国家和地区。2018年，该公司生产挖掘机1万余台，销往“一带一路”国家358台。

【中车戚墅堰公司成立肯尼亚维保事业部】 3月12日，在迪拜举行的第十二届中东国际铁路及轨道交通展上，中车戚墅堰公司的HXN5B型大功率交流传动内燃机车以涂装鲜艳的“西红柿炒鸡蛋”风格吸引众多客商目光。中车戚墅堰公司从最初跟踪肯尼亚蒙内铁路机车项目订单起，依托“既造车又修车”的独特优势，提出“制造＋服务”的系统解决方案。在蒙内铁路开通运营后，成功签约肯尼亚56台机车维保项目。7月，中车戚墅堰公司肯尼亚维保事业部成立，在肯尼亚驻守维保人员50多人，并招收培养肯尼亚员工92人，保障内燃机车顺利运营。年内，中车戚墅堰公司内燃机车销往肯尼亚、坦桑尼亚、赞比亚、柬埔寨、泰国等14个国家和地区，共计销售内燃机车219台；实现签约购买机车363台，其中“一带一路”国家签约购买机车269台，占比为74%。

（孙　文）

对外及港澳台贸易

【概况】 2018年，武进区加强外贸新增长点和新业态培育，组织企业参展，推进出口基地建设，推动外贸企业转型升级，确保对外贸易稳步发展。全区获评市“重点培育和发展的国际知名品牌企业”24家，武进高新区智能装备出口基地被认定为常州市第三批市级出口基地。全区实现外贸进出口总额797.02亿元，占全市进出口总额的35.17%。其中，出口总额565亿元，进口总额232.02亿元，分别占全市的34.18%和37.82%。

从贸易主体看，外贸企业数量增多，重点企业支撑作用明显。2018年，全区有自营进出口实绩企业2298家，比2017年增加120家。进出口总额超2亿元的企业有69家，完成进出口额456.55亿元，占全区进出口总额的57.28%。

从贸易市场看，对传统市场进出口占比增大，与“一带一路”沿线国家进出口增势良好。2018年，有贸易往来国别和地区200个，与2017年同期持平，双边贸易前五位的市场依次为美国、欧盟、东盟、澳大利亚、日本（简称“五大市场”），进出口增幅分别为15.81%、23.38%、7.04%、−5.4%、21.88%，五大市场占全区进出口额的63.65%。对“一

2018年武进区进出口金额20强企业情况表

表16

企业名称	进出口金额（万元）	比2017年（±%）
中天钢铁集团有限公司	769250	−17.52
光宝科技（常州）有限公司	226594	−4.51
爱科（常州）农业机械有限公司	198950	8.58
瑞声光电科技（常州）有限公司	191297	31.68
常州亨通海晨物流有限公司	136599	22.38
光宝光电（常州）有限公司	118685	49.57
纳恩博（常州）科技有限公司	118567	4598.59
常州一达通企业服务有限公司	111869	10.41
贝尔金电器（常州）有限公司	108462	−3.15
卡尔迈耶（中国）有限公司	107250	−13.13
常州新华昌国际集装箱有限公司	98514	−1.01
江苏常宝钢管销售有限公司	96045	75.04
江苏贝尔装饰材料有限公司	83873	18.67
灏讯电缆连接器制造（常州）有限公司	82008	20.60
江苏赛拉弗光伏系统有限公司	78407	−1.26
瑞声精密制造科技（常州）有限公司	78037	214.40
倍科电器有限公司	77346	15.50
江苏恒立液压股份有限公司	76069	28.27
安费诺（常州）高端连接器有限公司	71409	−9.29
常州新科博华电子有限公司	59909	−17.80

带一路”沿线国家进出口额226.13亿元，其中出口额179.08亿元、进口额47.05亿元，分别增长5.7%、4.4%、10.8%。

从产品结构看，机电产品仍占主导，质量效益进一步提升。机电产品累计进出口额456.48亿元，增长9.41%，占全区进出口总额的57.27%。其中出口额341.2亿元、进口额115.28亿元，分别增长8.87%和8.87%。传统劳动密集型行业中，纺织服装类产品累计进出口额63.5亿元，增长13.44%，占全区进出口总额的7.97%。其中出口额59.71亿元、进口额3.79亿元，分别增长12.24%和36.62%。

从贸易方式看，外贸自主性提高，一般贸易进出口比重增加。全区一般贸易进出口额666.66亿元，增长10.8%，占全区进出口总额的83.64%，占比提高2.34个百分点。加工贸易累计进出口额106.41亿元，下降5.7%，占全区进出口总额的13.35%；其他贸易累计进出口额23.94亿元，下降5.9%，占全区进出口总额的3.01%。

【24家企业被认定为市“重点培育和发展的国际知名品牌企业”】 武进区推进自主出口品牌建设，促进外贸优进优出。12月29日，经区商务局初审，市商务局复审、打分，评审组投票、审议、公示，武进区24家企业被认定为2019年度常州市“重点培育和发展的国际知名品牌企业”。入选企业发挥示范引领作用，进一步增强品牌核心竞争力，拓展品牌影响力，扩大品牌出口。同时，强化品牌意识，提高研发创新水平，大力开拓国际市场，争创以技术、标准、品牌、质量和服务为核心的外贸竞争新优势。

【武进高新区智能装备出口基地被认定市级出口基地】 2018年，经企业申报，区商务局推荐、市商务局初审、专家评议，武进高新区智能装备出口基地被认定为常州市第三批市级出口基地。武进区引导特色产业园区和集聚区向出口基地化方向发展，武进高新区智能装备产业已集聚机器人及智能装备相关企业168家，其中销售超亿元企业达71家，完成总营业收入350.5亿元，自营出口额达10亿美元，每年吸引机器人及智

武进区获2019年度常州市重点培育和发展的国际知名品牌企业情况表

表17

企业名称	属地	品牌名称	商品类别
亚邦投资控股集团有限公司	牛塘镇	亚邦	化学工业及其相关工业的产品
江苏贝尔装饰材料有限公司	横林镇	BBL	木及木制品
江苏赛拉弗光伏系统有限公司	横林镇	SERAPHIM	机器、机械器具
江苏恒立液压股份有限公司	武进高新区	Hengli	机器、机械器具
中天钢铁集团有限公司	横林镇	中天	特殊交易品及未分类商品
江苏长海复合材料股份有限公司	遥观镇	常海	陶瓷、玻璃及其制品
今创集团股份有限公司	遥观镇	KTK	车辆、航空器、船舶及有关运输设备
江苏雷利电机股份有限公司	遥观镇	雷利 leili	机器、机械器具
常州市凯迪电器股份有限公司	横林镇	CZKAIDI	机器、机械器具
哈焊所华通（常州）焊业股份有限公司	遥观镇	華通 HUATONG	贱金属及其制品
江苏友奥电器有限公司	礼嘉镇	YOAU	机器、机械器具
江苏顺风光电科技有限公司	武进高新区	SF-PV	光学、照相、电影、计量、检测、医疗或外科用仪器及设备、精密仪器及设备
普罗斯电器（中国）有限公司	西太湖科技产业园	Plusrite	机器、机械器具
江苏常发农业装备股份有限公司	礼嘉镇	常发	机器、机械器具
灵通展览系统股份有限公司	遥观镇	灵通（LINGTONG）	贱金属及其制品
江苏洛基木业有限公司	横林镇	洛基	木及木制品
常州祥明智能动力股份有限公司	丁堰街道	祥明图形商标	机器、机械器具
常州市蓝托金属制品有限公司	洛阳镇	Ranto	杂项制品
江苏亚示照明集团有限公司	横山桥镇	YASHIPS	杂项制品
江苏常宝钢管股份有限公司	丁堰街道	常宝 CHANGBAO	贱金属及其制品
常州市久虹医疗器械有限公司	湖塘镇	JIUHONG	光学、照相、电影、计量、检测、医疗或外科用仪器及设备、精密仪器及设备
江苏中鑫德赛木业有限公司	横林镇	荣登	木及木制品
常州武进长城工具有限公司	武进高新区	CHANGCHENG	机器、机械器具
常州市武进亚太机电配件有限公司	武进高新区	雅太 YATAI	机器、机械器具

能装备企业20余家，有效带动区域智能装备快速成长，提升常州高端装备制造业的档次和水平，整体带动科技创新能力，形成区域创新示范区。

柳工常州机械有限公司生产的挖掘机销往“一带一路”沿线50余个国家，2018年销量大幅增长 摄影/高 岷

【武进获省技术先进型服务企业认定1家】2018年9月，江苏嗨购网络技术股份有限公司被省科技厅、省商务厅、省财政厅、省税务局、省发展改革委联合认定江苏省2017年度技术先进型服务企业，成为武进区首家江苏省技术先进型服务企业。根据政策规定，被认定企业可享受企业所得税连续3年按照15%的税率征收，并且不超过工资薪金总额8%的企业职工教育经费支出准予在计算应纳税所得额时扣除。该公司成立于2005年，2015年7月29日在“新三板”挂牌，成为跨境电商运营商第一股，公司主要销售保健品、食品、母婴、美妆个护类商品。

【组织企业参加首届中国国际进口博览会】 11月，武进区组织279家企业、824名代表参加首届中国国际进口博览会。与展商签订采购协议或意向合作协议，意向成交总额1.5亿美元。进口商品涉及智能及高端装备、消费电子及家电、汽车、服装服饰及日用消费品、食品及农产品、医疗器材及医药保健等。

2018年武进区进出口贸易情况表

表18

地　区	进出口额(亿元)	比2017年(%)	占总额(%)
主要进出口市场			
美　国	155.05	15.81	19.45
欧　盟	140.88	23.38	17.68
东　盟	87	7.64	10.92
澳大利亚	76.43	−5.4	9.59
日　本	47.93	21.88	6.01
出口商品类别			
氯乙烯聚合物制铺地制品	37.25	68.41	6.59
装有驱动电动机的摩托车及脚踏车	13.67	725.31	2.42
太阳能电池	12.99	−46.64	2.30
加工中密度板，密度>0.8克/平方厘米，厚>9毫米	12.4	−12.06	2.19
其他扬声器	12.28	138.93	2.17
进口商品类别			
平均粒度≥0.8毫米，<6.3毫米未烧结铁矿砂及精矿	40.43	−21.42	17.43
平均粒度≥6.3毫米未烧结铁矿砂及其精矿	22.55	1.99	9.72
已烧结的铁矿砂及其精矿	15.5	56.46	6.68
其他用作处理器及控制器的集成电路	8.5	−17.19	3.66
发光二极管	5.69	7.81	2.45

（孙　文）

利用外资及港澳台资

【概况】 2018年，武进区强化项目意识、服务意识和创新意识，出台招商项目合同档案管理暂行办法，加强和规范全区招商项目管理，提高项目合同履约率。有序推行重大项目招引备案评审制度，完成中国台湾中石化缝合材料等项目的备案评审。参与全市“龙城英才计划”各项推介活动，进一步融合人才与项目招引，促使招商引资和招才引智双轮驱动。精心组织上海经贸活动、“5·18”展洽会、西太湖发展论坛、“9·28”科技经贸洽谈会、深港经贸活动等重大活动。中南控股、赛领资本、瑞声科技等优质项目成功签约，全区利用外资总体呈现量增质优态势。

按照自身产业定位，开展产业链招商，重点引进世界500强、欧美日和境内外上市企业投资项目。常州经开区、武进高新区和西太湖科技产业园三大板块打响轨道交通、电子信息、石墨烯等特色产业牌子，建立健全与国际接轨的要素市场，不断增强园区对重大项目的吸引力、承载力。各乡镇“以民引外”，鼓励民营企业以闲置厂房、资产与境外投资者合资合作，开展外资并购，鼓励民营企业境外上市，通过境外并购企业、购买专利和技术进行返程投资，做强做优自身企业。

全区新增外资项目108个（新设项目67个、增资项目41个），完成协议

表19

2018年武进区协议注册外资及港澳台资前10位国家和地区情况表

国别（地区）	协议注册外资及港澳台资金额（万美元）	占总额（%）
中国香港	68942.14	60.85
英属维尔京群岛	10000	8.83
比利时	9498.1	8.38
中国台湾	5889.84	5.20
德国	5382.37	4.75
美国	3445.78	3.04
卢森堡	2000	1.77
奥地利	1829.85	1.62
越南	1300	1.15
日本	723.22	0.64

表20

2018年武进区实际到账外资及港澳台资前10位国家和地区情况表

国别（地区）	实际到账外资及港澳台资金额（万美元）	占总额（%）
中国香港	50433.22	65.49
中国台湾	9516.87	12.36
美　国	8377.27	10.88
德　国	3037.72	3.94
日　本	1649.93	2.14
奥地利	1212.91	1.58
加拿大	1000	1.3
卢森堡	630	0.82
比利时	469.52	0.61
瑞　士	348.41	0.45

表21

2018年武进区“荣誉市民”情况表

姓　名	公司名称及职务	国别（地区）
Camillo Carra（卡米罗）	常州博斯特西太湖包装设备有限公司总经理	意大利
Miyamoto Takeo（宫本武雄）	利优比压铸（常州）有限公司总经理	日　本
Elena Graf（埃琳娜·格拉芙）	尼霍夫常州公司法人代表及尼霍夫首席财务官	俄罗斯
Nakajima Koichi（中岛行一）	常州小糸今创交通设备有限公司副总经理	日　本
Haniya Kazuhiro（埴谷和宏）	常州安川（中国）机器人有限公司董事兼总经理	日　本
Davor Shimats（达沃·西玛兹）	罗玛思科（常州）照明科技有限公司总经理	新西兰
Kawata Ichiro（河田一郎）	山阳金属（常州）冷拉钢有限公司董事长	日　本
Anat Vilnai（安娜·维尔奈）	常州中以创新园顾问	以色列
Alistair Scott McLelland（阿利斯泰尔·麦克利兰）	爱科全球副总裁兼中国区董事总经理	英　国
Yoneoka Koji（米岡弘滋）	住友电工硬质合金（常州）有限公司董事兼总经理	日　本

注册外资及港澳台资11.33亿美元，比2017年下降21.29%。实际到账外资及港澳台资7.70亿美元，比2017年增长6.82%。注重先进制造业及生产性服务业项目的招引，加大新开放领域招商力度，紧盯先进制造业和金融、教育、文化、医疗等服务业新开放领域，强化产业前瞻性研究和布局，在新一轮产业招商中取得先机。全区产业类项目（制造业和生产性服务业）累计到账外资及港澳台资7.55亿美元，占全区的98.08%。战略性新兴产业项目累计到账外资及港澳台资6.45亿美元，占全区的83.72%，增长57.75%，战略新兴产业在到账外资及港澳台资中的占比明显提高。新增协议注册外资及港澳台资超3000万美元以上项目11个，其中制造业项目7个、服务业项目4个。总投资4.8亿美元的瑞声移动通信微型精密器件增资项目、总投资2亿美元的慧泽新材料并购项目、总投资1.05亿美元的嘉浩物流项目等重大项目相继落户。

【高端冷链物流项目落户】 11月，常州煜丰冷链物流有限公司落户武进高新区。该公司由嘉浩常州物流投资（香港）有限公司出资设立，投资总额1.05亿美元，注册资本3500万美元，建设高标准冷链仓储物流园，并负责园区招商和运营管理。

【首家外资美容服务机构落户】 7月，椿轩（常州）美容有限公司通过外商投资企业设立备案，落户武进区湖塘镇，成为武进区首家外资美容服务机构。该公司由福隆医用材料（中国）有限公司和外国个人共同出资设立，注册资本300万元，提供美容服务和仪器销售。福隆医用材料（中国）有限公司是武进区重点培育企业，投资规模超2亿美元，从事一类医疗器械制造以及生物新材料研发。到年末，该公司新增就业人员12人，实现销售收入12.57万元。

【新能源检验检测机构落户】 8月，南德新能源汽车检测（江苏）有限公司通过外商投资企业设立备案，落户武进高新区。该公司由中国检验认证集团江苏有限公司、常州武南汇智创业投资有限公司、南京中认南信检测技术有限公司

2018年度武进区对外及港澳台投资情况表

表22

国别/地区	项目(个)	比2017年(%)	比重(%)	协议投资(万美元)	比2017年(%)	比重(%)
合计	38	15.15	100	37738.86	49.01	100
亚洲	23	27.78	60.53	26219.58	76.75	69.48
中国香港	11	22.22	28.95	22061.49	157.91	58.46
印度	0	−100	0	0	−100	0
印度尼西亚	1	−50	2.63	72	−98.38	0.19
日本	2	0	5.26	1180	0	3.13
马来西亚	3	200	7.89	793.69	5191.23	2.10
巴基斯坦	1	0	2.63	300	0	37.80
菲律宾	1	0	2.63	1	0	0
韩国	0	−100	0	0	−100	0
泰国	0	−100	0	0	−100	0
越南	4	100	10.53	1811.41	1107.61	4.80
阿曼	0	−100	0	0	−100	0
欧洲	8	60	21.05	7133.27	693.49	18.90
德国	3	50	7.89	118.57	−70.81	0.31
法国	2	0	5.26	3462.84	0	9.18
意大利	0	−100	0	0	−100	0
匈牙利	0	−100	0	0	−100	0
波兰	3	0	7.89	3551.85	0	9.41
俄罗斯联邦	0	−100	0	0	−100	0
北美洲	7	17	18.42	4386	391.43	11.62
美国	7	16.67	18.42	4386	391.43	11.62
大洋洲	0	−100	0	0	−100	0
澳大利亚	0	−100	0	0	−100	0

和南德中国控股有限公司共同出资设立，注册资本7000万元，提供新能源汽车整车、动力电池及系统、充电桩设施及零部件的检验、测试和认证服务。

（孙 文）

对外及港澳台合作

【概况】 2018年，武进区备案境外投资项目（含增资）38个，增长15.15%；武进方面协议投资额3.77亿美元，增长49.01%。江苏恒立液压股份有限公司和腾龙科技集团有限公司分别收购国外企业，为企业增添新动力。巴付通（常州）信息技术有限公司并购Zing数字商务有限公司，获得巴基斯坦电子支付牌照。常州远东文化产业有限公司通过收购，将世界知名文化品牌500PX正式纳入武进版图。

【远东文化公司收购美国500PX公司全部股权】 2018年，常州远东文化产业有限公司（简称“远东文化公司”）在2015年收购美国500PX有限公司13.76%股权基础上，又出资1900万美元收购该公司全部股权，于2月28日取得美国500PX有限公司境外投资备案证书。美国500PX有限公司是全球顶尖摄影师图片社区网站经营企业，拥有超过1200万名注册摄影师会员，每月活跃会员数超过100万人，汇集全球最优秀的摄影专业人才和摄影爱好者，网站可提供超过1亿张优质图片素材。经股权收购，远东文化公司拥有美国500PX公司100%股权，为其在北美地区开拓市场奠定基础。

【武进首个境外中资企业再投资项目备案】 2018年4月，常州雷利投资有限公司（简称“雷利投资”）向商务部门递交《境外中资企业再投资报告表》，完成境外中资企业再投资备案程序。该公司在香港注册子公司协晟实业有限公司（简称“协晟实业”），以自营所得并购开曼群岛的光峰开曼有限公司（简称“光峰开曼”），成为武进区首个境外投资再投资项目。协晟实业是雷利投资2015年1月设立的商务服务企业，以自有资金1020万美元收购光峰开曼3.07%股权。光峰开曼主要从事光源产品研发、生产，拥有全球首创的激光显示核心专利ALPD，协晟实业参股有利于雷利投资经营项目进一步拓展，全方位参与国际市场竞争。

【华森医疗公司创建哥伦比亚华森公司】 11月，常州华森医疗器械有限公司（简称“华森医疗公司”）向商务部门递交设立哥伦比亚华森公司备案材料，出资120万美元与其合作伙伴合资，创建哥伦比亚华森公司，以加工贸易方式生产医疗器械，成为武进区首个在哥伦比亚的境外投资项目、首个在南美洲的境外投资制造业项目。哥伦比亚在拉美属中等发展水平，与南美、北美大多数国家以及欧盟签订关税优惠协定，是华森医疗公司重要的销售市场。该项目建成后可增加“华森”产品在南美以及北美、欧盟的市场占有率，带动产品出口。

【恒立股份整体收购日本服部精工】 2018年2月5日，江苏恒立液压股份有限公司（简称“恒立股份”）与日本株式会社服部精工（简称“服部精工”）签订协议，由恒立股份出资1180万美元整体收购日本服部精工及其关联公司，于2月9日向商务部门申请备案，3月完成并购程序。服部精工成立于1947年，1985年成为三菱重工的配套企业，1990年成为美国知名企业卡特波特的液压泵核心零部件生产企业，其产品获得航空宇宙产业用质量管理体系JISQ 9100认证等国际认证。恒立股份自2009年开始在境外投资，2013年在日本设立研发中心，2016年在日本成功收购原田密封件技研株式会社，2017年9月与服部精工达成收购协议。成功收购服部精工后，将提升技术研发能力、增强核心竞争力，打破国外对液压重要零部件的垄断。

2018年，恒立股份实现销售额35.13亿元，创汇9896.99万美元，净资产46.31亿元。

【腾龙集团加速海外扩张】 2018年6月14日，腾龙科技集团有限公司（简称“腾龙集团”）向商务局提交申请备案材料并购波兰和法国企业2家，分别出资3251.29万美元收购富莱克波兰有限公司、1082.8万美元收购鲁道夫法兰柔性管有限公司。富莱克波兰有限公司与鲁道夫法兰柔性管有限公司原属美国工业制造公司国际有限责任公司全资子公司，主营业务分别为汽车挠性管接头、膨胀节以及废气再循环装置的生产和工业领域用的柔性缠绕管、高压管、塑料管以及小直径波纹管的生产，在全球范围属于行业内技术领先型企业，在欧洲拥有稳定的客户市场。腾龙集团是武进区上市企业常州腾龙汽车零部件股份有限公司（简称“腾龙股份”）母公司之一，2017年10月腾龙股份在香港成立腾龙汽车零部件（香港）有限公司，12月腾龙集团并购香港欧甘世界有限公司，2018年3月腾龙股份在波兰设立腾龙波兰有限公司，6月腾龙集团再次出资并购2家欧洲企业，腾龙集团在海外特别是在欧洲的战略布局初步成型。2018年，腾龙集团主营业务收入16.61亿元，完成进出口额1.6亿元，资产总额25.57亿元。

（孙　文）

口岸管理

【概况】 2018年，常州海关驻武进办事处对标“五关建设”（政治建关、改革强关、依法把关、科技兴关、从严治关）要求，启动出入境检验检疫职能并入海关总署工作，于4月初步形成通关作业申报、查验、放行“一个窗口”格局。优化整合报关报检企业资质注册等业务领域，基本实现进出口货物整合申报。从6月1日起，全面取消“出入境货物通关单”，法检货物申报由2次减为1次。8月1日，关检融合整合申报项目上线，原报关、报检申报项目229个合并精简至105个，进口申报随附单证做到“一次申报、一单通关”。全年监管进出境货物25.1万吨、货值76.6亿美元，分别下降30.5%和25.4%；审核报关单8.4万份，增长3.3%；征收税款6.7亿元，下降6.5%。全区完成外贸进出口额797亿元，增长7.8%，占常州市进出口总值的35.2%。

【关检融合机构改革】 2018年，常州海关驻武进办事处按照融合企业注册、现场查验检疫的要求，发挥原检验检疫部门下厂检验的职能和技术优势，建立检验发现问题的及时反馈机制，推进查检合一工作，协同查办案件取得突破。5月18日，原常州检验检疫局工作人员发现某企业申报进口的设备与实际不符，经确认为商品编码申报错误，涉及货物价值125万美元，漏缴税款91万余元。年末，该案已移交缉私处理，成为首例在检验检疫过程中查发线索的案件。通过关检融合机构改革，进一步提升通关效率、降低通关成本、优化营商环境。

【海关高级企业认证】 2018年，常州海关驻武进办事处结合新版《中华人民共和国海关企业信用管理办法》，开展辖区内企业的辅导和筛选工作，引导符合资质条件企业争取更高的海关信用管理类别，完成30余家企业的政策辅导，组织20余家报关企业开展交流座谈，重新认证企业20家。至年末，“企业信用评估子系统”武进地区高级认证企业7家，全部超75分，优质比率100%；一般认证企业71家，其中67家企业超70分，优质比率94.4%。

【武进综保区缩区工作】 2018年6月，根据国务院办公厅《关于同意江苏武进综合保税区核减规划面积的复函》，江苏武进综合保税区核减后规划面积为0.95平方千米，东至凤林路，西至淹城路，南至武进大道、晶品光电北界址及向西延长线，北至阳湖路。常州海关驻武进办事处依据综保区管理相关规定，在保证国家税收前提下，最大限度减少规划面积核减对综保区运作的影响。在商请南京海关认可的第三方会计师事务所出具盘点报表后，进入补税手续，待补税手续完成后进入围网封闭，做好武进综保区缩区验收。

【进出口检验监管】 常州检验检疫局武进办事处结合武进辖区进出口商品特点，引入风险分析机制，重点排查进口商品入境验证、进口医疗器材、通报召回、退运调查、政府协议装运检验，突出成效，提高安全、卫生、环保、健康和反欺诈项目的不合格检出率。9月，从巴西进口的花岗岩材料发现2批γ射线剂量当量率超值后，要求企业按照国家强制性标准相关规定严禁该批材料用于室内装饰装修。该案例被全省风险信息通报发布。年内，与中国军事科学院等国内专业高校深度合作，开展有害生物（蠓类）的监测，现场采集共计81人次，采获样品1000余只，发现的扩张毛蠓和分离铗蠓均为江苏省首次采获，并做好口岸进出境有害生物传入传出的风险预警。

（周学文　曹　丹）

海关人员深入企业查验出口产品　　供稿/常州海关

旅游业

Tourism

栏目编辑　周小红

旅游开发

【概况】 2018年，武进区围绕创建国家全域旅游示范区，按照“以观光旅游为基础，休闲度假为主导的国内一流的时尚生态体验旅游地，国际知名的精品文化休闲度假地，将旅游业建设成为推动武进服务业发展的龙头产业、国民经济的支柱产业”的战略目标，打造精品景区，完善旅游基础设施，提高智慧旅游服务水平，推动旅游产业由高速增长转向高质量发展。新增省三星级乡村旅游示范区（点）3个、市级美丽乡村示范区1个、四星级酒店1家、旅行社4家。全区有省级旅游度假区1个、国家AA级以上旅游景区6个，其中春秋淹城为国家AAAAA级旅游景区，嬉戏谷、中华孝道园为国家AAAA级旅游景区。省星级乡村旅游示范区（点）9个，省工业旅游点1个，省自驾游基地4个，市级美丽乡村示范区1个。星级酒店13家，其中五星级酒店1家，四星级酒店6家。旅行社22家，其中省四星级旅行社1家。全年旅游接待总人数1900万人次、旅游总收入255亿元、旅游增加值122亿元，分别增长5.6%、12.3%和11%。

【旅游项目建设】 2018年，武进区启动全域旅游发展规划编制，推进西太湖旅游度假区创建工作。实施市旅游重点项目9个，景区类有运河南侧景观带项目、宋剑湖湿地公园改造提升工程和高新区园中园项目3个，乡村旅游类有骐骥庄园二期、嬉乐湾生态示范园、太滆村渔业特色一条街、太湖湾龙泉山郊野公园、陡门塘特色田园乡村建设和宋剑湖湿地改造提升工程6个，全年（含太湖湾露营谷、回民村陡门塘特色田园乡村）完成投资额5.16亿元。9月，太湖湾露营谷开园迎客。太湖湾旅游度假区在全省46家省级旅游度假区考评中获第二名。

【《全域旅游规划》编制出台】 2018年上半年，区旅游部门根据区委部署，围绕创建全域旅游示范区，加强与省旅游发展研究中心对接，启动《全域旅游规划》编制。经过多轮摸底调查、座谈、专家驻点调研，8月完成规划编制，12月通过省文化和旅游厅组织的专家评审。《全域旅游规划》构建武进全域旅游发展的“1心、3区、3组团”空间格局：全域旅游服务中心、太湖湾休闲旅游度假区、西太湖生态康养度假区、花木风情小镇旅游区以及东部、中部、西部旅游发展组团，统筹利用武进区的旅游资源、文化资源、社会资源、经济资源等，遵照全域旅游示范区建设标准，进一步优化旅游空间布局，完善旅游公共服务，促进旅游产业融合，实施旅游管理创新，将武进区建设成为特色鲜明的国家全域旅游示范区。该规划涵盖武进全域旅游的定位与战略、空间布局、旅游要素体系构建、公共服务体系、产业发展重点项目、品牌营销、体制机制等内容，提出全景式体验、全要素产品、全产业融合、全社会参与、全体系服务、全统筹管理作为武进全域旅游发展的具体策略，通过促进一二三产业的深度融合，实现社会资源的优化配置，推进旅游与文化、交通、信息、教育、农林、体育、康养等行业的联动发展，实现全域旅游规划的高位指引作用。

来自43个国家的世界旅游小姐在露营谷开展形象展示　　摄影/高　岷

【《武进西太湖旅游度假区总体规划(2018—2030)》编制完成】 8月，《武进西太湖旅游度假区总体规划（2018—2030)》编制完成，9月通过专家评审。该规划划定的西太湖旅游度假区总面积21.82平方千米，涵盖西太湖发展定位、目标、与策略、空间布局、功能分区，提出对西太湖的市场营销策略、公共服务体系、交通与游线规划、景观规划、生态环境保护规划、土地利用规划以及发展保障等详尽规划方案。践行“创新、协调、绿色、开放、共享”发展理念，全面融入武进全域旅游建设发展新格局，以“打造中西合璧、动静相宜、城乡辉映、古今融合的全情境环西太湖旅游带”为目标，依托规划区内良好的生态环境与丰富的文化和旅游资源，突出武进“滨湖生态优势”特点，细致解读西太湖文化，做足“滨湖文章”，将生态文化、历史文化、城市文化、科技文化等得以集中展示，以“合理开发、永续利用”为基本准则，以“生态＋文化＋体验＋时尚”为基本思路，顺应休闲经济的时代发展浪潮，按照旅游度假区标准规划建设，通过特色发掘、主题凝练、产业融入等手段打造常州度假旅游发展的新引擎，建设长三角地区一流的休闲度假目的地。

【雪堰镇城西村陡门塘美丽乡村示范项目揭牌】 内容参见《农业和农村工作》栏目P94相关条目。

【太湖湾露营谷开营】 9月25日，太湖湾露营谷开营。该露营谷毗邻嬉戏谷景区，三面环山，空气质量达国家一级标准，占地面积46.2公顷，总投资2.4亿元，是集房车宿营、拓展基地、农趣体验和生态游乐的新型生态休闲公园，设置房车宿营区、生态游乐区、农趣体验区、拓展基地和格子吧街5个区域，配套五星级标准房车基地、帐篷酒店、生态木屋，其中房车营位可接待入住人员500人、可搭建户外帐篷500个。年内，开展“美丽乡村”嘉年华系列主题活动，组织湖鲜厨艺挑战赛、世界旅游小姐走进太湖湾露营谷，接待游客3.6万人。

2018年武进区主要旅游景区景点情况表

表23

名称（级别）	地址	电话
太湖湾旅游度假区（省级旅游度假区）	雪堰镇	86543001
中国春秋淹城旅游区（国家AAAAA级旅游景区）	湖塘镇武宜中路197号	86312851
淹城春秋乐园	湖塘镇武宜中路197号	86312851
淹城野生动物世界	湖塘镇武宜中路588号	68881111
宝林寺	湖塘镇淹城中路虹西路98号	86553984
环球动漫嬉戏谷（国家AAAA级旅游景区）	雪堰镇太北路1号	88888821
中华孝道园（国家AAAA级旅游景区）	雪堰镇环太湖路101号	86692018
宋剑湖生态旅游区（国家AAA级旅游景区）	遥观镇政和路8号	68786868
横山桥白龙观（国家AA级旅游景区）	横山桥镇白龙观	88600083
龙潭湖农业生态园（省四星级乡村旅游点）	横山桥镇东城湾村	88661688
雪堰镇城西回民村（省四星级乡村旅游点）	雪堰镇城西回民村黄公山57号	86543503
礼嘉嬉乐湾生态农业示范园（省四星级乡村旅游点）	礼嘉镇南环路66号	89815898
雪堰镇太滆村（省三星级乡村旅游点）	雪堰镇太滆村湖光组269号	86159010
嘉泽镇舍园盆景园（省三星级乡村旅游点）	嘉泽镇花海大道东侧盆景园	83681035
湖塘镇骐骥庄园（省三星级乡村旅游点）	湖塘镇三勤生态园南田大道1号	85612016
谷神庄园（省三星级乡村旅游点）	雪堰镇嬉戏路16号	86029777
雪堰镇南山村（省三星级乡村旅游点）	雪堰镇	86158134
雪堰镇雅浦村（省二星级乡村旅游点）	雪堰镇雅浦村229号	86151208
光大能源环保（常州）有限公司（省工业旅游示范点）	遥观镇剑湖村委官庄村208号	88375161
武进新天地公园	湖塘镇广电路	86596819
横山风景旅游区	横山桥镇	88605967

【省三星级乡村旅游示范区新增3个】 12月，武进区的骐骥庄园、南山村和谷神庄园获评省三星级乡村旅游示范区。

骐骥庄园　位于武进区湖塘镇三勤生态园区，占地面积6.8公顷，总投资3000万元，引进马匹20余匹，建设配套服务休闲骑乘、马术培训、马文化户外拓展、马匹寄养与认养、马匹马车租赁、休闲垂钓、户外烧烤、篝火露营、种植体验、影视传媒制作等项目，利用马术运动特色项目，依托乡村自然田园风光，结合马术表演、亲近马匹和喂养马匹，户外露营、户外自助烧烤、篝火晚会、团队拓展等活动，接待观光及体验人数超过8万人次，吸纳马术会员400名左右。全年举办各类团体活动200场，举办“玫瑰灯光节”“风车展”等户外观赏活动，庄园知名度、关注度逐步提升。

南山村　地处武进区雪堰镇，与太湖湾旅游度假区相距3千米，邻近中华孝道园、嬉戏谷景区。全村面积5.83平方千米，有村民小组27个，户籍人口2990余人、流动人口1000余人。南山村乡村旅游特色有三个“千”:千年古村，底蕴深厚的自然村落，殷家祠堂为市级文保单位；千亩茶园，飘香龙城，为武进地区规模最大、品质最好的茶叶生产基地；千年古寺南山寺，远近闻名。南山村发展农家乐、生态园（聚源、华韬）和茶园人家成为游客垂钓、休憩好去处；发展多种经营，建立水蜜桃、葡萄、茶叶、杨梅、农机合作社5个，形成水蜜桃、杨梅、葡萄、茶叶等特色农产品，费巷千亩茶叶基地的“翠竹”“阳湖新月”茶叶为无公害绿色食品。南山村人居环境不断优化，先后获江苏省美丽乡村、江苏省生态村等称号。

谷神庄园　位于雪堰镇嬉戏路16号，占地面积13.33公顷，总投资2亿元。园内环境优雅，风景秀丽，有名贵花木近千种，花果园种植杨梅、橘子、甜梅和蓝莓等果树，提供游客体验采摘。建有多座木屋别墅，规模最大的一座木屋别墅设有7个卧室、4个卫生间、1个棋牌室、1个餐厅外加1个厨房，适合大家庭聚会需要。另外配套篮球场、乒乓球馆、游泳池等体育设施，整个庄园集吃、住、行、游，购、娱于一体的小型田园综合体。

（沈　瀚）

旅游营销与服务

【概况】 2018年，区旅游部门加强与媒体的合作，在《武进日报》定期推出旅游专版，在常州汽车站地下通道设立武进旅游灯箱宣传广告，并利用报纸、电视以及户外液晶屏宣传武进旅游。重新编印《武进旅游》宣传手册，组织旅游企业参与中国国际旅游交易会以及重庆、成都等远程市场宣传推广活动，在武汉、长沙、南昌等地开展研学市场推介，举办2018“花都水城，浪漫武进”旅游节、武进（宣城）旅游专场推介会、太湖湾（湖州）旅游专场推介会、武进研学旅行专场推介会，重点扶持引导远程市场和研学旅行等旅游新业态，实现暑期市场接待研学旅行学生超4万人次。春秋淹城、嬉戏谷等景区举办新春灯会、春季百花节、乐堡音乐节、丰收节等大型活动，吸引众多市民与游客参与，使旅游真正融入百姓生活。提升旅游服务水平，全年处理旅游投诉纠纷138件，受理率与满意率均为100%；联合交通、公安部门在节日期间开展旅游包车客运市场整治，检查各类大客车240余辆，查处各类违章23起；开展文明旅游宣传4次，发放并安置文明旅游折页、文明餐桌牌、禁烟标志等公益广告。保障旅游安全，全年组织并指导A级旅游景区、旅行社、星级酒店开展应急演练45次，其中市、区级演练3次，提升员工应急处置能力，抽查82家旅游相关企业安全生产工作情况，共发现隐患245条，均整改到位。区旅游行业在文明城市测评中获得满分。

【“花都水城·浪漫武进”旅游节】 3月31日，2018常州乡村旅游节暨“花都水城·浪漫武进”旅游节开幕式在江苏嬉乐湾生态农业示范园举行。该旅游节陆续开展各类活动18项，其中开幕式推出宋剑湖畔“逐梦蓝天”风筝邀请赛、淹城春秋乐园女子成人礼、桃花节百人乡村骑行、淹城遗址公园花开茶会、首届“美丽横山行”、教育实践基地揭牌、嬉乐湾生态农业示范园创成江苏省四星

表24　2018年武进区三星及以上旅游饭店情况表

名　称	星级	床位（张）	地　址	电　话
九洲喜来登酒店	五	391	武进区延政西大道1号	69968888
金陵明都大饭店	四	330	常州市和平北路258号	88118888
金鼎明都国际大酒店	四	208	湟里镇金鼎路8号	83349898
金色南都国际大酒店	四	100	湖塘镇环府路8号	86319588
明都国际会议中心	四	225	武进经济开发区禾香路118号	89852888
明都枫泽山庄大酒店	四	133	嘉泽镇花海大道88号	83689777
明都湖港大酒店	四	170	常州市中吴大道湖港名城18号	83816888
新苑宾馆	三	286	湖塘镇环府路18号	86317188
金龙大酒店	三	163	湖塘镇人民中路778号	86550978
锦海假日大酒店	三	140	武进区湖塘纺织城F1	86325888
锦海城市大酒店	三	126	常州市天宁区关河中路38号	86856577
横山桥国瑞宾馆	三	314	横山桥镇江南路12号	88603888
雪堰漕桥石头大酒店	三	54	雪堰镇漕桥金三角东路61路	81182000

表25　2018年武进区旅行社情况表

名　称	地　址	电　话
广电大陆国际旅行社	湖塘镇定安中路613号	86558181
明都国际旅行社	湖塘镇茂业泰富城B-1区公寓2720号	86591998
交通国际旅行社	湖塘镇永胜路103号康居大厦301号	86971112
晨风国际旅行社	湖塘镇永胜路103号康居大厦301室	86522221
嬉戏族国际旅行社	雪堰镇太北路1号	81687373
卡麦国际旅行社	武进高新区龙惠路39号	89811811
凤凰国际旅行社	武进区武宜路3号	86312778
阳光国际旅行社	湖塘镇永胜路103号康居大厦307室	81882929
广电高塔国际旅行社	湖塘镇花园街200号	81238006
耀来国际旅行社	武进区花园街3号澳新风情街6幢2008室	88296588
中瑞旅行社	武进区淹城风景区广场常乐坊2号	88603151
乐橙旅行社	武进区星河国际5区16号	86053616
国通旅行社	武进区延政中路2号世贸中心2204室	86179888
蓝春旅行社	武进区人民西路2-3号	83707637
上海悦安旅行社	武进区天安数码城B-2座10楼	81696609
南京超群旅行社	湖塘镇武进万达广场4幢2006室	85259187
畅游旅行社	武进区科教城天润科技大厦B502	83725569
荣融旅行社	湖塘镇武进万达广场B1幢1917、B2幢522号	13801501660
西太湖旅行社	武进区禾香路123号7号楼A座3039室	86669393
江苏飞马旅游服务有限公司	湖塘镇延政中路5号—501室	88178348
江苏三见客旅行社有限公司	湖塘镇人民中路29-1号	13915060062
常州众游旅行社有限公司	武进区常武中路常州科教城惠研楼402室	15189720281
常州乐汀旅行社有限公司	湖塘镇花园街159号新天地不夜城3-3008室	15861834560

级乡村旅游点揭牌、全国青少年夏冬令营活动实践营地项目签约仪式，开展农家科普体验游戏、常武优质农副产品展销、青年男女相亲、走近武进非遗、浪漫春跑等活动，至4月7日闭幕。

（沈　瀚）

【《乡约》常州太湖湾专场相亲活动】 4月10日，《乡约》常州太湖湾专场相亲活动在环球动漫嬉戏谷录制，现场观众约1500人。该活动由常州市文明办、总工会和武进区政府主办，武进太湖湾旅游度假区管委会承办，武进区文明办、总工会协办，常州地区单身男女报名者近300人，经过首轮初选、央视视频海选及栏目组导演3轮面试，有4名单身男女青年成为录制嘉宾。这期《乡约》节目以央视知名主持人肖东坡“说媒”，展现嘉宾生活日常、讲述人生故事，嘉宾在亲友团及观众热心“参谋”下寻找爱情。通过央视节目传播，太湖湾旅游度假区的知名度和影响力进一步提升。

【太湖湾嬉戏跑】 由江苏武进太湖湾旅游度假区管委会、江苏武进太湖湾旅游发展有限公司、环球动漫嬉戏谷和壹山藏整合营销（江苏）有限公司共同打造，是集“休闲体育、趣味运动、微度假”概念的大型休闲体育品牌IP活动。2018太湖湾嬉戏跑由6场活动组成，即4月21日杭州嬉戏乐跑、6月3日泰州嬉戏亲子跑、6月24日扬州三湾夜跑、7月21日南京太湖湾嬉戏跑、7月21日湖州太湖湾嬉戏跑、11月3日常州嬉戏天使公益跑，将跑步、动漫与旅行三大元素跨界融合，平均每场吸引千余名不同年龄段人群参加，经网易客户端同步直播，覆盖人群超过10万人次。

（韩　琦）

【武进旅游“厕所革命”行动】 2018年，区旅游部门组织开展全区“厕所革命”行动，年末建成旅游厕所37座，其中新建25座、改扩建12座，完成投资额869.4万元。11月，省旅游局评定常州市达到AAA级标准旅游厕所37座，其中武进区入选36座；评选常州市十佳优秀厕所，武进区入选9座。全区旅游厕所94座，其中80座获A级以上等级并挂牌。在全省优秀旅游厕所评选活动中，春秋淹城旅游区获“最佳景观特色”“最佳生态科技”大奖两项，春秋淹城旅游区凭借厕所资源型生物技术获得第四届全国“厕所革命”推进大会“人文关怀奖”。

（沈　瀚　狄苏湘）

【春秋文化品牌打造】 2018年，春秋淹城旅游区借助现代科技融合春秋文化元素，创新思维，新增奇幻世界、淹城荣耀VR体验店、烽火飞索等旅游项目，开发“祈福大典”“礼拜大儒”“编钟乐舞”“季子颂”等原创演艺节目，形成“春仰贤、夏嬉水、秋研学、冬观灯”四大品牌活动。春游节举办第八届淹城新春灯会、《中国年·游子心》主题晚会，立意紧扣时事热度，传递社会正能量。秋游季举办首届丰收节，开展传统农具展、手工艺展、“送皇粮”等互动性活动。推出主题演艺节目《祈福大典》《礼拜大儒》《编钟乐宫》，新编四大民间爱情故事、南北狮表演等，以及春节《民谚》路秀、情景剧《压岁钱》、清明主打节目《季子颂》、端午节《屈原颂》、丰收节《送皇粮》等。组织国学项目研学夏令营，新增成语故事、成童礼、成人礼、上巳节、金婚典礼等活动，逐步增强景区软实力。开设孔小二官方微信号，出品主题节日海报11张、节气海报一套（24张），全年阅读量和点赞数量过万。开发孔小二微信表情4套，下载量15万人次，发送量突破150万次。

（狄苏湘）

景区景点选介

【太湖湾旅游度假区】 位于武进区雪堰镇境内，东临无锡马山，西接陶都宜兴分水，以低山丘陵为主，山丘占土地面积的66%。大气环境达国家一级标准，植物生长茂盛，植被良好。该度假区规划控制范围30平方千米，核心区域18.6平方千米，域内有山头19座、山坞11个、大小水库8个，临湖有山湾7个，黄金湖岸长7.8千米，湖中有大、小椒山岛。2012年创成省级旅游度假区，区内环球动漫嬉戏谷和中华孝道园先后创成国家AAAA级旅游景区。2014年，经总体规划，以嬉戏谷文化休闲区为核心，结合资源特色形成湖滨度假休闲区、城西乡村农业休闲区、邀筵山养生休闲区三大功能片区；利用度假区内的群山地貌和太湖水域，构建蓝、绿两条生态脉络，形成度假区生态骨架；结合既有的外围道路、乡村道路及山脊步道，构建山林徒步环、慢行自行车环、外围机动交通环的交通格局。建成环球动漫嬉戏谷一期和二期、中华孝道园、太湖湾露营谷等景区，以及配套设施太湖湾广场、竺山湖度假村、竺山湖小镇、全国龙舟竞赛基地、嬉戏谷开元度假村、嬉戏谷凯莱大酒店等，形成多元化休闲旅游度假区。2018年，该度假区承接央视《乡约》太湖湾专场相亲活动、2018紫金网络传播创新峰会、“不止骑”2018中国第六届24H单车环太湖认证赛等国家级活动4项，太湖湾嬉戏跑、江苏影视频道“荔枝小演员”海选及影视剧拍摄、长三角百家媒体走进太湖湾等省级活动4项和市级活动10项，以及武进区“美丽乡村”嘉年华，开展“淘春季、嬉水季、赏秋季、感恩季”四季常规活动，融入雪堰镇桃花节、开湖节等特色旅游形态。年内，太湖湾旅游度假区获“水韵江苏”2017年度江苏“旅游百佳”单位、江苏十大旅游新目的地、2018中国十佳生态旅游度假目的地等称号。全年旅游接待超500万人次，实现旅游营业收入52.6亿元，增长6.26%。

（韩　琦）

【春秋淹城旅游区】 位于武进中心城区，总面积3.22平方千米。景区内古淹城遗址具有2700多年历史，其“三城三河”遗址是最独特的春秋地面城池遗址，于1988年被列为全国重点文物保护单位。春秋淹城旅游区以“文化休闲型旅游目的地”的功能定位，建成包括春秋淹城遗址、淹城春秋乐园、淹城野生动物世界、淹城宝林禅寺、淹城仿古商业街坊的春秋文化主题景区。该旅游区于2007年被国家旅游局授予“中国第一水城”，2009年获联合国Livcom环境可持续发展项目金奖，2011年创成国家AAAA级旅游景区，2017年创成国家AAAAA级旅游景区和全国春秋文化旅游知名品牌创建示范区。春秋乐园取材春秋时期的政治、军事、经济、文化等，以情景体验形式体现传统与现代的创意融合，以主题游乐和演出延伸文化内涵，增加游客的参与性、互动性和娱乐性。淹城野生动物世界以野生动物生态散养为特色，将近万头（只）来自世界各地的珍稀濒危野生动物集中护养、展示，集动物野趣观赏、休闲娱乐、科普教育为一体，是江苏省超大规模的野生动物园。淹城仿古商业街坊由鉴湖和文化街、中医街、美食街3条古街组成，淹城美术馆、戏楼、瑶玲钟声、淹城博物馆点缀其中，集中展示武进文化的历史传承。宝林禅寺位于淹城遗址西北约1千米处，始建于南朝梁武帝年间，2015年10月重建开放，占地面积1.28公顷，为仿唐寺庙建筑群，其中观音阁高91.9米，殿内供奉高39.9米的三面十方观世音菩萨像。2018年，春秋淹城旅游区坚持春秋文化研学之旅结合“全域旅游”“文化＋旅游”概念，建设富有吸引力的旅游目的地。突出定制化和寓教于乐的文化内涵，从精细化“文武小儒童”课程，推出“功夫小夫子”课程。依托野生动物世界，开展“给大熊猫制作饲料”“动物体检”系列活动。“萌学家”孔小二系列产品和文武小儒家分别获中国旅游商品创意奖和中国主题公园主题活动创新奖，新建2座生态厕所被省文化和旅游厅评为“最佳生态科技”和“最佳景观特色”厕所。淹城野生动物世界获评江苏省科普场馆协会十佳品牌活动二等奖、驴妈妈2018年度最佳亲子旅游景区。三勤生态园酒店菜品获武进创新菜评选金、银奖。春秋淹城旅游区入选《中国景区优质旅游服务评价报告》中国优质服务100强，获江苏旅游百佳企业、江苏省放心消费创建先进单位、江苏小记者八礼四仪基地、常州市五星级公园等称号，多次上榜华东地区“全域旅游排行榜”前10名。全年接待游客总量380万人次，实现总营业收入4.42亿元、旅游总收入38亿元、旅游增加值18.5亿元，游客接待总量增长11.9%，营业收入增长5.9%。年内，春秋乐园游客量增长11.5%，野生动物世界游客量增长18.3%。

（狄苏湘）

淹城春秋乐园新项目奇幻世界　　摄影/高　岷

2018年武进区旅游基本线路情况表

表26

类　别	线　路　安　排
特色线路	情侣甜蜜游（亲子天伦游）：（1）环球动漫嬉戏谷—中华孝道园—竺山湖小镇—太滆渔村—雪堰镇城西回民村；（2）淹城春秋乐园—淹城野生动物世界—春秋淹城遗址公园—淹城仿古商业街—花博园 农家欢乐游：（1）嘉泽紫薇园—玫瑰园—夏溪花木市场；（2）三勤生态园—雪堰镇谢家村—雪堰镇城西回民村—太滆渔村 文物古迹游：横山桥大林寺、白龙观—福寿庵—宝林寺—武进博物馆—春秋淹城遗址公园—杨桥古村—中华孝道园 度假休闲游：太湖湾旅游度假区—淹城春秋旅游度假区 春光烂漫游：花博园—淹城春秋乐园（樱花）—潘家林果园（桃花、梨花）—雪堰镇谢家村（桃花）—雪堰镇费巷茶场（摘茶、品茶） 个性骑行游：（1）环球动漫嬉戏谷—环山路—太滆渔村—竺山湖小镇—中华孝道园—环湖路；（2）淹城—延政西路—环湖北路—云杉路—西太湖揽月湾
自驾乡村游线路	东线：圩墩遗址公园—三勤生态园—春秋淹城遗址公园 南线：嬉乐湾农业生态园—雪堰镇城西回民村—雪堰镇谢家村—雪堰水产科技有限公司—太滆渔村 西线：西太湖揽月湾—花鸟园—艺林园—紫薇园—夏溪花木市场—花博园
太湖湾“微度假”线路	动感之旅：龙凤谷—环球动漫嬉戏谷—全国龙舟竞赛基地—城西回民村农家乐—竺山湖小镇 静心之旅：中华孝道园—竺山湖小镇—吴都阖闾城遗址—城西回民村农家乐 微度假体验：竺山湖小镇—环球动漫嬉戏谷—中华孝道园—城西回民村农家乐—全国龙舟竞赛基地—吴都阖闾城遗址
综合线路	武进一日游：（1）淹城春秋乐园—淹城野生动物世界—淹城仿古商业街；（2）环球动漫嬉戏谷—中华孝道园—竺山湖小镇 武进二日游：（1）淹城春秋乐园—淹城野生动物世界—淹城仿古商业街—花博园—紫薇园—玫瑰园—夏溪花木市场；（2）环球动漫嬉戏谷—中华孝道园—竺山湖小镇—太湖湾旅游度假区—雪堰镇城西回民村

（沈　瀚）

金融业

Financial Industry

栏目编辑　周小红

金融管理与服务

【概况】 2018年，武进区金融办围绕服务实体经济、防控金融风险、深化金融改革三项工作，推动金融产业集聚、金融体系建设、金融生态优化和金融服务创新，支持经济高质量发展。新增江苏智行融资租赁有限公司、南京证券股份有限公司常州花园街证券营业部、兴业证券常武中路营业部等金融机构6家，年末有银行业金融机构27家、保险支公司16家、证券机构15家、在业小贷公司12家、融资性担保公司7家、典当行10家、风创投企业158家、融资租赁公司4家。新增上市企业4家，累计30家。新增“新三板”挂牌企业3家，累计36家。全区基本形成涵盖广泛、功能完备的金融网络体系。

【金融生态环境建设】 2018年，区金融办围绕打好防范金融风险攻坚战，转发《常州市武进区非法集资监测预警实施细则（试行）》《常州市武进区进一步防范和处置非法集资工作方案》《常州市武进区非法集资举报奖励实施细则（试行）》等文件，进一步完善防范和处置非法集资（简称“处非”）政策。开展专题处非宣传月活动2次，在区政府网站公布举报奖励措施，常年在区政府网站和公共媒体播放公益提醒广告，在《武进日报》每周刊登打非标语，进社区开展现场咨询和校园金融知识宣传等。推进互联网金融风险专项整治，加强新型金融主体审慎性市场准入，促进互联网金融产业规范、有序、健康发展。通过有效监管和及时处置，守住了省政府要求的“不发生区域性系统性风险、不发生非访群体事件”两条底线。

11月15日，全区金融支持民营企业发展推进会召开　供稿/人民银行武进支行

【金融支持区重点产业集群】 2018年，全区金融机构响应区委、区政府“重大项目增效年”工作部署，借助批量授信，开展集群式金融服务。农业银行武进支行发挥“一项目一方案一授信”的信贷优势，总授信额2.6亿元，白名单准入客户161户。工商银行武进支行、中国银行武进支行等金融机构提高信用贷款占比，加大对小微企业、科技型企业的信贷支持，提升企业资金获得率。民营中小微企业年末贷款余额1499.26亿元，比年初增加131.72亿元，增长9.63%。提供辖区6248家民营企业贷款754.94亿元，投放户数和金额分别增加811户和22.09亿元，增幅分别为14.92%和3.01%。

【企业资金风险化解】 2018年，受国内外经济下行、环保专项整治、股市持续低迷等影响，少数企业发生了资金链紧张。武进区相关贷款银行配合地方政府做好风险协调，实施有效救助措施，帮助企业走出发展困境。开展政银座谈会、银企对接会等活动3次，有8家银行签约授信额12.68亿元支持乡村振兴，达成融资对接意向企业42家、金额15.79亿元。充分发挥应急转贷资金作用，提供企业转贷专项资金39笔、贷款11.18亿元，年末转贷余额2000万元，及时有效化解企业资金风险。

【担保】 2018年，武进区增强担保能力，支持创新发展。4月，常州市武进高新技术投资担保有限公司更名为常州市武进高新技术融资担保有限公司，注册资本由2亿元增资为10亿元。该公司是

武进区唯一的全资国有专业担保机构，股东有常州市武进国有资产投资经营公司、常州市武进工业资产经营有限公司、常州市武进区生产力促进中心、武进高新技术创业服务中心，主要为中小企业提供融资担保、投融资咨询、技术服务。至年末，全区担保机构注册资本20.73亿元，在保责任余额42.29亿元，分别比年初增加8亿元和13.58亿元。

【鼓励金融机构提高风险容忍度】 2018年，区政府发挥对全区金融行业的统筹引领作用，鼓励金融机构提高对风险和贷款利率风险溢价的容忍度。引导和督促金融机构完善考核机制，提高民营企业授信业务考核权重，健全尽职免责和容错纠错机制，对已尽职但出现风险的项目，可免除责任，打消基层网点和从业人员顾虑，激发从业人员特别是一线客户经理，服务小微企业和民营企业的能动性。各金融机构匹配小微企业和民营企业风险特征的审批机制和风险控制手段，建立贷后管理与授信审批联动机制，强化贷后激励约束考核，适当提高其不良贷款容忍度。

【小贷公司放贷超29亿元】 2018年，武进区12家小贷公司注册资本21.22亿元，贷款余额27.07亿元，累计放贷（简称“累放”）29.64亿元，累放客户516户，平均年化利率控制在15%左右，服务三农比例达100%。辖区10家小贷公司接受系统和现场检查，2家小贷公司聘请会计师事务所专项审计。与苏南兄弟地区比较，武进区小贷公司在严峻经济形势下，总体经营水平居中等以上，基本实现“资本保卫战”和股东认可的适度经济效益目标。

【直接债务融资和风创投发展】 2018年，全区新增企业直接债务融资额179亿元。其中新誉集团、联合光伏等公司发行超短融、短融、中票、PPN（非公开定向债务融资工具）等38亿元，新城控股等公司发行公司债、可转债等141亿元。创业投资机构和创投资本较快增长，新增常州中鼎天盛创业投资合伙企业（有限合伙）等30家创投（股权投资）机构，新增创投资金14.32亿，年末有风创投（股权投资）机构158家，创投资本达到206.28亿元。新兴产业基金自运作以来，一共投资和管理8个子基金和1个直投项目，形成投资总规模近15亿元，撬动社会总资本近13亿元，累计服务企业75家。

（杨　勉）

企业上市

【概况】 2018年，武进区多次举办企业上市挂牌宣讲会和推进会，开展进镇入企点对点对接指导。《武进日报》开设《资本面对面》专栏，在全区营造良好的企业股改上市挂牌氛围。新增上市企业4家：今创集团在上海证券交易所上市，小牛电动在美国纳斯达克上市，新城悦、康利国际控股（江南精密）在香港联交所上市，分别募集资金13.73亿元、4.37亿元、5.63亿元、1.40亿元。至年末，全区上市企业累计30家，累计募集资金246.1亿元，其中首发融资189.04亿元、定增融资57.06亿元。“新三板”挂牌企业新增绿浥农科、江苏轩瑞、帝斯博3家，年末累计36家，累计定增融资6.5亿元。在江苏股权交易中心挂牌瑞昊化工等企业89家，累计218家企业。新增上市后备企业6家、“新三板”后备企业2家。

【新晋上市企业4家】 2018年，武进区新晋上市企业4家，募集资金25.12亿元。

今创集团　今创集团股份有限公司发行前注册资本3.78亿元，2月27日在上海证券交易所主板上市，股票代码“603680”。首次发行股票4200万股，发行价格32.69元/股，市盈率22.99倍，募集资金13.73亿元。该公司从事轨道交通车辆配套产品的研发、生产、销售及服务，是相关领域的高新技术企业，产品包括车辆内装和设备以及标准化动车组配套研发，在国内城轨车辆配套产品领域全面覆盖，在国际市场与国外轨道交通装备制造企业合作，产品应用在英国、法国、新加坡、印度等国家的城轨项目。

小牛电动　Niu Technologies注册资本49.5万美元，10月19日在纳斯达克上市，证券代码为“NIU”。首次发行股票700万股ADS（美国存托股票），发行价格9美元/股，募集资金6300万美元。该公司致力为全球用户提供更便捷环保的智能城市出行工具。小牛电动创造一种新的市场类别——智能电动两轮车，重新定义服务城市交通。

新城悦　新城悦控股有限公司注册资本1亿美元，11月6日在香港联交所主板上市，股票代码“1755”。首次发行股票2亿股，发行价格2.9港元/股，募集资金5.8亿港元，超额配售2000万股，超额募资5800万港元。该公司是物业管理服务提供商，在中国提供物业管理服务22年，为物业开发商及所管理社区住户提供广泛的物业管理服务及增值服务。开发“一站式”信息服务平台——新橙社App，让住户及客户可通过移动设备享受公司服务。

康利国际控股　康利国际控股有

11月19日，康利国际控股有限公司在香港联交所主板上市　供稿/区金融办

限公司注册资本500万港元，11月19日在香港联交所主板上市，股票代码“6890”。首次发行股票1.5亿股，发行价格1.02港元/股，募集资金1.53亿港元，超额配售625.2万股，超额募集资金630万港元。该公司为江南精密金属材料有限公司的控股股东，是江苏省家电板块领先的镀锌钢产品制造商，在全国家电板块镀锌钢产品市场的占有率排第三位，从事冷轧钢、热镀锌及彩涂热镀锌产品的研发生产，与美的、海信等家电领先企业形成稳定密切合作关系。

【上市挂牌企业再融资】 2018年，武进区上市挂牌企业定增融资5.7亿元，其中强力新材、铭赛科技、第六元素、中盈高科、朗恩斯分别定增融资3.89亿元、3000万元、9600万元、1464万元、4156万元。新城控股拟非公开发行股票募集资金38亿元，已获证监会发审委审核通过，暂未发行。

【上市挂牌企业并购重组】 2018年，亚邦股份以现金9.04亿元收购江苏恒隆作物70.60%股权，扩大生产规模，提升盈利能力。视觉中国以现金1.08亿元收购美国500px Inc.公司100%股权，拓展公司获取海量全球优质视觉内容的能力，提升其在图片行业主导地位。强力新材以现金8449.97万元增资及收购长沙新宇34.49%股权，巩固在光固化行业的技术和市场地位，提升全球市场份额。运控电子被上市公司鸣志电器以29860万元收购99.54%股权。

（杨　勉）

银　行

【概况】 2018年，人民银行武进支行坚持新发展理念和高质量发展的要求，紧扣“服务实体经济、防控金融风险、深化金融改革”三大任务，推动实体经济发展，维护辖区金融稳定，创新外汇服务管理，提增金融服务质效。年末，全区有银行类金融机构27家，其中商业银行分行机构6家、支行网点机构188家、邮政储蓄所36家，在册从业人员3212人。

人民银行武进支行印发《武进区创业担保贷款管理暂行办法》，加大金融对创业的支持力度。与区经信局、发展改革局和财政局联合印发《关于切实做好2018年降成本重点工作的通知》，优化金融支持方向和结构。落实民营企业座谈会精神，及时召开金融支持民营企业发展推进会，现场签约金额9.88亿元。开展金融惠企大走访，深入民营企业1036家，找准企业融资痛点难点，切实缓解民营和小微企业融资难题。利用金融生态信息管理系统，开展企业融资线上线下对接，对1032家中小微企业新增授信377.16亿元。配合生态保护“263”专项行动，推进绿色金融，年末绿色信贷余额32.48亿元，增长16%。实施对13户高能耗、高污染企业的信贷压缩退出，退出金额1367万元。

全区年末本外币各项存款余额2875.28亿元，比年初增加265.32亿元，增长10.17%。其中，人民币单位存款余额1588.78亿元，增长11.61%；人民币个人存款余额1122.96亿元，增长8.62%。本外币各项贷款余额2277.32亿元，比年初增加257.84亿元，增长12.77%。各金融机构票据融资余额69.77亿元，比年初增加40.52亿元，增长138.53%。各银行本外币存、贷款余额比例为79.2%，上升1.84个百分点。全辖本外币不良贷款率0.80%，下降0.14个百分点。全年银行结益43.21亿元，下降6.18%。

【农村“三权”抵押贷款实现增量扩面】 2018年，武进区农村“三权”抵押贷款列入改革创新项目，并纳入武进区金融系统目标管理考核范围。在试点基础上探索解决方案，试点增量扩面成效明显。新增1家银行机构开展农房抵押贷款试点业务，金融支持农村集体经营性建设用地入市改革工作稳步开展。年末，全区农村“三权”抵押贷款余额7.59亿元，其中农房抵押贷款0.87亿元、农地经营权抵押贷款0.15亿元、农建地抵押贷款6.57亿元，“三权”抵押贷款余额增加5.96亿元，增长366%。

【金融支持乡村振兴示范工程】 2018年，武进区深入贯彻乡村振兴战略要求，选择雪堰镇作为金融支持乡村振兴示范点。人民银行武进支行制定《武进区金融支持乡村振兴实施方案》，引导辖区金融机构强化责任意识，将金融资源配置到农村重点领域和薄弱环节，为农村小微企业和民营企业创优融资环境，提高金融支农政策效率和金融服务“三农”

表27

2018年武进区银行业金融机构网点情况表

机构名称	支行（分行）		机构名称	支行（分行）	
	机构（个）	人员（人）		机构（个）	人员（人）
人民银行	1	35	兴业银行	1	27
农发银行	1	18	民生银行	4	31
工商银行	15	213	渤海银行（分行）	1	39
农业银行	31	431	江苏银行	6	91
中国银行	15	263	南京银行（分行）	2	167
建设银行	28	382	苏州银行（分行）	1	76
交通银行	5	69	上海银行（分行）	1	56
中信银行	1	25	江南银行	57	642
光大银行	3	35	江阴银行（分行）	1	68
华夏银行	2	43	无锡银行（分行）	1	35
广发银行	1	15	邮储银行	44	358
平安银行	2	25	首都银行	1	7
招商银行	1	20	村镇银行	1	22
浦发银行	1	19	合　计	228	3212

说明：邮储银行含储蓄所36个、人员259人

(农村、农业、农民)能力。通过武进区金融支持乡村振兴推进会，展示金融支农政策和信贷产品，银企现场签约金额12.68亿元。推动人保财险武进支公司“农业保险贷”“支农融资”“农业龙头企业贷”等普惠金融模式，支持银行为农业企业发放贷款14笔、金额1333万元。

【银行业监管与服务】 2018年，人民银行武进支行聚力重点支持领域，精准服务实体经济。推进供给侧结构性改革，督导金融机构用好、用足货币政策工具，引导金融机构回归本源。(1)征信建设。开展征信信息安全巡查银行6家、征信合规现场检查银行4家，督促各银行守住不发生征信信息安全风险的底线。辖区机构信用代码调整为基本户开户行发放，全年提供个人和企业征信查询报告6万多笔。(2)经理国库。办理武进金库和常州经开区金库各项入库、退拨业务。全区实现公共财政预算收入178.48亿元，增长9%。国库集中支付业务，办理直接支付53亿元、授权支付13.9亿元。(3)金融服务。优化营商环境，指导辖内江南银行、中国银行开展企业开户资料影像传输电子化试点，企业办理开户时间压缩至0.5个工作日。全年办理核准类账户开立、变更、撤销等业务2万多笔。推进普惠金融，推动金融知识进国民教育体系。开展石墨烯行业监测分析，重点联系库工作得到上级部门肯定。改进风险防控机制，强化法人机构监管和重大事项报告管理。增强社会公众风险意识，营造良好金融软环境。武进区金融生态考评在全省69个县(市、区)名列第16位，上升6位。

【外汇管理】 2018年，国家外汇管理局武进支局推进“互联网+”政务服务，高效开展行政许可工作，办理货物贸易名录登记558笔，开立货物贸易外汇业务登记表69张、登记金额440.84万美元，审核办理辅导期结束企业报告456家，办理企业贸易信贷现场报告925笔，办理非金融企业外债登记31笔、签约金额9196.15万美元，变更36笔，注销29笔。审慎办理内保外贷业务，办理担保登记4笔、11亿美元，变更登记2笔，境外放款登记1笔、480万欧元。注重政策指导和风险提示，按季度开展经常项目外汇政策和汇率等知识宣讲。加强跨境资金管理，实现货物贸易收支136.86亿美元、贸易顺差54.44亿美元，分别增长8.76%和18.01%。全辖货物贸易跨境进出口和收付汇均为增长，服务贸易净流出回落，资本项下净流入大幅减少，外汇存款、贷款余额均为下降，银行国际结算和结售汇增加，辖区跨境收支和结售汇延续顺差，外汇收支运行平稳。加强市场主体外汇业务监管，行政处罚企业3家、罚金35.42万元。支持跨境融资创新，助推江苏立华牧业股份有限公司(上市后备企业)获江苏首笔亚开行专项贷款4亿元，成为境外资金服务境内民营企业的示范。

(郭 芸)

【工商银行武进支行】 2018年，该支行辖营业部1个、二级支行14个、离行式自助银行6个，有员工213人。加快渠道建设转型，创建工商银行总行级四星级网点1家，年末有星级网点6家。改善网点服务环境，前黄、鸣凰、湟里、人民路4个支行网点完成标准化装修。

2018年武进区银行业务情况表

表28

类别	项目	人民银行	工商银行	农业银行	中国银行	建设银行	农发银行	交通银行	中信银行	招商银行	江苏银行	江南银行	华夏银行	浦发银行
人民币(万元)	一、各项存款余额	83638	2466808	3764835	1403982	2779001	116273	669906	618409	185209	1017160	6144330	358058	434677
	比年初	41350	134204	254763	-27034	-179605	12028	47757	16784	22735	264142	818447	37791	60177
	1. 企业存款余额	—	1414105	1353523	754733	1139395	36699	398739	596355	132276	793261	3182229	289981	407515
	比年初	—	35571	111906	-1502	-308226	-18672	33803	15873	9287	193703	633295	23230	54552
	2. 储蓄存款余额	—	1052696	2411295	649226	1628377	—	271151	22018	51993	55035	2962101	64868	27111
	比年初	—	98629	179967	24454	121152	—	13950	919	13290	12639	185152	11510	5652
	二、各项贷款余额	—	2352764	2344260	1459410	2435213	569477	748223	638965	151838	926932	3667792	775028	450549
	比年初	—	61481	212272	121345	87207	-30227	13375	35804	22613	279835	446935	49576	78801
	1. 短期贷款余额	—	654877	830511	228782	1026611	128627	208744	277732	58358	314162	2778590	446813	249555
	比年初	—	-185203	101383	-24656	-42730	-17029	-6023	38882	-3988	23312	289306	-55482	24370
	2. 中长期贷款余额	—	1691643	1499843	1200222	1378713	440850	533761	250262	93480	434767	806707	307923	200995
	比年初	—	244285	101654	124502	105894	-13198	20129	-27579	26601	98329	144836	88440	54431
	3. 票据融资余额	—	6245	13906	30406	29889	—	5133	110971	—	176725	82495	18544	—
	比年初	—	2399	9235	21499	24043	—	-238	24501	—	158196	13391	16618	—
外币(万美元)	各项存款余额	—	17300	18693	62960	14182	—	4620	494	355	1149	27332	243	581
	各项贷款余额	—	1029	1605	7063	817	—	249	—	—	14	822	—	—
	国际结算金额	—	113952	401156	385933	123767	—	68277	—	2194	57937	2188791	—	—
	结售汇总额	—	73054	135486	108622	75740	—	117902	—	1721	12515	187843	—	—

续表 28

类别	项　目	民生银行	兴业银行	光大银行	村镇银行	邮储银行	南京银行	苏州银行	平安银行	广发银行	上海银行	江阴银行	无锡银行	首都银行	渤海银行	合计
人民币（万元）	一、各项存款余额	524529	458856	641330	52442	1594561	1735669	585936	309729	173248	878945	246221	218493	29855	131822	27623920
	比年初	−94964	73066	130534	−988	99232	390460	62217	148538	6426	36244	93967	120822	−24696	131822	2676218
	1. 企业存款余额	490523	408590	600747	32479	76953	1324368	557750	287040	158435	852060	228615	212358	28921	130165	15887816
	比年初	−85015	51957	122397	−738	12048	167225	65766	141374	4588	82696	87319	115851	−25316	130165	1653136
	2. 储蓄存款余额	34005	50234	40583	19963	1517608	97293	25561	10217	14813	23842	17606	6135	—	1657	11229598
	比年初	−9950	21082	8137	−250	87184	36171	7236	2185	1839	−3325	6648	4971	—	1657	890880
	二、各项贷款余额	698745	552580	804167	41594	445231	740168	658974	186170	114648	933671	444380	344013	26700	146961	22658455
	比年初	149645	143667	31392	−19815	88148	99489	61957	−5342	−61010	104856	236453	231763	17300	146961	2604482
	1. 短期贷款余额	50665	154450	123415	19554	197554	473157	472214	54085	27848	342246	239243	213260	26700	3870	9601623
	比年初	−58978	56561	16815	−7470	22251	10988	−2993	16988	−80169	74876	109398	156010	17300	3870	477588
	2. 中长期贷款余额	648080	398130	680752	22041	180459	225829	153152	132085	86800	539876	175265	130753	—	143091	12355478
	比年初	208623	87106	14577	−7515	19819	47320	35342	−22330	19160	36330	97183	75753	—	143091	1722783
	3. 票据融资余额	—	—	—	—	67218	41182	33607	—	—	51549	29872	—	—	—	697742
	比年初	—	—	—	−4829	46078	41181	29607	—	—	−6350	29872	—	—	—	405203
外币（万美元）	各项存款余额	—	6460	—	—	75	3175	173	99	—	6588	—	—	—	—	164479
	各项贷款余额	—	43	—	—	—	4924	—	—	—	154	—	—	—	—	16720
	国际结算金额	—	—	—	—	—	—	—	—	—	—	—	—	—	—	3342007
	结售汇总额	—	—	—	—	—	—	—	—	—	—	—	—	—	—	712883

完善和维护网点消防和安保设施，确保全年安全无故障运行。完善网点服务管理体系，强化服务质量和舆情考核，提高客户体验度。完善先进激励机制，组建“劳模创新工作室”，加强新老员工“传帮带”。金融服务立足地方产业基础和特色优势，围绕新一轮“十大产业链”和现代服务业十大产业方向，拓展优质融资市场。加大公司贷款投放力度，全年公司贷款单边投放22.91亿元。推进普惠金融进程，于11月成立常州分行总行级小微服务中心。落实监管部门考核指标，全年人行降准口径贷款余额较年初增加0.71亿元，银监普惠贷款余额较年初增加1.07亿元。支持地方重大项目建设，落实全市“重大项目增效年”举措，完成项目审批7笔，增加4笔，通过审批金额22.2亿元，增加16.85亿元。全年实现项目单边投放金额16.63亿元，储备在手项目5个，涉及金额19.35亿元。推进大零售转型，个人按揭贷款较年初增加8.03亿元，全年累计发放个人按揭贷款金额12.49亿元。信用卡新客户净增7550户，消费金额12.2亿元。营造互联网场景生态圈，通过e生活绑卡、融e购、网点O2O活动，增设融e联社保查询功能等，加快线上金融发展。至年末，各类人民币存款余额173.14亿元，增加5.72亿元；各类人民币贷款余额169.67亿元，增加2.6亿元。年末，该支行获评市分行综合考评第一、省分行2018年精品城区支行考核第一。

（蔡　静）

【农业银行武进支行】 2018年，该支行辖营业部1个、二级支行30个，有员工431人。坚持“稳中求进”工作总基调，按照可持续发展、用新创新、固本强基的原则，强化客户基础建设、渠道建设、队伍建设，全年综合绩效考核位列全市前茅。开展“一网点一特色”党建，与地方党政部门等开展支部共建活动79次，创成前黄、科技党建标杆网点2个。推进“一项目一方案一授权”，获批武进医疗器械、武进洛阳冷库2个小微产业集群服务方案普惠金融项目，授信总额9500万元，投放贷款4010万元；获批湖塘纺织城、礼嘉葡萄种植专业户、夏溪花木市场、西片苗木、东片水蜜桃、寨桥渔业6个个贷农户项目，授信金额3.75亿元，投放贷款6242万元。推进大项目、大客户落地，通过精准对接营销，推进武进中心城区棚户区改造、常发房产、星河地产等一批可行性高、回报高的项目，投放贷款20.98亿元，贷款余额增加7.05亿元。夯实小微企业客户拓展，新拓展小微企业客户66户，投放贷款2.59亿元；新拓展微捷贷104户，投放贷款1611万元。优先发展互联网金融业务，新增掌银活跃客户9.55万户，其中贵宾客户掌银渗透率44.4%、提升17.5%。新增E收款商户2.95万户、惠农E通农户1.72万户，上线信息学院、前黄国际银校通项目2个，办理全市首笔定制型6个月大额存单4000万元，发放全市首笔小微企业“智动贷”，办理全市首笔跨境非贸风参金融产品。推进专项信用卡分期付款业务，完成专项分期1594笔、金额3.73亿元，增幅95.6%，农业银行武进支行在全省106个一级支行中排名第二，在全市“挑战不可能”活动中排名第一。持续开展信贷客户风险排查，自主清收不良贷款本息7495万元。常态化开展员工行为排查和非现场疑点核查，内控评价继续保持一类行。至年末，各项存款余额311.62亿元，增加17.98亿元，总量排名武进区四大银行（工商银行、农业银行、中国银行、建设银行）第一，占总额的35.28%，比年初提升2.29个百分点；各项贷款余额207.8亿元，增加16.6亿元、同比多增2亿元，贷款增量占总额的56.5%；实现中间业务收入2.76亿元，增加2443万元，增幅9.7%，超出全市平均11.67个百分点。实现营业收入9.89亿元、拨备前利润7.98亿元，分别增加7356万元、7106万元。贷款不良率0.59%，下降0.06个百分点。新增本外币存款日均余额5万元以上对公客户460户、非低风险法人信贷客户170户，新增个人基础客户8.4万户、个人贵宾客户3008户、私人银行客户60户，二类、三类基础客户增量全市贡献度超过40%。新开资本金账户15户，占系统内份额的28%，资本金累计到账2.85亿美元，资本金到账排名武进区四大银行第一。

（王佳丽）

【中国银行武进支行】 2018年，该支行设营业部1个，辖营业网点14个、自助银行2个、离行式自助区7个，有员工263人。新增大公司客户19户、投放并购贷款8000万元，1家百亿级项目（企业）开立基本户。依托外汇、贸易金融及资金业务优势，叙做市辖首笔远期结售汇差额交割产品，锁定汇率风险且到期可不用全额交割。营销成功常州分行首笔多银行现金管理产品，促进后续银企合作、存款沉淀。办理境外直接投资（ODI）项下省辖首笔承债式并购境外汇款1180万美元，叙做国内信用证福费廷一级市场即时转卖业务5000万元，揽储大额外币资本金2.24亿港元。围绕消费、财富、网络、跨境四大金融扩大市场，新增零售贷款8.33亿元，银行卡分期放款量4.26亿元，拥军卡代发额3663万元，新开拥军卡586张。依托支行营业部获批江苏省分行五星级跨境金融中心的优势，全力拓展跨境业务，全年开展跨境活动60场，结售汇交易金额8957.17万美元。至年末，本外币存款余额140.33亿元，本外币贷款余额111.12亿元，新增实体经济投放70户、金额14亿元，普惠金融新增民营小微企业投放超50户、金额超2亿元，累计发放公积金贷款1.44亿元。该支行获评江苏省法治文化建设示范点，支行营业部获评总行级青年文明号、江苏省五星级出国金融服务中心，湖塘支行获评省分行级青年文明号，潘家、高新区支行获评常州市青年文明号。

（刘　峰）

【建设银行武进支行】 2018年12月28日，该支行新设网点武宜路支行开业。年末，辖支行营业部1个、营业网点27个，有员工382人。围绕价值创造主线，夯实发展基础，推进业务转型。业务创新完成多项总行和省、市分行首单，创新业务内保外贷、建票通、e信通、监管易、结构性存款、苏叶云贷、结算云贷、国际商业转贷款、家族信托、易缴费产品等实现突破，黄金大单创分行单笔销售最高纪录，试点上线全省首家“慧美食”点餐应用，操作全省首单城镇化贷款期限调整业务，竞标成为武进区农民工工资业务备案合作银行，营销成功武进区税务局基本户。确保普惠金融业务，年末普惠贷款余额11.19亿元，较年初新增金额3.93亿元，占系统份额的22.5%；推动企业房源上线，年末房源上线3672户，在线支付518户，App注册用户1.18万户；金融科技业务有序发展，签约公益教育综合平台5户、党群平台175户、大宗套保业务140户。至年末，一般性存款日均余额238.4亿元，企业存款日均余额109.1亿元，储蓄存款日均余额129.3亿元；本外币贷款余额206亿元，新增4.31亿元；个人类贷款余额88亿元，新增12.06亿元。

（季秋洁）

【交通银行武进支行】 2018年，该支行辖营业部1个、二级支行4个，配套自助银行5个、ATM机22台，有员工69人。4月18日，横林支行调整为常州分行直属支行。8月23日，长虹中路支行撤销，其相关业务并入武进支行营业部。至年末，存款年均余额66.61亿元，增加6.60亿元；各项贷款年均余额75.61亿元，增加9.16亿元；国际结算量16.13亿美元，增加8.12亿美元。不良资产率0.84%，经营利润1.28亿元。该支行获评省分行先进基层经营单位称号。

（周冬银）

【农发银行武进区支行】 2018年，该支行辖营业部1个，有员工18人。年内支持各类粮食收购贷款1.7亿元，收购入库各类粮食6.5万吨。支持乡村振兴，实施乡镇污水主管网建设项目，服务地方经济发展和人居环境建设。至年末，各项贷款余额56.95亿元，各项存款余额11.63亿元，实现账面利润5952万元。

（徐　斌）

【江南银行武进支行】 2018年，江南农村商业银行在武进区域设银行机构57个，有员工642人。围绕“宽营销、扩基础、添动能、精管理、强保障”工作

区金融学会举办学术报告会　　供稿/人民银行武进支行

思路，不断深化产品内涵，持续激发创新动能，全力拓宽服务半径，金融助力地方经济成效更加显著。“三资三化”(农村集体资金、资产、资源管理的制度化、民主化和规范化）系统在武进完成上线，村银通实现武进地区全覆盖。上线闪电贴、江南金贷、江南闪电贷、江南税银贷、公积金E贷等纯线上金融产品，“智慧城市”项目涉及医疗、商超、餐饮、停车场等领域。服务武进农村土地制度改革，发放“三权”抵押贷款122户、金额3.81亿元，市场占有率稳居全区第一。至年末，本外币存款余额633.19亿元，增加82.96亿元，存款增幅15.08%，占武进区市场份额的22.09%，存款总量和增量区域排名全区首位。其中，单位存款336.92亿元，增加64.43亿元；个人存款296.27亿元，增加18.53亿元。本外币贷款余额367.34亿元，增加11.45亿元，占武进区市场份额的16.13%，贷款总量区域排名第一。该支行获评江苏省放心消费创建先进单位、江苏省工人先锋号。

（诸冬梅）

【华夏银行武进支行】 2018年，该支行辖二级支行和社区支行各1个，有员工43人。严格落实监管政策，强化客户开发和营销，加强内控和合规管理，确保各项业务稳健运行。开展公司业务，对接武进高新区、经发区两大板块，把握园区政府债务置换的机遇，紧抓核心主流平台企业、区域内重点建设项目，上报武进经发集团中期流动资金贷款1.4亿元、武进高新区中水厂项目贷款6亿元，重点支持恒立液压、明及电气、瞻驰光电等上市企业。开展个人业务，落实拆迁存款3000万元，新增有效POS机296台、信用卡761张、贵宾客户130个、电子银行用户2787个，年末理财余额10.38亿元。至年末，一般性存款余额35.54亿元，贷款余额38.23亿元。

（陈明霞）

【村镇银行】 江苏武进建信村镇银行有限责任公司（简称“村镇银行”）位于湖塘镇常武北路104号。2018年，该银行有营业网点1个，员工22人。至年末，资产总额7.94亿元，一般性存款余额5.24亿元，各类贷款余额4.16亿元，实现营业收入2617万元，完成拨备前利润1477万元，净利润1302万元。

（王诗倩）

保　险

【概况】 2018年，武进区有各类保险机构34家，实现保费收入35.28亿元，增长3.66%。其中，寿险公司保费收入24.61亿元，财产险公司保费收入10.67亿元，分别增长4.04%和2.78%。全年累计支出赔款和给付金额11.72亿元。其中6家县级保险支公司完成保费总收入达29.5亿元，增长6.46%。

（张桔子）

【人保财险武进支公司】 2018年，该公司辖营业部4个、营销团队2个、专业团队3个，网点覆盖武进区各重点乡镇，有员工100多人。积极参与地方经济发展和民生建设服务，连续11年独家经办区域政策性农业保险，承保武进医疗机构保险项目、自然灾害公众责任险项目、护理保险项目等民生、公共资产类保险项目，全年累计承担风险责任5289亿元，完成保费收入4.92亿元，增长12.03%，区域市场份额46.06%，比2017年提升2.36个百分点。处理各类赔案3.16万件，赔款支出金额3.4亿元。缴纳各类税费6825万元，支持农业企业增信，协助融资1632万元。

（勒　轲）

【中国人寿武进支公司】 2018年，该公司辖湖塘、湟里、前黄、雪堰、夏溪、奔牛、邹区、横林8个营业网点，有员工63人、持证从业人员1781人。全年实现新单保费3.23亿元。其中，首年期交1.75亿元，增幅3.7%；短险保费7131万元，增长11.3%。全年实现总保

2018年武进区保险业务情况表

表29

项目／险种	保险业务总收入（万元）				保险业务总支出（万元）			
	本期累计	其中			本期累计	其中		
		人保	太保	平保		人保	太保	平保
一、财产小计	84968.47	45841.40	17457.07	21670.00	46148.95	25279.92	8979.03	11890.00
企财险	6901.44	3278.07	1608.37	2015.00	4540.81	1977.94	1426.87	1136.00
运输工具及责任险	74916.34	40575.33	14686.01	19655.00	40496.12	22679.59	7062.53	10754.00
货运险	289.52	173.93	115.59	—	36.94	16.74	20.20	—
家财险	137.69	125.14	12.55	—	22.95	20.35	2.60	—
其　他	2723.48	1688.93	1034.55	—	1052.13	585.30	466.83	—
二、责任保险	2249.92	2249.92	—	—	1570.64	1570.64	—	—
三、人身保险	207837.45	89535.93	100764.61	17536.91	88948.68	68068.14	15763.99	5116.55
养老年金险类	52853.21	48602.76	—	4250.45	18127.67	18127.67	—	—
意外短期险类	4842.93	3851.82	936.61	54.50	3794.64	3683.05	111.59	—
健康险类	14676.87	10906.77	1139.81	2630.29	11119.83	5520.92	482.36	5116.55
寿险类	135464.44	26174.58	98688.19	10601.67	55906.54	40736.50	15170.04	—
总　计	295055.84	137627.25	118221.68	39206.91	136668.27	94918.70	24743.02	17006.55

1月31日，人保财险武进支公司工作人员在西湖街道金梧桐生态农庄勘查暴雪灾情
摄影/高　岷

费8.8亿元，增长11.5%；处理赔付案1.6万件，金额6258万元；满期给付2564件，金额2.95亿元。

（张曙炎）

【太平洋财险武进支公司】 2018年，该公司辖湖塘、横林及前黄3个营销服务部，有员工33人。围绕“以客户需求为导向”的战略转型工作，实施“双优双对标”考核，力求在发展中转型、在转型中发展。全年完成保费收入1.74亿元，增长13.17%。其中，车险保费收入1.45亿元，增长16.48%。1—12月，车险综合成本率94.51%，非车险综合成本率81.03%。全险种赔款支出8979万元，综合赔付率53.43%，综合成本率92.88%。

（施　敏）

【太平洋寿险武进中心支公司】 2018年，该公司辖前黄、湖塘、礼嘉、洛阳、卜弋、横林6个营销服务部，有营销持证业务员2244人。贯彻落实总公司“转型2.0”的要求，质量建军、队伍转型，争创精品优秀公司。全年保费收入10.07亿元，市场份额40.95%；受理各类理赔案4242件，赔付总额3287.46万元；各类给付49.30万件，金额1.02亿元。

（刘　丹）

【平安产险武进支公司】 2018年4月，该公司迁至武进湖塘延政中路经纬大厦一楼，经营面积650平方米。年末，该公司辖基层网点3个（横山桥、前黄和孟河支公司），有员工45人。围绕以“数字产险”为转型导向，坚持“传统变革+创新突破”双轨驱动的全新战略，通过AI、大数据等科技创新应用，重塑报案、查勘、定损、赔付的车险理赔全流程。其中，智能人机交互全年无休处理报案，人脸识别支持在线赔付秒级到账。理赔服务不断升级，提升客户体验。全年完成保费收入2.18亿元，增长22.20%。其中，车险保费2.02亿万元，财产险保费676万元，意健险保费971万元。

（章佳英）

证　券

【概况】 2018年，武进区新增证券营业部3个，年末有证券机构16个，其中证券分公司1个、证券营业部15个，全年新增开户数2.6万户，年末总账户数18.8万户，全年交易量3495亿元。

（顾虎清）

【中信证券常州环府路证券营业部】 位于武进区外环府路39号，有从业人员62人，其中专业投资顾问17人。2018年，该营业部大力转型财富管理，以高净值客户财富管理、机构客户综合业务落地的双轮驱动，实施经纪业务为基础，稳固存量客户规模，通过多业务加大客户覆盖。注重产品销售，做大现金类产品的基础规模、转化权益类产品的财富管理规模、落地本地2家机构客户的产品定制规模，最终做大产品保有量，形成稳定产品收入。借助总部综合业务优势，挖掘辖区内上市公司、政府平台等专业机构业务增量。全年新增有效客户1400户、资产额9.15亿元，实现产品销售额13.69亿元。

（郑　欢）

【中信建投证券常州广电西路营业部】 位于武进区湖塘镇广电西路539号，营业面积206平方米，拥有资质从业人员11人。2018年，该营业部实行传统与创新业务联动发展，新增客户2086户，年末客户总数1.35万户、资产总额5亿元，完成证券交易总额196.78亿元，标准金融产品销售总规模1.5亿元。

（朱　青）

【东北证券常州花园街证券营业部】 位于武进区花园街168号H−12，营业面积263.55平方米，有员工26人。2018年，该营业部着重现金管理、基金及基金定投等经纪基础业务，新增投资账户5000余户。

（陆大荣）

【国盛证券常武北路营业部】 位于万博生活广场，营业面积400平方米，有正式员工12人。2018年，该营业部全面落实各项监管制度，开展投资者教育和保护工作。加强与辖区上市公司对接交流，加入武进区资本市场协会。全年实现产品销售额1亿元。

（高　柯）

【华泰证券常州延政中大道营业部】 位于武进区延政中路常州世贸中心A座1楼，有专业证券从业人员20余人，其中投资顾问5人、投行团队5人，经纪业务人员10余人。2018年，该营业部业务团队结集各个行业客户资源和业内优秀中介机构资源，从多个维度为客户提供综合性解决方案，并赢得客户、监管机构、合作中介多方赞誉。团队部分案例具有很强开创性，成为市场仿效、监管认可的代表性案例。2018年，新增客户1.2万个（其中有效客户1300个），开发机构客户4个；新增资产3.5亿元，实现产品销售额8.5亿元。

（孙晓钧）

城乡建设与管理

Construction and Management of the City and Towns

栏目编辑　周小红

城乡规划

【概况】 2018年，区规划部门强化统筹引领，聚力改革创新，加快服务升级，以科学规划保障全区高质量发展走在前列。配合常州市规划局加快新一轮城市总体规划（简称“总规”），开展总规现状一张图核查及总规第一轮成果质检，形成质检报告30余项。落实大交通发展战略，完成《武进区重大交通设施方案研究及线位规划》，在充分考虑现状及未来发展方向的基础上，预控交通设施廊道。完成《武进区多规合一规划研究》，协调城市总体规划、土地利用规划和环保、生态等多规差异，为国土空间规划编制打好基础。围绕特色塑造，完成《武进区全域旅游发展与布局规划研究》，将全域旅游的理念与城市开发、美丽乡村建设、三次产业整体优化发展相融合，形成内在互动机制，引导旅游资源科学布局，合理有序开发；围绕完善城市功能，完成《武进城区停车设施规划》，针对城区停车设施分布不均衡、不完善现状，提出合理的规划方案及实施策略；围绕景观提升，完成《武进区主要道路沿线及重要节点地区景观整治提升规划》，提出整治提升策略和建议，促进景观风貌提升，改善城市形象。推动乡村振兴，按照“因地制宜、强化联动、补齐短板、放大特色”的总体思路，完成《特色强镇规划研究》，重点研究特色强镇指标体系，补充相关特色指标，为武进特色强镇“三年行动计划”实施保驾护航。注重动态更新，强化基础支撑，完成《武进城区控制性详细规划修改与实施评估》，增强控规对于城市建设和发展的指导作用。完成《2017年武进区城乡建设发展报告》，实时反馈与验核城乡发展质量，为城市规划实施评估机制奠定良好基础。助推农村土地制度三项改革和集体土地入市，配合区政府指导全区外围各镇组织村庄规划和土地利用规划等编研工作。全年出具规划条件505项。其中，非工业条件37项，用地面积155.3万平方米；工业条件84项，面积196.2万平方米；集体土地入市384项，面积224.8万平方米。核发项目选址意见书39份，用地面积99.2公顷；核发建设用地规划许可证68份，用地面积361.2公顷；核发建设工程规划许可证134份，建筑面积570.8万平方米。累计核实建设项目80个，总核实面积265.9万平方米。

武进高新区现代服务业集聚区　　　　供稿/武进高新区

【规划管理创新】 2018年，区规划部门落实“放管服”改革，提高规划管理质效，做到“既快又好”，营造优质营商环境。做好简政放权的“减法”：推出城区工业项目“一站受理、快速办结”，在窗口预审、受理、审定、制证等环节一站办结，办理时限从16个工作日减至10个工作日，压缩37.5%；深化村镇、园区建设项目“全程代办”服务机制，项目初审权限下放至村镇规划师、园区规划师，在乡镇、园区内即可完成电子报建、提前服务、项目受理等规划服务。做好审批监管的“加法”：运用“互联网+”统一操作平台全流程网上办件，项目信息每天定时对接“全省一张网”，推动“不见面审批”；全面推行“容缺受理”，对具备基本条件的项目予以有条件“容缺”，一次性告知可容缺材料和补正时间；完善制度建设，规范审批行为及操作，强化事中事后监管；健全“双随机、一公开”制度，对在建项目随机抽查；督促整改并同步发放温馨告知书，提醒

建设单位主动申报变更行为。做好优化服务的“乘法”：推出重大项目“全程包办”，服务机制由“你来办”转为“我帮办”，全程协助建设单位完成注册认证、提前服务、项目受理和收件送达等服务；通过走访调研、每周例会、提前介入、业务培训、回访调查等工作机制和督查机制，确保重大项目推进和制度落实；推行提前预审，在土地挂牌前期就与建设单位对接，全程指导意向单位提前开展方案和施工图设计，有效节约正式报建阶段的办理时间；定期开展现场办公和上门服务，完成区内市级以上重点项目走访全覆盖，对进度迟缓和存在困难项目有针对性地定期回访。武进规划窗口全年提供全程包办服务657次、代办服务510次，受理容缺服务96次，被评为2018年“常州市五一巾帼标兵岗”。

【《武进区多规合一规划研究》完成】 2018年，区规划部门针对各类规划不一致形成空间规划冲突，土地资源得不到有效利用，生态用地保护边界缺乏协调统一，导致审批效率低下和城乡空间治理能力不强的难题，协调各项规划，开展《武进区多规合一规划研究》。通过叠合分析武进区城乡规划、国土规划、林业规划、生态保护红线规划等相关规划，找出多规差异图斑，采取相关技术标准对接、部门信息互通等手段，协调多规差异，形成多规融合的一张空间规划蓝图，为国土空间规划编制做好前期研究准备。多规差异包括城乡规划与国土规划建设用地差异、城乡规划与基本农田差异、城乡规划与林地规划差异、城乡规划与生态红线保护规划差异、基本农田规划与林地规划差异，以及国土规划与林地规划、国土规划与生态红线保护规划差异。通过差异分析并结合区域发展目标和板块发展诉求，合理划定“三区三线”，即城镇、农业、生态三类空间，城镇开发边界、永久基本农田和生态保护红线三条控制线。研究秉承“战略引领、底线控制、资源整合、平台支撑、机制保障”来实现武进区统一发展目标、统一规划体系、统一规划蓝图、统一信息平台和统一管理机制。

【《武进城区停车设施规划》完成】 至2017年，全区机动车保有量达48.3万辆，其中小汽车保有量达39.6万辆，车辆年均增速持续保持快速发展的势头，城区“停车难”成为社会各界关注的热点与焦点。2018年，区规划部门编制完成《武进城区停车设施规划》，旨在优化武进城区停车设施规划布局，指导停车设施建设，完善停车管理政策，缓解停车供需矛盾，提高交通运行效率，促进城市可持续发展。该规划范围：武进城区，包括湖塘镇、牛塘镇、武进高新区、西太湖科技产业园，总用地面积约220平方千米。重点规划范围：城市核心区，由312国道、夏城路、淹城路、滆湖路围合的区域，面积约33平方千米，规划年限为2018—2028年。结合现状调研实际，提出供给优化、分区引导、远近结合、产业引领、智慧先行和机制保障6项相应的停车发展策略，以及公共停车设施规划、核心区停车整治方案，特别针对核心区停车矛盾突出的老旧小区、学校、商业菜场和医院四类设施，分别选取典型案例提出整治方案，为后期停车专项整治提供依据。

（朱　轶）

市政建设

【概况】 2018年，区住建部门聚焦基础设施、民生保障和宜居环境建设，注重城市形态、功能和品质提升优化，擦亮生态园林城市自然底色，着力打造山水宜居之城，提升群众满意度。全年实施市政设施、海绵城市、生态绿城、老小区改造、村镇建设等项目近30个，累计市政投资2.87亿元。其中，市政新建投资2.4亿元，各类养护投资0.47亿元。长虹路高架互通改造工程，完成投资4亿元，预计2019年春节前实现常州至金坛双向、武进至金坛双向通车。建设精致城区，养护绿地面积15.6万平方米，维修路灯6100盏，恢复被盗或损毁电缆长度2950米，保证城区路灯设施完好率95%以上、亮灯率98%以上。完成湖滨路沿线绿化工程、长河绿地绿化面积2万平方米，新增绿化面积9万平方米。开展常武路地下隧道改造及武宜路、延政大道管养维护，改造人行道长度200千米，更换道板面积4万平方米，修补沥青路面面积1.5万平方米。完成新天地公园厕所改造、丰乐公寓及武宜中路雨水管道改造，行政中心片区一期工程的府西路、丰乐公寓等海绵城市改造工程。

【龙江路—长虹路立交改扩建及长虹西路辅道工程建设】 该工程为2017—2018年武进区重点工程，西起长虹西路新武宜河桥西侧30米，东至长虹路老武宜运河桥东侧260米，全长1.85千米，总投资4.59亿元。至2018年年末，完成68联箱梁全部浇筑落架，桥梁铺装、防撞墙建设85%，以及桥面沥青60%（长虹路东西双向、龙江路西北双向沥青完成）、新武宜运河至长虹路上匝道段道路沥青，建成金武地面连接道路、高架桥梁主体工程，推进照明、监控、交通标志标线、绿化等专业配套工程，完成建安产值2.35亿元，基本实现年度目标。

龙江路—长虹路立交改扩建工程施工现场　　摄影／高　岷

【推进海绵城市建设工程4项】 2018年，区住建部门借助武进区成为省级海绵城市试点单位的契机，推进中心城区海绵城市建设工程4项。府西路工程，于1月16日开工，10月18日竣工。该工程包括道路红线及部分退让绿化范围内全部低影响开发设施，合同造价125万元，设置雨水花园溢流井6座、排水管道636米、雨水口10座、调蓄净化设施进水井3座、调蓄净化设施排泥井3座、调蓄净化设施32个、地面花坛21个、无动力缓释器53个，修复块料面层300平方米、道路450平方米。府西路生态停车场工程，改造面积1125平方米，包括管道沟槽开挖回填及路面修复，新建部分人行道，增加雨水花园、地面花坛和调蓄净化设施、植草沟等。丰乐公寓工程于10月上旬启动，总改造面积13.5万平方米，总投资1700万元，新建雨水管道和雨水花园、调蓄净化沟和高位花箱等，解决该小区雨天积水、停车位不足、绿化不美观问题。武进老年大学工程，实施生态停车场改造面积1120平方米，在车位间增加绿化带，提高地形蓄水排放能力。年末，武进老年大学和府西路两侧停车场均投入使用。

【人民东路改造及武进区段BRT车道维修工程竣工】 该项目于8月10日开工，12月10日竣工，总投资900万元。人民东路改造工程，西起人民东路与凤凰路交叉口，东至人民东路与青洋路交叉口西，长380米，面积1.3万平方米，一般路段道路红线宽度36米，标准横断面由2.5米人行道、31米车行道组成。通过车行道翻挖新建，置换二灰基层同步重建人行道，改造现有雨水收集口，更换破损雨水口连接管，检查沿线井作井周及加固，保留道路路灯和标志牌并重新划设标线。武进区段BRT车道维修工程，施工面积1680平方米，整体维修信息学院双向、轻工学院单向、延政路双向、聚湖路双向7个BRT站台停车道，路面由水泥全部改为钢筋混凝土。

【常武路科教城地下隧道改造工程竣工】 常武路建于1990年，为八车道双向行驶混凝土道路，主车道宽22.5米，辅车道宽11.5米。科教城地下隧道挡墙上石材贴面由于基层老化，局部出现脱落，影响车辆通行。2018年7月，该改造工程开工，施工中拆除地下隧道挡墙上全部石材贴面，将墙面上孤立的渗水点及伸缩缝作防水处理，面层改用真石漆装饰，更换真石漆贴面3200平方米，工程造价300万元，于10月竣工。

【长河绿地公园建设】 长河绿地公园位于广电路与长虹路交叉口，西临大坝浜河，占地面积3万平方米，绿地面积近2万平方米，3月开工建设，总投资2000万元。施工采用海绵城市生态理念，以大众参与、滨水开放、绿色生态、低碳环保为设计原则，建设以樱花为背景的阳光草坪、公园慢行步道、足球场和篮球场等户外场地。该公园分为滨水开放区、草坪休闲区、活力运动区，满足市民旅游观光、体验地理文化、休憩游乐、健身锻炼等需要。活力运动区位于公园东南角，占地面积约5000平方米，包括1个五人制足球场、2个标准篮球场。长河绿地滨河景观设计极具现代感，营造集绿色生态、休闲品位、绿色运动为一体的充满现代创新的城市特色，构建人与自然、人与社会和谐的现代城市公共绿色空间。

【安置房办证】 2018年，区住建部门实施聚湖家园三期、龚家名园、邱墅家园、长虹家园、府北新村、晓柳花苑6个安置小区共5000多套房屋办证工作，办证率达86.6%。9月，区政府出台《关于推进中心城区紧房户安置办证工作的会议纪要》，明确中心城区紧房户安置办证政策，维护社会和谐稳定。至年末，全区完成23个区级安置小区的不动产权证初始登记工作。

【老小区改造】 2018年，区住建部门结合城市长效管理考核标准和“263”专项行动要求，围绕小区及周边公共基础配套设施等内容，推进老旧住宅小区整治工程。8—12月，重点整治湖塘湾里新村西区、牛塘镇卢家巷教工宿舍区域。9—10月，实施半夜浜住宅小区阳台落水污染整治。工程涉及8个小区22幢住宅，通过新建雨水管和冷凝水管，分流阳台污水和雨水，有效改善周边区域水质环境。

【常州地铁1号线武进段建设】 常州地铁1号线武进段起始站为聚湖路站，终点站为南夏墅站，有地下车站8个、高架站2个。至2018年12月，常州地铁1号线全线实现“洞通”“轨通”，27个地下车站及2个高架车站主体结构均完工，附属结构施工完成80%，所有车站主路面恢复通车，全线机电设备安装完成80%，公共区装修完成50%。

（冷　阅）

房屋征收与拆迁

【概况】 2018年，武进区房屋征收与补偿办公室（简称“区征收办”）为正科级参公管理的事业单位，与区委、区政府设立的临时机构拆迁指挥部合署办公，主要负责武进区征迁工作的指导、管理和监督。坚持征迁工作“一个政策、一把尺子量到底”的原则，做到程序到位、补偿到位、保障到位。加强全区房屋征迁项目党建工作，湖塘镇党委以湖塘梅家村及周边地块旧城改建项目为试点，探索基层党建与房屋征收工作有机结合、协同推进，建立征迁项目临时党支部，设立纪检举报箱，与被征收群众“零距离”“面对面”沟通，自觉接受群众和社会各界监督，有力推动项目进程。全年完成征迁签约面积132.51万平方米，签约民房1575户、企业201家，民房签约率99%。征迁项目主要涉及中心城区梅家村地块、中蒋村地块、武柴厂及周边地块、牛塘镇世蒂爱斯项目，以及省重点项目常宜高速、苏锡常南部高速通道等。全年化解历史遗留问题43户，经司法诉讼解决6起，确保中心城区建设项目顺利推进。

【安置房办证超5000套】 2018年，区征收办推进全区安置工作，保障中心城区安置分房。优化安置房源解决方案，做好前期市场调研，与湖塘镇、经发集团等单位协调，全程参与周家巷小学和沟南工业园项目指定商品房分配，共分配指定商品房250余套。严格按照分房规定程序操作，确保分房结果公平公正。妥善快速安置在外过渡户，基本完成2015年之前征迁项目过渡户安置目标，共安置在外过渡户3542户，完成年初确定任务的107.6%。配合安置房权证办理，完成6个安置小区5271户房屋权证办理，超额完成5000套的年度目标。

【原武进柴油机厂大楼拆除】 2018年10月29日中午12时50分，位于武进区中心城区紧邻武宜路、聚湖路十字路口的原武进柴油机厂大楼被成功拆除。该大楼为框架剪力墙结构，建筑共11层，加上屋顶金属塔，总高度近50米，是2007年以后武进区拆除的最高房屋。为确保大楼安全拆除，区征收办多次到现场查勘，组织专家反复论证和完善拆除技术方案，加强与该地块开发商、湖塘镇政府、施工企业等人员沟通、协商，逐个解决影响拆除的问题，采取有效措施洒水降尘、控制扬尘，确保施工周边道路上车辆、行人交通安全。

（曹　泽）

雪堰镇陡门塘的基础设施项目陆续完工　　摄影/高　岷

村镇建设

【概况】 2018年，区住建局推进特色强镇建设，于2月出台《武进区精致集镇打造工程专项资金管理办法》《武进区精致集镇打造工程考评细则》，明确了各镇区和撤并集镇区户外广告治理、杆线整理、绿化美化、工地围挡及文明施工、路面保洁，完善垃圾转运点、路网畅通、生态治理等工作标准。加快特色田园乡村和美丽乡村建设，组织参加常州市美丽乡村嘉年华活动。10月28日，雪堰镇陡门塘美丽乡村示范项目揭牌，武进区美丽乡村嘉年华活动启动。年内，湟里镇香泉村湖上自然村、礼嘉镇建东村唐家自然村完成第三批江苏省特色田园乡村申报，礼嘉镇何墅村完成省级美丽乡村建设。

【实施精致集镇打造工程】 2018年，武进区实施精致集镇打造工程，规划建设重点项目181项，工程开工建设135项，完工86项。至年末，雪堰镇潘家垃圾转运站、潘家厕所整治、雪堰初级中学、南宅实验学校、漕桥小学等改造项目完工，礼嘉镇政平农贸市场改造、农线提档升级、礼坂路沿线立面出新和绿化节点建设等项目完工。嘉泽镇新东街改造、嘉成线成章段道路改造、成章卫生院停车场等项目完工。洛阳镇东陈路提档升级、洛阳初中运动场、镇区"技防改造"工程完工。湟里镇全民健身中心、老街市民广场、阿甲公园、中学路提档升级、湟里小商品市场改造等项目完工。前黄镇前蒋路道路提档升级、寨桥文体中心改造等完工。牛塘镇师源路改造、大通西路道路及沿线立面改造、卢政街改造等工程完工。横林镇大运河横林段景观提升及建筑物修缮工程完工，精工路、司塘路、黄桥路新建项目加紧施工。遥观镇新建杨园路、临津路、夏和路、常和路4条道路及宋剑湖湿地提升项目全面推进，横山桥镇创业路、夏明路、横山桥卫生院改扩建项目有序推进。

【陡门塘美丽乡村示范项目揭牌】 2018年，雪堰镇城西回民村被国家民委命名为第二批中国少数民族特色村寨，陡门塘成功入选江苏省特色田园乡村建设首批试点名单。10月28日，陡门塘美丽乡村示范项目揭牌，成为常州市第4个市级美丽乡村示范点。(内容参见《农业和农村工作》栏目P94相关条目)

（冷　阅）

公用事业

【供水】 根据行政区域调整，区水利水务部门加快实施《武进区城市供水规划》(2011—2030)修编工作。全面实行阶梯水价，城市居民生活用水分为三阶段，水价分别为3.73元/吨、4.69元/吨、7.43元/吨。全区实施"两源三厂"供水布局："两源取水泵站"即魏村取水泵站，长江水源，取水能力40万立方米/日；滆湖备用水源泵站，取水能力50万立方米/日；具有供水能力60万吨/日的有武进水厂、礼河水厂、湖滨水厂3座，武进水厂具备30万吨/日深度处理设施，礼河水厂增建30万吨/日臭氧活性炭深度处理设施项目于年底开工建设，湖滨水厂新建20万吨/日深度处理设施项目。全区供水总体覆盖范围1080平方千米，供水管网（DN100以上）总长度3087千米，直接抄表到户47.2万户，服务人口约150万。全年完成供水量1.60亿立方米、售水量1.43亿立方米，新增自来水用户0.97万户，累计47.2万户，水厂污泥产生并安全处置1.82万吨。完善GIS系统，录入供水管网总长8058千米、水表35.97万个。全年实现供水漏损率9.99%，水质综合合格率100%。

【排水】 2018年，全区建成污水主管网119千米，新增污水管网305千米，累计1574千米。城镇污水处理厂共处理污水1.09亿吨（含戚墅堰污水厂2841万吨），城区生活污水集中处理率96%，集镇区生活污水处理率89.05%，城镇污水集中处理率达93.1%。加快污水收集处理系统建设，39个集镇排水片区全面实施雨污分流改造，315个村庄生活污水实现集中收集处理，20个工业集中区企业污水"应接尽接"。推进污水处理厂提改扩建工作，滨湖污水处理厂一期工程建成投运，漕桥、太湖湾污水处理厂氮磷限值排放提标改造完成，武南污水处理二厂前期工作基本就绪。推进黑臭河道治理，通过控源截污、河道清淤、补水活水、生态修复等，累计完成黑臭河道治理103条，基本消除城区范围内黑臭水体，水体治理从"黑臭治理"迈入"浑水提升"新阶段，并加速向"清水巩固"转变。开展治理完成的黑臭水体月度水质监测，做到整治成果长效评估，整治工作向纵深延伸。

（胥俊文）

【供电】 武进区完成电力投资近4亿元，推进220千伏横山变扩建工程等10个电网项目建设，220千伏西太湖输变电工程、横山变扩建工程、110千伏成章输变电工程等5项重点输变电项目建成投运，新增变电容量46万千伏安，新增电力线路长度59千米。有序推进分布式光伏发电应用，非居民并网用户68户，并网容量43.65兆瓦；完成并网370渔光互补分布式光伏电站项目1个，并网容量40兆瓦。2018年，全年全社会用电量194.82亿千瓦时，其中工业用电量161.68亿千瓦时，分别增长6.56%、5.02%。

（金　婷）

【供气】 2018年，武进区新建各类天然气管道线路1218千米，全社会天然气消费量4.7亿立方米，比2017年增加26.96%。其中，工业用天然气3.19亿立方米，商业用天然气4391.76万立方米，城乡居民用天然气8454.52万立方米，分别增长34.28%、13.79%、23.43%。推进天然气进村入户，全区新增行政村配套通气25个，累计226个。新增天然气居民用户3.5万户，累计38.8万户，比2017年增加4.3%，实现乡镇天然气利用全覆盖。实施老旧管网改造，投入1845万元，完成26个老小区庭院管网和户外集表改造。全区有经营性汽车加气站8座，全年汽车用压缩天然气销量1374万立方米，减少18%。销售液化天然气526万立方米，减少12%。

（冷　阅）

城市管理

【概况】 武进区城市管理局、武进区城市管理行政执法局、武进区城市管理监督指挥中心实行合署办公，局机关设置职能科室6个，下辖事业单位3个，有干部员工362人。主要履行城区市容和环境卫生的管理和监督，负责城区环卫设施的建设管理、建筑渣土管理监督、城市长效综合管理考评等职能。2018年，区城管局按照武进区"大城管精细管理三年行动计划"突破年工作要求，全面开展"抓重点、顺机制、补短板、提品质、强保障、树形象"六大行动，着力提升长效管理水平，推进市容环境、户外广告、渣土运输、环境卫生、城管行政执法等工作。开展示范路、示范社区创建，香溢澜桥社区、十里社区创成省级示范社区，喜盈门社区、星河社区、南夏墅社区创成市级示范社区，今创路、永胜中路等7条道路创成市级示范路，创成区级示范路3条、示范商业综合体2个、镇村长效管理示范点15个。武进区全年城镇长效综合管理考评成绩93.52分，比上年提升4.22分，位居全市第五。

【城镇长效管理】 1月，区政府出台《关于进一步完善武进区城镇长效综合管理考核工作实施补充意见》，将生活垃圾分类、镇村环卫运输车辆管理等纳入考核范围，调整考核分值，压实管理责任。区城管部门推行流动红黄旗制度，根据长效管理考核排名和工作实绩，在全区范围内设立流动红旗（骏马奖）、黄旗（蜗牛奖），按季度考核，倒逼长效管理成绩提升。开通微信公众号"随手拍"功能，鼓励居民拍照上传问题，提升长效管理问题发现、处置效率。按照"统筹推进、分步实施"原则，建立重点问题"出入库"机制，对重点问题整改实行"滚动式"目标管理。在花园街、常武路、劳动东路等13条主干道试点推行"路长制"，全面提升道路容貌管理水平。制订服务基层板块十大措施，由区城管局领导负责蹲点办公、带队网格督查、问题研判分析、上门指导授课等，全面助力城区各板块长效管理工作水平不断提升。至年末，市委督办的府北（丰乐）消费品综合市场整治到位，沈家弄周边棚户区全部拆除，全区101个空置地块、305家物料堆场全面实施清理、覆土、绿化等工作。

【城市环卫设施完善】 2018年，按照《推进大城管建设、实施精细化管理三年行动计划2018年突破方案》《环卫专项规划》要求，区城管部门启动城北、城东2座大型生活垃圾转运站的规划选址等前期工作，选址新建公厕10座，提升改造老旧公厕48座。编制完成《武进城区环卫设施专项规划》，提升改造聚湖、小庙、定安东（城中）、十里、长虹生活垃圾转运站5座，完成城区公厕改造9座、公厕新建（生态公厕翻建）6座，向社会开放沿街单位内部公厕10座。有毒有害垃圾临时收储站、大件垃圾分拣中心、城区农贸市场有机易腐垃圾处置设施全面运行，先行集团下属恒诺园林公司的绿化垃圾处置设施项目纳入区园林绿化垃圾收运处置体系。

【生活垃圾分类处置】 2月，《2018年度武进区城乡生活垃圾分类工作实施方案》出台，明确全区66个住宅小区、85个企事业单位、27个行政村、3个集镇区、1个全域乡镇、1个农贸市场易腐垃圾处理站及道路广场绿地等公共区域垃圾分类工作任务清单。年内，区城管局牵头各部门开展分类创建工作，组织外出考察、现场教育等分层次培训，持续推进"垃圾分类全民行动日"活动，实现宣传引导全覆盖。建立督查通报机制，每月通报分类工作落实情况。至年末，全区有110个企事业单位、82个住宅小区、3个集镇区、32个行政村分类设施建设到位，潞城街道分类设施覆盖率超85%，西湖街道分类设施实现全覆盖。推进"房改亭"工程，各属地板块共建成分类收集亭337座。全区收集有毒有害垃圾6.01吨，处置绿化垃圾1200吨。

【城市执法管理】 2018年，区城管部门深化执法体制改革，明确城乡规划、城市绿化、物业管理及城乡建设等执法事项。开展全区城管执法"百日大练兵"，通过执法技能竞赛、飞行执法考试、脱岗专项培训、队列会操竞赛等活动，全面提升城管队伍整体素质和能力。全年向基层城管中队派驻执法人员52人（正式队员35人、协管员17人），牵头开展中心城区夏季市容、餐厨废弃物百日攻坚等专项整治，累计规范占道经营1.61万起，清理乱张贴、乱涂写9180处，拆除违章店招标牌800余处，督促整改违规收运餐厨废弃物等行为520余起，联合属地城管中队拆除莱蒙城等小区违建30余处、面积5033平方米。

【建筑装潢垃圾资源化处置】 2018年7月13日，省住房和城乡建设厅在武进区召开全省建筑装潢垃圾资源化处置推进会，武进区建筑装潢垃圾资源化处置模式作为试点在全省推广。年内，区城管部门打造建筑装潢垃圾处置“武进模式”升级版，从垃圾收集源头推行可卸式箱体收集，提升新建住宅小区收集点，强化垃圾处置中途监管、终端处置以及延伸处置范围等。全区升级改造御龙山等住宅小区建筑装潢垃圾前置收集点20个，在路劲城二期、星河国际四期推行可卸式箱体收集，对区内11家运输企业84辆运输车实行规范管理，确保绿和公司年处理量30万吨的自动化生产线正常运行。各镇、板块推进资源化处置城乡一体化，湖塘镇、高新区北区、牛塘镇、南夏墅街道基本实现建筑装潢垃圾资源化处置。全年资源化处置建筑装潢垃圾62.5万吨。

（杨佳乐）

房产管理

【概况】 2018年，区房管处以保障百姓安居、宜居为目标，以问题为导向，更新管理理念，优化工作机制，加强常态化监管，提升全区住房保障和房地产管理水平。

【加强物业管理】 4月，区政府调整全区物业管理工作领导小组成员（职能部门相应调整），出台《关于加强武进区物业企业住宅小区物业服务考核工作的通知》，强化各方主体责任意识，指明物业管理工作发展方向。区房管处参与和指导湖塘镇、高新区北区、南夏墅街道及部分社区召开业委会筹建工作交流会，提升物业管理工作水平。指导各镇物管科筹建，年内成立南湖家苑二期、丰乐公寓二期、香江壹品花园小区业主委员会，协调化解莱蒙城、丰乐尚都、龙德花园多起重大矛盾纠纷，办结各类物业信访612件，接待居民来访80余次。优化物业维修基金归集和使用工作机制，全年受理维修资金申报623批次，审核拨付维修资金1358万元，收缴房屋维修资金1.53亿元、消防电梯专项维修资金1192万元。通过产权转移前查询，418户补交维修资金188万元，结清154户物业费49万元。编发《小区里的一些事》《“电梯”，我们了解多少？》《武进区住宅专项维修资金使用流程和受理地点》宣传海报4期，普及物业管理常识。加大对物业企业的监督考核，每季度进行辖区内住宅小区在管项目物业服务企业考核，通报和点评了考核被扣分81个物业服务企业的111个项目。通过事中事、后监管，促进物业服务企业提高服务质量，营造和谐文明的小区氛围。武进区在全市物业管理考核中综合排名第一。

【住宅小区管理专项整治】 2018年，区房管处开展“诚信物业、美丽家园”活动，规范物业管理行为，减少小区不文明现象。通过拉网式专项检查三级区域内145个住宅小区，涉及建筑面积约1936万平方米，发现问题845处（不含邮政、卫计、公安的检查数据），现场均对管理单位提出整改意见，督促其按照长效综合管理要求整改。牵头在全区既有住宅小区中集中开展电瓶车充电问题整治攻坚行动，检查中心城区167个住宅小区居民电瓶车停放及充电情况，发现问题要求小区管理单位限期整改，住宅小区内非机动车乱停放、私拉电线充电、充电桩数量不足现象得到改观。

【武进住宅维修资金综合服务平台上线运行】 12月27日，武进住宅维修资金综合服务平台上线运行。该平台包括4个板块：“武进住宅维修资金”微信公众号（wjzzwxzj），使业主了解相关政策法规及申请使用维修资金的流程，可下载居民所需的资料文件，自助查询房屋维修资金的交存和使用情况等；武进住宅维修资金公众查询网页（http://wjfgc.net/query），方便居民在电脑上登陆，自助查询房屋维修资金情况；开发商网上缴存业务系统，方便开发商上传相关小区楼盘表和维修资金缴存表，减少数据传递的环节，有效加强基础数据管理；维修资金自助服务终端一体机，可实现房屋维修资金自助查询和交存操作，有效提高业务窗口的办理效率。至年底，武进住宅维修资金总量15亿元。区房管处全年办理住宅维修资金使用项目申请4000份，增长30%。

【房屋安全审定与鉴定】 2018年，区房管处完成房屋鉴定项目177个，面积8.46万平方米；公共场所房屋安全审定项目29个，面积29.65万平方米；房屋安全技术评价项目5个，面积500平方米；住宅装饰装修审核项目2422个，受理改造投诉35个。做好房屋安全检查，配合教育部门完成76所简易幼儿园的房屋安全排查。开展各镇、街道、开发区汛前城市既有房屋安全排查整治情况专项督查，共排查房屋11097幢，发现疑似存在安全隐患房屋1279幢。整改加固房屋66幢，整体拆除房屋70幢，关停使用房屋12幢。落实日常巡查制度，制定重大危害天气应急预案，特别针对黄梅季节及前后期间雨水量较大的情况，有效预防自然灾害对房屋使用带来的不良影响。全年没有发生因房屋安全造成的重大事故。

【房屋白蚁预防和灭治】 2018年，武进区白蚁防治所及时发布白蚁分飞预警，在灭治和预防高峰期根据业务需求组织加班，保证在规定时间内完成施工任务。全年受理新建房屋白蚁预防项目167项、面积834.8万平方米，补办4项、面积9.6万平方米，组织新建房屋白蚁预防施工180项、面积329.2万平方米，发放白蚁防治手续证明和竣工报告269项，受理全区蚁害报治530项，组织蚁害勘查和灭治施工487项，开展已建房屋白蚁防治质量回访复查523项、面积1380平方米。经省住建厅对全省白蚁防治机构2016—2017年度规范化管理工作抽检考核，武进区白蚁防治所在42家被抽检单位中被评为优秀等级。武进区白蚁防治所副所长金占宝代表常州市参加江苏省和全国白蚁防治行业技能大赛，获第二届全国物业管理行业职业技能竞赛白蚁防治工决赛第七名。

（杨　欣）

不动产登记交易管理

【概况】 2018年，常州市不动产登记交易中心武进分中心（简称“武进不动产中心”）深入推进“放管服”改革，提升保障重点和便民惠企服务水平。全年受理各类不动产登记118122件（登记类88963件、查询类29159件），颁发不动产权证书74575本、不动产登记证明24584份。

【不动产登记管理改革】 2018年，武进不动产中心精简办理环节申请材料，简化流程。从8月1日起，对符合登记要求的不动产登记业务，办理时限全面缩减至3个工作日（大宗批量送件和法律法规另有规定的除外）。为实体经济企业办理集体经营性建设用地使用权及房屋所有权登记959宗，抵押148宗、抵押金额14亿元。登记宅基地658户，其中办理抵押36户、金额987万元。办结高新区北区龚家名园和邱墅家园、湖塘镇长虹家园和府北新村4个安置小区的房屋不动产权证，完成安置房办证房屋5000套的目标任务。

【便民服务多元化】 2018年，武进不动产中心设置不动产档案自助查询机，开通外网预约、进度查询等服务。延伸抵押登记办理，开设银行抵押登记便民服务点，完善水、电、气等配套服务。提供免费复印服务，取消包括身份证明、婚姻状况证明等五类十多种证明材料。开通“96510”省不动产登记热线和微信、支付宝二维码缴费通道。改进新购商品房大宗批量件送审登记流程，简化公积金贷款抵押注销登记流程。实行不动产权证EMS邮政免费送达，推进全城通办服务，为群众、企业提供行政分区、服务不分区的“同城同质、受办分离、快递送达”的服务便利。严格执行对小微企业（含个体工商户）免收登记费，同一宗土地上多个抵押物抵押登记，按一件收取登记收费的优惠政策。落实政府购买公证服务费用，从11月起在全市率先开展非公证继承登记业务，办理服务14起、惠及居民家庭30余户，为群众节约公证费用近10万元。

（姜 钰）

住房公积金管理

【概况】 2018年，武进区住房公积金扩面、贷款工程第8年列入为民办实事项目，并首次纳入区一类重点工作考核目标。全区落实《关于改进住房公积金缴存机制、进一步降低企业成本的通知》《关于落实我市就业的港澳台同胞享有住房公积金待遇的通知》精神，新增住房公积金缴存单位1713个、职工5.02万人，分别增长21.49%和14.01%；归集住房公积金28.24亿元（不含结息），增长14.66%。全年发放公积金贷款25.02亿元，增长38.23%，满足6224户家庭购房资金需求。至年末，全区住房公积金应缴单位9798个，缴存人数23.19万人，归集余额73.47亿元，贷款余额74.23亿元，累计为44840户家庭发放住房贷款128.65亿元，为9952户家庭发放公转商补息贷款30.81亿元。

【住房公积金支持职工刚需住房消费】 2018年，武进住房公积金管理分中心全力推进住房保障，满足职工刚需性住房消费需求。全年发放住房公积金贷款6224户、金额25.02亿元，其中首套房贷款占比87%。提取住房公积金56.06万笔、金额20.10亿元，支持4.8万户职工家庭住房消费。继续实施向中低收入家庭公转商贷款贴息，为9252户家庭公转商贴息3287.48万元，期末累计公转商贴息达1.06亿元。减轻低收入家庭还贷压力，向6户低保、特困家庭发放住房贷款贴息2.6万元，累计向20户困难家庭发放贴息8.79万元。有38位职工领取重病救急款269.36万元。推进民生保障工程，上缴廉租住房建设补充资金5122.67万元，累计上缴资金3.96亿元。

【住房公积金便民服务】 2018年，武进住房公积金管理分中心优化服务水平，网上服务平台涵盖网站、热线、微信、App、自助机“五大平台”，初步建成8个服务渠道的“智慧公积金”体系。网上服务厅和常州住房公积金微信公众号等平台，可办理单位业务11种、个人业务13种，实现住房公积金提取业务零跑腿、申报材料零纸质、业务审批零时限的“三零”服务。全年有47272名职工办理网上注册，办理业务99664笔。新设横林镇、横山桥镇和湟里镇公积金工作站3个，累计6个，办理业务18961笔。武进住房公积金分中心服务大厅接待职工15万多人次，办理各类业务30万笔。

（薛 霞）

武进住房公积金管理分中心业务大厅一角　　供稿/武进日报社

防震管理

【概况】 2018年，区地震局确保苏19井监测设备正常运行，清明山地震台全年观测环境正常，测震和地壳形变观测运行正常。开展对监测仪器的检查、维护，及时解决断电、断网等突发情况。全区2个市级地震宏观观察点观测工作正常，未记录到异常现象。开展震情会商4次，根据掌握的测震和前兆观测资料，提出常州市及周边地区近期地震趋势意见。

【防震抗灾】 5月，区地震局开展组织科普宣传、星辰实验学校应急演练、地震安全防范知识网络问卷调查等系列活动。制定《新天地公园应急避难场所疏散安置预案》，发挥公园场所的游园性和避难性双重功能。加强与周边社区联动，做好预案落实工作，完善相关组织机构网络。每月定时开展地震应急视频会议系统、“12322”灾情速报平台运行演练，确保系统和设备全年运行管理正常。

（冷 阅）

水利·水务

Water Conservancy · Water Affairs

栏目编辑　周小红

水利建设

【概况】 2018年，武进水利建设以水安全、水资源、水环境统筹，大中小工程配套、工程措施和非工程措施结合为重点，城乡一体协调推进。新沟河延伸拓浚工程、新孟河延伸拓浚工程、永安河拓浚整治工程（简称“三河”工程）全面推进，全年投资额11.11亿元。水环境明显改善，水资源配置持续优化，防洪排涝能力不断提高，全区农村水利建设投资额2.13亿元，清淤乡镇河道270千米、河塘1260处，完成滆湖备用水源地、太湖西部区等重点清淤项目83万立方米，新建排涝站9处，新增高效节水灌溉面积183.33公顷，整治灌排河道2.8千米。雅浦港中小河流整治工程开工，中心城区闸站一期工程龚巷河北站启动建设。

【“三河”工程建设】 2018年，武进区“三河”工程同步推进，新沟河延伸拓浚工程、新孟河延伸拓浚工程、永安河拓浚整治工程是《太湖流域水环境综合治理总体方案》确定的重点引排工程和江苏省确定的重点骨干工程，全年完成投资11.11亿元。新沟河河道主体工程全部完工，15座桥梁全部贯通，枢纽工程进入收尾阶段。永安河河道主体工程全部结束，10座桥梁全线通车，景观绿化持续推进，“三河”工程取得阶段性胜利，为“引江济太”目标的实现奠定坚实基础。新孟河延伸拓浚工程涉及河道总长约46.57千米，完成投资25.23亿元，占总投资35亿元的72.06%。在长江经济带重大水利工程建设劳动和技能竞赛中，武进区河长制工作领导小组办公室获评2018年度河（湖）长制先进单位，武进区新孟河建设处主任恽文获评先进个人。

武进太湖湾一角　　供稿/武进日报社

【农田水利工程】 2018年，武进区农村水利建设总投资2.13亿元。其中，重点县项目完成投资4400万元，河道（塘）及湖泊清淤完成投资1.48亿元，乡镇小农水工程完成投资1800万元（不包括其他重点水利项目）。小农水重点县项目主要包括：新建排涝站9座、防洪节制闸1座，整治灌排河道3条，新建高效节水灌溉面积183.33公顷等，总投资4412万元。项目区域涉及雪堰、礼嘉和嘉泽3个镇，分4个施工标段。各镇在2016年、2017年农村水利大建设后，2018年农村水利工程以小型排涝站、水系沟通为主，新建、改造小型排涝站18座，沟通水系1680米，加固圩堤及护岸1100米等，总投资1200万元。

（胥俊文）

防汛抗洪防台风

【概况】 2018年，全区汛期（5—9月）平均雨量606毫米，为常年同期值的88%，空间分布总体呈西部多东部少；汛期降水日数47天，比常年（57天）偏少；降水量月际分布不均，5月、8月降水量比常年偏多，其他月份降水量均较常年同期值偏少。5月、6月、7月、8月、9月份降水量分别为114.4毫米、64.1毫米、170.6毫米、236.9毫米、78.5毫米，分别为常年同期值108%、35%、95%、185%、82%。主要代表站点大运河常州站汛期雨量573.5毫米，为常年的84%。6月22日入梅，7月9日出梅，平均梅雨量126.5毫米，为常年同期的51%；梅雨期17天，雨日10天。入梅正常偏晚，出梅正常偏早，梅雨期偏短，梅雨量明显偏少（较常年偏少五成），降水呈间歇性、局地性特点。2018年汛期登陆中国的台风个数较多，对武进区造成外围影响的有5个，分别是11号台风“安比”、12号台风“云雀”、14号台风“摩羯”、18号台风“温比亚”、20号台风“山竹”，其中18号台风“温比亚”带来的强降水对全区造成明显影响，其他台风影响程度较小。明显的强降雨主要有2次，分别是7月上旬的强降雨和受18号台风“温比亚”外围影响的强降雨。汛前，武进区河湖水位普遍较常年同期偏高。入汛后，河湖水位总体变化平稳，受梅雨期6月30日—7月6日持续降雨及18号台风“温比亚”影响，全区河湖水位出现2次明显上涨过程，其中受18号台风“温比亚”影响，主要河湖水位出现超警戒现象，但未发生受涝受淹情况。全年无明显旱情。

【抗洪抢险】 3月底，武进区各镇（街道）、开发区均成立防汛抗旱工作领导小组，由政府正职领导担任组长，分管领导具体负责。区防汛抗旱指挥部（简称“区防指”）成员单位由区30个部门（单位）组成，其中11个333.33公顷以上重点圩区由区相关部门负责防汛，明确责任到人。全区存储袋类130.1万个、桩木78.2立方米、毛竹3661支、铁丝4876千克、土工布9.3万平方米、救生衣2684件、钢管118吨、铁铲1511把、移动机泵587台套。各防汛责任单位成立防汛抢险队伍232支人员5579人，其中7个镇（街道）成立社会化抢险队伍7支人员186人。区防指建立区级社会化防汛抢险队伍，与相关社会企业定人员、定设备、定物资，根据汛情要求在规定时段待命，一旦出现重大险情，立即投入抢险。区水利局成立由分管领导带队的技术指导小组5支，各小组成员6人，每组负责3～4个镇（街道）、开发区。汛前负责督促各单位做好汛前准备，汛期视汛情到对应镇（街道）、开发区了解灾情，负责抢险技术指导。2018年4月，区抗旱排涝总队获常州市“五一劳动奖状”。

【防汛抢险演练】 4月20日，区防指在区水利局防汛指挥室开展防汛抢险演练桌面推演，全过程模拟雨水情预警、防汛会商、预案启动、组织指挥、人员组织、物资设备调度及后续评估工作等情景，强化防汛抢险预案的实际可操作性。6月4日，区防指再次组织各成员单位开展防汛应急抢险桌面推演，全过程模拟启动Ⅱ级应急响应、组织指挥、防汛应急抢险等情景，全面提高和检验全区防汛抢险实战化能力。

（胥俊文）

水利工程与河湖管理

【概况】 武进区境内水域面积达234.43平方千米，占总面积的1/5以上，其中太湖水面35.5平方千米、滆湖水面119.17平方千米、河道面积57.19平方千米、村庄沟塘和独立塘面积21.65平方千米。环太湖岸线长6.1千米，滆湖岸线长43.1千米，有区、镇、村三级河道852条共1789.48千米。其中，区级河道21条共354.64千米，镇级河道291条共840.81千米，村级河道540条共594.03千米。区直管水利枢纽（闸站）20座。其中，环太湖水利枢纽2座，太湖流域武澄锡引排西控制线口门建筑物8座，中心城区水利枢纽7座、节制闸3座；镇、村管理闸站1163座（灌溉站526座、排涝站466座、水闸171座），圩堤291千米，灌区584个，塘坝5座。武进区农村河道和农田水利工程长效管护在省级绩效考评中均获得第一等次，创成省级“水美乡村（村庄）”5个。

【水利工程管理】 2018年，区水利局加强直属水利工程管理，对太湖处、城防处所辖各闸站等开展检查考核，检查绿化、机电维护、保洁等管养分离项目实施情况，督促闸站年度维修及省、市专项维修养护资金项目实施。加强农村水利工程长效管理，对镇、村管理闸站、圩堤等农水工程开展行业督查指导，委托第三方绩效考评机构开展季度检查考核，考核结果与区级及以上补助资金拨付挂钩，印发考核情况通报4期。组织修订2015年出台的《武进区农水工程长效管护实施细则》，落实提高全区镇村河道管护标准和圩堤、灌区全面管护等修订内容，并联合区财政局重新发布实施细则文件。

【河道管理】 2018年，区水利局规范河道涉河项目监管，及时介入涉河项目前期，严格审查施工图纸、施工组织方案和项目验收，对常宜高速、苏锡常南部高速等重点涉河项目开展审批后监管，委托第三方开展跟踪监测，严格要求按照审批方案实施，及时阻止不按审批方案施工的行为。做精做细河道长效管理，通过政府购买服务将全区区级河道管护项目打包采购专业化社会服务，每年投入管护资金约3000万元，并按月检查考核区级河道管护项目，落实问题整改。开展区级河道联合巡查8次，由河长办、河湖处、水政监察大队、排水处、乡镇水利站等单位共同参加，及时发现、阻止和震慑涉河违法行为。开展中干河及锡溧漕河的河流健康评估，初步完成两条河道现场调查服务。

【湖泊管理】 2018年，区水利局加强湖泊巡查，委托第三方定期开展岸线巡查，

常州经开区潞横河东枢纽工程鸟瞰图　　摄影／陆　新

开展由河湖处、水政监察大队、乡镇水利站共同参加的湖泊联合巡查4次，同时使用无人机航拍，破解部分地区水系复杂、道路不通的难题，巡查发现涉嫌湖泊违法行为112处。规范涉湖违法行为监管，针对省水利厅巡查月报涉及滆湖的12处和太湖的1处违法行为，加大监管力度，配合水政大队开展查处。开展湖泊遥感核查，利用核查App，逐一核查武进区范围内60处遥感变化点。

【创成省级“水美乡村”5个】 2018年，武进区创成省级“水美乡村”5个，常州市入选的9个村庄中武进区有5个，分别是前黄镇前黄村西巷头自然村、洛阳镇管城村罗家头自然村、洛阳镇民丰村下元头自然村、湟里镇葛庄村张庄自然村、礼嘉镇建东村唐家自然村，年度创建数位居全市第一、全省第三。年末，全区累计创成省级“水美乡镇”2个（雪堰镇、横山桥镇）、省级“水美乡村”45个。

【河湖和水利工程管理范围划界】 武进区河湖和水利工程划界，包括全区25条河道、13个水利工程以及2个湖泊，管理范围湖线总长761千米，共需投入经费1300万元，历时3年完成。2018年，完成了江南运河、武进港的划定工作，江南运河管理范围湖线划定60.05千米，共计埋设界桩385根、告示牌26块，武进港完成管理范围线划定63.72千米，共计埋设界桩546根、告示牌49块。

【长沟河生态清淤项目通过验收】 10月18日，长沟河生态清淤项目竣工，通过验收。该项目是武进区生态文明三年行动计划河道（塘）清淤工作的试点工程，6月完工，清淤总量15万立方米（水下自然立方米）。其中，长沟河河道总长8.1千米，清淤量13.7万立方米；里底河（含唐家浜）河道总长1.2千米，清淤量1.3万立方米。

【推行河湖管理执法联合巡查机制】 4月，区水利局出台《常州市武进区河湖管理执法联合巡查工作方案》，建立部门联合、区镇联动巡查机制，形成由管理部门区河湖处、排水处和执法部门水政执法大队共同参与，由区级部门区水利局工管科、排水科、河长办和乡镇部门镇水利站共同参与，采用区级河道由汽艇全河段巡查、汽车湖泊岸线巡查和无人机湖泊大范围区域航拍监测及重点区域拍摄等水、陆、空多维化相结合的巡查方式，巡查发现水事违法行为由执法部门第一时间现场处置，巡查发现属地问题由乡镇属地部门第一时间联系落实解决。年内，组织区级骨干河道联合巡查12次、湖泊联合巡查4次、固定翼无人机湖泊范围航拍飞行4次，并拼接完成航拍图1张，共发现疑似违章违法问题152起，巡查现场阻止违法行为25起，巡查后会办处理违法行为73起。

【河长制工作深入推进】 2018年，武进区深入推进河长制工作，实现855条河道920名河（湖）长责任体系全面覆盖，区、镇、村三级河道（湖泊）“一河（湖）一策”方案全面编制，巡河治河稳步推进，河长制信息化平台和移动端App全面应用。全区各级河长累计巡河3.5万次，完成区、镇两级河长办交办的整改问题2400余个。推广“企业河长”，共征集173名“企业河长”共同参与河道治理保护。开展河湖“三乱”专项整治行动，完成全区河湖“三乱”基础情况调查，累计清理渔网鱼簖、拦河网、扳鱼架等阻水设施3378处，清理沉船608艘，拆除涉河违建45处。武进“企业河长”工作5月获评江苏省十大环境保护案例，省委《群众》杂志刊载武进“企业河长”相关专题报道。

【武进区首届“最美河道”评选】 4月，武进区首届“最美河道”评选活动启动。区河长办调查梳理河道生态环境、水质感官、治理成效等评价指标，推选出“提升巩固类”和“黑臭整治类”候选河道17条，分别评选出“最美河道”5条。制作“最美河道”宣传短片，在武进电视台及“今日武进”微信公众号轮播展示，开启公众评选通道，号召全民共同参与评选“最美河道”。最终在全区镇、村两级河道范围内评选出自然生态美、治理成效显著的典型示范河道10条。通过“最美河道”的评选，展示了武进区河长制工作成果，更激发了全民参与治水的热情，为提高社会公众生态意识、发动社会各界力量参与水生态文明建设发挥了积极作用。

（胥俊文）

水政与水资源管理

【概况】 2018年，区水利局执行最严格水资源管理制度，征收水利规费3080万元（水资源费2278万元、水利工程水费763万元、岸线费39万元）。新办取水许可证企业1家，年末有持证取水户82家，100%实行计量取水、计量收费。其中，43家用水户安装计量设施监控，并接入省水资源管理信息系统和区水利局水务一体化信息系统远程管理。严格执行重大行政权力事项集体会审制度，全年会商水行政处罚案件16起，企业超计划累进加价收费3起，企业地表水用水计划调整1起。立案查处涉水违法案件30起，结案22起，罚款66.5万元，没收违法所得4.7万元，追缴水资源费15.1万元，立案数量和罚没收入分别是2017年的7倍和8倍。开展水法宣传，张贴发放宣传资料等2000份。抓好节水载体建设，创成市级节水型企业4家、市节水型单位4个和省级节水型单位3个。新增用水审计单位1个、节水项目1个，武进节水教育基地成功申报为武进区青少年法制教育基地。完成中天钢铁集团等水平衡测试企业8家、节水型企业单位复查12家、学校14所。水行政管理实现质效双提，涉水联合巡查执法体系基本建立，省、市节水示范单位创建量质齐升，涉水规划编研和综合改革工作保持前列。

【水政监察两法衔接】 2018年，武进区深入推进江苏省行政执法与刑事司法衔接工作（简称“两法衔接”工作）。年初，区水政监察大队会同区水利局建管科依托两法衔接工作平台，立案查处由常州经开区检察院移交的涉及水利工程招投标违法行为，行政处罚工程招标代理机构、施工单位，完成全区首起涉水利建设工程违法招投标的行政处罚案件。完善两法衔接工作机制，10月24日，区检察院牵头武进公安分局、区法院在区水利局召开座谈会，交流探讨水行政执法与刑事立案的证据标准、行政执法与刑事司法衔接等，公检法各单位对水行政执法工作提出宝贵意见和建议，逐步建立两法衔接工作机制。

（胥俊文）

生态环境保护

Protection of Natural Environment

栏目编辑　周小红

环境保护

【概况】 2018年，武进区深入贯彻习近平生态文明思想，围绕“生态文明三年行动计划”，以改善环境质量为目标，扎实推进环境执法监管，开展春雷执法行动、太湖安全度夏专项执法、全面达标排放建设、入太湖“三河”专项执法、化工行业专项执法、大气管控专项执法等行动。坚决打好污染防治攻坚战，集中力量推进大气污染防治，落实大气管控工作，着力解决群众身边的突出环境问题，配合做好中央环保督察“回头看”和省级环保督察各项工作。开展生态文化宣传和生态细胞创建，入选《中国环境报》文章7篇、《新华日报》文章3篇，由武进电视台累计报道环保消息470篇，编发《武进日报》环保专版6期、常州电视台环保宣传报道2期，通过微信公众号发布环保信息40余条。精心组织“6·5”环境日系列宣传活动，举办武进区生态万步行活动。全区创成省级生态文明示范镇5个、省级生态文明示范村5个、市级生态文明示范村5个、绿色学校3所、市生态文明教育基地1个。强化执法联动机制被江苏省依法治省领导小组办公室评为首批全省优秀法治实事项目。

【环境质量】 参见《武进概览》栏目P14同名条目。

【大气污染防治】 2018年，武进区根据上级要求及全区大气污染状况，上半年共发布应急管控45次，响应常州市蓝色预警5次、黄色预警3次，向上级汇总报告83次，开展区域巡查83次，发布通报8份。从5月起，区环保局落实大气攻坚检查日报制度。下半年，全力配合省、市开展大气攻坚及武澄沙专项整治行动，响应省级管控预警、落实管控措施，组织完成挥发性有机物整治任务207项。推进完成6台10～35蒸吨燃煤锅炉整治，完成禁燃区22台工业炉窑改造、武进大气国控站点3千米范围内50个整治工程。全区用煤281.37万吨，比2016年削减47.28万吨，非煤热电联产加快推进。

环保执法检查　　供稿/区环保局

【固废与辐射管理】 2018年，武进区夹山危废焚烧项目（常州大维环境科技有限公司）完成经营许可证首次申领，年焚烧处置危险废物8000吨，填补武进区危废焚烧处置的空白。常州市国宇环保科技有限公司废催化剂处置项目完成新经营许可证首次申领，年处置废催化剂1000吨。常州市长润石油有限公司完成新经营许可证首次申领，年处置利用废矿物油5万吨。江苏凯迪再生科技有限公司完成新经营许可证首次申领，年处置利用废包装桶3250吨。常州市星辉环保科技发展有限公司完成新经营许可证首次申领，年处置利用废线路板8000吨。2家危险废物经营单位（常州杨盛油脂有限公司、常州鸿德环保有限公司）危险废物经营许可证到期未换领许可证，已报市环保局注销。常州市嘉润水处理有限公司因厂区突发环境事件，其经营许可被暂停。至12月底，武进区固废处置能力为：废矿物油（HW08）5万吨/年、废油泥（HW08）6万吨/年、有机树脂类废物（HW13）1.5万吨/年、含银废催化剂（HW50）1000吨/年、废乳化液（HW09）2万吨/年、废线路板8000吨/年、废包装桶清洗（HW49）19.4万

个/年及3250吨、填埋处置能力1.64万吨/年、焚烧处置能力8000吨/年。危废省网申报批次942家，总体申报率近100%。危废跨省转移审批35批次。全区调整重点污染源单位（不含常州经开区）为272家。开展危险废物专项整治行动，要求名单内企业全部签订“危险废物环境守法主体责任承诺书”。根据省环保厅要求，梳理出危废贮存量大于20吨的企业名单，推进并完成全区危险废物减库存目标。

【环境监管执法】 2018年，武进加强联动执法机制，率先成立武进公安分局生态环境犯罪侦查大队（办公场所设在区环保局），发现涉嫌环境违法犯罪案件线索，提请公检法提前介入，快速固定有关证据，快速批捕起诉，快速依法审理。区环保局在连续两年取得环保部全国环境执法大练兵先进集体的基础上，进一步总结经验，强化执法。开展“双随机”检查、春雷执法行动、太湖安全度夏专项执法、全面达标排放建设、入太湖“三河”专项执法、化工行业专项执法、大气管控专项执法等行动。全年出动执法人员2.35万人次，检查11263厂次，立案调查案件570件，增长70%；下达行政处罚决定书553件，增长79%；罚款6455万元，增长148%。适用4个配套办法办理各类案件147件，增长16%。其中，查封扣押61件（减少15%），按日计罚3件（减少40%）；限产停产整治25件（增长170%），移送公安行政拘留46件（增长155%），行政拘留22人；移送涉嫌环境污染罪案件12件（减少25%），其中判决3件，7人被追究刑事责任。结合省级环保督察、中央环保督察交办信访件开展执法检查，共办理省级交办件197件，立案处罚92件，其中查封扣押5厂次，限产停产2厂次，关闭取缔68厂次。办理中央交办件54件，立案处罚29件，关闭取缔29厂次。

【环境信访问题处置】 2018年，区环保局完善领导包案制度、领导接访制度、领导带案下访制度、信访后督察制度、信访考核制度和值班制度，制定《关于进一步加强环境信访调处的实施意见》《关于开展环保领域影响社会稳定矛盾问题摸排调研工作方案》，积极化解群众身边的环境问题，及时出击、主动作为，提升群众满意度。全年环境信访总量3379件，下降15.3%；越级信访123件，下降18%。

（朱小峰）

生态建设

【概况】 2018年，区生态办围绕生态文明建设，制定《2018年武进区生态保护引领区暨“两减六治三提升”专项行动工作方案》《武进区生态保护引领区建设规划》《武进区太湖治理目标责任书》，全面推进生态绿城建设，完成生态绿城年度建设任务。根据省、市要求，针对难度大的百渎港桥等断面实施“百日攻坚工作方案”“污染源强制减排工作方案”等。洛阳镇戴溪片区小流域水环境整治一期项目通过省级验收。7月，武进区对照省级生态文明建设示范县（区）创建规划和指标体系，37项创建指标全部达标。10月，武进区被省生态环境厅授予第一批省级生态文明建设示范县（区）。

【大气污染防治】 2018年，武进区制定大气污染防治攻坚行动方案，建立大气污染应急管控周报制度，每月组织大气污染防治攻坚专项督查，协调进口博览会等大气污染防治强化管控。区环保系统检查企业2.35万厂次，立案查处570厂次。区住建部门针对扬尘防治未落实到位的建筑工地32个，出具整改通知书150份。区城管部门加强道路冲洒水，道路机械化作业覆盖率93%；加大渣土车运输整治，责令冲洗工地出入口900余次，立案查处违法违规行为72起。

【生态督查】 2018年，区生态办印发《关于建立我区2018年“263”专项行动月度调度制度的通知》，每月调度“263”专项行动重点工程进度和月度自查工作总结，定期召集各牵头部门召开“263”专项行动推进会，落实工作推进情况。根据《2018年武进区生态文明考核办法》，配套制定考核细则，将生态文明考核内容列入区级年度绩效考核。制定《武进区生态保护引领区建设责任落实改革方案》和《省市区“263”举报热线、媒体曝光等事项办理“一案一档”制度》，受理及交办各级“263”曝光问题109件（省级3件、市级84件、区级22件），收到各板块、部门问题线索20件，年末销案15件。

【生态文明宣传】 2018年，区生态办多途径、立体化宣传“263”专项行动，营造生态文明创建浓厚氛围。组织“6·5世界环境日”系列活动，6月2日在吾悦广场开展联合宣传，6月3日在西太湖揽月湾开展生态环保公益行活动。《武进日报》刊登生态专版8个，提升“263”行动影响力和知晓度。围绕上级调研、领导督查、问题整改、亮点推荐等，累计发布《生态文明信息》64期。围绕部门、板块工作推进情况，编发《生态文明简报》9期，武进区被“江苏263在行动”录用信息量位于全省县区前列。《横山桥金丰村环境

环境监测　　供稿/区环保局

卫生挂钩村民福利的工作》被《新华日报》《中国环境报》《江苏环境》等媒体录用，“企业河长”工作入选江苏环境保护十大典型案例，反映“企业河长”工作的小品在江苏省“6·5”晚会上演出。

【“生态绿城”建设工程】 2018年，武进区对照《常州市“生态绿城”建设2018年目标任务书》，推进生态源保护建设、城乡公园绿地、生态廊道、生态绿道、社区体育公园建设工程、生态细胞创建六大类38项。其中，生态源保护工程项目5个，城乡公园绿地工程项目12个，生态廊道工程项目4个，生态绿道工程项目7个，社区体育公园建设工程10个，生态细胞创建11个。

表30

2018年武进区“生态绿城”建设实施情况表

类型	项目名称	区域位置	建设规模
生态源保护工程	太湖（武进区）重要保护区提升工程	太湖一级保护区	—
	滆湖（武进区）渔业资源保护工程	滆湖（武进区）	—
	滆湖重要渔业水域整治工程	滆湖周边	—
	滆湖备用水源地清淤工程	水源地一级保护区范围清淤	13万立方米
	宋剑湖湿地改造提升	宋剑湖湿地	200公顷
城乡公园绿地	陡门塘郊野公园	雪堰镇城西回民村东北部	8.67公顷
	文慧园提升工程	武进区行政中心西南侧	4.8公顷
	牛塘新园收储地块绿化项目	牛塘新园南侧	9.33公顷
	长河绿地	长虹路与广电西路交叉口	2公顷
	武进大道（礼毛路—锡溧漕河）绿化绿地	洛阳、礼嘉	27.8公顷
	青洋路（武进大道—老342省道）绿化绿地	礼嘉、前黄、雪堰	89公顷
	湖滨南路沿线绿化工程	延政路至滆湖路湖滨路段沿线绿化	0.8公顷
	长虹西路（扁担河至凤苑路）绿化绿地	西太湖、牛塘	19.8公顷
	宋剑湖郊野公园（湿地改造提升）	宋剑湖湿地	200公顷
	漕上路绿化项目	城东路以东、兴东路以西段	7.47公顷
	经开区中心城区收储地块绿化项目	漕上路以北、S232以西	20公顷
	经开区三节点景观提升工程	G42横山桥道口、S38戚墅堰道口、G312与无锡交界处	16公顷
生态廊道工程	永安河绿化工程	永安河	1.33公顷
	中央花园廊道一期工程	潞横路	1.3千米
	运河南侧景观带	京杭大运河	3.45千米
	运河北侧景观带	京杭大运河	5.5千米
生态绿道工程	武南路生态绿道	高新区	2.3千米
	淹城路生态绿道	湖塘	4.5千米
	青洋路（武进大道—老342省道）绿道	礼嘉、前黄、雪堰	15千米
	中央花园廊道一期工程绿道	潞城	1.3千米
	宋剑湖生态湿地改造提升绿道	遥观	4.54千米
	运河南侧景观带	丁堰	4千米
	运河北侧景观带	横林	3.6千米
社区体育公园建设工程	寨桥社区南街体育公园	寨桥村南街	3000平方米
	西湖街道蠡河社区体育公园	蠡河社区	6.5公顷
	武进区三勤休闲园	湖塘三勤社区	5.5公顷
	岑村体育公园	洛阳镇岑村村	3.3公顷
	牛塘镇青云公园	牛塘镇新民路52号	1.2公顷
	前黄文体公园	前黄镇府东街136号	6.5公顷
	吴韵公园	雪堰镇曹家村	8.7公顷
	横山桥中心公园	横山桥	8公顷
	横山桥清琪雅苑体育公园	横山桥	3公顷
	遥观勤新村体育公园	遥观镇勤新村	0.5公顷
生态细胞建设	生态细胞建设工程	武进区	—

（王炳豪）

交通·邮政

Communications · Postal Service

栏目编辑　张新辉

交通建设

【概况】 2018 年，武进区实施政府性投资交通项目 13 个，完成投资 11.67 亿元。其中，省市重点交通工程投资 8.1 亿元，地方交通工程投资 3.57 亿元。青洋路通过交工验收，武进大道收尾工作完成，大明路（中吴大道—312 国道）全线贯通，长虹西路（凤苑路—武宜运河桥）建成通车。沿江高速常州南收费站改扩建工程、江宜高速武进互通改扩建工程完工通车。苏南运河常州东段工程的新横林东桥于 3 月通车，老横林东桥（跨铁路段外）全部拆除。围绕江苏省“四好农村路”示范县（区）创建目标，实施农村公路桥梁改造、农村公路安全生命防护等惠民工程。投资 4280 万元，实施主要交通干道绿化提升工程，完成绿化面积 147.5 万平方米，青洋路南环线互通生态湿地全面建成。开展国省干线公路沿线环境综合整治五项行动和县道公路五项整治，国省干线公路路况综合指数（MQI）94.4、优良路率 100%，县道公路优良路率 94.6%，干线公路二级（含）以上、县道公路三级（含）以上桥梁占比 100%。至年底，全区公路里程 2767.84 千米。其中，高速公路里程 74.7 千米、一级公路里程 533.18 千米、二级公路里程 407.55 千米、三级公路里程 282.05 千米、四级公路里程 1470.36 千米；国道里程 39.98 千米、省道里程 183.76 千米、农村公路 2544.1 千米（县道里程 463.73 千米、乡道里程 690.35 千米、村道里程 1390.02 千米）。公路面积密度 2.6 千米 / 平方千米，公路人口密度 28.55 千米 / 万人。全区航道总里程 362.91 千米。其中，三级航道里程 29.13 千米、六级航道里程 83.78 千米、七级航道里程 84.49 千米、等外级航道里程 165.51 千米。辖区有港口码头 54 个，其中企业码头 52 个、私人散货码头 2 个，泊位 187 个，总延长 6.76 千米。

【省市重点交通项目建设】 2018 年，按照省市重点交通规划，武进区抢抓重大交通基础设施建设机遇，全面推进重点交通项目建设。（1）公路建设。常宜高速公路项目，完成拆迁及重要节点杆管线迁改工作，交地 13.7 千米；苏锡常南部高速公路项目，完成民房拆迁工作，厂房签约率 90%，交地 19 千米，重要节点杆管线迁改处于进场施工阶段。（2）航道建设。苏南运河常州东段整治工程的新横林东桥于 3 月建成通车，总投资 6080 万元。该桥位于老横林东桥东侧，相距 47 米，横跨苏南运河，引桥分别跨越京沪铁路、沪宁城际铁路及中吴大道，桥梁主跨 100 米、宽 19.5 米、净高 7 米，全长 1200 米。（3）铁路建设。江苏南沿江城际铁路项目，成功争取设置武进站。年内，完成铁路综合客运枢纽调研及规划方案编制，协调成功预留花海大道、青洋路快速化二期、大明路下穿铁路通道。

【地方干线公路项目建设】 （1）长虹西路快速化改造工程。位于西太湖科技产业园（武进经发区）及牛塘片区，西起湖塘镇扁担河桥头西侧，东至武宜运河，全长 6.02 千米，主线设计时速 80 千米 / 小时，全程不设红绿灯，与 2015 年 9 月建成通车的金武快速路连接，是“常金一体化”工程核心组成部分，于 2015 年 12 月开工建设，2018 年年底全线完工，总投资

3 月，主跨 100 米、全长 1200 米，横跨苏南运河、京沪、沪宁铁路的新横林东桥通车
供稿 / 区交通局

12月，快速连通常州经开区与武进中心城区的双向6车道大明路建成　供稿/区交通局

7.78亿元。年内完成凤苑路—武宜运河桥段路基、路面及桥梁等工程投资5000万元，于12月底建成通车，与长虹西路（扁担河桥—凤苑路）对接。(2)大明路（中吴大道—312国道）工程。起于天宁区中吴大道与原大明路交叉口，终于312国道，全长4.3千米，工期为2017年4月至2018年年底，总投资10.2亿元。主体工程于2018年12月底完工，武进段（湖塘镇段和常州经开区段）路基、路面及桥梁等工程，年内完成投资4.2亿元，全线贯通。

【武进区创建省"四好农村路"示范县（区）通过省级验收】 2018年12月，武进区创建省"四好农村路"示范县（区）通过省政府验收。武进区在2016年年底通过省交通运输厅"四好农村路"（建设好、管理好、养护好、运营好）考核基础上，于2018年7月出台创建江苏省"四好农村路"示范县（区）实施方案，明确目标任务及实施步骤，构建创建工作责任体系。区交通运输局建立农村公路建管养运评价机制，举办专题培训，制定乡村道管养标准化建设指南印发到各镇（街道）及常州经开区责任实施单位，并组织推进。年内，开展青洋路、雪漕线、嘉新线、南环线4条县道公路专项整治，重点消除路面积水、桥头跳车、路面车辙、安保缺损、路树遮挡等问题，修复车辙6000平方米；开展沿线移动非公路标志和摊点整治，清除摊点120余个和移动非公路标志、悬挂物200余块。实施延政西路、武南路、湟水线等水热毁路面维修项目，修复面积6000平方米。开展"四好农村路"迎检线路整治，修复各类病害路面1600平方米。加强公路养护，农村公路列养率、经常性养护率均达100%，宜林路段县、乡、村道实现绿化全覆盖。实施农村公路安全生命防护工程，增设护栏1300余米，施划标线8000平方米，更新标牌60余套，县道、乡道及通镇村公交线路的村道安全隐患治理率保持100%，重点路段标志标线设置率保持100%。实施农村公路亮化工程，青洋快速路、武进大道配套路灯全部完工，县道亮化实现全覆盖，乡道亮化率90%以上，村道亮化率60%以上。实施农村公路桥梁改造，投资1347万元，改造完成农村公路桥梁10座（其中常州经开区2座），农村公路三类及以上桥梁的比例在99%以上，基本消灭危桥。农村路网结构进一步优化，通行政村、美丽乡村、特色田园乡村的镇村公交线路双车道四级公路覆盖率保持100%；农村客运和物流服务体系进一步完善，镇村公交开通率保持100%，城乡客运一体化发展水平保持AAAAA级。

【交通工程品质管控】 2018年，区交通运输局围绕工程管理、质量控制、信息集成、绿色安全保障等方面，推进"品质工程"创建，加强交通工程品质管理，提升交通工程内在质量和外在品位。在大明路工程实施过程中，针对京杭运河大桥作为华东地区同类型桥梁中节点间距和跨径最大的桥型，采用顶推滑移施工工艺，用BIM（建筑信息模型）技术对施工过程及安全设施建模模拟，对施工人员实行可视化交底。推进QC（质量控制）小组建设，与南京工业大学联合开展"大跨径钢桁架施工质量检验及评定指南""大跨径钢桁架施工质量检验及评定标准研究"课题研究，完成组合式钢管桩支架施工工法、简支钢桁架梁桥拼装技术工法、钢桁架主桥全焊接施工技术工法3项先进工法申报，获专利3件。该项目被列入省级"品质工程"第二批创建名录。长虹西路快速化改造工程"一种装配式支架体系"获国家实用新型专利1件。推进"平安工地"创建，长虹西路快速化改造工程创成交通运输部2016—2017年度公路水运建设项目"平安工程"冠名项目，大明路工程创成2017年度、2018年度平安工地省级"示范工地（工程）"。

（陈　科）

交通运输

【概况】 2018年，武进区围绕民生交通建设，推进公交惠民工程，加强交通运输稽查，提升交通运输服务水平。新辟（调整）公交线路20条，新增公交站点5个，西湖街道塔下新村公交回车场建成投用。至年底，全区共有公交线路155条，其中镇村公交线路38条，公交线路总长2361.7千米，公交出行分担率25.7%。全年完成货物周转量64600万吨千米、旅客周转量18880万人千米、港口货物吞吐量1080万吨，与2017年基本持平。圩塘汽渡全年安全航行4.24万航次，渡运车辆95.9万辆。春运期间（2月1日—3月12日），全区公路客运安全运送旅客8.79万人次，圩塘汽渡安全渡运4438航次，渡运车辆10.39万辆次、旅客27.59万人次，实现"平安春运"目标。

【公交便民服务】 2018年，武进区新辟公交线路2条。537路（卢家巷公交枢纽—塔下新苑），方便塔下新苑居民往返卢家巷集镇区；536路（湖塘针纺城公交中心站—苇庄村），贯通人民路，沟通城区东西方向，方便牛塘镇苇庄村居民往返武进城区。优化调整67路、311路、B15路等公交线路18条，撤销B19路。

表31 2018年武进区公交线路调整情况表

公交线路	始发站	终点站	事　由
67路	礼河枢纽	淹城枢纽	方便聚新家园居民出行
65路	潞城中心站	芙蓉	方便山水花苑居民出行
30路	火车站中心站	新安新怡花园	延伸至新怡花园
68路	火车站中心站	雪堰	市民要求调整行驶经过南夏墅老街
278路	洛阳枢纽	朝南村委	方便洛阳中小学生出行
260路	湖塘乐购	陶井村	定安西路周家巷段封闭
283路	湖塘乐购	西山寺	定安西路周家巷段封闭
74路、74A路	南苑公交枢纽	花园街广电路	乐购回车场社会车辆混乱
290路	嘉泽	成章君泰	延伸至239省道
B16路	淹城枢纽	新北中心站	B1线资源优化
B19路	—	—	撤销，与B1线路合并
B15路	嘉泽中心站	兰陵路聚湖路	途经丰泽路常州大学西太湖校区
311路	常州大学南门	锦丰路	解决常州大学西太湖校区师生出行
283路	湖塘乐购	西山寺	撤销行使与新辟536路覆盖的苇庄村道线路
286路	村西首末站	北隍村	调整岔路口多的路段
70路	漕桥首末站	乐购	漕桥回车场无法使用
297路	漕桥首末站	夏庄村委	漕桥回车场无法使用
335路	漕桥首末站	潘家秦皇立交	漕桥回车场无法使用
336路	雪堰	漕桥首末站	漕桥回车场无法使用

（陈　科）

交通管理

【概况】 至2018年年底，全区有道路运输企业12719家。其中，危险品运输企业28家，运营车辆775辆车；客运企业6家，运营客车143辆；出租车公司4个，运营出租汽车392辆。有水路运输企业5家，运营船舶146艘；有货运代理等运输服务企业381家。2018年，区交通运输部门围绕提升行业监管能力、优化行业服务质量，加强运输企业行业监管，落实专项整治行动，提升依法治理水平。加强道路水路运输市场稽查，增强非法运营整治力度，维护运输市场秩序。多次联合区公安部门开展“两客一危”道路运输市场整治，节假日等重要时段路域环境、旅游包车客运市场整治，全年查处各类客运违章122起、危险货物运输违章94起、未经许可从事汽车客运经营“黑车”11起；查处超限运输违法案件820起，卸驳载货物8161.6吨，罚款36.4万元。未发生公路“三乱”（乱设站卡、乱罚款、乱收费）行为。开展执法回访活动，行政处罚案件回访率100%。全年办结交通行政处罚案件1428起，罚没款258.6万元，收取赔（补）偿费1107.8万元。执行执法人员准入和退出机制，全面实行执法人员持证上岗，组建交通普法志愿者服务队，开展法律学习培训和普法宣传；加强法制监督，联合派驻纪检监察组开展执法文书案卷质量、执法全过程视音频记录质量、执法质量管理大检查，提升执法质量、规范执法行为。依托网格化管理，开展管养道路日常保洁、绿化管护等长效管理，受理区城市长效管理工作平台案卷260余件。加强信访维稳和民生诉求办理，办理建议提案39件，见面率、答复率、办结率、满意率均为100%；处理“96196”“12345”热线等平台信件405件，接待来访群众4批8人次。

【绿色交通建设】 2018年，区交通运输部门落实“263”专项行动和大气污染防治工作要求，督促交通工地、港口码头落实扬尘防治措施，开展打击和遏制固体废物非法转移和倾倒专项行动、大气污染防治强化管控、防治攻坚行动等，检查交通建设工地385个次、港口码头435个次，出动执法人员895人次，检测营运车辆21207辆。完成全区219家设置烤漆房的汽车维修企业VOCs整治，对8家未提供排放检测合格报告的企业实施查封。联合区生态办等部门于11月出台《武进区内河码头环境综合治理措施要求》，加强港口码头环境治理指导、督查和整改。开展内河码头专项整治，所有港口码头设置垃圾收集设施，在中天钢铁集团有限公司、常州顺通港口储运有限公司、江苏绿和环境科技有限公司设置岸电设施8套，更新华渡水上服务区岸电设施14套。按照“以块为主、综合执法”原则，规范提升具备整改升级条件的内河码头54个，关停不符合条件的内河码头17个。围绕“一路一品”“一路一景”建设主题，实施并完成青洋路、武进大道、长虹西路等主要交通干道的绿化提升工程，建成青洋路南环线互通生态湿地6公顷。年内投资4280万元，完成绿化面积147.5万平方米。

【平安交通建设】 2018年，区交通运输部门推进“平安交通”建设三年行动计划，督促企业落实安全生产责任制，与客运、货运、维修、驾培等道路运输企业签订承诺书258份。加强运输企业安全生产、运营监管，运行安全生产事故隐患自查自改管理系统、重点营运车辆日常运营规范性监管系统，推动危险货物运输车辆安装主动安全智能防控系统。突出重点行业领域的安全监管，开展火灾防控、危化品治理等专项整治，全年组织检查企业1146家，发现并整改隐患443条。通过公安、交通联动执法，查处超限运输违法案件820起，卸驳载货物8161.6吨。开展对水下碍航物和桥梁等影响通航安全的隐患排查治理、港口装卸设备安全大检查，部署防范船舶碰撞桥梁专项整治，排查桥梁231座。开展安全文化建设，发放防范安全手册，播放警示教育片，送图书进企业、进工地，开展消防应急演练等。执行企业年审和车辆年审制度，加强事中事后监管，通过市级核查水运企业5家，并换发许可证。全区有10家危险品运输企业、5家客运企业完成安全生产标准化二级达标创建。

【维修驾培行业管理】 2018年，全区新增机动车维修企业98家，累计880家。其中，一类企业102家、二类企业135家、三类企业585家，摩托维修户58户；货车维修企业53家、客车维修企业2家、危险品运输车辆维修企业3家，4S店46个。新增汽车综合性能检测站1个，累计5个。新增机动车驾驶员培训机构4个，累计18个，其中一级资质4个、二级资质10个、三级资质4个。拥有教练车1132辆，其中C1型（桑塔纳）1026辆、C2型95辆、B1型2辆、B2型（货车）9辆。规范驾校管理，辖区18所驾校25个训练场地实现电子围栏全覆盖，更新完善配套平台建设，推行“计时培训、先培后付”服务模式，全面实现学员网上自主约考、电子路考目标。开展驾驶培训市场百日大检查专项整治，查处在未经核定的教练场从事教练活动、教练员未随车教练等违章17起。施行一、二类维修企业汽车维修电子档案系统数据采集和上传工作，237家维修企业纳入该系统。加强重点货运集散地监管，严密管控国控点周边3千米范围内汽车维修企业，对全区219家设置烤漆房的汽车维修企业开展VOCs专项整治，通过第三方检测的209家，对8家未提供排放检测合格报告的企业给予停止喷漆处置，拆除2家。

【交通干线沿线环境综合整治五项行动完成】 武进区按照“整体推进、部门指导、属地负责”原则，于2017年5月启动实施交通干线沿线环境综合整治五项行动。2018年，按照“三年任务两年完成”新要求，开展普通国省道、高速公路、航道、港口码头、铁路周边洁化绿化美化五项行动，提升全区交通干线沿线环境面貌。普通国省道方面，推进集镇段路域环境综合整治，重点排查整治312国道、232省道、342省道、239省道集镇段垃圾偷倒、乱停车及安全隐患，通过安装隔离栅，增设护栏、标志标牌等方式，清理堆积物480吨，实现集镇段路域环境洁化治理31千米。高速公路方面，完成312国道武宜运河桥、西大通河桥等处桥下空间整治和非法广告拆除，清除堆积物400吨，新建隔离挡墙1000米，增设围网3600米，补种绿化7500平方米。航道方面，清理航道生产生活垃圾91处，修复驳岸破损缺口37处，完成锡溧漕河绿化提升80%，建成京杭运河经开区段“民国风情带”。港口码头方面，取缔非法码头4个、提升码头3个，建成中天钢铁堆场防风抑尘网，完成400总吨以上内河船舶防污设施改造、内河干线航道沿线港口和船舶污染物接收转运及处置设施建设。铁路方面，全面完成沪宁城际、京沪高铁沿线环境综合整治和绿化提升，建立健全长效管理机制，5月通过省铁路办检查验收。

（陈　科）

邮政管理

【概况】 2018年年末，全区（含常州经开区）有快递品牌30余个，注册企业13家，其中取得独立经营许可的企业7家、直营分公司6家，大型区域分拨中心2个，营业网点254个，从业人员2536人，机动车450辆，电动三轮车1500辆。武进邮政管理局（常州市武进区邮政业发展中心）加强行业管理，严格监管执法，打击寄递安全违法行为，推进寄递安全“防火墙”工程建设，提升快递服务水平，推动邮政业安全有序发展。宣传贯彻落实《快递暂行条例》《常州市寄递安全管理办法》《关于促进快递业持续健康发展的实施意见》《常州市寄递业电动三轮车道路交通安全自律管理办法》等行业管理制度，加强对行业、企业、车辆的统一管理。加强企业诚信建设，新增市放心消费先进单位2个，累计获评市级以上单位6个，其中省级2个。落实涉企优惠，顺丰运输（常州）有限公司获省级商务发展专项资金85万元，江苏云柜获评市第三批电子商务与快递协同发展示范企业，获奖励资金15万元。与区相关部门加强协调联动，开展寄递渠道涉烟、涉枪涉爆、涉毒违法行为整治；严格监督检查，落实实名收寄制度和收寄验视制度，打击寄递安全违法行为。全年检查企业（营业网点）95家次，查处违法违规行为6起，约谈企业6次，立案6起，罚款金额10.1万元。推进“快递+”工程，中国邮政集团公司常州市分公司、顺丰运输（常州）有限公司等快递企业与雪堰镇政府签订“快递＋水蜜桃”合作协议，在水蜜桃销售季，快递企业为桃农寄出水蜜桃快件超30万件，助农增收3000万元以上。推进绿色快递进校园，组织企业在日均收储量超2000件的高校快递服务中心设立快递包装回收区，促使纸箱回收利用。与区人社局、总工会联合举办“技行武进——2018年武进区职业技能大赛”，提升快递业务员职业技能。全年全区快递服务企业完成业务量7603.8万件，实现快递业务收入11.51亿元，分别增长20.53%、20.32%。

【寄递安全“防火墙”提升工程实施】 2018年，武进邮政管理局围绕平安寄递目标，重点抓好源头防范、智能监管两项工作，于1月启动实施寄递安全“防火墙”提升工程。4月，联合区公安、综治等部门印发《关于全面推进快递网点标准化建设工作意见》，明确快递网点的营业场所、设施设备等建设要求，实现网点建设标准化、末端服务规范化。通过逐一排查，督促不合格网点限期整改。至年末，建成快递标准化网点198个，标准化率90%。全面推进实名寄递，经宣传动员、系统培训，全区1700余名快递员全部使用包括手机、移动手持终端、电脑等智能终端实名寄递应用软件开展快递收取、派发工作，实现全区寄递业实名寄递应用软件全覆盖。推进快递分拨中心远程监控建设，将南京红楼国通快递有限公司常州分公司、常州邦成圆通快递有限公司武进分拨中心、常州市卫通速递有限公司、顺丰运输（常州）有限公司、常州市和乐物流有限公司5个分拨中心纳入远程监控系统，实行24小时动态监管，重点布控日常操作、过机安检执行情况和分支机构实名收寄及收寄验视执行情况，提升网络化安全监管水平。

【快递末端服务延伸】 2018年，武进邮政管理局加快快递末端服务创新，探索末端共享机制，推广快递服务中心模式，建立校园快递服务中心4个、企业快递服务中心1个、农村快递服务中心6个，服务人数超10万人。推动快递智能末端，发展智能快件箱，全区行政中心、商务楼、住宅小区、高校等地共有智能快件箱856组，投递格口7万个，智能快件箱使用率超47%；推进末端延伸，联合区交通运输等部门整合乡镇公交站点、邮政局（所）、村邮站等资源设施，实施功能叠加，推进县、乡、村三级网络节点体系建设，提升农村快递服务水平。

（李　敏）

信息化建设

Information Construction

栏目编辑　张新辉

信息基础设施建设

【概况】 2018年，武进区按照“十三五”信息化发展规划、《武进区信息化建设项目管理暂行办法》，依托铁塔、移动、电信、联通、广电五家通信公司，稳步推进信息基础设施建设，总投入6.1亿元，比2017年增加4亿元。移动通信基站累计9527个，其中4G基站5558个，宽带端口146.58万个，光端口101.2万个，光纤到户（FTTH）用户58.34万户，增长6.6%；宽带接入能力突破百兆，超过“宽带中国战略”中的发达城市水平。无线局域网（WLAN）接入点（AP）数1.56万个。免费Wi-Fi上网工程“无线武进”全年登录34.36万人次，较2017年降低37个百分点；使用网络流量24866.28千兆字节（Gb），减少21.7%。全区累计有固定电话用户36.32万户、移动电话用户170.1万户、移动互联网用户190万户、宽带用户76.24万户、有线电视用户27.26万户、数字电视用户27.2万户、高清电视用户14万户，IPTV、手机电视、CMMB流媒体用户数分别为24.66万户、93.85万户、2.11万户，有线电视入户率保持100%。

（朱梦斐）

【电信通信建设与服务】 2018年，区电信局围绕发展光纤通信任务，加大基础设施建设投入，增强综合通信能力。新建4G基站381个，累计2456个，覆盖小区298个；室内无线分布系统累计328个。加快“光进铜退”网络光纤化改造，投入8.5亿元，全区（含常州经开区）新增通信管道里程38.57千米、131.86孔千米，累计1903.66千米、5604.68孔千米；新增光缆40000芯千米，累计506100芯千米，光纤覆盖到自然村。实现光纤带宽1000兆传输，加快带动“互联网+”发展。服务区政务、教育事业建设，协助建立区青少年活动中心网络教育平台，在暑期和假日给上课学生提供名师课堂、公益课堂网络直播课程；与武进高新区北区合作，推广使用全要素网格通手机，方便各社区管理人员使用审批、阅读、治安、城管等平台功能。完成中华龙舟大赛（常州武进站）“西太湖马拉松”、环太湖国际公路自行车赛武进段等重要赛事时期的通信保障工作。落实提速降费政策，对中小企业在不增加费用前提下实行提速优惠，逐年下调企业电信网络专线价格。至年末，通过整合、调整、扩展方式，全区营业网点累计142个。

（仲文虎）

7月，云数据中心中继光缆敷设途经运河路施工现场　　供稿 / 区经信局

【移动通信建设与服务】 2018年，中国移动通信集团江苏有限公司武进分公司（简称“武进移动”）投入0.8亿元，完善区域内4G网络覆盖建设，新增4G基站53个、4G室内分布系统46个、路灯小基站15个，分别累计1940个、1594个、85个。改造完成汇聚光缆98皮长千米、综合接入区85个、自然集镇通信传输网6个，实现覆盖宽带信息点8000个，移动家庭宽带覆盖率99.4%。结合民生需求，在政务、交通、教育、旅游等领域提供全网行业解决方案，促进行业转型升级。联合区旅游局打造欢迎名片公益短信项目，宣传城市品牌，提升游客旅游体验，提升城市形象；依托云业务，协助区水利局建设武进区GIS排水信息

系统（数字排水配套服务器租用项目），提升管理效率；与区政府合作共建平安小区项目，完善小区监控和单元门禁系统，对小区外来人员布控，协助追查偷盗等案件，提高小区管理水平。深化大连接战略，物联网连接数达130万张。发展模组（通信模块）1万片以上，聚焦当地车联网、智能制造重点行业，关注智慧路灯、智能停车、智能烟感、水电气表等行业应用，结合NB（NB-IOT窄带物联网）模组发展，推动当地物联网市场发展。落实国家提速降费要求，推出不限流量套餐，降低用户流量费用。至年末，“任我用”产品渗透率50.9%。在社区附近建立家门口的宽带电视服务站48个，协同社区居委会开展服务进社区、电影进万家活动，为社区居民提供移动业务办理，宽带、网络、电脑维护等便民服务，提升品牌形象及用户满意度。至年末，武进移动客户累计超88万人，其中4G用户73万人；移动网点累计180个。

（钱　洵）

智慧城市建设

【概况】 2018年，武进区稳步推进智慧城市建设，依托云计算、物联网、移动互联网等信息技术，结合全区电子政务信息化建设现状，采取部门、专家联席评审方式，完善项目管理，工业、城市规划、医疗卫生、社会治理等领域信息化建设全面推进。进一步完善由政府内网、政务外网、政务专网等网络构成的电子政务网络体系。整合“12345”政府公共服务热线、数字城管指挥平台等条线专业平台功能，推进网格化集成管理联动指挥平台建设运行；开展智慧医疗建设，促进患者便捷高效就医，提升医疗卫生机构运行效率和卫生健康行政部门科学决策水平；依托区污染源监控系统，实时监测重点企业废水、废气排放情况，增强环保执法的针对性和时效性；在各旅游景区推出官方网站和微信公众号，为市民提供旅游资讯和服务；探索老人远程康复指导服务新模式，常州市钱璟康复股份有限公司推出璟彩人生智慧康养小屋养老服务。推进农村信息化建设，依托农村村务“e阳光”平台及微信公众号，发布村级财务、惠农政策、村集体“三资”等信息，让村民实时掌握信息，并接受群众监督。

4月28日，武进区开展网络与信息安全事件应急演练　　供稿 / 区经信局

【网络信息安全宣传与应急演练】 9月17—23日，区委宣传部、区经信局联合主办2018年全区网络安全宣传周活动，网络安全主管部门、信息安全协调部门等办事机构，通信服务机构及信息安全服务机构参与。该活动围绕“网络安全为人民、网络安全靠人民”主题及“服务市民”“服务机关”“服务企业”3个分主题开展，通过户外宣传、展板展示、专题培训、走访企业、在线问答等形式，宣传国家网络安全法律法规，普及网络攻击、电信诈骗等防范常识及企业工业控制系统信息安全内容，发放宣传资料2000份，走访工业控制系统企业2家。4月28日，区网络与信息安全协调小组办公室、电子政务中心、网络与信息安全专家团队联合开展网络与信息安全事件应急演练。以沙盘演练方式，先后模拟武进区政府门户网站、协同工作平台等应用系统发生一般（Ⅳ级）信息安全事件（系统故障、设备故障或内容篡改）后的应急处置过程，武进区电子政务外网发生一般（Ⅳ级）网络安全事件（系统故障、设备故障或网络入侵等）后应急指挥部指挥流程，武进区电子政务外网核心机房发生环境保障事件（电源故障、火警、温湿度环境等故障）后预警和应急处置流程，涵盖事件发现报告、研判事件定级、启动应急响应、现场应急处置、结束应急响应、善后处置及总结评估等流程环节，以情景表演、视频录像、即时通信等形式展示应急处置场景，快速有序高效处置网络与信息安全突发事件。

（朱梦斐）

【电子政务平台保障与建设】 2018年，武进区按照上级统一部署，开展政府网站普查、网站迁移、电子政务外网主干链路改造、全区政务系统清理等工作。加强对全区电子政务外网、“中国·武进”政府门户网站、区协同工作平台等政务平台的日常监管及安全保障，定期开展安全检查，落实安全措施，细化安全策略，整改漏洞，逐步形成应急响应机制。开展信息系统安全三级等级保护测评及风险评估，确保政务平台规范、安全。加强全区政务系统管理，关停、清理一批不适合实际工作业务、发挥功能小、所占资源长期空闲的业务信息系统及使用范围小、频度低的僵尸信息系统，合理安排信息系统建设维护费用。

电子政务外网。按照省、市电子政务外网建设要求和技术标准，武进区于4月实施对电子政务外网主干链路采用骨干网基于MSTP传输网络技术的改造，对区行政中心部门及镇（街道）、开发区级部门的电子政务外网实现主干链路的主、备数据专线布局，于5月通过验收。做好公司、银行、村（社区）共335个电子政务外网接入单位网络维护保障工作。

区政府门户网站及其他平台。区电

子政务中心按照《区政府办公室关于印发〈常州市武进区人民政府门户网站管理办法（试行）〉的通知》《区政府办公室关于印发〈常州市武进区人民政府门户网站内容保障工作考评办法〉的通知》要求，加强区政府门户群网站管理，保障网站内容规范。开展网站普查，运用技术手段每月全面检查政府门户网站，及时督促相关部门限时整改问题，确保网站合格达标运行。按照省、市关于政府网站集约化建设要求，于11月启动区政府网站向市级统一技术平台整合迁移工作，重新规划网站云平台资源管理系统、HTML代码生成管理系统等8个系统及设计页面，于12月底完成数据迁移，基于市政府门户网站云平台系统开发建设的新区政府门户网站同步公开运行。年内，通过区政府门户网站共发布信息23273条，其中动态信息19135条、信息公开1986条、其他信息2152条；制作各类专题46个、在线访谈42期、政策解读40条；组织在线调查41次、民意征集17次，收到网上来信661封，均在规定时间内办结。向市政府网站推送并被录用信息767条，政府网站内容保障工作位列全市第一。区协同工作平台全年发布各类信息1102条，发文12414份，办理批示件318件、请示件124件，签收179569次。根据区政府办关于将区“三合一”阳光政务平台行政权力事项迁入区政务服务一体化平台的通知要求，从2018年1月1日起，将区“三合一”阳光政务平台中的行政许可、行政确认、行政征收、行政奖励、行政给付和其他行政权力六类政务服务事项均统一迁移至区政务服务一体化平台办理，仅保留法制监督模块。

（刘丽群）

“两化”融合

【概况】 2018年，武进区加快建设和发展工业互联网，营造制造业与互联网融合创新氛围，实施“互联网＋工业”行动计划，引导企业加大信息化投入，加快建设“数字工厂”“智能车间”，推进“企业上云”，以信息技术促进产业创新发展，发展工业互联网生态体系，促进辖区工业经济创新发展。组织开展“两化”融合、“企业上云”系列培训和咨询诊断

2018年武进区新增“两化”融合企业情况表

表32

类　别	公　司　名　称	属　地
通过工业和信息化部“两化”融合管理体系评定企业	江苏国茂减速机股份有限公司	武进高新区
	江苏江南创佳型材有限公司	常州经开区
	常州市博聪儿童用品股份有限公司	武进高新区
	日本电产凯宇汽车电器（江苏）有限公司	常州经开区
	江苏亚邦染料股份有限公司	牛塘镇
	江苏南方轴承股份有限公司	武进高新区
	常州百佳年代薄膜科技股份有限公司	礼嘉镇
	江苏南方通信科技有限公司	洛阳镇
	江苏日盈电子股份有限公司	常州经开区
	常州市运控电子有限公司	常州经开区
	江苏安普特能源装备股份有限公司	常州经开区
	江苏明及电气股份有限公司	武进高新区
	新纶复合材料科技（常州）有限公司	西太湖科技产业园
	江苏欧密格光电科技股份有限公司	武进高新区
	常州无线电厂有限公司	常州经开区
	江苏绿和环境科技有限公司	绿建区
	江苏腾驰科技有限公司	礼嘉镇
	三鑫重工机械有限公司	嘉泽镇
	苏文电能科技股份有限公司	西太湖科技产业园
	常州康普瑞汽车空调有限公司	牛塘镇
	江苏万帮德和新能源科技股份有限公司	武进高新区
	信承瑞技术有限公司	常州经开区
	江苏宏达数控科技股份有限公司	常州经开区
	江苏协和电子股份有限公司	常州经开区
	江苏贝尔装饰材料有限公司	常州经开区
工业和信息化部“两化”融合管理体系贯标试点企业	江苏欧密格光电科技股份有限公司	武进高新区
	江苏赛拉弗光伏系统有限公司	常州经开区
	常州朗其威电器有限公司	湖塘镇
江苏省“两化”融合管理体系贯标试点企业	江苏欧密格光电科技股份有限公司	武进高新区
	江苏赛拉弗光伏系统有限公司	常州经开区
	常州朗奇威电器有限公司	湖塘镇
	江苏贝尔装饰材料有限公司	常州经开区
	常州市运控电子有限公司	常州经开区
	苏文电能科技股份有限公司	西太湖科技产业园

2018年武进区新增江苏省制造业“双创”示范平台情况表

表33

企　业　名　称	平　台　名　称	属　地
常州天正工业发展股份有限公司	工业互联网金融云服务平台	常州科教城
中车戚墅堰机车有限公司	机械加工协同协作平台	常州经开区
常州市钱璟康复股份有限公司	璟云精准康复综合服务平台	武进高新区
江苏中科院智能科学技术应用研究院	机器人及智能装备产业协同创新平台	常州科教城

服务，引导企业推进信息化建设。全区通过工业和信息化部“两化”融合管理体系评定企业25家，累计43家；新增国家级、省级“两化”融合管理体系贯标试点企业分别为3家、6家，获评省制造业“双创”示范平台企业4家，创成省“企业上云”五星级企业1家、四星级企业5家、三星级企业2家，被认定为江苏省第一批工业互联网服务资源池企业4家。江苏恒立液压股份有限公司、江苏亚邦染料股份有限公司、江苏常发农业装备股份有限公司3家企业获评全国供应链创新与应用试点企业，常州市钱璟康复被工业和信息化部、民政部、国家卫计委三部委联合认定为国家智慧健康养老示范企业。

【推进“企业上云”】 2018年，区经信局根据“企业上云”(企业通过高速互联网络，将企业的基础系统、业务、平台部署到云端，利用网络便捷获取计算、存储、数据、应用等服务，有利于降低企业信息化建设成本，构建工业互联网创新发展生态，促进实现制造业全过程、全产业链和产品全生命周期优化，提升制造业与互联网融合发展水平）宣贯培训计划，举办培训活动，邀请阿里云、移动云等云服务提供商作专题讲解，帮助企业选择合适的云应用，助推企业创新转型。江苏雷利电机股份有限公司创成省首批五星级上云企业，江苏国茂减速机股份有限公司等5家企业创成省四星级上云企业，常州九盈铜业有限公司等2家企业创成省三星级上云企业。常州天正工业发展股份有限公司等4家企业被认定为江苏省第一批工业互联网服务资源池企业，江苏中盈高科智能信息股份有限公司等6家企业被认定为常州市优秀云服务商。

2018年江苏省工业互联网发展示范企业（星级上云企业）情况表

表34

企　业　名　称	获评等级	属　地
江苏雷利电机股份有限公司	五星级	常州经开区
江苏国茂减速机股份有限公司	四星级	武进高新区
苏文电能科技股份有限公司	四星级	西太湖科技产业园
江苏佰腾科技有限公司	四星级	常州科教城
常州康普瑞汽车空调有限公司	四星级	牛塘镇
江苏超凡标牌股份有限公司	四星级	牛塘镇
常州九盈铜业有限公司	三星级	前黄镇
江苏美淼环保科技有限公司	三星级	常州科教城

【星星充电能源智能运维监控平台建设】 星星充电能源智能运维监控平台由万帮充电设备有限公司开发，涵盖能源传输系统、能源交易系统、能源管理系统、职能决策系统、安全预警系统五大系统，通过实时采集桩端状态数据，利用边缘计算技术，在桩端计量、计费、配置转化等运算，全范围监控充电桩。实现充电桩在无人值守情况下支持用户刷卡、扫码、屏幕启动充电操作。至2018年年底，星星充电平台上有自建充电设备终端逾7万个，日均充电量超过350万千瓦时。

常州康普瑞汽车空调有限公司信息驾驶舱全景　　供稿/区经信局

【钱璟康复入选国家智慧健康养老示范企业】 2018年11月，常州市钱璟康复股份有限公司（简称“钱璟康复”）被工业和信息化部、民政部、国家卫计委联合认定为第二批智慧健康养老应用示范企业。该公司始建于1996年，22年中始终致力于康复器材、辅具及康复医疗器械领域的发展，是行业内少数拥有综合性康复器械生产能力的企业之一，设有研发中心4个，下辖子公司15家，发展成为集产品研发、生产、销售和全国性服务、专业解决方案提供于一体的综合性经营实体。先后获评国家高新技术企业、国家知识产权示范企业，拥有各项专利168件、软件著作权57件，高新技术产品93个，参与编制及发布国家标准及行业标准12项。于2018年9月推出璟彩人生智慧康养小屋养老服务。康养小屋以医疗机构为基础，社区、养老机构为依托，老人群体为服务对象，企事业单位服务机构为网点，信息化平台为支撑，构建云环境下的老人远程康复指导服务新模式。基于康复预防三级理论、人工智能物联网（AIOT）技术，打造以老年疾病康复为核心的智慧养老新模式。通过GPRS定位系统、防跌倒系统及康养数据监测系统，及时了解老人身体状况；通过OT作业疗法(occupational therapy，简称“OT”)、PT物理治疗（Physiotherapist，简称“PT”)、ST语言治疗智能康复设备（speech therapy，简称“ST”)、医生远程指导系统，为老人提供专业个别化康复服务；通过实时收集老人授权的相关数据，监控、管理、优化养老资源配置，实现智慧健康养老目标。

（杨　燕）

财政·税务
Finance · Taxation

栏目编辑　张新辉

财　政

【概况】 2018 年，区财政局落实上级各项财税政策，加强财政收入征管，提升财政收入质效。统筹安排财政资金，保障全区“五个三年行动计划”实施。优化各项产业创新发展政策，支持全区产业布局调整。支持推进城市长效管理，探索建立环境经济政策体系，支持生态环境改善。创新教育卫生财政投入机制，支持教育卫生资源整合，促进教育优质均衡发展、区域卫生综合服务能力水平提升。支持推进全区农村土地制度改革三项试点，安排特色强镇专项资金，支持实施乡村振兴战略。加强财政监督管理，严格预决算管理，启动实施国库集中支付电子化管理。组织镇（街道）、开发区、区级行政事业单位开展内部控制报告编制，编报武进区行政事业单位内部控制报告。加强政府采购预算管理信息化建设，优化网络审核程序，简化采购资金结算手续。出台《武进区政府投资项目管理办法》，全年暂停、暂缓政府投资项目 41 个，涉及总投资 9.06 亿元；压缩政府投资项目 3 个，涉及项目总投资 0.94 亿元，压缩投资 0.40 亿元。组织开展全区政府机构、行政事业单位公务接待、商务接待等财政财务检查，规范财政资金使用管理。推进国有资产、国有企业管理改革，严控政府债务。落实国家和省相关降费减负政策，年内取消 3 项、停征 1 项行政事业性收费项目，降低 1 项政府性基金征收费标准。落实财政部有关要求，取消会计从业资格证书考试。加强会计队伍建设，年内新增会计初级、中级、高级职称人数分别为 1141 人、253 人、23 人。

2018 年，全区完成一般公共预算收入 178.48 亿元，比 2017 年增收 14.74 亿元，增长 9%。其中，税收收入 157.8 亿元，增长 10.78%，占比 88.41%；非税收入 20.68 亿元，下降 2.87%。全区政府性基金收入 159.67 亿元，完成调整预算的 101.19%；国有资本经营预算收入 1084 万元，社会保险基金收入 114.98 亿元，分别完成年初预算的 108.4%、128.38%。

2018 年，全区一般公共预算支出 171.06 亿元，增长 9.27%，完成调整预算（不含 2017 年结转、上级转移支付支出和债券支出）的 115.58%。政府性基金支出 181.94 亿元，完成调整预算（不含债券支出）的 115.67%；国有资本经营预算支出 1000 万元、社会保险基金支出 108.33 亿元，分别完成年初预算支出的 100%、140.45%。全年预算收支平衡。

【财政收入征管】 2018 年，武进区通过部门信息共享、征收联动，合力推进财政收入征管。区财税部门做好财政收入预测分析及任务下达工作，按月核实各地收入任务完成情况，推进各地挖潜增收。与区市场监管局等部门加强信息互通，掌控税源；定期召开财税库行联网会议，推进收入征管。完善协税护税管理制度，受“营改增”滞后效应影响，全年入库个体私营税收 6.2 亿元，增长 66.88%。摸排清理全区土地使用情况，加强土地出让金、集体土地入市资金征收，全年全区（含常州经开区）收缴集体土地入市资金 15.3 亿元，2017 年度土地年租金 2.45 亿元。及时确定分解非税收入征收计划，根据国家、省、市政策性因素做好调整工作，加强区级单位非税收入完成情况考核，确保非税收入应收尽收。全年完成非税收入 20.68 亿元，下降 2.87%。

【产业发展财政扶持】 2018 年，区财政部门围绕全区创新驱动发展战略部署，支持产业转型升级，对做大做强、特色企业、“两化”融合、科技创新、国际经济类五大领域的重大项目、重点企业和关键环节实施重点扶持。配合区经信部门研究出台《武进区工业企业资源集约利用综合评价办法（试行）》，部署建立以质量和效益为核心的工业企业资源集约利用综合评价机制，引导全区工业经济向更高层次发展。完善科技专项资金管理办法、“苏科贷”操作规范等，加强对各类产业扶持资金的使用管理，发挥财政资金引导作用。支持高层次人才落户武进创新创业，兑付各级各类人才专项扶持资金 5801 万元，其中领军型人才创业补助 4540 万元、人才开发资金 1261 万元。全年兑现产业奖励政策资金 12.48 亿元。建立健全出口企业海外风险基本保障制度，扩大政策性出口信用保险覆盖面。出资近百万元，与中国出口信用保险公司搭建小微外贸企业统保平台、武进外贸资信平台，支持辖区新获外贸经营权企业“破零行动”、中小外贸企业开拓国际市场，同时为武进“走出去”企业自主购买海外投资保险等政策性保险合同增加 10% ～ 20% 的扶持比例。

【生态建设财政投入】 2018 年，区财政局贯彻落实中央污染防治攻坚战及“蓝天碧水净土”保卫战要求，优先保障生态必需项目实施。安排生态环境提升资金2.08亿元，重点支持污水处理、垃圾处理等生态环境项目建设。兑付各级各类“减化”（减少落后化工产能的简称）、整治奖补资金1.24亿元，保障推进“减化”“散乱污”整治等专项行动。兑付公共交通补贴资金1.85亿元，保障公交运行、新能源汽车及公共自行车系统运行，鼓励市民低碳出行。探索创新社会资本参与生态建设新路径，加快推进农村分散式生活污水处理一期PPP工程建设施工和二期PPP项目签约落地，完善武进区污水处理厂网站一体化特许经营项目实施方案，提升全区污水处理能力。至年末，一期工程215个自然村的污水处理设施建设及调试工作均完成，二期项目完成政府采购及签约手续。引入社会资本实施河道长效养护管理，支持水环境改善。严格执行区域开发生态补偿制度，落实国土开发强度超过28%的板块向不足28%的板块实行财政生态补偿的政策，科学分配省级生态补偿转移支付资金，突出生态补偿激励导向。制定完善与污染物排放总量挂钩的财政政策，增强各地生态环境治理责任意识。落实“费改税”（由行政事业性收费改为征税）政策，全面实施环境保护税征收工作，全年征收环境保护税8605.4万元。牵头建立绿色金融政策体系。参与制定《2018年武进区货币信贷窗口指导意见》，促进区域内银行业金融机构共享全市企业年度环保信用评价结果及企业环保信用动态调整信息，引导银行业金融机构加大绿色信贷支持力度，限制高能耗、高污染企业信贷投入。全年全区绿色信贷余额32.48亿元，压缩高能耗、高污染信贷1367万元。完善《2018年武进区金融系统目标管理考核办法》，将金融机构投放绿色信贷贷款纳入金融目标管理考核和人民银行政策评价体系。支持符合条件的绿色企业上市融资和再融资，全区上市绿色企业4家、“新三板”挂牌企业3家。

【社会事业财政支持】 2018年，武进区推进实施教育、卫生事业均等及文化事业三年行动计划。统筹安排资金3.06亿元，支持推进学校新建、改扩建和职教资源整合等重点工作，缓解区域内教育资源不足矛盾。创新财政投入机制，引导社会资本通过“民建公办”或“民建民办”方式参与教育事业建设，加快补齐教育资源短板。安排经费3600万元，支持推进义务教育阶段教师备案制、中小学集团化管理等改革。以绩效为导向，调整完善区级公立医院财政补助办法，激发医院自身运行活力。拨付基层卫生院经常性收支差额补助2.9亿元、基层卫生院建设和设备补助资金1173.54万元、基本公共卫生服务补助资金9485.75万元、公立医院改革补助和设备补助资金4406.19万元，保障医疗卫生机构正常运转。支持推进村级卫生室达标创建，提升基本公共卫生服务能力。加大文化惠民力度，安排文化事业建设补助资金1142万元，支持选送22名学生参加武进锡剧班订单式培养。安排文化体育产业发展引导资金250万元，向上争取专项扶持资金310万元，支持辖区文体产业发展。安排城乡公共体育健身场地设施建设扶持资金、群众文体活动经费715万元，满足群众多元化健身需求。

【民生保障财政扶持】 2018年，武进区健全完善和落实各项社保制度，分步推进全区机关事业单位养老保险系统上线运行，推进农村建档立卡低收入人员参加城乡居民医疗保险和城乡居民基本养老保险，对其参加居民基本医疗保险个人缴费部分予以全额补助，对其参加居民基本养老保险，由政府按照最低缴费档次予以补交。出台《武进区长期护理保险制度实施方案》，应对人口老龄化、长期失能人员护理等社会性问题，完善养老服务体系。落实城乡居民合作医疗保险补贴资金42679万元、城乡居民基本养老保险补贴资金35397万元、最低生活保障资金2116.62万元，提升城乡居民社会保障水平。兑现独生子女伤残死亡家庭特别扶助资金和部分计划生育家庭奖励扶助资金、企业持证退休人员和城镇非从业居民一次性奖励资金9112.54万元，惠及群众46513人；兑现就业困难职工及灵活就业人员社保补贴2363万元，惠及群众9397人；安排退役士兵接收安置经费2804.68万元，惠及493人；投入疾病应急救助资金100万元，救助512人次；安排专项资金356.49万元，用于全区2.78万名农村妇女免费开展“两癌”筛查；发放80岁以上老人尊老金2228.67万元。

【“三农”财政投入】 2018年，武进区推进农村土地制度改革三项试点，支持集体土地入市，全面激活农村土地资源和企业厂房资产，挖掘土地制度改革红利。安排特色强镇建设专项资金5000万元，支持特色强镇“六大工程”（特色企业壮大工程、特色工业园区提升工程、精致集镇打造工程、美丽村庄建设工程、富民增收小康工程、文明风尚培育工程）实施、“三强一高”（经济强、承载力强、竞争力强、满意度高）建设。安排壮大村级集体经济扶持资金、农业产业结构调整资金1000万元，向上争取农业发

2018年“一事一议”财政奖补项目之一：修建雪堰镇城西回民村柏油路 供稿/区财政局

展项目资金，支持实现农村经济强、农民生活富。安排“一事一议”财政奖补资金300万元、镇村农桥经费810万元、镇村道路维修经费1900万元，完成农桥建设30座、小型公益设施“一事一议”项目100个，总投资5100万元。

【地方政府性债务管理】 2018年，武进区贯彻落实部、省级关于规范地方政府性债务管理要求，制定政府债务管理制度，完善政府债务管理体制机制，于5月出台《关于加强债务管理防范债务风险的通知》。做好债务报表的收集统计、核对上报、更新系统数据等基础性工作，按季召开全区债务管控会议，采取有效措施加强政府债务管控。严格执行《武进区政府投资项目管理办法》，规范政府投资项目管理。按照财力承受能力和急需必须原则，暂停、暂缓、压缩政府投资项目44个，涉及资金9.5亿元。通过预算刚性安排、加大经营性土地出让、加快闲置资产处置等措施，完成年度债务化解任务。向上争取地方政府债券资金，降低债务成本，全年到账地方政府债券资金48.66亿元，其中置换债券23.25亿元、新增债券25.41亿元。

【国有企业管理改革】 2018年，武进区出台全区国有企业投资管理办法，按照“管监督不管决策、管计划不管具体”原则，引导国有企业适度投资、高效投资。梳理国有企业投资情况，清理收益低于五年期国债利率及其他低效无效投资。修订完善《武进区国有企业经营投资失误和资产损失责任追究暂行办法》，规范国有企业违规经营投资责任追究工

2018年武进区财政收入情况表

表35

收入项目	金额（万元）	比2017年（±%）	收入项目	金额（万元）	比2017年（±%）
一般公共预算收入	1784837	9.00	耕地占用税	9162	−49.37
增值税（50%）	707212	0.03	契税	77739	−0.76
营业税	676	−64.64	环境保护税	8608	—
企业所得税（40%）	316818	31.98	专项收入	92625	14.42
个人所得税（40%）	117772	33.22	行政性收费收入	41764	−34.22
城市维护建设税	105281	13.75	罚没收入	29796	2.32
房产税	72128	3.46	国有资源有偿收入	19167	−38.94
印花税	25362	12.37	其他收入	23468	193.90
城镇土地使用税	69212	0.14	政府性基金收入	1596749	−3.34
土地增值税	55462	92.83	国有资本经营预算收入	1084	8.40
车船税	12585	56.90	社会保险基金收入	1149836	41.89

2018年武进区财政分项支出情况表

表36

支出项目	金额（万元）	比2017年（±%）	支出项目	金额（万元）	比2017年（±%）
一般公共预算支出	1710643	9.27	商业服务业等事务	22237	19.56
公共安全	106500	15.59	金融	8423	127.72
教育	271990	6.30	援助其他地区	9376	54.13
科学技术	89308	10.10	国土资源气象等事务	8973	4.43
文化体育与传媒	11863	−12.08	住房保障	64283	37.80
社会保障和就业	126503	0.23	粮油物资储备管理事务	1095	−45.76
医疗卫生	107810	13.93	债务付息	15260	15.56
节能环保	33922	−23.38	其他	2607	−85.05
城乡社区事务	384645	14.56	债务发行费用	192	255.02
农林水事务	174013	3.32	政府性基金支出	1819385	5.43
交通运输	14104	46.04	国有资本经营预算支出	1000	0.00
资源勘探电力信息等事务	63923	5.41	社会保险基金支出	1083339	42.58

作，防止国有资产流失。推进国有企业间股权调整，优化资源配置；开展国有企业混合所有制改革，探索国有企业股权多元化改革方式；加强国有企业财务收支预算管理，将国有企业财务预算备案范围扩大到镇级国有企业；完善国有企业债务风险动态监测和预警机制。拟订《武进区区级集团公司领导人员管理办法》，加强集团公司党委、董事会用人管人职责，促进企业内部控制制度建立。委托国有企业经营管理公共停车场、地下管网等公共资源，推进国有企业实体化运作。

【国有资产管理】 2018年，区财政部门组织全区421个行政事业单位开展2017年资产年报编制，19个行政事业单位和15个镇（开发区）财政（分）局（所）开展2017年度政府资产报告试点工作，现场核实全区行政事业单位、国有企业资产，全面摸清家底。牵头协调区相关部门，对第一批权证齐全资产开展权籍调查、房土测绘、城乡规划和土地规划用途对照等工作，推进国有资产权证办理。做好国有资产统一公开招租工作，全年审批区级资产出租事项52批次，招租金额565万元。对外公告处置全区（含镇级）产权清晰、无历史遗留问题的资产161宗。举办区级行政事业单位资产拍卖会18场，成交资产39宗，溢价率22.6%。全年全区（含镇级、区级集团公司）资产处置收入6.25亿元。

（陈　丹）

税　务

【概况】 2018年，武进区落实国家机构改革方案，推进国税地税征管体制改革，组建新的税务机构：国家税务总局常州市武进区税务局、国家税务总局常州武进高新区税务局、国家税务总局常州经济开发区税务局。新税务机构加强法制征管，落实税制改革，强化税源管理，提升组织收入质量。全年全区（含常州经开区、武进高新区）组织各项税费收入371.45亿元，比2017年增长11.17%。其中，入库税收305.18亿元，增长11.18%；社保费和非税收入66.27亿元，增长11.12%。完成一般公共预算收入157.8亿元，增长10.78%。落实国家出台的减税政策，实现各类税收优惠174.12亿元，其中增值税留抵退税5.96亿元，占全市的45%；出口退税53.22亿元，增长11.08%。开展税收政策效应分析和税收经济分析，撰写《从经济税收视角浅析常州市石墨烯产业园发展》《从税收数据看武进高新区智能机器人产业发展状况》等税收分析文章，为地方党政领导提供决策服务。3—5月，原武进国税、地税局联合举办2018年武进区最美纳税人评选活动，经网络投票、专家评审、组委会审定、媒体公示等程序，评选出“最美奖”10个、“提名奖”11个。6月，中央电视台录制的武进区《环保税促进绿色发展效应显现》在《新闻联播》栏目播出。

【税务征管体制改革】 2018年，武进区落实《国务院机构改革方案》，按照将省级和省级以下国税地税机构合并工作要求，启动区国税地税机构改革工作。成立机构改革工作领导小组，负责改革任务统筹协调、整体推进、督促落实。下设综合组、人事组、党建组、法规组、纳服组、征管组、非税组、财务组和信息技术保障组9个专项组，按照计划推进。7月20日，常州市武进区国家税务局和常州市武进地方税务局合并成立国家税务总局常州市武进区税务局，在鑫都大厦挂牌成立，为乡科级行政单位，负责所辖区域内各项税收、社会保险费、非税收入、进出口税收征收管理及增值税专用发票、普通发票和其他各类发票管理工作，划入原来由区人社局承担的社会保险费征管职责。设立机构25个，其中内设机构11个，即办公室、法制股、税政一股、税政二股、社会保险费和非税收入股、收入核算股、纳税服务股、征收管理股、税收风险管理股、财务管理股、人事教育股；党及纪检监察工作机构2个，即机关党委（党建工作股）、纪检组；派出机构10个，即第一税务分局（办税服务厅）、第二税务分局、

2018年武进区最美纳税人评选获奖情况表

表37

奖　项	获　奖　单　位
2018年武进区最美纳税人（最美奖）	新誉集团有限公司
	常州星河协达房地产开发有限公司
	江苏长海复合材料股份有限公司
	江苏常发实业集团有限公司
	瑞声（中国）投资有限公司
	江苏国茂减速机股份有限公司
	东方润安集团有限公司
	百兴集团有限公司
	今创集团股份有限公司
	江苏恒立液压股份有限公司
2018年武进区最美纳税人（提名奖）	光大环保技术装备（常州有限公司）
	智思控股集团有限公司
	江苏南方通信有限公司
	江苏明都汽车集团有限公司
	江苏江南实业集团有限公司
	江苏金鼎电器有限公司
	新华昌吉集团有限公司
	江苏龙城精锻有限公司
	新纶科技（常州）有限公司
	常州博瑞电力自动化设备有限公司
	江苏晶雪节能科技股份有限公司

7 月 20 日，武进区税务局在鑫都大厦挂牌成立　　供稿 / 区税务局

礼嘉税务分局、牛塘税务分局、湖塘税务分局、雪堰税务分局、前黄税务分局、洛阳税务分局、湟里税务分局、武进经济开发区税务分局；事业单位 2 个，即信息中心、耕地占用税和契税管理所。全局有在职人员 503 人，其中行政编制 491 人、事业单位编制 4 人、机关工人编制 4 人、参照公务员法管理编制 4 人。依据《国家税务总局江苏省税务局关于印发〈国家税务总局常州市税务局县级税务局职能配置、机构设置和人员编制暂行规定〉的通知》要求，9 月 21 日，国家税务总局常州武进高新区税务局在武进高新区海湖路 1 号挂牌成立，为乡科级单位，有在职人员 59 人。9 月 30 日，国家税务总局常州经济开发区税务局在常州经开区管委会挂牌成立，为乡科级单位，有在职人员 124 人。

【纳税服务】 2018 年，区税务局落实区“放管服”改革要求，开展“便民办税春风行动”，保障纳税人享受简政减税降负政策优惠，提升纳税人满意度。简化办税流程，落实 137 项办税事项“全程网上办”和 21 项办税事项“最多跑一次”（依据国家税务总局要求，纳税人办理清单范围内事项，在资料完整且符合法定受理条件的前提下，最多只需要到税务机关跑一次）办税，推广使用电子办税服务厅、自助办税机、手机终端、微信平台等电子设备或平台，90% 以上涉税事项实现智能化办理，93% 的办税事项实现“即来即办”，构建线上线下相融合的办税服务网络；推广房产交易线上办税模式和增量房智能办税平台，提升服务效能。优化政策宣传，利用省、市、区媒体，加强个人所得税改革过渡期政策、增值税税率简并、留抵退税、小微企业优惠政策等税收宣传，提高政策知晓率；将最新政策、涉税公告、业务操作步骤发布到电子税务局网站、微信公众号、办税服务厅电子屏，同步整合政策形成二维码，制作纸质或电子宣传页，实现纳税人“扫码即学”；创新网络直播培训方式，开设网络直播课堂，扩大受众涉及面，提高政策解读时效性；优化“12366”“96888733”纳税咨询热线人员配置，全年受理电话咨询 4 万次，增长 65.89%。开展纳税人座谈会、民营企业大调研大走访、“青助力税惠企”青年文明号开放周系列活动，向纳税人问计问策，收集梳理意见、建议百余条。发挥武进税务“智囊团”作用，为纳税人、重点企业提供专题辅导。

【税制改革】 环境保护税从 2018 年起开始征收，区税务局依托部门协作与数据共享，对辖区内 1000 余家涉税企业开展环境保护税征收辅导，全年环境保护税入库 8608 万元。推进个人所得税（简称“个税”）改革。按照落实“三个 100%”（确保 2019 年 1 月 1 日前对有扣缴综合所得税款的扣缴义务人实现面对面辅导 100% 全覆盖，对重点扣缴单位实现面对面或上门辅导 100% 全覆盖，宣传产品扣缴义务人推送率 100% 全覆盖，帮助扣缴义务人和纳税人掌握政策要义要点和基本系统操作，保障个税改革顺利实施）“三点要求”（2019 年 1 月 1 日后发放工资的纳税人能及时享受到专项附加扣除政策、政策正式公布前各项工作不能引起媒体炒作、不能影响纳税人工资发放时间延后），从 10 月开始实施个人所得税税制改革。采取媒体传播与重点培训对象专题解读相结合方式，通过设置辅导专岗专线、开设网络课堂等形式，线上线下全面开展培训辅导，覆盖全区个税过渡期政策实施后的有税扣缴单位 5000 余个、有税申报纳税人 9 万余人，全年入库个人所得税 29.44 亿元，增长 33.22%。推进社保费和非税收入征管职责划转，与区人社局、财政局、人民银行等部门合作，建立部门协作机制，明确时间节点，分步开展调研，摸清交接底数，梳理交接内容，核对欠费数据，建设信息共享平台，全年入库社保费和非税收入 66.27 亿元，增长 11.12%。

【税收征管】 2018 年，区税务局先后成立依法行政工作领导小组、税务行政复议委员会、税务行政应诉工作领导小组，完善依法行政工作机制。加强税收规范性文件制定管理，开展税收规范性文件清理；统一行政处罚标准，规范自由裁量权，贯彻执行重大事项集体审议制度。做好“金三”系统配置和并库准备工作，开展管户对照与数据清理，查出超标准发放增值税专用发票 D 级纳税人 54 户，年内均落实整改。ITS（自然人税收管理系统）于年底上线运行，加强委托代征税收管理。整合个体管理、行政处罚等事项业务流程，划分纳税服务、税源管理、风险管理的业务边界；出台多项国地税征管体制改革过渡期风险管理操作办法，推进风险管理，全年完成风险应对 796 户，综合成效 5.37 亿元，直接入库税款 3.56 亿元，分别增长 63.68% 和 23.91%；开展发票换版工作，制定遏制发票虚开工作方案，遏制增值税发票虚开势头，全年开展发票协查 451 户次，稽查立案 260 起，移送公安机关 14 起，查补税款、滞纳金、罚款合计 1.25 亿元；规范影视行业税收秩序专项工作，指导纳税人自查补税 3533 万元。

（方青恬）

综合管理

Comprehensive Management

栏目编辑　张新辉

发展计划管理

【概况】 2018年，区发展改革局围绕全区经济社会发展目标任务，牵头相关部门，下达重点指标到各镇、开发区及重点板块，按月跟踪重点指标进展情况，开展经济运行分析，编发《发展和改革》6期，保障目标任务推进。全区210个重点项目完成投资546亿元，完成年度计划的102.4%。加快提升产业结构，雪堰、湟里2个市级中心镇编报年度重点建设项目21个，其中入选市级财政支持项目库2个；推进新一轮十大产业链向集聚、集约、集群化方向发展，确定新材料、新能源汽车及汽车核心零部件、新医药及生物技术、轨道交通、智能制造装备、新一代信息技术六大主导发展产业链，全区十大产业链完成规模以上产值1640.4亿元，增长15%；加快服务业集聚发展，获评省级生产性服务业集聚示范区2个。推进产城融合示范区建设，《常州市武进区国家产城融合示范区建设总体方案》于1月获省发展改革委批复同意，报国家发展改革委备案；常州经开区、轨道交通产业园、武进高新区、西太湖科技产业园、雪堰镇5个

2018年武进区获批建设省级工程研究中心情况表

表38

平　台　名　称	承　担　单　位	产业领域	属　地
江苏省餐厨垃圾资源化利用和无害化处理工程研究中心	光大环保技术装备（常州）有限公司	节能环保	遥观镇
江苏省直流配电网工程研究中心	常州博瑞电力自动化设备有限公司、南京工程学院、常州市电力公司电力科学研究院	高端装备	常州经开区
江苏省高压液压泵阀工程研究中心	江苏恒立液压科技有限公司	高端装备	武进高新区
江苏省微电机智能制造工程研究中心	江苏雷利电机股份有限公司	高端装备	遥观镇
江苏省智能网联电动汽车技术工程研究中心	中汽研（常州）汽车工程研究院有限公司	新能源汽车	武进高新区
江苏省石油化工安全与环保工程研究中心	常州大学	节能环保	常州科教城
江苏省建筑数字化建造工程研究中心	常州工程职业技术学院	其他	常州科教城

2018年武进区获批建设市级工程研究中心情况表

表39

名　　称	依　托　单　位	产业领域	属　地
常州市餐厨垃圾资源化利用和无害化处理工程研究中心	光大环保技术装备（常州）有限公司	节能环保	常州经开区
常州市直流配电网工程研究中心	常州博瑞电力自动化设备有限公司、南京工程学院、常州市电力公司电力科学研究院	高端装备	常州经开区
常州市高压液压泵阀工程研究中心	江苏恒立液压科技有限公司	高端装备	武进高新区
常州市微电机智能制造工程研究中心	江苏雷利电机股份有限公司	高端装备	常州经开区
常州市智能网联电动汽车技术工程研究中心	中汽研（常州）汽车工程研究院有限公司	新能源汽车	武进高新区
常州市数字化三维打印植入物工程研究中心	常州华森医疗器械有限公司	生物医药	武进高新区
常州市热镀锌废酸资源化处置工程研究中心	江苏永葆环保科技有限公司	节能环保	常州经开区

市级产城融合示范区试点加快建设。推进太湖流域水环境综合治理与可持续发展试点建设。扶持生产和科技项目，向上争取各级各类扶持资金6.04亿元，年内获批建设省工程研究中心、市工程研究中心各7个。石墨烯小镇获评省级优秀小镇，瑞声科技小镇列入第二批省级创建名单。全区实现地区生产总值2380.13亿元，按可比价计算，比2017年增长6.8%。其中，第一产业增加值39.67亿元，下降5.2%；第二产业增加值1292.04亿元，增长5.8%；第三产业增加值1048.42亿元，增长8.6%。服务业增加值占GDP比重为44%，较2017年提高0.5个百分点。固定资产投资增长7.5%，其中工业投资增长7.1%、服务业投资增长7.9%；高新技术产业投资增长9.3%。武进区获评全国科技创新百强区第一名、中国知识产权领域最具影响力县域第二名，连续六年获评全国综合实力百强区第三名、全国投资潜力百强区第一名。

（邵　云）

【重大项目推进】 2018年，武进区落实市重大项目增效年部署要求，完善重大项目服务管理体系。完善重点项目联席会议制度，巩固项目会办、督查、视察、观摩机制，推进重大项目实施。完善重大项目保障办法，使用重大项目建设保障流转单，从用地、资金、配套、服务等方面优先给予重大项目政策支持，对碳元科技等8个项目给予用地等资源和服务保障。全区210个重点项目完成投资546亿元，完成年度计划的102.4%。其中，10个省重大项目完成投资115.5亿元，投资完成率102.3%；49个市重点产业项目完成投资200.1亿元，投资完成率100%。神力高端电机零部件、安川工业机器人扩能等83个市、区重点项目顺利竣工，恒立高精密液压铸件、国创新能源汽车能源与信息创新中心等24个项目进入市重点产业项目库。获评市重大突破项目5个、市“重大项目有效投入奖”6个、市“优秀项目”2个。

（潘　茹）

【固定资产投资管理】 2018年3月底，《武进区政府投资项目管理办法》出台，明确政府投资项目范围及管理原则，全面规范政府投资项目的计划管理、审批管理、建设管理、监督管理等方面内容。区发展改革局牵头区城管局、教育局、卫计局、生态办和区委农工办等部门，完成评估全区“五个三年行动计划”中涉及的政府投资项目249个。至年末，128个项目完工，80个项目在建，41个未开工项目计划于2019年开工，项目总体推进顺利，符合预期。全年全区固定资产投资（含常州经开区）增长7.5%，其中第二产业增长7.1%、第三产业增长7.9%。“十三五”规划期间，全区共实施供给侧改革补短板重大项目109个，至2018年年底，累计完成投资400亿元，其中当年投资120亿元，完成年度目标任务。

9月25日，武进区第三次重点项目集中开工暨小牛电动智慧出行全球研发与制造基地奠基　供稿/区发展改革局

【太湖流域上游水环境综合治理与可持续发展试点启动】 武进区与宜兴市于2017年11月15日联合获批成为国家第一批十六个流域水环境综合治理与可持续发展试点区之一，试点期从2018年至2020年，试点主要任务是构建污染控制与生态修复相结合的全流域协同治理体系，探索河湖共治、区市协同、治理与发展相协调的精细化流域管理模式，为太湖及全国大湖流域治理及绿色发展提供典范。2018年，两地发展改革、财政、农业、水利、环保、城管、生态办等相关部门，围绕试点目标任务、重点工程、创新机制、跨区域合作等方面多次交流磋商，建立联动合作机制。常州市、无锡市人民政府于9月共同制定印发《关于建立江苏省太湖流域上游水环境综合治理与可持续发展试点工作机制的通知》，并制定试点实施方案，通过加强措施要素保障、信息共享和跨区协作，加快推进试点相关工程。武进区列入试点方案项目23个，总投资46亿元。至年底，全面完成年度工程建设任务，其中滨湖污水处理厂一期工程、漕桥污水处理厂提标改造工程、太湖湾污水处理厂提标改造工程、污水处理厂生活污泥焚烧处理工程、新沟河整治工程、永安河整治工程等项目竣工投运；建成污水主管网40千米，完成百渎港口及竺山湖沿岸区域生态清淤30万立方米，拆除滆湖围网640公顷，完成武进港流域城河浜等12条河道综合整治及全区22条河道清淤；农村分散式污水处理设施建设一期工程全面开工。

（汤　伟）

【现代服务业转型升级】 2018年，武进区完善服务业发展政策，加强企业、重点板块载体建设，促进全区服务业良好发展。6月，出台《武进区商务服务业人才发展行动计划（2018—2020年）》，通过完善引才政策、拓宽引才渠道、提升载体建设等措施，打造一支具有较强竞争力的商务服务业人才队伍。举办全区“深化新时代改革、推动高质量发展”现代服务业专题培训，提升基层服务业人员理论知识和业务能力。武进绿建区生产性服务业集聚示范区、津通生产性服务业集聚示范区被评为省级生产性服务业集聚示范区，江苏佰腾科技有

限公司获评省级现代服务业新动能重点培育企业，灵通展览系统股份有限公司获评省级生产性服务业领军企业，易得利供应链管理有限公司获评省级互联网平台重点企业；湖塘阳湖消费品综合市场、湖塘中凉消费品综合市场、横林市场改造提升项目、戚墅堰三区市场改造提升工程被列入省级农贸市场（菜市场）公益性改革试点项目，累计7个。全区获评市服务业星级企业36家。常州国药医学检验实验室、智能照明联合实验室、中汽研汽车工程研究院等生产性服务业项目建成投用。全区服务业增加值1048.42亿元，首次突破千亿元，占GDP比重44.05%；全社会消费品零售总额645.43亿元，增长10.1%。

（方丽媛）

【特色小镇建设】 石墨烯小镇于2017年5月入选省级首批特色小镇创建名单，由常州烯望建设发展有限公司负责小镇的片区开发和整体运营，围绕“六个一”（一个具有全球竞争力的石墨烯产业集群、一个具有全球影响力的石墨烯创新中心、一个具有全球知名度的石墨烯大会、一个具有全球号召力的石墨烯创业大赛、一个具有全球一流水平的石墨烯生态体系、一个具有独特魅力的石墨烯国际化社区）发展目标，布局规划建设“一轴一港两廊五区”（一轴，创智发展轴；一港，创智发展轴与场北河景观廊道交汇点；两廊，打造孟津河、场北河两条生态廊道；五区，创智孵化区、研发服务创新区、国际交流合作区、产业融合区、智慧生活配套区）。至2018年年底，入驻企业162家，其中规模以上企业20家、高新技术企业20家。全年完成营业收入40亿元，实现税收1.7亿元。102家工业企业完成产值33.1亿元，其中石墨烯产业产值30亿元，占比90.6%。完成总投资20.3亿元，其中特色产业投资16.9亿元，占比83.4%。累计有效专利847件，其中发明专利177件；企业年度研发经费支出占销售收入的比重6.4%。6月，石墨烯小镇于获批省级优秀小镇。同月，瑞声科技小镇入选第二批省级特色小镇创建名单，至年底，完成建设厂房面积32万平方米，建成自动化装备中心、精密模具加工中心、微型声学器件及晶圆级光学镜头产业投资类项目，年度新增投资额超10亿元。

（潘冬兰）

石墨烯小镇客厅　　供稿 / 区发展改革局

【风险创业投资管理】 2018年，武进区加速科技、资本、人才等创新要素集聚，促进人才项目与资本市场对接，借助风创投资本助推实体经济发展。区发展改革局组织备案创业投资企业参加常州市防范非法集资工作会议，要求备案创投企业规范募资、代理和投资行为，自觉接受市发展改革委监管。组织企业参加2018常州企业成长与创新资本合作洽谈会暨宋剑湖投资并购论坛，共同探讨新形势下投资并购助推常州企业成长与产业转型升级方法。江苏雷科防务科技股份有限公司并购北京理工雷科电子信息技术有限公司、常州腾龙汽车零部件股份有限公司收购浙江力驰雷奥环保科技股份有限公司两个案例入选2018常州优秀创投机构和优秀投资并购案例榜单。组织武进创业企业、上市企业参加2018“资者见智”武进对接会，相继签约落户一批项目，总投资额2.5亿元。至年底，全区新增创业投资企业13家，新增创业投资资本8.7亿元；新增股权投资企业17家，新增资本规模5.6亿元。常州东方产业引导创业投资有限责任公司、江苏长江龙城创业投资有限公司成为备案创业投资企业。全区风险创业投资机构累计164个，其中入驻常州科教城40个，总资本规模212.12亿元。

【债券发行与管理】 2018年，武进区加强政府性债务管理，严防企业债券兑付风险。至年末，武进区涉及还本付息企业债券4个，还本金额31.5亿元。其中，2011年江苏武进经济发展集团有限公司公司债券涉及还本25亿元，付息1.64亿元；2012年常州市武进城市建设投资有限责任公司公司债券涉及还本3.5亿元，付息0.22亿元；2013年常州滨湖建设发展集团有限公司公司债券涉及还本3亿元，付息0.72亿元；2017年伟驰控股集团有限公司公司债券（第一期）付息0.19亿元。累计发行常州市武进城市建设投资有限责任公司公司债券7个，发债总额86.5亿元。

【全国双创示范基地建设】 参见《专记》栏目P3同名条目。

（俞　煜）

【区级机关职能工作目标管理】 5月，《2018年武进区区级机关职能工作目标考核实施细则的通知》印发，明确目标的制定、监管、考评等方面内容。2018年目标任务分为一类目标和二类目标：一类目标，即全区重点目标，包括重点指标、重点工作、重点项目和为民办实事工程；二类目标，即部门工作任务目标，包括各部门主要职责范围内的重点工作和创新工作。区发展改革局按照全区年度目标任务，结合市下达的主要预期目标，组织全区68个部门编制武进区2018年目标任务书。年终，经区领导、区级机关职能工作目标考核领导小组、

表40 2018年武进区“优秀项目奖”“创新工作奖”情况表

类别	项目（工作）名称	牵头部门	配合部门
优秀项目奖	瑞声科技小镇	区商务局	武进高新区
	太湖湾露营谷（太湖湾龙泉山郊野公园）	区旅游局	太湖湾旅游度假区管委会
	全区农村分散式生活污水治理工程	区农业局	区发展改革局、区财政局、区政府采购中心
	武进区污水处理系统提升工程	区水利局	先行集团、各镇（开发区、街道）
	武进区太湖水环境综合治理工程	区发展改革局	各镇、开发区
	“安心菜场”建设	区市场监管局、区发展改革局	各镇、开发区、街道
	大件垃圾分拣中心建设工程	区城管局	
	棚户区改造	区住建局	区财政局、区征收办、经发集团、武进高新区、西太湖科技产业园
	顺风高效太阳能电池片	区经信局	武进高新区
	社会综合治理共享平台工程	区公安局	
创新工作奖	企业上市工作取得新突破	区政府办	区上市工作领导小组成员单位、区行政审批局、区城管局、区工商联
	统筹协调推进农村土地制度改革三项试点	区试点办	区委农工办、区国土局、区不动产登记交易中心
	全力攻坚创新驱动	区委办	区试点办、区金融办、区委农工办、区编办、区发展改革局、区教育局、区经信局、区行政审批局、区国土局、区生态办、常州经开区等相关单位
	创新网格化集成管理	区委政法委	全区网格化集成管理工作领导小组成员单位
	深化监察体制改革	区纪委监委	区委办、区人大办、区法院、区检察院、区委组织部、区委政法委、区编办、区级机关后勤服务中心
	庆祝改革开放40周年六大系列活动精彩纷呈	区委宣传部	武进日报社、区广播电视台、区文广新局、区文联
	成功创建全省第一批省级生态文明建设示范县(区)	区生态办	区发展改革局、区经信局、区财政局、区城管局、区水利局、区农业局、区环保局
	公立医疗机构药品（耗材）集中采购价格谈判	区卫计局	区公立医疗机构药品（耗材）采购价格谈判领导小组成员单位
	实施“十个一工程”营造民营企业良好发展环境	区委统战部、区工商联	区委政法委、区编办、区发展改革局
	做实“245”目标，打响“武进审批”品牌	区行政审批局	区政府办（法制办）、区编办、区发展改革局、区住建局、区市场监管局、区税务局、区规划局、区消防大队、区民防局、区经信局、区国土局、人民银行武进支行、武进高新区

区级机关部门负责人综合评选，评优选出“优秀项目”10个、“创新工作”10个，孔和生等20人获评“突出贡献奖”，丁伟等290人获评“服务标兵”。

（杭　燕）

【能源物资管理】 2018年，武进区围绕提升产业结构、保障发展目标，推进减煤、电网、天然气、光伏发电等能源项目建设。

减煤　2018年，全区煤炭消费308.32万吨，比2016年削减53万吨；煤炭占综合能源消费量比重25.27%，比2016年下降7.79个百分点；淘汰10～35蒸吨燃煤锅炉6台；华伦热电背压机组改造工程、中天钢铁高炉煤气三期工程均建成投运。中天钢铁高炉煤气三期工程入选省资源节约循环利用重点工程中央预算内投资计划项目，获资金补助2000万元，为全市唯一。

电力　全年全社会用电量194.82亿千瓦时，其中工业用电量161.68亿千瓦时，分别增长6.56%、5.02%。全年完成电力投资近4亿元，推进常州220千伏横山变扩建工程等10个电网项目建设，220千伏西太湖输变电工程等5个重点输变电项目建成投运，新增变电容量46万千伏安、电力线路长度59千米。

天然气　新建各类天然气管道线路长度700千米，新增工商用户465户、居民用户1万户。推进天然气供应保障，争取落实上游气源，多渠道落实LNG（液化天然气）资源，加快与周边城市高压管道互连互通，提高互通互保能力。制定管网安全运行及压力预警应急方案，与日用气量1000立方米以上用户对接，落实错峰用气、均衡用气计划，落实油、电等可替代能源设备，在气源应急期间投入使用。武进区全年全社会天然气消费量5.21亿立方米，比2017年增长11.1%。其中，工业用天然气3.63亿立方米，商业用天然气5346.21万立方米，城乡居民用天然气8761.33万立方米，分别增长13.88%、21.73%、3.63%。

成品油　武进区（不含常州经开区）有各类加油站（点）104个，其中加油站94个、水上加油点（岸基型）3个、加油船2个、城市便利加油点5个。加强加油站管理，重点推行双层罐改造，防止油品泄漏，污染土壤和地下水。全年办理加油站（点）改造手续77个，其中完成改造46个。

光伏发电　武进区有序推进分布式光伏发电项目应用，完成光伏项目备案企业60家，备案容量48.8兆瓦。新增非居民并网用户68户，并网容量43.65兆瓦；新增居民并网用户370户，并网容量3.87兆瓦；完成渔光互补分布式光伏电站项目1个，并网容量40兆瓦。

（金　婷）

国土资源管理

【概况】 2018年，区国土部门加强土地规划编制，完成行政村土地利用规划、中心城区及镇土地利用总体规划调整，编报武进区“十三五”土地整治规划。加强耕地保护，开展高标准基本农田建设和土地整治，完成划定永久基本农田。盘活存量土地，加强闲置土地、批而未供土地处置，保障建设用地。全年完成区级预审用地项目36个，面积90.4公顷；查处违法用地案件88起，涉及面积14.46公顷。严格征地程序和补偿标准，维护被征地农民知情权。全年受理群众信访51件，主要反映在违法占地和集体土地拆迁安置补偿方面，处理疑难复杂信访事项6件，收到部、省转来信访积案33起，化解办理5起；办理行政诉讼案件3起，主办和协办行政复议案件7起。农村土地制度三项改革试点顺利完成，出台试点政策30多个，制定配套政策40多个，基本形成一套相对完善的土地制度改革政策体系。区农村集体经营性建设用地入市管理办法和使用权抵押贷款试点暂行办法获省级农业农村政策创新成果奖。武进区成为中央农村土地制度改革三项试点首个完成全域全覆盖“多规合一”村土地利用规划编制及验收地区。至年末，全区（不含常州经开区）有耕地面积27678公顷、永久基本农田面积22034公顷。

【耕地保护】 2018年，武进区落实耕地保护制度，与各镇（街道）、开发区签订耕地保护目标责任书，纳入各地考核工作。区国土部门按照《常州市辖市、区政府耕地保护责任目标考核办法》，开展期中考核自查。2016—2020年，耕地保护责任目标显示，武进区耕地保有量及永久基本农田划定面积均高于上级下达的保护任务，严格落实建设项目占用耕地“占一补一、占优补优、占水田补水田”政策要求；2016—2017年，无永久基本农田占用补划情况。加强辖区耕地质量管理，落实土地资源数量、质量、生态三位一体保护体制，设立耕地质量长期定位监测点18个，2015—2017年，耕地质量推广保护与提升技术推广面积共计1533.33公顷。开展耕地质量和耕地产能评价试点工作，构建耕地质量和耕地产能评价指标体系，确定指标权重和分级标准。经评价，武进区耕地质量等别为优的地块占95.38%，等别为良的地块占4.62%；武进区耕地产能等别为5等的占24.55%，等别为6等的占65.67%，等别为7等的占9.78%。对永久基本农田实行特殊保护，建立健全“划定、建设、管控、补划、保护”长效机制。开展设施农用地备案，全年备案15宗、面积5.65公顷(含耕地面积4.66公顷)。编制土地整治项目规划方案，向市国土局申报年度耕地占补平衡补充耕地项目和城乡建设用地增减挂钩复垦项目。武进区2018年度占补平衡项目库13个，建设规模50.3公顷，计划新增耕地面积49.62公顷；城乡建设用地增减挂钩项目库12个，建设用地复垦规模15.12公顷，计划新增农用地面积15.12公顷、耕地面积14.44公顷。

【违法用地查处】 2018年，区国土部门紧盯设施农用地管理、“大棚房”整治等执法热点，通过加强生态补偿考核、落实责任追究等手段破解执法难点。全区落实土地执法共同责任机制，区国土部门贯彻“全员执法、全程监管、全面覆盖”执法体制，落实动态巡查、快速反应、跟踪督查机制，加大违法用地整改查处力度，推进已发生违法用地整改与新增违法用地遏制，保证违法用地发现率、制止率、上报率均达100%。全年立案查处违法用地29宗，发放各类告知函57份、各乡镇处分建议书14份；通过区镇联动，共拆除违法用地88宗，退还土地面积14.46公顷。其中，拆除2017年度卫星遥感图片反映违法用地（拆除伪变化类图斑）83宗，退还土地面积14.1公顷；拆除2018年新增违法用地5宗，退还土地面积0.36公顷，违法占用耕地面积占

4月，洛阳镇开展拆除违法建筑　　供稿/区国土局

当年新增建设用地占用耕地面积的比例控制在5%以下，实现“零约谈”“零问责”。针对2017年度卫星遥感图片上报的39宗违法用地，立案查处27宗、非立案处理12宗；上报未拆除伪变化类图斑85个，完成拆除83个，以集体土地入市方式完善2个，整改到位率100%。

【重点建设用地保障】 2018年，区国土部门通过向上争取用地指标、加快建设用地项目报批，推进土地合理利用，保障重点项目建设。与区发展改革局、经信局等部门建立联动服务机制，解决企业用地需求。全年落实各类用地计划面积244.63公顷。其中，城镇村用地计划面积30.2公顷，保障博赢高端汽车模具、周家巷小学等项目用地；增减挂钩及废弃工矿利用用地计划面积97.81公顷，保障江苏小牛电动科技有限公司年产50万台电动两轮车扩建、常州锦麟科技产业园管理有限公司等项目用地；独立选址项目用地计划面积116.62公顷，保障340省道常州东段（洛阳至南夏墅段）改扩建工程、雪堰镇至沪蓉高速公路青龙互通连接线工程、常州市生活废弃物处理中心续建三期工程、江苏中吴500千伏输变电工程、苏南沿江高速铁路项目5个项目建设。

【土地资源节约集约利用】 2018年，区国土部门落实“从严管控、纵深挖潜、力促节流、并重开源”基本理念，按照“调整存量、做优增量”要求，研究制定鼓励企业参与高标准厂房建设和区镇共建城乡建设用地挂钩的优惠政策，通过城乡建设用地增减挂钩、“退二进三”、收回重供等方式，盘活存量土地面积440公顷。按照全面清理、逐级负责、分类处理原则，全面梳理全区批而未供用地，优化服务供应一批、完善手续办理一批、落实措施整改一批、优化方案调整一批。处置完成批而未供土地面积124.93公顷，相较年初制定的100公顷目标，完成率125%。推进低效用地再开发，按照“政府主导、规划先行，市场导向、利益监管、有序推进”基本原则，制定以政府收购存量建设用地为主导、鼓励原土地使用权人自行再开发、鼓励市场主体收购再开发、鼓励开展集体经营性建设用地上市等政策措施。全年完成低效用地再开发面积239.4公顷，相较年初制定的120公顷目标，完成率200%。全年为36个单位办理退还工业用地开（竣）工保证金业务，退还金额890.4万元；验收工业用地19宗、面积55.6公顷。

【行政村土地利用规划编制】 围绕中共十九大提出的乡村振兴战略和城乡融合发展战略，按照“产业兴旺、生态宜居、乡风文明、治理有效、生活富裕”总要求，区国土部门遵照“多规合一”原则，依据《武进区村土地利用规划编制导则》，以建设用地总规模不突破、永久基本农田红线不触碰为前提，于2017年年底启动行政村土地利用规划编制工作。至2018年年末，全区112个行政村的村土地利用规划编制工作全面完成。村土地利用规划基期为2016年，规划近期年为2020年(与现行规划约束性指标相衔接)，规划目标年为2035年。该规划编制综合土地规划、城乡规划、建筑设计、历史文化、生态环境等维度考量，贯彻底线思维和用途管制要求，落实耕地保护和基本农田、生态红线保护责任。全面完成行政村土地利用规划编制工作，实现乡镇土地利用总体规划、镇村布局规划、村庄建设规划、生态环境保护规划等“多规”在目标、规模、空间布局上的融合。武进区成为中央农村土地制度改革三项试点首个完成全域全覆盖“多规合一”村土地利用规划编制及验收地区。

【地质灾害防治】 2018年，区国土部门落实《地质灾害防治条例》《国务院关于加强地质灾害防治工作的决定》《江苏省2018年度地质灾害防治方案》《常州市2018年度地质灾害防治方案》等文件要求，建立健全地质灾害防治制度和突发险情处置机制，开展汛期地质灾害防治。汛前，通过排查辖区可能存在地质灾害隐患或易于发生地质灾害的危险区域、危险部位、危险地段，确定地质灾害隐患点14个，编报《常州市武进区地质灾害隐患点排查报告》，报市国土局审核通过。向地质灾害所在的镇、村发放地质灾害防灾工作明白卡，层层落实防灾责任；向受地质灾害威胁群众发放地质灾害防灾避险明白卡，普及防灾避灾知识，防范地质灾害风险。汛中，专项巡查地质灾害隐患点。汛后，建立群测群防网络，组织复查各个隐患点。全年未发生一起地质灾害。

【武进区农村土地制度改革三项试点完成】 参见《专记》栏目P1相关条目。

（季　云）

市场监督管理

【概况】 2018年，区市场监管部门围绕市场主体责任、“双随机一公开”（在监管过程中随机抽取检查对象，随机选派执法检查人员，抽查情况及查处结果及时向社会公开）试点推进、食品安全保障、质量品牌战略、特种设备安全整治、消费环境提升、事中事后监管7个重点领域，全面推进市场监管工作。至年底，全区有市场主体16.99万户，比2017年增长16.77%。有药品生产企业14家、药品经营企业712家，医疗器械生产企业145家、医疗器械经营企业（含零售、批发）653家，餐饮服务单位10387个、食品生产企业207家、食品添加剂生产企业3家、食品经营单位9396个，在用特种设备46667台（套），全区特种设备超期未检率压降至0.6%。推进质量品牌战略实施，新注册商标4322件，累计有效注册商标30305件，其中行政认定中国驰名商标48件，驰名商标数连续六年位列全省县（区）级第一；辖区企业获评市长质量奖1家，累计获评江苏省质量奖1家、市长质量奖8家、区长质量奖18家；新增市质量管理先进企业4家；新增质量信用AAA级企业1家、AA级企业3家，分别累计14家、33家；辖区企业参与制修订国家标准8项、行业标准4项。实施食品安全抽检、“安心菜市场”“阳光餐饮”“两小”（食品小作坊、食品小摊贩）工作四项民生工程，完成食品安全抽检7200批次，合格率97.92%，建成“安心菜场”25家，上线“阳光餐饮”单位801个，发放食品小作坊登记证131张，累计建成食品摊贩集中经营区16个，发放食品摊贩备案公示卡495张。推行以“双随机一公开”为基本方式的市场主体监管机制，基本形成重点行业、重点领域、重点地域网格化监管执法体系，全年查处各类案件427起，案值金额392.49万元。区投诉举报中心及区消费者协会共受理投诉举报9270件，为消费者挽回损失37.84万元。依托企业年报制度加强企业信用监管，全区企业年报率89.6%，完成国家市场监管总局制定的85%工作目标，个体工商户年报率70.6%。从9月起实行动产抵押网上登记，年内完成动产抵押登记336件，担保主债权216.24亿元。“打造‘阳光餐饮、安心菜场’武进版本”事例获评市机关作风建设“百项优质服务事例”，区食品安全委员会获评市2018年度食品安全工作先进单位，区市场监管局获评区年度综合考核优胜单位。

【市场主体责任落实】 2018年，区市场监管部门从源头性、预防性两方面着手，抓好市场主体责任落实。（1）事前告知。从窗口办理注册登记业务着手，完善办理窗口“双告知一承诺”（工商办理注册登记后，告知市场主体和相关行政审批部门，及时办理后置审批事项；市场主体承诺办理工商登记后，及时到相关部门办理后置审批许可）制度，编发《市场主体责任实用手册》（通用篇、专业篇）；与区行政审批局建立“审管联动、告知承诺”工作机制，抓好市场主体信息收集与反馈。全年完成主体告知承诺7000份，发放《市场主体责任实用手册》近万册。（2）事中监管。先后开展能源计量、食品、药械、特种设备监管等培训30余期，与全区食品生产企业、药品（化妆品）生产批发企业签订承诺书，推动市场主体责任落实。（3）营造社会共治氛围。从行业、企业、社会公众三方面入手，结合媒体及现场宣传，提升全社会对市场监管认同度。至年末，开展进社区走访宣传活动5次，联合市、区两级相关部门开展“3·15”活动，通过“武进市场监管”微信公众号发布信息119条。至年末，全区有市场主体16.99万户，其中私营企业5.8万家、国有（集体）控股企业3551家、外资企业1250家、个体工商户10.65万户。

【质量强区建设】 2018年，武进区实施“质量提升行动”，推进质量强区建设。（1）发挥优势产业引领作用。重点抓好轨道交通装备制造业质量提升，于5月底承办省轨道交通产业质量提升现场会，8月出台《武进区轨道交通装备制造业和人造板产品质量提升实施意见》，召开全区人造板产品质量提升工作推进会，与企业交流人造板新国标实施影响、质量监督抽查中的问题及标准认证等方面激励政策等。（2）推进品牌建设。区市场监管部门协助企业建设自主商标品牌。组织企业申请商标6005件、注册商标4322件，分别增长29.61%、89.89%，累计有效注册商标28649件，占全市的36.2%。组织1家企业申报江苏省质量奖，7家企业申报市长质量奖，13家企业申报区长质量奖，马拉兹（江苏）电梯导轨有限公司获评市长质量奖，江苏洛凯机电股份有限公司、常州常发制冷科技有限公司、江苏友奥电器有限公司、江苏雷利电机股份有限公司4家企业获评市质量管理先进单位。全区企业累计获评江苏省质量奖1家、市长质量奖8家、区长质量奖18家，累计有省级名牌产品89个、市级名牌产品115个。（3）推进技术标准建设。实施技术标准战略，鼓励具有核心技术企业参与国家标准、行业标准、地方标准研制，引导企业加快科技成果转化为标准的步伐。全区企业完成制（修）订国家标准8项、行业标准4项，获市地方标准立项1项。指导推进企业产品标准自我声明公开工作，全区企业自我声明公开标准837项。发挥标准化试点企业示范带动作用，全区获批省级标准化试点企业5家，占全市的36%；获市级标准化试点立项3项，通过省级服务标准化试点项目验收1项。

表41　2018年武进区市场主体情况表

所属镇（街道）、开发区		市场主体数				
		私营企业（家）	国有（集体）控股企业（家）	外资企业（家）	个体工商户（户）	农民专业合作社（个）
总　数		57975	3551	1250	106491	617
常州经开区	戚墅堰街道 丁堰街道 潞城街道	3135	238	67	7000	0
	横林镇	3131	121	41	5960	25
	遥观镇	3307	139	56	4581	11
	横山桥镇	3288	139	49	5759	36
武进高新区		9900	761	418	12380	20
西太湖科技产业园		3058	276	172	2009	13
雪堰镇		2640	205	37	7856	102
礼嘉镇		2532	152	26	4229	56
前黄镇		1996	102	23	4661	106
湖塘镇		16044	989	245	31348	14
牛塘镇		4161	145	58	7529	8
洛阳镇		2270	113	22	4362	36
湟里镇		1280	73	17	4239	96
嘉泽镇		1233	98	19	4578	94

表42　2011—2018年武进周边地区注册商标情况表　单位：件

县（市、区）	2011年	2012年	2013年	2014年	2015年	2016年	2017年	2018年
常熟	20785	23595	25068	26530	29753	32834	40571	72904
江阴	18458	21227	23086	25581	28446	30671	33547	36864
昆山	10128	11684	13467	16021	20343	24574	29415	37015
张家港	15160	16921	18210	19669	21364	22810	24073	27100
武进	12070	14042	15368	17013	19194	21404	24051	30305

表43

2018年武进区企业参与制（修）订国家、行业标准情况表

企业名称	标准名称	标准编号
江苏亚示照明集团有限公司	数字可寻址照明接口 第103部分：一般要求 控制设备	GB/T 30104.103—2017
常州腾龙汽车零部件股份有限公司	声学与振动 弹性元件振动——声传递特性实验室测量方法 第4部分：弹性非支撑件平动动刚度	GB/T 22159.4—2017
常州常发农业装备工程技术研究有限公司、江苏常发农业装备股份有限公司	拖拉机可靠性 台架试验方法	GB/T 35218—2017
中天钢铁集团有限公司	钢筋混凝土用钢 第2部分：热轧带肋钢筋	GB/T 1499.2—2018
常州华通新立地板有限公司、常州佳辰地板集团有限公司	防静电活动地板通用规范	GB/T 36340—2018
哈焊所华通（常州）焊业股份有限公司	埋弧焊用不锈钢焊丝——焊剂组合分类要求	GB/T 17854—2018
江苏盛伟过滤设备有限公司、江苏科信燃气设备有限公司	燃气过滤器	GB/T 36051—2018
常州金信诺凤市通信设备有限公司	射频连接器 第13部分：1.6/5.6和1.8/5.6型射频同轴连接器分规范	GB/T 11313.13—2018
常州市武进红盛织造有限公司	棉氨纶本色弹力灯芯绒	FZ/T 13044—2017
常州市武进花园绒布厂	棉与涤混纺本色灯芯绒	FZ/T 13046—2017
常州嘉宝服饰有限公司	棉与粘胶纤维氨纶包芯纱交织弹力印染布	FZ/T 14042—2018
常州市武进城南纺织品有限公司	灯芯绒涤棉混纺印染布	FZ/T 14041—2018

【“双随机一公开”实施】 4月18日，武进区“双随机一公开”抽查工作启动。全年抽查市场主体3590户，查处各类案件427起，案值金额392.49万元。（1）国家市场监管总局定向抽查。5月，区市场监管局落实国家市场监管总局年报定向抽查工作部署要求，利用江苏省市场监管信息系统，抽查全区（含常州经开区）企业54家。经查，从辖区内迁出企业1家，通过登记场所无法取得联系企业16家，停业2家，被责令限期履行即时公示义务企业5家，检查正常企业30家，检查结果通过国家企业信用信息公示系统公示。（2）省市场监管局不定向抽查。根据省市场监管局抽查名单，检查市场主体3164个。经查，正常经营主体2565个，通过登记场所无法取得联系主体363个，不予配合主体124个，停业主体13个，已注销或被吊销主体81个，发现问题待后续处理主体2个，未按规定公示应当公示信息主体16个被责令限期履行公示义务。抽查结果通过全国企业信用信息公示系统向社会公示。（3）广告经营单位抽查。8月中旬至11月底，依托市“双随机”抽查系统对辖区广告经营单位开展“双随机”抽查，检查广告经营单位32个，主要检查经营期限、经营（业务）范围、住所（经营场所）、年报公示情况、广告业务登记情况、广告及其批准文件等。通过电话联系及实地检查，通过登记住所（经营场所）无法取得联系单位19个，其余13个单位经营正常，结果通过信用常州网公示。（4）特种设备“双随机”抽查。年内，检查特种设备企业209家，发现特种设备安全问题99个，其中台账制度类问题81个、设备检验问题5个、人员持证问题13个，涉及企业65家，开具安全监察指令书5份，立案查处企业3家，至年末企业均完成问题整改。（5）质量管理体系认证情况“双随机”抽查。10—12月开展，检查企业7家，发现认证机构问题5个、获证组织问题2个，获证组织问题在检查期间均完成整改，认证机构问题上报上级有关部门处理。（6）食品、餐饮条线“双随机”抽查。全年抽查涉及食品、餐饮单位共137个，其中食品（保健食品）生产企业13家、食品小作坊13个、食品（保健食品）销售经营单位52个、餐饮服务单位20个、单位食堂39个。经查，搬迁或关停单位21个，其中食品（保健食品）生产企业4家、工地食堂5个、民办简易托幼机构食堂2个、食品（保健食品）销售经营单位9个、小作坊1个，存在问题单位15个，均责令改正并告知所在地基层分局，立案查处1家，结果通过信用常州网公示。（7）药品零售企业“双随机”抽查。5—9月，通过市“双随机”监管抽查平台对辖区药品零售企业开展“双随机”监督检查4次，出动检查人员120余人次，检查范围覆盖13个镇（街道）、开发区，共抽查药品零售企业59家，其中连锁门店34家、单体药店25家。检查发现，停业药店4家，其余经营正常；抽查正常经营的55家药店药品282批次，发现存在缺陷51条，符合或基本符合规范的41家，责令改正或限期整改的4家，当场处罚10家。

【食品安全监管】 2018年，区市场监管局加强食品安全监管，保障食品安全。（1）严格市场准入。按照食品生产经营许可证发放规定，严格依照流程办理许可证。全区新增食品经营许可证4989张，累计发放食品经营许可证19403张。完成57家食品生产许可证申请企业的现场核查观察员工作。全区累计有食品生产许可证企业207家，其中食品添加剂生产企业3家。（2）加强抽检整治。突出抽检在食品安全预防方面的源头性作用，全年抽检各类食品7200批次，其中出具检测结果的6557批次，合格率97.96%。以社会关注和群众消费热点为着力点，常态化开展学校食堂及周边食品安全、节前食品、保健品、塑化剂等专项整治15次，全年检查食品经营主

2013—2018年武进区食品安全抽检情况表

表44　　　　单位：批次

年度	种植养殖	生产加工	市场流通	餐饮消费	总批次数	合格率(%)
2013	857	800	1400	1500	4557	96.97
2014	883	800	1400	1577	4640	97.24
2015	900	1013	2295	1937	6145	98.41
2016	780	668	2333	1899	5680	98.73
2017	600	649	2808	2393	6450	98.37
2018	700	607	3430	2463	7200	97.92

体1.9万户次，核查生产企业207家次。完成高考等重大活动食品安全保障任务9次，保障13万余人次用餐安全。结合全区大气污染防治行动，加大餐饮整治力度，关停持证餐饮单位42个，取缔无证餐饮单位99个。(3)开展示范创建。推进“安心菜市场”创建，累计建成“安心菜市场”25家。开展“阳光餐饮”建设，结合网络餐饮食品安全整治，从主要综合体及大学城食品摊贩集中经营区着手，扩大“阳光餐饮”覆盖范围，至年末，“阳光餐饮”工程入网单位801个(含各类食堂206个)，其中中型以上餐饮单位198个、小微型餐饮单位397个。(4)小作坊整治及集中经营区建设。结合“263”专项行动、散乱污整治，通过取缔关停、引导升级等措施，推进食品小作坊集中区建设，解决小作坊“小、散、乱”顽疾。年内，取缔关停小作坊133个，发放食品小作坊登记证160张，建成小作坊集中加工区2个。实施食品摊贩备案和集中经营区建设，各镇（街道）、开发区均完成划定食品摊贩经营区域，共发放食品摊贩备案公示卡495张，建成食品摊贩集中经营区16个。

【药品及医疗器械安全监管】 2018年，区市场监管部门开展药品不良反应监测及医疗器械不良事件上报工作，全区共上报药品不良反应1027例、医疗器械不良事件364例。全年完成药品省级抽样268批次、化妆品抽检9批次及医疗器械国家抽样39批次、省级抽样78批次。针对当年影响较大的疫苗安全问题，加强对区疾病预防控制中心及疫苗接种单位的监管，对部分卫生院存在疫苗运输过程冷链缺失行为，督促卫生部门及时销毁相关疫苗。加大药品零售企业监管力度，6—8月，开展“放心药店放心药”活动，与恒泰人民（江苏）大药房连锁有限公司共同组织开展现场宣传活动，引导药品经营企业树立质量至上理念。结合市食品药品监管局“大督查大排查大落实集中行动”要求，加强药品流通环节日常监管、“双随机”抽查和专项整治，严格规范国家有专门管理要求药品、生物制品（冷链药品）、中药饮片等重点品种企业的经营行为，查处特殊管理药品流弊、自非法渠道采购药品、违规销售处方药、执业药师“挂证”等违法违规问题，全年检查药品零售企业400余家次，给予行政处罚42家次。

【特种设备安全监管】 至2018年年末，全区有持证特种设备制造单位127个（不含气瓶充装和电梯安装维保单位）。其中，锅炉制造单位9个，压力容器制造单位31个，压力管道元件制造单位65个，电梯制造单位1个，起重机制造单位19个，厂内机动车辆制造单位2个；有工业气体和液化石油气充装单位28个，其中液化石油气充装单位11个、工业气体充装单位17个。在用特种设备46667台（含常州经开区3459台），增长4.5%。2018年，武进区完善“政府领导、行业主管、部门联动、社会参与”工作机制，于3月成立特种设备安全专业委员会。5月，制定印发《武进区特种设备安全生产专业委员会工作规则》，发布《2018年特种设备安全生产工作目标和重点任务》，初步形成特种设备安全监管部门联动机制。区市场监管局以基层分局为单位，实地走访采集特种设备基础数据23087条，加大培训力度，按月发布特种设备超期未检数据，加强安全监察。年末，全区特种设备超期未检率压降至0.6%，较2017年下降1.61个百分点。全年出动监察人员900余人次，检查单位478个次，处理安全隐患单189份，开具安全监察指令书35份，立案特种设备案件22起，行政处罚额108.9万元；办理特种设备开工告知书3088份。

【消费者权益保护】 2018年，区市场监管局加强投诉举报规范管理，提升投诉举报处置效率。建立局投诉举报复杂疑难事项会商工作机制，解决投诉举报处理中职能和区域交叉多、定性难等问题。于4月出台《“12345”政府公共服务承接平台工作制度》，建立投诉举报季度通报制度，明确投诉举报流程规范。全年受理投诉举报9270件，其中接转办理投诉举报7699件，增长61.7%，办结率87.7%。加强规范管理“12315”“诉转案”（投诉举报转稽查案件）工作，全年办理“诉转案”54起。3月15日，在湖塘吾悦广场举办以“品

监管人员在光大环保能源（常州）有限公司排查燃煤锅炉隐患　供稿/区市场监管局

质消费、美好生活”为主题的大型“3·15”活动，全区10余个政府部门参与，共分发《中华人民共和国消费者权益保护法》《2017年消费维权典型案例》等宣传资料5000余份，解答群众咨询100余人次，现场受理消费者投诉2件。联合市盐务局、区发展改革局等10余个部门举办以“‘12331’，助力健康中国梦、食药安全伴你行”为主题的宣传咨询活动，广泛动员全社会参与食品药品安全治理，共发放宣传资料1500余份，接受咨询群众50余人。3·15期间，对投诉举报量较多的6家电动车企业开展集中约谈，约束和规范电动车企业生产和经营行为。开展放心消费创建，引导企业以诚信经营带动品牌战略实施，创成省级放心消费先进单位2个、市级放心消费先进单位24个，分别累计42个、363个。

【事中事后监管】 2018年，区市场监管部门围绕市场秩序中突出问题，加大在食品药品安全、生产安全、反不正当竞争执法等重点领域的执法力度，开展违法广告宣传、商标侵权、农资打假、食品“两超一非”（超范围超限量使用食品添加剂和食品中非法添加非食用物质）等方面的专项整治。加强广告行业监管，主要检查虚假广告宣传，牵头建立全区虚假违法广告联席会议制度。依托省网络交易监测中心系统检查辖区各类行业广告320条，监测电视、电台广告57651条，开展专项整治宣传11次，行政约谈20次。严格落实食品药品违法行为处罚到人的规定，对72名涉及食品药品犯罪人员实施禁业限制。加大流通领域商品质量不定向抽检，共抽检儿童玩具、休闲服装、电动自行车、实木地板等商品248批次，发现不合格商品25批次，均移交稽查立案查处。开展清理吊销营业执照工作，对列入异常名录满三年、长期未经营企业实施清理吊销。通过实地核查、督促年报等方式，共清理吊销符合条件的个人独资企业6家、非公司制法人138个、公司制企业809家，节约行政和社会资源。全年查处案件311起，案值392.49万元，罚没总额804.79万元，移送公安机关处理39起。

【网络交易平台监管】 2018年，区市场监督局加强辖区网络交易平台监管，组织夏溪花木市场电子商务平台、货运宝专线物流交易平台、专利巴巴电子商务平台完成2017年度发展情况统计和网上申报工作。开展网络市场监管专项行动，联合区委宣传部和区发展改革局、经信局、公安局、商务局及海关武进办事处、武进邮政管理局7个部门，共同发布《2018武进区网络市场监管专项行动（网剑行动）方案》，严厉打击侵权假冒行为，全年查结网络销售商品质量不合格案件12起。开展节日市场网络监管，主要监管与消费者健康相关的预包装食品、礼盒、品牌服装、化妆品、电子产品等商品，密切关注“团购”“拍卖”“秒杀”等网络消费投诉热点，加大监管执法力度，维护节日市场经营秩序。9—12月，开展省互联网“净网雷霆”专项行动，聚焦电子产品、儿童用品、家居建材、服装等领域，全面检查辖区各网络交易平台、大型购物网站、团购网站和企业官网的经营资格、商品及行为等方面，重点查处网络交易不正当竞争、违法广告、销售假冒伪劣商品等违法行为，立案互联网违法案件50起，查处25起。查处虚假宣传、虚假违法广告行为，监测各类网络类广告320余条，开展行政约谈20次，查结虚假违法互联网广告案50起。开展网络商品质量及电子商务产品监管，重点监管网上订餐单位及网络食品、化妆品销售、药械经营商品等，注重建立长效监管机制，引导网络经营主体加强自律、依法规范经营，依托省网络交易监测中心、省电子商务企业信用公示服务网，网上检查网站、网店共1107个次，实地检查网站、网店经营者587个次，检查电子商务产品生产加工单位134个，删除网络交易平台违法商品信息392条，责令整改网站376个次。受理网络类投诉举报3102件，办结2698件。

（孙琳娜）

安全生产管理

【概况】 2018年，全区安监部门围绕“压降一般事故，遏制较大以上事故”目标，落实企业主体责任，开展安全生产执法，履行安全生产领域监管职责，实现安全生产形势持续稳定好转。完善安全生产管理体系，落实各地各级安全责任。贯彻省、市“安全生产执法提升年”活动要求，理清家底，突出对重点地区、重点领域、重点企业的执法力度，依法行政，压降生产安全事故。全年事前立案222起，处罚金额1528.44万元。开展安全生产大检查，加大安全教育培训力度，营造安全生产氛围。推进危险化学品、工贸重点行业领域专项整治，提升企业本质安全度。加强“两会”、节假日等重点时段安全监管，做好安全防控。加强基层安监队伍能力建设，全区镇级安全监管人员从年初的114人增加至155人。全年通过信访接待、专用平台共受理举报141件，均办理完成。区安监局在全市安全生产执法技能比赛中获团体二等奖。全年发生生产安全事故212起，死亡97人，事故起数比2017年下降1.39%，死亡人数下降18.49%。其中道路运输事故175起，死亡60人，事故数量上升10.06%，死亡人数持平；工矿商贸事故发生37起，死亡37人，分别下降33.93%、37.29%。未发生较大以上事故。

【安全生产管理体系完善】 2018年，武进区落实《地方党政领导干部安全生产责任制规定》，完善安全生产季度考核制度，加强各级党委政府领导责任。根据《中共江苏省委 江苏省人民政府关于推进安全生产领域改革发展的实施意见》精神，区政府于3月12日出台安全生产各专业委员会及其组成人员方案，成立油气输送管道、农业、电力、综合交通运输、工矿商贸、石油化工、民爆物品与船舶修造、特种设备、旅游、城市地下管网、建筑施工与城镇燃气、医疗卫生、学校13个区级安全生产专业委员会，组织领导开展行业领域安全生产工作，由区领导担任各专委会第一主任。同步制定《武进区安全生产各专业委员会基本工作要求（试行）》和《武进区安全生产各专业委员会工作规则》，建立区安全生产专委会工作联络机制。开展落实企业安全生产主体责任三年（2016—2018年）行动，针对各地区企业落实主体责任不平衡、不充分的问题，在公布企业主体责任清单的基础上，组织专家研究制作企业安全生产管理台账，将安全培训、隐患排查、职业卫生防治等落实主体责任内容制成7本台账，发放全区企业，指导企业规范开展痕迹化安全管理，指导解决企业在安全生产方面“做什么、怎么做”的问题。

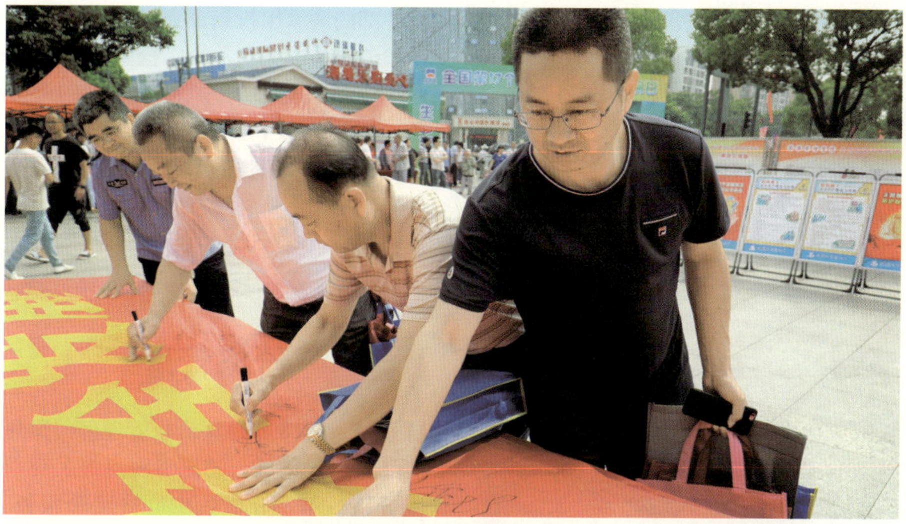

6月16日，武进区举办安全生产集中咨询日活动　　供稿／区安监局

【安全生产行政执法】 2018年，全区安监部门围绕“安全生产执法提升年”目标要求，开展安全生产行政执法。以预防事故为出发点，重点针对事故易发多发、问题隐患集中和安全措施落实相对薄弱地区，突出重点行业领域和风险高、隐患多的企业，加大对高处作业、有限空间作业等危险环节的违法打击力度。以推进重点领域专项整治为关键点，将行政执法与日常监管、专项整治相结合，推动危险化学品、有限空间、涉爆粉尘、职业健康等重点行业领域专项整治。以“执法一家规范一家”为目标，开展行政处罚案件绩效评估，对24家2017年度处罚企业开展回头看，督促企业全面排查并消除其他安全隐患和违法行为。加强依法行政，从基本要求、现场执法要求、案件办理规范化要求、整改复查要求、执法提升与服务五方面制定操作细则21条，编制《安全生产执法规范化手册》，并遵照实施。建立行政执法案卷评审制度，邀请相关专家审查评估案件16起。建立行政执法季度点评制度，公示执法数据。全年事前立案222起，处罚金额1528.44万元，分别上升7.77%、33.78%；完成工矿商贸事故调查37起，罚款1004.85万元，刑事责任追究29人，党纪责任追究5人。

【重点行业领域摸底】 2018年，区安监局创新管理机制，逐月开展重点行业领域摸底排查。工贸方面，对金属冶炼、粉尘涉爆、有限空间、涉氨制冷4个重点行业领域企业开展再排查再摸底，解决各地工贸重点行业领域企业底数不清问题；排查大型企业集团及其下属独立法人单位，理清责任主体。化工方面，梳理“263”专项行动中关闭企业，重新核定全区化工生产企业分类等级，及时更新分级分类监管名单。职业卫生方面，推进职业病危害项目申报，建立完善职业病病例企业监管档案。诚信体系建设方面，按照《武进区企业安全生产诚信体系建设实施方案》要求，督促各地对辖区企业查漏补缺，完善监管基础数据库。至年底，全区工贸领域四类重点企业累计1042家，其中金属冶炼企业191家、粉尘涉爆企业362家、有限空间企业480家、涉氨制冷企业9家；化工生产企业170家，化工装置128套，重大危险源12个；全年完成职业病危害项目申报企业8254家，全区录入市企业安全生产申报信息系统企业14325家。

【安全生产宣传教育培训】 2018年，区安监局采取媒体宣传及现场活动等方式，加大安全生产宣传，营造安全生产氛围。在武进电视电台、《武进日报》开设专版专栏，报道安全生产工作动态，宣传政策要求，开展以案释法专题报道，全年播出48期，发刊12期；发挥“武进安监”微信公众号影响力，公布重要信息，推送安全新闻，关注人数14万人。组织开展“安全生产月”系列活动，围绕“生命至上，安全发展”主题，开展“6·16”安全生产集中宣传咨询、生产安全警示教育培训、安全教育进校园、安全服务进企业、安全隐患随手拍、武进区“安全卫士”评比等系列活动，向广大群众发放安全生产知识图文资料10000余套（册）。从4月起，开展“营造企业安全氛围、培养员工安全习惯”主题宣传活动，组织22套共484块涵盖行政处罚、事故警示、安全技能等内容的展板巡展。各地按照“先高危后一般、先规模以上后规模以下”原则，组织企业开展“七个一”工作，即开展一次隐患全员查活动、组织一次教育培训活动、开展一次应急演练活动、开展一次安全展板集中展示活动、设置一批宣传标语、观看一次事故警示教育片、开展一次“武进安监”微信公众号扫码活动。常态化开展监管人员业务培训及“三项人员”（企业负责人、安全员、特种作业人员）培训，全年培训镇级以上监管人员1000余人次、行政村（社区）监管人员700余人次。举办特种作业培训班52期，培训4619人；主要负责人培训班70期，培训12483人；安全管理人员培训班72期，培训12915人。组织全区化工企业主要负责人开展轮训，参训208人，提升企业负责人安全意识和法制观念。

【工贸重点行业监管】 2018年，区安监部门加强对全区工贸重点行业领域的监管，提升企业安全治理水平。（1）金属冶炼领域专项整治。开展钢铁企业重大生产安全事故隐患排查治理专项行动，邀请省级冶金行业专家对中天钢铁集团有限公司和常州东方特钢有限公司开展两轮会诊式检查，排查处理隐患209条。（2）有限空间领域专项整治。将企业有限空间管理作为日常检查内容，对全区有限空间企业广泛开展宣传教育，召开安全管理培训现场会，组织专项应急演练，发放安全宣传挂图和《常州市冶金等工贸行业企业有限空间作业安全管理指导手册》等资料2800余份。开展有限空间专项执法，对有限空间安全管理不到位的13家企业实施行政处罚。（3）涉爆粉尘领域专项整治。推进木地板企业升级改造，于年初组织全区165家地板企业举办木制品加工企业粉尘防爆专题业务培训班，要求企业对照国家标准和行业标准制定整改方案，组织安委会专家指导59家重点企业整改工作。8—9月，对全区10人以上的82家涉爆粉尘企业开展“双随机”执法检查，关停并转涉

6 月 29 日，区领导带队到三鑫重工机械有限公司督查高温季节安全生产情况

供稿 / 区安监局

爆企业 21 家，实施行政处罚 6 家，培育创成粉尘示范企业 9 家。

【危险化学品领域监管】 2018 年，武进区推进危险化学品综合治理，于年初印发《武进区危险化学品安全综合治理各有关部门重点目标任务书》，明确危险化学品综合治理各成员单位年度目标任务要求。区卫计、教育、农业、公安、文化部门开展系统内、行业内危险化学品安全风险摸排，完善危险化学品监管系统基础信息库。区安监部门加强高危重点企业监管执法，对全区存在重大风险和高危工艺的 28 家化工企业开展专家会诊式检查，查处各类安全隐患 619 条；开展重大危险源专项执法，检查各类危险化学品企业 71 家次，责令停产停业 32 家，实施行政处罚 15 家；开展危险化学品储存企业专项执法，处理非法储存危化品案件 9 起；配合“263”专项行动，关停危险化学品（化工）企业 125 家。在全区部署开展企业本质安全诊断治理专项行动，督促全区涉及氯化、硝化等重点高危工艺企业使用 DCS（分散式）自动控制系统；全面排查 10 人以上易燃易爆独幢厂房企业，督促企业落实“机械化换人、自动化减人”等安全措施。从 7 月起，全面推广重点岗位应急处置卡，督促所有化工企业规范设置卡片式应急处置卡，突出重点岗位、关键环节的风险点和处置措施，逐一发放至一线操作人员，要求随身携带。

【职业病危害专项治理】 2018 年，区安监部门按照《武进区汽车制造和铅蓄电池生产行业尘毒危害专项治理工作方案》时序进度，开展汽车制造行业尘毒危害专项治理，督促指导辖区汽车零部件生产企业，排查处置问题和隐患 47 条。从 3 月起，集中开展新发职业病企业专项检查，对发生职业病病例的 14 家企业开展职业卫生专项检查，排查整治隐患 42 条，指导督促企业落实职业病劳动者调离岗位、安排休息治疗等处置措施，协调解决 4 名劳动者职业健康检查相关诉求，维护劳动者职业健康权益。抓好“三同时”（一切新建、改建、扩建的基本建设项目，技术改造项目，引进的建设项目，其职业安全卫生设施必须符合国家规定的标准，必须与主体工程同时设计、同时施工、同时投入生产和使用）事中事后监管，梳理存在新、改、扩建项目的企业名单，对各新、改、扩建项目企业实行职业病防护设施“三同时”告知制度，并对 2 家企业开展“三同时”专项检查，要求企业依法依规开展“三同时”相关工作。

【安全生产大检查】 7—10 月，按照区安委会部署开展安全生产大检查要求，各部门、板块结合汛期夏季高温安全生产工作特点，集中排查整治安全隐患，建立安委会专项督查、专委会联合督查、部门重点督查三级督查体系。区安监局成立蹲点督导组 8 个，由局领导带队，每月到蹲点地区至少督导 1 次。全区各级各部门共派出检查督查组 1345 个，出动检查人员 4104 人次，检查督查企事业单位和场所 9130 个，排查隐患 14567 条，整改隐患 13689 条，责令改正、限期整改、停止违法行为 1585 起，公开曝光 17 个，责令停产、停业、停止建设 66 个，罚款 518.64 万元。

（任　磊）

价格管理

【概况】 2018 年，区价格管理部门聚焦商品房、天然气、游览参观点等关键领域价格改革，开展民生价格监管服务。严格控制水、电、气等政府定价项目的调价行为。加强价格监测，把握市场动态，密切关注辖区主、副食品及生产资料市场价格动态、供求情况。加强价格市场检查，关注民生类价格问题，开展价格服务与行政执法，营造良好消费环境。会同区教育局开展中小学阶段社会培训机构收费巡查，对存在不规范行为问题提出整改意见并督促落实；开展节日市场检查，加强对实施明码实价的主要商贸流通企业的跟踪督查，保障群众节日消费安全。严格执行商品房各项宏观政策，确保商品房价格相对稳定，全年完成商品房价格审议 231 批次 580 万平方米。落实各项平价、惠民政策，严格平价商店退出机制，全年退出平价商店 1 家，有平价商店 40 家（其中常州经开区 11 家）。全年 CPI 涨幅 2.2%，实现涨幅控制在 3% 以内的价格调控目标。以价格诚信单位建设促进价格诚信体系建设，8 家企业申报省价格诚信单位均通过验收并获授牌。全年办理各类价格咨询投诉举报 482 件，其中咨询件 127 件、举报件和投诉件 355 件，退还消费者 2 万余元。

天然气价格调整　受天然气上游门站价格上调影响，为疏导上下游价格矛盾，武进区落实国家相关政策，放开车用天然气定价权限，从 1 月 1 日起实行市场调节价格管理。从 11 月 1 日起调整非居民用管道天然气销售价格，中准销售价格由每立方米 2.83 元上调至 2.85 元；对冬春季非居民用天然气价格实行阶段性调整，11 月 1 日到年底，中准销售价格由每立方米 2.85 元上调至 3.31 元，最高销售价格由每立方米 3.27 元上

2018年武进区成品油价格情况表

表 45　　　　单位：元/升

零售价格时间 \ 最高规格	89号国Ⅴ汽油	92号国Ⅴ汽油	95号国Ⅴ汽油	0号国Ⅴ柴油、普通柴油
1月12日	6.52	6.96	7.40	6.57
1月26日	6.57	7.01	7.45	6.62
2月9日	6.44	6.87	7.31	6.48
2月28日	6.30	6.72	7.15	6.32
3月28日	6.43	6.86	7.29	6.46
4月12日	6.47	6.90	7.34	6.51
4月26日	6.66	7.10	7.56	6.72
4月30日	6.60	7.04	7.49	6.66
5月11日	6.73	7.18	7.64	6.80
5月25日	6.92	7.39	7.86	7.02
6月8日	6.83	7.28	7.75	6.91
6月25日	6.78	7.24	7.70	6.86
7月9日	6.99	7.46	7.93	7.08
7月23日	6.89	7.36	7.82	6.98
8月6日	6.95	7.41	7.88	7.04
8月20日	6.91	7.37	7.84	7.00
9月3日	7.04	7.51	7.99	7.14
9月30日	7.33	7.82	8.32	7.46
10月19日	7.45	7.95	8.46	7.60
11月2日	7.17	7.65	8.14	7.29
11月16日	6.79	7.25	7.71	6.87
11月30日	6.39	6.82	7.25	6.43
12月14日	6.29	6.72	7.14	6.32
12月28日	6.02	6.42	6.83	6.02

调至3.80元。

成品油及热力价格管理　贯彻落实国家成品油调价政策，及时关注市场动态并做好预警预报。全年调整成品油价格25次，油价总体下降约6%。疏导煤热价格矛盾，按照煤热价格联动办法及时调整蒸汽到户中准价格，全年调价2次，价格由每吨186元上调至188元。

（雷　蕾）

【收费管理】　2018年，区价格管理部门贯彻落实国家、省、市取消、免征、降低等收费政策，加强收费监督管理，为企业发展、民生改善、市场规范营造良好环境。停征排污费，降低水土保持补偿费征收标准，明确第二类疫苗预防接种服务收费标准，调整防空地下室易地建设费收费标准。组织辖区169家行政事业性、政府制定价格的经营服务性收费单位开展收费情况报告工作，报告率100%。按省、市2018年收费项目统计口径，武进区2017年度行政事业性收费总额73672.85万元，比2017年增加7638.21万元，增幅11.57%，收费总额占一般公共预算收入的4.5%。对武进人民医院、武进中医医院和武进第三人民医院实施医疗服务价格动态管理考核，经市物价局复核通过后，武进人民医院、武进中医医院护理和手术治疗类项目价格在二类医院的指导价基础上分别上浮5%、10%，武进第三人民医院执行二类医院指导价格。推进分级诊疗价格体系建设，对辖区20家基层医疗卫生机构的床位数量及各数量床位房间所要求配置的设施开展检查，相应调整病房床位价格。按照市物价局相关文件要求，调整辖区45所公办及普惠制民办幼儿园的保育教育费收费标准。全年核定培训收费备案12件，幼儿园寒暑假保教费备案19件，民办幼儿园收费备案11件，民办高中住宿费调整备案1件。

（唐君韬）

审　计

【概况】　2018年，武进区围绕重大政策落实、预算执行、政府投资、经济责任等审计工作重点，完成财政预算执行审计、基本建设投资审计、拆迁审计、领导干部经济责任审计、专项资金审计等项目22个，查出违规资金2.3亿元，核减政府建设资金0.93亿元。创新人才培养方式，于6月面向区级机关选调特聘审计员7人，通过菜单式培养方式充实审计员队伍，年内协助完成审计项目10余个。全区有内审机构42个，内审人员167人，完成审计项目3464个，查出损失浪费资金900万元，增加效益2.06亿元，提出审计建议330条，均被审计单位采纳，发现案件线索1条并移送纪检监察部门处理。区审计局获评2018年度全省政府债务审计先进集体。

【重大政策落实情况跟踪审计】　2018年4—12月，区审计局按照审计署和省审计厅统一部署，组织开展重大政策落实情况跟踪审计。(1)区“四好农村路”专项审计。4月，对2016年、2017年全区“四好农村路”在建设、管理、养护和运营等方面的专项资金拨付、筹措、管理和使用情况开展专项审计，发现存在部分工程建设管理不够规范、部分乡村道养护项目未按有关规定招标、财务管理核算不规范等问题，提出进一步保障投入、完善制度、规范工程票据管理等审计建议，督促区交通运输部门于10月底整改到位。(2)2017年度商务发展专项资金审计调查。4月，对武进区2017年度商务发展专项资金的分配、使用、管理和效益情况开展专项审计，涉及区财政局、商务局2个政府部门，延伸审计遥观镇、洛阳镇财政分局及武进高新区财政局，走访和调查项目实施单位26个。发现存在上级资金未及时安排、资金延迟拨付等方面问题，提出加强项目申报管理、加快资金拨付等审计建议，督促有关单位于7月底整改到位。(3)“放管服”改革落实情况审计。11月，对武进区2017年1月至2018年6月在贯彻落实国家和省关于减税降费方面政策措施情况开展跟踪审计，重点审计调查区市场监管局、卫计局、教育局、行政审批局、武进公安分局等11个部门，重点走访企业5家，召集21个企事业单位座谈，对33个企事业单位开展问卷调查，提出进一步加大政策宣传讲解力度、完善权益保障机制等审计建议，并督促整改到位。

【财政预算执行情况审计】 2018年3—5月，区审计局开展2017年度区级财政预算执行审计和地方税收征管审计，及对区财政局、统计局、民防局、卫计局4个部门预算执行审计，重点审计预算编制的科学性和合理性、预算批复的合规性、预算执行的均衡性和有效性方面。区级财政预算执行审计，关注政府预算完整性，审查预决算公开情况，重点审计预算编制的科学性和合理性、预算批复的合规性、预算执行的均衡性和有效性方面。针对存在问题出具审计决定书，促进问题整改。针对审计发现的问题，出具审计决定书3份，移送审计处理书3份，要求被审计单位及时解缴应入库未入库的预算收入。发现存在企业少缴纳税款问题，在审计过程中督促被审计单位整改到位。对部门预算审计查出的预算编制不科学、往来款支出不规范等问题，要求相关被审计单位反馈整改落实情况报告，出台相关整改制度，于10月底完成整改。

【政府投资重点项目和拆迁补偿资金审计】 2018年，区审计局审计金武线、湖滨路、南环线、果香路等政府投资重点项目，出具审计报告10份，送审金额1.48亿元，审定金额1.3亿元，核减0.18亿元，发现存在施工单位现场计量完成后未能及时完善正式签证手续、合同外单价报审不及时、施工单位擅自变更设计等问题。要求施工单位及时完善签证手续、及时报审合同外单价，施工单位擅自使用高等级的管材只按原投标价计算，提高标准所增加的费用不予计量，于年底整改到位。组织实施对新孟河及永安河延伸拓浚工程等征地拆迁项目的跟踪审计，涉及拆迁总面积62.16万平方米，发现存在集体土地拆迁实施方案、地面附着物补偿方案等资料不完善等问题，督促被审计单位整改，推动其规范管理。

【党政领导干部经济责任审计】 2018年，武进区创新党政领导经济责任审计模式，将完全由区委组织部突击性下达离任审计任务改为统筹安排以任中审计为主的常规性经济责任审计，同时利用“巡审联动”机制，将被审计单位以前年度审计问题的整改情况列入巡察内容，推动被审计单位加快落实审计发现问题的整改工作，共同督促问题及时整改和审计决定的有效落实，完善审计整改的长效管理机制。年初，由区审计局与区委组织部共同商定年度审计计划，成立审计工作组6个，对30个单位的31名领导干部开展经济责任审计，审计发现问题219个，提出审计建议62条，查出违规资金2.4亿元。至年底，被审计单位均完成上报经济责任审计整改结果。

【援疆项目审计】 7月，武进区派审计组到对口支援新疆伊犁州尼勒克县开展对援疆项目的审计工作，对援疆项目建设及资金使用情况开展现场审计，重点关注援建项目计划情况、建设及资金情况。年内，开展对教育类、改善群众生活条件类、推进产业发展类等7类15个援疆项目的审计，计划总投资1.72亿元，援助资金1.33亿元。2018年度计划援疆资金0.75亿元，实际投资0.62亿元。审计发现存在资金拨付迟缓等问题，提出应及时申请资金、尽快开展工程决算和资产移交工作及尽快完成拨付等审计建议，督促援疆工作组落实整改。

（何惠燕）

统　计

【概况】 2018年，全区统计部门落实推进统计方法制度改革，加强经济运行监测预警和研判、统计基层基础建设，提高统计数据质量。开展武进区第四次全国经济普查，发布武进区第三次全国农业普查数据公报。发挥统计服务社会作用，于3月发布《2017年武进区国民经济和社会发展统计公报》，7月编发《武进统计年鉴2018》，全面反映2017年度全区经济社会发展成果。全年印发《统计专报》43期、《统计分析资料》45期、《统计政务信息》133期、《统计经济信息》154期、《统计快讯》35期，反映镇、开发区主要经济指标进展情况，为各级党政领导和有关部门提供参考。通过《武进日报》及统计信息网、政府政务网等载体，及时向社会公众公布及解读主要经济指标基本情况，解读与民生相关的统计指标含义。区第三次全国农业普查领导小组办公室获评江苏省第三次全国农业普查先进集体，区第三次全国农业普查领导小组薛红霞、刘云英，区第三次全国农业普查领导小组办公室陆亚健等9人获评江苏省第三次全国农业普查先进个人。

【武进区第四次全国经济普查】 5月，武进区发出《关于认真做好第四次全国经济普查工作的通知》，成立区第四次全国经济普查（简称“区四经普”）领导小组，启动第四次全国经济普查。该次普查对象为在境内从事第二产业和第三产业的全部法人单位、产业活动单位和个体经营户，通过全面调查全区第二产业和第三产业的发展规模、布局和效益，了解全区产业组织、产业结构、产业技术、产业形态的现状及各生产构成要素，摸清全部法人单位资产负债状况和新兴产业发展情况，进一步查实各类单位基本情况和主要产品产量、服务活动，全面准确反映供给侧结构性改革、新动能培育壮大、经济结构优化升级等方面的新进展；普查标准时点为2018年12月31日，普查时期资料为2018年度资料。7月底，各镇（街道）、开发区四经普领导小组及其办公室组建完成，并配备普查办工作人员。区四经普办有工作人员19人，17个镇(街道)、开发区共有工作人员243人，平均每个镇（街道）、开发区14人左右。全区共抽调普查指导员和普查员1900人，其中普查指导员主要由村会计或社区主任担任。举办各镇（街道）、开发区普查业务骨干清查业务培训，共培训普查人员599人。全区各普查机构按照《武进区第四次全国经济普查实施方案》《武进区第四次全国经济普查宣传工作方案》，明确普查任务要求，广泛宣传普查知识，共悬挂横幅百余条，开通电子宣传屏300余个。9—12月，根据“规范操作、不重不漏、属性准确、客观真实、确保进度”要求，全面开展地毯式单位清查。至12月底，核查单位5.37万个，其中法人单位5万个、产业活动单位3700个；核查个体经营户8.7万户。全区“四上”（规模以上工业、规模以上服务业、限额以上批零住餐业、资质以上建筑业和房地产业）企业新增539家、退出203家、净增336家，净增量位列全市辖市区第二。

【武进区第三次全国农业普查数据公布】 2018年5月，武进区第三次全国农业普查数据通过区政府门户网站向社会公布，包括农业农村农民基本情况、农村基础设施建设和基本社会服务、农民生活条件、农业生产经营人员情况四大方面，农业经营主体、交通、农民住房、农业生产经营人员数量和结构18项内容。至2016年年末，全区有农业经营单位868个、农民合作社268个、农业经营户111408户，其中规模农业经营户792户；100%的村通电，62.4%的村通天然气，100%的村通电话，100%的村安装有线电视和通宽带互联网，45%的村有电子商务配送站点；100%的乡镇实施集中或部分集中供水。武进区第三次全国农业普查工作于2016年3月启动，普查标准时点为2016年12月31日，时期资料为2016年度。全区组织动员普查员、普查指导员和各级普查机构工作人员3200余人，登记农户12.24万户、村级单位218个、乡级单位15个（镇11个、涉农街道2个、开发区2个）、农业经营单位868个，对粮食、蔬菜、油料等农作物播种面积开展卫星遥感测量，实地调查样方100个和普查区20个。

【统计方法制度改革】 （1）规模以下调查单位统计改革。2018年，根据省统计局、国家统计局江苏调查总队《关于进一步推进局队业务分工调整优化工作的通知》要求，区统计局围绕局队业务分工调整，以完善统计体制为目标，以理顺工作机制为导向，做好规模以下工业、服务业调查单位样本梳理、业务培训、数据填报工作，确保调查工作不断、数据质量不降、工作延续稳定交接。（2）投资统计改革。2月，落实上级要求，及时做好新增投资额5000万元以上项目企业资料收集上报、申请入项目库工作，经国家批准后进入"企业一套表"平台；核查投资额5000万元以上重点投资项目，主要包括项目属性指标和投资完成情况，实地调研部分项目，完成调研报告《优化投资结构 关注投资效益——对全区固定资产投资效益的分析研究》。（3）提升工业统计调查质量。根据《武进区规上工业增加值及增速评估核定办法》，参考市统计局新试行核算办法的参考指标开展评估，完善工业企业成本费用调查和工业增加值核算方法，建立健全成本费用单位统计台账，通过业务培训、集中会审、重点调研等方式，对调查单位开展业务培训和工作指导，确保统计数据有效反映全区工业增加值水平、反映全区经济转型升级成果。

【统计基层基础建设】 （1）统计规范化建设。2018年，按照《关于印发2018年武进区统计基层基础建设工作意见的通知》《关于开展2018年度统计规范化建设考评工作的通知》要求，区统计局完善村级、企业统计规范化建设标准，加强对村级及企业统计规范化工作的指导与督促，组织对各镇（街道）、开发区、行政村、"四上企业"的统计规范化建设考评。召开全区统计"双基"（基层、基础）建设现场会，按照市统计局"双基"工作推行"三化"（统计业务制度化、统计管理法制化、统计处理信息化）要求，在镇（街道）、开发区全面推行电子化台账；推进省级村（社区）统计规范化建设"千佳单位"工作，加强规范化建设和业务指导，14个被推荐村（社区）均获评省级统计规范化建设"千佳单位"。（2）开展统计普法宣传。4月，区统计局印发《2018年全区统计法制工作意见》，利用各类会议和培训班，加大对《中华人民共和国统计法》《中华人民共和国统计法实施条例》等法律法规的宣传，有计划地开展统计执法检查与监审调研；对新增联网直报企业开展送法活动，印发《统计法律事务告知书》和《统计规章制度选编》万余册。（3）开展统计执法监督。4—10月，分别对洛阳镇及潞城、丁堰2个街道开展统计督查，随机抽取三地各15家企业，采用简易程序处理轻微违反统计制度的工业企业1家。通过行政指导方式纠正轻微统计违法行为，将行政指导贯穿于统计督查、统计监审全过程。（4）基层统计网络建设。加强统计网络安全管理，加大网络安全监测力度，杜绝各类网络安全事件发生、扩散，保障统计网络安全平稳运行；做好"统计新干线"综合平台维护工作，督促各专业和乡镇及时、有效加载各类数据，提高全区统计数据存储、资料开发、数据发布等信息化水平。

（蒋利金）

行政审批管理

【概况】 2018年，区行政审批局围绕"武进审批"服务品牌，优化审批流程，立足平台提升服务功能，深化行政审批制度改革。推行"一窗受理、一窗通办"模式，实现"245"（办理新设企业2个工作日完成、投资建设领域工程45个工作日完成）审批目标。建立镇级为民服务体系，以武进高新区为试点开展"证照分离"改革。加强公共资源交易制度规范创新，简政放权优化市场环境。全年办结市场准入项目8.53万件、投资建设项目6200余件、社会事业项目1800余件、综合审批项目8900余件，现场踏勘3480余趟。政务服务中心窗口全年办件13.58万件，其中即办件5.17万件、承诺件8.41万件，武进区"12345"政府公共服务平台承接

10月，区行政审批局推行"一窗受理、一窗通办"综合审批模式 供稿/区行政审批局

派单1.57万件，按时办结率98.98%，满意率99.1%。公共资源交易中心全年完成工程类、政府采购类项目909个标段，交易金额54.6亿元，节约资金10亿元，节约率比2017年同期高3.72个百分点；完成国有产权交易项目57个，交易金额1.4亿元，增值金额0.24亿元；完成基本药物、中药饮片、医用耗材采购合计1409批次，交易金额1.27亿元。办事群众第三方满意度98.2%。被《新华日报》《常州日报》《武进日报》等媒体刊发武进区相对集中行政许可权改革工作信息40余条，其中《一枚公章管审批，行政效能大提速》被新华社报道。区公共资源交易中心被《公共采购》杂志编辑部评为全国十佳县级公共资源交易机构。

【"245"审批目标实现】 2018年，区行政审批局在2017年开展"245"目标工作的基础上，针对市场准入和投资建设领域行政审批层级多、环节多、事项多等问题，通过优化审批流程、优化窗口功能，全面实现"245"审批目标。在市场准入领域，推行企业名称登记网上自助核准、企业开业登记与公章刻制备案并联办理、银行开户和税务套餐并联申请等办法，全年新开办企业1.09万家，日均开办企业47家，增长27.03%，均实现"2"的目标。投资建设审批领域通过设立"工业45专窗""多评合一专窗""预受理专窗"，实行审批流程标准化、模板化，推行"项目预审+代办融合"服务。设立区级以上重点项目服务办公室，建立完善全程纪实、即时反馈、跟踪问效机制，重点解决效率低、质量差、投诉多的办理事项问题，促进重大项目审批提速增效。全年共有49个工业项目和44个房地产项目完成工业施工许可证申领，均实现"45"的目标，平均用时19.8天，最优用时9.5天。

【2个镇级为民服务中心挂牌成立】 2018年，武进区加强镇级为民服务体系建设，优化政务服务功能。按照权限能放则放、事项应进尽进的原则，区审批改革领导小组办公室梳理全区事项下放清单，形成《区级各部门拟下放行政权力事项汇总表》和《区级各部门拟下放公共服务事项汇总表》。5月，区政府出台《武进区推进基层政务服务工作方案》，明确全区基层为民服务中心建设标准要求和运行机制，规范机构设置、大厅建设、办理事项、服务流程等方面内容，按照分期分批推进原则组织建设。8月，雪堰镇、湟里镇为民服务中心先后挂牌成立，完成第一批行政权力事项和公共服务事项下沉。至年末，雪堰镇为民服务中心办理审批事项1484件、公共服务事项10347件，湟里镇为民服务中心办理公共服务事项4540件。

【"证照分离"改革试点】 2018年，武进区确立武进高新区为"证照分离"（将企业经营所需的营业执照和能分离的许可证相分离）改革试点单位。按照省"证照分离"改革要求，区行政审批局清理和取消一批行政许可事项，推动一批行政许可事项由审批改为备案，一批行政许可事项实行告知承诺制。制定申请条件、材料要求、办理流程等标准，先后出台《小型餐饮服务提供者备案管理办法》《"证照分离"改革试点各强化准入监管事项审批办法》《"证照分离"改革试点区域告知承诺事项审批办法》《武进国家高新技术产业开发区"证照分离"改革试点工作提高透明度和可预期性改革事项审批工作方案》等文件，减少武进高新区企业领取营业执照后的行政审批事项办理，简化审批手续，重点解决"办照容易办证难""准入不准营"的问题，优化辖区营商环境和市场秩序。

【"不见面审批"推进】 2018年，围绕省、市政务服务"一张网"建设要求，武进区结合审批事项"网上办、集中批、联合审、区域评、代办制、不见面"和"应上尽上、全程在线"改革目标，推进政务信息资源整合共享，加快区政务服务"一张网"建设，实现政务服务"一网通办"。落实"不见面审批是原则，见面审批是例外"要求，区行政审批局配合区编办全面梳理江苏政务服务网武进区综合服务旗舰店上公示的政务服务事项，在该网站开设"不见面审批"专栏，集中展示成熟的"不见面审批"应用场景，方便群众直接申请办理。从3月起，在区行政审批局政务大厅开设"EMS快递"专窗，在全市率先实行"审批结果快递送达、政府买单"服务。9月，开通网上预约服务功能，实现"即来即办"。至年末，全区"不见面审批"事项共721项，不见面率95.88%，共寄送EMS快递2750份。

【重点项目招投标服务】 2018年，区公共资源交易中心落实国家和省创新公共资源交易管理有关工程建设和政府采购项目的文件精神，梳理并修订涉及招投标方面的标准化文本，指导全区重点项目招投标工作。围绕全区重点项目推进，走访了解常州大学西太湖校区建设、全区污水支管网建设等工程项目，及时提供政策、业务咨询等服务，推进项目招投标工作。会同区财政部门做好区农业局农村分散式生活污水处理（二期）及区水利局污水处理厂综合管护运营两个PPP项目的方案论证、采购文本制定等工作，及时为采购单位提供政策、业务咨询等服务，保障项目推进。会同区财政、规划、国土、发展改革等部门对教育民生项目的招标方式、招标期限、项目要求、评分办法等方面开展会商，确定协助指导全区多个医疗机构建设项目和医院专用设备采购工作，保障区教育、卫生事业均等化三年行动计划推进。

【公共资源交易监管】 2018年，区行政审批局制定出台《关于进一步完善全区公共资源交易工作的意见》《关于进一步加强镇级公共资源交易工作的指导意见》《关于明确全区国有资金投资工程体育场地设施项目招投标工作的通知》《关于全区非国有资金投资项目由建设单位自主确定发包方式的实施办法》等指导性文件。落实上级要求，规范交易行为。区公共资源交易管理委员会办公室发挥协调作用，召集区法制办、发展改革局、财政局等部门就在交易过程中遇到涉及全区的共性、焦点问题，共同研究对策和措施解决。全年召开联席会议20余次，协调相关事项30余项，形成会议纪要5个。区行政审批局配合开展全区政府采购及医药采购中药饮片和医用耗材标后管理考核，对全区28个公办医疗卫生机构及17个供应商开展日常检查，对未按要求履行的12个医药采购供应商扣分，并计入下一轮诚信分，约谈警告供应商1家。联合相关主管部门，集中整治交易不良行为3起。全年受理和处理政府采购质疑9个、投诉1个、建设项目异议3个。

（蒋秋玉）

科学技术

Science and Technology

栏目编辑　陈　蓉

苏南国家自主创新示范区建设

【概况】 武进高新区于2014年11月经国务院批复同意，被列入苏南国家自主创新示范区（简称“自创区”）名单。2015年，武进区启动自创区建设，构建以武进高新区为核心的“一城多园”（常州科教城、智能装备科技产业园、节能环保科技产业园、电子信息科技产业园、西太湖科技产业园、中国以色列常州创新园、绿色建筑产业集聚示范区、轨道交通科技产业园）发展格局。2018年，武进区依托自创区建设，加快集聚优势创新资源，推动科技进步，实现创新驱动发展。全区R&D经费（科学研究与试验发展经费）64.48亿元，比2017年增长13.1%，占地区生产总值的2.85%（据新的统计口径）。其中，规模以上工业企业完成研发投入61.88亿元，非工业企业完成研发投入2.6亿元。至年底，自创区有效高新技术企业537家，万人有效发明专利拥有量45.03件，规模以上高新技术产业产值占全区规模以上工业总产值的45.1%。武进高新区提档升级、争先进位，在全国参评的147家国家高新区（含苏州工业园）中位列第45位，连续3年实现争先进位，居全国县区级国家高新区首位。武进高新区、西太湖科技产业园分别获评苏南国家科技成果转化示范区机器人及智能装备科技成果产业化基地、苏南国家科技成果转化示范区石墨烯科技成果产业化基地，分获省财政厅及科技厅专项资金2100万元、540万元。

【武进入选苏南国家自主创新示范区瞪羚企业18家】 10月，武进区18家企业被省科技厅认定为苏南国家自主创新示范区瞪羚企业，分别是江苏国茂减速机股份有限公司、安费诺（常州）高端连接器有限公司、常州回天新材料有限公司、江苏汤姆包装机械有限公司、金石机器人常州股份有限公司、常州龙翔气弹簧有限公司、常州市拓源电缆成套有限公司、斯泰必鲁斯（江苏）有限公司、柳工常州机械有限公司、江苏恒立液压股份有限公司、常州今创风挡系统有限公司、江苏中科朗恩斯车辆科技有限公司、常州中进医疗器材有限公司、常州克迈特数控科技有限公司、常州神鹰碳塑复合材料有限公司、常州瑞复达高温新材料有限公司、常州高尔登科技有限公司、常州铭赛机器人科技有限公司。18家企业均通过研发原创性技术、探索商业新模式、催生用户新需求、坚持价值链高端锁定，积极抢占行业细分领域发展制高点，具有成长速度快、创新能力强、专业领域新、发展潜力大等特征。

（张建忠）

高新技术产业

【概况】 2018年，武进区继续贯彻落实省、市两级有关加快推进产业科技创新中心和创新型省份（城市）建设的政策措施，加快发展高新技术产业，推进苏南国家自主创新示范区、全国“双创”（大众创业、万众创新）区域示范基地建设。全年新增高新技术企业115家、省民营科技企业157家、市创新型领军企业28家、市科技型上市培育企业178家，新增市高新技术产品705个。武进区以科技项目为抓手，引导企业加大研发投入，从税收优惠、研发奖励、贷款争取等方面鼓励高新技术企业研发创新，278家高新技术企业获减免企业所得税9.69亿元，825家企业享受研发费用加计扣除额42.29亿元，扶持88家中小企业争取科技贷款2.88亿元。至年底，全区完成规模以上高新技术产业产值1917.88亿元，占规模以上工业企业产值的45.1%，增长11.5%。其中，电子计算机及办公设备制造业快速发展，全年产值4.62亿元，增长166.7%，成为高新技术产业中发展最快的行业；新材料、新能源产业进入瓶颈发展期，共完成产值232.69亿元，下降17.9%，占全区高新技术产业产值的12.13%。

【高新技术企业增至537家】 2018年，区科技局支持科技企业开展高新技术企业申报和到期重新申报，组织召开大型申报辅导培训会，分片召开企业申报实务培训会、2017年申报未获认定企业座谈会等，提高企业申报积极性和成功率。全年新申报高新技术企业126家，获认定115家，到期重新申报高新技术企业139家，获认定133家。全区累计有高新技术企业537家，占全市高新技术企业的38.2%，涵盖电子信息、新材料、新能源、高端装备智造、高技术服务等领域，主要分布在常州经开区、武进高新区、西太湖科技产业园三大板块。537家高新技术企业聚焦研发投入和成果产出，全年投入研发经费54.7亿元，完成产值1171.8亿元，实现销售收入1128.6亿元、净利润105.8亿元。其中，常州

2018年武进区新增高新技术企业情况表

表46

企业名称	所在地	企业名称	所在地
常州旺童半导体科技有限公司	常州科教城	江苏华侃核电器材科技有限公司	常州经开区
常州欣华天泰安全信息系统工程有限公司	常州科教城	江苏江南精密金属材料有限公司	常州经开区
遨博（江苏）机器人有限公司	常州科教城	江苏雷科德轨道交通科技有限公司	常州经开区
江苏联储能源科技有限公司	常州科教城	江苏洛基木业有限公司	常州经开区
天晌（常州）智能科技有限公司	常州科教城	信承瑞技术有限公司	常州经开区
常州博显汽车电子有限公司	常州科教城	常州川刃办公设备有限公司	常州经开区
常州科乐为数控科技有限公司	常州科教城	常州江春注塑有限公司	常州经开区
常州昊云工控科技有限公司	常州科教城	常州乔邦仓储设备有限公司	常州经开区
江苏明月软件技术有限公司	常州科教城	帝斯博（常州）医疗用品股份有限公司	常州经开区
江苏唐恩科技有限公司	常州科教城	江苏金典高科数码有限公司	常州经开区
晶傲威电气（常州）有限公司	常州科教城	常州汉姆电机有限公司	武进高新区
常州华旋传感技术有限公司	常州科教城	常州豪乐金业机械有限公司	武进高新区
常州倍速智能科技有限公司	常州科教城	常州莱克斯诺传动设备有限公司	武进高新区
常州摩通机器人科技有限公司	常州科教城	江苏持华轴承有限公司	武进高新区
江苏明朗星新能源科技发展有限公司	常州科教城	江苏汉嘉薄膜太阳能科技有限公司	武进高新区
常州市安视智能科技有限公司	常州经开区	江苏中汽高科股份有限公司	武进高新区
常州市雷利压力控制器有限公司	常州经开区	恩格尔注塑机械（常州）有限公司	武进高新区
江苏舒意达机械有限公司	常州经开区	金信诺（常州）轨道信号系统科技有限公司	武进高新区
常州合泰电机电器股份有限公司	常州经开区	常州市武进华瑞电子有限公司	武进高新区
常州龙邦润滑油有限公司	常州经开区	常州三立精图光电有限公司	武进高新区
常州迈特运控电机有限公司	常州经开区	常州市莱特气弹簧有限公司	武进高新区
常州市和丰罗晶机械有限公司	常州经开区	常州市武进晶丰电子有限公司	武进高新区
江苏达莱特照明电器科技有限公司	常州经开区	常州卓研精机科技有限公司	武进高新区
江苏佳饰家新材料有限公司	常州经开区	德召尼克（常州）焊接科技有限公司	武进高新区
江苏江南创佳型材有限公司	常州经开区	江苏艾为康医疗器械科技有限公司	武进高新区
江苏江南电机有限公司	常州经开区	北汽新能源汽车常州有限公司	武进高新区
常州安澜电气有限公司	常州经开区	常州巨蟹软件技术有限公司	武进高新区
常州高特新材料有限公司	常州经开区	常州市美格耐特非晶材料有限公司	武进高新区
常州海登赛思涂装设备有限公司	常州经开区	常州特斯克车镜有限公司	武进高新区
常州恒锌禹晟智能装备有限公司	常州经开区	常州武鼎地毯机械有限公司	武进高新区
常州华亚铝业有限公司	常州经开区	江苏恒鑫正宏科技有限公司	武进高新区
常州市凯程精密汽车部件有限公司	常州经开区	江苏华丽食品机械股份有限公司	武进高新区
常州市兴诚高分子材料有限公司	常州经开区	中汽研（常州）汽车工程研究院有限公司	武进高新区
常州市一马机械有限公司	常州经开区	常州汉科汽车科技有限公司	武进高新区
常州市毅力搬运设备有限公司	常州经开区	常州陆铭光电科技有限公司	武进高新区
常州市震华干燥设备有限公司	常州经开区	江苏凯尔特医疗科技有限公司	武进高新区
常州天虹纺织有限公司	常州经开区	常州国成新材料科技有限公司	西太湖科技产业园
常州新欧塑料有限公司	常州经开区	常州瑞海英诺医疗科技有限公司	西太湖科技产业园
江苏宏亿钢管有限公司	常州经开区	常州市松泽电器有限公司	西太湖科技产业园

续表 46

企业名称	所在地	企业名称	所在地
常州市碳索新材料科技有限公司	西太湖科技产业园	常州市优耐特精密钣金有限公司	湖塘镇
江苏耐玛鑫精密机械有限公司	西太湖科技产业园	常州市润达照明电器有限公司	湖塘镇
新纶复合材料科技（常州）有限公司	西太湖科技产业园	江苏大麦信息科技有限公司	湖塘镇
江苏唯德康医疗科技有限公司	西太湖科技产业园	江苏孜航精密五金有限公司	湖塘镇
常州恒利宝纳米新材料科技有限公司	西太湖科技产业园	旷达纤维科技有限公司	湖塘镇
江苏福隆数齿科技有限公司	西太湖科技产业园	常州赛瑞克包装机械有限公司	湖塘镇
威世特汽车部件（常州）有限公司	西太湖科技产业园	常州市吉士电器有限公司	湖塘镇
江苏思缔医疗科技有限公司	雪堰镇	常州市克劳得布业有限公司	湖塘镇
江苏德尔瑞环保机械有限公司	雪堰镇	江苏冠创医疗科技有限公司	湖塘镇
江苏明朗照明科技有限公司	雪堰镇	常州东仕豪机械制造有限公司	牛塘镇
常州常发制冷科技有限公司	礼嘉镇	常州市武进大成工贸有限公司	牛塘镇
常州九创气弹簧科技有限公司	礼嘉镇	格域包装科技（江苏）有限公司	牛塘镇
江苏恒源园艺用品有限公司	礼嘉镇	常州永和精细化学有限公司	洛阳镇
江苏国色天香油用牡丹科技发展有限公司	礼嘉镇	江苏国联新材料有限公司	洛阳镇
江苏纵横优仪人造草坪有限公司	前黄镇	幸立高车辆配件（常州）有限公司	洛阳镇
常州日月机械有限公司	前黄镇	常州市瑞宏轧辊有限公司	湟里镇
常州恒尔称重设备制造有限公司	前黄镇	常州富桐纤维新材料有限公司	湟里镇
江苏欧威环保科技发展有限公司	前黄镇	江苏新福乐威涂料有限公司	湟里镇
常州骏嘉纺织科技有限公司	湖塘镇		

经开区、武进高新区、西太湖科技产业园分别有高新技术企业 135 家、165 家、78 家，分别完成规模以上高新技术产业产值 672.93 亿元、606.13 亿元、149.98 亿元，分别比 2017 年增长 16.1%、8.1%、15.4%，分别占全区规模以上高新技术产业产值的 35.09%、31.60%、7.77%。

【63 家科技型小微企业入选省高新技术企业培育库】 2018 年，武进区贯彻《江苏省高新技术企业培育“小升高”计划》《江苏省高新技术企业培育资金管理办法（试行）》要求，强化高新技术企业源头培育，组织创新基础好、有发展潜力的科技型小微企业申报进入省高新技术企业培育库，加速成长为高成长、新模式、新业态的高新技术企业。至年底，全区有申报企业 75 家，入库企业 63 家，涉及智能制造、新材料、新能源、LED 照明、生物医药、节能环保等行业领域。入库企业由省、市、县三级的科技、财政、税务部门实施联动培育，培育期 3 年，享受培育奖励、创新支撑、载体建设、融资扶持等服务，通过增加研发投入，建立研发机构，引进高端创新人才，加强知识产权创造，加快成长为有行业影响力的高新技术企业。培育期内通过高新技术企业认定的，予以出库；未通过认定的，调整出库且不再受理入库申请。

【科技贷款扶持中小企业 76 家次】 2018 年，区科技局联合江苏银行武进支行、中国农业银行武进支行，组织科技型中小企业申请“苏科贷”（江苏省科技成果转化风险补偿资金贷款业务）、“武科贷”（武进区科技型中小企业风险补偿资金贷款业务）立项支持，提供免担保、低利率科技贷款，帮助企业解决融资难题。组织科技金融服务进园区、进载体活动，在武进绿建区和武进高新区分别开展科技金融培训讲座，帮助企业对接银行，修订《武进区“苏科贷”操作规程》，完善管理办法，规范操作流程。全年“苏科贷”“武科贷”共支持企业 76 家次，贷款金额 28780 万元。其中，“苏科贷”支持企业 37 家，贷款金额 10020 万元；“武科贷”支持企业 43 家，贷款金额 18760 万元。

【市级高新技术产品新增 705 个】 2018 年，武进区继续发挥高新技术产品引导经济结构调整和产业结构优化作用，引导企业加大研发投入，开展科技攻关、自主创新，开发具有自主知识产权和自有品牌高新技术产品。全年新增市级高新技术产品 705 个，涵盖电子信息、光机电一体化、新材料、生物医药、新能源与高效节能、环节与资源、现代交通七大技术领域，实现销售收入 236 亿元。

（张建忠）

科技项目

【概况】 2018 年，武进区坚持创新驱动发展战略，争取各级政策资源，鼓励企业自主创新。全年获市级及以上科技项目立项 452 个，争取项目经费 13618.95 亿元。其中，立项国家级科技项目 8 个、省级科技项目 92 个、市级科技项目 354 个，分别获项目经费 1054.2 万元、9740.8 万元、3123.95 万元。区科技局根据产业创新发展三年行动计划目标，按照创新导向、技术突破和高端引领原则，出台《常州市武进区科技计划项目管理办法》《常州市武进区科技专项资金管理办法》，编制《2018 年度常州市武进区科技发展计划项目申报指南》，突出支持高新技术产业、“双创”示范基地、现代农业、医疗卫生基础研究、民生领域、知识产权创造等方面科技项目，立项区级科技项目 370 个，支持项目经费 1823 万元。

【农业科技项目获立项 8 个】 2018 年，武进区根据现代农业产业发展对科技的需求，围绕优良品种培育、智慧农业、生态和生物农业、农产品精深加工等高技术领域，重点支持农业科技园区、科技型企业、科技型合作社等开展关键技术攻关，依托星创天地、江苏省农村科技服务超市、江苏（武进）水稻研究所等载体平台，扶持重点农业企业做大规模，做优农产品及深加工，做强产业品牌，提高科技创新能力和农产品市场竞争力。全年申报市级及以上农业科技项目 14 个，获立项 8 个，获项目经费 225 万元。江苏立华牧业股份有限公司承担的“利用蛋白复合体解析技术研制复合抗原用于黄羽肉种鸡鸡白痢净化”项目获省级农业科技项目立项，获项目经费 100 万元。常州市武进水产养殖场承担的“光唇鱼工厂化循环水养殖技术研究与示范”等 7 个项目获市级农业科技项目立项，获项目经费 115 万元。年内，区科技局验收 2017 年立项的“猪全基因组选择技术的研发与应用”等 11 个区级农业科技项目指导性计划，下达项目经费 170 万元。

【社会民生领域科技项目获立项 52 个】 2018 年，武进区围绕科技保障和改善民生的目标定位，重点支持医疗健康、生态环境、教育文化等领域的关键技术研究和科技示范，培育民生科技相关产业，提升科技惠民能力和水平，为社会民生领域高质量发展提供科技支撑。鼓励常州国家医疗器械国际创新园、武进高新区、湖塘科创园、常州科教城等产业重点集聚区内企业坚持创新为主、仿创结合，依托常州医疗器械产业研究院等平台，加强与高校科研院所产学研合作，在牙种植体、手术器械、残疾人康复护理、重大疾病诊断等领域开展技术攻关，持续推进新医药（生物）技术产业发展。在医联体建设、医养结合、智慧医疗等重点方向开展科技示范，为医疗卫生改革提供科技支撑。在废弃物利用、水净化处理等领域开展技术创新，提升生态建设和环境保护科技水平。在文化教育领域开展科技创新示范和科普宣传，促进科技成果惠及民生。全年申报各级社会民生领域科技项目 95 个，获立项 52 个，获项目经费 625 万元。江苏唯德康医疗科技有限公司承担的“高性能小型化一次性使用电圈套器的研发与产业化”等 6 个项目获省重点研发计划（社会发展）项目立项，获项目经费 350 万元。江苏振邦智慧城市信息系统有限公司承担的“集成化智慧医院信息发布平台的研发及应用示范”等 8 个项目获市级社会发展科技项目立项，获项目经费 85 万元。武进人民医院承担的“EMT 相关标志物在食管鳞癌中的表达及与化疗耐药关系的研究”等 38 个项目获区级社会发展科技项目立项，获项目经费 190 万元。

（张建忠）

常州国家医疗器械国际创新园　　供稿 / 区科技局

国家级科技项目

【武进获国家级科技项目立项 8 个】 2018 年，武进区有 8 个项目获国家级科技项目立项，获项目经费 1054.2 万元。其中，国家科技重大专项 1 个、国家重点研发计划项目 6 个、国家自然科学基金面上项目 1 个。

【“复合材料模压成形多功能模具设计开发应用”项目】 11 月，被工业和信息化部列为 2018 年度“高档数控机床与基础制造装备”科技重大专项，获中央财政专项经费 344.19 万元。该项目由机械科学研究总院江苏分院有限公司承担，是“汽车复合材料车身模压成形技术与装备”课题子课题。针对汽车轻量化对复材车身批量化、低成本制造的需求，研究碳纤维增强热固性、热塑性树脂基复材快节拍模压成形工艺，开发多功能复合材料模压模具。项目实施期间，申请专利 2 件，发表学术论文 1 篇，制定企业标准 2 项，开发出防撞梁、玻璃支架 2 种碳纤维零件。经鉴定，产品性能达国际先进水平。

【“新能源汽车全铝车身绿色设计平台建设”项目】 7 月，被工业和信息化部列为国家重点研发计划绿色制造系统集成项目，获中央财政专项经费 1600 万元。该项目由机械科学研究总院江苏分院有限公司、奇瑞新能源汽车技术有限公司、中机第一设计研究院有限公司、合肥工业大学、安徽忠旺铝合金精深加工有限公司共同承担，总投资 2.39 亿元。突破新能源汽车内绿色制造共性关键技术瓶颈，研发全铝车身绿色设计和制造过程绿色化工艺及装备等关键技术，建成年产 6 万辆新能源汽车全铝车身生产线和绿色设计平台，完成绿色设计方案验证和优化，形成新能源汽车全铝车身高水平绿色设计和绿色生产

表 47 2018 年武进区新增国家级科技项目情况表

项目类型	项目名称	武进区承担单位
国家科技重大专项	复合材料模压成形多功能模具设计开发应用	机械科学研究总院江苏分院有限公司
国家重点研发计划	脑卒中康复机器人系统—脑卒中康复机器人系统的集成与应用—基于柔索驱动的机器人本体机械结构加工工艺分析、设计和优化，材料选型和优化，实现轻量化、模块化	常州先进制造技术研究所
	脑卒中康复机器人系统—脑卒中上、下肢康复机器人设计—下肢康复机器人的构型综合与尺度优化方法研究	常州先进制造技术研究所
	新能源汽车全铝车身绿色设计平台建设	机械科学研究总院江苏分院有限公司
	紧凑式齿轮传动装置与主动控制横向减振器、抗蛇行减振器研制	中车戚墅堰机车车辆工艺研究所有限公司
	基础制动及齿轮箱传动装置研制	中车戚墅堰机车车辆工艺研究所有限公司
	复杂服役条件下盘形制动高效摩擦副摩擦磨损机理及匹配性技术研究	中车戚墅堰机车车辆工艺研究所有限公司
国家自然科学基金面上项目	NKD1 在结肠癌细胞中的功能及分子机制研究	常州市武进人民医院（江苏大学附属武进医院）

技术体系。经鉴定，项目技术达国内领先水平。

【“紧凑式齿轮传动装置与主动控制横向减振器、抗蛇行减振器研制”项目】 5 月，被科技部认定为国家重点研发计划，获中央财政专项经费 163 万元。该项目由中车戚墅堰机车车辆工艺研究所有限公司（简称“中车戚墅堰所”）等单位承担，是“自适应转向架关键部件研制及验证技术研究”课题子课题，总投资 513 万元。通过攻克电机、联轴节、齿轮箱一体化驱动装置综合设计技术，大功率、紧凑式驱动装置设计技术，自适应转向架的智能、高效减振器主动变阻尼控制技术，主动控制可变阻尼抗蛇行减振器设计技术等关键技术，开发紧凑式齿轮箱及主动控制横向减振器和抗蛇行减振器，为既有铁路与高速铁路跨线运行搭建自适应转向架关键部件设计、制造、试验平台。项目实施期间，申请发明专利 1 件。经鉴定，项目技术填补国家空白。

【“基础制动及齿轮箱传动装置研制”项目】 7 月，被科技部认定为国家重点研发计划先进轨道交通专项，获中央财政专项经费 140 万元。该项目由中车戚墅堰所承担，是“时速 250 公里以上货运动车组研制”课题子课题，总投资 780 万元。通过攻克基于模块化设计的制动性能优化技术、制动摩擦材料配方与成型工艺优化技术、基于振动和温升的高性能齿轮箱设计技术、故障诊断和失效预测预警技术、复杂服役工况全方位模拟试验技术等关键技术，开发出时速 250 千米以上货运动车组盘形基础制动装置和齿轮箱传动装置。项目实施期间，申请发明专利 2 件。经鉴定，项目技术填补国内货运动车组基础制动和齿轮箱传动技术领域空白。

【“复杂服役条件下盘形制动高效摩擦副摩擦磨损机理及匹配性技术研究”项目】 7 月，被科技部认定为国家重点研发计划先进轨道交通专项，获中央财政专项经费 45 万元。该项目由中车戚墅堰所承担，是“时速 160 公里快捷货车及关键技术研究”课题子课题，总投资 55 万元。针对时速 160 千米快捷货车的复杂服役条件，重点研究复杂外界环境条件下制动摩擦副力学、热物理、摩擦磨损性能及材料匹配性与制动摩擦系统噪声的关联技术，利用合理成熟的制动盘铸造、热处理工艺，研制货车低成本、高可靠盘形制动装置产品。研究间隙调整可靠、制动力输出效率高、坡道驻车能力强的制动缸，开发结构紧凑、制动效率高、受力变形小、防松防脱防盗性能好、检修周期长的制动夹钳。项目实施期间，申请发明专利 2 件。经鉴定，项目技术填补国内快捷货车基础制动技术领域空白。

【“NKD1 在结肠癌细胞中的功能及分子机制研究”项目】 2018 年 9 月，被国家自然科学基金委员会评为国家自然科学基金面上项目，获中央财政专项经费 57 万元。该项目由常州市武进人民医院（江苏大学附属武进医院）承担，通过生物信息学方法检索筛选只在结肠癌中高表达、在其他癌组织中低表达或无表达的基因，发现 NKD1 基因。研究发现过氧化物酶体增殖因子激活受体 D（PPARD）显著上调 NKD1 基因表达，NKD1 基因与 c–Myc 基因可相互结合且具有促进结肠癌细胞增殖功能。项目研究可为结肠癌诊治提供特异性的诊断标志物和治疗靶点。

（张建忠）

省级科技项目

【武进获省级科技项目立项 92 个】 2018 年，武进区组织申报省级科技项目 143 个，获立项 92 个，获项目经费 9740.8 万元。其中，“电动汽车充电智慧能源管理与运营系统的研发及产业化”等 6 个项目获省科技成果转化专项资金项目立项，获项目经费 2900 万元，涉及高端智能装备制造、新一代信息技术、新材料、新能源汽车等行业领域；“造纸废弃资源制备木质素酚醛泡沫关键技术应用研究”等 15 个项目获省重点研发计划项目立项，获项目经费 1100 万元；获省级知识产权类项目立项 15 个、省级科技人才类项目立项 26 个，分获经费 467 万元、445 万元。

表 48

2018 年武进区新增省级科技项目情况表

项目类型	项目名称	武进区承担单位
苏南国家自主创新示范区建设高新区奖励补助资金项目	苏南国家自主创新示范区建设	武进高新技术产业开发区管委会
省级高新技术产业开发区奖励资金项目	江苏省西太湖高新技术产业开发区建设	江苏省西太湖高新技术产业开发区（筹）管委会
省科技成果转化专项资金项目	电动汽车充电智慧能源管理与运营系统的研发及产业化	万帮充电设备有限公司
	城市轨道交通全自动无人驾驶系统的研发及产业化	新誉轨道交通科技有限公司
	高可靠性高功率紫外固体工业激光器的研发及产业化	常州英诺激光科技有限公司
	车用多功能传感控制智能集成系统的研发及产业化	江苏日盈电子股份有限公司
	高速列车用高性能铝合金焊接新材料的研发及产业化	哈焊所华通（常州）焊业股份有限公司
	8 ～ 11 代线 LCD 专用黑色光刻胶树脂的研发及产业化	常州强力电子新材料股份有限公司
省重点研发计划（社会发展）项目	造纸废弃资源制备木质素酚醛泡沫关键技术应用研究	江苏乾翔新材料科技有限公司
	新型高分子口腔种植体复合材料研究	常州化学研究所
	康复轮椅智能化关键技术应用研究	常州机电职业技术学院
	凹凸棒石 / 氮化碳 / 聚苯胺多级结构光催化材料及光催化燃油深度脱硫性能	常州纳欧新材料科技有限公司
	废旧线路板中聚合物基复合材料资源化利用关键技术开发与应用	江苏爱特恩高分子材料有限公司
	高性能小型化一次性使用电圈套器的研发与产业化	江苏唯德康医疗科技有限公司
省重点研发计划（现代农业）项目	基于蛋白复合体解析的黄羽肉种鸡鸡白痢净化技术研究及应用	江苏立华牧业股份有限公司
省重点研发计划（产业前瞻与共性关键技术）项目	基于石墨烯微腔的纳秒级位移传感器	江南石墨烯研究院
	新能源汽车智能充电桩和汽车安全监控互联网公共服务系统的开发与应用	江苏万帮充电设备有限公司
	智能陪护机器人应用技术研发与示范	常州钱璟康复股份有限公司
	基于仿生立体视觉的输电线路无人机智能巡检系统	江苏优埃唯智能科技有限公司
省重点研发计划（自然科学基金）青年项目	基于类人记忆的机器人运动技能获取方法	大连理工常州研究院有限公司
省重点研发计划（自然科学基金）面上项目	CO_2 发泡聚丙烯形成纳孔泡沫材料的调控机制	北京化工大学常州先进材料研究院
	过渡金属修饰的菱沸石结构分子筛催化小分子烃类选择性还原氮氧化物研究	常州工程职业技术学院
	高强镁基复合材料纳米增强相合成行为及强化机制研究	大连理工常州研究院有限公司
省工程技术研究中心项目	江苏省膨体聚四氟乙烯膜与气凝胶复合材料工程技术研究中心	江苏泛亚微透科技股份有限公司
	江苏省智能化污水处理装备工程技术研究中心	江苏博隆环保设备有限公司
	江苏省电能物联网数据平台工程技术研究中心	苏文电能科技股份有限公司
	江苏省电动汽车电机电控系统工程技术研究中心	常州市武起常乐电机有限公司
	江苏省焊拔精密钢管工程技术研究中心	江苏迪欧姆股份有限公司
	江苏省核级大型液压阻尼器（核电站用）工程技术研究中心	常州格林电力机械制造有限公司
	江苏省激光精密微加工工程技术研究中心	常州英诺激光科技有限公司
省龙头骨干企业独立研发机构	2018 年江苏省创新能力计划建设专项资金	中汽研（常州）汽车工程研究院有限公司
省新型研发机构奖补项目	2018 年江苏省创新能力计划建设专项资金	北化常州先进材料研究院
	2018 年江苏省创新能力计划建设专项资金	常州光电技术研究所
	2018 年江苏省创新能力计划建设专项资金	大连理工常州研究院有限公司
	2018 年江苏省创新能力计划建设专项资金	常州数控技术研究院
	2018 年江苏省创新能力计划建设专项资金	常州西南交大轨道交通研究院
	2018 年江苏省创新能力计划建设专项资金	机械科学研究总院江苏分院有限公司
省科技公共服务平台绩效评估后补助项目	2018 年江苏省创新能力计划建设专项资金	常州佰腾科技有限公司
	2018 年江苏省创新能力计划建设专项资金	常州先进制造技术研究所
省政策引导类计划项目（软科学研究）	武进高新区机器人及智能装备产业迈向全球价值链中高端的发展路径研究	常州机电职业技术学院

续表 48

项目类型	项　目　名　称	武进区承担单位
省科技型创业企业孵育计划资金项目	江苏武进西太湖国际智慧园	常州西太湖建设发展有限公司
	常州科教城国际创新基地孵化器	长江龙城科技有限公司
	江南石墨烯高新技术创业服务中心	江南石墨烯研究院
	武进高新技术创业服务中心	武进高新技术创业服务中心
	武进湖塘科技产业园孵化器	常州市武进湖塘科技产业园投资管理有限公司
	江苏武进科创园	常州市武进科创孵化园管理有限公司
	常州市武进区科创服务中心	常州市武进区科创服务中心
	津通国际工业园	江苏津通创业投资有限公司
	大连理工大学常州科技创业园	大连理工常州研究院有限公司
	常州医疗器械创业服务中心	常州医疗器械产业研究院有限公司
	上海交通大学（常州）科技园	常州慧谷科技园有限公司
省知识产权战略推进计划项目	江苏省企业知识产权战略推进计划重点项目	灵通展览系统股份有限公司
	江苏省企业知识产权战略推进计划重点项目	常州铭赛机器人科技股份有限公司
	江苏省企业知识产权战略推进计划一般项目	柳工常州机械有限公司
	江苏省企业知识产权战略推进计划一般项目	常州市瑞泰工程机械有限公司
省知识产权项目	高强高模碳纤维产业专利预警分析持续项目	江苏佰腾科技有限公司
	激光器及激光智能装备行业专利预警分析	大连理工常州研究院有限公司
	石墨烯光伏组件领域专利预警分析	常州恒维智信息技术有限公司
	ZL201630131861.3 电动车（整车）	江苏小牛电动科技有限公司
	江苏省专利发明人奖（钱晓春）	常州强力电子新材料股份有限公司
	省专利代理机构管理规范化建设试点单位	常州市英诺创信专利代理事务所（普通合伙）
省企业知识产权管理贯标奖补项目	企业知识产权管理贯标奖补	常州强力电子新材料股份有限公司
	企业知识产权管理贯标奖补	江苏爱特恩高分子材料有限公司
	企业知识产权管理贯标奖补	常州市凯迪电器股份有限公司
	企业知识产权管理贯标奖补	江苏亚邦染料股份有限公司
	企业知识产权管理贯标奖补	江苏常发农业装备股份有限公司
省“双创”人才项目（创新类）	创新创业人才樊璐露	福隆医用材料（中国）有限公司
	创新创业人才胡明	光大环保技术装备（常州）有限公司
	创新创业人才谢海波	江苏恒立液压科技有限公司
	创新创业人才蔡旭	光大环保技术装备（常州）有限公司
	创新创业人才万虹	微传智能科技（常州）有限公司
	创新创业人才张亮	江苏科晶智能科技股份有限公司
	创新创业人才王伟志	新誉集团有限公司
	创新创业人才贾锐	江苏顺风光电科技有限公司
	创新创业人才张磊	福隆医用材料（中国）有限公司
	创新创业人才任冠佼	纳恩博（常州）科技有限公司
	创新创业人才赵林志	瑞声精密制造科技（常州）有限公司
省“双创”博士项目（科技副总）	创新创业博士邰杰（江苏理工学院）	江苏恒诺园林建设有限公司
	创新创业博士肖淑艳（江苏理工学院）	常州市莱特信息科技有限公司
	创新创业博士邓赵红（江南大学）	常州佰腾科技有限公司
	创新创业博士李春光（常州工学院）	江苏科晶智能科技股份有限公司
	创新创业博士鲍益东（南京航空航天大学）	常州工利精机科技有限公司
	创新创业博士丁力平（南京航空航天大学）	江苏雷利电机股份有限公司
	创新创业博士刘明芳（常州工学院）	常州市巍纳赛电子科技有限公司
	创新创业博士丁力（江苏理工学院）	江苏优埃唯智能科技有限公司

续表 48

项目类型	项　目　名　称	武进区承担单位
省“双创”博士项目（科技副总）	创新创业博士郑恩兴（江苏理工学院）	常州道金智能科技有限公司
	创新创业博士周志明（华东理工大学）	江苏爱特恩高分子材料有限公司
	创新创业博士孙志永（常州大学）	江苏腾驰科技有限公司
	创新创业博士何光裕（常州大学）	常州戚墅堰机车车辆配件工业有限公司
	创新创业博士何颖（常州工学院）	常州东仕豪机械制造有限公司
	创新创业博士郭兴忠（浙江大学）	江苏泛亚微透科技股份有限公司
	创新创业博士张燕红（常州工学院）	常州市翰琪电机有限公司

【“利用蛋白复合体解析技术研制复合抗原用于黄羽肉种鸡鸡白痢净化”项目】 8月，被省科技厅认定为省重点研发计划（现代农业）项目，获省级资助经费100万元。该项目由江苏立华牧业股份有限公司、扬州大学联合承担，总投资300万元。首次将蛋白复合体解析技术运用在沙门氏菌研究领域，建立黄羽肉种鸡(雪山鸡)的鸡白痢沙门氏菌细菌库。制备并纯化鸡白痢沙门氏菌菌株高亲和力的免疫蛋白，分离鉴定并解析具有特定免疫结合活性的高分子复合体。建立鸡白痢沙门氏菌高效检测技术，用于规模化净化黄羽肉种鸡核心群的鸡白痢。

【“电动汽车充电智慧能源管理与运营系统的研发及产业化”项目】 11月，被省科技厅认定为省科技成果转化资金项目，获省级资助经费300万元、地方配套经费300万元。该项目由万帮充电设备有限公司承担，新增投资2500万元，实施期限3年。开发主动能源控制技术，提高能源使用效率，自主研发安全可靠的即插即用充电技术；优化大数据计算存储一体化系统，提升系统吞吐量、并发量及存储容量；运用数据挖掘与机器学习技术，实现多个决策模型、多方位数据决策、数据价值转化，实现故障预测，优化能源系统，完成能源交易、售卖管理，实现能源闭环。项目实施期内，改扩建多功能能源管理运营系统试验区，新建农业管理测试桩群，电动汽车充电智慧能源管理与运营系统实现在线服务5万台。

【“城市轨道交通全自动无人驾驶系统的研发及产业化”项目】 11月，被省科技厅认定为省科技成果转化资金项目，获省级资助经费300万元、地方配套经费300万元。该项目由新誉轨道交通科技有限公司承担，新增投资6000万元，实施期限3年。分析设计信号监控系统物理架构、逻辑结构，建立高可靠性、高度模块化架构模型；构建自动化车辆段和停车场管理系统模型，开发车辆段和停车场时刻表、自排调车和列车进路等技术；构建城市轨道交通信号监控技术、综合监控技术、乘客信息技术、乘客广播技术等集成监控体系，开展全自动无人驾驶列车控制功能设计和无人驾驶场景分析；开发无人驾驶系统集成测试方案和平台，实现规范化、标准化地面模拟。项目实施期内，年产无人驾驶系统30套。

【“高可靠性高功率紫外固体工业激光器的研发及产业化”项目】 11月，被省科技厅认定为省科技成果转化资金项目，获省级资助经费300万元、地方配套经费300万元。该项目由常州英诺激光科技有限公司承担，技术依托单位为大连理工大学，新增投资4000万元，实施期限3年。开发光—光转换技术以及高效温度控制与热管理系统，保证紫外固体激光器稳定及长期可靠工作；开发基于MCU、FPGA芯片的高速信号处理嵌入式控制软件，控制激光脉冲能量和非线性晶体温度；开发腔内三倍频非线性转换模块化设计，保证三倍频晶体高转换效率、运行可靠；开发谐振腔、机械组件、电器组件等模块，实现光机电一体化工程设计，促使目标产品体积小、易集成；开发紫外激光脉冲控制技术，增加激光器脉冲宽度及工作频率。项目实施期内，年产紫外固体工业激光器1000台。

【“车用多功能传感控制智能集成系统的研发及产业化”项目】 11月，被省科技厅认定为省科技成果转化资金项目，获省级资助经费800万元。该项目由江苏日盈电子股份有限公司承担，技术依托单位为浙江大学常州工业技术研究院，新增投资8500万元，实施期限3年。优化雨量传感系统结构，扩大雨量探测区域，提升探测灵敏度；优化阳光传感系统数据处理平台软件，智能处理多传感量数据；设计集成多传感器检测及精准控制的高集成传感器模块，提升产品灵敏度；研究车载智能传感控制绿色制造技术，完善注塑、灌胶、封装等工艺和在线校准技术，实现连续稳定生产。项目实施期内，建成柔性生产流水线5条，年产项目产品480万套。

【“高速列车用高性能铝合金焊接新材料的研发及产业化”项目】 11月，被省科技厅认定为省科技成果转化资金项目，获省级资助经费600万元。该项目由哈焊所华通（常州）焊业股份有限公司承担，技术依托单位为哈尔滨焊接研究院有限公司，新增投资5500万元，实施期限3年。优化铝合金焊材冶炼技术，强化旋转除气及电磁搅拌除氢效果；优化连铸连轧控制技术，确定最佳轧制工艺参数，提高力学性能，增加焊缝抗拉强度；研究材料可焊性、组织稳定性和焊缝性能，控制焊缝硬度偏差，焊缝X射线探伤满足Ⅰ级要求。项目实施期内，改扩建研发场地和生产车间，购置研发设备及产业化设备，建成生产线3条，年产铝合金焊接材料2500吨。

【“8-11代线LCD专用黑色光刻胶树脂的研发及产业化”项目】 11月，被省科技厅认定为省科技成果转化资金项目，获省级资助经费600万元。该项目由常州强力电子新材料股份有限公司承担，技术依托单位为北京化工大学常州先进材料研究院，新增投资8500万元，实施期限3年。设计千吨级产品合成工艺并建设生产线，优化11代线LCD专用黑色光刻胶树脂的产业化工艺，完成产品高效制备、成本控制、品质检验及标准制定。项目实施期内，增加环保配套设施，建成年产LCD专用黑色光刻胶树脂1000吨的生产线。

（张建忠）

科技奖励

【概况】 2018年，武进区积极落实科技奖励政策，组织科技企业申报科技奖励项目，推动技术研究、技术开发和技术创新，引导企业推广应用先进科学技术成果，促进高新技术产业化。全区获省科技进步奖5个，其中二等奖1个、三等奖4个。

【“数字化全成形经编装备及智能生产管理系统”项目获省科技进步二等奖】 该项目被省科技厅授予2018年度江苏省科学技术奖二等奖，由五洋纺机有限公司、常州机电职业技术学院、东华大学联合承担，投入研发经费2000余万元。在国家发展改革委、工业和信息化部、财政部三部委首批智能制造装备发展专项、江苏省科技成果转化专项资金项目资助下，通过自主化联合开发，突破高机号全成形编织技术等关键技术，实现精细化、数字化全成形系列经编装备产业化；开发经编机多维精协嵌入式智能控制系统，实现机构控制、生产过程管理、远程运维一体化协同控制；创新建设高效智能化生产线，集智能化、远程监控、信息交换等技术于一体，实现全成形服装的全产业链智能化生产和管理。项目实施期内，获专利授权22件，其中发明专利11件，获软件著作权5项，多项成果获国家火炬计划产业化示范项目、江苏省高新技术产品、江苏省优秀新产品金奖等。经中国纺织工业联合会科技成果鉴定，项目产品、技术均处于国际先进水平，部分技术处于国际领先水平。

【“液压多路换向阀关键技术及应用”项目获省科技进步三等奖】 该项目被省科技厅授予2018年度江苏省科学技术奖三等奖，由江苏恒立液压科技有限公司、常州大学、常州轻工职业技术学院联合承担，投入研发资金1.2亿元。突破高精密阀体铸造技术、多执行机构复合操作流量分配技术、基于虚拟仿真技术的液压元件开发技术、溢流阀的噪音与振动控制技术、片式多路阀阀孔珩磨技术等工程机械核心液压件的关键技术，首次把国产小型挖掘机的液压系统压力等级提升至35兆帕，打破国外品牌产品垄断。首次实现挖掘机等高端工程机械装配配套，进入三一重工、徐工、柳工等品牌龙头主机企业OEM体系（代工体系），具备在同一平台直接与国外著名液压元件制造商竞争的能力。经行业专家鉴定，该项目整体技术处于国内领先、国际先进水平。项目实施期内，获专利授权22件，获液压液力气动密封行业技术进步一等奖、中国机械工业科学技术一等奖、中国发明专利优秀奖。

【“金属锻冲压成形智能制造系统关键技术与集成应用”项目获省科技进步三等奖】 该项目被省科技厅授予2018年度江苏省科学技术奖三等奖，由常州先进制造技术研究所承担，投入研发资金1400万元。在中国科学院战略性新兴产业项目、江苏省产学研前瞻性联合研究项目资助下开展自主独立开发，解决发动机凸轮轴和热水器内胆等典型零部件智能化制造难题，生产线仅需1人值守，工作效率提高2倍以上，产品质量大幅提高；建立生产线数字化虚拟样机模型，构建计算机集散控制系统，突破耐高温自适应末端执行器及生产线附属工装设计、多机器人协调控制、工件检测与缺陷识别等关键技术，实现智能机器人技术在金属零部件温锻和冷冲压冷制造领域的成功应用。项目实施期内，获发明专利授权10件。经专家鉴定，项目技术处于国内领先水平。

【“汽车高精密微型壳体件拉深级进模技术及应用”项目获省科技进步三等奖】 该项目被省科技厅授予2018年度江苏省科学技术奖三等奖，由常州工利精机科技有限公司、江苏雷利电机股份有限公司、南京航空航天大学、常州机电职业技术学院联合承担，投入研发经费588万元。针对汽车高精密微型壳体的成形问题，创新研发机壳连续拉深软连接载体技术、活动凹模侧冲技术、机壳爪极弧度R成型技术、机壳旋切切边技术等工艺，改善模具高耗料、工序低集成缺陷。集成普通单冲模具10道工序，实现一次性冲压成形，生产效率提高40倍以上，操作人员减少90%以上。项目实施期内，获发明专利授权17件、其他知识产权22项，部分成果获中国机械工业科学技术奖二等奖。经行业专家鉴定，项目技术及应用能力达国际先进水平。

【“高性能大马力农用动力关键技术及应用”项目获省科技进步三等奖】 该项目被省科技厅授予2018年度江苏省科学技术奖三等奖，由江苏常发农业装备股份有限公司、江苏大学、常柴股份有限公司、辽阳新风科技有限公司联合承担。契合“中国制造2025”战略与低碳农业重大需求，立足自主核心零部件，开发系列农用柴油机，产品具有结构紧凑、功率密度高、油耗低、排放低等优点，广泛应用于非道路国三系列多缸柴油机的开发生产。项目实施期内，完成科技成果鉴定4项；获发明专利授权26件，其中核心专利10件；获软件著作权2项；参与制（修）订国家标准2项；获中国农机行业年度产品创新奖。经江苏常发农业装备股份有限公司、常柴股份有限公司等农机骨干企业应用，经济与社会效益良好。

（张建忠）

国际科技合作

【概况】 2018年，武进区加快科技创新国际化步伐，开放整合创新资源，对接海外科技成果和人才，推进建设中国以色列常州创新园（简称“中以常州创新园”）、江苏中德创新中心、中俄科技产业园等国际科技合作平台。成立中以创新园（常州）发展有限公司，创新合作中心网络平台、国际技术转移、交易平台等进入实质运作，促成中以技术合作项目2个。中德产业创新与合作中心揭牌，中俄科技产业园受邀参加江

12 月 17 日，第二届中以创新创业大赛医疗器械领域决赛在武进九洲花园大酒店举行，区领导为获奖者颁奖　摄影／陆　新

苏省科技镇长团十周年总结庆典。举办 2018 年以色列智慧交通技术对接会、第二届中以创新创业大赛医疗器械领域决赛、2018 年中国（常州）轨道交通产业国际技术对接交流会、2018 年跨国技术转移对接交流会、2018 年常州市机器人及人工智能领域成果专题洽谈会暨第四届武进国家高新区海智对接交流会等国际科技交流活动 8 场，邀请德国汉堡科学院、挪威工程院、加拿大工程院、俄罗斯全俄电力安装生产研究与设计院的专家参加相关专题活动。年内，立项各级国际科技合作项目 11 个，获项目经费 360 万元。其中，“B2C 远程心电医疗系统的联合研发”项目获省政策引导类计划（国际科技合作）项目立项，获项目经费 100 万元；“精准锚定易撤除新型全覆膜胆道支架的国际联合研发”等 3 个项目获市级中以合作专项立项，获项目经费 90 万元；“航天器辐射效应传感器芯片的研发”等 7 个项目获市级国际合作项目立项，获项目经费 170 万元。

【中以常州创新园】 位于西太湖科技产业园（武进经发区），成立于 2015 年 12 月，总规划面积 60 平方千米，由中国和以色列两国政府签约共建，是国家卫计委选定的中以远程医疗试点项目载体、国家外专局中以合作重点服务区域、科技部“一带一路”和国家发展改革委《长三角发展规划》重点支持园区、国家发展改革委认定的中以高新技术产业合作重点示范区域之一，被科技部认定为中以国际科技合作基地和中以国际创新园。2018 年，中以常州创新园推进《中以常州创新园共建计划》，在全国保持合作机制、合作模式、合作成果的“三个领先”。5 月，设立中以创新园（常州）发展有限公司，重点开展国际技术转移和交易服务，打造零售平台，输出区域合作和模式，推动板块独立运营。年内，新增常州以盟置业有限公司、采晟智能科技（常州）有限公司 2 个以色列项目，新增投资 800 万元，促成迈拓（常州）医疗科技有限公司与江苏钱璟医疗器械有限公司、以色列竹子自行车项目和世纪鸟电动车 2 项技术合作；中以创新合作中心网络平台、国际技术转移及交易平台、中以新零售平台进入实际运作；举办 2018 年以色列智慧交通技术对接会、国际医疗器械项目路演对接会、第二届中以创新创业大赛医疗器械领域决赛等活动。至年底，累计引进以色列企业 81 家。驻以色列经济部办公室推动中以常州创新园与希伯来大学、特拉维夫大学、赫兹利亚跨学科研究中心等高等院校资源对接，合作开发商旅合作项目，与地方政府或学校支持的孵化器达成战略合作，与以色列经济部下属对外贸易局和出口协会等达成商务合作意向，与大型律师事务所、投资机构等中介机构达成项目信息及资源共享等协作意向，全年挖掘具备申报共建计划意向的以色列企业 21 家，其中 5 家企业通过共建计划落户园区。

【中俄科技产业园】 位于武进区人民西路 1 号，2016 年 5 月开园，占地面积 3.5 万平方米，由武进区政府和黑龙江省科学院合作共建，牛塘镇政府承建，是全省首家中俄科技经济交流共享平台与产业孵化机构。2018 年，该产业园围绕“一带一路”倡议开展国际科技合作，瞄准破解重点产业和骨干企业关键技术瓶颈目标，结合武进区政策、产业、市场优势和俄罗斯等独联体国家人才、技术、科研优势，深化项目对接，拓展科技、经贸、人文、旅游合作领域，促进成果转化机制高效顺畅。深化与俄罗斯全俄电力安装生产研究与设计院、俄罗斯科学院化学物理问题研究所等独联体国家科研机构合作，拓展与黑龙江省对俄工业技术合作中心、江苏省跨国技术转移中心、陕西省跨国技术转移中心等机构合作，联合俄罗斯科学院乌拉尔分院发布新项目 214 个，涉及纳米技术、新材料与新工艺、自然资源合理利用等领域；邀请俄罗斯全俄电力安装生产研究与设计院 2 名专家参加 2018 年中国（常州）配电设备智能化技术国际交流会，组织武进企业家考察团参加第三届北纬 45° 创新论坛，围绕“一带一路”沿线国家产业技术、医疗健康、能源利用、食品技术、资本市场、科技合作等方面开展交流；举办 2018 年常州市武进区新材料、环保项目发布对接会，受省委组织部邀请在江苏省科技镇长团十周年总结庆典上展示园区成果。

【“B2C 远程心电医疗系统的联合研发”项目】 12 月，被省科技厅认定为省政策引导类计划（国际科技合作）项目，获省级资助经费 100 万元。该项目由常州纳塔力医疗技术服务有限公司承担，合作方为以色列 Aerotel 医疗系统有限公司，总投资 940 万元，是国内首个 B2C 远程医疗项目。项目单位在常州市武进人民医院搭建远程医疗中心工作站，引进以色列 Aerotel 医疗系统有限公司的心电设备，在自主研发的 CRM 系统平台（客户关系管理系统平台）上整合国产软件系统，构建一套医疗级别心电数据快速检测交互系统及应用方法，有效存档用户数据，建立个人健康档案。项目改变传统心电监护方式，可随时监测用户生命体征，具备上门体检、远程指导、提前预警、紧急救助等功能。项目设备通过国家食品药品监督管理总局认证。

（张建忠）

科技人才

【概况】 2018年，武进区坚持市场主导、政府引导、企业主体原则，深入实施人才优先发展战略，突出量质并举、优化结构，引进培育科技人才，构建创新人才、创业人才、领军人才、科技型企业家人才梯队。继续实施“武进英才计划”，启动领军型创新人才“倍增工程”，区委人才办、区科技局发布《武进区领军型创新人才发展行动计划（2018—2020年）》《武进区科技服务业人才发展行动计划（2018—2020年）》，完善创新人才政策体系，重点引进新一代信息技术、轨道交通、机器人、航空航天装备、先进碳材料、生物医药与医疗器械等产业领域创新人才。区政府办印发《常州市武进区科技工作者奖励办法》和《关于评选2016—2017年武进区科技工作者奖的通知》《关于评选2016—2017年武进区科技系统先进工作者的通知》，设立常州市武进区科技工作者奖，奖励全区有突出贡献的科技型企业家、有突出贡献的科技工作者、优秀专业技术工作者、科技系统先进工作者。利用江苏省科技镇长团“十周年武进行”、第十三届中国常州先进制造技术成果展示洽谈会分会场等活动，推介人才政策。坚持以项目为导向，加强引育力度，入选国家“万人计划”6人、国家创新人才推进计划4人；组织申报省“双创计划”项目，8名“双创”人才和3名“双创”博士获资助；10人获常州市领军型创新人才引进培育项目资助。8月，江苏省科技镇长团武进团第十批团员完成挂职，第十一批团员23人入驻武进区。至年底，全区累计有高层次人才2.1万人，累计引进领军人才团队998个。其中,省“双创”团队6个、省“双创人才”125人、外籍院士工作室3个。

（张建忠）

【“武进英才计划”领军型创新人才“倍增工程”启动】 2018年11月，区委人才办和区科技局、财政局联合发出《关于进一步深化“武进英才计划”实施领军型创新人才“倍增工程”的意见》，启动领军型创新人才“倍增工程”，重点围绕新一代信息技术、轨道交通、机器人及智能装备、智能电网、以石墨烯为主导的新材料、医疗器械等高新产业领域引进高层次人才，计划至2020年

表49 江苏省科技镇长团武进团第十一批团员情况表

姓名	派出单位及职务	任职单位及职务	从事专业
刘荫梅	黑龙江大学数据科学与技术学院党委书记	武进区政府副区长	党政管理
曹荣根	复旦大学（复旦—滨松联合实验室）主任	武进区科技局副局长	材料物理
王超	东南大学博士后管理办公室主任	常州科教城科技创新处副处长、武进区委人才办副主任	人力资源管理
胡英娣	吉林大学法学院校友办主任	常州经开区科技局副局长	高等教育管理
夏婷	江苏省生产力促进中心项目经理	武进高新区科技局副局长	高级经济师
张昊	南京航空航天大学教师	武进高新区科技局副局长	机器人、微纳制造
龙于飞	南京中医药大学校长办公室秘书	西太湖科技产业园（武进经发区）管委会副主任	管理岗位
雷凯	河海大学（常州校区）教务部科长	西太湖科技产业园（武进经发区）党工委副书记	党政管理
孙伟业	哈尔滨理工大学机械学院教师	武进绿建区管委会副主任	思想政治教育
汤嘉立	江苏理工学院教师	雪堰镇党委副书记	计算机应用、工业自动化控制
马立波	常州工程职业技术学院教师	礼嘉镇党委副书记	高分子材料加工技术
张益民	南京师范大学环境学院教师	前黄镇副镇长	环境规划与管理环境评价
杨圣军	浙江大学常州工业技术研究院项目主管	湖塘镇党委副书记	科技成果转化、专利代理人
王东凯	黑龙江省科学院高技术研究院开发办副主任	牛塘镇党委副书记	生物技术
冷雪锋	常州轻工职业技术学院电气教研室主任	洛阳镇党委副书记	电气自动化技术
欧阳春	江苏科技大学教师	湟里镇副镇长	材料电化学
庄燕青	常州工学院团委副书记	嘉泽镇党委副书记	思想政治教育
尹勇	武汉理工大学信息工程学院教师	横林镇党委副书记	信息与通信工程
邱琳	常州大学制药与生命科学学院教师	遥观镇党委副书记	化学、材料、医药
赵远	常州大学环境与安全工程学院教师	横山桥镇党委副书记	环境 工程
王旭波	常州工程职业技术学院教师	潞城街道党工委副书记	药学、化学
李仁璞	江苏理工学院计算机工程学院主任	丁堰街道管委会副主任	计算机科学与技术
刘勤华	常州化学研究所项目管理部主任	戚墅堰街道党工委副书记	材料学、企业管理

年末，领军型创新人才资源总量在全市占比35%以上，企业创新人才总量突破250人。通过搭建企业与人才对接服务平台、组织科技对接活动、柔性引进高校院所人才、建立技术经纪人库等措施，实现精准引才；加快建设工程中心、工程技术研究中心、博士后工作站、院士工作站等育才平台，鼓励校企合作建设专业化、多元化、高水平平台载体，建设创新创业载体联盟，实现优质育才；依托科技项目带动人才项目，引进创新团队，建立企业与人才挂钩服务机制，实现科技人才联动。根据人才创新水平、技术领先性、与企业结合度、项目发展前景等要求，评审企业引进的创新人才和团队，评审通过的给予企业支持经费15万元，给予人才武进英才“荣誉工程”相关礼遇政策。

（吴志坚）

【江苏省科技镇长团“十周年武进行”活动】 2018年3月举行，历届江苏省科技镇长团武进团成员、各镇、开发区代表等参加。活动现场，由团员联系洽谈并落户武进的12个创新创业和产学研合作项目集中签约，武进区人才政策宣传推介会举行，各镇、开发区代表与科技专家围绕产业需求和创新发展疑问展开交流。江苏省科技镇长团选派工作于2008年启动，每年从国内高等学校、科研院所、国家有关部委、省级机关、中央及省属企业选派优秀骨干在各辖市、区挂职。2009—2018年，先后有9个批次、166名团员在武进区挂职，武进团成为全省人数最多、规模最大的区级科技镇长团，累计协助引进省级及以上高层次创新创业人才60人，柔性引进专家人才1750人次，帮助企业申报省级及以上科技人才项目286个，推动企业建立科技企业孵化器、研发中心等载体284个，对接各类项目和科技成果转化需求2562项。

（张建忠）

产学研合作

【概况】 2018年，武进区继续实施科技创新“双十百千”行动（紧密联系常州十余所高校，重点建设武进十大产业，全力对接百名科研骨干教师，大力培育百家创新型企业，积极鼓励千名高校学生创新创业，努力推动千项科技项目），构建以企业为主体、市场为导向、产学研相结合的技术创新体系，深化科技经济对接，推动科技成果转化。区政府办贯彻省政府《关于加快推进全省技术转移体系建设的实施意见》精神，印发《武进区技术经纪人奖励实施办法》，鼓励技术经济执业人员组建技术经纪人队伍，培育、发展、规范技术交易市场。区科技部门组织百名专家教授走进武进百家企业对接活动、武进区“双十百千”行动创新创业项目路演活动、华中科技大学—常州市武进区轻工科技对接交流会等较大规模产学研活动12次，组织企业参加2018年常州市技术合同认定登记培训等市级及以上产学研活动12次，签订合作意向项目237个，新增实施产学研项目95个。至年底，全区申报市级及以上产学研合作项目45个，获立项28个，项目经费157万元。立项区级产学研合作项目27个，下达经费341万元，其中区级财政承担经费240万元。

【第十三届中国常州先进制造技术成果展示洽谈会武进区专题活动】 5月18日，第十三届中国常州先进制造技术成果展示洽谈会在常州科教城开幕，武进区邀请武汉大学、华中科技大学、同济大学、浙江大学、中国科学院、中铁第五勘察设计院集团有限公司等40多所高校院所和企业100多名专家教授及10个院士团队参加。开幕式上，武进区签约项目15个，总投资超120亿元，其中3个产学研合作项目、签约金额1100万元。在该展洽会主会场打造武进高新区科技成果展示馆，重点围绕高端装备、电子和智能信息、节能环保、新型交通四大主导产业及机器人、智电汽车两张产业名片，展列园区29家企业高新技术产品60多个。展洽会期间，武进区组织高端产业峰会、论坛、技术对接交流会、项目集中签约、项目开竣工等专题活动22场。在百名专家教授走进武进百家企业对接活动中，邀请省内外30多个高校院所专家教授82人，与常州市瑞泰工程机械有限公司、江苏南方轴承股份有限公司、江苏君华特种工程塑料制品有限公司、江苏泛亚微透科技股份有限公司等20多家企业围绕智能制造、新材料等领域技术需求开展产学研对接，达成合作意向10项。

【科技创新“双十百千”行动】 2018年，武进区按《科技创新“双十百千”三年行动计划（2016—2018）》要求，依托武进—在常高校产学研战略合作联盟，开展产学研合作及国际科技合作，推进百名教师挂钩联系百家企业，鼓励千名高校学生创新创业转化千项科技项目，组织校地联席会议、高校园区行、企业高校行，形成长效合作机制，提升企业创新能力。举办武进区“双十百千”行动创新创业项目路演活动，奖励教师111人、学生255人，奖励智能装备、新材料、节能环保、生物医药、互联网信息等技术领域项目92个。其中，重点项目9个、一般项目83个，分别获奖励经费45万元、106.5万元。“双十百千”科技云平台全年新增入库高新技术企业100多家、专家500多人、科技成果信息800多条。2016—2018年，科技创新“双十百千”行动累计对接科研骨干教师539人，培育创新型企业578家，帮助998名高校学生创新创业，实现项目对接372个。

（张建忠）

科技创新创业服务平台

【概况】 2018年，武进区贯彻“大众创新、万众创业”方针，围绕高新技术产业、新兴产业和特色产业，推进科技创新创业服务平台建设。新增科技创新平台54个，其中省级工程技术研究中心7个、市级工程技术研究中心47个，累计有“三站三中心”644个，其中博士后科研工作站26个、院士工作站19个、研究生工作站27个、工程技术研究中心393个、企业技术中心149个、工程中心30个。全区大中型工业企业及规模以上高新技术企业中企业研发机构建有率占比分别达89.6%、98.6%。新增市级科技企业孵化器1个、市级科技企业加速器2个、市级众创空间3个、省级众创空间3个，累计有科技企业孵化器43个（国家级9个、省级12个、市级22个）、科技企业加速器12个（省级3个、市级9个）、众创空间26个（国家级3个、省级17个、市级6个）。市级及以上科技企业孵化器、加速器、众创空间面积累计351.13万平方米，入驻企业2922家，累计孵化企业2850家。年内，区政府根据《武进区促进产业创新发展的政策意见（2017—2019年）》，奖励2017年度获省级以上认定的创新创业平台13个，发放奖励资金490万元。

【3个众创空间获批省级众创空间】 2018年11月，西太湖创客工寓、阿里巴巴创新中心（常州武进）、纺织云众创空间3个众创空间被省科技厅审核确定为省级众创空间，全区累计有省级众创空间17个。

西太湖创客工寓　位于常州西太湖科技产业园，由江苏韮田创客空间有限公司与绿地控股集团股份有限公司合作运营，成立于2016年11月，总投资1000万元，总面积约2000平方米，为青年租户提供租住空间，构建社交平台，打造共享众创空间及长租公寓，帮助创客创业和居住生活，累计有入驻企业50余家，服务园区企业200余家。

阿里巴巴创新中心（常州武进）　位于武进高新区，由武进高新区管委会、阿里云计算有限公司、杭州硬功馆科技有限公司合作共建，成立于2017年12月，下设运营服务部、创业导师团、招商部、财务部、人事行政部和技术部。借助“产业链＋孵化＋加速＋投资”模式，培育智能硬件系统研发创业项目。至2018年6月，累计引进先进制造、智能硬件、互联网和新兴服务业态等领域创新创业项目41个，新增就业岗位100余个。

纺织云众创空间　位于武进高新区北区，由东华纺织集团有限公司子公司常州金运投资有限公司运营，成立于2016年5月，为纺织行业创业企业（项目）提供服务，服务领域以服装设计、面料开发、纺织工艺设计、棉纱采购信息、行业综合信息服务和电子商务为主。依靠东华纺织集团有限公司优势，采取“创业服务＋市场开拓＋创业辅导＋创业投资＋科技服务＋产学研”一体化培育模式，为创业企业（项目）提供面料开发、测试打样、产业化及销售推广等产业链公共服务平台服务，提供企业管理、专业培训、物流资源、仓储等基础服务，提供营销渠道支撑、广告宣传等技术服务，实施租金减免、资源及设备费减免、实操培训费减免、仓储物流费减免等优惠服务。至2018年12月，累计入驻初创企业25家、团队14个，带动就业人数500多人。

【7个平台被认定为省级工程技术研究中心】 10月，武进区7家企业的科技创新平台被省科技厅认定为省级工程技术研究中心，全区累计有省级工程技术研究中心140个。

江苏省膨体聚四氟乙烯膜与气凝胶复合材料工程技术研究中心　由江苏泛亚微透科技股份有限公司建设，总面积3840平方米，有研发团队44人，主要自主研发汽车电气电子设备及车灯防护用的膨体聚四氟乙烯膜组件、全频吸音棉（膨体聚四氟乙烯膜复合吸音棉的高吸声组合新结构材料）、吸雾剂等膜组件新产品，与浙江大学合作成立江苏泛亚—浙江大学微纳孔材料联合研发中心，形成“膨体聚四氟乙烯膜＋气凝胶新材料”新应用。

阿里巴巴创新中心（常州武进）外景　　供稿/武进高新区

江苏省智能化污水处理装备工程技术研究中心　由江苏博隆环保设备有限公司建设，总面积2000平方米，含技术开发中心、检测试验室、新品试制车间、中试基地等，配备液相色谱仪、元素分析仪、流体输送实训装置、多功能多通道膜分离实验装置等仪器设备，有研发人员35人。与常州大学建立产学研合作关系，研发高浓度有机废水火法处理工艺及装备、膜法水处理工艺及成套设备、酸洗废水再生利用工艺及装备、高精度钢管内外壁全智能化脱脂清洗设备及清洗液循环利用成套设备等，建成国内先进的智能化污水处理装备研发和产业化基地。

江苏省电能物联网数据平台工程技术研究中心　由苏文电能科技股份有限公司建设，总面积6000平方米，有研发人员200人。主要研发能效诊断、节能改造、用能监测、分布式新能源发电、冷热电三联供、储能等技术，运用物联网、大数据等技术，研发电能物联网数据平台软件，为客户提供智能调控、需求响应、交易预测、数据价值挖掘等服务，填补国内用户端变电所管理向集中化、智能化和专业化发展的空白，提升国内电能数据平台的科技创新水平。

江苏省电动汽车电机电控系统工程技术研究中心　由常州市武起常乐电机有限公司建设，总面积2000平方米，引进三维振动冲击试验台、电动汽车驱动系统高低温模拟试验台、直读光谱仪等检测装置，有研发人员23人。通过自主研发、产学研合作以及引进消化国内外先进技术，优化设计电动车辆驱动电机结构与参数，建立电机静特性和参数计算方法，在高性能、可靠性及经济性方面提升永磁同步电机驱动系统性能，基于图像处理技术检测电机运行参数，推进电动汽车电驱动系统高效率、高可靠性、高功率密度。

江苏省焊拔精密钢管工程技术研究中心　由江苏迪欧姆股份有限公司建

设，总面积1200平方米，有研发创新团队成员43人。引进数字控制焊管机组、全自动三线冷拔精密钢管机组、进口智能光亮热处理退火炉、数字控制精密分条机、进口全自动精密矫直机、进口自动高性能打头机等装备，研发焊拔精密钢管产品，焊管生产线平均生产速度40米/分，具有壁厚均匀、产品质量好、尺寸精度高、机械性能好、能耗少、成本低等优点，可广泛应用于减振器工作缸、储油筒、气弹簧等产品。

江苏省核级大型液压阻尼器（核电站用）工程技术研究中心 由常州格林电力机械制造有限公司建设，总面积2300平方米，配备动态试验台辅助液压站、高温试验箱、气流式盐雾腐蚀试验箱、500吨阻尼器动态试验台系统等检验检测设备237台套，有专职研发人员23人。研究提高液压阻尼器阀芯加工精度，优化阻尼器油缸活塞等零件加工工艺、热处理工艺、产品装配工艺，分析提升大型液压阻尼器刚度，研究动态性能相似外推方法、大型液压阻尼器智能化监测与诊断技术、第三代核电站主设备支撑用大型液压阻尼器制造加工工艺优化及新材料应用等。

江苏省激光精密微加工工程技术研究中心 由常州英诺激光科技有限公司建设，研发场所面积500平方米、中试车间面积1000平方米，有研发人员30人。聚焦新一代核心激光器、高端激光制造装备、激光加工应用三大方向，开发高端固体激光器产品和高端激光精密微加工技术，打造“高端固体激光器研发+激光加工装备研发+激光微加工应用”的综合性研发平台。

（张建忠）

知识产权管理

【概况】 2018年，武进区围绕重点产业挖掘企业对专利的需求，提升知识产权创造、保护、运用能力，推进知识产权工作健康发展，入选2017年度中国知识产权领域最具影响力县域，位列第二名。全区企业及科研单位申报省级知识产权类科技项目18个，获省知识产权战略推进计划项目立项5个（重点项目3个）；新增中国专利优秀奖2个、省专利发明人奖1个、市专利奖金奖4个、市专利奖优秀奖3个、市优秀发明人奖3个；新增国家知识产权示范企业3家、国家知识产权优势企业8家、国家知识产权贯标认证企业12家、省知识产权贯标绩效评价合格单位20个、省知识产权贯标优秀单位3个、市知识产权贯标优秀单位7个。全年申请专利16506件，获授权11030件，其中获发明专利授权1313件，全区有效发明专利拥有量6485件，万人有效发明专利拥有量45.03件。全区有注册专利事务所15家，业务涉及专利代理、专利咨询、专利预警、专利侵权诉讼等，基本满足区内企事业单位和个人专利服务需求。区科技局加大知识产权管理、保护和宣传力度，通过《武进日报》、武进新闻网及武进电视台等媒体，宣传知识产权典型企业的先进经验与做法；与区法院联合开展知识产权案件庭审观摩活动，用实际案例警示教育园区企业；组织企业人员参加各级各类知识产权培训和座谈，宣传专利政策和专利纠纷典型案例，提高企业知识产权开发及保护意识。全年配合市知识产权局调查知识产权纠纷案件11件，查处假冒专利案件152件。其中，市、区、镇协同维权援助牛塘南方玻纤厂，在与美国公司的专利纠纷案中胜诉。年内，武进高新区通过国家知识产权试点园区验收，江苏省西太湖高新技术产业开发区（筹）被列为江苏省知识产权试点园区。

【武进高新区通过国家知识产权试点园区验收】 参见《园区建设》栏目P77同名条目。

【西太湖科技产业园万人有效发明专利拥有量突破100件】 西太湖科技产业园坚持以高标准建设省级知识产权试点、示范园区为抓手，深化实施知识产权战略，着力推动知识产权工作提质增效。2018年，出台并实施《关于进一步推进企业知识产权工作奖励的意见》和《常州西太湖科技产业园知识产权发展战略实施意见》，进一步完善知识产权政策体系，激发园区企业及个人等创新主体发明创造热情；重点围绕石墨烯和医疗器械两大特色产业领域，按照“科技文献+专利”和“产业+重点企业”模式开展专利分析，发布专利分析报告，增强预警分析对产业创新发展的指导作用；科技部门全面了解企业知识产权发展情况和存在需求，联合第三方服务机构为企业量身定做知识产权发展方案；围绕“十百千”（十大产业、百家创新型企业、千项科技项目）创新型企业发展需求，推动企业贯彻《企业知识产权管理规范》，实施知识产权战略推进计划，企业专利预警、专利布局意识和能力不断提高，知识产权在社会经济发展中的支撑引领作用逐步彰显。全年申请专利2331件，获授权1018件。其中，申请发明专利531件，获授权84件。至年底，园区有有效发明专利527件，每万人有效发明专利拥有量114.6件，位居全省同类开发区首位。

【入选国家知识产权示范企业3家】 2018年7月，新誉集团有限公司、常州市钱璟康复股份有限公司、灵通展览系统股份有限公司被国家知识产权局认定为国家知识产权示范企业，全区累计有国家知识产权示范企业5家。

新誉集团有限公司 位于武进高新区，成立于2002年，是一家民营股份制企业集团，专业从事轨道交通、新能源、数控设备、航空航天、现代物流、办公设备等业务，是高新技术企业、国家火炬计划轨道产业基地骨干企业、交通运输部机车车辆配套重点生产企业、江苏省创新性企业、江苏省企业知识产权管理贯标优秀企业，名列中国民营企业制造业500强。拥有国家级博士后科研工作站、国家认可电磁兼容实验室、江苏省企业技术中心、江苏省轨道车辆牵引传动工程技术研究中心等研发和技术服务平台。制定长期知识产权战略规划，持续完善知识产权管理体系，提高知识产权创造水平，加强知识产权保护，开展知识产权运营，加强知识产权文化建设。承担省企业知识产权战略推进计划项目，获省专利优秀奖、市专利金奖。至2018年，拥有有效发明专利59件，注册商标130余件，被工业和信息化部认定为工业企业知识产权运用试点企业。

常州市钱璟康复股份有限公司 位于武进高新区，创立于1996年，是专业研制康复器材、辅具等康复医疗设备并提供康复医疗服务的高新技术企业，

下辖子公司15家，员工600多人。拥有覆盖PT（物理治疗）、OT（作业疗法）、ST（言语治疗）、R–aT（机器人辅助疗法）多个分支的完整产品体系，有产品300余种。实施知识产权战略，建有江苏省智能康复器械工程技术中心、江苏省（钱璟）康复器材工程技术研究中心、省企业技术中心、省工业设计中心、省研究生工作站等研发机构，研发人员占员工总数的20%以上，知识产权自主实施率95%以上。至2018年，拥有有效专利264件，其中发明专利21件，注册商标60件，其中国内商标55件、国外商标5件，有软件著作权76件，主导制定相关标准12项。通过省企业知识产权战略推进计划项目验收、GB/T29490—2013《企业知识产权管理规范》认证，获评江苏省企业知识产权管理标准化示范工作先进单位。2016年，建成企业专利数据库并实时更新。

灵通展览系统股份有限公司　位于常州经开区，成立于1986年，是国内最早从事展览器材开发、研制、生产、设计服务的专业化企业之一，主导产品有构件式展览展示器材、拼装式方柱组件、展览架用连接锁、整体墙板等。实施知识产权战略，设立知识产权管理委员会，拥有知识产权专（兼）职管理人员11人，其中知识产权高级工程师1人，落实《企业知识产权管理规范》标准，建立相应知识产权管理制度21项、知识产权管理流程12项，知识产权管理费用纳入财务预算，每年占研发费用的9%以上。通过省企业知识产权战略推进计划项目验收、知识产权贯标认证，获评江苏省企业知识产权管理标准化示范工作先进单位。至2018年，累计申请自主知识产权311件，拥有核心产品有效专利65件，其中发明专利10件。实施“专利+商标”的知识产权布局，在主要销售国申请专利与商标，拥有有效PCT专利6件，通过马德里协议注册国际商标17件，主动应诉国际知识产权纠纷案件并获胜。在展览展示器材领域，产品占国内专业场馆的97%，占国内市场的50%以上，占全球市场的30%，公司在世界展示器材行业排名前三。

【中车戚墅堰所获中国专利优秀奖1个】　12月，中车戚墅堰所专利“高速齿轮箱密封装置及应用该装置的高速齿轮箱”（专利号ZL201210339053.7）被国家知识产权局授予第二十届中国专利优秀奖。该专利由金思勤等8人设计，高速齿轮箱密封装置结合接触式、非接触式密封技术设计，实现双向密封，轴向尺寸小，满足更高速度等级齿轮箱设计要求，可有效防止润滑油泄漏及外部油、水等杂物侵入，密封安全可靠、易于拆装、维护方便。应用该密封装置的高速齿轮箱设置有注油装置、排油装置、油量显示装置、把手等，尺寸小，结构紧凑，使用维护方便；箱体、箱盖设计为弧形，利于搅油，可保证齿轮、轴承充分润滑；齿轮箱传动平稳、可靠性高。该专利运用于CRH380型高速动车组齿轮箱、CRH2型动车组齿轮箱、CRH3A型动车组齿轮箱、CRH6型城际动车组齿轮箱以及时速350千米中国标准动车组，覆盖时速160千米～350千米全速度等级国内全部车型和全部高铁线路。该专利入选2017年度铁路科技重大成果，获国家级奖励4个、省部级奖励7个。专利团队主导制定铁道行业标准1项、企业标准6项，通过行业和技术调查、竞争对手分析，在设计、工艺、试验、检测等方面组建专利池，布局专利200余件，其中发明专利70余件。

【恒立液压公司获中国专利优秀奖1个】　12月，江苏恒立液压科技有限公司（简称“恒立液压公司”）专利“能源再生利用的液压控制主阀”（专利号ZL201310363059.2）被国家知识产权局授予第二十届中国专利优秀奖。该专利由汪立平等5人设计，针对液压控制主阀使用中易造成活塞失速下落、油缸有杆腔补油不足形成真空的不利情况，开展技术攻关和新品研发，产品可限制活塞下落速度，利用活塞受到机构及物料重力作用的势能，实现能源再生利用。该专利的同族专利通过PCT途径进入日本、美国和欧洲，并获授权。应用该专利技术的液压多路换向阀获江苏省科学技术奖三等奖、液气密行业协会的技术进步奖一等奖、中国机械工业联合会科学技术奖一等奖，专利产品实现批量生产及销售。

【钱晓春获江苏省专利发明人奖】　2018年9月，常州强力电子新材料股份有限公司董事长钱晓春被省政府授予第二届江苏省专利发明人奖，获奖金10万元，是常州市首位获此荣誉的专利发明人。钱晓春于2000年创立常州强力电子新材料股份有限公司，致力于源头创新，自主研发光固化行业的光引发剂、单体、增感剂和树脂，研发的产品（技术）先后获国内发明专利授权26件、国（境）外专利22件，相关专利技术获江苏省科学技术奖二等奖。其主要专利“一种

中车戚墅堰机车有限公司自主研发的机车在回修场地各工区接受外观打磨、负荷试验、交车检查　供稿/武进日报社

咔唑酮肟酯类高感光度光引发剂”“咔唑肟酯类光引发剂”等，制备出的光引发剂感光段数在16段及以上，感光性能优异，可有效满足大尺寸、高清晰和3D平板显示器制作要求，打破国外技术垄断，促进辐射固化行业产品结构调整和升级换代，推动国内新型平板显示及关键原材料产业上下游整体创新协调发展。

（张建忠）

科学普及

【概况】 2018年，武进区有区科学技术协会（简称“科协”）1个、镇科协11个、街道科协5个、开发区科协2个、企业科协6个、园区科协1个、区级学（协）会25个，有各级学会（协会）会员1.2万人。全区各级科协及所属团体贯彻《武进区科协系统深化改革实施方案》，坚持为科技工作者服务、为创新驱动发展服务、为提高全民科学素质服务、为党和政府科学决策服务的职责定位，推进科技创新、科学普及。全年开展科普宣传、学术交流、科技对接等活动800余次。年内，新增科普教育基地7个，创建省级科普惠农服务站2个、农村科普示范基地1个、科普示范社区1个、科学教育综合示范学校1家，创建市级科普教育基地4个、优秀科普教育基地4个、科学教育综合示范学校3所、科普惠农服务站2个。年末，全区有科普教育基地97个，其中国家级7个、省级14个，全民科学素质达标率为13.6%。

【区科协科技智库建设】 3月9日，区科协发动各区级学（协）会、镇（街道）及开发区科协和企业科协推荐高层次专家，建立科技智库。7月20日，武进区在区人才俱乐部召开科技智库专家座谈会，成立区科协科技智库，入库科技专家30人，主要在农业、工业、法律、教育等领域开展前瞻性、针对性研究，为党委政府科学决策提供服务。8月，区科协出台《关于建设科技创新智库的实施意见》，依托区内科技专家咨询团、区外科技专家顾问团、政协科技界委员、科协委员及学会组织、高校科协，构建以创新创业人才为基础的科技社团智库体系，服务创新驱动发展，把握科技界发展动向，建立专兼职结合的专家队伍，健全决策咨询工作机制，建立健全学术成果转化机制，强化评估与激励措施。

【武进区第二十九届科普宣传周】 2018年5—10月举行，由区科协主办，主题是“科技创新，强国富民”。5月15日，武进区第二十九届科普宣传周开幕式暨全民科学素质工作推进会在嬉乐湾生态农业产业示范园举行，区科协为2017年命名的11家区级科普教育基地授牌，向部分中小学生赠书，500余名群众参与“嬉乐游园知多少”科普知识有奖竞答活动。科普宣传周期间，全区各《全民科学素质行动计划纲要》成员单位、区级学会（协会）、基层科协和科普教育基地开展重点科普活动90余场。其中，大型科普集市1场、科技沙龙5场、科普旅游10次、科普报告会15场、青少年科技竞赛12项。

【区科技成果转移中心政产学研合作】 5月18日，苏州大学技术转移分中心、中科院苏州纳米所技术转移分中心签约入驻区科技成果转移中心，入驻高校科研机构累计17家。年内，区科技成果转移中心整合科技创新优势资源，稳步推进政产学研合作，组织专家进企业62场，企业进高校16场，论坛、讲座、培训13场；牵线校企联合申报各类科技、人才项目（奖项）19个，其中国家级项目1个、省部级科技项目15个；组织高校与企业签订产学研合同60个，合同金额1478万元。

【全国科普日宣传】 9月15—21日举行，主题是“创新引领时代、智慧点亮生活”。区科协联合基层科协组织科普基地一日游、科普电影进社区（村）、科普秀进校园、科普读物下乡等科普活动58场，3万余名群众参与，接受科普教育。其间，区科协组织500名群众在龙凤谷、嬉乐湾、绿建博览园、中国石墨烯产业展示馆、油灯博物馆等科普基地参观游览，让公众接触和了解前沿科技发展趋势，增强保护环境、热爱大自然的意识，提升科学素质。

【机器人及人工智能领域成果专题洽谈会】 9月26日，2018年江苏省产学研专场对接洽谈会——常州市机器人及人工智能领域成果专题洽谈会暨第四届武进国家高新区海智对接交流会在武进高新区举行，由常州市科技局和常州大学主办，江苏省生产力促进中心和常州市对外科学技术交流中心承办，区科协等4家单位协办，挪威工程院院士王克胜、加拿大工程院院士Jorge Angeles等知名高校院所专家学者8人参加。与会专家围绕“人工智能＋机器人”主题，交流探讨国内外机器人及人工智能产业现状和发展趋势，把脉常州机器人及人工智能产业发展状况，与企业家交流洽谈，20余家企业的代表与专家学者达成深入洽谈意向。

（盛文贤）

5月15日，武进区第29届科普宣传周开幕式暨全民科学素质工作推进会举行
供稿／区科协

教 育

Education

责任编辑　杨汉平

教育事业管理

【概况】 2018年，武进区全面贯彻落实全国教育大会精神，深化教育教学改革、人事制度改革、办学模式改革，整体推进教育现代化建设，教育均等化三年行动计划成效明显，实现全区教育高质量发展。全面启动教职工全员岗位竞聘工作，有149名教师在校内转岗和跨校流动。继续推进教师“区管校聘”人事制度改革，其做法在省教育工作会议上作专题介绍，《中国教育报》《江苏教育报》均作专题报道。激发教师队伍的活力。城乡结对共进交流教师389人，促进教育均衡发展。出台《关于深化集团化办学，开展义务教育学校城乡结对共进活动的意见》，17所城区义务教育学校和26所镇(街道)村学校组建城乡结对共进学校，基本实现全区义务教育学校教育集团化办学全覆盖。全区有6个教育集团被评为常州市集团化办学先进集体，35人获常州市集团化办学先进个人。优化教育资源配置，发挥职教资源整合最大效益，创建省现代化专业群、省现代化实训基地、省高水平实训基地各1个，武进区被教育部等五部门认定为国家级农村职业教育和成人教育示范县。继续构建以学生发展为本的新型教学关系，实现教学手段、学习方式在信息化建设背景下的有效转变，全年“一师一优课、一课一名师”活动网络晒课2965节。组织高中校长参加听课、评课和中小学校长上公开课，提升校长对课程建设和课堂管理的领导力。注重教师队伍师德师风师能建设和师德大督查，组织学习“新时代教师职业行为十项准则”，开展拒绝有偿补课公开承诺活动，筑牢“底线工程”。深化中小学教师分配制度改革，发放教师专项绩效奖励。完善区级“师训专家库”和“人才培育库”，实施“强师工程”，开展名教师工作室中期评估活动，发挥优秀教师的示范引领和辐射作用。有序开展专项督导，深入推进教育现代化建设，武进区在江苏教育现代化建设监测中得分首次突破90分。在常州市教育局和常州市人民政府教育督导委员会办公室组织开展的辖市、区教育工作督导评估和集中展评活动中，武进区通过资源配置、政府保障程度、教育质量、社会认可度等方面量化评分和综合考评，以最高分获常州市2018年度教育督导和展评考核特等奖。

表50　2018年武进区各类中小学、幼儿园情况表

学校类别	学校数（所）	毕业生数（人）	招生数（人）	在校生（在园幼儿）数	
				2018年（人）	比2017年(%)
普通高中	9	4625	5247	14474	103.72
职业高中	3	2991	1924	11875	90.3
初　中	36	11940	13591	38723	103.06
小　学	59	16309	19184	105380	104.23
幼儿园（注册）	82	14288	13846	42230	105.2
特殊教育学校	1	36	27	138	95.17

表51　2018年武进区各类中小学校、幼儿园教职工情况表

学校类别	教职工总数（人）	其中：专任教师数（人）	达到规定学历的专任教师比例（%）
普通高中	1329	1241	99.52
职业高中	939	860	98.83
初　中	2707	2550	97.69
小　学	4620	4494	99.62
幼儿园	3709	2557	100

【学校基础设施建设】 2018年，全区落实《武进区教育事业均等化三年行动计划》和《2018年突破方案》，精准落实政府教育财政投入，有序推进基建项目实施进度，有重点加快中心城区、经开区和高新区等教育资源紧缺区域学校建设。累计启动教育三年行动计划中新（改、扩）建项目46个，完工13个，

武进区教育局开展第二期名校长工作室中期评估　　供稿／区教育局

开工 12 个；盘活资源存量，改、扩建中小学校 4 所，增加学位 1080 个；改、扩建幼儿园 1 所，增加学位 315 个。

【校长队伍建设和校（园）长评审】 2018 年，武进区按照政治坚定、德才兼备的要求，优化校级干部选拔交流。严格按照《干部任用条例》规定，规范校（园）长干部选拔任用和交流任职工作。综合研判校级领导班子履职情况，结合事业发展和集团化办学改革需要，提拔任用校级干部 38 人，交流任用校级干部 19 人。创新培训方式，提升干部整体素质。开展校长任职资格培训，严格落实校级领导“五个一”（担任一门学科教学、阅读一本专著、参与一项课题、撰写一篇文章、举办一次讲座）要求，开展第二轮校长聚焦课堂活动，36 名高中校长、副校长参加 11 个学科听评课活动；85 名中小学校长分 15 个点面向全区教师公开上课。举办“武进教育讲堂”，省前中国际分校蒋杰、横山桥中心小学许小红等 16 位发言人分别就集团化办学、教师队伍建设、学校常规管理、校园文化建设、教育科研、校本培训等作主题发言。开展第二期名校长工作室中期评估工作。新增常州市第二批特级校长 4 人、高级校长 7 人、骨干校长 7 人，累计有特级校长 7 人、高级校长 8 人、骨干校长 10 人。继续完善学校领导干部考核体系，兼顾城乡差异、办学特色等情况，优化考核结果运用。制定《武进区教育系统退出现职岗位校级领导纪律要求告知书》，明确遵纪、履职、守纪规定，充分发挥退出岗位校级领导在全区教育改革发展中的积极作用。

【教师队伍建设】 2018 年，武进区连续第十年召开全区师德建设推进会，评出师德建设先进学校 20 所，“双十佳三好教师”20 人。通过区级“师训专家库”和“人才培育库”等多种资源、途径提升教师专业发展水平。坚持面向全体、突出骨干、讲求实效、提高素质的原则，实施“名师大讲堂”暑期教师培训、农村学校骨干教师培育站、名教师工作室、中小学学科骨干教师专题培训、新教师集中培训、教师信息技术应用能力提升培训等送培上门项目，全年累计培训教师近 3 万人次。继续以教育改革与发展为动力，以骨干教师队伍培养与管理为龙头，引导教师向精专方向发展。年内，全区有正高级教师职称 13 人，省人民教育家培养对象 2 人，省特级教师 29 人，市特级教师后备人才 19 人，市学科带头人 313 人，市骨干教师 537 人，市教学能手、教坛新秀、区学科带头人、区骨干教师 2062 人。全区教师队伍整体素质进一步提高。

【武进区入选第三批国家级农村职业教育和成人教育示范县】 2018 年 6 月 25 日，武进区被教育部等五部门列为常州市首个国家级农村职业教育和成人教育示范县。武进区自 2013 年创成江苏省农村职业教育和成人教育示范县，2015 年申报第三批国家级农村职业教育和成人教育示范县创建。2016 年被教育部确定为创建入围名单。武进区把创建国家级农村职业教育和成人教育示范县目标和实施《武进区“十三五”教育事业发展规划（2016—2020）》相结合，大力培养新型职业农民，建立高素质现代农业生产经营队伍，增强农村职业教育和成人教育持续发展能力。在 2016—2018 年间，全区基本完成武进职教中心与武进开放大学两校资源整合，提升办学层次。新增江苏省中等职业教育现代化专业群 3 个、江苏省现代化实训基地 2 个，武进职教中心被认定为江苏省第二批职业学校智慧校园。在全省职业院校技能大赛中，武进区职业学校保持同类院校前列。实施教育富民工程。年培训人数超过 12 万人次，职业学校各类职业技能培训超 2.5 万人次，创成省级教育服务“三农”高水平示范基地 2 个。

【地方教育经费投入】 2018 年，武进区按照新一轮教育专项规划，地方教育经费投入“以区为主，城乡一体”的思路，安排教育投入。国家财政性教育投入 27.68 亿元，包括地方一般公共财政预算安排的教育经费 27.66 亿元、政府性基金预算安排的教育经费 200 万元。地方一般公共财政预算安排的教育经费比上年增加 1.21 亿元，增长 4.57%。其中，公用经费和专项补助经费 6.04 亿元，学校基本建设经费 6.21 亿元。年内教育工程项目完工 13 个，面积约 19 万平方米。全区普通小学生、初中生、高中生生均一般公共预算教育事业费支出分别为 1.06 万元、1.65 万元、2.29 万元。

【教育资助】 2018 年，武进区教育资助总人数 5362 人，比上年增加 1356 人；资助总金额 520 万元，比上年增加 141 万元。武进区一批企业家履行社会责任，教育资助蔚然成风。2015 年 5 月，常州华森医疗器械有限公司董事长胡仁民履行企业的社会责任，捐赠 100 万元设立“鸣凰中学华森联合教育基金”，用于奖励师生。2018 年中秋前夕，胡仁民续赠 30 万元。10 月，“洛阳中心小学学生活动中心”千万光彩基金成立大会在洛阳镇政府举行，有 47 家企业、1 家协会、13 个行政村与镇政府签订捐赠协议书，筹得教育基金1145.6万元。11月，竹展集团有限公司总经理施浩松、常州东源旅游用品有限公司总经理秦岳明和武进顺达精密钢管有限公司总经理张小伟3人，共同为礼嘉中学捐赠300万元，设立礼嘉中学“施浩松秦岳明张小伟三百万‘强师工程’奖教基金”，用于奖励基本功竞赛、优质课评比和梯队教师评选中成绩突出和获奖的老师。至此，社会贤达在礼嘉中学共设立18项奖励基金，总额突破1300万元。12月，横林实验小学成立“天启奖励基金”，该基金设60万元奖金，由江苏天启控股集团有限公司每年投入10万元，用于奖励有突出成绩的教职工。

【依法治校】 2018年，武进区教育部门努力构建现代学校制度法治氛围。深入推进法治进学校“六个一”工程，联合区委政法委等部门举办首届法治公开课竞赛，3名教师获特等奖；录制20个优秀法治教学视频，推进《尊法学法守法用法》法治读本使用，形成一支法治教育骨干队伍。联合区检察院举办青少年可视化法治教育短片大赛，与区司法局联合成立武进区校园纠纷调解委员会，形成校园调解工作长效机制。组织全区学生参加全国宪法小卫士活动，参赛者突破4万人；全区学生参加第三届全国中小学生“学宪法、讲宪法”演讲比赛，5名学生获常州市特等奖。利用武进教育、武进教育督导微信公众号推广区教育系统“七五”普法成果，在区“七五”普法中期推进会上介绍其做法。全区有17所学校被评为常州市依法治校示范校，8所幼儿园被评为常州市依法治校先进单位，区教育局获2018年度武进区社会治理创新项目优秀奖。

【立德树人社会主义核心价值观培育】 2018年，武进区中小学深入贯彻教育部《中小学德育工作指南》精神，坚持立德树人这一根本任务，把加强社会主义核心价值观教育贯穿于学校教育的全过程，扎实推进德育课程建设、德育队伍建设、德育资源建设，精心设计德育主题活动，不断增强德育工作的实效性。区教育局召开德育工作推进会，开展文明城市测评及文明校园评选，全面提升各类学校德育大格局。发挥星河实验小学省级学生品格提升工程项目的示范作用，新增16个区级项目、1个市级项目、2个省级项目，累计有区级项目19个、市级项目1个、省级项目2个。通过区名班主任评比、市首批名班主任评选、市班主任基本功竞赛等方式提升一线德育工作者的德育能力，在全市班主任基本功竞赛中获10个一等奖、21个二等奖、12个三等奖，有40名班主任获市特级班主任、高级班主任和骨干班主任称号，120名班主任获“区名班主任”称号。开展“中华美德”主题读书教育、“武房杯”青少年可视化法治教育短片评比，组织生命教育、公民教育、高中国防教育等活动，培养学生成为爱读书、讲法治、有责任感的社会主义建设者和接班人。

11月12日，哈萨克斯坦共和国教育与科学部国际项目交流与合作办公室主任迪纳拉到湖塘桥实验小学参观交流，并签订合作开展国际文化交流框架协议书　摄影/陆　新

【教育国际化交流】 2018年，武进区继续探索教育国际化办学的新途径，坚持以“走出去、引进来”的发展思路，推进合作办学。3月30日，新西兰派卡卡里基小学代校长Julia、新西兰卡皮蒂地区国际教育顾问Rose一行到访武进，在常州大学附属小学交流访问。4月16日，武进职教中心校与美国鲁本·第·阿亚拉高中缔结友好学校。5月23日，韩国春川凤仪高等学校师生代表团再次到常州市戚墅堰实验中学访问，开展为期5天的教育交流。11月12日，武进区湖塘桥实验小学与哈萨克斯坦共和国教育与科学部国际项目交流与合作办公室签订合作开展文化交流框架协议书。2018年，该校继续与浙江海伦国际交流中心、美国ILP国际语言组织等优质资源合作，引进国外先进教育理念，融合多元文化，促进学生扩大视野。武进职教中心校继续与德国西门子公司、韩国又石大学、美国埃弗里特社区学院等公司、高校开展国际合作办学。至年底，全区有洛阳高中和武进职教中心校2所学校与境外学校结成友好学校，累计26所；16所学校与29个国家的学校合作办学；与19个国家的教育机构共建联合课程部29个；有7所学校聘请30名外籍教师任教。

（陆　琪）

学前教育

【概况】 2018年，武进区继续转变办园观念，强化主体责任，进一步完善由政府牵头，教育部门主管，规划、国土、建设、财政等职能部门分工负责的学前教育工作机制，扩大公益普惠学前教育投入保障机制，引进区外高品质教育资源，提升社会化办学水平。全区新开幼儿园6所。年末，全区有各级各类幼儿园82所，其中有省、市优质幼儿园66所，省、市优质率80.49%。在园幼儿58028人，其中在公办及普惠性民办幼儿园幼儿37247人，占全部入园幼儿的64.2%。教职工5730人，有专任教师3251人。其中，市、区级教学能手（骨干）及学科带头人185人，省特级教师

3人。全区新增5所省、市优质幼儿园，7所幼儿园高质量通过省优质幼儿园复审，机关幼儿园星河国际南园、东城幼儿园和青洋幼儿园接受省优质园现场评估；有区、市、省课程游戏化项目园20所，幼儿园课程游戏化项目建设由点及面，形成区域化推进的好态势。全区市级学前教育现代化示范镇（街道）、开发区成果不断巩固。

【南湖幼儿园获评省级优质幼儿园】 2018年4月，南湖幼儿园通过江苏省评估院专家组评审，获省级优质幼儿园称号。该幼儿园位于武进国家高新区南湖家苑社区，创办于2015年9月，为常州幼儿师范学校第三附属幼儿园。该幼儿园总投资2500余万元，建筑面积5793平方米，开设大、中、小幼儿班12个，在园幼儿365人，教职工46人。园内环境优美雅致，设置绘本室、科发室、建构室、音乐厅、多功能厅等专用活动室，配备电钢琴、多功能一体机、电脑等现代化保教设备。以“和而不同”为办园理念，以“我努力、我能行、我最棒！”为园训，培养“健康、自信、友善、聪慧”的幼儿；确立“简单高效”的管理理念，打造“有温度的团队”，倡导将“复杂的事情简单化，简单的事情流程化，流程的事情规范化，规范的事情高效化”。幼教成果屡次在省、市、区评比中获奖。参见P206【幼儿教育成果展评】。

【6所幼儿园开园】 2018年，全区有6所幼儿园开园，其中公办幼儿园2所，民办幼儿园4所。

常州市武进区机关幼儿园火炬路分园 8月开园。该园位于武进国家高新区火炬北路130号，是武进区机关幼儿园教育集团紧密层分园之一。由武进国家高新区管委会投资8080万元建造，建筑面积16468平方米，规划设置36个班级。2018年，开设10个小班，入园幼儿308人，每班配备“两教一保”（两名专任教师、一名保育员）。全园有教职工47名，均来自机关幼儿园教育集团各园区优秀骨干力量。园区环境优美，设施设备齐全。设有阅读启蒙室、STEM实验室、美术创意室、生活体验馆、多功能厅等专用活动室，充分满足儿童学习、生活和游戏的需要。

武进区湖塘桥实验幼儿园融创园 9月开园。该幼儿园位于湖塘镇人民中路820号，由常州绿城置业有限公司与湖塘镇政府共同投资1.5亿元建造的公办幼儿园，建筑面积13435平方米，按12轨36个班级配套建设。2018年，开设大、中、小幼儿班10个，在园幼儿349人，园内配备乐高馆、建构场、木工坊、美工室等多元专用活动室。该园依托湖塘阳光幼教集团优质资源，以厚实幼儿教育内涵为办园宗旨，提高幼教品质。

武进横林新槐幼儿园 9月建成投用。该幼儿园位于横林镇新槐路21号，由常州经开区和横林镇共同出资建设，总投资6053万元，占地面积1.95公顷，建筑面积12662平方米，设计规模9轨27班，委托无锡宋庆龄基金儿童教育发展有限公司运营，是宋庆龄基金会在乡镇开办的首所幼儿园。学校秉承宋庆龄提出的“把最宝贵的东西给予儿童”的教育思想和“健康、快乐、高尚、智慧、自信、成才”的纲领性培养目标，设有童星剧场、阅读吧、美工室、生活体验馆等专用教室，并创设有趣安全的室内外活动环境、丰富多彩的教学环境、主题式的社会和生活体验环境，支持和满足幼儿直接感知、动手操作、亲身体验而获取经验的发展需要。年内开设5个班，在园幼儿100多名。

武进区新阳光艺术幼儿园 2月开园。该园位于武进区湖塘镇长安路香榭丽园13—58号，由周建强投资近400万元建设，为非普惠民办幼儿园，建筑面积2718平方米，可开设班级10个，容纳幼儿300人。2018年开设大、中、小、托幼儿班8个，在园幼儿196人。园内无线网络及高清监控全覆盖，设有多功能室、幼儿舞蹈室、幼儿图书阅读室、美工创意室、器乐室等专用教室，配备新式大型体育活动器械和益智玩具，钢琴与55寸彩电。

常州市武进区前黄实验幼儿园 9月开园。该园位于前黄镇景德西路12号，由江苏现代企业服务中心有限公司投资600万元建设，为非普惠民办幼儿园，建筑面积2918平方米，设班级12个，可容纳幼儿360人。2018年，开设大、中、小、托幼儿班4个，在园幼儿33人。园内无线网络全覆盖，建有音乐厅、舞蹈室、数学活动室、科技室等专用教室，各班配备空调、电脑、电子钢琴和智能交互式一体机，大型户外玩具等活动设备设施齐全。

常州市武进区常武伟才幼儿园 2月开园。该园坐落在武进区汽车站北聚盛花园小区39幢，为香港伟才教育集团旗下国际化非普惠民办幼儿园，建筑面积2900余平方米，开设10个班级，可容纳幼儿290人。2018年，开设大、中、小、托幼儿班9个，在园幼儿224人。园舍构建依照香港伟才教育集团的生态教育理念，合理利用空间，科学安排场地，拥有环保安全的软质悬浮地板操场、充满童趣的沙池、种植园地等，每个教室均配置空调和钢琴、电脑、多媒体一体机等教学设备，无线网络全覆盖，设音乐舞蹈教室、创意美术室、科学探索室、图书室、DIY活动室、钢琴练习室等专用场所。

【幼儿教育成果展评】 2018年，武进区着力提高幼儿教师教学基本功，为教师搭建展示各种专业技能平台，充分展示各自专业技能和艺术功底，在各级各类比赛中屡获佳绩。漕桥幼儿园老师潘燕玉获“领航杯”江苏省信息化教学能手大赛一等奖，东城幼儿园老师时钰在幼儿园教师基本功竞赛中获江苏省二等奖、常州市一等奖，湖塘桥实验幼儿园老师蒋馨雨、机关幼儿园老师孙娜获二等奖，牛塘中心幼儿园老师潘莉丽在江苏省教师现代教育技术应用作品大赛中获微课作品幼儿园组一等奖，坂上幼儿园老师周祎枫在江苏省第二届中小学教师中华经典诵写讲能力展示会活动中获幼儿园组二等奖，机关幼儿园老师刘华在常州市主动发展项目评比活动中获一等奖，滆湖科技幼儿园老师殷志燕、祝佳丽、张丽群在常州市幼儿园自制玩教具展评活动中获一等奖，鸣凰实验幼儿园老师唐静、张娇妍在常州市幼儿园沙水游戏微视频展评活动中获一等奖，机关幼儿园老师朱臻、冯杨获常州市建构游戏微视频评比一等奖。

（陆　琪）

九年义务教育

【概况】 2018年，武进区持续推进义务教育均衡发展，扩大集团化办学覆盖面，组建教育集团1个，累计14个。3月，启动学校城乡结对，以“城区校＋农村校”帮扶为定位，推动17所城区小学与26所镇（街道）办学校结对共进。9月，以协同发展为主要目标，推动13所初中校按片区组建4个教育发展联盟。全区义务教育阶段学校基本实现教育集团化全覆盖。有6个教育集团被评为常州市集团化办学先进集体，35人获常州市集团化办学先进个人。加强学校管理和校园文化建设，完成江苏省义务教育阶段学生学业质量分析测试及江苏省义务教育学校标准化建设监测、义务教育学校管理标准。公办学校招生坚持不择校、不寄宿和按施教区就近免试入学政策，推动公办学校与新市民学校建立教育共同体，提升办学水平。流动人口子女入学管理继续实行积分制，以积分入学7855人。全区小学适龄儿童入学率、残疾儿童入学率100%，在校学生巩固率99.9%，毕业生升学率100%，初中入学率100%，在校学生巩固率99.8%。

【深化义务教育课程改革】 2018年，武进区深化全域义务教育课程改革，12月分三学段召开素质教育质量评估表彰暨深化课堂教学改革推进会，编辑《基础教育课程改革资料汇编》。武进区主动发展委员会组织专家论证各校三年主动发展规划，中期调研学校推进主动发展情况。全区成功申领基础教育前瞻性教学改革省级实验项目1个、市级实验项目1个、区级实验项目26个，获江苏省课程基地建设项目阶段性建设状况视导优秀级2个。湖塘桥实验小学主持的“脑科学理念下‘1+1+x’体育课程的创新构建与实施”升格为省前瞻性实验项目，武进区实验小学“场景育人，培育上善品格”、武进区星河实验小学分校的“新移民儿童社会适应的品格BRT建构”升格为省级品格提升工程项目。

【教育科研成果评比】 2018年，武进区教育科研活动立足课堂与学生互动，着眼提升内涵与质量，发挥科研对教育教学的指导作用，实现教学与科研互补互促。全区教师在全国第六届新技术支持下的个性化学习研究与应用课例评比中获一等奖22项、二等奖30项；在省“师陶杯”论文评选中获特等奖1项、一等

武进区夏溪初级中学学生由老师带领，在校级课题综合实践活动基地佳农探趣生态园租种一亩地，感受农业，热爱劳动　　摄影/陆　新

奖5项、二等奖2项；在省“教海探航”征文竞赛中获特等奖1项、一等奖35项、二等奖23项、三等奖20项。稳步推进江苏省精品课题实验区建设，坚持问题导向，重视教科研成果的转化与辐射，提升区域教科研水平。16项课题获批江苏省规划2018年度课题，其中8项为重点课题；317项课题获批常州市教育科学“十三五”规划第二批备案课题。星河实验小学“儿童创想课程的实践建构”获2018年江苏省教育教学与研究成果奖评比研究类一等奖（最高奖），清英外国语学校“七号课程：用自己的课程教与学”获二等奖，武进区实验小学“幸福学校愿景下的学生多样化发展研究”获三等奖；星河实验小学、星辰实验学校、湖塘实验初中等4所学校均获评省教科研先进学校，朱燕芬、张伟俊、秦亚平3名老师获评省教科研先进教师；前黄实验学校储建国主持的“基于发展学生思维的初中数学实验开发研究”获江苏省第四届精品课题；常大附小朱惠芬等5名老师获江苏省“师陶杯”论文评比一等奖。教育科研促进了教师的专业成长，有9名老师在江苏省基本功比赛、优质课评比、信息化能手比赛等赛事中获一等奖，21名老师获常州市青年教师基本功竞赛、优质课评比一等奖。

【中小学校体育教育活动】 2018年，武进区教育系统开展各类阳光体育活动，举办区级体育赛事19项。新增星河实验小学分校和崔桥小学2所，累计29所；礼河实验学校等14所学校获评2018年度常州市校园足球示范学校，7所学校获评全国青少年校园篮球特色学校，湖塘桥实验小学等11所学校获评“江苏省体育传统项目学校（2017—2020）”；有常州市体育特色学校27所、体育定点项目学校12所、体育布局项目学校5所，武进区牛塘中心小学等58所学校获评2018—2021年周期武进区体育特色学校。各级体育特色学校和体育传统项目学校、体育布局项目学校参加各级各类比赛成绩突出。其中，武进区实验小学教育集团何留小学门球队分别获全国和江苏省青少年门球赛冠军；牛塘中心小学曲棍球队获全国青少年曲棍球比赛冠军，湖塘桥第二实验小学女子篮球队获全国U13青少年篮球公开赛女子组冠军。牛塘初级中学获第十一届舞龙锦标赛少年组传统舞龙第五名、传统南狮表演第五名，武进区鸣凰中学学生沈俊彤获全国中学生残疾人运动会50米仰泳冠军，礼嘉中学学生张龙获江苏第十九届运动会男子组400米栏冠军。在2018年举办的江苏省第十九届运动会中，武进区青少年选手获56枚金牌、25枚银牌、30枚铜牌，总分1290分，获全省县（市、区）输送奖第一名、贡献奖第二名。在常州市第十五届运动会项目比赛中，武进区青少年部共获金牌425.5枚，金牌总数列全市第一。区教育局获评“2013—2017年度全市群众体育先进单位”，被区政府授予“2013—2017年度武进区群众体育先进单位”称号。

【中小学校艺术教育活动】 2018年，武进区组织开展青少年学生艺术竞赛和展演活动10项，内容丰富多样，有舞蹈，朗诵，戏曲，器乐展演，书画摄影评比，艺术工作坊，艺术优秀案例评选，社会主义核心价值观歌咏比赛，中小学生硬笔和软笔书法比赛，课堂乐器和高中生独唱、独奏、独舞等。在三年一次的江苏省第六届中小学生艺术展演中，武进区参演、参评项目共获一等奖8个、二等奖9个、三等奖7个、省优秀创作奖2个。其中，星辰实验学校、星韵学校均获学生艺术展演节目优秀创作奖；前黄国际分校、刘海粟小学、星辰实验学校、星韵学校均获江苏省学生艺术展演节目类一等奖；星辰实验学校、刘海粟小学均获中小学美育改革创新优秀案例评比一等奖；武进区实验小学等多所学校获学生艺术作品类评比一等奖。在常州市中小学生艺术节比赛中，武进区共获一等奖47个、二等奖58个、三等奖39个，获奖数量与等级均名列全市首位。在常州市社会主义核心价值观歌咏比赛中，淹城初中和湖塘桥实验小学分获常州市初中组、小学组一等奖。年内，星韵学校被评为第二批中华优秀传统文化艺术传承学校；湖塘桥实验小学和星辰实验学校均被省教育厅命名为江苏省艺术教育特色学校，累计有江苏省艺术教育特色学校6所。入选常州市首批（10所）戏曲进校园实验学校4所。武进区获第十五届中国中小学校园影视奖34项。其中，刘海粟小学、清英外国语学校、武进区实验小学、雪堰中心小学、鸣凰中心小学、卢家巷实验学校、庙桥小学、城东小学、横山桥中心小学、洛阳中心小学10所学校选送的微电影获一等奖。刘海粟小学参赛作品《礼物》获最佳创意“金犊奖”，清英外国语学校参赛作品《成长为一棵树叫自己的树》获最佳摄影“金犊奖”提名。

【优质学校升级“新优质”评估】 武进区坚持“标准化办学，建设高品质学校”的办学思想，着力建设一批坚持立德树人、推进素质教育、紧扣内涵发展、践行优质高效、队伍建设显著、办学特色鲜明、社会声誉良好、在全市有示范作用的“新优质学校”。2018年，全区创成湖塘桥第二实验小学、礼河实验学校2所市级“新优质学校”，累计7所。武进区实验小学、湖塘桥实验小学、刘海粟小学和湖塘桥初级中学在2017年年末创成常州市“新优质学校”后，于2018年分别举办常州市“新优质学校”风采展示活动。武进实验小学“办一所上善书院里的幸福学校”，湖塘实验小学“追求本真，童化生命，以‘101工程’践行教育创新之路，培养具有‘健康身，智慧脑，中国心，世界眼’的实小学子”，刘海粟小学“践行全景美育，涵养尚美品格，炼成美的学校”，湖塘桥初级中学“秉承‘求实’初心，关心每一个成员的成长需求，让‘实干’成为我们的标识”，形成“一校一品”的办学特色。全区学校在集团化办学的大背景下逐步形成各自办学特色。潘家小学创成全国国防教育特色学校，戴溪小学成为中国楹联教育基地。

【星河实验小学获评首批省教师发展示范基地】 2018年11月，江苏省教育厅公布首批110个省级教师发展示范基地，星河实验小学入选。该校重视全体教师的发展，重力打造高素质、专业化的教师队伍，建构丰富校本研修课程，集团拥有正高级教师2人、江苏省特级教师2人、人民教育培养对象1人，市、区五级梯队骨干教师占45%，有71人次在全国、省、市基本功、评优课比赛中分别获一等奖。于2017年建立集团学术委员会，建有“有光书院”“名师工作室”研究点18个，形成课题研究实践站25个。全体教师在多元课程教学中丰厚底蕴，发展能力，提升综合素养。《儿童创想课程的实践建构》获2018年江苏省教育教学与研究成果一等奖，并承担省属高校师范生教育实践、国家级和省级教师培训等任务。每学期指导常州工学院、常州教师进修学校、江苏技术师范学校等实习生的实习工作，接待多批全国、省、市、区各类跟岗培训，制定培训菜单，为参训学员提供参观考察、课堂听课、跟岗研修、现场诊断等实践教育，根据需要选派优秀教师担任高校师范专业兼职教师和省级及以上培训专家、名师工作室指导教师。学校先后获全国教育改革创新优秀校长奖、教育部校本课程项目校、教育部骨干校长挂职研修基地、全国优秀科普教育基地、中美“千校携手”项目示范学校、省基础教育前瞻性教学改革项目学校、省教科研先进集体等称号。

【江苏武进与海南屯昌合作办学】 2017年12月，江苏武进—海南屯昌两地合作办学协议签约。2018年3月，武进区实验小学教育集团（简称“武实小教育集团”）选派6名骨干教师到海南筹办学校。9月1日，武实小教育集团屯昌县实验小学开学，屯昌县委常委副县长潘乙宁、县委常委组织部长文榛，武进区实验小学教育集团校长钱爱芙出席揭牌仪式，共同为屯昌县实验小学揭牌，全校1400多名学生参加开学典礼。两地教师通过专题讲座、同课异构、网络教研等形式同频互动，共创交流平台，共享教育资源。两地学生从书信交流走进现实互访。11月，屯昌县实验小学10名学生代表到武进区实验小学。同月，武进区实验小学20名学生代表走进屯昌县实验小学。两地学子结对相识，书寄语，共同体验当地生活，感悟“上善”文化，收获旅途的风景，也收获苏琼情谊。

【清英外国语学校入选第四届中国教育创新成果SEVER提名奖】 11月12—15日，清英外国语学校“‘七号课程’的实践建构”课题参加珠海第四届中国教育创新成果公益博览会。在1401项全国优秀教育创新成果展评中，清英学校选送的课题获第四届中国教育创新成果SEVER提名奖。这是此届13项SEVER奖、8项SEVER提名奖中唯一一所基础教育学校自主研发成果（其余获奖均为高校、省市教育科研单位等教育机构），也是江苏省推荐的63项成果中唯一获奖项目。清英科研成果在教博会上受到国内外专家的关注。清英教育研究院院长殷郡伟以“‘七号课程’的实践建构”为主题，从学校概况、科研历程、课程建构、课程实施四个层面，向与会者阐释清英外国语学校办学10年的实践过程和创新内容。

【省教育示范性综合改革国培项目现场会在武进举行】 5月18—19日，省教育示范性综合改革国培项目现场会在清英外国语学校举行，第二批省人民教育家培养对象及其工作室核心成员、苏南五市教育局领导、教科院专家等200余人参加培训。培训由省教科院主办，主题为“教育家型教师与教育质量提升”，与会人员观看由清英五年级师生自编自导的童话《狮子王》。19日上午，第二批省人民教育家培养对象汇聚一堂，聆听由省教育学会教育管理专业委员会副理事长芮火才主持，上海市教育学会秘书长苏忱、中国教育科学院院办副主任姜朝晖、南师大教育科学院副院长冯建军等专家的对话沙龙。专家们围绕“教育家培养对象在教师队伍建设中的作为”主题，就人民教育家的作用，人民教育家培养对象与特级教师对教师引领的不同作用，人民教育家作为行政领导对教师培养可以起到的作用等话题展开研讨。

【常大附小与新西兰小学缔结国际友好学校】 3月30日，新西兰派卡卡里基小学代校长Julia、新西兰卡皮蒂地区国际教育顾问Rose一行到常州大学附属小学（简称“常大附小”）访问交流。常州大学附属小学校长王岚向到访的新西兰客人介绍学校教育教学概况。双方就校际合作和教育交流开展座谈，签订《友好学校合作谅解备忘录》，举行国际友好学校结对签约仪式。根据协议，两校将以师生互访活动和网络平台师生交流的形式，着重从分享优秀教学经验和方法、推广汉语和英语教学、传统节日活动体验、主题活动交互体验等方面，定期开展互访交流活动，深化合作，增进友谊。

【武进区采菱小学投用】 2月，武进区采菱小学投用。学校位于湖塘镇长虹中路凤凰南路1号，建筑面积2.91万平方米，规划设置36个班级。项目总投资1.75亿元，功能区及相关附属设施，教学设备齐全，符合江苏省现代化办学一类标准。采菱小学前身为杨区小学，有94年历史。新建学校隶属马杭中心小学教育集团，构成“一体两校”的紧密型办学模式。2018年，有52名教师，1078名学生，22个教学班。集团实行“四个统一”（文化理念、师资调配、教育管理、人事和财务管理统一）、“四个无差别”（工作要求无差别、福利待遇无差别、教学设施力争无差别、教师与学生素养无差别）管理，以“灵动教育，精彩人生”为办学理念，努力办成一所有精神、有温度、有故事、有美感的家门口的好学校。

【庄惠芬参加中国新校态学校联盟学术年会】 4月22—24日，全国“中国新样态学校”实验区、实验基地学校代表近500人汇聚杭州，参加由中国教育科学研究院主办的学术年会。第二批实验区武进星河学校庄惠芬培养基地，星河实验小学分校、横山桥中心小学、横林实验小学、林南小学4所第二批实验基地学校代表一同参加会议。基地领衔人庄惠芬参加“三长”圆桌会，以一线校长代表作交流，提出每位教育者都应该把教育当农业一样“观土质、查时令、应季节、顺天时”，营造教育的生态圈。星河学校集团化办学之后，星河分校坚持教育创新理念，通过完善“创想未来·童年无界”的学校文化，构建“创意生活”课程，打造新移民儿童社会适应品格工程，以前瞻性项目与省课题为抓手，助推新样态学校建设。继4月创成第二批实验基地学校后，于6月28日获评全国青少年人工智能活动特色单位。

【前黄实验学校省级“创新实验”课程基地项目建设】 4月14日，前黄实验学校参加首届学科实验室3.0与实验教学融合创新大会，姜锋代表学校介绍江苏省“创新实验”课程基地项目建设历程，分享4000平方米课程中心创新实验室建设成功案例。11月，前黄实验学校“创新实验”课程基地获评江苏省基础教育课程基地建设优秀项目。11月12—15日，前黄实验学校“创新实验+STEM课程中心建设与应用”成果项目参加在珠海举办的第四届中国教育创新成果公益博览会，通过展板展示、沙龙演讲、工作坊互动等多种形式跟与会者分享。在成果分享沙龙上，该项目以“一切为学生可持续发展”教育理念朴实，“让创新实验与STEAM教育在学科课程中生长”课程策略独特，“学科教学和创新实验相互促进”基本方针扎实，“学科联动，渗透互补”课程形式新颖，“师生协同，循序渐进”推进措施有力，“学生素养和课程实施”评价机制完整，编排独到且令人期待的课程中心建设成果，获得现场嘉宾的一致认可。在工作坊活动中，“创新实验+STEM课程中心建设与应用”项目从全景参观学校课程中心、解密分享自制实验装置、动画解读独创概念导图、现场试用自研实物成果四个方面为与会者提供成分享。

【特殊教育】 2月20日，武进区发布《武进区第二期特殊教育提升计划（2018—2020年）》，建立武进区特殊教育指导中心制度、特殊教育联席会议制度，成立武进区特殊教育专家委员会。区特殊教育学校成功申报江苏省特殊教育发展工程项目之《区域随班就读学生个别化教育的生态支持》。2018年，全区特殊教育学校有教学班14个，143名学生接受学前和九年义务教育，主要为智力障碍、学习障碍、肢体障碍、精神障碍、言语障碍和多重障碍学生。全区在义务教育阶段普通学校随班就读的残疾学生有511人，分布在75所中小学；建成礼嘉中心小学、漕桥小学、戚墅堰实验小学、刘海粟小学、李公朴小学、牛塘中心小学、礼河实验学校、东安实验学校、横山桥中心小学、林南小学10个资源教室，残疾儿童入学率100%。符合送教上门条件的残疾学生有48人。

（陆　琪）

普通高中教育

【概况】 2018年，武进区有普通高中9所。其中，高级中学7所、完全中学2所；有省四星级高中7所、省三星级高中2所，年末在校学生14512人。高中阶段在编教师1184人，其中高级职称教师508人，占在编教师的43%。武进区继续深化普通高中教育课程改革，建成省级普通高中课程基地6个，完善并形成特色教学质量监控评价保障体系。全区4879名学生被各类高等院校录取，录取率97.58%。其中本科录取3968名，本科录取率92.93%，增长1.3个百分点，万人进线率48.79%，继续保持全省领先。常州市武进区礼嘉中学（简称“礼嘉中学”）接受江苏省三星级普通高中复审现场考察。江苏省前黄高级中学（简称“省前中”）、江苏省横林高级中学、常州市武进区横山桥高级中学（简称“横山桥高中”）获武进区高中阶段素质教育评估特等奖，江苏省武进高级中学（简称“省武高”）、江苏省前黄高级中学国际分校、常州市武进区湟里高级中学（简称“湟里高中”）、礼嘉中学、常州市武进区洛阳高级中学（简称“洛阳高中”）获武进区高中阶段素质教育评估一等奖。

【普通高中优质特色课目发展】 洛阳高中是江苏省艺术教育特色学校，地方戏曲一直是该校学生学习的一项选修课程。从2009年起，该校结合地域文化，开发校本课程《地方戏曲锡剧文化》，并在2013年编印成册，在高一年级开设校本选修课，有固定的师资和教室，把选修课时排入课表，保障学生学习时间。与洛阳镇文教体中心合作，定期邀请戏剧爱好者到校指导交流。横山桥高中坚持“多元化发展”教育理念，传统体育特色项目射击获评常州市体育（射击）特色项目学校，成为东南大学射击队后备人才培养基地。该校充分利用硬件设施、师资队伍、特长生招生政策等方面优势，加强制度管理，逐步完善射击队梯队建设，引进国家级教练员毛国强指导学校射击训练工作，提高训练水平。同时，加强与江苏省射击运动协会、常州市射击运动协会和东南大学等大学射击队合作，开展射击特色课程教育，在国内射击赛事中屡有获奖。12月24—28日，横山桥高中射击队在银川举行的2018年全国U17射击锦标赛中发挥出色，获一金一铜，左从扬、李文涛、何智诚获男子10米气步枪团体冠军，左从扬获男子10米气步枪个人季军。

【普通高中城乡牵手行动】 5月18日，常州市优秀教师城乡牵手行动高中生物教研活动在横山桥高中举行，全市近20名高中生物教师参加教研活动。5月25日，常州市高中化学教研活动、常州市优秀教师城乡牵手成长活动暨常州市周存军名师工作室活动在横山桥高中举行，全市辖区各校和周存军名师工作室成员24名化学教师参加活动。10月24日，常州市优秀教师城乡牵手行动在湟里高中举行，省武高陆田森、秦亚平老师和湟里高中英语组、生物组教师参加教研活动。10月31日，常州市优秀教师城乡牵手行动启动仪式暨教学研讨活动在洛阳高中举行，常州市第二中学校长李振亚、牵手行动优秀指导教师和洛阳高中牵手行动学科组教师参加活动。12月25日，常州市优秀教师城乡牵手行活动在礼嘉中学举行。武进区教师发展中心导师尹庆丰和礼嘉中学高中物理教研组成员参加。优秀教师城乡牵手行动，旨在扩大优质资源辐射范围，促进教育均衡发展。

【礼嘉中学体育特长生杨华被清华大学录取】 7月，礼嘉中学2018届毕业生杨华被清华大学录取，圆了一名体育特长生的顶级大学梦。杨华升入礼嘉中学后，在沈前兵教练精心指导下刻苦努力，参加各类田径比赛取得不俗成绩。因为经常训练，杨华更珍惜文化科目学习，语数外总分始终保持在年级前五名。田径比赛的出色表现和文化课的优异成绩，使杨华成功被清华大学录取。礼嘉中学是全国青少年校园足球特色学校，常州市体育特色学校和常州市校园足球布点校。该校坚持将学生多元发展、特色发展作为培养学生的目标，针对学生的自身特点，挖掘学生在体育、艺术方面的特长，因材施教，培养体育特长生。全校有20多名学生被东南大学、南京理工大学、南京师范大学、苏州大学等高校录取，张龙在2018年获国家一级运动员称号，累计有30多人获国家二级以上运动员称号。

【省前中获第三届华语物理学术论证赛特等奖】 6月9—10日，2018年澳门第三届华语物理学术论证赛交流会在澳门大学举行。该比赛旨在加强内地与澳门、大陆与台湾等地区的交流合作，培养学生的物理探究创新精神以及发散性思维能力。比赛分英文赛和华语赛两部分，共有15支队伍参赛。省前中社团IYPT攀登者队参加华语比赛，经过三轮角逐，以总分第一的成绩获澳门赛特等奖第一名。省前中社团IYPT成立5年，共获省级比赛一等奖4个，国家级比赛特等奖1个、一等奖1个和国际比赛特等奖1个、一等奖1个，学术水平在省内处于领先位置，社团建设经验多次在省内外宣介。

（陆　琪）

洛阳高中开发校本课程《地方戏曲锡剧文化》，定期邀请锡剧爱好者到校进行课堂教学

供稿/洛阳高中

中等职业教育

【概况】 2018年，武进区有中等职业教育学校3所：江苏省武进职业教育中心校（简称“武进职教中心”）、常州幼儿师范学校（简称“常幼师”）和江苏城市职业学院武进办学点（简称“武进办学点”）。武进职教中心包括江苏联合职业技术学院武进分院、武进中等专业学校、武进技师学院、武进卫生职工中等专业学校；常州幼儿师范学校包括武进女子中等专业学校，武进办学点隶属于武进开放大学。全区有中职专任教师917人，具备高级及以上执业（职业）资格的367人；年末在校学生11875人，学生参加普通高校单独招生考试400人，考取本科191人、专科208人，本科录取率47.8%。全区以资源整合为契机，以提高职业教育

质量和提升内涵为目标，强化专业、实训基地、课程、师资队伍建设。年内基本完成职教资源整合任务，创建省现代化专业群、省现代化示范性实训基地、省高水平示范性实训基地各1个，新增五年高职专业2个、“3+4”现代职教体系试点专业2个。深化职业教育产教融合人才培养模式，推进校企合作、师资队伍、“双创”平台和现代学徒制探索和建设。在全国职业院校技能大赛中，全区职业学校获金牌2枚、银牌1枚，武进职教中心获评江苏省职业学校教学管理30强。

【常幼师与尼勒克县教育局学前教育师资合作签约】 11月30日，常幼师与尼勒克县教育局学前教育师资合作签约。常州市武进区副区长、武进援疆工作组组长、中共尼勒克县委副书记薛建忠，尼勒克县教育局党委书记牟疆益等出席签约仪式。双方就尼勒克县学前教育的现状和问题、意愿通过合作实现解决尼勒克县学前教育师资短缺问题，提升尼勒克县学前教育的师资水平和教学质量，为少数民族孩子普通话普及打好基础，进一步延伸拓展教育援疆的深度与广度等方面达成一致意见。当天签约仪式上，校长肖加平代表常州幼儿师范学校向尼勒克县教育局捐赠钢琴30架。

【武进职教中心校被确定为国家中职教育改革发展示范校】 2018年12月24日，武进职教中心校被教育部、人力资源和社会保障部、财政部联合确定为国家中等职业教育改革发展示范学校。改革开放以后，武进县教育局在1980年提出“稳步进行中等教育结构改革”的意见。1983年，武进县成立中等教育结构改革领导小组，调动各部门兴办职业技术教育的积极性，创办武进西林职业高级中学、武进职业高级中学、武进高级技工学校、武进剑湖职业高级中学和武进卫生职工中等专业学校。至2008年，这5所学校大胆尝试，开办武进经济建设与发展急需的专业，培养一大批技术人员。2006年5月，武进区委、区政府作出“五校合一，资源整合，建设‘全国一流，全省最好’职教中心”的重大决策。2008年9月，总投资5.2亿元、建筑面积22万平方米、可容纳在校生1万余人的武进职业教育中心校开学。2008—2013年，学校抢抓机遇，克难奋进，砥砺前行，2009年获“全国教育系统先进集体”，2012年创建武进技师学院，2012年被教育部、人力资源和社会保障部、财政部确定为国家中等职业教育改革发展示范学校创建单位，2013年被省教育厅确定为江苏省高水平现代化职业校立项学校，2014年升格为江苏联合职业技术学院武进分院。该校坚持走学历加技能、道德教育加职业素养教育的高技能人才培养之路，走集团化、国际化办学模式路子，形成校企深度融合的现代职教办学特色，谋划对接区域主导产业、支柱产业、特色产业、战略新兴产业，围绕地区产业结构转型升级要求，开设10个专业大类和7个主干专业，建成2个省级实训基地、3个省级现代化专业群、5个省级品牌专业和5个省级重点专业，形成一支在省内外有影响的教科研团队。学校参加省级技能大赛名列前茅，其中2015年列全省第六名，2016年列全省第三名，2017年列全省第二名，总分连续三年蝉联省中职校第一名。2017年学校学生参加6个全国职业院校技能大赛项目，六战获六金，被省政府授予“高技能人才摇篮”称号。

【武进职教中心获全国职业院校技能大赛2金2银】 5月6日至6月30日，武进职教中心参加2018年全国职业院校技能大赛常规赛，在液压与气动系统装调与维护和建筑工程系建筑CAD项目比赛中获2枚金牌，在现代模具制造技术和计算机检测与数据维护项目上获2枚银牌。武进职教中心制定“国家级—省级—市级—校级”四级技能大赛机制，实施“名师高徒”工程，2018年获江苏省职业院校技能大赛团体优胜奖，名列全省职业类参赛学校第四名。

【武进职教中心2个专业获省级现代化实训基地和专业群认定】 6月25日，武进职教中心信息技术实训基地被认定为免予现场视导的省现代化实训基地，这是该校继机电技术实训基地后第二个省级实训基地。26日，该校汽车维修现代化专业群（中职）被认定为江苏省中等职业教育现代化专业群，是继计算机网络技术专业群和建筑工程施工专业群创成后第三个省级现代化专业群。武进职教中心信息工程系着力做好信息技术现代化实训基地项目建设，实现高标准顶层设计，高质量推进基地建设，高成效服务产业，高水准助力师生成长，不断提升信息技术实训基地的服务质量。深化校企合作，进一步优化和完善实训基地建设，深化专业建设内涵，优化专业结构，提升专业服务产业的能力。汽车工程系抓住机遇，按省定标准要求推进职业学校现代化专业群建设，汽车维修专业积累了长期的办学经验，人才培养模式可操作性强，课程体系设置合理，实训基地运行有效，赢得社会普遍认可。

【“技行武进”2018职业技能大赛】 参见《工会·共青团·妇联》栏目P55相关条目。

（陆 琪）

武进职教中心汽车维修现代化省级专业群（中职）实训基地 供稿/武进职教中心

高等职业教育

【概况】 武进开放大学（江苏城市职业学院武进办学点）是武进区属地方高等职业学校，为首批全国示范性基层电大之一。9月，武进开放大学第三批137名教师人事关系全部转入武进职教中心，区职教资源整合工作全面完成。武进高职教育资源整合后，学校事业在西太湖、湖塘两个校区同步推进，校区间在教学科研、学生管理等方面频繁交流互动，成为主要服务于第二产业，融学历教育、职业培训、终身教育于一体的综合性职业教育机构。2018年，全区有高职教育教职工204人（专任教师164人），其中高级职称教师70人，有机电工程系、艺术信息系、文经管理系3个专业系，下设财经、机械、电子、计算机、英语、艺术等8个教研室，高职教育开设机电一体化、数控技术、商务英语、会计、电脑艺术设计等专业11个。年内招收成人学历教育学员778人，其中开放教育学员558人、奥鹏远程教育学员220人，向社会输送高职毕业生768人，毕业生就业率97.2%。至年底，该校有高职学生1498人，在籍成人学历教育学员1994人。

【武进开放大学11件作品获省职校“文明风采”奖】 3月，武进开放大学学生报送18件作品（摄影作品14幅，绘画作品4幅）参加省教育厅、省文明办主办的第九届江苏省职业学校“文明风采”大赛，有11件作品获奖。其中，查桂霞摄影作品《雨中采风》（指导老师：赵勇、叶萤）、谢茜摄影作品《书山有路勤为径》（指导老师：应叶萍、吴艳）、花娇绘画作品《宁视》（指导老师：赵勇）获一等奖，周新怡摄影作品《聚焦》（指导老师：徐翔、胡玲洁）获二等奖。赵勇、吴艳、应叶萍、叶萤4位老师被授予大赛“优秀指导教师”称号。

【武进开放大学获全国大学生外贸从业能力大赛团体一等奖】 4月28日，武进开放大学组织商务英语、国际报关与货运两个专业20名学生参加第七届POCIB全国大学生外贸从业能力大赛。经过20天马拉松式比赛，最终以总分1880.52分（总分2000分）获团体一等奖，实现连续三届获得该奖项。比赛中，通过对国际贸易买卖合同的磋商、询盘、发盘、还盘和接受等环节实践，参赛学生运用英文函电写作技巧、主要贸易术语和结算方式、进出口商品价格核算、成本控制和扩大利润方法、国际贸易买卖合同商定、进出口业务履约基本技巧、主要进出口单据的缮制与运用等能力明显提高，充分体现了扎实的专业基础和良好的团队协作能力。邓定芳、王欣怡、王蒙、潘颖焱、汤铭妍5名学生获二等奖，程嘉、王金龙、杨丽娜、刘秋萍、周晴烨、吴滢、潘佳怡、肖洁、项荣杰、吴菁、董婧洁、庄渭梁、张慧婷、周月红14名学生获三等奖。

（陆　琪）

驻武进高校

【概况】 2018年，驻武进常州科教城5所高职院校及常州大学有专任教师3474人，其中具有高级专业技术职务教师1494人。面向全国招生，有全日制在校学生70959人，其中高职学生52046人、本科生16695人、研究生2218人。应届毕业生初次就业率98%。10月，经江苏省政府批准，常州轻工职业技术学院正式更名为“常州工业职业技术学院”。在江苏省示范性高等职业教育园区的基础上，打造常州高等职业教育园区升级版，创建省、国家高水平高职教育园区，常州信息职业技术学院、工程职业技术学院、机电职业技术学院3所院校入选江苏省高水平高等职业院校建设单位。在2018年全国职业院校技能大赛高职组51个赛项中，驻武进高校获一等奖11个、二等奖6个、三等奖5个；在第四届中国“互联网+”大学生创新创业大赛总决赛中获金、银奖各2个。

（颜士秀）

【常州大学】 2018年，常州大学有3个校区，其中在武进有2个。校区建筑总面积71万平方米，教学科研仪器设备总值4.67亿元，纸质图书170余万册。常州大学武进西太湖校区一期建设完成并启用。常州大学—阿里云大数据学院和智能制造产业学院完成首届招生。有全日制在校本科生、研究生、留学生1.98万人，招收本科生4308人、硕士研究生893人、博士研究生11人。怀德学院在校生规模增至9000余人。本科毕业生考研录率取21.37%，年终就业率97.06%。有教职工1750余人，其中专任教师1170余人，硕士及以上学位教师占比95%，博士学位比55%；有高级专业技术职务566人、其中教授236人。

常州大学武进西太湖校区一期建设工程完工，2018年秋季开学　　摄影／谷建平

新增博士生导师12人，增选83名硕士生导师；获批省研究生工作站12个。签约和引进各级各类人才146人。选派43名教师赴国（境）外研修和开展国际合作。其中，2人获国家留学基金资助，8人入选省优秀中青年教师赴境外研修计划，3人获省政府留学奖学金资助。

平台建设　常州大学获批国家发改委国家地方联合工程研究中心和省内首个江苏省技术转移研究院，通过省级重点实验室验收3个，新增省级技术中心3个、校企联合研发中心6个。5月10日，学校准予博士学位授予单位，材料科学与工程一级学科获博士学位授予权。

科研工作　全校获批国家基金科研项目51项。其中，国家社会科学基金项目18项，包括重点项目3项，立项数位列全省高校第五，重点项目数位列省高校第三。全年科研经费到款1.42亿元。首获中国发明专利银奖，获发明专利授权309件。根据国家知识产权局公布的数据，常州大学有效发明专利拥有量位列全国高校第45位，连续四年位列全国高校前50强。“特种表面冲击强化抗应力腐蚀与疲劳技术及应用”获国家科学技术进步二等奖1项。Nature Index（自然指数）年度最优排名位列全国高校第54位。“‘跟进式’人才培养体系的建构与实践：逻辑生成·系统耦合·模式创新”项目获2018年高等教育国家级教学成果奖二等奖。全年签约行业科技项目44个，行业科研到款超过1000万元。新建常州大学国家级技术转移中心靖江分中心。各技术转移中心开展科技服务超过300人次，签订科技合作、平台建设、人才项目等协议106份。

国际交流合作　有40余个国家570余名留学生在学校参加学历教育和长短期交流项目，其中学历留学生（来华留学，计划获得学历的非中国籍学生）490人，比2017年增长104%。面向留学生全英授课专业增至4个。委内瑞拉孔子学院注册学生近1800人。

竞赛成绩　学校在第四届中国“互联网＋”大学生创新创业大赛中获全国总决赛金奖1项、银奖2项。在“创青春”全国大学生创业大赛终审决赛中获主体赛事金奖1项、铜奖3项，获奖数位居江苏省高校第二。在第十一届“汉语桥”世界中学生中文比赛西班牙赛区决赛上，常州大学承办的安达卢西亚区孔子课堂获“汉语桥”中学生组第一名和第五名。

（秦　能）

【常州工程职业技术学院】　2018年，常州工程职业技术学院有全日制在校生11446人，招收全日制新生3805人。有教职工644人，其中专任教师472人（正高职称教师40人、副高职称教师183人）。毕业学生3411名，年终就业率98.%。学校获职业教育国家级教学成果一等奖，获评江苏省平安校园建设示范高校、教育部国防教育特色学校，在2018年全国高职高专院校竞争力排行榜中列第54位，连续三年入选全国高等职业院校服务贡献50强。

专业与课程建设　学校有化学与材料工程、制药与环境工程、建筑工程、建筑装饰与艺术设计、智能装备与信息工程、机电与汽车工程、经贸与体育管理、检验检测认证8个二级学院和马克思主义学院、基础科学部、体育部、实验实训教学部及继续教育学院5个教学部门。有招生专业41个，化工、制药、材料、汽车技术、特种设备制造等专业群13个，其中国家级重点专业2个、省级重点专业群4个、省级品牌专业2个。有中央财政支持高职实训基地1个、省级产教深度融合实训平台2个、省大学生创新教育实验基地1个、省级工程技术中心1个、省级技术转移中心1个。有“巴哈班”“无人机班”等试点项目16个，实现二级学院全覆盖，参与学生数312人。建设现代学徒制项目25个，覆盖专业17个，招生851人。

竞赛成绩　学校连续第十二年蝉联全国高等职业院校技能大赛化工生产技术赛项团体一等奖，获2018年“挑战杯——彩虹人生”全国职业学校创新创效创业大赛特等奖、第十三届全国高等职业院校发明杯创新创业大赛一等奖、第四届全国高分子材料专业技能竞赛团体一等奖、嘉克杯国际焊接大赛团体金奖、全国大学生英语竞赛特等奖、中国汽车工程学会巴哈大赛职业院校一等奖、第九届江苏省大学生机器人大赛一等奖，大学生舞蹈团获批省级大学生艺术团。

（魏　娜）

【常州信息职业技术学院】　2018年，常州信息职业技术学院有全日制在校生11956人，招收全日制新生3917人，毕业学生3808名，毕业生年终就业率98.3%。学校有教职工687人，其中专任教师504人（正高职称教师48人、副高职称教师222人）。学校获评全国第六届黄炎培职业教育奖优秀学校奖、2015—2018全国心理健康教育工作先进集体、江苏省卓越高等职业院校培育建设单位，入选2017年全国高等职业院校服务贡献50强和国际影响力50强，获国家教学成果奖一等奖、二等奖各1项，在中国高职高专校竞争力排行榜中位居全国第51位。

专业与课程建设　学校成立工业互联网学院，布局重组8个专业群，开展相关专业、课程建设和教学改革等工作；推动2个省级品牌专业、5个省级骨干专业、6个校级重点专业、2个国家级教学资源库和虚拟仿真实训中心、2个省级产教融合平台、22个校级实训室建设，申报成功2门国家级在线开放课程和5本省级重点教材；完善专业预警和动态调整机制，开展9个专业动态调整。深化人才培养改革，开展15个名师工作室培育、13个现代职教体系项目申报、2个主辅修专业建设、23门课程教考分离和32门校级在线开放课程建设。

竞赛成绩　教师获国家级教学改革课题2项，获全国大赛三等奖1项、省级大赛一等奖11项。学生获行业权威技能证书169份，其中获全国大赛特等奖2项、一等奖6项，参加省级大赛获特等奖和金奖2项、一等奖9项。

（唐　凯）

【常州机电职业技术学院】　2018年，常州机电职业技术学院有全日制在校学生10241人、留学生268人，招收全日制新生4100人，毕业学生3509人，年终就业率98.22%。有专任教师498人，从行业企业聘用兼职教师350人。专任教师中，高级职称教师210人，占专任教师的42.17%；具有“双师”（同时具备教师资格和职业资格）资格的教师440人，占专任教师的88.35%。聘请知名职教专家、“大国工匠”等高端技术人才11人，新增省青蓝工程优秀教学团队1个、省“333工程”人才3人、学术带头人2人、优秀青年骨干教师3人。

专业与课程建设　学校有机械工程、电气工程、模具技术、车辆工程、轨道交通、信息工程、经济管理、创意设计、国际教育9个二级学院，文化基础部、专业基础部、体育部3个部和马克思主义学院、继续教育学院等14个教学部门。重点建设专业群6个，筹建城市轨道交通专业群，开设专业45个。实施“智能制造”专业集群建设工程。实施“优质课程、高效课堂”建设计划，25门在线开放课程立项，其中冷冲模设计获评国家精品在线课程。该校获评国家级教学成果奖二等奖2项、省重点教材5部，模具设计与制造、工业机器人技术应用2个专业被教育部评为全国职业院校装备制造类示范专业点。“双主体”（学校和企业）培养农机应用技术高技能人才项目入选2018年留学江苏优秀人才遴选计划项目。

校企合作　学校以校企工作站为平台，建设“立体化”校企合作基地125家，订单培养学生963人。构建政府、高校、职业高中“三位一体”协同育人机制，与常州市蓝托金属制品有限公司、武进区洛阳高级中学合作共建“蓝托未来班”，创新现代学徒制人才培养模式。牵头成立江苏模具智造人才培养联盟、常州市工业设计产业联盟，推进职教集团集约化发展，完善产教融合平台运行机制，服务区域经济发展。

竞赛获奖　学校获全国职业院校技能大赛一等奖2项、二等奖1项、三等奖1项，省高职学校技能大赛一等奖3项、二等奖6项、三等奖5项；获国际竞赛一等奖1项、二等奖2项，省级以上赛项一等奖20余项。

（蔡　慧）

【常州工业职业技术学院】　10月，经省政府批准，常州轻工职业技术学院更名为“常州工业职业技术学院”。2018年，有全日制在籍学生1万余人，教职工近600人。新增正高职称教师9人、博士8人、“333”工程第三层次培养对象2人、青蓝工程青年骨干教师培养对象2人、黄炎培职业教育奖优秀教师1人。

专业与课程建设　学校设有材料工程与技术学院、机械工程与技术学院、电气工程与技术学院、经贸管理学院、信息工程与技术学院、旅游与烹饪学院、艺术创意学院、轨道交通与技术学院、海外教育学院、继续教育学院10个二级学院和体育工作部，有专业43个。新增省级在线开放课程2门、省级重点教材4本，完成国家级教学资源库子项目1个。获中国“互联网+”大学生创新创业大赛金奖1项，获全国职业学校技能大赛一等奖4项、二等奖3项、三等奖2项。

产教融合平台建设　学校获江苏省工程技术研发中心立项。申请专利144件，获发明专利授权13件，取得历史突破。与昆山、金坛、常州国家高新区、武进高新区建立4个产教融合区域合作联盟，开设昆达电脑班、有心电商班、京东班、徐工班、今创班、孟腾卓越工程师班等订单班人才培养项目。与亨通集团有限公司合作共建亨通高压海外人才培训基地。

（陈慧敏）

【常州纺织服装职业技术学院】　2018年，常州纺织服装职业技术学院有在校生9132人，招收全日制新生3290人，毕业学生2935名，初次就业率96.1%，年终就业率98.6%。引进或聘用高层次、高技能人才40余人，其中引进教授1人，聘请江苏省产业教授3人、常州市产业教授25人。获全国高职高专创新创业教育工作先进单位、江苏国际服装节特别贡献奖等多项荣誉。

专业与课程建设　设有创意学院、纺织学院、服装学院、机电学院、经贸学院、人文学院、创业学院、国际学院、继续教育学院9个二级学院，有专业45个。新增国家精品在线开放课程1门、省“十三五”重点教材立项6部，新增江苏省现代职教体系建设试点项目“3+3”项目8个、“3+2”项目3个。与南京艺术学院合作的“3+2”项目影视动画专业学生成功转段，转段率为97.3%。获“纺织之光”2018年度中国纺织工业联合会纺织职业教育教学成果奖一等奖1个、二等奖2个、三等奖6个，获省级优秀毕业设计（论文）一等奖1个。新招“一带一路”国家学历留学生57人，总数突破100人，涉及19个国家。

产教研融合　学校新增校企深度合作企业13个，其中与西太湖旅游产业园共建常纺院西太湖（旅游）产业学院，与盛唐企业形象创意策划有限公司共建明清服饰艺术馆和现代学徒制纺织服装人才培养试点基地。全面服务西太湖石墨烯产业园和现代服务业产业园，在文化创意产业新业态发展和武进区石墨烯特色小镇建设项目中积极作为。学校获中国国际大学生时装周作品发布会人才培养成果奖等奖项4个。

创新创业教育　学校获大学生创新创业训练计划项目立项54个。在校学生注册企业29家，由学校创业基地孵化出的7个项目带动就业人数103人。在创新创业大赛中获省级二等奖1个、三等奖4个，获江苏省大学生优秀创业项目1个、市级大学生创业项目5个，获第二届中英“一带一路”创新创业技能大赛中国区总决赛金奖和杰出院校奖。学校教师受邀参加APEC会议国家领导人织锦服装的设计，获第二届国际艺术设计展金奖3项、全国职业院校艺术设计类作品中国进出口商品交易会同步交易展作品大赛一等奖、中韩两国设计交流特别贡献奖等。

竞赛获奖　学校获全国职业院校技能大赛职业院校教学能力比赛高职组一等奖、省信息化大赛一等奖各1项、省微课比赛一等奖3项、省“领航杯”教学能力比赛一等奖、省艺术类微课比赛一等奖各1项。学生参加江苏省技能大赛获二等奖8项、三等奖10项。学校承办由教育部广播影视职业教育教学指导委员会主办的全国广播影视职业教育教学数字动画设计与制作技能大赛，并获一等奖。

（陈雪华）

社区教育

【概况】　2018年，武进区强化社区教育基础能力建设，重视内涵发展，有效整合资源，健全城乡一体的区、镇（街道）、村（社区）三级社区教育办学网络，办好居民家门口的社区教育，促进居民整体素质提高和社会文明程度提升。全区有社区培训学院2所、镇（街道）社区教育中心16所、居（村）民学校307所。其中，标准化社区教育中心省级14所、市级2所，标准化居（村）民学校省级26所、市级266所。非学历教育机构年检通过78个，注销4个。全区有社区教育志愿者1.66万人，常年帮助开展各级各类培训，累计培训88万人次，城乡居民参与社区教育活动参与率63%。有12万人次参加省“5112”教育富民工程（通过职业教育与成人文化技术培训，转移500万名农村劳动力，培养100万名农村致富骨干，重点推广1000个农村科技致富示范项目，培训200万名下岗转岗职工，全面提高城乡劳动者科学文化技术素质，使接受教育培训人员年收入高于全省从业人员年均收入的10%以上）培训。其中，农村新增劳动力和剩余劳动力转移教育培训1.09万人次，农村致富骨干培训3.91万人次，下岗（失业）转岗职工培训0.98万人次。武进区被教育部等五部门认定为第三批国家级农村职业教育和成人教育示范县（区）。礼嘉镇武南现代产业园教育服务“三农”基地被确定为江苏省教育服务“三农”高水平基地，南夏墅街道、戚墅堰街道创成常州市社区教育示范镇，潞城街道获评市级数字化学习先行街道，88所居（村）民学校创成市级社区教育合格居（村）民学校。武进开放大学获江苏省“2018年度社会教育先进集体”称号。

【武进社区培训学院创成“善学武进”社区教育品牌】 9月，武进社区培训学院创成常州市、江苏省社区教育品牌项目——“善学武进”。该校把“善学”作为武进居民终身学习的核心理念，通过构建“1+N”品牌发展体系，即主品牌“善学武进”+启智长廊、常州“非遗”进社区、造智企业英才计划、学习苑等子品牌，形成一批善学名片，产生一批特色活动，让“善学”进入在线模式。完善以社区为平台、社会组织为载体、专业社工为支撑的“善学”机制，提升“善学”效能。推进“善学武进之智家系列”“善学武进之绘美系列”“善学武进之惠企系列”“善学武进之惠民系列”四大重点项目，积极打造横向到边、纵向到底的学习网络，实现“善学武进”转型升级，谋求学习理念、学习方法、学习成效的升华。该品牌彰显武进学习特色，抓住学习核心要素“善学”，提升武进居民学习专注力，获得学习成就感，学习自信心、思维灵活度、独立性和反思力有普遍提高。2018年，全区开展活动200余批次，走进近百个社区，参加学习培训居民约50万人次。

【武进区“企业新型学徒制”校企合作班开班】 9月，武进区“企业新型学徒制”校企合作班在武进社区培训学院开班，确定卡尔迈耶（中国）有限公司、江苏慕林智能电器有限公司为新型学徒制示范单位、校企合作班学生学习实训的重要基地。首期校企合作班学生71人，其中26名怀化学生是常州市人社局与怀化团市委联合发起的教育扶贫项目“山果行动”计划的帮扶对象。校企合作班确立职业教育就是就业教育的理念，通过校、政、企三方密切合作共同育人。推行“工学结合—工学交替双循环”人才培养模式，分四阶段进行“学校—企业—学校—企业”双循环的学习。构建以职业能力培养为主线的课程体系，将职业资格培训、鉴定和职业资格认证考核全面纳入人才培养模式中，完成人才培养与企业需求的无缝对接，帮助学生实现从“校园人”到“职场人”的顺利转变。新型学徒制校企合作班“产教融合、工学一体”育才模式，有利于学生获得就业岗位和提升技能素质，有利于学校获得稳定生源和企业获得高素质技术工人，有利于提升全社会就业率，是各方多赢的创新之举。

【“魅力礼嘉农业游”入选省首批游学项目】 9月，武进开放大学与礼嘉镇社区教育中心共同承建的“魅力礼嘉农业游”入选江苏省首批游学项目。该项目依托武南现代农业产业园薰衣草庄园、国色天香牡丹园、一亩田生态农业产业园、科丰葡萄园、嬉乐湾等农业示范园，打造赏花、水果采摘、农业科普教育3条游学路线。该项目基于推动社区教育内涵发展，创新教育教学模式，满足人民群众对美好生活的需求，体现“生活即学习”的理念，搭建融“游、学、教”一体的平台与课堂。2018年，有9个批次600余名社区居民参与其中。

【“新型职业农民培训”课题获省首届社教成果二等奖】 湟里镇社区教育中心符福兴领衔的常州市级社区教育重点课题“新常态下新型职业农民教育培训对策的研究”获江苏省首届社会教育成果二等奖、常州市社区教育课题研究一等奖。该课题组立足湟里、嘉泽、雪堰、前黄等镇社区教育中心开展新型职业农民培训实践，客观分析农业现代化背景下本地区“三农”转型发展过程中新型职业农民培训的现状和存在问题，建议政府加强顶层设计，加大经费投入，建立新型职业农民职业资格证书制度，推行学习积分制，加强培训绩效考核，分类开展培训，提高培训实效，引导青年爱农学农务农。2016—2017年，该课题组累计发表课题调查报告1篇、论文4篇，开发苗木草坪和果树种植技术等特色课程10门，获全国NERC社区教育微课程竞赛一等奖1个、市级社区教育特色项目二等奖2个。

（陆 琪）

5月4日，礼嘉镇2018年新型职业农民（葡萄专业）第一期培训班开班，南京农业大学和江苏省农委园艺处教授、专家应邀授课　摄影/张 莉

文 化

Culture

责任编辑　张怡菁

文学艺术

【概况】 2018 年，武进区有文艺家协会 8 个、基层文联 12 个、挂靠社团 2 个，会员 2000 余人，其中国家级协会会员 60 余人、省级协会会员 200 余人、市级协会会员 1000 余人。全区文艺工作者遵循“两为”（为人民服务、为社会主义服务）方向、“双百”（百花齐放、百家争鸣）方针，深入生活，推出体现时代特色、反映武进风貌的文艺作品。区文联围绕“推动武进文艺事业走在前列”等议题，开展大讨论，召开“进一步解放思想，激励新时代新担当新作为”专题组织生活会，组织学习习近平新时代中国特色社会主义思想。举办第十四期文艺工作者读书班，表彰 2017 年度各协会先进个人，邀请国家博物馆原副馆长陈履生作“走进博物馆”讲座，提高广大文艺工作者文艺素养。全年出版文学艺术专著 4 本，刊出《武进文艺》3 期，80 件文艺作品获得省级及以上奖项。

【庆祝改革开放40周年主题性文艺活动】 2018 年，区文联围绕庆祝改革开放 40 周年，举办主题性文艺活动。7—10 月，以“传承文化基因、弘扬阳湖精神”为宗旨，与武进日报社共同承办武进首届诗词大会。该届诗词大会由比赛主活动和诗词创作、朗诵、讲座等支活动组成，历经海选、15 个乡镇（街道）分会场比赛和全区总决赛，现场观众累计 2 万余人，线上观众超 100 万人次。其间，举办庆祝改革开放 40 周年诗词创作比赛，100 余名作者创作诗词 300 余篇，邀请 9 位诗人在武进采风创作诗歌 28 篇。7 月 5 日，举办诗词大会名家讲座，邀请北京大学教授程郁缀讲授“古典诗歌与人文精神”。9 月 29 日，在新天地广场举办“美丽中国 · 诗韵武进”庆祝改革开放 40 周年音乐诗文朗诵会。11 月 1 日，在区行政中心举办诗词大会书法展，展出书法作品 20 幅，展现武进之美、阳湖之韵。与乡镇联合举办“寻找小镇的芳华”嘉泽镇改革开放 40 周年老照片征集暨发展成果摄影展、“风韵承千年、山水秀雪堰”向改革开放 40 周年献礼摄影作品展、横山老街摄影季等活动，与武进绿建区联合承办改革开放 40 周年“建筑的变迁”图片展等。围绕区委、区政府中心工作，组织开展文艺活动。举办“爱的定义”——武进区迎新音乐诗文朗诵会、“喜迎中秋”民乐演奏会、2018 美协第二届新人美术作品展、武进—景德镇陶瓷艺术讲座和作品展示交流活动、话剧《大刀进行曲》《爸爸的信》艺术交流见面会等活动。围绕美丽乡村建设，与区委农工办联合举办美丽乡村摄影展。参与主办恽南田书画会扇文化书画展、“春来草自生”中国书法家武进创作培训基地师生书画作品展、“善者乐山”——徐善回乡画展、岳建清生态摄影展等活动。

【名师结对培养工程深入实施】 2018 年，区文联深入实施名师结对培养工程，针对武进文艺人才队伍现状和成长需求，突出成效导向，拓宽结对思路，丰富结对形式，采取定期讲座、团体辅导、现场教学、个别指导等举措，促进全区文艺人才培养水平整体提升。深化结对培养，邀请省作协主席范小青、南京师范大学音乐教授路琦等名家点评与辅导

2 月 1 日，“爱的定义”——武进区迎新音乐诗文朗诵会在凤凰谷大剧院举行
供稿 / 区文联

优秀中青年作家、音乐工作者作品。加强师生结对，批准开展涉及美术、工艺美术等协会的“一对一”名师结对。开展“一对多”培养工作，邀请著名二胡演奏家陈耀星、陈军，上海音乐学院钢琴名师林华、王庆，画家徐善授课讲座、现场教学、网上辅导；举办“对话名师名家音乐赏析”系列活动，将名师资源辐射到全区文艺工作者、爱好者，提升文艺工作者创作水平和市民艺术修养。展示结对成果，举办“翰墨徘徊·洪厚甜、徐勇师生书法作品”名师结对培养工程系列展，“翰墨春秋”武进书画家宣传展示活动、“武进画家画武进”活动，展示全区文艺队伍建设成果。武进区文联名师结对培养工程被评为2017年度江苏省文联系统优秀创新项目。

【文艺惠民联动发展】 2018年，区文联发挥联络协调作用，结合镇、社区、企业、社会文艺组织等文艺资源，实施联动发展。(1) 指导协调镇级文联工作。加强与各镇文联互动，镇级文联发挥优势，结合百姓文化需求成立相关协会，培育当地文艺特色；与镇文联联合举办文艺活动，扩大活动影响力。(2) 拓展文艺惠民覆盖范围。利用湖塘镇永定社区等文联惠民服务站，组织文艺骨干进社区，开展书画授课、交流活动等，提升居民文化和艺术修养。5月，在顶呱

表52

2018年武进区文艺创作主要成果情况表

类别	作品名称	形式	作者	发表、出版、入选、展出、获奖、收藏情况
文学	《心照日月》	小说	吴亚频	中国网络文学20年江苏20部优秀代表作品
工艺美术	《漓江泛舟》	留青竹刻	张琪	2018“工美新力量——为自己绽放”长三角工艺美术新人新作大赛金奖
	《深山云壑图》	留青竹刻	徐文博	入选2018金陵竹刻全国邀请展
	《雄鹰图》	留青竹刻	徐文博	入选2018金陵竹刻全国邀请展
	《清风在握》	留青竹刻	张琪	入选2018金陵竹刻全国邀请展
	《山村林屋图》	水墨牙刻	王明盛	入选2018金陵竹刻全国邀请展
	《荷风四屏》	留青竹刻	张琪	江苏省第四届雕刻艺术大赛金奖
	《渡》	猛犸牙刻	萧恒凯	江苏省第四届雕刻艺术大赛金奖
	《观自在》	陶刻	张毓阳	江苏省第四届雕刻艺术大赛银奖
	《达摩》《溪山烟云》	猛犸牙刻	萧剑波	入选法国国际非遗博览会
书法	书法作品	书法	唐东进	入选荣宝斋首届全国青年书法篆刻展
	书法作品	书法	唐东进	第二届海上兰亭全国书法作品展优秀作品奖
	书法作品	书法	唐东进	中国书法家协会书法培训中心2017年教学成果最高奖
	书法作品	楷书	唐东进	入选第五届林散之·书法作品双年展
	《善举篇》	行书	颜卫东	入选全国金融系统第一届（农行杯）行书展
	《冯谖客孟尝君》	书法	徐勇	第二届“江苏书法奖”提名
	书法作品	书法	唐东进	第二届“江苏书法奖”提名
	书法作品	书法	邵建峰	江苏省第二届中小学教师正书书法比赛毛笔组一等奖
戏剧曲艺	《抢跑》	小品	王木木、杨雪编剧，姜茜、李梦璐导演，王玲燕音乐，恽新苗舞美，林厚勇、姜茜、陈秋华、潘润洲表演	第十三届江苏省“五星工程奖”
	《鸟归来》	快板	杨秀妹创作，张松春导演，陈家宇、奚立表演	第七届江苏省少儿曲艺展演创作奖、二等奖
	《山水新镇、魅力横山》	方言说唱	朱晓红创作，韩宇、王芳导演，杨子墨、曹木子等16人表演	第七届江苏省少儿曲艺展演三等奖
摄影	《潮塑丽影》	摄影	孙志德	入选第十二届中国摄影艺术节
	《细水长流》	摄影	姚向明	入选长白山·鸭绿江上游山水画廊全国摄影大展
美术	《丝路梵音》	中国画	是幽燕	入选“中国梦·燕赵雄风”全国中国画、油画作品展
	《一家亲》	中国画	是幽燕	入选“同源”——首届中国画作品展
	《小球迷》	中国画	是幽燕	入选第四届“八荒通神”——哈尔滨美术双年展

呱集团明德书院建立武进区文艺惠民服务基地，开展书画惠民公开课、举办“传承国学，弘扬孝道”公益文艺惠民演出等活动。(3) 与社会组织联合举办公益文艺活动。与北京将相红色文化交流中心、常州市中小企业家联谊会等社会组织合作，举办“传承红色基因唱响红歌”歌唱比赛等公益活动，丰富百姓文艺生活。(4) 开展文艺惠民系列活动。在百兴集团、丰乐社区等地举办“翰墨迎春”送春联系列惠民活动，在新天地广场举办武进区文艺惠民越剧《红楼梦》专场演出，在田间地头、街头巷尾举办摄影展，广泛调动群众参与文化活动的热情。

（葛　岩）

4 月 17 日，第二届读书月活动湖塘镇分会场开幕式现场　　供稿 / 区文广新局

群众文化

【概况】 2018 年，武进区有镇（街道）文化站 16 个，299 个村（社区）建有文化室或图书室，配备兼职文化管理员。有专职文化工作者 120 人、业余文化工作者 6024 人，其中业余文化骨干 968 人、文化志愿者组织 54 个 587 人、文化类社会组织 121 个 4170 人、村(社区)文化室（中心）工作者 299 人。区文广新局组织实施农村电影“2131”工程（21 世纪，在广大农村实现 1 村 1 月放映电影 1 场），全年放映电影 3300 场。组织区凤凰艺术团送综艺节目、区锡剧团送戏下乡演出各 200 场，举办阳湖大讲堂 12 期，开展流动图书服务 150 次。武进区第六届市民艺术节、第二届读书月等活动成功举办，武进锡剧班开班。1 月，区锡剧团被中央宣传部、文化部、国家新闻出版广电总局联合表彰为第七届全国服务农民、服务基层文化建设先进集体。

【武进区第六届市民艺术节】 参见《武进概览》栏目 P11 同名条目。

【第二届读书月活动】 2018 年 4 月 8 日，由区委、区政府主办，以“书香武进、悦读人生”为主题的第二届读书月活动在凤凰谷大剧院开幕，武进图书馆阅读达人、书香企业、书香家庭在开幕式上受到表彰。第二届读书月由好书推荐、诗词朗诵、读书征文等传统阅读形式和读书奇妙夜、感悟分享等互动新形式组成，全区共开展阅读活动 36 项，参与 15 万人次。区图书馆开展武图放映室、真人图书馆、香草山戏剧沙龙等专题活动 5 项，参与 1000 余人。区文化馆举办《诗和远方》朗诵比赛，每个乡镇选送 1 ~ 2 支队伍参赛，嘉泽镇选送的《大漠敦煌》和湖塘镇选送的《山雀子噪醒的江南》2 个节目均获一等奖。区博物馆举办“走进文人书房 · 体验古书装订”教育活动，15 组家庭现场体验古书装订。

【区文化馆公益性培训】 2018 年，区文化馆公益性培训联盟春、夏、秋季班共开设花艺、烙画、美体瑜伽、创意黏土等专业 300 余个，受益群众超 3 万人次。公益性培训班春、夏、秋季班共开设二胡、钢琴、书法、剪纸等专业 51 个，培训学员超 1 万人次。特色公益性培训班针对中青年人群，开设茶道、花艺、木艺、沙画、陶刻、禅舞等特色课程 20 门，累计培训学员 2500 人次。区文化馆开展公益性培训进社区活动，在湖塘镇丰乐、府东等社区开展锡剧、朗诵等培训活动，全年培训社区群众 3000 人次。

【武进锡剧班开班】 2018 年，武进区启动武进锡剧班定向培养计划，促进锡剧传承保护与发展。3 月，武进区锡剧团与江苏省戏剧学校签约合作，确定订单式培养戏曲表演专业武进锡剧班，招收对象为 2018 年小学应届毕业生，有 200 余人报名。6 月，22 人被择优录取，与区锡剧团签订定向培养及就业协议书，在江苏省戏剧学校学习。学习期间，每位学员每学年 3 万元学费由区财政局拨款，6 年学习期满后，由江苏省戏剧学校和区锡剧团共同组织考核和评定，择优录用。

（王元霆）

文化场馆建设

【概况】 2018 年，武进区有图书馆、文化馆、博物馆、书画院、名人馆和晓园艺术馆 6 家公益性文化场馆，全年免费开放，累计接待群众 130 万人次，比 2017 年增长 8%。有民办博物馆 7 家，接待群众 10 万人次。新增常州经开区路城街道数字影院 1 家，累计 17 家，全年放映电影 13.5 万场次，观众 340 万人次，票房 9200 万元，分别增长 1%、3% 和 8%。

图书馆　位于延政中大道 65 号，建筑面积 4500 多平方米。年内采购新书 1.2 万册，合计馆藏图书 56.2 万册，接待读者 72.7 万人次，外借图书 54.3 万册。开展绘本悦读坊、小牛顿公益课堂、现场捐书换书等阅读推广系列活动 300 余次。开通支付宝信用办证、读者大数据分析、图书智能推荐等功能，支付宝信用免押金办证 6000 余张，占办证总数的 40%。

文化馆　位于淹城丰乐坊 1 号，建筑面积 7529 平方米。开展公益性培训，受益群众超 5 万余人次。举办“我们的

9 月 24 日，武进博物馆举办七彩面塑迎中秋活动　　供稿 / 区文广新局

节日·元宵”文艺演出、“东方维纳斯之梦”——刘仕春艺术分享会、“小荷竞放”——全省青少年优秀艺术作品历年精品巡展、“明月照我心”民乐演奏会等活动 50 余场次。

博物馆　位于春秋淹城旅游区内，建筑面积 8728 平方米。年内接收公益捐赠书画作品 2 件，合计馆藏文物 3293 件，接待游客 32.5 万人次。举办“至美疆风”——杨凡工笔画贺春展、齐家文化玉器展等书画和文物展 20 场，举办元宵节“巧手制作兔子灯”“武博带你上海行”——第四届武进博物馆夏令营等科普、爱国主义教育活动 94 场次，参与 5 万余人次。志愿者注册人数达 131 人，累计服务时间 748 小时，讲解 95 批次，服务 913 人次。

【公共图书馆服务体系建设】 2018 年，武进区加强公共图书馆服务体系建设，有镇、街道图书馆分馆 16 个，藏书总量 54.4 万册，外借图书 8.2 万册，比 2017 年增长 54%。201 个村、社区图书室纳入区图书馆通借通还系统，合计外借图书 4.1 万册。推进阳湖书房建设，洛阳镇点、雪堰镇城西村点、牛塘镇卢家巷点 3 个阳湖书房乡镇点建设基本完成；凤凰谷点藏书 1.6 万册，接待读者 28.6 万人次，外借图书 5.9 万册，于 10 月获评省级共享阅读空间。推进中小学图书馆纳入公共图书馆服务体系建设，湖塘桥实验小学、牛塘中心小学等 6 所学校图书馆纳入公共图书馆服务体系，其中，牛塘中心小学书香候车亭利用智能化管理手段实现全时无人值守，1600 册图书一学期外借 5143 册次。

【基层综合性文化服务中心建设】 2018 年 2 月 12 日，武进区《关于下达 2017 年度特色强镇建设奖补资金的通知》出台，从“文明风尚培育工程”中设立“行政村综合服务中心建设”奖补资金。年内，有 148 个村（社区）通过考核验收，其中 119 个村（社区）各获得奖补资金 5 万元，镇（街道）基层综合性文化服务中心创建力度加强。全区完成 64 个村（社区）基层综合性文化服务中心建设，其中 16 个村（社区）建成市级示范点，累计建成基层综合性文化服务中心 212 个。

（王元霆）

【西太湖美术馆承办特色书画展 15 次】 西太湖美术馆位于第八届中国花博园内，建筑面积约 2000 平方米，展线近 500 米，2015 年 9 月 25 日开馆。2018 年，西太湖美术馆承办特色书画展 15 次，参观展览累计 5 万人次。

“艺海传承”：张华清、李华英、张艳作品展　1 月 30 日至 3 月 10 日举行，展出南京艺术学院教授张华清与其妻子李华英、女儿张艳精品作品 120 余件。

纪念刘海粟诞辰 122 周年“浑然天成”——谢天成画展　3 月 16 日至 4 月 15 日举行，展出谢天成艺术精品 60 余件。

“彤管流芳”——长三角女书画家提名展　5 月 8—16 日举行，展出 20 名女书画家作品 80 余幅。

庆祝改革开放 40 周年——南艺 1978 级同学作品展　7 月 6 日至 8 月 16 日举行，展出 80 名艺术家 100 余件作品。

中国汉画大展　9 月 1—16 日举行，展出全国 23 个文博单位提供的汉画拓片作品 150 余件。

“善者乐山”——徐善回乡画展　9 月 20 日至 10 月 15 日举行，展出徐善作品 100 余幅。

“江海相连”——澳门城市大学特聘教授作品交流展　10 月 18—27 日举行，展出澳门城市大学 14 名特聘教授作品。

（邵骏飞）

文化遗产保护

【概况】 2018 年，武进区有不可移动文物 393 处、非物质文化遗产（简称“非遗”）项目 118 个。其中，国家级文物保护（简称“文保”）单位 2 处、省级文保单位 10 处、市级文保单位 73 处、未公布为文保单位的不可移动文物 308 处，有国家级非遗项目 1 个、省级非遗项目 7 个、市级非遗项目 21 个、区级非遗项目 89 个。区文物管理部门加强管理、修缮不可移动文物，强化日常巡查，完成第七批省级文保单位申报和“四有”（有保护范围，有标志说明，有记录档案，有专门机构或专人负责管理）工作。

【文物遗迹保护】 2018 年，区文物管理部门完成新沟河疏浚工程涉及的文保工作，包括横山青龙桥、张公堤石刻碑、待渡亭和双庙桥 4 处一般不可移动文物迁移保护，以及横林余巷新沟河工程工地古墓突发文物考古发掘。5 月，完成胥城遗址建设控制地带遗迹现象定位工作，协调文物保护与城市建设关系。做好各级文物保护单位保护指导、协调工作，完成市级文物保护单位戈樨墓、卢庄徐氏宗祠、王诤故居和一般不可移动文物太平庵的修缮工作，完成湖塘老街 2 处一般不可移动文物迁移保护工作。

【非遗保护】 5 月，武进组织召开全区非遗保护工作会议，发放年度保护经费 19.35 万元，其中常州经开区项目发放 6.3

6月9日，《武进日报》小记者在区文化馆参加包粽子活动　　供稿/区文广新局

万元、武进项目发放13.05万元。6月，区文化馆举办“舌尖上的端午”——2018年文化和自然遗产日暨端午节主题活动。在包粽子活动中，邀请包粽子达人和《武进日报》小记者各10人参加，现场包制传统手工粽；在非遗项目展示活动中，调集湟里牛肉、横山桥百叶、阿兴鸭头、脚踏糕、小杏鱼圆等传统美食在淹城丰乐坊1号展卖；在插花体验活动中，由区文化馆特色公益性培训班花艺老师指导，向现场群众提供免费体验插花制作。区文化馆全年开设剪纸、堆花糕团、烙画等公益性非遗课程，累计授课30课时，培训学员500多人次。

（王元霆）

文化产业与管理

【概况】 2018年，武进区有文化产业企业近4000家，其中规模以上企业222家。全年完成文化产业增加值135.73亿元，占GDP比重达6.01%。嬉戏族集团有限公司的数字化全景DM探险项目获省级现代服务业（文化）发展专项资金补助150万元，江苏西太湖影视产业基地一期项目获省级现代服务业（新闻出版广播影视）发展专项资金补助100万元。武进广播电视台、常州嬉戏谷有限公司获市级文化产业发展引导专项资金各30万元。常州蓝创文化科技有限公司等8个单位获区级文化产业发展项目引导资金共135万元。区文广新局梳理上级委托下放和非行政许可类权力事项56项，在政务一张网内完善办事指南，完成拓展信息维护。年检印刷企业317家、出版物零售单位204个，完成歌舞娱乐、游戏游艺、艺术品经营场所和网吧等421家企业年度统计。开展农家书屋调查摸底，全区有农家书屋279家，合计在册图书771611册、报刊3575种、音像制品3021种，发放农家书屋通借通还补助资金7.3万元。8月20日，常州龙博文化传媒有限公司在深圳文化产权交易所挂牌上市。

（陈　伟　王元霆）

【文化市场秩序整治】 2018年，区文广新局开展“扫黄打非”“扫黑除恶”、安全生产检查、“黑网吧”整治等专项行动。全年共出动执法人员3200人次，检查网吧600多家次，检查“黑网吧”96家次、印刷企业146家次、歌舞游艺娱乐场所78家次、出版物经营单位198个次。全年受理群众举报72件，处理举报率达100%；立案41起，结案40起。在重点区域开展“黑网吧”专项整治行动，劝停“黑网吧”15家，联合区公安等部门取缔“黑网吧”2家。

（王元霆）

【西太湖影视产业基地销售收入超8亿元】 2018年，西太湖影视产业基地快速拓展业务，不断提升对外影响力，签约基地场景合作联盟150家。接待45个剧组在基地拍摄和筹备，累计130个剧组，其中电影《刀尖》《特种兵归来三部曲》、网剧《绅探》《赌场大劫案》、电视剧《巨匠》《古董局中局》《碧海丹心》等40个剧组相继开机或杀青，电视剧《迷局破》《云水谣》《迷航昆仑墟》、网剧《河神2》、电影《解放》5个剧组完成拍摄前期筹备。全年完成入驻影视企业和名人工作室37家，累计159家。实现开票销售收入8.13亿元、税收6221.61万元，分别比2017年增长188.75%、515.19%。

（邵骏飞）

【嬉戏族集团有限公司入选首批江苏省重点文化产业示范基地】 2018年3月19日，嬉戏族集团有限公司在全省文化产业工作座谈会上被省文化厅授牌为第一批江苏省重点文化产业示范基地。该公司成立于2007年10月，注册资本3.6亿元，下辖分公司11家，拥有技术专利3件、作品著作权7件、国际商标等文化产业科研成果2个。以发展文化创意、文化商品贸易、文化会展演艺竞技博览、影视智能科技、网络科技、动漫游戏等新兴文化产业为重点，以数字文化为核心，以智能科技为依托，整合创新、融合发展文化、科技、体育、旅游四大产业，打造“创、研、产、销”一体化的动漫游戏全产业链运营模式。年内，集团旗下主题公园——环球动漫嬉戏谷接待游客175.5万人次，实现综合营业收入21629万元，其中自有知识产权文化创意商品销售收入达2916万元。自主品牌“囧囧狗”系列文化创意产品获第四届中国游乐行业摩天奖“中国旅游商品创意奖”，数字化全景DM探险项目获2018年度江苏省现代服务业（文化）发展专项资金补助150万元。

（韩　琦）

史志编纂

【概况】 2018年，区委党史工委、区地方志办围绕改革开放40周年历史节点，推进党史征编、地方志编修及史志宣传工作，发挥资政、育人、存史作用。与区老促会联合启动开展《全国革命老区县发展史（武进分册）》编写，年内完成初稿。落实省方志部门要求，服务特色强镇建设，推进《江苏名镇志·湖塘镇志》编纂工作，年内完成志稿复审。按照省政府及省发展改革委、地方志办相关要求，于5月启动《江苏援藏援疆建设志（武进部分）》编纂工作，组建工作网络，推进资料征集，年内完成资料长编。加大史志宣传力度，通过举办活动及发布“武进印记”微信公众号信息等形式开展党史“六进”（进机关、进院校、进军营、进社区、进乡村）及《江苏省地方志工作条例》宣传。《武进年鉴（2018）》于9月由方志出版社出版，《阳湖春潮——改革开放40周年武进记忆（1978—2018）》于11月由凤凰出版社出版，《武进改革开放40年（上册）》于12月由中共党史出版社出版。全区累计出版部门（行业）志21部、村志14部。年内，《武进年鉴（2018）》获全国第六届年鉴编纂出版质量评比特等奖，实现特等奖“六连冠”。区委党史工委被省委党史工办表彰为2018年度党史信息工作先进集体。

5月10日，区委党史工委为横山桥镇入党积极分子培训班上党课　供稿/区委党史工委

【《阳湖春潮——改革开放40周年武进记忆（1978—2018）》出版】 2018年11月29日，由凤凰出版社出版的《阳湖春潮——改革开放40周年武进记忆（1978—2018）》首发式在区行政中心举行。该书由区委党史工委与区政协文史委等联合征编，于2017年8月启动，汇编口述稿44篇共20万字。通过当事人口述历史方式，记述武进家庭联产承包责任制的探索、乡镇工业的“苏南模式”、锡剧的传承与创新、花博盛会举办等重大历史事件44个，以点带面反映武进在政治、经济、文化、社会、生态建设方面的改革与创新。区委党史工委围绕改革开放主题主线，结合中央、省、市口述史征编要求，确定口述对象、编制采访提纲，修改采访稿件，参与完成审稿等任务，口述稿件同步在《武进日报》《阳湖春潮》专栏刊登。

【《武进改革开放40年（上册）》出版】 2018年12月，《武进改革开放40年（上册）》由中共党史出版社出版。该书由区委党史工委承编，于2017年2月启动，通过统筹调配编纂力量，制定实施征编任务推进计划，与全区80余个供稿部门通力协作，加强业务培训与指导，全力提升稿件质量。全书收录《农业生产责任制的推行与完善》《乡镇工业的发展》《武进全面小康建设历程》等经济类专题41篇，辑录图片68张、统计图表12张，共60万字，图文并茂反映改革开放40年间，武进历届党委、政府领导人民群众在推进经济体制改革，开展社会主义建设的实践历程和取得的成就。

【《武进年鉴（2018）》出版】 2018年9月，由武进区人民政府主办、武进区地方志办公室承办的《武进年鉴（2018）》由方志出版社出版，从12月起在全区全面发行。武进年鉴编纂部门坚持年鉴常编常新的原则，围绕年鉴规范与创新的主题，组织实施年鉴精品工程，适当调整年鉴框架结构，有效提升年鉴内容质量，巩固提升年鉴文化品位，全力提升年鉴编校质量。《武进年鉴（2018）》翔实记载全区经济社会发展基本情况，突出反映全面深化改革和“产业创新发展、城乡精细管理、生态保护引领、教育卫生事业均等化、特色强镇建设”五个三年行动计划实施所取得的阶段性成效。全书设置栏目40个、分目（子分目）222个，收录条目1222个、照片322幅（随文照片243幅）、表格100个、图表4个，共计95.9万字。

【史志宣传】 2018年，区委党史工委围绕党史“六进”及学习贯彻《江苏省地方志工作条例》，开展多种形式宣传。4月5日，联合市社科联、横林镇党委等10个单位，在冯仲云母校横林中心小学举办“纪念冯仲云同志诞辰110周年暨薛雯同志诞辰105周年座谈会”，宣传冯仲云英勇顽强的革命斗争精神和对党无限忠诚的坚定信念。5月10日，为横山桥镇入党积极分子培训班上党课，宣传党史国史，号召党员、入党积极分子以史为鉴，永葆忠诚、干净、担当的政治品格。9月，联合雪堰镇党委等相关单位推进常州市名人研究会董亦湘研究委员会成立，开展对中共早期革命家、活动家董亦湘的研究。10月20日，联合区政协文史委等10个单位在南夏墅中心小学举办“缅怀著名抗日女烈士钱立华暨纪念武进名人钱伯显先生座谈会”，宣传烈士钱立华积极参加抗日救亡运动的先进事迹。利用“武进印记”微信公众号，编发武进党史大事和改革开放时期杰出人物口述文章，介绍“老寄娘”邹兰英、冯仲云、胡发坚等革命英烈，宣传抗洪抢险、芦荡党校等党史故事。推动镇（街道）、村党建阵地建设，配合完成洛阳镇岑村村党史馆、横山桥第一支部及王玉如烈士展馆、南夏墅党史陈列室、嘉泽镇党建展览室等展示方案修改、审核。12月，围绕《江苏省地方志工作条例》颁布实施，区地方志办通过开设《武进日报》专版、“武进印记”微信公众号推文等方式加强宣传，推进全区依法修志工作。

（张新辉）

档案管理

【概况】 武进区档案馆为县区级国家综合性档案馆，2018年年末拥有馆藏全宗207个、338982卷、198983件，资料15556册，代保管档案30350卷、3280件，向社会开放全宗128个、7952卷。2018年，区档案局（馆）围绕全区中心工作，提供有效档案服务和保障。依法向社会开放档案，提供档案查阅利用服务及政府公开信息，为民生工程和中心工作提供档案基础保障服务。全年接待现场查档近3500人次、电话查档2000余人次，提供查阅4800卷（件）、复制1万余张。组织100个立档单位归档2017年度文书和专门档案等。引导经济社会组织建立档案，扩大民营企业、农民专业合作社和市民家庭建档覆盖面，指导中天钢铁集团有限公司、常州建源城市综合开发有限公司、北汽新能源汽车常州有限公司、大禹水务股份有限公司、常州武进环境科技公司、创生医疗器械有限公司等企业规范档案工作。《武进档案志》进入送审稿核稿阶段。协同武进日报社办好《档案探轶》专栏，用档案史料叙述武进历史，全年刊登144期。8月，区档案局（馆）获江苏省档案宣传工作先进集体称号。

【档案资源建设】 2018年，区档案局组织全区机关单位做好2017年度文件材料归档工作，100个立档单位归档2017年度文书72002件、照片3871张、数码照片2281张、实物档案275件和专门档案1373卷、1074件。推进档案接收工作，接收遥观镇、区级机关工委、区委政法委等7个单位文书档案26395件，以及区公证处档案和2012—2014年度婚姻登记档案等专门档案59701卷，全文数据102.5万幅，存储大小386.6千兆。做好土地确权档案“双套制”（电子扫描和实物资料同时保管）接收工作，接收区委农工办及遥观、洛阳等11个镇的土地确权档案97789卷、1662件，照片档案39张，光盘44张，全文数据152.6万幅，存储大小802.1千兆。征集武进地方特色重要档案资料，共征集宗谱22部、部门志4部、老照片6种9张，常州武进地区知名书画家作品50余件，王诤、冯仲云、史良、李公朴、瞿秋白、恽代英、张太雷等名人档案资料84种，建立王诤、冯仲云、史良、李公朴等武进名人全宗；接收时霖捐赠的《人民日报》《新华日报》及各类剪报约3吨；开展民族工商业和乡镇企业档案史料收集工作，征集到相关档案资料70余件；开展“百村万户”口述史采集工作，从档案的角度记录武进区“三农”工作取得的重大发展；走访岳茂兴、戴锁方等行业代表人士，征集育种专家羌涵孚个人档案1200余件，收集相关照片700余张、光盘6张。

【重大项目档案管理】 2018年，区档案局按照“主动提前介入、全程跟踪服务”要求，做好全区重大活动、重要领域档案工作指导和监督。针对农村土地承包经营权确权登记颁证档案，于1月编制《土地确权档案整理工作手册》，明确土地确权档案归档范围、核对、整理、数字化、移交等工作要求，组织现场指导，完成153个村93963户档案的整理工作，占需确权总户数的93.7%。8月，11个镇（街道）农村土地承包经营权确权登记颁证档案工作通过省级验收。推进农民合作社档案建设，常州市常洛果品专业合作社、常州金种子农业服务专业合作社被评为省档案工作三星级单位。年内，完成常州瑞声声讯微型精密元器件等省级以上重大项目档案登记8个。

【基层档案室星级测评】 2018年，区档案局联合相关单位发出《关于加强孕产妇住院分娩相关病例管理的通知》《关于修订武进区乡镇（开发区）财政档案管理办法的通知》，规范相关行业档案工作。加强面上培训和“点对点”现场指导，推进教育、卫计、国土等条线系统和嘉泽镇等单位创建档案管理星级单位。根据《江苏省机关团体企业事业单位档案工作规范》《江苏省机关团体企业事业单位档案工作规范等级复查暂行办法》，开展规范测评，礼嘉镇、中天钢铁集团有限公司等3个单位通过省五星级规范测评或复查，前黄中心国土资源所等3个单位通过省四星级规范复查，区委政法委、区水利局等31个单位通过省三星级规范测评或复查。至年末，全区累计有省五星级档案室18家、省四星级档案室24家、省三星级档案室212家。

【“智慧档案”工程】 2018年8月，区档案局制定《武进区数字档案馆建设工作实施方案》，有序开展数字档案馆建设，升级改造机房，增加存储设备，满足入馆档案信息化需求。管理维护档案核心数据库，保证档案数据安全保密和有效利用。调试馆室一体化新系统，确保顺畅运行。开展馆藏婚姻登记档案、土地确权档案实体与电子目录全文数据核查工作，实施目录细化和全文数据调整处理。持续推进电子档案数据共享，将原财政局档案数据返还共享，提升立档单位档案利用效率。同步推进全区数字档案室建设，区检察院等3个单位通过省AAAA数字档案室认定，区民政局等11个单位通过省AAA数字档案室认定。

（邱　添）

5月15日，区档案局开展国际家庭档案日宣传活动　　供稿/区档案局

大众传媒

Media

责任编辑　张怡菁

报纸 · 新闻网

【概况】 2018年，武进日报社围绕“坚持正确舆论导向，高度重视传播手段建设和创新，提高新闻舆论传播力、引导力、影响力、公信力”的总体要求，更好服务中心、服务大局、服务基层，推出改革开放40周年系列宣传，承办武进首届诗词大会，推动新媒体改版升级。《武进日报》全年出报302期，日发行量3.5万份左右；《常州经开区》报扩容，由4个版增至8个版，出报50期；双月刊《古运丁堰》出刊5期；季刊《新武商》出刊4期。全年累计招募小记者865人，官微矩阵用户达42万人次，代理官微29个，官方新浪微博“武进日报社”用户1.5万人次。武进新闻网平均月访客量300万人次，“武进新闻”客户端用户2万人次，户外党报阅报栏35个。年内，武进日报社选送作品获奖33件，其中获省级及以上奖项作品14件。

【重大主题报道】 2018年，武进日报社围绕武进“五个三年行动突破年”主题，从2月1日起，推出《突破五个三年行动计划解读》系列报道，解读产业创新发展、城乡精细管理、生态文明建设、教育卫生事业均等化和特色强镇建设突破5个方面内容。推出《全面记分时代来临，你和不文明交通行为告别了吗？》《如何啃下堆场整治这块“硬骨头”？》等深度报道，监测社会环境，承担新闻媒体社会责任。开设《解放思想大讨论》专栏，从“一把手访谈”“问计”“行动”“理论”“对标”等方面推进实施。从5月24日起，报社全媒体发布《实现“苏南模式”到“武进智造”转型》《旅游业“大咖”共话全域旅游发展新思路》等报道

表53

2018年《武进日报》获省级以上奖项作品情况表

作品名称	作者	体裁	奖项	等次
《武进土地制度改革敲响资本市场“第一锣”》	鞠燎原　马叶星	消息	江苏省报纸优秀作品	二等奖
《武进“企业河长”反哺生态文明建设》	顾枫华　鞠燎原	消息	江苏省报纸优秀作品	三等奖
《一杯茶喝出大智慧》	张仕彪　俞　兢	通讯	江苏省报纸优秀作品	三等奖
《武进日报》2017年9月9日03版	陆　卓　张　丽　黄晓倩	版面	江苏省报纸版面奖	三等奖
《一截春天发芽的木桩》	荆和平　陈　陌	副刊	江苏省报纸副刊编辑奖	三等奖
	汪秀红	副刊	江苏省报纸副刊作品奖	三等奖
《匠心》	姚　辉　万一峰　孙婷婷	网络专题	江苏省网络好新闻	三等奖
《砥砺奋进的五年——武进·19个城市印记》	全媒体采集中心 全媒体策划中心	系列报道	江苏省县市报新闻作品	一等奖
《全国首笔农村“三权”抵押贷款昨发放》	鞠燎原　马叶星	消息	江苏省县市报新闻作品	二等奖
《17个微信群架起西湖街道城市管理“天罗地网”》	诸丽琴	通讯	江苏省县市报新闻作品	二等奖
《我区村级财务收支拧上“安全阀”》	马叶星	消息	江苏省县市报新闻作品	三等奖
《武进民企帮助巴西重建南极科考站》	鞠燎原　诸丽琴	消息	江苏省县市报新闻作品	三等奖
《最后一次，走进渔家的“黄昏”》	何克来	通讯	江苏省县市报新闻作品	三等奖
《我做你的眼，一起跑“微马”》	高　岷	摄影	江苏省县市报新闻作品	三等奖
《武进日报》2017年10月13日05版	陆　卓　吕丹丹　刘文燕	版面	江苏省县市报新闻作品	好版面

100余篇，掀起“解放思想大讨论”活动热潮。从8月13日起，刊发《为高质量发展“定标领航”》《治水治气，武进破题“城市病”》等报道，解读区委十二届五次全会提出的新要求、新部署。推出《万里援疆、情系天山》《特色强镇新突破、乡村振兴谱新篇》《最美的风景》《武进工匠》等专题报道，推动新闻宣传精品化、精准化。

【民生服务报道】 2018年6月25日，武进日报社联合区农业局连续第10年开展“阳湖”果品节系列活动，拓展果农销路，提升地产水果知名度。7月26日至8月18日，联合区慈善总会、教育局、民政局连续第13年开展“圆梦行动”，通过媒体传播力量，解决8名贫困大学生入学学费问题。策划年初《迎战冰雪》、暑期《2018夏日经济》系列报道等时令题材，围绕百姓关注热点，提前规划，创新版式版面。《洛阳镇罗家头村民小组有本“治水经”》《新城帝景8户业主将通风井改造成自家房间》两篇报道得到区委主要领导批示。报社与相关部门沟通，持续跟踪报道，通过“今日武进”微信公众号征集群众意见，推进罗家头村民小组成为全区村级“治水”典型、新城帝景通风井问题得到解决。

【改革开放40周年系列宣传】 从5月起，武进日报社在《武进日报》开设庆祝改革开放40周年“阳湖春潮”“阳湖商潮”专题，展现改革开放后武进地区辉煌历程及民营经济卓越贡献，并将专题报道结集成书，于11月29日在区行政中心举行首发仪式。8月6日，策划推出《我们的40年》专栏报道，从教育变迁、农民变迁、公交变迁等20个方面，采写普通百姓、普通家庭生活变迁，反映改革开放40年成果。11月29日，策划推出《奋进新时代——庆祝改革开放40周年特刊》，设置新闻综述和新园区、新强镇、新农村、新作为4个篇章版面144个，系统总结武进改革开放历史经验。12月4日，与区统计局联合推出《改革开放40年·数说武进》栏目，通过生产总值、财政收入等数据变化，反映武进经济社会发展，展现改革开放成果。

【武进首届诗词大会】 2018年，武进日报社以传承文化基因、弘扬“阳湖精神”为宗旨，承办武进首届诗词大会。从4月20日起，“今日武进”开通报名通道，吸引2000余人参与。7月3日至10月12日，在遥观、横林、湖塘等15个分会场举办预赛，各分会场冠军晋级总决赛。11月3日，武进首届诗词大会总决赛在嬉戏谷举行，湟里分会场吴翔、洛阳分会场庄静飞、潞城街道分会场盛熠分获冠军、亚军、季军。该届诗词大会全程网上直播，与各镇（街道）、开发区特色文化展示、群众文艺表演和宣传改革开放40年成果相结合，提升参赛者及观众对地方特色文化和古典文化的认同感。

【新媒体改版升级】 6月12日，武进日报社微信公众号“花园街驿站”内部改版完成，推送内容与官微“今日武进”区分，倡导品质生活，设置《武小妹探店》美食类栏目、《我家花草缘》家庭园艺类栏目，推出贴近百姓生活的图文视频信息。武进日报社技术部自主研发掌握“网易”“今日头条”等App动态图文加载技术，对“掌上武进”客户端实施技术革新，将其更名为“武进新闻”，调整栏目结构，新闻列表以图文形式展示，优化页面布局，将微信视频直播、访谈类节目合并成《武进微视》栏目。改版后的“武进新闻”于6月20日重新上线。

【文化创意领域进驻】 2018年，武进日报社立足自身优势，进驻文化创意领域。1月中旬，购入微信直播机器1台、摄像机3台、户外摇臂等全套专业技术设备，抽调微信编辑、技术部、营销中心人员组成微信直播团队。年内，微信视频直播“湖塘镇商会总结表彰大会”“雪堰桃花节”“武进锡剧班学员录取仪式”“武进诗词大会”等活动33场，平均每场直播线上观众超过10万人次，提升武进对外形象。8月，引进墙体打印设备，美化户外墙体。至年末，墙体绘画施工面积超过3000平方米。策划组织西藏林芝春季赏花游、西藏林芝桃花节摄影大赛、少儿歌唱大赛、全民嗨唱K歌大赛、螃蟹达人赛等活动，与区文广新局、武进锡剧团合作开展“寻找锡剧传人”活动，通过媒体向社会招收锡剧学员，为武进锡剧艺术传承和发展培植力量。

（张雅清）

11月3日，武进首届诗词大会总决赛在嬉戏谷举行　　供稿/武进日报社

广播电视

完成高清化改造后的武进广播电视台演播室　　供稿 / 武进广播电视台

【概况】 武进区有广播频率、电视频道各1套，镇（街道）广播电视经营管理站16个，广播电视塔信号覆盖江苏、浙江、安徽3个省、18个县（市），数字电视连通整个常州市，信号覆盖人口超过400万人。武进传媒大厦配备国内一流广播电视制编系统，实行节目编播全自动化和数字化，拥有800平方米演播大厅、多功能广播电视移动直播车、15米长摇臂摄像机等设施设备，可举办大型演艺活动并全程直播。开办门户网站“阳湖网”、官方微博“微武进”、官方App“爱武进”，有“微武进”“生活连线”“乐活常州”“886阳湖之声”“跟我出发”等微信公众号。2018年，武进广播电视台聚焦武进亮点，推进新闻宣传、媒体融合、网络建设，关注民生、服务群众，发挥主流媒体主渠道、主阵地作用。FM88.6阳湖之声开办《886新闻广场》《武进政风热线》《畅行龙城路》等自办栏目11个。武进电视台开设新闻、生活、人文、影视4个频道，自办《武进新闻》《生活连线》《连线帮帮团》《嚼百趣》等栏目12个。全年广播播音8655小时、电视播出6752小时。累计被中央、省、市级媒体录用稿件近400篇，其中中央电视台录用10篇、《江苏新时空》录用32篇。举办“全区青少年卡丁车联赛”“最美纳税人评比”“第三届万步有约”“连线帮帮团、快乐社区行”“生态万步行，乐跑新武进”等25个项目150多场次，吸引10万余人参加。年内，武进广播电视台被省人社厅、省新闻出版广电局、省版权局授予江苏省新闻出版广电（版权）系统先进集体称号。《“这是最后的斗争”恽代英1930—1931》获得中国广播影视大奖广播剧类提名奖、常州市“五个一工程”奖。《茉莉莲香满濠江——2017“走进澳门”文化艺术节》在中国媒体创新论坛上获评最具影响力活动。《王华锋和三百个快递》入选江苏百人纪录片扶持计划。有49件广播电视作品在省、市节目创优评比中获奖，其中省级奖项6个。惠农电商平台“飨家”上架新产品66个，其中70%来自陕西安康、新疆尼勒克，种类涵盖水产、干果、茶叶、水果、化妆品等。公众号“阳湖甄好”推送新品31个，举办线上爱心义卖4次。

【新闻宣传】 2018年，武进广播电视台围绕区委、区政府中心工作，宣传报道项目建设、乡村振兴、生态文明等方面内容，强化主流引领作用，为全区经济社会发展营造良好舆论环境。《武进新闻》共播发新闻报道4400篇，播出

表54

2018年武进区广播电视作品获省级及以上奖项情况表

作品名称	类别	奖项	作者	授奖部门
《炒茶：要留春色在水中》	电视播音社教类	2017年度江苏电视播音社教类一等奖	段　敏	江苏省新闻出版局、江苏省广播电影电视协会
《从“政府治水”到“全民治水”武进全省首创“企业河长制”》	长消息	2017年度江苏广播新闻奖长消息二等奖	陈　军　施文雅	江苏省新闻出版局、江苏省广播电影电视协会
《茉莉莲香满濠江——2017“走进澳门”文化艺术节》	综艺节目	2017年度江苏广播文艺综艺节目二等奖	顾　芳　杨富春　贺敏伟　张文亚　庄　旦	江苏省新闻出版局、江苏省广播电影电视协会
《雷利电机成功登陆创业板 国内资本市场首次实现集体土地与国有土地“同权同价”》	长消息	2017年度江苏电视新闻奖长消息三等奖	顾　芳　杨富春　史莲寅　管朝刚	江苏省新闻出版局、江苏省广播电影电视协会
《余光中：我的乡愁，在常州》	广播播音社教类	2017年度江苏广播播音社教类三等奖	朱　烨	江苏省新闻出版局、江苏省广播电影电视协会
《法国总裁拜师记》	专题	2017年度江苏广播对外电视节目专题三等奖	王黎丽　刘　洋　华　伟	江苏省新闻出版局、江苏省广播电影电视协会

《新观察》200档。3月，推出《风云激荡40年》专栏，反映武进以习近平新时代中国特色社会主义思想为指导，坚定不移推进思想解放、改革开放，以敢为人先的气魄，先行先试，促进武进经济民生的新发展。在《武进新闻》《生活连线》《开门7+7》3个栏目中，分别开设《辉煌》《家底》《坐标》3个子栏目，从制度改革、思想解放、经济发展、百姓生活、事物变迁等方面反映武进改革开放历程。从6月1日起，《武进新闻》《生活连线》栏目推出《前黄丁舍：小桑葚念出致富经》《芙蓉鲜螺：小螺蛳闯出大市场》《夏溪花木：小"缤纷"绽放大异彩》等《乡村振兴武进行》专栏报道，聚焦特色乡村建设，彰显乡村发展面貌。《生活连线》《连线帮帮团》《嚼百趣》以"离你最近，与你最亲"为栏目宗旨，坚持内容为王，全年接听热线电话9700多个，制作节目927档，播发稿件6123篇，帮助百姓解决问题540多件。

【广电新媒体建设】 2018年，武进广播电视台推进以手机台为重点的广电新媒体建设，加大广播、电视、阳湖网和"爱武进"App在内容采编、宣传互动、活动策划、经营创收上的融合力度。阳湖网发布资讯4140条，制作发布滚幅新闻110条。向"腾讯视频"上传新闻2320条，向"今日头条"上传新闻1160条。入驻"抖音""梨视频"等短视频平台，在"抖音"发布短视频135条，总点击量1242.9万次，最高单条点击量785.7万次、点赞量17.7万次。在"梨视频"发布短视频179条，总点击量136.4万次。"爱武进"App下载量2.5万人次，"微武进""生活连线""乐活常州""886阳湖之声""跟我出发"微信矩阵粉丝55万人次，其中"乐活常州"粉丝22万人次，"生活连线"粉丝13.3万人次。

【广播剧《好大一个家》播出】 2018年12月27—29日，以"全国孝老爱亲最美家庭""全国五好文明家庭"——余美芳家庭的孝老爱亲真实故事为原型，创作的广播剧《好大一个家》，在FM88.6阳湖之声播出。该剧由常州市委宣传部立项扶持，常州广播电视台、武进区委宣传部、武进广播电视台联合制作，共3集，以新闻记者视角，揭示余美芳夫妇和公公曹景飞两代人40年无偿赡养5位无血缘关系老人的敬老故事，诠释普通百姓最美家庭的人间大爱。

【武进高清播出系统改造项目全面完成】 武进高清播出系统改造项目于2015年启动，由武进广播电视台技术部门自主开发系统编单、上载、播出、控制、字幕、编码等软件，各项技术指标在县级广播电视台中领先。2018年，武进广播电视台投入1500多万元，对前期外录系统、演播室录制系统、节目上载系统、后期非编节目包装系统、播出系统、直播车标清改高清工程等制播环节设备实施高清化改造，8月实现新闻频道、生活频道、人文频道、影视频道4个频道高清同步播出，取得良好效果。

【武进广电智慧社区信息平台上线】 1月30日，武进广电智慧社区信息平台上线仪式在武进传媒大厦举行。首次上线的寨桥村、成章村智慧社区包含美丽乡村、党员之家、村务公开、和谐家庭、平安家园、便民服务6个板块。该平台通过机顶盒、智能手机终端、应急广播、社区电子屏，覆盖到公共场所和家庭，与用户实现信息交互，打通本地信息服务进社区"最后一公里"。百姓足不出户就可以在电视上了解政务、文化、民生信息，享受公共事业缴费、电视商务、远程医疗、居家养老、家庭安防等便民服务。年内，签约镇、村智慧社区51个，建成上线镇、村智慧社区21个，惠及家庭17392户。

【广电通信建设与服务】 2018年，武进广电以"保用户、促发展、稳增长"为中心，推进"智慧社区"和"智能家居"两大项目建设。全区数字电视个人用户达26.3万户，用户保有率95.13%；互动终端14.04万个，净增用户677户；宽带用户16418户，新增4701户；好视乐套餐年度累计订购17289个。推行网格化服务运营维护体系，建立以客户群为基础的组织架构，实行网格经理负责制，将全区16个站划分为133个网格，平均每个网格经理直接服务用户2000多户，为用户提供精准专业服务。规范电话服务流程，强调首问负责制，从接电话、开工单、上门维修、收视指导到回访实行"一站式"服务，注重用户满意度回访。客服中心全年接听用户电话约16万个，回访安装、报修用户4.7万户，服务态度、完成质量、服务及时性等方面平均满意率达99.9%。利用新UI版面优势，每周上传节目推荐，全新改版本地回看栏目，调整内容分类、呈现和收视通道。8月底，新增本地高清频道节目源4个，推广省互动平台特色板块，全年本地内容更新达1.1万小时，总点击量达470万次。稳步推进网络建设和改造，提升网络质量，全年共开通光节点14474个，双向覆盖率94.07%，建成基础管道15.46沟/千米，光纤入户新增用户14398户、改造用户3094户。

（潘燕萍）

1月30日，武进广电智慧社区信息平台上线仪式在武进传媒大厦举行

供稿/武进广播电视台

体 育

Sports

责任编辑　张怡菁

群众体育

【概况】 2018年，武进区深化公共体育服务体系示范区建设，以提升“城乡一体10分钟健身圈”服务功能为抓手，围绕“增强人民体质、提高健康水平”目标，打造城乡一体、功能明确、网络健全、均等普惠、具有地方体育文化特色的“武进模式”全民健身公共服务体系升级版。全区新增社会体育指导员189人，累计3654人，其中国家级66人、一级145人、二级662人，每万人拥有社会体育指导员25人（国家级文明城区标准≥10人/万人）。新增网球运动协会，累计有体育运动协会32个。其中，AAAAA级1个、AAAA级7个、AAA级13个、AA级4个，参评率85.7%。有区级民办非企业体育俱乐部8个，镇级体育总会16个、镇级单项体育运动协会109个。广泛开展全民健身活动。全年承办省级及以上活动和赛事4次。举办武进区第三届体育文化摄影大赛，收到专业组和手机组摄影作品382件。组织健身活动和综合性体育赛事40余项。举办科学健身大讲堂12次、区级健身项目培训班4期，参加1300余人。引导、鼓励单项体育协会承办群众体育赛事，创建自主品牌赛事，形成篮球联赛、乒乓球高手排位赛等群众性体育赛事品牌。完成国民体质测试有效样本4200个。全区全面建成“城乡一体10分钟健身圈”达标村（社区）。为全区2388名一线社会体育指导员购买意外保险。9月，区体育局被授予全省群众体育先进单位称号。

【不止骑·2018第六届中国24H单车环太湖认证赛】 2018年6月9日，在武进太湖湾开赛。该赛事获省体育总会特别支持，由省自行车协会、江苏单车网主办，武进太湖湾旅游度假区、区体育总会、南京先锋体育俱乐部承办，路线为环太湖沿湖道路，途经无锡、苏州、湖州、宜兴等地，设置100千米体验组、200千米梦想组、300千米极限挑战组、400千米自行车马拉松组、500千米日行千里组5个组别，吸引爱好者3万人参加，沿线观赛人数达数十万人。该赛事集挑战性和娱乐性于一身，围绕体育旅游概念，以“互联网+骑行”新模式，形成自行车运动产业新生态圈，2017年获评首批国家体育旅游精品赛事和江苏省体育旅游精品赛事。

【2018常州西太湖半程马拉松赛】 10月14日，在西太湖开赛，由江苏卫视全程直播。该赛事由中国田径协会、江苏省体育局、常州市政府主办，武进区政府、常州市体育局、常州西太湖科技产业园管委会、江苏常奥体育发展有限公司承办，设5千米、10千米和半程马拉松3个项目，来自美国、德国、法国、日本、加拿大、埃塞俄比亚、意大利等18个国家和地区的选手以及国内马拉松爱好者共计2万人参加。埃塞俄比亚的Arit Taye Girma、肯尼亚的Hosea Kiprotich Rutto和埃塞俄比亚的Alemu Hunegnaw Mesfin分别以1小时3分4秒、1小时3分17秒、1小时3分27秒获得男子冠、亚、季军，并打破赛会纪录。埃塞俄比亚的Zenebu Fikadu Jebesa、肯尼亚的Kibarus Mercy Jerotich和埃塞俄比亚的Negeri Hawi Alemu分别以1小时12分48秒、1小时12分56秒、1小时15分25秒夺得女子冠、亚、季军。

10月14日，2018常州西太湖半程马拉松赛在西太湖开赛　供稿/西太湖科技产业园

【2018GPKS 第二届中国江苏武进“太湖湾杯”卡丁车邀请赛】 12 月 7—9 日，在常州嬉戏谷卡丁车赛场举行。该赛事由区体育总会主办，为 12 小时耐力赛，分为 4 小时和 8 小时耐力赛两场，来自广东、上海、昆明等地区 19 支车队、近 1 百名专业车手及卡丁车爱好者参赛。经过角逐，浙江宁波的 SQ-CSK 二队夺得全场冠军。

（徐霄燕）

竞技体育

【概况】 2018 年，武进区竞赛训练以备战江苏省第十九届运动会、常州市第十五届运动会为重点，加强教体融合，推进青少年体育竞赛，提升竞技体育水平。全区有注册运动员 13433 人、教练员 674 人。全年承办国际性比赛 2 次、全国性比赛 3 次。组织 256 名运动员参加江苏省第十九届运动会，获金牌 56 枚、银牌 25 枚、铜牌 30 枚，获全省县（市、区）输送奖第一名、贡献奖第二名。组织 200 支代表队 5094 人参加常州市第十五届运动会青少年部比赛，获奖牌 425.5 枚、总分 9845 分，分别位列金牌、团体总分榜第一名。

【2018 年全国女子曲棍球锦标赛在武进举行】 9 月 27 日至 10 月 5 日，2018 年全国女子曲棍球锦标赛在武进曲棍球基地举行，四川、北京、天津、辽宁、吉林、内蒙古、上海、江苏、广东、甘肃 10 支代表队约 300 人参赛。该比赛由国家体育总局手曲棒垒球运动管理中心主办、江苏省体育局承办，采用分组循环加交叉淘汰赛的传统赛制，经过角逐，四川队获冠军，江苏队获季军。

【2018 年“喜悦杯”全国青少年足球邀请赛在武进举行】 10 月 2—5 日，2018 年“喜悦杯”全国青少年足球邀请赛在江苏省武进职业教育中心校举行，来自全国各省市 4 个年龄段共 24 支代表队参加。该比赛由区体育总会指导，市足球协会、区足球协会主办，采用小组循环加淘汰制的赛制决出名次，经过角逐，上海幸运星队分获 U8、U9 组冠军，苏州康力队获 U11 组冠军。

【第 23 届女子曲棍球世界冠军杯赛在武进举行】 11 月 17—25 日，第 23 届女子曲棍球世界冠军杯在武进曲棍球基地举行，英国、荷兰、阿根廷、澳大利亚、中国、日本 6 支女子曲棍球队参赛。该赛事由国际曲棍球联合会主办，国家体育总局手曲棒垒球运动管理中心承办，是国内首次举办最高规格曲棍球单项赛事，奥运会冠军队、世界联赛冠军队、上届世界冠军杯冠军队、世界杯冠军队、东道主可直接参赛，国际曲棍球联合会有权邀请 1 支世界积分靠前的队伍参赛。经过角逐，荷兰队以全胜战绩夺得冠军，中国队获得第四名。

（徐霄燕）

体育产业

【概况】 2018 年，武进区深入挖掘国家体育产业示范基地内涵，促进全区体育产业提档升级。全年投入健身工程（点）建设资金 150 万元，新建小区体育设施配件率达 100%。继续引导民间资本投入体育场地设施建设，加强“城乡一体 10 分钟健身圈”建设，新（改、扩）建村（社区）室内外体育健身场所 30 个，新增健身休闲场地面积 2.5 万平方米。年末，全区有各类公共体育健身场地 4611 个，体育设施面积 319.39 平方米，人均拥有面积 2.21 平方米。打造西太湖滨水游憩运动空间等 5 个项目获 2018 年度江苏省体育产业发展专项资金 340 万元，嬉戏谷“卡丁车体育运动”等 4 个项目获区级体育产业发展专项资金 95 万元。优化体育彩票网点布局，借助“世界杯”效应，扩大体育彩票销售网点购彩群体及竞彩市场，竞彩销售额 2.08 亿元，全年体彩销售量达 11.27 亿元，增幅 90.03%，创历史新高。

（徐霄燕）

【打造西太湖滨水游憩运动空间项目获省体育产业发展专项资金 150 万元】 2018 年 10 月，由常州市西太湖旅游发展有限公司申报的打造西太湖滨水游憩运动空间项目获省体育产业发展专项资金 150 万元。该项目围绕西太湖科技产业园的总体发展思路，确立“以产业带动体育，以体育促进产业”的基本理念，先期规划南侧西太湖旅游区 24 平方千米作为启动区（核心区），主要分为生态保育区、核心游览区、公共服务区、科普展示区、湖滨观光区五大区域。规划建设周期 6 年（2016—2021 年），分为两个阶段建设，总投资 6753 万元。一期（2016—2018 年）侧重区域内硬件设施的完善与提升，包括滨水岸线亲民基础体育设施建设、生态环境治理与修复、配套服务设施升级改造及体育项目引入，打造西太湖滨水游憩运动空间，满足市民基本体育活动需求；二期（2019—2021 年）侧重区域内软件方面的提升，包括居住人口导入、品牌赛事活动打造等，满足日益增长的特定人群更高需求。该项目在退田（渔）还湖工程及生态修复工程完成的基础上，依托良好的水质、优美的环境及完善的基础建设设施，将原先属于市政基础建设的道路、绿地、水域、滨水岸线等提升为满足体育基本功能要求的配套设施；依托精细化管理及优惠政策支持，先后吸引曲棍球运动基地、金沙湾高尔夫运动基地等 7 个体育项目落户；依托园区优美生态环境，举办西太湖国际自行车赛、西太湖半程马拉松赛等品牌赛事活动。到 2018 年，累计完成投资 2499 万余元。西太湖滨水区域已成为常州武进地区环境口碑好、体育项目丰富，广受市民和游客青睐的“体育＋旅游”出游目的地。

（邵骏飞）

2018 年武进区获江苏省体育产业发展专项资金项目情况表

表 55

项目单位	项目名称	获助金额（万元）
常州西太湖旅游发展有限公司	打造西太湖滨水游憩运动空间	150
江苏常奥体育发展有限公司	2018 常州西太湖半程马拉松赛	80
常州市钱璟康复股份有限公司	智能关节功能评估与训练系统的研发及产业化	50
常州市錡灏卡丁车文化传播有限公司	武进区首例室内卡丁车体育休闲投建管一体化项目	30
常州骐骥马术俱乐部有限公司	常州骐骥马术俱乐部	30

（徐霄燕）

医疗卫生

Medical and Health Work

责任编辑　张怡菁

医疗卫生机构与服务

【医疗卫生机构与人员】 2018年，武进区加快构建现代医疗卫生服务体系，着力提升医疗卫生服务能力。全区有医疗卫生机构376个。其中，区级医院3家、区级卫生机构4个、社区卫生服务中心5个、乡镇卫生院16家、民营医院6家、护理院3家、个体诊所（门诊部）114个、企事业单位医务室（卫生所）42个、社区卫生服务站47个、村卫生室136个。有医疗床位4340张，其中区级医院床位2470张、乡镇卫生院（社区卫生服务中心）床位1409张、民营医院床位240张、护理院床位221张。有医疗卫生技术人员6017人，其中执业（助理）医师2584人、注册护士2388人。10月，湖塘镇马杭社区卫生服务中心完成整体搬迁。年内，经区编制委员会批复同意，湟里镇东安卫生院撤销，其人员、资产整建制转入湟里镇卫生院；湟里镇卫生院被市卫计委确认为二级综合医院，更名为武进第四人民医院，挂武进区湟里镇卫生院牌子。雪堰、前黄、湟里、嘉泽、横山桥、洛阳6家乡镇卫生院被市卫计委规划为2018—2020年武进区域性医疗卫生中心。牛塘镇卫生院创成省级示范乡镇卫生院，礼嘉镇坂上何墅村卫生室、洛阳镇瞿家村卫生室、湟里镇葛庄村卫生室、横林镇镇西村卫生室创成省级示范村卫生室。

【医疗服务】 2018年，武进区各级医疗机构总诊疗671.18万人次，比2017年增长2.35%。门急诊634.76万人次，其中区级医院门急诊162.52万人次、镇级卫生院（医院、社区卫生服务中心）门急诊325.25万人次、村卫生室（社区卫生服务站）门急诊90.71万人次、非公立机构门急诊56.28万人次，镇、村医疗门急诊量占全区门急诊总量的65.53%，区域内就诊率达90%。住院12.86万人次，其中区级医院住院84260人次、镇级卫生院（医院、社区卫生服务中心）住院40722人次、民营医院住院3643人次，镇（街道）卫生院（社区服务中心）住院人数占全区住院总人数的31.67%。全区医疗机构住院病人手术45328例，其中区级医院手术37460例、镇级卫生院（医院、社区卫生服务中心）手术7612例、民营医院手术256例。全区医疗机构病床使用率78.2%，出院者平均住院日为9.1天。推进双向转诊工作，全区门诊转诊1398人次，急诊转诊434人次，住院上转587人次，住院下转254人次。五大中心规范运行。武进区集中消毒供应中心为各基层医疗机构提供灭菌包裹合计20.9万个，武进区域心电会诊中心会诊1324人次，2家区三级医院集中临床检验中心共检测上送标本25095人次，区域PACS（影像归档和通信系统）远程影像会诊23768次，武进区病理诊断中心累计诊断上送标本5780份。全区卫生经费支出10.78亿元，占预算内财政支出的6.3%；基本药物采购3.01亿元。

【医疗卫生机构基础设施建设】 2018年，武进区卫生系统完成基本建设投入32479.98万元，其中财政预算内投入3450万元。全区医疗卫生机构购置10万元以上医疗仪器设备21台（件），价值3420.02万元。至年末，武进人民医院外科大楼、武进中医医院综合大楼基本竣工，横山桥镇卫生院门诊住院大楼室外装饰、武进区中西医结合医院病房大楼地下室施工完成，推进村级医疗机构提档升级，新（改、扩）建村级医疗卫生机构20个。

【医联体建设与管理】 6月，《常州市武进区紧密型、专科共建型医疗联合体建设考核标准》出台，明确各单位职责任务，加强医联体长效管理。全区累计建成医联体33个，其中紧密型3个、专科共建型27个、对口支援型3个。年内，区卫计部门选派10名业务骨干下基层挂职副院长，不定期选派医疗、医技专家团队下基层帮扶，通过开展门诊坐诊、病区教学查房、处方和病历点评、疑难病例讨论、指导手术、专题讲座等方式，帮带基层医联体提升医疗服务能力。全区医联体牵头单位累计下派医生2193人次，门诊诊疗15862人次，实施会诊1456人次，指导手术474例，开展讲座培训82场次。

【家庭医生签约服务质量提升年活动】 5月，武进区出台《常州市武进区家庭医生签约服务质量提升年实施细则》，于5月29日召开全区家庭医生签约服务质量提升年工作会议，围绕队伍建设、签约服务、服务品牌等方面提升签约服务质量和成效，解决“签而不约，约而未感”等问题。全区组建家庭医生团队252个，全面覆盖村（社区），建成家庭医生工作室35个，初步完成家庭医生签约系统部署。在具备条件的基层医疗卫生机构设立家庭医生工作室，探索设立家庭医

表 56　2018 年武进区村级医疗卫生机构提档升级情况表

乡　镇	单　位	建设性质	建筑面积（平方米）
雪堰镇	南山村卫生室	改（扩）建	200
礼嘉镇	大路村卫生室	新建	290
	新辰村卫生室	新建	352
洛阳镇	岑村卫生室	新建	200
湟里镇	岗角村卫生室	改（扩）建	300
	村西村卫生室	改（扩）建	300
	香泉村卫生室	新建	300
	湟里村卫生室	新建	300
嘉泽镇	晨山村卫生室	改建	286
	闵市村卫生室	新建	388.8
横林镇	殷坂村卫生室	新建	296.7
	卫星村卫生室	新建	240
	双蓉村卫生室	新建	240
遥观镇	新南村卫生室	改（扩）建	230.4
	建农村卫生室	新建	200
	孙塘桥村卫生室	新建	200
戚墅堰街道	花苑社区卫生服务站	改建	448.38
南夏墅街道	南夏墅社区卫生服务站	新建	180
西湖街道	湖滨社区卫生服务站	新建	212
武进高新区北区	三河社区卫生服务站	新建	200

生 24 小时呼叫中心，开展以家庭医生工作室、家庭病床、24 小时呼叫中心、基层机构为平台的区域式服务、上门服务、全程服务和点对点服务。探索设立家庭医生助理，打造签约服务品牌。组织开展家庭医生签约服务“三走进——进机关、进学校、进企业”系列活动、“5·19 世界家庭医生日”等主题宣传活动。年内，全区重点人群签约 34 万人，签约率 78%；特殊人群签约 17862 人，签约率 97%；全人群签约 70 万人，签约率 48%；新增个性化签约 3.5 万人，签约个性化服务包总量达 5.4 万人。区卫计局“家庭医生融合互联网，促进签约服务提效增质”、横山桥镇卫生院“医联体合作下的互联网 + 糖尿病精细化管理”获市卫计委“健康有约，幸福相伴”家庭医生签约服务创投大赛创新项目奖，湖塘镇鸣凰社区卫生服务中心“发展中医‘治未病’助推家庭医生签约”获优秀项目奖。

【卫生对口帮扶】 6 月 18—22 日，武进卫计帮扶考察团在陕西省安康市开展卫生对口协作考察与交流，与汉滨区 4 个医疗单位建立深层次协作关系，与平利县卫计局签订卫生帮扶框架协议。武进人民医院和汉滨区第二人民医院、武进中医医院和汉滨区中医医院、武进中西医结合医院和瀛湖中心卫生院、湟里镇卫生院和流水镇中心卫生院分别签订对口帮扶实施协议。根据协议，武进医疗卫生单位在医院管理、特色专科建设、技术提升、人才培养等方面给予帮助和支持。10 月中下旬，武进区首批支医工作队 12 名医务人员到对口帮扶县、区开展为期半年至一年以上的医疗卫生帮扶工作，涉及内科、心血管介入、中医康复、妇产科、儿科、骨科、普外科、心内科、消化内科等专业。

【武进区首届“中国医师节”系列活动】 2018 年 8 月 19 日是首届“中国医师节”，武进区开展首届“中国医师节”系列活动。7 月 11 日至 8 月 14 日，评选“十佳医疗专家”“十佳基层医师”“十佳乡村医生”和“十佳大学生村医”；8 月 16 日，举办“中国医师节”庆祝表彰大会，表彰优秀医师 79 人；联合武进《健康周刊》推出《致敬医师》专栏，展示武进区优秀医师、优秀医务工作者良好形象，传递医者正能量。通过活动激励卫生与健康工作者，弘扬“敬佑生命、救死扶伤、甘于奉献、大爱无疆”的崇高精神，推进健康中国战略武进实践，为人民群众提供全方位、全周期医疗卫生服务，增强医务工作者获得感和荣誉感，营造全社会尊医重卫良好氛围。

（郑冰研）

中医中药

【概况】 2018 年，武进区有三级乙等中医医院 1 家，设有中医科的三级综合医院 1 家、乡镇卫生院 16 家、社区卫生服务中心 4 个。新增基层医疗机构中医馆 4 个，累计 14 个。新增社会力量举办的

8 月 16 日，武进区开展首届“中国医师节”系列活动　供稿 / 区卫计局

中医门诊部和中医诊所11个，累计51个。全区有国家、省、市名中医9人；新增执业（助理）中医师26人，累计315人。全年中医门诊诊疗171.9万人次。组织参加第五批常州市名中医选拔和常州市中药知识技能竞赛。武进中医医院针灸推拿科主任丁益群被确认为常州市名中医，3名中医师被市卫计委确认为第二批常州市孟河医派百人传承培养工程培养对象。推进中医药服务能力提升工程和中医“治未病”健康工程，开展对65岁以上老年人和0～36个月儿童中医药健康管理服务。组织“中医药就在你身边”中医文化科普巡讲活动33场次。举办中医药适宜技术推广培训班4次，培训570余人次。漕桥卫生院与常州市中医医院签约建设全国名老中医药专家传承工作室基层工作站。年内，牛塘镇卫生院、礼嘉镇卫生院、成章卫生院、马杭社区卫生服务中心被省中医药局确定为2017年基层医疗卫生机构中医诊疗区（中医馆）服务能力建设项目。嘉泽镇卫生院开展2018年江苏省示范中医科建设项目。武进区通过全国基层中医药工作先进单位复评。

【武进区通过全国基层中医药工作先进单位复评】 2018年8月14日，经省中医药局（受国家中医药管理局委托）复核评审，武进区于12月26日通过全国基层中医药工作先进单位复评。武进在1999年创成全国农村中医药工作先进单位、2012年通过复审的基础上，2018年坚持加大对中医药工作的建设力度，按照提水平、促发展、惠民生的工作思路，全面提升服务能力；坚持突出工作重点，优化资源配置，形成以区级公立医院为龙头，村卫生室和社区卫生服务站为基础，民营医院和个体诊所为补充，覆盖全区城乡居民、健全完善的中医医疗卫生服务网络；重视中医人才培养，开展中医药科研工作，加强中医重点专科（专病）建设，创新中医药服务模式，推进中医文化建设。全区有二级中西医结合医院建设单位1个，以中医药专业知识为主的乡村医生185人，全国基层名中医1人、江苏省名中医1人、常州市名中医7人、常州市乡镇优秀名中医5人、武进名中医6人。

【武进区首届中医养生节】 11月7日，武进区首届以“中医养生，共享健康”为主题的中医养生节在武进中医医院启动。养生节期间（11月7—20日），武进区中西医结合医院、湟里镇卫生院、洛阳镇卫生院、漕桥卫生院等开展中医药养生知识宣传，免费发放健康资料，举办养生中药材展示和体验活动，组织开展冬令养生健康膏方节、名老中医话养生活动。区卫计部门开展第八届“中医药就在你身边”中医药健康巡讲活动，组织中医药专业人员在机关、社区、学校、乡村等地为群众提供中医药保健服务，普及中医药健康知识，举办“中医药就在你身边”中医文化科普巡讲33场次，发放中医药宣传材料3037份，参加活动2789人次。通过中医养生节，推动全区中医药健康养生文化创造性转化、创新性发展，普及健康生活方式，引导群众养成中医药特色健康生活习惯。

11月7日，武进区首届中医养生节在武进中医医院启动　　供稿／区卫计局

【武进中医医院举办省级儿科继教班】 6月24日，由武进中医医院主办，常州市中医药学会儿科分会协办的儿科常见疾病名老中医学术传承学习班暨2018年常州市中医药学会儿科分会年会在武进举行，全省医疗机构共120余人参加。武进中医医院儿科是常州市中医重点临床专科、江苏省中医重点专科、国家级农村医疗机构中医特色专科（专病）建设单位，善于运用中西医结合方法开展儿科（包括新生儿）常见病、多发病综合治疗及危重疑难疾病诊治。在儿科常见疾病名老中医学术传承学习班（简称“儿科继教班”）上，江苏省中医院儿科主任中医师孙铁秋、南京市中医院主任医师张骠等专家，分别讲授《儿童反复呼吸道感染的发病机制和治疗对策》《中医药诊治儿童急性呼吸道感染的临证经验与认识》等。该学习班讲座内容丰富，贴近实际，为儿科医务人员提供了良好交流平台。

（郑冰研）

医学教育与科研

【概况】 2018年，武进区以科研创新和人才队伍为支撑，提升医疗卫生服务能力。全区卫计系统科研立项42项，其中武进人民医院“NKD1在结肠癌细胞中的功能及分子机制研究”项目获批国家自然科学基金项目，获江苏省科学技术奖1项、常州市医学新技术引进奖2项。获批国内外发明专利14件，其中发明专利1件、实用新型专利12件、外观专利1件。在省级以上杂志发表论文33篇；在核心期刊以上发表论文54篇，其中SCI（美国《科学引文索引》）28篇、中华级医学杂志1篇、核心期刊25篇。

【卫生人才队伍建设】 2018年，区卫计系统实施人才兴卫战略，按照《武进区卫生类人才发展行动计划》，制定卫计系统人才分类管理办法，按高层次、紧缺专业、基础性和其他专业四类实施管理，落实市级高层次卫生人才培养经费。扩充人才数量，引进学科带头人1人，招聘卫技人员52人；面向本系统和社会公开招聘备案制人员237人；招录大学

生村医和驻村护士25人、农村定向免费培养医学生9人。强化卫技人员培训，组织16名基层医生参加全科医师规范化培训，组织21名乡镇卫技人员和26名乡村医生参加务实进修，选派2名基层单位领导参加2018年全省城乡基层卫生机构管理人员培训。强化人才培养，入选江苏省第五期“333工程”培养对象3人；开展第二轮基层卫生骨干人才遴选和培养工作，确定省级、区级优秀基层卫生骨干人才49人和110人。4月，武进区被列为江苏省基层卫生人才“县管乡用”试点区，按照“核定岗位、分类招聘、统一管理、上下流动”原则，探索建立基层卫生人员“县管乡用”管理机制。7月，武进中医医院创成常州中医院全科培训协同基地。

【重点和特色专科建设】 2018年，区卫计部门推进重点专科和特色科室创建。武进人民医院建成市级胸痛、卒中、创伤救治中心，成为南京医科大学常州临床医学院成员单位。武进人民医院免疫风湿科创成市级临床重点专科。武进中医医院肛肠专科、脑病科、肺病科、康复医学科被市卫计委确认为常州市中医重点临床专科建设单位。横山桥镇卫生院手外科、礼嘉镇卫生院妇产科创成江苏省基层特色科室。洛阳镇卫生院儿科、成章卫生院甲状腺专科创成市级基层特色科室。

【武进人民医院建成市级胸痛、卒中、创伤救治中心】 2018年12月3日，武进人民医院被市卫计委确认为市级胸痛、创伤、卒中救治中心，成为市级三大中心认证单位。武进人民医院落实院内外急救衔接，推进院内资源整合，推动中心建设工作落实，构建合理有序分级诊疗体系，为危急重症患者打造快速、高效、全覆盖的黄金急救圈。建立胸痛患者急诊绿色通道，与“120”联动，借助武进区域心电会诊中心平台，远程实时监测胸痛患者心电状况，争取院前急救无缝链接；通过微信交流群，实现各级医生即时联络对接，为胸痛患者的转诊、救治提供信息化辅助。1—10月，胸痛中心接诊急诊冠脉介入诊疗病例102例，其中接受急诊介入治疗76例。开辟脑卒中急诊绿色通道，设立专门卒中门诊和卒中筛查门诊。2017年7月至2018年10月，卒中中心完成急重症手术共计224例，由2010年的不足0.3%升至2018年的4.98%，总体达标率连续两年超过85%。在建立创伤救治中心的基础上，设立创伤救治质量管理委员会，组建高效创伤救治团队3个，将创伤综合救治贯穿院前—院内—出院后康复治疗全过程，成功完成高空坠落多发伤、骨盆骨折联合救治，多发伤、失血性患者联合救治，胸部钢筋贯穿伤联合救治等严重创伤病例。

【入选省级基层特色科室2个】 2018年10月19日，武进区横山桥镇卫生院手外科、礼嘉镇卫生院妇产科被省卫计委评为第三批江苏省基层医疗卫生机构特色科室。

横山桥镇卫生院是武进区二级医院建设单位，于2008年1月建手外科，设有手外专业组床位18张，有专科医师6人（其中副主任以上医师2人）、专科护士8人。手外科作为常州市乡镇卫生院特色科室，开展断指再植、皮瓣修复、畸形矫正等临床诊疗技术，达到市内先进水平；开展中医辅佐治疗项目，采用院方协定方软伤外洗剂，将熏洗热效应和中药透皮吸收药物作用有机结合，起到活血、散寒、温经、通络作用。2018年，该院完成门急诊23.12万人次，出院3781人次，分别比2017年增长5.3%、2.33%。

礼嘉镇卫生院妇产科硬件设备齐全，病房、产房标准化，有专科医师9人（其中副主任医师3人）、护理人员5人。该院于2016年6月与常州妇幼保健院建立医疗联合体，定期有专家坐诊、查房、手术，参与危急重症病人抢救及疑难病例会诊。妇产科在乡镇卫生院中较早开展无痛分娩、无痛人流等项目，在处理胎儿宫内窘迫、头位难产、胎盘早剥、脐带脱垂、产后出血等，产科合并症及并发症方面取得成效；与麻醉科、儿科协作，在新生儿室息抢救处理、病理性黄疸治疗、宫内感染治疗等方面取得良好效果；有序开展产妇营养指导与产后康复管理。2018年，该院完成门急诊17.9万人次，出院1389人次。

【武进人民医院获2018年度国家自然基金项目资助】 2018年9月，武进人民医院“NKD1在结肠癌细胞中的功能及分子机制研究”项目获国家自然科学基金面上项目资助57万元。该项目由武进人民医院自然科学副研究员刘迁主持，院内研究生科研骨干共同参与研究，是武进人民医院获得的第二个国家自然科学基金项目。项目主要目标是筛选结肠癌特异性肿瘤标志物，研究该标志物所发挥功能的作用机制。主要内容是通过分析结肠癌组织基因表达谱，发现在结肠癌中高表达的基因，通过生物信息学方法检索筛选只在结肠癌中高表达，在其他癌组织中低表达或无表达的基因，发现NKD1基因（结肠癌中特异性高表达，其他癌组织中低表达）具有促进结肠癌细胞增殖的功能。该项目研究可为结肠癌诊治提供特异性诊断标志

武进人民医院自然科学副研究员刘迁做实验　　供稿 / 区卫计局

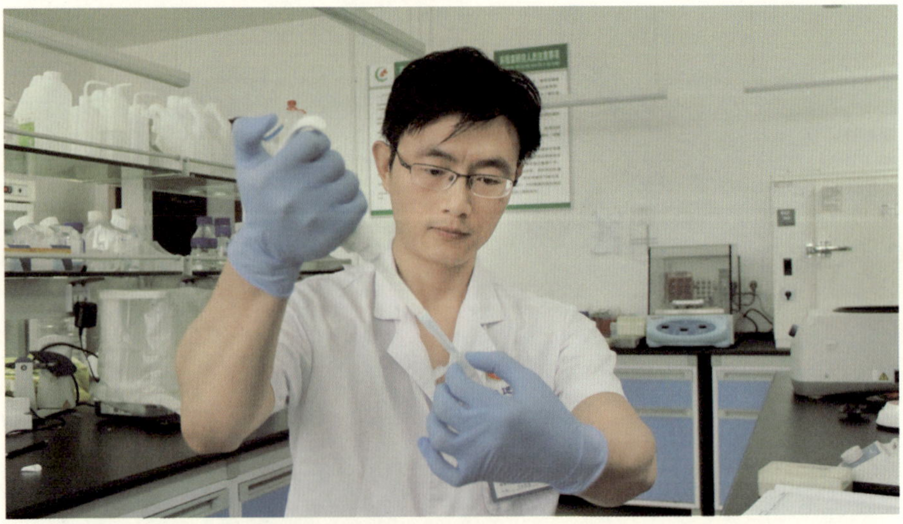

物和治疗靶点，计划发表科研论文4～5篇，培养硕士研究生4～5人。

【省中西医结合学会灾害医学学术年会在武进召开】 9月14日，由江苏省中西医结合学会主办，江苏省中西医结合学会灾害医学专业委员会、武进人民医院、苏州市高新区人民医院联合承办的第五届江苏省中西医结合学会灾害医学学术年会暨2018灾害医学与急危重症论坛大会在武进召开，参会近百人。会上，江苏省中西医结合学会灾害医学专业委员会主任委员、武进人民医院特聘专家岳茂兴教授作工作报告，15名业内专家做关于省内领先急救医疗技术的专题演讲，为提升全省灾害医学救援、危重病救治整体水平打下基础。大会通过搭建“政、产、学、研、用”一体化学术与创新平台，以推动科技创新、科学研究、医学救援新技术培训、科普宣传、学术交流为方向交流经验，推动全省急诊、重症与灾害医学建设。

（郑冰研）

公共卫生

疾病预防控制

【概况】 2018年，武进区规范开展14类55项基本公共卫生服务，基本公共卫生服务项目人均补助经费由60元提高至65元。嘉泽镇成章片区实现居民健康档案网上查询，全区累计建立居民电子化健康档案110万份，常住人口建档率77.1%，电子健康档案动态更新率48.2%。全区居民期望寿命82.51岁，其中男性为80.36岁、女性为84.75岁。全区无甲类传染病发生，乙类传染病发病1448例，发病率100.3/10万，较2017年下降8.8%。建成数字化预防接种门诊20个，建成率77%。积极处置长春长生公司狂犬病疫苗事件，有序开展续种补种、问题疫苗接种者跟踪观察和咨询、问题疫苗受种者损害认定等工作。加快推进国家慢性病综合防控示范区建设，开展“三减三健”（减盐、减油、减糖，健康口腔、健康体重、健康骨骼）专项行动，举办全区第二届“万步有约”职业人群健走激励大赛，获得全省优秀组织奖、先进单位二等奖。区疾控中心、常州第二人民医院、横山桥镇卫生院形成“三位一体”综合健康管理模式，开展糖尿病筛查960例，实施精细化管理。加强儿童疾病预防控制，全年免费接种一类疫苗359188针次，接种率99.97%以上。实施儿童口腔疾病干预项目，共计筛查15068人次，开展儿童窝沟封闭治疗9706人次。在雪堰镇、洛阳镇和西湖街道开展“国家成人慢病及营养监测项目”，完成入户调查617例，体检和收集生物样本606例。规范管理慢性病高血压患者13.85万人、糖尿病患者3.55万人。推进精神卫生综合管理，严重精神障碍患者检出率4.01‰，规范管理率90.12%。年内，雪堰镇中心卫生院蒋红亚获得2018年江苏省预防接种“十佳”模范称号。

【重大传染病防控】 2018年，区疾控中心发现肺结核病人481例，其中阳性病人241例；麻风现症病人1例，麻风发病率控制在0.07/10万，保持在国家及省级标准以下。完成血防查螺调查面积599.63万平方米，未发现有螺条块，药物巩固灭螺面积3.51万平方米。美沙酮药物维持治疗门诊服药人员472人。扩大艾滋病高危人群干预面，新增省级青年学生哨点监测。开展公共娱乐场所服务人员高危行为干预4829人次，实施流动人员外展干预17196人次、男男性行为者外展干预1911人次。规范开展全区性病防治工作，完成省级淋病疫情调查项目。年内，常武太湖医院被江苏省艾滋病防治工作委员会办公室评为江苏省戒毒药物维持治疗优秀门诊，殷榴娣获得全国麻风防治优秀护理工作者称号、丁陈丽获得国家麻风行业奖“马海德”奖。

【区疾控中心成为南京医科大学实践教学基地】 11月12日，区疾控中心成为南京医科大学省内首家县区级实践教学基地。南京医科大学是全国最早开办公共卫生与预防医学教育的院校之一，是公共卫生与预防医学一级学科博士学位授权点和博士后科研流动站。区疾控中心承担全区疾病预防控制、突发公共卫生事件应急处置、疫情及健康相关因素信息管理、健康危害因素监测与干预、实验室监测检验与评价、健康教育与健康促进、技术管理与应用研究指导七大工作职能，开展全国慢性病及营养监测、国家人体生物样本监测等专项工作，配合南京医科大学和北京阜外心血管病医院开展多项列队研究。此次被南京医科大学确认为该校实践教学基地，双方在人才培养、科学研究、队伍建设、学科发展等领域开展全方位合作和交流，为培养更多优秀公共卫生人才，促进武进公共卫生事业更好更快发展做出新贡献。年内，首批南京医科大学2014级预防医学专业本科实习生在区疾控中心实习。

【嘉泽镇成章片区实现居民健康档案网上查询】 2018年4月24日，嘉泽镇成章片区居民健康档案网上查询，可凭身份证号码注册登录，联网查询个人诊疗详细记录、体检报告等，从中得到相关健康建议。居民健康档案包括个人生活习惯、以往病史、诊治情况、家族病史、现病史、体检结果，以及疾病发生、发展、治疗和转归过程等。武进区从2011年开始对辖区内常住居民建立健康档案，区卫计局从2016年12月起开始制定健康档案两级审核方案，做好健康档案向居民开放工作，截至2018年年末建档110万份。

【常武太湖医院美沙酮门诊获评省级戒毒药物维持治疗优秀门诊】 2018年10月15日，常武太湖医院美沙酮门诊获评2018年度江苏省戒毒药物维持治疗优秀门诊。该门诊于2009年2月开诊，治疗人数保持率在87%左右，HIV、HCV、RPR三项检测率分别为94.5%、90.9%、94.8%。年内，每天服药治疗人数保持稳定，毒品消耗减少，毒品相关犯罪降低。

（郑冰研）

公共卫生监督和应急管理

【概况】 2018年，区卫计部门共出动卫生监督员5265人次，监督检查单位4772个次，完成各类抽检208批次，依法实施行政处罚134起。“双随机”（在监管过程中随机抽取检查对象，随机选派执法检查人员）监督抽查单位387个，出动监督人员350余人次，合格率88.9%。对全区48个放射诊疗机构开展放射卫生监督检查，合格率95.1%，5个不合格单位均被立案查处。每季度监督检查江河港武水务（常州）有限公司礼河水厂、湖滨水厂、武进水厂3个集中供水单位，建立动态档案，确保两证齐全、台账规范、索证完善。对江河港武水务（常州）有限公司所辖的26个二次供水点开展日常卫生监督与量化分级评分，抽检合格率为100%。

【突发公共卫生事件应急管理】 2018年，区卫计部门规范高效处置学校、幼托机构等人群聚集场所流感、诺如病毒感染、手足口病等重点急性传染病疫情178起，其中突发公共卫生事件21起。1月下旬，全区医疗单位及时启动雨雪灾害天气三级响应，共诊治因下雪受伤人员318人，收入住院107人，其中重伤4人，均治愈出院。完成“两会”、中高考、西太湖国际半程马拉松赛、全国女排联赛、全国曲棍球锦标赛等重大活动和体育比赛医疗卫生保障任务38项，派出救护车156次，参加保障医务人员481人次。武进人民医院、武进中医医院承担全区4个院前急救分站任务，全年急救转运病人10656人次；开展卫生应急演练7次，参加288人；举办急救人员培训3次，培训360余人。

【打击非法行医】 2018年，区卫计部门持续开展深化医疗秩序整顿、打击非法行医专项行动。查处取缔非法行医单位（个人）573户次，没收用于非法行医的药品、器械共715千克，向公安机关移送非法行医案件35起。区卫生监督所每季度分片回访巡查非法行医点，及时更新非法行医动态信息，主动联系其他职能部门开展联合执法，加大对非法行医案件移送力度，规范全区医疗市场秩序。

（郑冰研）

妇幼保健

【概况】 2018年，区卫计部门复核爱婴医院8家，合格率100%。校验全区26个医疗机构“母婴保健执业许可证”，按行业规范管理全区助产技术人员、计划生育技术服务人员，依法规范执业行为，持证上岗率100%。全区孕产妇系统管理率97.22%，3岁以下儿童系统管理率93.24%，7岁以下儿童保健管理率98.06%，孕产妇死亡率0，婴儿死亡率3.09‰，5岁以下儿童死亡率5‰，出生缺陷发生率6.14‰。新增基层妇幼健康规范化门诊9个，累计12个。全年发放出生医学证明14515份。1月8日，武进区在全省国家免费孕前优生健康检查项目临床检验室间质量评价中被评为优秀县（区）。

【妇幼卫生服务】 2018年，区妇幼保健计划生育服务中心加强妇幼基本公共卫生服务，完成孕产妇早孕建册8379份，早孕建册率90.19%；产前健康管理9290人，健康管理率98.87%；产后访视9178人，产后访视率97.68%；新生儿访视9290人，新生儿访视率98.87%。开展妇幼重大公共卫生服务，全区孕前、孕早期妇女10860人补服叶酸。组织妇女宫颈癌检查27608人，乳腺癌检查27851人，查出宫颈癌4例、乳腺癌16例。推进艾滋病、梅毒、乙肝母婴传播阻断项目，全年检查孕妇11474人，筛出孕妇梅毒阳性13例、HIV阳性1例；筛查产妇13774人，梅毒阳性19例、乙肝表抗阳性505例，全部实施母婴阻断。接受免费婚检11426人，婚检率95.01%。孕前优生健康检查2922人。

【出生缺陷综合防治工程实施】 4月28日，区卫计局起草印发《关于开展新生儿遗传代谢病筛查项目扩增工作的通知》，新增串联质谱筛查项目27项，从6月起在全区全面实施，提高出生缺陷疾病早诊早治率。11月5日，联合区财政局、人社局印发《关于做好2018年度出生缺陷综合防治民生实事项目的通知》，确定武进区出生缺陷综合防治工程项目实施方案，全区范围内符合生育政策的所有孕产妇（含常住流动人口）可免费享受婚前医学检查、孕前优生健康检查、城乡适龄妇女补服叶酸、唐氏筛查服务项目。11月6日，与区财政局、人社局联合印发《关于做好武进区孕妇血清学产前筛查项目的通知》，明确全区孕妇血清学产前筛查服务体系，确定筛查机构、筛查程序和经费保障。11月19日，召开全区孕妇血清学产前筛查项目工作培训会，武进中医医院、各基层建卡单位妇产科、信息科、门诊收款负责人共70人参训。培训从项目范围、筛查机构、筛查程序等方面进一步规范工作流程，明确信息公示要求，确保符合条件群众应享尽享。年内，全区孕产妇唐氏筛查8927人，新生儿筛查13680人。

（郑冰研）

爱国卫生

【概况】 2018年，区爱卫办推进健康促进与健康教育工作。举办健康知识讲座900余场、健康生活方式主题巡讲17场，受众1800余人。组织居民网上健康素养知识测评，累计参与测评居民25万余人次。4月，组织开展全国第30个爱国卫生月活动、省第22个健康教育宣传月活动，发放健康教育入户资料10万份，举办义诊19场、卫生健康知识讲座92场，受益群众15万人次。横山桥镇创成国家卫生镇。横林镇、洛阳镇通过国家卫生镇暗访复审，2013年创成的52个江苏省卫生村全部通过复审。加强禁烟控烟宣传和监督，结合世界无烟日等活动开展宣传，加强医院等控烟公共场所专项监督检查。湖塘镇、丁堰街道完成2018年度国家烟草流行现场监测，湖塘镇、横山桥镇、湟里镇完成2018年度国家健康素养现场监测任务。开展病媒生物防治，加强社区居民院落环境卫生综合治理，新建灭鼠毒饵站5000余个，投放鼠药1.4万千克、粘鼠板5万张。

【创建省健康促进区启动】 2018年，武进区启动江苏省健康促进区创建工作，从组织管理、健康政策、健康场所、健康文化、健康环境、健康人群6个方面展开建设。实施“将健康融入所有政策”策略，在巩固卫生创建成果基础上，继续开展健康镇、村（社区）、健康单位建设活动。年内，新增前黄人民医院、洛阳镇卫生院、成章卫生院3家省级健康促进医院，累计9家。横林镇创成省级健康镇，创成省级健康村（社区）15个、省级健康单位9个和区级健康一条街1条、健康步道15条。至年末，全区健康村、健康社区、健康促进学校、健康促进医院覆盖率分别为22.34%、56.45%、92.05%和96.3%。

（郑冰研）

社会生活

Social Life

责任编辑　张怡菁

居民生活

【城镇居民人均可支配收入增长 8.2%】 2018 年，全区城镇居民人均可支配收入 56610 元，比 2017 年增长 8.2%。城镇居民 4 项收入均有不同幅度增长。其中，城镇居民人均工资性收入 38082.7 元、经营性净收入 7043.3 元、财产性净收入 4750.6 元、转移性净收入 6733.4 元，分别增长 8.5%、2.5%、16.6%、7.1%。工资性收入是城镇居民增收的主体。

【农村居民人均可支配收入增长 8.2%】 2018 年，全区农村居民人均可支配收入 29826.4 元，比 2017 年增长 8.2%。农村居民人均工资性收入、经营性净收入、财产性净收入、转移性净收入 4 项收入均有增长。其中，工资性收入 15581.1 元、经营性净收入 10203.1 元、财产性净收入 1022.4 元、转移性净收入 3019.8 元，分别增长 8.9%、6.4%、19.2%、7.7%。工资性收入增长是推动农村居民人均可支配收入增长的主体。

2018 年武进区城镇、农村居民家庭每百户年末耐用消费品拥有量情况表

表 57

指　标	单　位	数　值	
		城　镇	农　村
人均年末住房面积	平方米	60	79
家用汽车	辆	72	55
摩托车	辆	5	32
助力车	台	113	122
洗衣机	台	109	105
电冰箱（柜）	台	107	103
微波炉	台	94	92
彩色电视机	台	193	197
空　调	台	243	242
热水器	台	109	115
太阳能热水器	台	41	90
洗碗机	台	1	0
排油烟机	台	91	68
固定电话	线	32	20
移动电话	部	239	230
计算机	台	81	50
照相机	台	21	12
中高档乐器	架	8	5
健身器材	台	14	10
空气净化器（含新风系统）	台	10	2
吸尘器	台	23	15

【城乡居民人均生活消费支出增长 8.1%】 2018 年，随着城乡居民收入的稳步增长，居民消费水平不断提高。全区居民年人均生活消费支出 26939.2 元，比 2017 年增加 2017.8 元，增长 8.1%。其中，城镇居民人均生活消费支出 30531.3 元，增长 8%；农村居民人均生活消费支出 20429.5 元，增长 7.9%。八大类消费支出全面增长，全区城乡居民人均食品烟酒消费支出 7934.6 元、衣着消费支出 1819.3 元、居住消费支出 5170 元、生活用品及服务支出 1374.4 元、交通通信消费支出 4340.2 元、教育文化娱乐支出 3379 元、医疗保健消费支出 2173.3 元、其他商品和服务消费支出 748.4 元，分别增长 5.6%、11.2%、10.1%、7.9%、12.3%、5.5%、7.2%、5.0%。全区城乡居民“恩格尔系数”为 29.5%，比 2017 年下降 0.6 个百分点，人均生活水平提高。

（袁美霞）

计划生育

【概况】 2018 年，武进区保障全面二孩政策顺利实施。全年出生 10247 人，比 2017 年增加 640 人，自然增长率 2.35‰，总体平稳。其中，二孩出生 4323 人，占新生人数 42.19%。出生人口性别比 108.36，保持基本正常。办理生育登记 9082 件，计划生育率 99.77%，计划生育政策兑现率 100%。开展生育关怀行

动，建成湟里镇生育关怀帮扶基地和洛阳镇、礼嘉镇2个市级春晖家园。完成全国生育状况抽样调查，为1461对夫妇提供免费孕前优生健康检查服务。开展避孕节育知情选择和随访服务，做好避孕药具不良反应和不良事件监测。落实生殖道感染综合防治工程，结合妇女病普查，免费为育龄妇女提供妇科病检查。严格执行凭证定点引产制度，促进社会性别比自然平衡。宣传普及出生缺陷预防知识，配合做好病残儿鉴定工作，提高出生人口素质。

【计划生育奖励扶助政策落实】 2018年，武进区完善计划生育利益导向机制，发放农村计划生育奖励扶助金3140.19万元，受惠人群65426人次。其中，向2191名特扶对象发放特扶金1542万元。向13287名登记在册的一次性奖励享受对象发放一次性奖励金4783.32万元，向116名城镇非从业人员发放一次性奖励金41.76万元。关爱计划生育特殊家庭，为1787名计划生育特殊家庭人员提供意外伤残保险和住院津贴保险，为3700户计划生育特困家庭购买意外险，向全区1万名女性赠送女性安康险。

【流动人口计划生育服务管理】 2018年，武进区继续推进流动人口计划生育公共服务均等化，发放宣传资料73344份、避孕药具33911份，举办健康讲座244场、义诊咨询活动112场、宣传活动723次。提供避孕节育免费服务、“两癌”筛查服务18956人次，走访流动人口家庭1397户，发放慰问金195254元。加强系统信息管理，加大0～6岁流动儿童、流动孕产妇等重点人群核查力度，新增信息2万余条，新建、更新流动孕产妇及0～6岁儿童信息4228条，主要数据准确率达95%。实施健康教育和促进行动计划，创成国家级流动人口健康促进企业1家、国家级健康家庭4户、省级流动人口健康促进学校2所、省级健康家庭7户。开展流动人口社会融合示范社区和“常州市流动人口服务管理示范集贸市场”创建，牛塘镇卢家巷和武进高新区北区贺北2个社区创成常州市流动人口社会融合示范社区，雪堰镇消费品综合市场创成常州市示范市场。规范开展2018年全国流动人口动态监测，完成流动人口动态监测问卷336份，武进区被评为全国流动人口动态监测调查省级优秀单位，流管科工作人员被评为省优秀督导员，获评国家优秀调查员3名、省优秀调查员8名。强化流动人口兼职管理员工作，在流动人口达50人以上的各类企业、市场和集中居住区，继续聘请流动人口计划生育兼职管理员135名，协助完善计划生育服务和管理工作。参与流动人口入学积分工作，审核计划生育证明材料6583份。

【区卫计局获评全国生育状况抽样调查省级优秀单位】 2018年7月，区卫计局获评2017年全国生育状况抽样调查省级优秀单位。区卫计局做好全国生育状况抽样调查前期准备工作，组织调查员参加全省专题培训；组织样本点调查员严格按要求开展入户调查，保质保量完成问卷调查；定期总结汇报工作进度，每周组织工作交流会，相互交流工作经验；及时审核已完成问卷，由调查员自审、区级督导二次审核，确保问卷客观性、真实性。2017年7月，经调查员在嘉泽镇嘉泽村、横山桥镇金丰村等8个样本点发放问卷160份，高质高效完成全国生育状况抽样调查工作。

（郑冰研）

民族与宗教事务

【概况】 2018年，全区有户籍登记的少数民族族别36个，常住少数民族人口4300人，外来流动少数民族人口3.3万人。有回民聚居村1个（雪堰镇城西村）、回民聚居组1个（雪堰镇夏墅村后承村组），水族聚居点1个（丁堰街道）。有清真拉面馆240家，清真饭店及清真食品基本供应点1个（雪堰镇城西村伊清阁清真餐馆）。全区依法登记的宗教活动场所60个，其中佛教39个、道教7个、基督教13个、天主教1个；经过资格认定的宗教教职人员137人，其中佛教109人、道教23人、基督教5人。有省五星宗教场所1个、四星宗教场所4个、三星宗教场所12个，省五星档案宗教场所1个、三星档案宗教场所21个。有佛教协会、道教协会、天主教爱国会、基督教三自爱国运动委员会4个爱国宗教团体。区民宗局加强宗教场所安全管理，整编武进区宗教活动场所安全应急管理基础台账，全区宗教场所首个微型消防站在前黄宝相寺于4月18日建成投用。鼓励引导宗教界开展公益慈善事业，募集款物合计50多万元，受益困难家庭200多户。在宝林寺、白龙观、城西村、天虹纺织集团有限公司创建民族宗教宣传阵地——“梧桐同心基地”4个。全区宗教界全年举办宗教文化活动40余场，参加9000人次。10月，雪堰镇城西村创成省级特色田园乡村。

【少数民族发展服务】 2018年，区民宗局落实《关于回族等十个少数民族居民发放清真食品补贴的实施意见》精神，发放补贴总额12.51万元，涉及全区11个镇、5个街道，受益695人。争取中央和省少数民族发展资金100万元，服务城西村、夏墅村组少数民族村民，惠及少数民族家庭126户。全年为200多个清真餐饮店500多名从业人员免费出具体检证明200多份。向市民宗局争取清真网点改造提升资金5万元，组织拉面师参加市培训交流，推荐选手在全市拉面比武中取得第一名，代表常州市参加全省民族风味拉面技能比赛，获三等奖。全年协调帮助44名流动少数民族人员子女解决就近入学问题，向5户少数民族困难家庭34名学生发放慰问款、助学金合计3.9万元。在横山桥镇建立三都—常州法律服务合作签约暨法律援助工作站，全年解决涉及拆迁、用工等少数民族群众矛盾纠纷19起。

【宗教和谐创建活动】 3月3日，白龙观举办2018元宵节庙会暨第二届江南民俗文化节。社会团体组织为观众展示调龙灯、太极拳、阳湖拳、旗袍秀等民俗文化类节目，近2000人参加。

8月1日，常州宝林慈善基金会在宝林禅寺举行“滴水之善·汇聚未来”夏季助学活动，为100名贫困生（其中少数民族贫困生25人）捐赠慈善爱心助学金10余万元。

8月10—12日，白龙观举办第五届“横山论坛”道文化学术研讨会。以“坚持道教中国化方向，精心打造文化性道观”为主题，引导道教事业健康发展，弘扬道教优秀传统文化，参加活动1000人次。

10月23日至12月30日，“纪念改革开放四十周年书画展”在大林禅寺法界大楼举行。由大林书画院联合常州市文联举办，展出10余个著名书画艺术单位及个人书画作品500余幅，向信众展示中华民族传统文化和佛教文化，累计800人次参观。

11月11—13日，般若山常州宝林禅寺2018年第四届观音文化节举行。有千人抄经、“彭大磬镌刻紫砂百壶艺术展”、天下放生节等活动，弘扬观音文化，促进佛教文化与社会文化融合，累计1500人次参加。

（李美娟）

就业创业

【概况】 2018年，武进区实施就业优先发展战略，促进富民增收。拓宽人才企业交流通道，开展年度企业用工和人才需求调查，连续第七年举办长三角（武进）校企人才交流洽谈会，策划就业创业促进协会活动。推进创业富民，与常州科教城大学生创业园、武进工业设计园等对接，开展创业政策宣讲活动。全区新增就业岗位11万个，新增就业2.4万人，失业人员再就业1.81万人，就业困难对象再就业2229人，新增农村劳动力转移就业2892人，城镇登记失业率控制在1.8%以下。深化与陕西、新疆、山西等地劳务协作关系，落实东西部协作扶贫措施，帮助2452名陕西籍人员和100余名新疆籍人员在武进就业。

【就业帮扶】 2018年，武进区推进就业惠民，开发公益性岗位824个，新增大学生就业见习2202人，认定就业援助困难人员2272人，发放灵活就业人员社保补贴2436万元。主动对接“去产能”职工安置企业，落实岗位培训补贴、稳岗补贴等政策。落实东西部协作扶贫政策，帮助2452名陕西籍人员和100余名新疆籍人员在武进就业。举办“鲜花属于你”2018年武进区就业创业先进表彰暨第六届优秀农民工颁奖典礼，表彰优秀农民工50名和关爱农民工示范单位10个。加强企业招聘服务力度，举办招聘会260余场。开展高校毕业生双选洽谈会，组织600余家企业提供近万个就业岗位，达成就业意向5742人。完善就业服务网络，依托网站、微信、报纸等媒介，线上、线下同步招聘。武进自主求职系统全面升级，区人力资源网注册企业会员超过9600家、个人会员达5.7万人次，全年提供岗位总量超过12万个，日均点击量超过5万人次。

【创业扶持】 2018年，武进区扶持创业5994人，创业带动就业2.5万人，发放创业扶持资金5768万元。累计建成创业载体16个，提供孵化场地12.24万平方米，入驻孵化企业902家。打造创业平台，累计建成省级创业型街道（镇）6个、省级创业型社区（村）99个。优化创业环境，举办大学生职业规划大赛、创新创业大赛，征集与推广创业项目，获评全国优秀创新创业项目1个、省级优秀创业项目7个、市级优秀创业项目27个。2个项目分获第三届“中国创翼”创业创新大赛国赛优秀奖和全国“创业之星”。

【技能人才队伍建设】 参见《常州市武进区政府》栏目P37相关条目。

【职业技能培训和鉴定】 2018年，武进区新增高技能人才3390人，累计9.5万人。举办职业技能培训班301期，培训63356人。其中，城乡劳动者就业技能培训9505人，企业职工岗位技能提升培训53851人（高技能人才培训5755人）。审核高技能人才补贴2989人，发放培训补贴179.34万元。组织创业培训1002人、岗前及新成长劳动力培训3780人，发放培训补贴113.4万元。全区获评江苏省乡土人才技能大师工作室3个、常州市高技能人才培养基地1个、常州市技能大赛工作室2个、江苏省双创人才2人、江苏省有突出贡献中青年专家1人、常州市突出贡献人才5人、常州市首席技师4人。组织职业技能鉴定174场次，鉴定5048人，取得证书4318人。其中，初级、中级、高级职业资格证持证人数分别为261人、667人、3390人。参加职业技能鉴定统考206人。

（张连惠）

社会保障

【概况】 2018年，武进区围绕中央关于“加快建成覆盖全民、城乡统筹、权责清晰、保障适度、可持续的多层次社会保障体系”的战略部署，完善社会保险政策。提高基础养老金、养老补贴、伤残津贴等社保待遇，为14.08万名离退休人员发放养老金30.84亿元，养老金按时足额发放率达100%；职工养老保险基金支出46.75亿元，累计结余125.86亿元，备付能力47.26个月，人均养老金达1886元/月。完善社保制度，建立长期护理保险制度，通过降费减负为企业节约成本1.49亿元。扩大社保覆盖范围，参保人数和征缴收入稳步提升，五项保险基金基本实现收支平衡，基金运行情况良好，基金收缴率均在99%以上。创新医保监管手段，降低医保支出和住院费用增幅，确保社保基金安全完整。

【社保待遇提高】 2018年，武进区城乡居民社会养老保险基础养老金由230元/人·月提至250元/人·月。城乡居民

9月2日，武进区企业新型学徒制校企合作班开学典礼举行　　供稿/区人社局

基本医疗保险财政补助标准保持在750元/人·年。一级至四级工伤伤残津贴在原伤残津贴基础上每月增额230元以上，五级至六级工伤伤残津贴上调6.5%。失业保险发放最低标准由1040元/月提至1200元/月，最高达2020元/月。

【社保制度改革】 2018年，武进区深化机关事业养老保险制度改革，转入省系统单位557个，实现常规征收和养老待遇发放。深入改革医保付费方式，按病种付费标准达315种。实施降费减负政策，企业职工养老保险单位缴费比例由20%降至19%，工伤保险平均费率由0.91%降至0.86%，失业保险费率由1.5%降至1%，全年为企业节约成本1.49亿元。区人社部门配合区卫计系统开展家庭医生签约服务，做好家庭医生签约服务医保支付工作，全年增加统筹基金支付170万元，落实唐氏筛查政策，发放大病保险及城乡医疗救助金9000余万元。加快常州、武进社保一体化进程，梳理市、区差异点，与常州市人社局同步修订城乡居民基本养老保险等实施办法。

【社保征缴扩面】 2018年，武进区推进全民参保核查和社保扩面，养老、医疗、工伤、生育、失业五大保险参保人数分别净增2.35万人、1.98万人、2.21万人、2.2万人、2万人，征缴收入分别达42.36亿元、19.43亿元、1.79亿元、1.21亿元、1.49亿元，城乡社保覆盖率在98.82%以上。机关事业单位养老保险、城乡居民养老保险及城乡居民医疗保险参保人数分别达3.1万人、20.7万人、49.3万人。生育保险全年结算9044人次，支出1.3亿元。修正药品目录7326种，新增特殊药品16种，全国异地就医联网结算医院超过1万家。响应“精准扶贫”号召，为全区4000余名建档立卡未脱贫人员缴纳城乡居民养老保险、医疗保险发放财政补贴。

【社保基金安全保障】 2018年，武进区通过医保智能审核系统实现定点区域全覆盖，1325个定点医药机构接入系统，9282个医生工作站和药店刷卡终端上线，全年减少不合理支出1.61亿元。深入开展企业社保实地稽核和医保违规行为稽核，严查冒名顶替、恶意骗保、重复享受及违规刷卡等行为，追回违规费用427万元。推进社会保险基金监督制度建设年活动，组织社会保险基金专项审计、财政补助资金专项检查。深入开展居民养老保险全国抽检专项行动、打击欺诈骗取医疗保障基金专项行动，确保基金安全完整。

（张连惠）

【住房保障】 2018年，武进区新开工棚户区征收拆迁项目4个、棚户区改造安置房建设项目2个，合计新开工4201套，基本建成2181套。低收入、中等偏下收入公租房和经济适用住房申请家庭人均月可支配收入分别由1780元调整为1920元（含）以下、3560元调整为3600元（含）以下。享受租赁补贴城镇住房保障家庭389户、公租房在保家庭121户（其中享受租金补贴92户，享受实物配租29户），区住房保障中心全年发放公租房租金补贴57.73万元。新增承租公租房企业3家，累计20家企业承租公租房204套，解决570名外来务工人员居住问题。年内，区房管处做好开发项目异地移建款收缴，提供住房保障资金8173万元，累计金额7.9亿元。完成老职工住房制度改革补差审批15人次、面积1038.3平方米，收缴接轨费31148.9元，审核老职工一次性住房补贴2人次，从住房发展基金发放购房补贴60420元。审核优惠出售公有住房1次、面积68.85平方米，收取购房款11704.50元，配合查询住房制度改革档案50余人次。加强公租房实物配租管理，安装公租房燃气报警装置250套。开发公租房管理软件，整合公租房资源、维修服务等信息，提高公租房信息化管理水平。

（杨　欣）

劳动监察与仲裁

【概况】 2018年，武进区健全劳动监察与仲裁工作机制，创新工作方法，预防化解劳动关系领域纠纷，维护社会和谐稳定。深化全面治理拖欠农民工工资问题部门联席会议制度，常态化开展治欠保支工作，保障劳动者合法权益。加强劳动纠纷化解，全年受理劳动争议1809起、调解结案1076起，在全市率先实现乡镇巡回仲裁庭和调解中心全覆盖。构建和谐劳动关系，开展薪酬调查和最低工资标准调查，规范企业工资增长机制。8月，按照省、市统一标准调整地区最低工资标准，月最低工资标准由1890元/月上调到2020元/月，小时最低工资标准由17元/小时上调到18.5元/小时。

【劳动者合法权益保障】 2018年，区人社部门接受劳动者投诉举报900件，“双随机”执法检查用人单位600个，查处使用童工等严重违法行为21起，处理群体性矛盾32起，向区公安部门移送拒不支付劳动报酬案件11起，追讨工资等待遇1015万元。牵头召开全面治理拖欠农民工工资问题的部门联席会议3次，协调水利、住建、交通等部门常态化开展治欠保支工作。落实企业失信惩戒制度，通过信用常州网、《武进日报》、武进区政府网站等媒介向社会公布重大劳动保障违法行为20起。

【劳动纠纷化解】 2018年，区人社部门受理劳动争议1809起，结案率97.1%；调解结案1076起，调解结案率61.3%。区立案中心、劳动监察、劳动仲裁、巡回法庭加强“查裁互补、裁审对接”四方联动，合力化解疑难案件40余起。武进区在全市率先实现乡镇巡回仲裁庭和调解中心全覆盖，全年协调各类劳资纠纷6500余起；受理工伤案件4715起，认定工伤4376起，组织劳动能力鉴定12次，受理工伤等级、护理程度鉴定等3838人次。区预防劳动争议协会培训1500余人次，驻区人社局法律援助工作站接待咨询6000余人次。

【和谐劳动关系构建】 2018年，区人社部门在全区8个行业85家企业开展薪酬调查和最低工资标准调查，规范企业工资增长机制。审查集体合同3592份，提高企业工资集体合同签订率、规范率和履约率。开展劳动关系诊断、劳动保障网上书面审查服务，掌握劳动用工信息，规避企业用工风险。做好“263”专项行动中劳资矛盾预防和化解工作，确保关停并转的企业平稳过渡。成立劳动关系监测预警维权调度指挥中心，依托视频监控、专线网络、移动通信、远程会议等，筑牢劳动风险“防火墙”。

（张连惠）

民 政

【概况】 2018年，全区民政系统坚持“民政为民，民政爱民”工作理念，推动现代民政高质量发展。加强基层治理，新增滆湖社区。完善救助体系，按照《武进区支出型贫困家庭生活救助办法（试行）》，在各镇（街道）、开发区统一挂牌“社会救助受理服务窗口”，实现“一门受理、协同办理”救助机制全域覆盖。优化养老服务，全区养老机构床位数增至5999张，每千名老人拥有床位数52张；全年发放尊老金2228.6万元，办理老年人优待证1026张、老年公交卡917张。规范社会组织发展，开展非法社会组织专项整治，结合社会组织年度检查、“双随机一公开”抽查、登记评估等工作，排查社会组织运营情况。落实优抚安置政策，实现各项抚恤优待标准与常州市接轨。全年批准地名24条，办理婚姻登记1.2万件，销售福利彩票3.57亿元，免除基本丧葬服务费550余万元。年内，武进区实现省级双拥模范区“八连冠”。

【城乡社区治理】 2018年，区民政局参与全区网格化集成管理创新，共划分网格1036个（其中基础网格929个、专属网格107个），绘制完成电子地图，配置下发“全要素网格通”1700余张，实现城乡社区网格信息互通。完成湟里镇西鲁村、洛阳镇朝安村等5个城乡社区综合服务中心改造提升工程。全区创成全国和谐社区建设示范单位2个，江苏省和谐社区建设100%达标，创成省级和谐社区建设示范社区44个、省级和谐社区建设示范村59个、省级示范镇（街道）13个，创成常州市和谐（平安、文明）村（社区）123个。根据民政部办公厅《关于做好基层群众性自治组织特别法人统一社会信用代码赋码工作的通知》要求，为全区321个村（居）民委员会颁发基层群众性自治组织特别法人统一社会信用代码证，解决村（居）民委员会在开设银行账户、商事登记、土地确权、财产登记等方面问题。

【社会组织培育和管理】 2018年，全区有社会组织2907个，新增西湖街道、礼嘉镇、洛阳镇、横山桥镇、横林镇5个镇级社会组织孵化基地，累计11个。区民政局加强社会组织培育创新。3月，首次发布公益创投项目需求征集目录，引导社会组织以需求为导向开展项目申报。4月，首次采用“公益合伙人”形式，引入由区慈善总会出资20.62万元认领项目9个，公益创投扶持资金92.8万元。5月，出台《常州市武进区社会组织对口帮扶爱心行动实施方案》，对接陕西省安康市平利县，开展黑土豆义卖，成为全省首个区级社会组织参与的苏陕协作项目。7月，首次采用跟踪绩效评估方式，按照项目进展、成效拨付公益创投资金。年内，全区新增持证社工172人、累计1001人，每万人有持证社工6.95人，发放持证社工职业资格补贴108万元。

2月，雪堰镇新康村领取全区首张基层群众性自治组织特别法人统一社会信用代码证　　供稿／区民政局

【最低生活保障与救助】 从2018年7月1日起，武进区城乡居民最低生活保障标准由每人每月760元提高至800元。区民政部门落实最低生活保障制度，全年发放最低生活保障金2340万元，惠及低保家庭2080户2843人（其中城镇居民614人、农村居民2229人）。同步提高特困人员、孤儿等困难人员保障标准。构建完善区、镇两级慈善组织体系，新增镇级慈善分会3个，累计16个，共募集善款1.12亿元。全年新增慈善资金6600万元，发放慈善救助金4800万元，惠及困难群众1.2万人次。全年发放孤儿保障金约47万元，农村“五保”（保吃、保穿、保医、保住、保葬）供养经费485.8万元，城市“三无”（无劳动能力、无收入来源、无法定赡养人）老人保障金57.7万元，投入259.6万元福彩公益金为全区户籍居民办理自然灾害商业保险。

【武进区获评省级双拥模范区】 2018年7月30日，武进区在省委、省政府、省军区召开的省第十一届双拥模范城（县、区）命名表彰大会上获江苏省双拥模范区称号，实现“八连冠”。年内，武进区开展关爱革命功臣活动，24个双拥成员单位与24名1～4级残疾军人和特一等功臣结对帮扶。创新拥军慰问形式，双拥成员单位筹措资金，为驻军办实事项目。组织走访慰问驻军部队，赠送慰问品价值145万元。

【优抚保障】 2018年，武进区根据省政府办公厅《关于切实做好优抚安置有关工作的通知》要求，动态调整在乡复员军人、伤残军人、“三属”（烈士遗属、因公牺牲军人遗属、病故军人遗属）、老复员军人遗孀、老年烈士子女及60周岁以上农村籍退役士兵等对象抚恤补助标准，投入4000余万元，惠及优抚对象4845人；向210名困难重点优抚对象发放医疗补助费60万元，发放临时救助经费75万元；11月底，向全区优待义务兵家属815户，发放家属优待金近2350万元，家属优待金标准由每户21692元提高到23544元；为160多名立功受奖现役军人发放奖励金40余万元。开展全区退役军人和其他优抚对象信息采集，做好退役军人安置工作。

【地名管理】 2018年，全区批准地名24条，其中新命名居民区3条、建筑物

2018年武进区新命名地名情况表

表58

类　别	新命名地名	所属镇（街道）	地　　址
居民区	梦启苑	横林镇	位于横林镇双蓉村，东至沪宁高速以西，南至南塘河，西至朝阳路，北至北塘河
	青司塘工房	横林镇	位于横林镇中部，东至红丰路，南至常州凯锐电子科技有限公司，西至横洛路，北至横林消防中队
	郡未来花园	武进高新区北区	位于喜盈门社区地域中，东至炎炬路，南至常州金海塑业有限公司，西至星火路，北至人民路
建筑物	星湖商务广场	南夏墅街道	位于武南河东华路交叉口东南角，东至新启路（规划道路），南至西湖路，西至新平路，北至武南路
道　路	聚仙路	洛阳镇	位于洛阳镇天井村，东起勤丰路，西至礼毛路，全长2000米
	鸿拓路	牛塘镇	位于牛塘镇宏图大厦北侧、招商花园小区南侧，东至东龙南路，西至湖滨路，全长402米
	潞横路	潞城街道、横山桥镇	东起横山桥镇金丰村委金家塘村民小组，西至大明路，全长4600米
	北湖路	横林镇	南起北湖桥，北至长虹东路，全长1500米
	吴琦路	横林镇	南起吴琦头村朝阳路口，北至昌盛东路，全长500米
	方家路	横林镇	东起徐桥头村，西至横洛东路横林高中路口，全长500米
	黄桥路	横林镇	东起横洛东路夏家头桥，西至精工路，全长1500米
	濮顺路	横林镇	东起双蓉胜姚家村南侧，西至崔横北路居住区南侧，全长300米
	创荣路	横林镇	南起蓉胜路常州鼎鸿木业有限公司，北至润河路，全长300米

1条、道路9条，办理地名预登记11条。推动全国第二次地名普查成果转化，于12月出版《武进区政区图》。

【婚姻与收养登记】 2018年，全区办理结婚登记6019件、离婚登记2818件，补办结婚登记1269件、离婚登记123件，出具婚姻登记记录证明7件，婚姻登记合格率100%。武进区儿童福利院全年为符合条件的18户家庭办理收养登记，累计入院儿童183人。首次办理孤残儿童涉外收养1例。

【福利彩票管理】 2018年，全区新增福利彩票电脑票销售站点12个，累计220个。全年发行福利彩票3.57亿元，比2017年增长16.5%。其中，电脑票销售2.12亿元，即开票“刮刮乐”销售1529万元，“中福在线”销售1.3亿元。

【殡葬管理】 2018年，全区有殡仪馆2个、骨灰寄存室171个。全年火化遗体9889具，其中横林殡仪馆火化6531具、武南殡仪馆火化3358具，火化率100%。区民政部门按照《常州市殡葬基本服务项目费用免除办法》，对城乡低保对象等4470名死者免除基本丧葬服务费550余万元。提升殡葬综合服务能力，推进殡葬改革专项整治行动，引进专业机构推进殡仪馆和公墓（塔陵）质量、环境、健康认证，常州经开区东福园守灵中心于6月投用。

（缪　苗）

残疾人工作

【概况】 2018年，全区新增残疾人1258人，累计持证残疾人21715人。其中，肢体残疾12886人、视力残疾2565人、听力残疾1672人、言语残疾94人、智力残疾2867人、精神残疾2106人、多重残疾214人。区残联加强残疾人就业创业扶持，通过举办残疾人专场招聘会、残疾人劳动技能培训等方式，拓展残疾人就业平台。完善残疾人社会保障体系，优化评残流程，评残专家库由6人扩充至24人，提升评残公平、公正性。推进残疾人精准康复，入户调查采集残疾人信息，利用大数据精准开展培训、就业、康复、文体和扶贫等工作。丰富残疾人文体生活，开展“肢残人厨艺大赛”“聋协自强事迹宣讲会”“加强盲人康复、重视残疾预防”等主题活动和“武进区残疾人欢度中秋”等公益活动共13场，有1500余名残疾人参加。于10月成立武进区特殊儿童家长学校，提供特殊儿童家长心理健康辅导和教育、特殊儿童送教上门服务，预防特殊儿童家长心理疾病，解决特殊儿童康复、教育问题，特殊儿童家长学校成立和发展工作被评为江苏省残联系统2018年度创新创优项目。

【残疾人就业创业】 2018年，区残联积极扶持残疾人就业创业。4月3日，举办残疾人春季专场招聘会，入场企业20家，提供就业岗位110多个，现场达成就业意向10人。7月13日，组织残疾人选手11人参加常州市第五届残疾人职业技能竞赛，涉及美甲、商业摄影、钩针编织、木雕等7个项目，获得单项第三名2个，获评优秀选手称号3人。10月11日，召开全区残疾人之家推进会，组织残疾人洗车行、残疾人励志手工坊、“运河之畔”烘焙手工坊等残疾人之家汇报交流经验和做法，积极为残疾人提供就业平台。年内，全区新增残疾人之家4家，累计22家，带动辅助性就业229人。开办电商、烘焙、苗木种植、纺织等培训5期，培训学员190人，提高残疾人劳动技能，增强就业竞争力。

区残联组织残疾人选手参加常州市第五届残疾人职业技能竞赛　　供稿／区残联

新增残疾人就业150人，鼓励残疾人自主创业37人，发放扶持资金70.9万元。

【残疾人社会保障】 2018年，区残联为7361人发放残疾人生活补贴519.66万元，为2441人发放护理补贴29.36万元，为64名残疾车主发放养老金补贴61.44万元，为62名残疾学生和低保残疾人家庭子女发放助学金10.5万元，为残疾人及其家属发放残疾人旅游卡2万张。全国助残日期间，区、镇、村三级走访贫困残疾人家庭2828户，发放慰问金104万元。实施“家电圆梦工程”，开展建档立卡贫困残疾人基本家电赠送活动，为全区230名贫困残疾人赠送彩电、洗衣机等基本家电。5月11日，由区委统战部、区残联主办，武进同心助残驿站、常州互联网新闻中心承办的“同心助残，与爱同行”义卖活动在区文化馆举行，40件爱心作品被认购，筹得善款11.6万元，用于武进同心助残驿站帮扶结对残疾人困难家庭42户。

【残疾人精准康复】 2018年，武进区组织实施白内障免费手术82例，办理974名精神病人免费服药卡、289名精神病人住院救助。区残联汇总“三助一免”(助行、助听、助视免费发放辅助器具和持证精神病人免费服药)康复器具，调查镇、街道残疾人康复器具需求，累计为全区贫困残疾人免费发放轮椅510辆、拐杖84副、盲杖33根、助行器40台、四脚拐104根、沐浴椅88张、坐便椅86张、盲表14块、假肢25个、助听器41台。开展0～14周岁残疾儿童康复救助工作，为239名残疾儿童发放抢救性救助金420.29万元，缓解残疾儿童康复压力。

【残疾人文体活动】 2月11日，区残联组织50名残疾人在龙凤谷滑雪场参加第二届中国残疾人冰雪运动季暨江苏省“冰天雪地，欢天喜地”残疾人冰雪运动季活动，体验雪地拔河、滑雪、打雪杖等冰雪趣味活动。5月20日，“子雨杯”江苏省首届助残垂钓联谊赛在滆湖公园钓鱼基地举办，省内外100多名残疾人钓鱼爱好者参赛。6月25日，武进籍残疾人运动员沈俊彤在2018年全国残疾人游泳锦标赛上获得女子S4级50米仰泳冠军。6月，区残联选拔、推荐残疾人运动员10人参加江苏省第十届残疾人运动会，获得金牌8枚、银牌7枚、铜牌3枚。

【残疾人权益保障】 2018年，区残联通过武进政风热线和武进政务在线访谈、《武进残联》简报、微信公众号、《自强最美、阳光相随》专题广播节目等，宣传武进区惠残助残政策。5月18日，联合武进高新区北区残联在富克斯流行广场举办“全面建成小康社会，残疾人一个也不能少”全国助残日活动，宣传残疾人工作，促进残疾人事业发展。7月，组织开展全区残疾人“解放思想、保障残疾人权益”普法宣传，邀请武进公安分局警官朱天亮以口语、手语同步方式为100多名残疾人讲授“美好新时代下的残疾人服务和保障”，宣传残疾人法律援助政策，指导残疾人学法、守法和依法维权。武进区残疾人专职委员沈超获江苏省残疾人专职委员法律知识个人赛第一名。12月，开展“武进区残疾人无障碍出行网络调查”，结合调查结果分析解读全区残疾人无障碍出行、无障碍设施建设等状况，为无障碍环境建设提供依据。全年完成残疾人家庭无障碍改造40户。

（恽　苗）

老龄工作

【概况】 2018年，全区60周岁以上老年人口24.52万人，占户籍总人口的25.12%。其中，70～79周岁老年人口7.8万人，80周岁以上老年人口3.3万人，百岁老人75人。武进区进一步完善养老服务体系，加快发展养老服务业，推进医养融合发展。全区新增居家养老服务中心2个，新增护理院2个和养老护理中心1个。至年末，全区有养老机构21个，其中镇级敬老院9个、民办养老机构8个、公建民营养老机构4个，镇级居家养老服务中心17个，社区和村居家养老服务站分别有124个和197个。全区养老机构床位总数5999张（护理型床位2773张），其中社会力量举办养老机构床位数4526张，千名老人拥有床位52张。7月19日，区老龄协会第三届会员大会召开，选举产生新一届理事会。全区有各级老龄协会258个、老年大学14所。区老龄办、各级老龄协会实施民安民乐工程，开展敬老月活动，提升老年人保障水平，丰富老年人文体生活。区老龄办被省老龄委评为老龄宣传工作先进单位。

【医养融合深度发展】 2018年，武进区养老机构内部新设护理院2个，医院内部新设养老护理中心1个，3个护理院（中心）均办理医保定点结算，全区医保定点养老机构增至7个。2月，嘉泽天禄老年公寓开办常州武进康惠护理院，占地面积13988平方米，建筑面积10698平方米，总床位350张。5月，武进区净慧颐养中心开办武进牛塘净慧护理院，占地面积7466.7平方米，建筑面积11561平方米，总投资2000万元，设置医疗床位256张，有医生16人、护士27人、工作人员10人。10月，常州福星康复医院出资建设的福星老年护养中心运行。该中心建筑面积839平方米，配备医师2人、护士12人、康复治疗师3人，设置护理型床位86张，入住老人60人。3个护理院(中心)均设有配餐间、器械间、清洁间等功能间，提供养老照料、康复护理、慢病管理等服务。

【养老服务】 2018年，武进区进一步完善养老服务体系，加快发展养老服务业，于3月出台《关于完善养老服务业财政补贴政策的操作办法》，扶持社会力量举办养老机构、日间照料中心、居家养老服务中心和养老援助服务及养老服务人员。戚墅堰街道河苑社区日间照料中心建成运营，横山桥敬老院实施公建民营。新增武进高新区北区、戚墅堰街道东方社区2个居家养老服务中心。区老龄办

表59

2018年武进区百岁老人情况表

所在地	姓 名	性别	出生年月	所在地	姓 名	性别	出生年月
雪堰镇	陆凤金	女	1915年12月25日	洛阳镇	王巧珍	女	1917年10月22日
	王杏娣	女	1916年2月29日		冯全娣	女	1918年6月20日
	陈菊娣	女	1916年10月10日	湟里镇	吴兰娣	女	1912年3月1日
	吴玉英	女	1917年3月11日		王庚娣	女	1916年2月8日
	李赛松	男	1917年7月26日		蒋正华	女	1916年12月21日
	许泉娣	女	1917年11月1日		赵凤娣	女	1918年8月13日
	蒋如明	男	1918年8月7日		刘保娣	女	1918年8月14日
	李春先	女	1918年8月31日	嘉泽镇	王产娣	女	1915年8月13日
礼嘉镇	汤炳耀	男	1913年11月5日		张银凤	女	1917年10月5日
	周瑞林	男	1917年7月7日		贾福根	男	1917年12月1日
	何 宝	女	1918年6月17日		张生海	男	1918年6月11日
	路秀宝	女	1918年9月11日		周凤大	男	1918年6月16日
	蒋新宝	女	1918年10月3日		沈小凤	女	1918年12月22日
	张桂茂	男	1918年10月16日	横林镇	汤金娣	女	1915年10月13日
前黄镇	朱凤大	女	1918年6月3日		王荷娣	女	1917年6月2日
	张凤英	女	1918年6月6日		吴 森	男	1917年11月8日
	周保金	男	1918年9月27日		严产娣	女	1918年9月23日
	徐红秀	女	1918年11月21日	遥观镇	庄贵英	女	1912年11月14日
	徐凤妹	女	1918年11月24日		吴玉珍	女	1916年1月9日
湖塘镇	孟大保	女	1913年1月22日		曹玉珍	女	1916年12月8日
	张良铭	男	1913年11月16日		王仁元	男	1917年2月13日
	管杏英	女	1915年2月20日		李金秀	女	1918年3月8日
	沈连娣	女	1916年4月26日	横山桥镇	陈秀英	女	1913年12月14日
	卞秀凤	女	1916年5月26日		莫国良	男	1918年2月26日
	张全妹	女	1917年10月18日	潞城街道	王祥生	男	1917年4月9日
	许杏大	女	1917年11月16日	戚墅堰街道	徐阿英	女	1916年7月26日
	蒋产洪	男	1918年1月24日		蒋欣荣	男	1918年7月13日
	朱来娣	女	1918年8月30日		王金林	男	1918年7月14日
牛塘镇	蒋瑞福	男	1916年11月24日	南夏墅街道	冯琴娣	女	1915年12月28日
	许留秀	女	1917年2月6日		陆珍宝	女	1917年1月28日
	陆昕昕	女	1917年6月16日		徐惠芳	女	1917年5月11日
	蒋桂英	女	1917年11月6日		谢盘大	女	1917年11月25日
	戴秀宝	女	1918年11月5日		黄云娣	女	1918年1月27日
洛阳镇	沈桂英	女	1915年12月5日	西湖街道	陈秀英	女	1917年1月16日
	李云娣	女	1916年7月14日		陈菊大	女	1918年8月19日
	徐阿梅	女	1917年2月3日		徐桂英	女	1918年8月30日
	彭福林	男	1917年4月10日	武进高新区北区	华 询	女	1917年10月7日
	毛夫荃	男	1917年9月25日				

老人在武进高新区北区居家养老服务中心练书法　　供稿 / 区老龄办

联合人寿武进支公司继续实施老年人意外伤害保险工程，投保老年人14.2万人，保额800万元，参保率60%，理赔金额535万元，赔付率70%。各级老年协会开展棋类、扑克、球类等比赛，参与人数逾3万人次；开展体育健身、旅游、演唱、猜灯谜等文体娱乐活动，参与人数近3万人次。南夏墅街道和区卫计系统退干协会、退教协会、机关退干协会及武进高新区北区等组织老年人自编自演文艺节目，开展进村入户下乡巡回演出。全区有“五保”老人407人，其中分散供养17人、集中供养390人，集中供养率达95.8%；有“三无”老人36人。“五保”老人集中、分散年供养标准分别达10500元和11500元；城市“三无”老人补助标准由每人每月1540元提高到1665元。全年发放“五保”供养经费485.8万元、“三无”人员保障经费57.7万元。为3.3万名80周岁以上老年人发放尊老金2228.6万元，免费办理老年人优待证1026张、老年公交卡917张。

【武进区老龄协会第三届会员大会】 7月19日，在区三老中心召开，出席会员65人。会议回顾总结区老龄协会第二届理事会工作，通过《武进区老龄协会章程》2018年修订稿，选举产生第三届理事会，陆雅芬当选为会长，姚绍洋当选为副会长兼秘书长，刁勇当选为副会长。

【敬老月活动】 2018年10月，是全国第9个敬老月、江苏省第6个老年节，全区各级各部门组织开展走访慰问老年人等敬老月活动。10月15日，区领导走访横山桥镇敬老院和嘉泽镇天禄老年公寓，慰问百岁老人。敬老月期间，全区组织慰问老人6万余人，发放慰问品、慰问金总计754.8万元。开展文艺下乡、书画比赛等文娱活动60余场次，受益老人5500余人；开展助餐、助浴、助行等公益活动100余次，受益老人1万余人；开展健康讲座、义诊等卫生服务50余次，受益老人1500余人。年内，马杭和永定2个社区居委会获常州市第三届“敬老文明号”称号，14人获评常州市邻里守护优秀志愿者，4人获评常州市第二届“十佳老年道德模范”。

（张珞馨）

慈善事业

【概况】 2018年，区慈善总会秉承“慈善为民、服务为本、乐善好施、扶贫济困”工作理念，凝聚企业、社会组织、全民参与和驻村帮扶力量，推动慈善资源与脱贫需求精准对接，实现全区慈善事业健康发展和提档升级。全区有118家企业或单位采取协议认捐和一次性捐款形式，共捐款1585.5万元，实际到账874.05万元。开展“慈善一日捐”活动，有165个单位2万多人捐款594.64万元。至年末，全区慈善资金总量达126109.9万元，结余资产54824万元，其中结余存款54686万元，尚应收回认捐资金10127万元。全年新增慈善资金6720万元，直接下拨救助资金、社会公益事业补助资金4800万元，直接救助困难群众15418人。在2018年第四届江苏慈善奖评比中，江苏常发实业集团有限公司、今创集团股份有限公司、常州强力电子新材料股份有限公司被评为最具爱心慈善捐赠企业；“同心共建光彩行动”被评为最具影响力慈善项目。

【慈善救助】 2018年，区慈善总会推进真心、爱心、耐心、恒心“四心”服务工程，扎实做好慈善救助。开展慈善助医，将全区城镇、农村低保对象和建档立卡贫困人员、特困人员、贫困残疾人纳入慈善大病保险范围，委托人寿保险武进支公司参与评估、发放，共计筹集慈善救助金1226.16万元，实际支出951万元，救助3508人次。开展慈善助老，通过救助、帮扶等提高集中供养“五保”老人和生活贫困老人生活保障水平，发放助老资金74.17万元，资助、慰问老人534人。开展慈善助孤，把孤儿医疗康复保障纳入大病救助范围，为全区28名散居孤儿发放生活救助金14万元。开展慈善助学，支出慈善资金86.19万元资助贫困学生269人，拨款25万元设立教育建设基金。开展慈善助困，支出慈善资金1004.1万元救助困难家庭，惠及困难群众6694人。开展专项救助，为全区一户多残、依老养残困难家庭发放资金25万元，为抗癌协会癌症患者发放康复资金17万元，为弃婴提供医疗和生活援助6万元。参与脱贫攻坚，与区民政局联合，在镇（街道）、开发区排查摸底，精准推进“阳光扶贫”，为1582户建档立卡户发放慈善救助金237.3万元。

【慈善分会建设】 2018年，武进区新增礼嘉镇、西太湖街道、横山桥镇3个慈善分会，累计16个。全区慈善分会兑付认捐慈善资金367.3万元。武进高新区分会利用南夏墅街道“星星家园残疾人之家”“励志残疾人之家”，为一户多残、依老养残特殊群体提供就业平台；利用武进高新区北区“同心驿站”开展精准助残项目。湖塘镇慈善分会、遥观镇慈善分会从健全慈善政策制度、搭建慈善活动平台、动员公益慈善组织、完善扶贫资金监管四方面实施改革创新，组织干部群众参与脱贫攻坚。横山桥慈善分会将“孝善”与精准扶贫相结合，实施“孝善扶贫”工程，创新农村居家养老模式，推进精准扶贫。前黄慈善分会坚持将特殊困难群体作为脱贫攻坚工作重点对象，深入实施慈善救助。雪堰镇慈善分会对符合低保标准的农村贫困人口执行政策性保障脱贫，给予一定慈善救助。

【慈善项目实施】 2018年，区慈善总会助推公益创投项目，投入20.62万元慈善金认领“你需要·我就在”“善益如怡——社区老人居家安全防护”“耆乐融融——居家养老服务”“桑榆晚晴——敬老、爱老、助老主题系列活动”等公益创投项目9个。“立体帮扶重残群众”项目由武进同心助残驿站承接实施，获得资助金额5万元，于11月组织重残家庭、志愿者、社区残联助理等在苏州穹窿山开展秋季拓展，分享残疾人康复及护理技巧，提升重残群众及家庭与社会的融入度，受到残疾群众普遍欢迎。“暖心续航”项目由武进心家园公益助残服务中心承接实施，获得资助金额3.66万元，开展定期上门走访21户失独家庭、集体庆生联谊等活动，通过送医上门和问诊指导服务等慰藉服务对象。

（赵　晶）

红十字会工作

【概况】 2018年，武进区有各级红十字组织156个，红十字志愿者服务基地14个，志愿服务项目5个，特色志愿服务队8支；新注册志愿者630人，累计5100余人。全区各级红十字组织发扬“人道、博爱、奉献”精神，宣传贯彻中共十九大精神和新修订的《中华人民共和国红十字会法》，推进“三救三献”（灾害救援、人道救助、应急救护，献血、捐献造血干细胞、捐献遗体与器官）核心业务工作，服务百姓，助困群众。区红十字会举办纪念5·8世界红十字日暨太湖湾旅游度假区应急救护技能大赛、红十字防灾避险知识竞赛及应急救护知识进百企等活动，增强群众救护意识和技能。加强工作宣传，在武进新闻网首页设置图标链接，利用武进广播电台FM88.6频道等媒体，跟踪报道区红十字会筹资项目和“三救三献”工作开展情况。建立“红十字博爱家园”试点4个，为红十字志愿者提供活动平台。区红十字会9月获得2018年度中国红十字会总会报刊宣传先进集体三等奖，12月被市红十字会授予综合目标考核一等奖。

【红十字人道救助】 2018年，“博爱天使、爱心驿站”红十字“双癌”（一个家庭有2个或2个以上成员罹患癌症）、白血病大病特困家庭项目被列入武进区为民办实事工程。区红十字会按照资助“双癌”家庭5000元、白血病家庭3000元标准，发放救助金35.4万元。该项救助活动于2013年实施，到2018年共发放救助款223.2万元，惠及特困家庭536户。持续开展“博爱送万家”救助活动，深入全区各镇（街道）、开发区慰问困难家庭1200余户，发放棉被、毛毯、家庭急救包、食用油、米等救助物资和慰问金合计50余万元。持续做好红十字爱心病房项目，对符合条件的10名困难病人，及时给予1000～3000元/人的红十字人道救助金，累计发放救助款1.3万元。

【纪念世界红十字日系列活动】 2018年5月8日是第71个“世界红十字日”。区红十字会在“红十字博爱周”期间，组织系列宣传活动，全方位多角度普及红十字知识，提高群众知晓率，增强救护意识，提高救护技能。通过《武进日报》2个版面宣传红十字精神，邀请市红十字会和市中心血站人员在常州大学城开展造血干细胞志愿捐献血样采集入库活动。举办太湖湾旅游度假区应急救护技能大赛和花东社区广场宣传义诊活动，在19个镇（街道、开发区）开展纪念世界红十字日广场宣传活动。发动全区红十字人员和红十字志愿者参加万人红十字防灾避险知识竞赛。8月，区红十字会被中国红十字会总会授予全国红十字防灾避险知识竞赛一等奖。

【红十字“三献”活动】 2018年，区红十字会通过武进电视台、《武进日报》宣传无偿献血、捐献造血干细胞志愿者典型事迹和捐献知识。组织“天使相髓”志愿队队员参与“三献”宣传活动，增强志愿者捐献自豪感。年内，捐献志愿者蒋文娟成功捐献非血缘关系造血干细胞，区红十字会举行捐献欢送仪式，做好服务工作，号召志愿者加入中华骨髓库，全区造血干细胞血样采集入库新增180人次。协助市中心血站开展献血宣传55场次，累计动员1.35万人次，无偿献血420余万毫升，献血总量居全市首位。

【红十字应急救护培训】 2018年，区红十字会壮大救护师资队伍，选派素质高、责任心强的红十字志愿者3人，参加省级红十字应急救护和养老照护知识培训师资班。43名责任心强、技术过硬、热衷红十字救助事业骨干人员通过红十字救护培训师资注册登记资格复审。针对全区重点企业、重点人群开展公益性应急救护培训，安排救护培训师根据各级各类企业急救需求，编制培训课件，上

8月，区红十字会名誉会长戴士福在区政府带头参与无偿献血活动　供稿/区红十字会

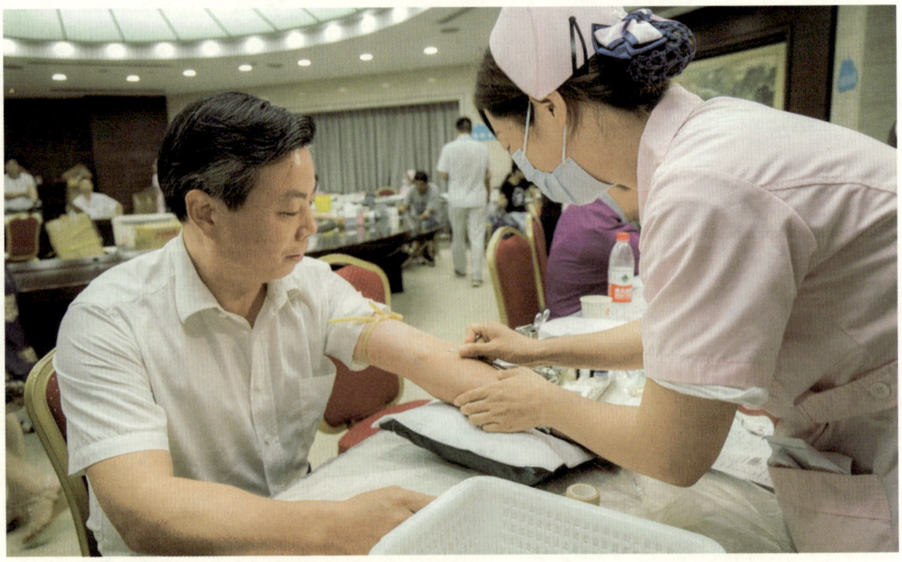

门提供救护技能培训35次。定期组织应急救护培训讲师团在村、社区开展救护培训、普及急救知识。加强春秋淹城、嬉戏谷景区红十字应急救护站维护与管理，定期强化志愿者救护技能。5月，联合太湖湾旅游度假区管委会在太湖湾全国电子竞技运动基地举行纪念5·8世界红十字日暨太湖湾旅游度假区应急救护技能大赛，太湖湾旅游区10支红十字救护代表队参赛。发挥省级应急救护培训基地设施先进齐全、标准统一规范优势，组织重点企业、机关干部等群体开展应急技能培训。全年开展初级救护员培训1078人次，普及救护知识8679人次。

（郝　培）

关心下一代工作

【概况】 2018年，武进区有各级关心下一代组织972个，参加关心下一代工作的骨干“五老”（老干部、老专家、老模范、老教师、老战士）志愿者2924人；关爱工作团队62个，骨干成员129人；校外教育辅导站309个，参加校外辅导的“五老”总数1074人、社会志愿者1727人，辅导学生11.1万人次；电子阅览室204个，参加电子阅览室活动学生2.1万人次。嘉泽、前黄、雪堰等12个镇（街道）完成基层关工委组织换届，武进高新区和西太湖科技产业园成立园区级关工委组织。区关工委召开成立25周年纪念会，开展“传红色基因，共话新时代，放飞青春梦”主题教育活动，推进全区民营企业关工委完成调整、充实和重新建档工作。思想道德宣讲团宣讲180多场次，受教育人数达3万余人。科技报告团协调开展科普教育超过100场，听讲1.2万人。法制报告团加强预防和减少青少年违法犯罪，推进未成年人零犯罪社区（村）建设。

【区关工委成立25周年纪念会】 2018年8月24日，在区政府会议室召开，总结武进关心下一代事业25年中在提高思想认识、组织队伍建设、基础平台搭建、主题教育开展、服务青少年成长等领域取得的成绩，表彰关心下一代工作先进集体50个、先进个人100人和荣誉奖获得者10人。常州市副市长、武进区委书记史志军和市关工委主任蒋溢涛分别发表讲话。区关工委成立于1993年，在2010年和2015年被中央文明办和中国关工委授予全国关心下一代工作先进集体称号。

【民营企业关工委建设】 2018年，区关工委贯彻省关工委关于做好民营企业关工委工作的会议精神，坚持以党建带动民营企业关工委建设，推进“以块为主，条块结合”的领导体制和工作机制，把民营企业关工委工作纳入党建工作总体规划，推动建有党组织的民营企业建立关工委组织。4月，调查摸底企业关工委组织基本情况，确保全区企业关工委主任均由各企业党组织正、副书记担任。11月8日，在江苏龙城精锻股份有限公司召开民营企业关工委建设现场推进会。年内，湟里、横山桥、潞城等镇（街道）开展民营企业关工委工作培训10余次，524家民营企业调整或新建关工委组织。

【“传红色基因，共话新时代，放飞青春梦”主题教育活动】 3月12日，区关工委联合区文明办、教育局发布《关于在全区青少年中开展“共话新时代，放飞青春梦”主题教育活动的实施意见》。4—9月，全区关工委系统开展“纪念改革开放40周年”老少摄影作品征集活动和“传红色基因，共话新时代，放飞青春梦”主题征文活动，评选出优秀摄影作品94件、小学组优秀征文55篇、中学组优秀征文74篇，江苏省前黄高级中学等9所学校被评为2018年度主题教育活动优秀组织奖。5月28日，区关工委在湟里镇中心小学举办“传红色基因、共话新时代、放飞青春梦”主题教育活动全面启动仪式。6—9月，组织开展“大手牵小手，寻访四十载，同筑中国梦，共话新时代”活动，各级关工委和学校组织开展“手拉手，老少话变迁”“红领巾寻访新时代”“小记者走进大企业”等特色活动，引导青少年了解、感受国家和家乡40年发展成果。该主题教育活动被市文明办表彰为2018年度全市未成年人思想道德建设工作优秀项目。

【校外教育辅导站建设】 1月，区关工委发布《2018年武进区“校外教育辅导站（阳光驿站）”青少年寒假健身活动方案》，联合区教育局、体育局在寒假期间组织青少年开展跳绳、踢毽、投篮等比赛。暑期期间，全区有2万余名学生参加校外教育辅导站学习培训，涉及思想道德、知识科普、文化礼仪、书法绘画、体育健康等十多个大类80多个小类。西湖街道组织青少年学生30人与“五老”骨干10人在溧阳新四军江南指挥部纪念馆开展红色革命传统教育。丁堰街道丁堰村关工委开展“分享一本好书，品味一段人生”读书活动。湖塘镇新天地社区、戚墅堰街道等关工委举办“未来银行家”“城管小卫士”“小小环卫工”等活动。12月，区关工委与区文明办联合表彰雪堰镇共建村等25个单位为武进区校外教育示范辅导站。

（陈　辅）

5月28日，“传红色基因、共话新时代、放飞青春梦”主题教育活动启动仪式在湟里镇中心小学举行　供稿/区关工委

镇·街道

Towns · Streets

栏目编辑　万向阳

雪堰镇

【概况】 雪堰镇位于武进区东南部，东接无锡马山，西临宜兴，南濒太湖，总面积104.75平方千米，辖行政村25个、社区4个，2018年年末户籍人口78826人、常住人口10.2万人。境内有太湖岛屿椒山，春秋阖闾城、宋代龟山书院、南山寺、吴稚晖故居等人文景观，以及太湖湾旅游度假区、国际动漫嬉戏谷、中华孝道园等景区景点。农特产品有太湖“三白”（白鱼、白虾、银鱼）、水蜜桃、葡萄、柑橘、杨梅和绿茶等。先后获“全国环境优美乡镇”“国家卫生镇”“中国银鱼之乡”“国家园林城镇”等称号。

产业发展 推进农业质效提升，雪堰镇入选全国农业产业强镇示范建设名单，省现代农业产业示范园项目建设持续推进，城西精品梨示范园建成，新康水稻科技示范园基础设施建设完成85%；推广绿色农药，实施休耕轮作913.33公顷，新增高标准粮田333.33公顷。有工业企业1817家，净增规模以上工业企业19家，累计143家，全年完成规模以上工业产值94亿元，占全镇工业总产值的55.2%。完成工业投入8亿元，新增产值超亿元企业8家，累计21家。新增高新技术企业3家，累计27家，全年完成高新技术产业产值37.1亿元，占全镇规模以上工业产值的39.5%。发展现代服务业，完成服务业投入8.5亿元，实现服务业增加值58.2亿元，分别增长8.1%和10.4%。雪堰桃花节、太滆开湖节、美丽乡村嘉年华活动成功举办，夏庄村创成省级电子商务示范村，南山村、谷神庄园创成省三星级乡村旅游示范点。

镇村建设 优化规划布局，调整《雪堰镇村庄规划（2017—2020）》，完成全镇各村土地利用规划和城西回民村空间规划，编制上报南山村、雪西村省级传统村落规划。完善基础设施，环山旅游公路龙延路开通，完成中心镇区3条道路沥青摊铺、20座桥梁改造和王允等3个村天然气入户改造。加强生态治理，深化“263”专项行动，实施污染防治攻坚战，取得生态文明建设阶段性成效，雪堰镇创成省级生态文明建设示范镇，城西回民村、太滆村创成省级生态文明建设示范村，阖闾城村创成市级生态文明建设示范村。推进美丽乡村建设，与太湖湾旅游度假区联合启动美丽乡村片区建设，陡门塘创成省级特色田园乡村和市级美丽乡村示范点。加强镇村长效管理，开展交通干线、农贸集市、废品回收、“大棚房”等专项整治，在圣烈等5个村推行生活垃圾分类试点，完成公厕改造16座。雪堰镇保持镇村长效管理位居全区第一。

3月31日，第四届雪堰桃花节暨2018太湖湾淘春季活动开幕　　供稿/雪堰镇

表 60

2018 年雪堰镇主要经济社会指标完成情况表

指　　标	单　位	数　值	比 2017 年（%）
地区生产总值	亿　元	88.95	5.5
公共预算收入	万　元	61119	19.6
农业总产值	亿　元	5.75	−1.8
多种经营产值	亿　元	5.40	0.7
粮食总产量	万千克	951.4	−34.2
工业销售收入	亿　元	163.75	13.3
实际利用外资及港澳台资	万美元	1018	−11.8
自营出口额	亿　元	14.56	10.1
第三产业增加值	亿　元	58.17	10.4
居民人均可支配收入	元	30750	8.6

社会事业　发展文教事业，雪堰初级中学道南楼竣工启用，雪堰小学教育集团获区教育集团办学水平考核优秀，7 所中小学校在区素质教育质量评估中获一等奖 1 个、二等奖 5 个、三等奖 1 个；举办庆祝改革开放 40 周年摄影展、市民艺术节和武进诗词大会分会场比赛和第三届职工篮球联赛等活动，开展“社区天天乐”130 多场，22 个村创成综合文化服务中心。加强公共卫生服务，雪堰中心卫生院启动二级医院创建，漕桥医院和武进中医医院结成紧密型医联体，全镇家庭医生重点人群签约率达 77%。加强社会保障，实施高效农业保险补贴、重大疾病救助、敬老院西北侧地质灾害点修复等 10 件民生实事；新增社会保险参保人员 1459 人、住房公积金缴纳人员 801 人；推进“阳光扶贫”工程，实现脱贫 105 户、202 人。

【雪堰镇入选全国农业产业强镇示范建设单位】 2018 年 8 月，农业农村部、财政部公布 2018 年农业产业强镇示范建设名单，雪堰镇名列其中，获中央财政投入 1000 万元。该镇按照农业产业强镇示范建设计划，全面推进新康优质稻米示范园提升、城西回民村休闲农业建设、谢家村桃标准园提升、雪堰镇农旅融合发展四大项目，总投资 1605.5 万元，年内完成投资 960 万元。

【雪堰新增高新技术企业 3 家】 2018 年，雪堰镇有 3 家企业被省科技厅、省财政厅、省国税局、省地税局联合认定为高新技术企业。

江苏思缔医疗科技有限公司　位于雪堰镇阖闾城工业园区，成立于 2013 年 11 月，建筑面积 4500 平方米。主要生产一类、二类医疗器械，包括手术室、急救室、诊疗室设备及器具，病房护理设备，体重秤，代步车，康复器材及辅具设备等。2018 年，完成产值 5000 余万元。

江苏德尔瑞环保机械有限公司　位于武进区雪旺线，成立于 2013 年 12 月，建筑面积 7500 平方米。专业生产输送机械设备，包括 DTII 型带式输送机、TD75 系列带式输送机、MS 型埋刮板输送机、MC 型埋刮板输送机、RSMS 热料型埋刮板输送机、FU 型链式刮板输送机、GX 型螺旋输送机、LS 型螺旋输送机等，主要服务于机械、冶金、矿山、纸业、纺织等行业。2018 年，完成产值 2500 万元。

江苏明朗照明科技有限公司　紧临雪堰镇锡宜高速马山出口，成立于 2008 年，生产、办公面积 5000 平方米。专业研发、生产、销售 LED 灯具，包括 LED 数码显示屏、大功率 LED 投光灯、大功率 LED 洗墙灯、LED 轮廓灯、LED 埋地灯、LED 水下灯等系列，应用于城市道路、广场、公园、楼宇等场所，通过 ISO 9001:2000 质量管理体系认证，获 2011—2012 年度“中国 LED 行业最具创新力企业”称号。2018 年，完成产值 1800 余万元。

【夏庄村创成省级农村电子商务示范村】 参见《商贸服务业》栏目 P124 相关条目。

【雪堰创成省三星级乡村旅游示范点 2 个】 参见《旅游业》栏目 P133 相关条目。

【雪堰镇创成省级生态文明建设示范镇】 2018 年 12 月，雪堰镇创建省级生态文明示范镇通过省环保厅验收。该镇按照“江苏省生态文明示范镇”要求，加强生态环境保护，深化“263”专项行动，组织实施污染防治攻坚战，取得生态文明建设阶段性成效。2018 年，全镇“两减”（减化、减煤）工作持续推进，有 3 家化工企业通过验收，减煤近 5000 吨，其中规模以上企业超额完成减煤年计划任务，实现“无化镇”目标。国家农业面源污染综合治理项目基本完成，投资超过 3000 万元；全力提升污水收集处理

雪堰镇新镇区一角　　供稿/雪堰镇

能力，新建污水主管网15.5千米、支管网28千米，实施老旧污水管网升级改造，完成80个排水片区整治和接管、77个村庄生活污水集中接管治理，企业接管730家，3个工业集中区企业全部接管；落实“河长制”，清淤河道38千米、河塘190处，全面消除黑臭水体；加强大气管控，完成16家企业油气回收改造、23家企业强制性清洁原料替代、24家企业环境风险评估及环境安全达标建设，全面淘汰“冲天炉”；推进“散乱污”整治，关停取缔企业273家，改造规范企业407家；启动建设生态绿城项目2个。开展环保督察整改，完成中央环保督察“回头看”和省级环保督察反馈突出问题销号整改26起。城西回民村、太滆村创成省级生态文明建设示范村，阖闾城村创成市级生态文明建设示范村。

【凤凰村获评省休闲农业精品村】 12月31日，雪堰镇凤凰村被省农业农村厅评为“2018年江苏省休闲农业精品村和主题创意农园”。凤凰村位于雪堰镇北部，总面积2.87平方千米，其中耕地面积130公顷，山、林地面积56.67公顷，有村民小组20个，总人口1868人。该村注重农业产业结构调整，建设以特色农业、观光型生态农业为主的乡村旅游点，推动全村茶叶、水蜜桃、葡萄、梨、杨梅等优质农产品销售和推广，促进农村剩余劳动力就业，进一步带动农民增收，并吸引常州市龙凤谷生态旅游发展有限公司、武进区雪堰得源家庭农场、常州市凤凰乐农林果专业合作社等5家企业落户，为发展农业产业和经济增添持续发展的活力。2018年，完成农业总产值1380万元。

2018年雪堰镇各村（社区）基本情况表

表61

村（社区）名	户数（户）	户籍人口（人）	党组织书记	村委（社区居委会）主任	集体经济收入（万元）
共建村	1444	4453	龚建生	吴乐平	359.35
雪东村	960	3203	管立新	李瑞元	385.04
南山村	967	2990	钱亚清	吕　峰	171.95
绣衣村	997	3361	王建明	胡亚伟	390.86
雪西村（社区）	1639	4316	徐建欣	冯　磊	291.68
雅浦村	820	2716	张伟德	陆育峰	224.49
阖闾城村	951	2823	蒋荣刚	蒋荣刚（兼）	469.06
谢家村	896	3012	秦伟新	董付兴	135.74
太　村	821	2764	单小兵	单小兵（兼）	472.19
圣烈村	1082	3152	刘小明	王敏丰	250.38
曹家村	1368	3618	曹建祖	汪云飞	369.97
城东村	752	2101	陈正元	蒋　平	124.71
周桥村	1366	3601	钮建明	陈革新	122.31
城西回民村	990	2944	吴卫丰	吴卫丰（兼）	273.21
城湾村	733	2074	徐建达	高俊立	237.33
凤凰村	638	1860	王曙东	王光辉	150.39
夏墅村	699	2101	丁卫东	孙国才	129.68
王允村	1410	4115	周文良	盛建军	299.97
夏庄村	1200	3603	陆自强	刘勤贤	447.92
楼村村	1148	3443	边伟光	蒋颖涛	349.68
新康村	1270	3587	金建新	刘建平	504.81
浒庄村	809	2336	缪林香	董全荣	137.74
潘家村（社区）	1029	2779	李惠全	王　薇	132.2
南宅村（社区）	1594	4394	蒋全茂	尹卫国	127.14
漕桥村（社区）	1478	3461	李卫星	王岳良	355.02

说明：社区属村居合一，有关数据并入相关村统计　（朱佳平）

礼嘉镇

【概况】 礼嘉镇位于武进区东南部，东临洛阳镇，西接武进高新区，南靠锡溧漕河，北依武进中心城区，总面积57.84平方千米，辖行政村14个、社区3个，2018年年末户籍人口48930人。有葡萄、水蜜桃等名特农产品。获“国家卫生镇”“国家级生态镇”“全国环境优美镇”等称号。

产业发展　建设现代农业，建成国家级高标准农田333.33公顷，新增高效设施农业面积333公顷，累计1953公顷；新（改）建农村水利工程12处；注册“礼嘉”农产品商标，全面完成农产品质量安全创建工作。深化农村改革，实现集体经营性建设用地入市签约率98.7%，办理出让入市312宗、面积172.73公顷和租赁564宗、面积206.67公顷；蒲岸村、政平村、何墅村宅基地改革试点启动。开展土地精细化整治，整理土地面积73.33公顷，新增耕地面积61.67公顷。农村土地承包经营权确权登记颁证工作通过省级验收。新增规模以上企业29家、亿元企业5家，分别累计83家、25家；新科人居智能舒适系统等5个重点项目有序推进。新增高新技术企业4家，累计25家，全年完成高新技术产业产值118亿元，占全镇规模以上工业产值的78%；申报省级科研项目4项，英特曼电工（常州）有限公司、常州杨氏电机有限公司等4家企业参加创新创业大赛；申请专利428件，获授权357件；签约产学研合作项目6项，常州市达辉医疗器械有限公司与南京大学、江苏泛亚微透科技股份有限公司与浙江大学共建联合研发中心。探索“现代农业+服务业+互联网”模式，发展现代物流和电子商务，以嬉乐湾等为代表的乡村休闲旅游业初具规模，常州国伟农业科技有限公司实现电商销售额超2000万元。全年完成服务业投资7亿元、服务业营业收入1.8亿元，分别增长8%、25%。

镇村建设　编制完成镇村土地利用规划，出让丰顺新材料等6个地块、5.83公顷。完善路桥设施，完成工业大道东段、镇中路新建工程，修补养护遥坂路北段等镇村道路，新建礼嘉北桥。推进环境精细管理，开展交通干线沿线、物料堆

指标	单位	数值	比2017年(%)
地区生产总值	亿元	90.08	7.00
公共预算收入	万元	28119	−12.50
农业总产值	亿元	4.0	−1.0
多种经营产值	亿元	3.57	−0.29
粮食总产量	万千克	1275.9	−6.96
工业销售收入	亿元	194.69	13.63
实际利用外资及港澳台资	万美元	1007	−23.30
自营出口额	亿元	31.44	9.5
第三产业增加值	亿元	44.81	10.30
居民人均可支配收入	元	31858	8.60

表62 2018年礼嘉镇主要经济社会指标完成情况表

场、空置地块集中整治和校园、住宅小区、村庄环境综合整治，加强“两违”（违法用地、违法建设）管控，新建何墅村、庞家街村生活垃圾分类示范村和示范点5个，完成礼嘉垃圾中转站翻建工程。推进“263”专项行动、“河长制”，全面完成化工企业关停任务，削减煤炭消费总量1300余吨；治理挥发性有机物排放企业58家，取缔“散乱污”企业（作坊）194家；完成污水主支管网建设23.94千米、事业单位雨污分流8家、工业集聚区企业污水接管185家；修复庞家浜、蒲岸村水系及周边村塘湿地20公顷，基本完成西仪浜、建华河等12条河道整治，城河浜、埌河水质明显改善，礼嘉大河断面水质逐渐好转；加强建筑工地“绿色施工”及堆场扬尘污染整治，做好环境信访问题整改，完成重点污染源普查1576个。礼嘉镇通过省级生态文明建设示范镇验收，何墅村邢溪桥美丽乡村建设基本完成。

社会事业　创新社会管理，成立大调解中心，充实调委会队伍，全镇矛盾纠纷调解成功率100%。推广网格化服务管理，建成基础网格35个，流转事项5950件，办结率达97.76%。推进教育均等化发展，完成礼嘉中学食堂、教学楼扩建工程，实施礼嘉学前教育培训中心、礼嘉乐安小学新建项目，整治校外培训机构40个，坂上初级中学与湖塘实验中学联合办学。加强文体建设，礼嘉体育文化公园启动。提升公共卫生服务能力，礼嘉卫生院妇幼健康规范化门诊、中医诊疗馆竣工交付，坂上眼科医院门诊住院大楼改造升级，大路村、新辰村卫生室新建，全镇家庭医生签约服务人群覆盖率达83%。关注民生保障，全年新增就业岗位2180个，新增农村劳动力转移就业4174人，城镇失业人员再就业168人；社保扩面累计新增290人。发展慈善事业，武进慈善总会礼嘉分会成立，募集慈善基金600万元；“同心共建光彩基金”实际到账309.4万元；礼嘉中学新增教育基金440万元，累计1300万元。全年累计发放救助、优抚补贴等近1500万元。开展阳光扶贫，组织走访慰问建档立卡低收入贫困户712户。

礼嘉镇区鸟瞰　　供稿/礼嘉镇

【礼嘉镇农村土地承包经营权确权登记颁证成果通过省级验收】 2018年8月10日，礼嘉镇接受常州市农村土地承包经营权确权登记颁证成果省级委托检查验收组专项验收，经听取汇报、查阅台账等方式，并抽检新辰、政平、大路3个村每村10户承包户，重点查看发包方、承包方、承包地块等调查成果，各村颁证率、村级档案资料整理装订、颁证过程中农户满意度等方面情况，通过农村土地承包经营权确权登记颁证成果省级验收。礼嘉镇农村土地承包经营权确权登记颁证工作始于2015年，严格按照地块、面积、合同、证书“四到户”的要求，妥善解决承包地块面积不准、四至不清、空间位置不明等问题，做到面积、合同、登记簿、证书“四相符”，依法赋予农民更加充分而有保障的土地承包经营权。至2018年，全镇14个村总计需确权颁证9994户，合同完善9559户，占比95.6%；实际颁证9290户，占比93%；资料归档9119户，占比91.2%。

【礼嘉新增高新技术企业4家】 2018年11—12月，礼嘉镇有4家企业被省科技厅、省财政厅、省国税局、省地税局联合认定为高新技术企业。

江苏恒源园艺用品有限公司　位于礼嘉镇前桥村，创建于2000年11月，占地面积1.86公顷，建筑面积1.6万平方米，拥有自营进出口权。主要从事园艺产品、农业产品，包括园艺支柱、花支柱、新式支架、天然竹、无纺布、遮光网、防鸟网、防风网、吊花篮等产品制造及销售，产品主要出口日本和欧美、澳洲等国家和地区。推行并通过ISO 9001质量管理体系、ISO 14000环境管理体系、ISO 18000职业健康安全管理体系论证。2018年，完成产值8846.5

万元，实现销售收入6555万元。

常州常发制冷科技有限公司　位于礼嘉镇建东路20号，占地面积35公顷，建筑面积26万平方米。主要生产冰箱热交换器、空调热交换器、无缝光亮及内螺纹精密铜管、铝板铝箔、微通道换热器五大系列产品，冰箱热交换器3000多万套/年、空调热交换器500多万套/年、铝板铝箔10万吨/年、铜管2万吨/年，已发展有海尔、海信、美的、伊莱克斯(ELECTROLUX)、BSH、LG、三星、开利、麦克维尔、特灵、世图兹等国内外知名品牌客户，产品远销欧美和澳大利亚、巴西、韩国、印度尼西亚、泰国等20多个国家和地区。2018年，完成产值40.37亿元，实现销售收入32.87亿元。

常州九创气弹簧科技有限公司　位于礼嘉镇坂上震声工业园区8号，创建于2009年7月，占地面积0.65公顷，建筑面积0.6万平方米。专业从事中、高端气弹簧的研发、设计、生产、销售，拥有先进的气弹簧生产线和检测设备，与高校合作成立气弹簧科研机构，拥有专利10余件，钢管收口技术、点焊技术和管壁可变拉槽等工艺水平国内领先，随意停气弹簧填补国内空白，产品广泛应用于汽车、动车、轮船、工程机械、健身器材、医疗设备等行业，通过ISO 9001:2008和TS 16949:2009质量管理体系认证。2018年，完成产值1200万元，实现销售收入1000万元。

江苏国色天香油用牡丹科技发展有限公司　位于礼嘉镇武南现代农业园，成立于2014年，是一家集木本油料植物品种选育、推广、丰产栽培、旅游带动、产品深加工于一体的农业科技型企业。在武南现代农业产业园投资建立100公顷油用牡丹种植、研发、生产基地，致力于油用牡丹培育、种植及产品深加工，上市国色天香旗下品牌南园国色系列产品牡丹籽油、牡丹花蕊茶、牡丹花茶、牡丹礼盒等产品。2018年，实现销售收入1600万元。

嬉乐湾生态农业示范园一景　　供稿/礼嘉镇

【礼嘉镇档案室创成省档案工作五星级单位及AAAA数字档案室】 2018年9月27日，礼嘉镇创建省档案工作五星级单位及AAAA数字档案室通过省档案局组织的评估验收，成为全市首个省档案工作五星级单位及AAAA级数字档案室的乡镇。该镇党委、政府高度重视档案工作，健全档案管理机制，强化档案工作基础，发挥其在辅助领导决策、地方历史文化研究、重点工作推进、社会矛盾纠纷化解和促进民生和谐等方面的积极作用,并取得明显成效。至2018年,镇档案室配有专职档案员3人、兼职档案员20人，拥有库房80平方米、办公室22平方米、档案整理室30平方米、阅档用房20平方米及陈列室260平方米，室藏文书档案、设备档案、照片档案、电子档案、实物档案、审计档案、建管档案、退伍军人档案、低保档案、宗谱档案、史志档案11个大类，共2503卷、24148件；编制检索工具4种、39册，其中全宗指南3篇、案卷目录9册、卷内目录5册、归档文件目录22册；建立档案文件级目录和案卷级目录数据库、实物档案和照片档案的多媒体数据库，实现文书档案永久、长期档案的全文数字化；整理编写《组织机构沿革》《聚焦礼嘉》《礼嘉镇志》《基础数据汇编》等汇编资料14种，为全镇档案查找利用打下坚实基础。全年接待查档200人次。

2018年礼嘉镇各村（社区）基本情况表

表63

村（社区）名	户数（户）	户籍人口（人）	党组织书记	村委（社区居委会）主任	集体经济收入（万元）
新辰村	895	3447	李永祺	施华良	396
秦巷村	922	3012	唐文成	庄定海	322
礼嘉村	802	2814	李　强	李　强（兼）	247
建东村	1130	3895	上官直新	周志荣	417
陆庄村	813	2798	史仕兴	史新杰	217
毛家村	1018	3584	陆梦惕	张　进	116
何墅村	913	3026	周伟良	何文超	110
蒲岸村	2003	3305	殷德强	殷静波	417
武阳村	1070	3833	吴振宇	张仲新	399
坂上村（社区）	896	2780	李建一	庄燕军	254
大路村	1268	3950	李晓峰	杨益鸣	143
庞家街村	902	2841	庞新良	周文浩	115
华渡村	1275	3878	谢永良	王文燕	105
政平村（社区）	1394	4090	范平益	赵　磊	255
礼嘉社区	450	936	史一平	陆　超	—

（谈海燕）

前黄镇

【概况】 前黄镇位于武进区南部，东临太湖，西濒滆湖，南与宜兴市和桥镇接壤，北依武进高新区，总面积103.59平方千米，辖行政村20个、社区4个，2018年年末户籍人口66742人。境内有新长铁路货运站点，沪宁高速苏锡常南部通道、常宜高速，常武路、南环线、湖滨公路等区域交通干道，以及太滆运河、武宜运河、锡溧漕运河等水运等级河道。素有"鱼米之乡"之称，"前黄"优质大米、"绿天使"食用菌、"尊龙"酱鸭、"红高"螃蟹、"碧水"青虾、寨桥"老鹅"等品牌农产品远近闻名。获得"国家级生态镇""江苏省外向型农业生产基地""无公害蔬菜生产基地"和"江苏省教育名镇"等称号。

产业发展　全镇水稻种植面积1733.33公顷、三麦种植面积1333.33公顷，分别实现亩产660千克、330千克；新增高效设施农业66.67公顷，累计866.67公顷；水产养殖面积2688.8公顷，其中青虾、螃蟹养殖面积733.33公顷；实施水产养殖生态治理，调整200公顷水产养殖品种，新增无公害农产品、绿色食品、有机农产品12个和名优农产品2个，分别累计51个和5个。有工业企业1136家，年内新增规模以上企业19家，累计96家，全年完成规模以上工业产值95.94亿元，占全镇工业总产值的82%。推进重点项目建设，天果生物、普帝诺智能机械等项目竣工投产，迪宝建材、九洲创胜等项目进入试生产阶段，九洲渔光互补电站、圣雅塑母粒等7个市、区重点项目均完成年度投资计划。新增高新技术企业4家，累计30家，全年完成高新技术产业产值25.59亿元，占全镇规模以上工业产值的26.67%，九洲创投园获评市级科技企业加速器。发展现代服务业，完成服务业投入6.2亿元，实现服务业增加值52.54亿元、规模以上服务业营业收入3.9亿元，分别增长7.2%、9.8%、25%。前黄农贸市场、前黄商贸中心、寨桥农贸市场、坊前水产品批发市场交易活跃，分别实现成交额1.8亿元、9.1亿元、1.4亿元、7.2亿元。

镇村建设　完善规划编制，新一轮前黄镇总体规划通过专家论证，村庄规划惠安入区级报批程序，村级土地利用规划编制完成。完善基础设施，前黄精致集镇杆线入地工程改造完成，府东路西侧凤林路北侧地块成功出让，谭庄桥建成通车，运村东桥主体工程基本完成。推进拆迁安置，完成常宜高速和苏锡常南部通道343户民房、16家企业征迁面积22.6万平方米，平整覆绿南拓地块、瑞声科技小镇等暂未开工地块322.67公顷，文雅苑续建三期、运村安置房二期进入招投标阶段。保护生态环境，建设绿色产业体系，推进大气污染防治、水环境治理，创建省级生态文明示范镇通过省、市两级验收。加强镇村环境长效管理，推进垃圾分类试点，完成祝庄、红星2个试点村和集镇区垃圾分类亭建设和垃圾分类"房改亭"；推进"两违"（违法用地、违法建设）管控，查处违法建设531处，行政拆除违章面积7.9万平方米，实现违法用地"零发生"。祝庄村潘家圩等8个"康居型"村庄和运村村尧塘里等3个"美丽型"村庄创建通过区级验收。

社会事业　推进文教事业均衡发展，办理积分入学393人，省前中高考一本达线率达85.2%，全镇4所中学中考成绩600分以上396人，寨桥幼儿园通过省优质幼儿园复评；杨桥、丁舍、高梅、红星、坊前、联庆6个村创成省级综合文化服务中心，全年组织文艺演出、社区天天乐等活动490场次。加强公共卫生管理，开展孕前优生检查、家庭医生签约服务、老年人体检、"两癌"筛查、企业退休职工体检等公共卫生服

表64　2018年前黄镇主要经济社会指标完成情况表

指　　标	单　位	数　值	比2017年(%)
地区生产总值	亿　元	88.82	6.2
公共预算收入	万　元	27942	8.4
农业总产值	亿　元	12.75	0.9
多种经营产值	亿　元	11.97	2
粮食总产量	万千克	2328.3	−15.2
工业销售收入	亿　元	112.86	−22
实际利用外资及港澳台资	万美元	1020	0
自营出口额	亿　元	8.97	39.1
第三产业增加值	亿　元	53.65	9.9
居民人均可支配收入	元	31196	8.7

前黄镇文体中心鸟瞰　　供稿/前黄镇

务。完善社会保障，办理就业创业登记1633人，净增社会保险403人，累计15281人。实施帮困救助，为178户低保家庭、95户低保边缘家庭、64户困难家庭、756名重残人员等六类对象发放救助金约1000万元。全镇退役军人信息采集完成，纳入全国优抚数据库统一管理。

【前黄3个重点项目开工建设】 新型环保建材项目　由江苏迪宝新型环保建材有限公司投资建设，用地5公顷，新建厂房2.8万平方米，建设隧道焙烧窑、烘干窑等生产线，综合利用建筑废弃土、废煤渣等资源，总投资3亿元。该项目于6月开工，建成达产后可形成年产烧结空心砖2亿块的生产能力。

特种铜管项目　由常州九州创胜特种铜业有限公司投资建设，利用原有土地，新建厂房1.2万平方米，购置行星轧机、复绕机等生产设备，总投资2.5亿元。该项目于8月开工，建成后可形成年产特种铜管2万吨的生产规模。

国六汽车柴油机缸体项目　由江苏鑫和泰机械集团有限公司投资建设，利用原有厂房，新增机器人柔性造型线、粘土砂处理系统、机器人磨削机等生产设备，新建汽车柴油机发动机缸体智能化生产线，总投资1.6亿元。该项目于8月开工建设，建成达产后可形成年产国六汽车柴油发动机缸体10万台的规模。

【前黄新增高新企业4家】 2018年11月，前黄镇4家企业被省科技厅、省财政厅、省国税局、省地税局联合认定为高新技术企业。

常州日月机械有限公司　位于前黄镇坊前街36号，创立于1977年，前身为武进塑料机械厂，占地面积5.07公顷，建筑面积3万平方米。主要从事铜、铝型材连续挤压设备以及相关配套设备的研发、制造、销售，建立常州市有色金属连续挤压工程技术研究中心、常州市企业技术中心，拥有发明专利3件、实用新型专利42件，通过ISO 9001质量管理体系认证。2018年，实现销售收入2792万元。

常州恒尔称重设备制造有限公司　位于前黄镇工业园景德西路80号，成立于2006年，占地面积9300平方米，建筑面积6000平方米。专业从事电子吊钩秤、汽车衡、轨道衡、称重仪表、便携式轮轴称重系统等产品的生产加工，形成15个大类衡器和高端私人定制衡器以及40多种规格衡器配件，产品占领国内市场40%份额，并远销日本、德国、西班牙、阿联酋、沙特阿拉伯、柬埔寨等国家。2018年，实现销售收入3615万元。

前黄镇采用清淤疏浚、设立生态浮岛等措施整治黑臭河道，图为整治后的新运小桥浜
摄影/高　岷

江苏欧威环保科技发展有限公司　位于前黄镇常武南路322号，占地面积2.27公顷，建筑面积8306平方米。主要生产FRP、PP系列废气处理塔，耐腐蚀风机、酸碱废气净化塔、大型污水池拱形玻璃钢盖板、UV光化学离子废气净化装置、臭气体生物除臭成套设备，FRP、P管道和管件等耐腐蚀设备，通过GB/T 19001—2016质量管理体系认证、GB/T 214001—2016环境管理体系认证、GB/T 28001—2016职业健康安全管理体系认证。2018年，实现销售收入2319万元。

江苏纵横优仪人造草坪有限公司　位于前黄镇寨桥工业园区，前身为常州市纵横塑业有限公司，成立于2005年6月，占地面积5.33公顷，建筑面积5万平方米。专业生产各种运动场地和休闲场地人造草坪，拥有实用新型专利，与陶氏化学建立战略合作伙伴，拥有自主产权品牌“Higrass”“纵横优仪”。2018年，实现销售收入1.3亿元。

【前黄镇创成省级生态文明建设示范镇】 2018年10月，前黄镇创建省级生态文明建设示范镇通过省环保厅验收。该镇按照“江苏省生态文明建设示范镇”要求，积极开展创建工作，深化生态文明建设。建设绿色产业体系，提前完成“263”减化及关停电镀企业任务，推荐1家企业、6家后备企业开展铸造行业创建绿色生产标杆企业活动；建设生态农业，推行休耕轮作，实施范围由农场村扩大至武宜运河周边村，面积达666.67公顷。推进大气污染防治，削减煤炭总量3090吨，减煤完成率达144.4%，完成挥发性有机物治理企业61家，全面落实扬尘管控、堆场监管、秸秆禁烧巡查等大气管控措施。推进水环境治理，建成污水主管网6.2千米、农村分散式污水处理点24个，实施污水支管网工程7.2千米，完成153家企业污水接管、69个排水片区整治、庞家浜等4条黑臭河道整治，清淤河浜河塘130处、约55千米。谭庄、农场、红旗、坊东、蒋排5个村连片整治基本结束。加强环境监管，建立“企业河长”制度，设立“碧水保卫百万光彩基金”，全面推行河长巡河工作；加强畜禽养殖长效监管，巩固畜禽整治成果；开展第二次全国污染源普查，完成950家工业企业、污水设施清查入库；调处环境信访案件420起，处理率100%。认真落实中央、省环保督察和社会曝光问题整改，前黄浜综合整治成果显著，在全区率先启用智能化水务管理系统，有效加强黑臭河道长效管理，初步实现“水清、岸绿、河畅”的目标。

表 65

2018 年前黄镇各村（社区）基本情况表

村（社区）名	户数（户）	户籍人口（人）	党组织书记	村委（社区居委会）主任	集体经济收入（万元）
运村村 运村社区	785	2420	张少一	王华明 张少一（兼）	308.87
农场村	717	2721	胥建定	胥晓宏	163.91
祝庄村	854	2570	叶建新	杨伯平	158.89
谭庄村	935	2837	胥国华	卢小东	171.61
杨桥村	1855	5843	朱志刚	朱志刚（兼）	185.58
大成村	996	3605	张一明	朱全良	156.54
丁舍村	1475	4225	王洪法	何建明	191.8
前黄村 前黄社区	823	2515	王　强	杨春凤 王　强（兼）	287.7
红旗村	927	2743	杨建明	李文达	154.09
前进村	805	2457	蒋东阳	徐志成	230.14
漳湟村	852	3082	鲍建中	沈细波	170
坊东村	1198	3387	柏益平	钱青全	257.53
联庆村	1340	4146	丁一民	张立成	184.55
灵台村	1560	5193	张建兴	蒋祥松	258.45
寨桥村 寨桥社区	813	2546	吉建平	吴明亚 吉建平（兼）	424.24
观咀村	903	3232	陈　刚	张志松	173.83
高梅村	915	2780	杨国兴	陈建良	168.08
坊前村	986	2860	蒋志文	李国富	182.02
红星村 红星社区	700	2369	李越飞	堵小南 李越飞（兼）	174.44
蒋排村	724	2986	赵　杰	宣晓南	274.72

（唐建安）

湖塘镇

【概况】 湖塘镇为武进区政府驻地，总面积 59.04 平方千米，辖社区 45 个，2018 年年末户籍人口 175668 人（含集体户人口 892 人）。境内有全国重点文物保护单位春秋淹城遗址和恽南田纪念馆、李公朴故居。有“中国百强乡镇”“中国乡镇之星”“中国织造名镇”之称，获得“全国环境优美镇”“国家级生态镇”“中国纺织面料之都”“中国针织面料基地”“中国纺织品贸易基地”“棉纺织产业集群创新发展示范地区”等称号，2018 年位居全国综合实力百强镇第 22 位。

产业发展 有工业企业 3400 多家，其中规模以上企业 123 家，全年完成规模以上工业产值 143 亿元，占全镇工业总产值的 43.8%。湖塘科技产业园引进江苏孜航精密五金有限公司、江苏智马机电科技有限公司等优质企业，累计签约入驻新兴产业 78 家，共入驻企业 130 家。科创园创成国家级孵化器，新签约入驻企业 6 家，累计入驻企业 45 家。全年完成工业投入 15 亿元，科信燃气、江帆减速机等制造业项目进展顺利。新增高新技术企业 10 家，累计 36 家，完成高新技术产业产值 20 亿元，占全镇规模以上工业产值的 14%；申请专利 938 件，获授权 610 件。推进企业上市，常州市塞班自动化科技有限公司等 3 家企业完成股改（新设），常州市国茂立德传动设备有限公司完成 IPO 申报。发展现代服务业，安速第三方物流项目竣工，恒大御景等住宅小区竣工投用。湖塘纺织城完成交易额 260 亿元，东港区、汽车城、钢材市场、新时代家具城等专业市场运营良好。全年完成服务业投入 93.6 亿元，实现服务业增加值 178 亿元、限上贸易业销售额 272 亿元，分别增长 8%、9.5%、15%。发展楼宇经济，城区 17 幢主要楼宇新增企业 96 家，入驻率、注册率分别达 63.6%、51.3%。

城市建设 常态化推进文明城市建设，连续两个季度在常州市文明城市镇（街道）测评中名列第一。推进拆迁安置，全年签约拆迁面积 9 万平方米，完成府北新村、晓柳花苑等 6 个安置小区共 5153 套安置房办证。阳湖、府北 2 个消费品综合市场改造完成，投入运营。保护生态环境，深入开展“263”专项行动，关停化工企业 4 家、印染企业 8 家，完成 138 家餐饮单位油烟整治、46 家企业挥发性有机物整治和 19 条黑臭水体整治。推进污水支管网建设三年行动计划，累计铺设污水管网超 70 千米，完成 588 家企业、323 家餐饮店污水接管。推进“散乱污”企业整治，关停取缔 145 家，整治提升 17 家。推进环保督察整改，完成中央环保信访件整改 10 件、省环保信访件整改 46 件。加强城市长效管理，开展早餐车整治、夏季专项整治等行动，推进“五乱”（摊点乱摆、车辆乱停、垃圾乱扔、广告乱贴、工地乱象）清理，有效整改率达 100%。加强“三违”（违法用地、违法建设、违法销售）管控，累计拆除违法建设 51 处、面积 7300 平方米。推进社区建设，夏雷、东华社区获评 2017 年江苏省和谐示范社区，丰乐、何留、新天地社区获评常州市优秀志愿服务社区。

社会事业 发展教育事业，湖塘实验幼儿园融创园、采菱小学建成投用，流动人口子女积分入学 945 人。推进“文化惠民雨露工程”“全民健身阳光工程”“全民阅读燎原工程”，开展全民艺术普及周活动 56 场和各类非物质文化遗产活动 20 余场。完善公共卫生服务，马杭社区卫生服务中心建成投用，全镇家庭医生签约服务 8.3 万人。实施民生实事工程，民生保障、社会事业、平安

湖塘镇风貌　　供稿 / 湖塘镇

表 66　　2018 年湖塘镇主要经济社会指标完成情况表

指　　标	单　位	数　值	比 2017 年（%）
地区生产总值	亿　元	230.15	8.4
公共预算收入	万　元	157742	18.3
农业总产值	亿　元	0.12	−33.30
多种经营产值	亿　元	0.12	−33.2
粮食总产量	万千克	2.3	−30.30
工业销售收入	亿　元	323	1.72
实际利用外资	万美元	1600	6.67
自营出口额	亿　元	45.01	8.3
第三产业增加值	亿　元	179.25	10.57
居民人均可支配收入	元	33837	8.9

建设、基础设施等五类 10 件为民办实事项目基本完成。全年发放被征地农民基本生活保障金和民政定额补助、慈善救助金等共计 9697 万元。新增养老保险 4027 人、医疗保险 3853 人，公积金扩面 1705 人，分别累计 22906 人、58405 人、121534 人。办理就业创业登记 2739 人次，促进城镇失业人员再就业 2475 人次。发展养老事业，玖玖丰乐整合照护中心、夕阳红长者服务中心为 65 周岁以上老人提供各类服务 6.8 万人次。

【湖塘新增高新技术企业 10 家】 2018 年 12 月，湖塘镇 10 家企业被省科技厅、省财政厅、省国税局、省地税局联合认定为高新技术企业。

常州骏嘉纺织科技有限公司　位于武进纺织工业园，成立于 1979 年，厂房面积 3 万平方米。主要从事超细灯芯绒、海岛麂皮绒和桃皮绒面料的生产，是国内较早从事超细纤维面料开发及生产的企业之一。拥有意大利水磨式磨毛机及其他磨毛机共 5 台，适合各种化纤、化纤混纺等机织和针织布匹染色处理的染缸 30 台，年生产能力 2000 万米。拥有实用新型专利 5 件、发明专利 1 件。2018 年，实现产值 2.72 亿元。

常州赛瑞克包装机械有限公司　位于武进科创园内，成立于 2014 年，厂房面积 3000 平方米。主要从事全自动立式装盒机、卧式装盒机、开箱机、装箱机、封箱机、码垛机、工业机器人的生产。拥有实用新型专利 11 件、发明专利 1 件。2018 年，实现产值 850 万元。

常州市吉士电器有限公司　位于湖塘镇马杭菊花路 3−1 号，成立于 2000 年，厂房面积 5000 平方米。主要从事智能节能与新能源智能产品、新能源车用安全系统高压直流接触器的研发、制造与服务，拥有实用新型专利 13 件、发明专利 3 件。2018 年，实现产值 250 万元。

常州市克劳得布业有限公司　位于武进湖塘纺织工业园，成立于 2004 年，厂房面积 1.5 万平方米。主要从事灯芯绒、棉弹布、棉麻布的开发、织造和割绒加工，有喷气织机 150 台、喷气大提花织机 50 台、毛车 30 台、剑杆织机 56 台。拥有实用新型专利 15 件。2018 年，实现产值 9700 万元。

常州市润达照明电器有限公司　位于湖塘镇人民东路，成立于 1992 年，厂房面积 3 万平方米。主要从事分吊灯、吸顶灯、浴室灯、户外灯、撑筋灯、吧台灯等七大类灯饰产品的生产，拥有各种生产设施 172 台套。通过 ISO 9001:2000 质量管理体系认证，取得美国 UL/c−UL、ETL 认证、加拿大 CSA 认证、欧洲 CE 认证、南非 CB 认证和 3C 认证等。拥有实用新型专利 16 件、发明专利 1 件。2018 年，实现产值 3500 万元。

常州市优耐特精密钣金有限公司　位于湖塘城东工业园东升路 15 号，成立于 2011 年，厂房面积 2 万平方米。主要从事专业精密钣金加工，拥有德国通快数控激光切割机 2 台、数控光纤切割机 1 台、数控冲床 1 台、数控折弯机 2 台等先进设备，为客户提供一站式钣金深加工服务。通过 ISO 9001:2008 质量管理体系认证，拥有实用新型专利 16 件、发明专利 1 件。2018 年，实现产值 6000 万元。

旷达纤维科技有限公司　位于湖塘镇人民东路 109 号，成立于 2016 年，厂房面积 21969 平方米。主要从事汽车内饰织物用纤维原材料的研发和生产，是国内唯一一家通过德国大众 BMG 认证的全球汽车内饰面料供应商，与一汽大众、上汽大众、上汽通用等国内外知名汽车制造商建立战略合作关系。通过德国 DQS 公司 TS 16949 质量管理体系认证，建有江苏省交通车辆内饰织物工程技术研究中心、江苏省企业技术中心和江苏省博士后创新实践基地，自主研发的“高阻燃抗菌有色差别化纤维”“抗静电/夜光双功能有色差别化纤维”被认定为省高新技术产品，拥有实用新型专利20件、发明专利3件。2018年，实现产值2.12亿元。

江苏冠创医疗科技有限公司　位于武进区科技创业园，成立于2016年，厂房面积3000平方米，其中10万级净化车间1000平方米，并建有物理实验室、化学实验室、无菌检验室等检测处室。主要从事外科器械的研发、生产、销售，具有雄厚的研发能力及完善的生产、检测设备。严格按照YY/T0287标准建立质量管理体系，通过ISO 13485质量管理体系认证、德国TÜV公司CE认证，拥有实用新型专利15件、发明专利1件。2018年，实现产值2500万元。

江苏大麦信息科技有限公司　位于湖塘镇常武北路183号，成立于2016年，面积200平方米。主要从事云系统开发、信息安全服务，涉及大数据、智能多媒体、物联网、云计算、区块链等，拥有实用计算机软件著作权18件。2018年，实现产值45万元。

江苏孜航精密五金有限公司　位于湖塘镇鸣凰科创园内，成立于2008年，厂房面积1万平方米。主要从事医疗器械的研发、设计和委托加工，建有区级工程技术研究中心和市级工业设计中心，拥有实用新型专利26件、发明专利8件、外观专利1件。2018年，实现产值1.42亿元。

【武进美的国宾府项目开工】　2018年3月，武进美的国宾府项目开工。该项目位于武进区城区中心，花园街东侧、人民中路北侧，由美的集团全资子公司常州市翔辉房地产发展有限公司投资建设，用地6.4公顷，总投资21.5亿元。主要建设住宅及配套商业等，建筑总面积20.51万平方米，为框剪装配式结构，由3幢高层住宅、11幢多层洋房住宅、1幢政府回购高层住宅、1幢办公楼、沿街底商及物业用房组成，集成云智慧管理、健康园林、人性化家居、精工品质、社区服务五大构成系统，计划2020年交付。

【湖塘科技产业园生活便利中心一期主体工程完工】　2018年9月15日，湖塘科技产业园生活便利中心一期主体工程完工。该生活便利中心位于湖塘科技产业园园区西侧，由常州市湖塘富民投资有限公司投资建设，为园区配套设施，规划占地约2公顷，建设公寓楼5幢，总建筑面积4.7万平方米，容积率2.37，建筑密度34%，绿地率25.1%，提供标准宿舍约1000间和机动车停车位252个、非机动车停车位1297个。其中，项目一期1号楼占地面积约8800平方米，建筑面积2万平方米，总层数为7层和半地下室停车库，设计建成标准宿舍356间、工会活动中心800平方米，每间宿舍带有独立卫生间、淋浴房和功能阳台，配套公共洗衣房、晾晒区，计划2019年年底投入使用。

【湖塘科技产业园挂牌“国家级科技企业孵化器”】　2018年5月26日，湖塘科技产业园挂牌“国家级科技企业孵化器”，江苏孜航精密五金有限公司、北京三鼎光电仪器（常州）有限公司、常州梵康医疗科技公司、常州市三字智能科技有限公司、江苏铭基能源科技股份有限公司和阿帕奇医疗科技（常州）有限公司6家高新技术企业签约入驻。湖塘科技产业园是湖塘镇新兴产业培育和重点平台建设的核心载体，规划建设标准厂房60万平方米，于2014年7月交付，到2018年已建成标准厂房38万平方米，落户项目125个，初步形成以智能制造关键零部件、医疗器械、电机电器、新能源和“2.5产业”为代表的主导产业，2017年被授予省级创业孵化链条试点单位，并创成国家级科技企业孵化器，是继2010年湖塘科创园后湖塘镇第二个国家级孵化器。

【湖塘2个消费品综合市场改造投用】

府北消费品综合市场　2018年7月28日，正式营业。该市场前身为丰乐菜场，因存在严重安全隐患关闭，2017年被区委、区政府和湖塘镇党委、政府列入为民办实事工程，实施市场改造提升，完成总投资近2600万元。整个市场分为A区自产自销区、B区蔬菜长摊区、C区鲜肉，D区水产四类，有商铺31户、摊位65个，配套停车场近2000平方米，其中汽车车位60个、电瓶三轮车车位40个，从业人员近200人。开业后，商铺出租率达100%，摊位出租率达95%，年内营业收入138万元。

阳湖消费品综合市场　2018年3月8日，正式营业。该市场按照武进区“四治两建一提升”专项行动部署和要求，于2017年10月18日实施改造提升，完成总投资近680万元。改造后，整个市场分为A区自产自销区、B区水产、C区鲜肉、D区干杂货和E区豆制品、光鸡、盆菜及F区蔬菜长摊六类，有商铺18户、摊位168个，从业人员近200人。开业后，商铺出租率达100%，摊位出租率达95%，年内营业收入250万元。

8月8日，武进区区长戴士福（左三）考察府北消费品综合市场　供稿/湖塘镇

表 67　　2018 年湖塘镇各社区基本情况表

社区名	户数（户）	户籍人口（人）	党组织书记	社区居委会主任	社区名	户数（户）	户籍人口（人）	党组织书记	社区居委会主任
聚湖社区	3747	9810	王建方	王　承	长安大巷社区	1009	2615	诸素琴	诸素琴（兼）
北街社区	1490	3870	周太娣	周太娣（兼）	南田社区	823	2382	吴　松	吴　松（兼）
南街社区	5271	14568	陈产文	王　华	东升社区	440	1117	沈小利	杨雪峰
花园社区	2140	5633	李曙霞	李曙霞（兼）	东新社区	1017	3321	李忠新	杨仲俭
花东社区	2109	5343	严惠忠	严惠忠（兼）	三勤社区	1054	3130	王国锋	曹燕方
东方社区	2468	7124	朱　晖	鞠　波	江村社区	158	418	缪建峰	缪建峰（兼）
湾里社区	2541	6862	王国妹	王国妹（兼）	龙潭社区	359	1032	徐春元	徐春元（兼）
新天地社区	1216	3150	叶坚峰	叶坚峰（兼）	永定社区	2173	5697	庄亚娟	庄亚娟（兼）
中凉社区	3331	8536	高伟新	高伟新（兼）	鸣南社区	1565	3424	李菊妹	李菊妹（兼）
降子社区	2630	6705	徐　春	徐　春（兼）	鸣北社区	1035	2703	丁志超	张伟兴
湖塘社区	1179	3273	王建法	张立荣	晓柳社区	1393	3844	周孝波	张春燕
夏雷社区	1587	4298	袁刚平	袁刚平（兼）	大学新村一社区	805	2167	夏　英	史析清
烈帝社区	1826	4705	盛超英	徐洪兴	大学新村二社区	969	2783	陆宁宇	陈　渝
蒋公岸社区	968	2603	张亦婷	周冬兴	丰乐社区	1251	4685	姜　倩	毛　逸
周家巷社区	801	2114	吴　振	邹　健	永安社区	1794	4918	秦建法	张　炜
华家社区	499	1455	卞黎霞	费小明	南都社区	1686	4451	—	吴洁莲
马家巷社区	713	1964	马敏波	钱佳明	北庙桥社区	814	2093	孙正新	孙正新（兼）
沙塘岸社区	441	1352	吴东伟	吴东伟（兼）	何留社区	1199	3194	何庆丰	王中华
星河社区	1208	2964	夏　伟	马　涵	淹城社区	1128	2885	曹建浩	蒋卫星
长虹社区	1093	3178	宋建国	宋建国（兼）	张家坝社区	625	1638	许浩明	许　宁
东华社区	1019	2876	张华新	伍柏明	府东社区	353	924	徐小琴	徐小琴（兼）
采菱社区	1098	3291	管建新	沈伟刚	府南社区	1652	3853	邹　松	邹　松（兼）
长安蒋湾社区	1880	4963	周国明	周国明（兼）					

（张　骅）

牛塘镇

【概况】 牛塘镇东临武进中心城区，西连西太湖科技产业园，南接武进高新区，北依常州主城区，总面积34.64平方千米，辖行政村9个、社区6个，2018年年末户籍人口43937人、常住人口11万余人。2018年，获评省级生态文明建设示范镇。

产业发展 有工业企业1521家，其中规模以上企业67家，全年完成规模以上工业产值63亿元，占全镇工业总产值的74.5%。推进重点项目建设，中南高科武进创智云谷项目启动，全棉乐家项目开工。加强企业培育，江苏亚邦染料股份有限公司列入国家级两化融合管理体系贯标企业，常州市超凡标牌有限公司、常州康普瑞汽车空调有限公司均获评江苏省四星级上云企业，江苏立华牧业股份有限公司IPO成功过会。夯实创新创业平台，中俄科技产业园获得武进区特色园区提升工程平台发展奖、特色园区综合评定二等奖和武进区科普教育基地称号，军民融合产业园“创客+”众创空间创成省级大学生创业示范园。深化科技创新，实施技改项目38个，获高新技术企业认定3家，累计16家，全年完成高新技术产业产值15.62亿元，占全镇规模以上工业产值的24.8%；申请专利726件，获授权408件，有效发明专利拥有量达135件；实施产学研合作项目8项，西安交通大学国家技术转移中心康普瑞企业工作站揭牌；成功申报省“333人才”项目1个、龙城英才C类项目2个，其中杨云博士“物质提纯及其应用”项目获“武进英才计划”项目资助。发展现代服务业，爱琴海花园项目12号、13号、14号楼交付使用，环太湖艺术城项目二期、三期主体完工，金东方花园项目三期主体竣工，招商花园城项目二期一标段主体竣工。

城镇建设 加强规划引领，丫河、塘口片区村庄规划编制和龙江路、常泰高速之间生态廊道规划编制通过专家评审，东至淹城中路、西至湖滨南路、南至延政西大道、北至长虹中路地块控制性规划修编完成。完善城市功能，龙江路与长虹路互通及立交改扩建工程、常金一体化快速通道建成通车，卢政街、东龙路白家段改造完成，骨干河道防洪

表 68 2018 年牛塘镇主要经济社会指标完成情况表

指　标	单　位	数　值	比 2017 年（±%）
地区生产总值	亿　元	117.41	7.3
公共预算收入	万　元	47721	12.9
农业总产值	亿　元	1.02	−14.6
多种经营产值	亿　元	1.02	196.1
粮食总产量	万千克	5.7	−16.2
工业销售收入	亿　元	84.13	4.9
实际利用外资	万美元	1101	110.1
自营出口额	亿　元	18.70	5.2
第三产业增加值	亿　元	69.83	9.9
居民人均可支配收入	元	31600	8.8

挡墙、姜家塘等 23 座排涝站建成投用，消防工作站建成。推进征迁工作，完成竹园教育中心地块拆迁签约，沈家弄世蒂爱斯地块拆迁全面启动。实施生态治理工程，深化“263”专项行动，开展“散乱污”企业（作坊）整治，推进水环境治理、环境专项治理，完成村级河道（河塘）清淤、排水片区整治和网围（捕捞）整治，以及电子、化工、印刷、汽修企业 VOCs 整治，牛塘镇被评定为第二批江苏省生态文明建设示范乡镇。提升城市形象，实施城市道路立面改造工程，完成东龙路、师源路两侧改造提升和湖滨路两侧景观绿化种植，建成湖滨路、虹西路路口城市景观公园；改善人居环境，完成卢家巷教工宿舍、竹园上村组等老小区改造和集镇公厕、垃圾房改造，在卢家新苑、卢家花园、牛塘新苑 3 个住宅小区和丫河、塘口 2 个村推行垃圾分类工作。加强城市精细化管理，开展虹西路、浒滨路等主干道路两侧综合整治，完成沈家弄马路菜场以及竹园新民路、湖滨路马路菜场等重点区域集中整治，强化“两违”管控，城镇面貌持续优化。

社会事业　均衡发展文教事业，牛塘实验学校新建和卢家巷实验学校、牛塘中心小学改扩建及武进三院原址改扩建工程有序推进，牛塘初级中学、牛塘小学、卢家巷实验学校均获武进区 2017—2018 学年度素质教育质量评估一等奖；竹园社区等 5 个村（社区）综合文化服务中心通过区级达标验收，开展诗词大赛、知识竞赛、书画展和趣味运动会、第五届“鹏达杯”乒乓球赛、“永拓杯”村（社区）篮球联赛等文体活动，举办社区天天乐 105 场。加强社会保障，全年城镇失业人员再就业 412 人，就业困难人员再就业 50 人，就业精准扶贫 108 人；新增社会保险 5471 人，为 146 名“4555”人员（女性年满 45 周岁以上、男性年满 55 周岁以上）减免社保申报，为漕溪、塘口 7 个村民小组共 830 人办理失地农民保障。落实民政政策，发放低保金 75.47 万元、尊老金 91.97 万元、困难家庭慈善救助金 49.5 万元、残疾人救助补助金 297.72 万元。

11 月 30 日，中南高科·常州武进创智云谷项目启动暨企业入园仪式举行　供稿/牛塘镇

【中南高科·常州武进创智云谷项目启动】2018 年 5 月 17 日，武进区重点项目——中南高科·常州武进创智云谷签约入驻。11 月 30 日，中南高科·常州武进创智云谷项目启动暨企业入园仪式举行，6 家配套机构、12 家入园企业代表现场集中签约。该项目位于牛塘漕溪工业园区内，由中南控股集团有限公司投资建设，打造成为区域领先的高新技术产业集聚地、国内一流的智能制造装备研发基地、以绿色低碳为理念的生态智造园区。项目一期占地面积 5.73 公顷，总建筑面积 8 万平方米，备案投资 6 亿元，计划于 2020 年交付。

【全棉乐家项目开工】　9 月 25 日，常州市重点项目——全棉水刺医用新材料及生活系列产品项目开工。该项目位于牛塘镇青云工业园，由全棉乐家科技（江苏）有限公司实施，计划总投资 3.8 亿元，征地 4.4 公顷，引进全棉水刺无纺布生产线 4 条，用于干条干巾、湿巾、面膜、尿不湿、卫生巾等产品生产，建成投产后可形成年产 1 万吨全棉水刺无纺基布的生产能力。

【牛塘新增高新技术企业 3 家】　2018 年，牛塘镇有 3 家企业被省科技厅、省财政厅、省税务局联合认定为高新技术企业。

格域包装科技（江苏）有限公司　位于武进绿建区，成立于 2013 年 7 月。主要为工业制造、现代物流等企业提供

9月25日，常州市重点项目——全棉乐家科技（江苏）有限公司水刺医用新材料及生活系列产品项目开工 供稿/牛塘镇

绿色智能的高科技包装综合解决方案，拥有中国专利近30件、美国专利1件，通过ISO 9001质量管理体系认证、ISO 14001环境管理体系认证。主要产品线为绿色空气能（智能）包装，代替传统的EPE、EPS和纸托、内纸箱，广泛服务于IT、小家电、太阳能、电商和物流等行业，客户包括三星、海尔、美的、Dell、京东、苏泊尔等知名企业。2018年，完成产值2500万元。

常州市武进大成工贸有限公司　位于牛塘镇工业集中区，成立于1999年3月。专业生产各类电动工具，推行现代企业管理模式，通过德国GS、美国UL和欧盟CE、EMC认证，电磨、刻字机、迷你钻、热风枪等产品远销欧洲、美洲、大洋洲及中东地区。2018年，完成产值9800万元。

常州东仕豪机械制造有限公司　位于牛塘镇工业集中区，成立于2004年，占地面积3.8公顷。专业生产户外园林设备消音器等部件，通过ISO 9001质量管理体系认证，获得实用新型专利23件、高新技术产品2个。2018年，实现销售收入9486万元，其中高新技术产品收入5986万元。

【牛塘两大科技平台建设能级提升】 2018年，中俄科技产业园发布新项目214项，邀请2名俄罗斯电力领域专家参加2018中国（常州）配电设备智能化技术国际交流会，发表主旨演讲1场，签署智能电网项目江苏省区域总代理合作协议1项。成功举办2018常州市武进区新材料、环保项目发布对接会，吸引12位国内新材料、环保领域专家及100余位企业家参与活动，召开项目发布对接会2场，签署合作协议6项。获得武进区特色园区提升工程平台发展奖、特色园区综合评定二等奖和武进区科普教育基地称号。武进军民融合产业园开展技术推广和军工“四证”代办工作，全年走访涉军企业15家，代办军工“四证”2张。“创客+”众创空间举办创新创业培训活动10场，招引新注册企业36家，创成省级大学生创业示范园。

【省级生态文明建设示范镇创成】 2018年12月，牛塘镇被评定为第二批江苏省生态文明建设示范乡镇。该镇按照省委、省政府关于加快推进生态文明建设的决策部署，组织开展创建工作。年内，深化“263”专项行动，推进“减化”工作，关停化工、印染及电镀企业25家，通过区级验收14家，超额完成“减化”目标任务。开展“散乱污”企业（作坊）整治，关停取缔83家，治理改造85家。完善生态基础设施，新建童嬉路、青莲路、虹南路等路段污水支管网共计9.2千米，完成卢西、高家、白家等工业集中区内276家企业污水接管，建成丫河陈家村、厚恕街2处农村分散式污水处理设施。深化“河长制”，完成89条村级河道（河塘）清淤、20个排水片区整治任务，水体质量显著改善。推进网围（捕捞）整治，签约拆除网围捕捞户48户、养殖户117户。实施蓝天保卫战，完成1家电子企业、5家化工企业、39家印刷企业、18家重点汽修企业VOCs整治和5家加油站油气改造，10家餐饮单位安装油烟净化装置。开展秸秆禁烧工作，全年未发生因焚烧秸秆造成的环境污染事件。

2018年牛塘镇各村（社区）基本情况表

表69

村（社区）名	户数（户）	户籍人口（人）	党组织书记	村委（社区居委会）主任	集体经济收入（万元）
牛塘一社区	1211	3918	柏小平	邵　强	537.1
牛塘二社区	—	—	—	张　锋	—
竹园社区	786	2587	汤国刚	许　峰	654
沈家弄村	812	2517	郭方兴	周淑玉	293.6
漕溪村	1055	3359	卢　乾	张岳文	268
白家社区	709	2385	王　健	闻红燕	49
青云村	1026	3501	蒋文清	肖建咏	437.34
丫河村	896	3233	张伟东	潘小平	323
厚恕村	910	3100	张亚平	李志刚	104.91
塘口村	906	3158	王建强	狄东明	371.18
卢家巷村	1006	3462	荆文泽	王九峰	388.57
卢家巷社区	379	1135	荆文泽	荆文泽（兼）	—
高家村	1133	3722	万如生	张文林	327.1
卢西村	1088	3789	徐　伟	蒋建东	316.6

（俞晶晶）

洛阳镇

【概况】 洛阳镇位于武进区东南部，东临无锡市，西接礼嘉镇，南靠雪堰镇，北依横林、遥观镇，总面积55.75平方千米，辖行政村18个、社区3个，2018年年末户籍人口52572人。有淡水珍珠、水蜜桃、葡萄、戴溪青鱼等名特农产品，享有“中国珍珠之乡”之美誉。先后获“全国千强镇”“全国小城镇建设示范镇”“全国群众体育先进单位”“国家卫生镇”“国家园林城镇”等称号。

2018年洛阳镇主要经济社会指标完成情况表

表70

指　　标	单　位	数　值	比2017年(%)
地区生产总值	亿　元	133.49	8.1
公共预算收入	万　元	47431	20.3
农业总产值	亿　元	3.20	−1
多种经营产值	亿　元	3.04	−0.6
粮食总产量	万千克	410.6	−11.8
工业销售收入	亿　元	326.9	14.1
实际利用外资及港澳台资	万美元	1105	−41.1
自营出口额	亿　元	28.46	6.9
第三产业增加值	亿　元	53.55	10.1
居民人均可支配收入	元	33051	8.6

产业发展 建设特色农业，投资356万元，建成圻庄村、岑村村、瞿家村高标准农田累计130公顷；汤墅农副产品专业合作社基础建设完成，常州菇灵灵芝专业合作社创成市一星级合作社，洛阳金种子家庭农场创成市优秀家庭农场；常州市洛丰果品合作社和武进区洛阳欣荣果品种植园的“阳湖”水蜜桃获中国森林认证（CFCC），常州市常洛果品专业合作社获评第四批江苏省园艺作物标准园。深化土地制度改革，推进农村集体经营性建设用地入市，签约出让515宗、租赁350宗、短租175宗，入市签约率达98%；完成农村土地承包经营权确权登记颁证验收工作，发证率达95%，通过省级验收。有工业企业1737家，其中规模以上企业86家，全年完成规模以上工业产值268.1亿元，占全镇工业总产值的80.8%。推进有效投入，宝山制冷等16个重点项目开工，双毅纺织等5个重点项目投产，完成工业投资21.4亿元；引进投资千万元以上项目29个，上海多利集团投资的达亚汽车配件等项目落户。常州同泰高导新材料有限公司入选工业和信息化部第三批绿色制造名单，江苏洛凯机电股份有限公司入选江苏省隐形冠军企业名单。新增高新技术企业3家，累计21家，完成高新技术产业产值230.2亿元，占全镇规模以上工业产值的85.9%；申请专利600件，获授权250件；常州工业职业技术学院洛阳镇科技服务中心挂牌成立。发展现代服务业，扶持农村电商，新城明昱玖园项目开盘。全年限上贸易业销售额、社会消费品零售总额分别上升30.9%、28.2%。

镇村建设 完善基础配套，新建职工服务中心，推行网格化集成管理，镇级联动指挥中心平台建成投运；维修镇区水泥路面2500平方米，修缮薛家头桥、小虹桥、马鞍东桥；新建瞿家、虞桥排涝站，全镇范围防洪包围圈形成。保护生态环境，推进大气污染防治，加强建筑工地和堆场扬尘管控、秸秆禁烧，完成燃煤设施改造28台，开展对47家企业的VOCs（挥发有机物）综合整治；推进水环境污染整治，戴溪片区小流域综合治理一期工程通过验收，完成村塘清淤200处48万立方米，老丫浜、神童浜、瞿家站浜、牛郎浜、徐家头浜及漕上河水质改善明显；推进污水管网建设，建成主管网10.16千米、支管网16.5千米和农村分散式生活污水处理点38个，做好管网覆盖范围内809家企业及单位的接管工作；落实“263”专项行动，开展对化工、电镀、印染等生产企业的全面摸排和“散乱污”企业（作坊）集中整治，加强日常监管巡察，61家重点环境风险企业通过风险评估，11家化工、印染、电镀企业完成环境安全达标建设，汤墅村、民丰村创成市级生态文明示范村，管城村罗家头、民丰村下元头均创成省级“水美乡村”。深入推行“河长制”，新增“企业河长”29人，累计河长72人，境内75条河道得到有效治理。加强环境整治和日常管理，集中整治镇区“五乱”现象，镇容镇貌持续改善，通过国家卫生镇省、市级复检和国家卫生城市检查。

社会事业 发展教育、卫生事业，2家公办幼儿园、1家普惠性幼儿园和9家简易幼托机构规范管理，洛阳中心小学学生活动中心建设启动，成校校企合作模式持续深化，中考、高考再创佳绩；洛阳卫生院与武进中医医院、常州市儿童医院、常州市中医医院医联体合

10月28日，常州市市长丁纯（前中）考察同泰高导新材料项目　供稿/洛阳镇

洛阳镇岑村村健身公园获评江苏省最美乡村健身公园　　供稿 / 洛阳镇

作常态化。建设文体事业，建成阳湖书房和民丰村笼式足球场、门球场，岑村村获得省最美乡村健身公园称号，青年交友、“生命的姿态”第二季企业科技发展论坛、职工合唱比赛、社区天天乐、第三届农民运动会等活动成功举办。深化精神文明建设活动，天井村创成市精神文明示范村，圻庄、岑村创成区精神文明示范村。发展光彩事业，新增千万光彩基金1个、百万光彩基金3个，累计千万光彩基金2个、百万光彩基金10个。加强民生保障，通过“龙城洛阳”微信平台定期发布招聘信息，全年累计提供工作岗位2300个，协助1852人次就业；新增社会保障557人，办理城乡居民医疗保险31232人；向122名低保人员发放保障金98.53万元，向445户特困家庭发放慈善救助金66.75万元。开展阳光扶贫，阳湖村欢塘桥老小学改造项目获市级补助23万元，结对帮扶低收入农户121户163人，脱贫6户11人。岑村村创成全国综合减灾示范村，洛阳村、民丰村创成市“和谐社区”。

【洛阳新增省级园艺作物标准园2个】 2018年6月、11月，常州市常洛果品专业合作社、武进区洛阳欣荣果品种植园先后被省农委确认为“江苏省园艺作物标准园”。

常洛果品专业合作社　位于洛阳镇马鞍村前尖岸组，成立于2007年，有社员318人，其中中级技术职称人员5人、初级技术职称人员10人。专业从事葡萄、水蜜桃等果品生产经营服务，拥有果品生产面积61.67公顷，建有特色果品科技生态示范基地8.4公顷和技术咨询、服务场所280平方米，引进火龙果、油桃、哈密瓜、葡萄、红阳猕猴桃五大系列品种。采用“合作社+基地+农户”的运作机制，倡导推广绿色、高效栽培技术，对社员和农户开展产前、产中、产后服务，实行农产品标准化生产管理，并建立农产品质量安全二维码追溯系统，保障农产品质量安全。加强与科研院校、知名专家的技术协作，规范运作，积累经验，增强带动力、影响面。到2018年，带动全镇农户800多户实施科学规范种植面积133公顷，“苏常鲜”葡萄、猕猴桃分获江苏省神园杯优质水果金奖、全国鲜食葡萄评比优质奖，“苏常鲜”葡萄获评江苏省名牌产品，“苏常鲜”哈密瓜、猕猴桃、葡萄、油桃均通过绿色食品认证，“苏常鲜”商标被评为常州市知名商标，全年实现果品产值1000万元。

洛阳欣荣果品种植园　位于洛阳镇圻庄村，成立于2017年，专业从事水蜜桃生产经营，有专业技术人员3人和一支经验丰富的技工队伍。该种植园占地面积16.67公顷，基础设施建设完备，耕作机、弥雾机、割草机、秸秆粉碎机等生产设备齐全，采用病虫害绿色防控技术、节水灌溉技术、果园生草栽培技术等新技术，实现产品质量二维码追溯，年产优质水蜜桃300余吨。2018年，该种植园水蜜桃通过国家森林认证，获江苏省优质桃果评比金奖，全年实现果品产值230万元。

【洛阳5个重点项目投产】 金属面聚氨酯夹芯板连续生产线项目　由常州市月仙冷藏设备有限公司从2015年开始实施，总投资1.5亿元，新建厂房2万平方米，引进国际先进的第三代自动连续生产线1条，包括开卷、成型、发泡、切割、码垛、打包等成套设备，于2018年1月投产，形成年产150万平方米聚氨酯保温板的生产能力。2018年，公司完成产值2.3亿元。

纺织布生产制造项目　由常州市双毅纺织有限公司实施，总投资8000万元，盘活存量土地0.87公顷，改（扩）建厂房1万平方米，引进全自动电脑版喷水织机550台和浆料机、智能全自动并轴机、烘箱、自动水处理等设备，于4月投产，可形成年产纺织布2200吨的生产能力。2018年，公司完成产值5000万元。

具有平台网纹特征粗糙度的气缸用不锈钢管创业项目　由常州泽凯发动机零部件有限公司实施，属于“龙城英才”项目，总投资1800万元，厂区面积1.8万平方米，引进液压拉拔管机、气氛保护连续式光亮炉、自动切割机、数控车床、超声波清洗机等加工设备70台套，于11月投产，可形成年产300吨洁净管、500吨气缸管、2000吨汽车零配件、300万件汽车零配件管精加工的生产能力。2018年，公司完成产值300万元。

直流无刷电机及直线电机的项目　由常州市多维电器有限公司实施，总投资5000万元，新建厂房1.4万平方米，引进流水线、加工中心、数控机床、齿轮机、绝缘处理设备、综合测试仪等生产、加工和检测设备，于12月完工，可形成年产直流无刷电机及直线电机200万台的生产能力。2018年，公司完成产值1亿元。

精密锻造件项目　由常州市阳光铸造有限公司实施，总投资8000万元，用地面积1.71公顷，建筑面积1.2万平方米，引进兰州兰石重工有限公司1600吨快速锻造液压机、连续加热炉、锯床等加工设备，于12月投产，可年产各类精密锻件5万吨。2018年，公司完成产值1.48亿元。

【洛阳新增高新技术企业3家】 2018年11月，洛阳镇有3家企业被省科技厅、省财政厅、省国税局、省地税局联合认定为高新技术企业。

江苏九洲包装科技有限公司　位于洛阳镇创盛路2号，成立于2005年，占地面积6.64公顷，建筑面积4万平方米。主要从事各类包装罐、油漆桶、饮料罐、食品罐的制造及光缆、电缆的频闭涂层薄板及覆膜板的制造和销售，通过ISO 9001质量管理体系、ISO 14000环境管理体系认证，拥有发明专利1件、实用新型专利10件。2018年，实现销售收入5.6亿元。

常州永和精细化学有限公司　位于洛阳镇东尖路8号，成立于1998年，占地面积4.33公顷，建筑面积1.5万平方米。主要生产功能性新材料、电子合成材料、医药中间体以及精细化学品，通过ISO 9001:2015质量管理体系、ISO 14001:2015环境管理体系认证和QHSE管理体系认证，获发明专利15件，产品出口到欧洲和美国、日本等国家及中国台湾地区。2018年，实现销售收入1.2亿元。

幸立高车辆配件（常州）有限公司　位于洛阳镇洛阳路216号，成立于2015年，占地面积0.65公顷，建筑面积1万平方米。主要从事铝氧化表面处理和金属表面处理的技术研究、开发、服务，拥有德产全封闭阳极氧化线1条和长100米全封闭国产阳极氧化线1条，获得IATF 16949:2016汽车质量管理体系证书。为世界500强汽车厂商提供服务，硬质阳极氧化金属表面处理技术被认定为高新技术产品。2018年，实现销售收入1000万元。

【新城明昱玖园开盘】　新城明昱玖园位于洛阳镇珠光路东侧、公园路南侧，占地面积4.1公顷，总建筑面积10万平方米，其中住宅面积7万平方米、商业面积0.9万平方米、配套服务面积2.1万平方米，总户数640户。该项目由常州新城亿欣房地产开发有限公司开发，常州市戴溪建筑工程有限公司承建，常州市新阳光工程咨询有限公司监理，于5月28日开工建设，6月27日开盘，当日去化率达90%。

【洛阳新增千万光彩基金1个和百万光彩基金3个】　“洛阳中心小学学生活动中心”千万光彩基金　10月10日设立。该基金由洛阳镇商会发起，全镇民营企业家、洛阳中心小学施教区行政村积极响应，有47家企业、1家协会、13个行政村参与，共募集基金1145.6万元，定向用于该学校学生活动中心建设等社会公益事业。

洛阳镇汤墅村百万光彩基金　2月28日，在洛阳镇汤墅村民委员会设立。该基金由热心公益事业的个人、企业和社会贤达人士自愿捐赠，用于汤墅村公共设施建设、贫困家庭扶助、优秀学子奖励等社会公益事业。

“洛凯奖教金”百万光彩基金　6月11日，在洛阳初级中学设立。该基金由江苏洛凯机电股份有限公司捐赠总额120万元，分8年到账，每年募集资金15万元，用于洛阳镇初级中学无人机实验基地、优秀教师和学生奖励、贫困学生资助等。

“多维电器生态共建”百万光彩基金　6月14日，在洛阳镇虞桥村民委员会设立。该基金由常州市多维电器有限公司捐赠总额100万元，分5年到账，每年20万元，用于虞桥村生态设施、公共设施以及公益事业建设等。

【岑村村创成全国综合减灾示范村】　12月，岑村村通过省综合减灾委员会和省民政厅、省地震局、省气象局的联合验收，创成全国综合减灾示范村。全村总面积3.5平方千米，有农户992户、3104人。该村高度重视减灾工作，成立综合减灾工作领导小组，编制火灾灾害应急预案、地震灾害应急预案等灾害应急救助预案和应急避难路线图，在主要路口设置标志牌、指示牌，建立应急信息动态管理制度。设立应急物资储备室，投资购买应急用品。组织定期活动、议事茶室、社区工作总结会等，引导村民增强忧患意识和避险自救技能，主动配备家庭灭火器、安全绳、应急灯、急救包等防灾减灾用品。开展房屋抗震等级排查、道路安全检查，加固老化严重的房屋，在老化开裂严重的道路设置安全警示标志。实施对老人、儿童、残疾人等人群的重点保护，不定期上门走访帮扶，宣传安全知识，提高防范能力。

表71　**2018年洛阳镇各村（社区）基本情况表**

村（社区）名	户数（户）	户籍人口（人）	党组织书记	村委（社区居委会）主任	集体经济收入（万元）
洛阳村（社区）	844	2939	支俊杰	支俊杰（兼）	587
洛东社区	—	—	秦建文	朱永平	—
洛东村	1235	3657	—	顾德林	319
戴溪社区	—	—	张东卫	张东卫（兼）	—
天井村	1186	3253	高　阳	卢新荣	178
管城村	1391	3813	邵益斌	罗　兴	245
岑村村	992	3104	蒋　健	蒋燕峰	1240
东尖村	361	1119	沈建忠	顾正伟	248
戴溪村	691	2116	顾俊伟（1—6月） 沈建忠（6—12月）	窦沛城	148
汤墅村	762	2635	王建平	陆玉石	272
阳湖村	593	2302	费小方	费小方（兼）	131
朝安村	1197	3019	沈国忠	施介清	138
谈家头村	1202	3514	马晓峰	梅才洪	434
小留桥村	586	2214	朱金良	王小锋	170
圻庄村	970	3428	杨红亮	冯建新	190
瞿家村	636	2400	沈朝阳	瞿　虎	165
民丰村	649	2142	杨迪宇	喻小健	189
马鞍村	1004	2668	郁　军	梅建东	253
虞桥村	832	2599	蒋建洪	李晓东	248
友谊村	1160	3822	叶　青	上官立	453

（沈彩娣）

湟里镇

2018 年湟里镇主要社会经济指标情况表

表 72

指　　标	单　位	数　值	比 2017 年(%)
地区生产总值	亿　元	137.93	7.0
公共预算收入	万　元	58879	44.6
农业总产值	亿　元	6.27	−24.8
多种经营产值	亿　元	6.26	7.6
粮食总产量	万千克	16.1	−38.3
工业销售收入	亿　元	293.99	4.7
实际利用外资及港澳台资	万美元	726	−28.5
自营出口额	亿　元	8.45	4.9
第三产业增加值	亿　元	76.61	9.6
居民人均可支配收入	元	31819	8.5

【概况】 湟里镇位于武进区西南部，东濒滆湖，西接金坛区，南与宜兴市隔涨河港相望，北邻嘉泽镇，总面积 86.1 平方千米，辖行政村 16 个、社区 3 个，2018 年年末户籍人口 63800 人、常住人口 7.5 万人。湟里又名杨柳埠，俗称埠头，是全国闻名的水产养殖和花卉苗木生产基地，获得“第五届全国文明村镇”“全国环境优美镇”“国家级卫生镇”“国家级生态示范镇”“全国科学发展千强镇”等称号。

产业发展　发展现代农业，建成高标准农田 440 公顷，其中村西村 133.33 公顷国家级高标准农田、西安村 40 公顷、西墅 13.33 公顷市级项目、五巷 13.33 公顷区级项目均完工并通过验收。推进农村土地制度改革三项试点，完成全镇 2.34 万户宅基地资格权数据库建设、128.27 公顷土地精细化整治；签订集体经营性建设用地租赁入市协议 406 宗，收缴土地年租金 2800 万元；办理集体经营性建设用地出让入市 98 家，实现土地出让金收入 2.5 亿元。有工业企业 526 家，年内新增规模以上企业 11 家，累计 74 家，全年完成规模以上工业产值 293.7 亿元，占全镇工业总产值的 92.4%。推进项目建设，东方特钢节能环保技术改造、联同纸业包装生产线等 5 个区重点项目完成投资 9.4 亿元，竣工率达 80%。新增高新技术企业 3 家，累计 15 家；完成高新技术产业产值 25.2 亿元，占全镇规模以上工业产值的 8.6%；获专利授权 423 件，其中发明专利 10 件。常州市高硼低合金高速钢轧辊工程技术研究中心揭牌成立。发展现代服务业，新增私营企业 64 家、个体工商户 849 户，分别累计 1224 家、3966 户；完成重点服务业营业收入 51 亿元，增长 25%。

镇村建设　完成村庄规划、村土地利用规划、“中心村”规划，实现村级规划编制、管控和实施“一张图”。实施重点工程，新孟河延伸拓浚工程一期 3 个标段 7.39 千米全线开工，湟里、东安 2 个安置自建区 372 套面积 10.8 万平方米在建项目主体工程基本完成，镇新时代文明实践所、阿甲文化公园建成投用。推进美丽乡村建设，全镇获评区级康居示范村 16 个，其中西墅村被列为全市第二批美丽乡村示范点。保护生态环境，推进大气、水环境、土壤污染专项治理，深化生态文明建设，葛庄村、西鲁村分别获评省、市级生态文明示范村。加强精细化管理，完成物料堆场、内河码头、主次干道路域环境整治，改造提升村前集镇和东安集镇二类公厕，在集镇区和葛庄村、西墅村率先推行垃圾分类收集，强化综合执法，镇容村貌持续优化。

社会事业　推进乡风文明建设，全年举办道德讲堂 4 场、社区天天乐 112 场。发展教育卫生事业，投入 500 余万元，建成学校硬件设施提档升级项目 26 个，湟里中心小学教育集团成立，湟里幼儿园、东安幼儿园通过省优质幼儿园复评，湟里高级中学本一上线人数再创历史新高；东安医院和湟里医院实施重组，并创成二级综合医院，香泉、岗角、村西省标卫生室提档升级工程有序推进，镇村医疗条件持续改善。加强民生保障，开展慈善救助，全年发放低保金、慈善救助金、尊老金近 560 万元，帮助就业困难人员 181 人再就业。镇青商会实施帮扶救困“双 50 计划”，东方润安集团捐资助学 300 万元。

【湟里 4 个工业重点项目竣工投运】 东方特钢节能环保技术改造项目　内容参见《工业》栏目 P109 相关条目。

常州市第二批美丽乡村示范点西墅村快乐广场　　供稿 / 湟里镇

东方龙轻量化铝合金轮毂项目　由江苏东方龙机车集团有限公司实施，利用原有厂房 1.2 万平方米，新增全自动低压铸造机、双刀塔立车、全自动 X 光机等主要设备 250 台套，与原有设备配套，形成年新增轻量化铝合金轮毂 250 万件的规模。该项目于 2017 年 3 月开工，2018 年 6 月竣工投运，完成投资 1.5 亿元。

富强包装材料项目　由常州市富强包装新材料有限公司实施，租用厂房 2100 平方米，新增全自动纸浆模塑成型一体机、热压整形机、打浆机、真空泵、数控加工中心等主要设备，形成纸箱 500 万平方米 / 年、砂纸 1000 万张 / 年、纸托 4000 万个 / 年、机械配件 50 万件 / 年的生产能力。该项目于 2017 年 3 月开工，2018 年 6 月竣工投运，完成投资 7000 万元。

腾兴汽车空调附件项目　由常州腾兴汽车配件有限公司实施，利用原有厂房 8000 平方米，新增全自动纵切机、加工中心等主要设备 20 台套，形成年产 4500 万件汽车空调附件的生产能力。该项目于 2017 年 3 月开工，2018 年 9 月竣工投运，完成投资 7000 万元。

【湟里新增高新技术企业 3 家】 2018 年 11 月，湟里镇 3 家企业被省科技厅、省财政厅、省国税局、省地税局联合认定为高新技术企业。

江苏新福乐威涂料有限公司　位于湟里镇东安三塘河，成立于 1996 年 2 月，占地面积 1 公顷，建筑面积 6000 平方米。专业从事塑料涂料、汽车涂料、不饱和聚酯、PP 树脂、镜背漆等产品生产加工，具备完善的生产、检测设备及设计开发能力，通过 ISO 9001:2000 质量管理体系认证。2018 年，实现产值 8037.9 万元。

常州市瑞宏轧辊有限公司　位于湟里镇东安工业园区，成立于 2009 年 8 月，占地面积 1.33 公顷，建筑面积 1 万平方米。从事铸铁、铸钢轧辊的研发设计、生产制造和技术服务，年生产各类合金铸钢、合金铸铁、离心复合轧辊、锻钢轧辊等 5000 多吨。2018 年，实现产值 3197 万元。

常州富桐纤维新材料有限公司　位于湟里镇人民路 55 号，成立于 2014 年 12 月，占地面积 13.33 公顷，建筑面积 8 万平方米。主要从事有色母粒、有色纺丝和工业用布三大业务，产品具有有色、多孔细旦（海岛）、高弹性或者高强力等特点，各类滤布产品广泛应用于钢铁、化工、制药、食品、化肥橡胶等领域。2018 年，实现产值 2.85 亿元。

【阿甲文化公园建成开放】 2018 年 11 月，阿甲文化公园建成开放。该公园位于湟里镇桃园路东，占地面积 1.65 公顷，是集文化与休闲于一体的主题公园，建有阿甲雕像、阿甲文化墙、湟里标志雕塑、休闲亭及成人健身区、儿童乐园等设施，其中阿甲文化墙分“少小怀艺、延安名角、崭露峥嵘、大师壮暮、名垂青史”5 个篇章，集中展现当代戏曲艺术大师——阿甲各个时期的照片和作品剧照。

阿甲，原名符律衡，1907 年 12 月出生于湟里镇一个教书先生的家庭。自幼随父读书，爱书画，尤喜京剧。1938 年春到延安，考入鲁迅艺术文学院，是时始用艺名“阿甲”。毕业后，任鲁艺平剧研究团团长，开始步入京剧改革的实践之路。1942 年，成立延安平剧研究院，历任该院研究室主任、副院长。新中国成立后，任文化部戏曲改进局艺术处副处长，1951 年任中国戏曲研究院研究室主任，1955 年任中国京剧院总导演，1961 年任京剧院副院长兼艺术室主任。先后编导或参与编导大型历史剧《赤壁之战》《凤凰二乔》、现代京剧《红灯记》《平原游击队》等剧目，导演《智斩鲁斋郎》《摘星楼》《斩经堂》和现代京剧《白毛女》《洪湖赤卫队》等剧目。

【湟里镇新时代文明实践所建成投用】 12 月，湟里镇新时代文明实践所建成投用，成为常州市新时代文明实践所首批试点单位。该实践所位于湟里镇湟墅花园，总面积 3600 多平方米，设立杨柳埠宣讲工作室、博文图书馆、道德讲堂、乡村学校少年宫、惠农服务站、农村科技创新屋等志愿服务基地 23 个，成立“百姓名嘴”理论宣讲、“乡里乡亲”“道德文明传播”“科普益民”“情系三农”“威风锣鼓”等 25 支志愿者服务队，打造“理论宣讲服务、教育服务、文化服务、科普法制服务、体育健康服务”五大综合服务平台，全面深化农村基层文化思想宣传，成为宣传群众、教育群众、关心群众、服务群众的桥梁。

【湟里镇青商会成立】 5 月 3 日，湟里镇青年企业家商会（简称“湟里镇青商会”）第一届会员大会召开，40 名会员参加。大会听取湟里镇青商会筹备工作报告，审议通过湟里镇青商会章程、会员自律公约、会费收缴管理办法，选举产生湟里镇青商会第一届理事会，单苏文当选为会长，许健当选为常务副会长，施晶、滕飞、汤梦甜、吴艳俊、周瑛、周志军、蒋贤平、谭鹏飞、缪丽锋 9 人当选为副会长，聘任鲁仲清、武为锋、朱军华为湟里镇青商会名誉会长。年内，湟里镇青商会组织会员开展慰问和考察学习活动 3 次。

阿甲文化公园文化墙　　供稿 / 湟里镇

表 73

2018 年湟里镇各村（社区）基本情况表

村（社区）名	户数（户）	户籍人口（人）	党组织书记	村委（社区居委会）主任	集体经济收入（万元）
东安村	1870	5655	陈建良	王建军	255
武宜村	716	2201	曾志丰	梁建平	196
西安村	1109	3008	万华良	万华良（兼）	191
五巷村	1006	2852	张树华	郭维明	173
蒋堰村	1215	4312	许国军	张献良	206
香泉村	1160	3726	王永泉	—	266
村前村	2250	5924	王金泉	薛亚平	371
岗角村	1826	5216	孙泽云	—	189
西墅村	1989	4895	季文斌	程小平	597
河南村	782	2763	蒋中君	周亚军	207
北隍村	1020	3584	吴卫忠	薛志平	217
后坊村	986	3056	徐田明	徐田明（兼）	96
西鲁村	937	2611	薛云杰	薛云杰（兼）	121
葛庄村	782	2188	蒋红明	徐卫平	320
村西村	738	2280	鞠　峰	鞠　峰（兼）	133
湟里村	2790	7371	周　锋	史玉根	252
湟里社区	—	—	储留保	储留保（兼）	—
东安社区	—	—	陈建良	—	—
村前社区	—	—	王金泉	—	—

（唐羽佳）

嘉泽镇
（武进现代农业产业园）

【概况】 嘉泽镇（武进现代农业产业园）位于武进区西南部，东临西太湖（滆湖），西接金坛区尧塘街道，南接湟里镇，北靠钟楼区邹区镇，总面积 101.49 平方千米，辖行政村 19 个、社区 5 个，2018 年年末户籍人口 76596 人、常住人口 8.7 万人。239 省道、金武路、长虹西路、延政西路、宁常高速贯穿境域，扁担河、夏溪河、成章河和孟津河等水道在境内形成天然良港，拥有西太湖湖岸线 12 千米，多为自然保护湿地。获得“中国花木之乡”“全国环境优美镇”“全国美丽宜居小镇”“全国花卉生产示范基地”“全国科普示范基地”“全国农业旅游示范点”“国家卫生镇”和“中国花博镇”“绿色生命的摇篮”等称号。

产业发展　围绕打造全国花木产业中心，坚持优产品、调结构、促转型，做长、做全、做强花木产业链。全镇花木种植面积 4474 公顷，占耕地面积的 99.98%，种植户 1.2 万户，花木经纪人 8000 多人。发展现代农业，高效农业面积 5000 公顷，其中设施农业面积 584.2 公顷；组建各类农业合作社 100 家，入社农户比例达 95%。有省级以上农业龙头企业 6 家，国家级农业龙头企业——夏溪花木市场全年完成销售额 197.32 亿元，再创历史新高；6 家园艺工作室入驻夏溪园艺村，助力花木市场园艺板块迈入 3.0 时代。建成“一品一策”家庭农场 1 家。有工业企业 208 家，年内新增规模以上工业企业 5 家，累计 23 家，完成规模以上工业产值 25.1 亿元，占全镇工业总产值的 83.7%。三鑫重工机械有限公司入选“国家级绿色工厂”，8 家企业在江苏股权交易中心挂牌。有总承包和专业承包资格的建筑企业 12 家，全年完成建筑业增加值 7.93 亿元，增长 18.8%。推进服务业发展，新增服务业规模以上企业 6 家，全年完成服务业投资 12.55 亿元、第三产业增加值 60.68 亿元，分别增长 8.2%、7.5%。电子商务持续发展，全年完成电子商务销售额 1.5 亿元，夏溪花木市场获评首批江苏省乡镇电子商务特色产业园区，跃进村、夏溪村分别被评为省、市级电子商务示范村。

镇村建设　编制完成村级土地利用规划，实现镇村“两规融合”（土地利用总体规划和总体规划融合）。完善镇村基础设施，建设标准排涝站 4 座、简易排涝站 35 座、防洪墙 6.06 千米、圩堤 25 千米，新建沟渠 2200 米，实现高效节水灌溉 33.33 公顷；完成嘉泽镇道路应急抢修工程和桥梁小修工程及环湖西路下穿污水泵站工程，加强 30 条样板路保洁养护，推进 S239 交通干线沿线嘉泽段环境综合整治，实施“公路安全生命防护工程”；推进天然气入户工程，4 个集镇和士桥村、观庄村天然气入户达 4000 多户。实施被撤并乡镇焕颜工程，完成夏溪新东街提档升级改造。全面完成属地范围内的滆湖网围拆除工作，共完成 63 户捕捞户、96 户网围养殖户的评估、签约、拆除、验收。结合美丽乡村建设，完成 113.33 公顷精细化整治任务，跃进村入选常州市第二批美丽乡村示范区（点）。保护生态环境，推进“263”专项行动，晨山村、满墩村分别创成省、市级生态文明示范村，嘉泽镇创成省级生态文明示范镇，7 件中央和省环保督察的环境问题全部整改完成。加强长效管理，落实成湟河、章庄浜“企业河长”，实现河长治河常态化，镇村两级河长巡河率 100%，巡河问题处理率 87%，庙桥河入选全区“最美河道”名单。加强秸秆禁烧巡查、“两违”管控及畜禽养殖户、堆场监管，全面巩固整治成效。嘉泽镇在全区镇村环境长效管理综合考评中名列前茅。

社会事业　发展文教卫生事业，建成村综合性文化服务中心 13 个，举办第二届月夕节，开展社区天天乐 82 场次，成立嘉泽镇“益嘉人”志愿者队伍，打造“益嘉人”党建文化主题公园；厚余小学、夏溪初中接受区素质教育督导评估，嘉泽幼儿园通过省优质幼儿园复审，嘉泽中心小学夺得市运动会田径比赛小学组第一名、区航模竞赛团体一等奖，228 名外来务工人员子女积分入学；嘉泽卫生院易址新建项目启动，成章卫生院创成省级中医馆和健康促进医院。加强民生保障，完成社保扩面 1403 人，全镇养老、医疗保险覆盖率保持在 98% 以上；

表 74

2018 年嘉泽镇主要经济社会指标完成情况表

指　标	单　位	数　值	比 2017 年 (%)
地区生产总值	亿　元	81.54	5.1
公共预算收入	万　元	23918	14.2
农业总产值	亿　元	11.74	−22.76
多种经营产值	亿　元	11.74	−22.76
粮食总产量	万千克	0.8	−93.98
工业销售收入	亿　元	28.93	10.25
实际利用外资及港澳台资	万美元	66.6	2.46
自营出口额	亿　元	1.38	17.9
第三产业增加值	亿　元	60.68	9.7
居民人均可支配收入	元	32098	8.6

翻建危房 47 户，5 个农民自建区基本建成。开展慈善救助，发放低保金、救助金、尊老金等共计 2331 万元，惠及 13293 人次。推进阳光扶贫，结对入户走访 343 户、478 人，实现脱贫 136 户、192 人。

【三鑫重工机械有限公司获评“国家级绿色工厂”】 2018 年 10 月 29 日，工业和信息化部公布第三批绿色制造名单，三鑫重工机械有限公司名列其中，成为“国家级绿色工厂”。该公司位于嘉泽镇夏溪北路，占地面积 10 公顷，拥有铸造车间 3.1 万平方米、加工车间 1.5 万平方米，建有产品研发中心、检测中心、培训中心等配套设施，是一家集重工机械、冶金轧辊、大型铸件制造和科研于一体的高新技术企业，厂区环境优美，通过 ISO 9001:2008 质量管理体系认证、ISO 14001 环境管理体系认证、OHSAS 28001 职业健康安全管理体系认证，具备年产冶金轧辊 5 万吨、大型模铸钢锭 10 万吨、铸钢件 1 万吨的生产能力。积极参与关于噪声、禁用及限用物质、室内空气有害物质、废气排放等方面国家标准或行业标准修订，从原材料选用、产品使用性能和产品最终报废等环节融入节能环保理念，推行绿色设计，制定有乳化液有害物质的替代方案、铸钢件生态设计报告等，并组织实施。将节能环保原则纳入供应链管理，参照跨国企业经验，建立以环境为诉求的采购方案、绩效原则或评估过程，加强与供方环境管理沟通，共同遵循环境负面影响和能源资源消耗最小化原则，打造绿色供应链。全面考虑绿色制造体系标准和评价因素，与同行业世界先进指标、先进工艺、先进制造、资源利用等对标，量化细化指标，规划行动方案，逐步落实措施，构建绿色制造体系，探索实现生态制造。2018 年，实现产值 7 亿元。

【夏溪花木市场获评首批省乡镇电子商务特色产业园区】 2018 年 1 月 2 日，省商务厅公示首批江苏省乡镇电子商务特色产业园（街）区名单，嘉泽镇夏溪花木市场名列其中。该市场位于武进区花海大道西 50 号，创办于 1990 年，是一个集生产、经营、科研、推广、服务、旅游、观光于一体的现代农业示范区，总占地面积 133.33 公顷，有工程苗木交易区、花卉绿植批零中心、精品苗木交易区、景观石材交易区、园艺资材交易区、园艺村、花园植物专区、庭院木艺专区等板块，有商家 2200 余户，聚集花木经纪人 3 万余人。从 2004 年起尝试信息化建设，2009 年实现硬件设施升级，2013 年，打破传统花木销售模式局限，积极利用电子商务拓展以室内盆栽、工程苗木、园林资材为主的花木产品网络销售，涌现出“花木源”“易花木”“花木汇”等自建花木交易电商平台，以及“懒人园艺”“花舍园艺”“柠彩旗舰店”等网店品牌，形成“花木市场 + 互联网 + 基地农户”的联结模式，促进花木产业提档升级，引领农村经济转型发展和带动农民增收致富。全年完成花木成交额 197.32 亿元。

【跃进村创成省级农村电子商务示范村】 参见《商贸服务业》栏目 P123 相关条目。

【嘉泽镇创成省生态文明建设示范镇】 2018 年 12 月，省生态环境厅公布第二批江苏省生态文明建设示范乡镇（街道）、村（社区）名单，嘉泽镇、晨山村名列其中。嘉泽镇于 2012 年通过国家级生态镇考核后，精心编制《武进区嘉泽镇生态文明建设规划（2014—2020 年）》，把生态文明建设全面融入产业提升、环境整治、生态人居、生态文明以及体制机制保障五大工程，推进“美丽嘉泽”建设。2018 年，深入推进“263”专项行动，深化生态文明建设。关停化工企业 1 家，完成 2 家化工企业提档升级、5 家重点企业挥发性有机物污染治理；开展“散乱污”企业整治，关停 54 家，整治提升 14 家；完成滆湖网围拆除任务，涉及网围户 96 户、捕捞户 63 户；实施

嘉泽镇风貌　　摄影 / 姚建国

生态工程，新增造林绿化面积46.67公顷、成片造林面积13.33公顷，修复建设夏溪河等生态湿地41.67公顷，清淤河道34.43千米，整治村塘336个，建成集镇区污水主管网18.75千米、支管网7.56千米和25千米雨污分流及截留工程，全镇截污纳管企业56家；建成农村分散式生活污水处理设施26处，投运农村分散式生活污水处理设施39处；推进生活垃圾分类，4个集镇区和士桥村、南庄村生活垃圾分类设施和嘉泽农贸市场有机垃圾处理站建成投运。

【嘉泽2个村（社区）获评省健康村（社区）】 2018年1月23日，嘉泽镇嘉新社区、观庄村分别被省爱卫会命名为“江苏省健康社区”“江苏省健康村”。

嘉新社区　位于嘉泽镇东部，为嘉泽镇拆迁安置小区，总面积47.4万平方米，有大名嘉园、嘉泽新苑、大名北苑3个小区，居民4400多户、1.1万人。该社区从2017年起创建省级健康社区，定期开展健康教育讲座和义诊活动，年服务400余人次；完善体育健康设施，每个小区内都建有健身广场、健身路径；举办社区天天乐、乒乓球赛、春节联欢会、戏曲演出等文体活动，丰富群众文体生活。

观庄村　位于武进区西南部，总面积3.54平方千米，设有沿江高速互通道口，有村民小组21个、农户800多户。该村以种植花木为主，在获得市生态村、市民主法治村、区平安家庭建设示范村称号的基础上，积极开展省级健康村创建，建立健全村民健康档案，建档率达81%；定期开展健康教育和义诊活动，年服务200余人次；全面落实社会保障各项政策，实现新型农村合作医疗应保尽保、新型农村养老保险全覆盖；完善体育健身设施，举办羽毛球赛、乒乓球赛、广场舞比赛等文体活动，丰富群众文体生活。

【嘉泽镇第二届月夕节】 9月22—23日，在嘉泽镇状元坊文昌阁举行。该活动由嘉泽镇政府主办，推出嘉泽镇改革开放40周年发展成果摄影展、趣味民俗运动会、武进诗词大会嘉泽分会场暨嘉泽镇“青商杯”诗词大赛等活动，同时举办盆栽组合艺术体验、养生读书会、鲜花饼diy烘焙、锡剧折子戏演出、放河灯祈福等文化体验项目活动，向观光游客和当地群众传导新时代精神和嘉泽特色传统文化。

诗韵武进走进嘉泽　　摄影／杨　珺

2018年嘉泽镇各村（社区）基本情况表

表75

村（社区）名	户数（户）	户籍人口（人）	党组织书记	村委（社区居委会）主任	集体经济收入（万元）
嘉泽村	2580	6660	索卫中	韦建春	337
观庄村	999	2825	邓东妹	邓东妹（兼）	105
丰杨村	892	2867	吴建林	陈雪峰	137
士桥村	935	2419	李向阳	李向阳（兼）	176
夏庄桥村	1765	5030	蒋志江	蒋建忠	141
闵市村	1666	5050	田卫忠	王继业	265
西城村	1686	5281	周林峰	孙全方	148
成章村	2338	8575	庄旭东	虞　健	175
晨山村	1952	5716	胡　彬	胡　彬（兼）	246
捕捞村	177	567	石小方	沈祥根	120
甘荡村	1006	3010	蒋益明	王　栋	129
夏溪村	2326	5761	高亚平	徐建兴（—7月）	156
跃进村	794	1893	张建荣	张国庆	161
南庄村	1090	3340	高　华	倪明华	140
周庄村	731	2080	江建昌	刘金生	129
三星村	886	2516	王　华	陆建峰	186
厚余村	1296	4106	潘留根	强国平	174
朝东村	1952	5368	朱洪全	庄国胜	187
满墩村	1515	3898	庄　伟	庄　伟（兼）	171
嘉泽社区	—	—	索卫中	张　红	—
夏溪社区	—	—	高亚平	徐　标	—
厚余社区	—	—	潘留根	秦春霞	—
成章社区	—	—	庄旭东	庄旭东（兼）	—
嘉新社区	—	—	祁和根（—9月） 顾新州（9月任）	祁和根（—9月）	

说明：嘉泽、夏溪、厚余、成章4个社区的户数、户籍人口数以及集体经济收入与相应村的村合算在一起，嘉新社区居民为各村拆迁安置居民，数据仍计入各村　（陈　欢）

横林镇

【概况】 横林镇位于武进区东部，东临无锡市，西接遥观镇，南靠洛阳镇，北依横山桥镇，总面积46.67平方千米，辖行政村15个、社区6个，2018年年末户籍人口51705人、常住人口102378人。获得“中国百强乡镇”“全国小城镇综合改革试点镇”“中国强化木地板名镇”“中国强化木地板之都”“中国强化木地板出口基地”“国家外贸转型升级专业型示范基地”“全国优质强化木地板生产示范区”“国家级出口地板质量安全示范区”“全国环境优美镇”等称号，2018年通过“国家卫生镇”复审、“江苏省健康镇”创建验收。

表76　2018年横林镇主要经济社会指标完成情况表

指　标	单　位	数　值	比2017年(%)
地区生产总值	亿　元	172.0	7.8
公共预算收入	万　元	51029	18.7
农业总产值	亿　元	1.05	4.7
多种经营产值	亿　元	0.95	8.4
粮食总产量	万千克	264.7	−24.0
工业销售收入	亿　元	364.66	15.4
实际利用外资及港澳台资	万美元	2001	22.0
自营出口额	亿　元	83.07	8.6
第三产业增加值	亿　元	84.24	11.1
居民人均可支配收入	元	32028	8.8

产业发展　持续发展现代农业，阳湖鹅业、新亚农机合作社加快科技改造步伐，家庭农场实现优质高产农业推广。有工业企业1825家，其中规模以上企业179家，全年完成规模以上工业产值281.3亿元，占全镇工业总产值的76.1%。完成工业投入20.9亿元，凯迪车辆驾驶智能辅助系统等21个区级重点工业项目开（竣）工。新增高新技术企业7家，累计24家，全年完成高新技术产业产值109.5亿元，占全镇规模以上工业产值的38.9%；新增专利授权550项，其中发明专利28件。推进地板产业转型升级，第十二届（中国·横林）国际地板博览会成功举办。开展项目招商引资，成功招引德国百菲萨、博翔新材料、深圳朗生板业等项目。发展现代服务业，全年完成服务业投入18.5亿元、服务业增加值84.24亿元，分别增长15.1%、11.1%。电子商务持续发展，全年实现电商交易额23亿元，增长16.7%，横林电子商务产业园区入选省首批乡镇电子商务特色产业园区。

镇村建设　启动横林镇总体规划调整，开展横林集镇、崔桥片区城市规划修编，初步完成朝阳路以东农业生态片区规划。完善基础设施，精工路、司塘路全线完工，黄桥路、园丁路基本建成，运河北侧景观工程竣工，并获市生态绿城建设优秀项目奖。推进城乡绿化，新增绿化面积39.33公顷。规范征迁安置，完成赵家路、横洛西路等项目征迁面积超2万平方米，福临东苑二期准备交付，瑞宁新园主体完工。开展生态攻坚，加强大气管控，完成73家企业VOCs整治、130家企业热压工段废气治理，扬尘整治、秸秆禁烧等有效开展；推进水域治理，新建农村生活污水处理工程29个，编制37条河道“一河一策”行动计划，完成黑臭河道整治和疏浚任务、横林垃圾填埋场生态修复与整治工程，黄桥港河道综合整治全面展开，污水处理厂提标改造工程基本完成；延伸污水管网，基本实现应接尽接；推进“263”减煤减化，关停化工企业8家、印染企业1家及电镀企业1家，实现三年任务两年完成。开展精细城管“清零行动”，启动余巷、林南等5个村垃圾分类示范点建设，新建生活垃圾分类亭50座，横林镇长效管理成绩稳居武进第一方阵。

社会事业　健全社会服务功能，宋庆龄幼儿园新建、崔桥幼儿园扩建、横林高中南大门新建等工程相继竣工投用，横林小学新建、横林医院改扩建、综治服务中心新建等工程先后启动，崔桥小学扩建、横林初中提档升级工程招投标完成，横林、崔桥农贸市场创成“武进区平安市场”。省横林高级中学一本达线率首次突破50%。丰富群众文体生活，举办和组织参加省、市、区各类文体活动100余次，横林自助图书馆借阅量达1.6万册。加强社会保障，新增社保扩面1914人、住房公积金扩面1635人，分别累计15037人、7580人；发放

横林镇区鸟瞰　　供稿/横林镇

社会保障卡2950张，基本实现全覆盖。开展社会救助，发放各类救助金1000余万元，惠及5000余人次。

【横林11个重点工业项目开工】 凯迪车辆驾驶智能辅助系统项目　由常州市凯迪电器股份有限公司实施，用地26.67公顷，建设研发大楼、标准厂房等30万平方米，购置生产流水线等设备，总投资30亿元。该项目于4月开工，建成后可形成年产线性驱动系统、车身附件及智能车身稳定系统共650万套的生产能力。

佳饰家装饰新材料项目　由江苏佳饰家新材料有限公司实施，用地4.57公顷，建设标准厂房、办公大楼及配套生活区等10万平方米，购置浸渍纸生产线20条、层压机生产线5套、PVC木纹膜生产线4套，总投资4亿元。该项目于8月开工，建成投产后可形成年销售收入15亿元的规模。

慕林智能家居直线驱动器项目　由江苏慕林智能电器有限公司实施，用地4.53公顷，建设厂房8万平方米，购置智能推杆、电机生产线等设备，总投资3亿元。该项目于4月开工，建成投产后可形成年产智能推杆300万套的生产能力。

玉兰光学膜、光学材料项目　由江苏玉兰新材料科技有限公司实施，用地2.03公顷，新建车间3.5万平方米，购置光学膜、光学材料生产流水线20条，总投资1.5亿元。该项目于5月开工，建成后可形成年产光学膜、光学材料1.2亿平方米的规模。

汇丽新型环保墙体材料项目　由江苏汇联活动地板股份有限公司（原常州市汇丽活动地板有限公司）实施，用地6.87公顷，新建厂房6万平方米，购置拉伸自动线、气动冲床、抛丸表面处理流水线、混料机、挤压成型机、开槽线等设备66台套，总投资3.8亿元。该项目于5月开工，建成后可形成年产全钢地板、铝合金地板和防火板贴面改600万平方米的规模。

正康新型环保装饰材料项目　由江苏正康新材料科技有限公司实施，利用企业存量土地，拆除原有老车间，新建厂房3万平方米，购置底层生产线、木塑生产线以及辅助设施等设备，总投资8000万元。该项目于5月开工，项目建成后形成年产新型环保装饰材料1000万平方米的生产能力。

横林科创中心　　供稿/横林镇

飞翔塑胶（木塑）地板项目　由江苏飞翔木业有限公司实施，利用企业存量土地，新建厂房1万平方米，购置塑胶、木塑地板生产线以及辅助设施等设备，总投资8000万元。该项目于5月开工，建成后可形成年产塑胶（木塑）地板1000万平方米的生产能力。

协和多层高密度电路板项目　由江苏协和电子股份有限公司实施，整合低效用地2.33公顷，新建厂房4万平方米，引进国外先进生产装备以及购置自动LED曝光机、自动真空蚀刻加AOI在线光学检测线、自动双台面印刷机等设备58台套，总投资3亿元。该项目于5月开工，投产后可形成年产30万平方米多层高密度电路板的生产能力。

博大高分子新型表面装饰材料项目　由江苏博大木业有限公司实施，原厂区内新增用地0.67公顷，建设车间总面积3.1万平方米，购置连续压贴生产线、浸胶线、多层压机等主要生产及辅助设备59台套，总投资2亿元。该项目于10月开工，建成达产后可形成年产连续层压板3500万平方米、装饰板1500万平方米的生产能力。

华振铝型材、铝制品氧化加工项目　由常州华振科技有限公司实施，改建厂房1.2万平方米，淘汰原有效率低下生产线，购置铝型材压机、自动铝型材氧化线等设备28台套，总投资9000万元。该项目于8月开工，建成后可形成年产铝型材1.5万吨、铝制品氧化加工1.5万吨的规模。

零点PVC地板扩建项目　由常州市零点木业有限公司实施，利用企业原有存量土地，新建一幢四层标准厂房4.2万平方米，购置地板四辊生产线、双螺杆挤出机、双面贴热压机以及辅助配套设施等国产设备145台套，总投资1.2亿元。该项目于8月开工，建成后可形成年新增PVC地板1500万平方米的生产能力。

【横林10个重点工业项目竣工】 宝盛新型环保装饰材料项目　由常州宝盛木业有限公司实施，利用企业存量土地，新建厂房2万平方米，购置挤出、UV线以及辅助设施等设备71台套，总投资5500万元。该项目于12月实现主体完工，建成后可形成年产SPC地板500万平方米的生产能力。

双进电子印刷电路板生产线扩能改造项目　由常州市双进电子元件有限公司实施，利用企业存量用地，新建车间1.8万平方米，改造扩建生产线3条，总投资8000万元。该项目于2018年10月竣工，项目建成后形成年加工100万平方米印刷电路板的生产规模。

康艳新型环保装饰材料项目　内容参见《工业》栏目P110相关条目。

中鑫新型环保装饰材料项目　内容参见《工业》栏目P110相关条目。

正永新型环保装饰材料项目　由江苏正永地面装饰材料有限公司实施，利用企业存量土地，改建厂房1.2万平方米，购置木塑、石塑地板生产流水线以及辅助配套设施35台套，总投资5250

万元。该项目于7月竣工，建成投产后可形成年产新型环保装饰材料200万平方米的生产能力。

横林创业孵化载体建设项目　由江苏东和科技创业服务有限公司实施，计划建设标准厂房4幢总面积6万平方米，总投资2亿元。该项目于10月竣工，建成投用后成为横林科创中心招商引资、项目研发、企业孵化、科技创新的平台。

万博微生物菌液改造项目　由常州市万博新材料科技有限公司实施，利用存量用地，改建厂房2.4万平方米，购置微生物菌液生产系统1套、配套检测设备1套以及辅助配套设施，总投资8000万元。该项目于12月竣工，建成投产后可形成年产2000吨微生物菌液的生产能力。

双爱智能家具全屋定制项目　由常州市双爱家私有限公司实施，整合低效用地2公顷，新建生产厂房2.5万平方米，购置智能家居生产线3条，总投资1.2亿元。该项目于12月实现主体完工，建成投产后可形成年产智能家具100万套、全屋定制5000套的规模。

朗生新型装饰板装饰条项目　由江苏朗生整装材料科技有限公司实施，租用横林镇狄坂村委厂房4万余平方米，购置单层压机、多层压机、天然气蒸汽锅炉、负压吸尘装置、开槽线、多片锯、木地板浮雕拉丝机、木地板辊漆线、6米移动包覆线等设备97台，总投资5431万元。该项目于12月竣工，投产后可形成年产新型环保装饰板1000万平方米、新型环保装饰条240万米的规模。

中桓PVC聚氯乙烯薄膜项目　由常州市中桓新材料科技有限公司实施，租赁厂房6000平方米，购置PVC聚氯乙烯薄膜生产流水线3条及辅助配套设施等共计63台套，总投资6000万元。该项目于12月竣工，投产后可年产PVC聚氯乙烯薄膜2万吨。

【横林新增高新技术企业7家】 2018年12月，横林镇7家企业被省科技厅、省财政厅、省国税局、省地税局联合认定为高新技术企业。

江苏佳饰家新材料有限公司　位于横林镇卫星村南孟路26号，成立于2010年2月，占地面积1.47公顷，建筑面积6.8万平方米。主要从事装饰材料设计、研发、生产、销售、服务，拥有高速印刷线25条、全自动浸渍线40条、PVC木纹膜生产线8条，以及连续高压长周期多层铺装扳机（5千吨级）5台、德国温康纳柜门制造设备等，年产水墨3千吨、装饰纸3万吨、浸渍纸3亿平方米、工装防火板材500万平方米和柜门材料50万平方米。2018年，实现销售收入10.73亿元。

常州市凯程精密汽车部件有限公司　位于横林镇江村村，成立于2014年2月，租用面积2000平方米，建筑面积约5000平方米。隶属常州市凯迪电器股份有限公司，致力于汽车电动尾门、电子冷却水泵等汽车产品的研发、制造，全面贯彻TS 16949汽车工业质量管理体系要求，建立跨部门横向项目管理团队（APQP应用），实现对产品的严格质量控制。2018年，实现销售收入3419万元。

常州川刃办公设备有限公司　位于横林镇长虹东路88号，成立于2015年7月，建筑面积2100万平方米。主要从事碎纸机、碎卡机、塑封机、打孔机、装订机、打卡机、机械零部件、模具的制造和加工，文化用品、塑料制品、家用电器、五金产品、机电设备及配件、机电产品、电子产品、通信器材、劳保用品、办公用品销售，办公设备及软件的技术开发。2018年，实现销售收入759万元。

常州新欧塑料有限公司　位于横林镇新东方村殷坂村，成立于2010年1月，占地面积4.7公顷，建筑面积3.7万平方米。专业生产PVC防静电地板、PVC锁扣地板、PVC生态高分子地板、PVC商用地板等，其中防静电PVC地板成为国内外电子工业专业市场的主导产品，通过美国FLOORSCORE第三方独立环保认证，并获得美国CARB、CE、ISO 14000、ISO 9001等权威检测机构认证，产品出口美国、德国等欧美发达国家。2018年，实现销售收入2.91亿元。

常州江春注塑有限公司　位于横林镇江村村崔里路7号，成立于2014年8月，占地面积1.08公顷。主要从事塑料制品制造、加工。2018年，实现销售收入3949万元。

江苏洛基木业有限公司　位于横林镇崔西路188号，成立于2001年4月，占地面积6.67公顷，建筑面积7万平方米。专业从事地板生产、销售，为中国林产工业协会副会长单位、中国林产工业协会地板专业委员会副理事长单位、常州地板协会会长单位。引进全套与国际同步的现代化木地板生产线，产品涵盖强化地板、实木复合地板、PVC塑胶地板和醛无痕禾香地板等，在全国设立专卖店400多个，产品出口40多个国家和地区。2018年，实现销售收入1.82亿元。

常州三恒电器有限公司　位于横林镇恒润科技园（武进区长虹东路88号），成立于2004年8月，占地面积1公顷多。主要从事低压电器的加工、生产、研发和贸易，拥有自主进出口权，提供电子类OEM&ODM业务，是ABB、海格、伊顿、罗格朗、GE、西门子等跨国公司的全球供应商。2018年，实现销售收入4385万元。

【第十二届（中国·横林）国际地板博览会】 3月20—22日，在上海新国际博览中心举行。该届博览会由武进区人民政府、常州经济开发区管委会、中国林产工业协会地板专业委员会、江苏省木材行业协会地板专业委员会主办，横林镇人民政府、常州市地板协会、常州市新型装饰板材料生产力促进中心承办，以“横林地板，源于绿色，创新无限”为主题，引领横林地板绿色低碳、科技创新和品牌创建的发展方向，实现横林地板产业转型升级。江苏贝尔装饰材料有限公司、江苏洛基木业有限公司等60余家横林地板企业代表组团参展，展会面积5000多平方米，参展产品达30多个系列、600多个花色，包括石墨烯自发热地板、负离子地板、弹性地板和石塑、木塑地板等新品，吸引专业观众2万多人次，其中国外客商3000多人次，达成意向金额超亿美元。

【横林电子商务产业园区入选省首批乡镇电子商务特色产业园区】 2018年1月，省商务厅公布江苏省首批乡镇电子商务特色产业园（街）区名单，横林电子商务产业园名列其中。横林镇重视农村电子商务集聚、创新发展，于2016年9月成立电子商务协会，2017年4月成立以电子商务企业为主的横林双创基地，还整合横林国际地板城、横林科创中心资源，推进电子商务产业发展。横林电子商务产业园区通过横林镇电子商务协会，集聚电子商务企业及相关配套企业，提升服务能力，推动全镇电商产业健康快速发展。横林双创基地孵化培育微小型电商企业，发展电商生力军。横林国际地板城加速扶持中小型电商企业，完善物流仓储等电商配套服务功能，使其成为中小型电商企业发展的重要支撑。横林科创中心重点做大规模型企业，招引生产型电商企业入驻，拓展集约高效的经营渠道，扶持企业做大做强。2018年，该园区拥有电商企业48家、物流快递等单位13家，实现电商交易额23亿元，增幅达到16.7%，其中跨境电商交易额首次突破10亿元。

宋庆龄横林新槐幼儿园鸟瞰　　供稿/横林镇

【南京林业大学常州绿色家居材料产业技术研究院揭牌】 8月29日，南京林业大学常州绿色家居材料产业技术研究院在横林揭牌成立，成为南京林业大学与常州市地板协会产学研合作的又一成果。横林镇作为“全国强化木地板之都”，积极发展绿色家居材料产业，集聚以贝尔装饰、科利达装饰、洛基木业等企业为代表的家居装饰企业500多家，产品销售覆盖全国300多个大中城市，并出口到美国、加拿大、俄罗斯等150多个国家和地区，形成以外贸出口为主导和中小企业为主体的绿色家居产业集群。南京林业大学作为国家首批“双一流”世界一流学科建设高校，在林业科学上具有明显的特色和优势，在其指导和关爱下，先后成立南京林业大学木材科学与技术常州博士后工作站、南京林业大学常州木制品工程研发中心等机构。此次组建常州绿色家居材料产业技术研究院，搭建起由政府、院校、协会多方参与的技术研发创新平台，通过产学研合作，依靠专业人才和技术力量支撑，在工业化和信息化融合过程中，加快常州地区家居产业“绿色化、标准化、智能化、品牌化”步伐，促进绿色家居实现高质量发展，推动地方经济跨越式发展。年内，该研究院参与洛基木业制胶车间环保设计、横林70家制胶企业环境规范文件编制及培训，规划设计横林朝阳大道景观。

【横林新增发明专利28件】 2018年，横林镇取得国家发明专利28项，分别是：江苏顶飞航空科技有限公司的无人机灭火弹挂架、无人机灭火弹发射系统，江苏福昌环保科技集团有限公司的立式多功能蒸发反应釜，江苏博大木业有限公司的一种石墨烯装饰板及其制备方法、高耐磨抗菌阻燃装饰板及其制备方法，常州朗逊防静电地板有限公司的网络架空地板，常州市凯迪电器股份有限公司的球头安装件、一键多控式手控器结构，常州市先登机械制造有限公司的自动冷库板液压模具中的平台、一种自动冷库板液压模具的平台及控制方法、全自动冷库板液压模具、一种双头自动冷库板液压模具，常州川刃办公设备有限公司的碎片机用隐藏式整体刀组件及应用该组件的碎片机、一种碎片机用无隔圈整体刀组件及应用该组件的碎片机，常州市翰琪电机有限公司的一种换刀电主轴用汽缸、一种分体式超声波电主轴、高速超声波自动换刀电主轴和超声波自动换刀电主轴，常州模术集成房屋科技有限公司的拼接式墙板，江苏协和电子股份有限公司的一种发光灯用可挠折线路板，常州光明包装机械有限公司的缠绕机的立柱、缠绕机的压顶机构，江苏赛拉弗光伏系统有限公司的一种太阳能电池板制造用电池片焊接装置、一种太阳能电池片自动化制造机构，常州市凯程精密汽车部件有限公司的汽车尾门锁止装置，江苏洛基木业有限公司的一种石墨烯自发热地板及低电压自发热地板系统，江苏佳饰家新材料有限公司的用于三聚氰胺浸渍纸的防粘剂及其制备方法，常州卫星装饰材料有限公司的一种夜光装饰板的制备方法。

【宋庆龄横林新槐幼儿园建成投用】 内容参见《教育》栏目P206相关条目。

【横林镇通过省健康镇创建验收】 2018年年末，经省爱卫会审核资料、现场评估及网上公示，横林镇通过江苏省健康镇创建验收。该镇高度重视镇村环境卫生长效管理，积极开展省健康镇创建工作，不断改善镇村环境。到2018年，累计拆除破旧垃圾房1000余座，新建集镇区垃圾分类亭54座，实现有机垃圾处理设备全面投运，安装分类果壳箱200余个；改造集镇区公厕30座，均达国家三类标准以上；横林、崔桥两大市场创成区级以上规范（文明）整洁菜场；优化医疗卫生服务，横林人民医院分别与武进中医医院、武进人民医院成立医疗联合体，建设分级诊疗服务体系；加强健康教育宣传，累计开展中医养生、慢性病防治等健康讲座和义诊活动26次，发放各类宣传资料6万余份，建成健康村（社区）8个；横林中心小学创成省健康单位，横林中心小学、横林实验小学、林南小学创成健康促进学校，各中小学健康教育开课率均达100%；建成横林镇健康主题公园，提升居民健康生活水平。全镇城乡居民社会养老保险参保3.14万人，城乡居民基本医疗保险参保5.16万人。全镇有健身场地75处，文化体育设施用地总面积30.57万平方米，其中2018年新增体育场地面积2.83万平方米，人均体育场地面积3.33平方米。

表 77　2018 年横林镇各村（社区）基本情况表

村（社区）名	户数（户）	户籍人口（人）	党组织书记	村委（社区居委会）主任	集体经济收入（万元）
余巷村	478	1429	胡卫春	朱根元	294.99
狄坂村	512	1521	吴寿波	吴寿波（兼）	447.13
顺庄村	508	1573	单　彪	单　彪（兼）	161.1
江村村	942	2971	周正虎	沈建伟	431.11
红联村	907	2364	张　宏	黄定金	324.89
新东方村	1306	3659	钱宇城	施建国	941.74
林南村	736	2258	秦荣伟	谈兴国	464.1
南方村	885	2572	金介刚	王　超	205.61
青司塘村	850	2305	张永其	陈卫东	444.16
镇西村	885	2672	钱凤媛	钱孝明	562.01
崔桥村	730	2366	刘惠杰	陶卫刚	497.58
庆丰村	1159	3675	苏耀松	蔡东晓	357.6
卫星村	792	2570	顾志强	顾建丰	484.57
双蓉村	1217	3852	谢　杨	沈林兴	509.57
崔北村	1016	3591	濮维忠	徐国华	1183.93
横林社区	1129	2700	戚晓峰	强小萍	144.47
牛塘社区	1070	2602	朱洪亮	李建伟	278.77
崔桥社区	298	546	张亚敏	陶卫刚	—
昌盛社区	768	2043	谈耀兴	谈耀兴（兼）	—
下塘社区	1109	2787	谢忠明	谢忠明（兼）	—
瑞丰社区	520	1618	朱锡荣	朱锡荣（兼）	—

（赵　艳）

遥观镇

【概况】 遥观镇位于武进区东南部，东临横林镇，西接湖塘镇，南靠洛阳镇，北依常州经开区，总面积 44.7 平方千米，辖行政村 15 个、社区 7 个，2018 年年末户籍人口 47179 人。获得“全国先进基层党组织”“国家新型工业化产业示范基地”“国家卫生镇”“国家生态镇”“全国环境优美镇”“中国轨道交通产业集群名镇”等称号，2018 年名列全国综合实力百强镇第 60 位，比 2017 年提升 5 位。

产业发展　全镇新增高效农业面积 21.6 公顷，累计 438 公顷。有工业企业 1800 余家，其中规模以上工业企业 125 家、产值超亿元企业 48 家，完成规模以上工业产值 454 亿元，占全镇工业总产值的 87%。23 个市、区重点产业项目中，长海新型池窑、强力新材研发中心、华通高端合金焊材项目竣工投产，宏达数控刀架、雷利智能家电组建、上格投资主体完工。国产首台套 850 吨 / 日炉排在光大环保技术装备（常州）有限公司下线，填补国产自主研制设备空白。新材料产业园开园，19 万平方米标准厂房投入运营；新观点双创园二期建成运营，工研汇智基金管理等 15 家企业先后落户，累计注册企业近 70 家，获评省级电子商务特色园区。新增高新技术企业 14 家，累计 38 家，高新技术产业产值占全镇规模以上工业产值的 72%；新增省级高新技术产品 22 个，13 家企业获省民营科技企业称号；获专利授权 469 件，有效发明专利拥有量 236 件。今创集团股份有限公司上交所主板上市，累计上市企业 4 家；“新三板”挂牌企业 4 家，上市（挂牌）后备企业 10 家。4 家企业参与国家标准或行业标准起草，其中灵通展览系统股份有限公司主起草的国内贸易行业标准《环保展台评定标准》（SB/T 11217–2018）获商务部审核公布，常州华通新立地板有限公司《防静电活动地板通用规范》（GB/T36340–2018）发布。灵通展览系统股份有限公司获评“国家知识产权优势示范企业”，常州强力电子新材料股份有限公司获批江苏省博士后创新实践基地，江苏雷利电机股份有限公司获评江苏省工业互联网发展示范企业（五星级上云企业）、全省首批隐形冠军企业，全镇入选江苏省创新型企业 100 强 2 家、省级国际知名品牌建设领军型企业 1 家、江苏省重点培育和发展的国际知名品牌企业 4 家，获批省级工程研究中心 2 家、省级工程技术研究中心和企业技术中心各 1 家，入选省“双创人才”3 人、市“龙城英才”C 类项目 5 个。杨鹏威、戈耀红、杨仕桥、周飞耀 4 人被评为“江苏省科技企业家”，钱晓春获得“第二届江苏省专利发明人奖”。发展现代服务业，碧水云庭、临津花园定向商品房主体完工，路劲天隽峰荟项目主体封顶，得园三期项目开工建设。全年完成服务业投入 16 亿元，增长 15.6%。宋剑湖国际展览设计高峰论坛成功举办。灵通展览获评“江苏省生产性服务业领军企业”。首届“寻味遥观”美食大赛成功举办，蒋记食品等 7 个产品通过“三品一标”（无公害农产品、绿色食品、有机农产品和农产品地理标志）认证。

镇村建设　优化空间布局，开展 9 平方千米城市设计规划编研、新材料产业园塘桥片区规划编制，完善宋剑湖景区提升规划，完成印墅、建农、东方、渔庄 4 个村庄规划编制。完善基础设施，宋剑湖改造提升工程持续推进，主干道路漕上路（232 省道以西段）、杨园路、临津路、常和路顺利通车，建农线、留道线农路提档升级工程通过竣工验收，166 户天然气入户工程交付使用。加强水利防汛，小型农田水利重点县工程元宝墩、谈家圩和水利专项工程小井坝、孙祥桥排涝站建成，采菱港河道整治一期工程、新开立新河河道工程、梅港河河道疏浚整治工程全面完成。建设园区配套，完成 35 千伏华昌线迁改和 220 千伏马遥线改造工程，平整土地 10 万立方米，整合低效用地 10 公顷。推进征迁安置，完成拆迁签约面积 11.5 万平方米、临津花园定向商品房分配 691 户 1485 套。保护生态环境，削减煤炭 8838 吨，完成炉窑改造企业 21 家、挥

2018年遥观镇主要经济社会指标完成情况表

表78

指　　标	单　位	数　值	比2017年(%)
地区生产总值	亿　元	188.11	15.2
公共预算收入	万　元	90218	5.7
农业总产值	亿　元	0.66	−12
多种经营产值	亿　元	0.53	−14.5
粮食总产量	万千克	350	9.8
工业销售收入	亿　元	499.06	16.1
实际利用外资及港澳台资	万美元	2006	25.4
自营出口额	亿　元	57.82	13.6
第三产业增加值	亿　元	66.13	11
居民人均可支配收入	元	31653	8.8

发性有机物整治企业5家，在7所学校、1家医院、9个大型餐饮场所安装高效油烟净化装置，全面实施在建工地裸土覆盖。治理水环境，落实“河长制”，组建“企业河长”队伍，完成黑臭河道治理13条和河道17条、河塘63个清淤共8.3立方米。严格企业废水排放，建成污水管网3.81千米，568家污水接管企业通过验收540家、实施排放500家。推进农村生活污水处理工程31个，前杨污水处理厂提标改造工程基本完工。开展“散乱污”企业（作坊）集中整治、钢管酸洗行业专项整治，关停取缔“散乱污”企业（作坊）215家。推进美丽村庄建设，新增绿化面积96.4公顷，芳庄村创成省绿化示范村。实施镇村精细化管理，开展堆场料场专项整治、交通干线沿线综合整治，规范整顿占道经营、农贸市场溢摊现象，镇村环境得到优化。

社会事业　深化精神文明建设，编撰出版《窑光》，弘扬遥观企业家精神；俞金坤获评“中国好人”，曹双凤、王玉伦两人获评“常州好人”。发展教育事业，遥观中心幼儿园易地新建项目土建竣工，义务教育阶段5所中小学均获区教育质量评估奖。丰富群众文体生活，承办市第十五届运动会农民部风筝比赛，举办“社区天天乐”等文艺演出137场次；塘桥村乡村大舞台建成，“临津书院”自助图书馆被评为市基层综合性文化服务示范项目，勤新村创成区农村精神文明建设示范村、特色文化村，成为市新时代文明实践站试点。创新开展志愿服务，与云南省玉溪市江川区安化乡结对，募资25万元帮扶关爱农村留守儿童。提升公共卫生服务，镇卫生院与市中医医院组建“专科共建型医联体”，增设中医专家门诊；倡导全民健康生活方式，遥观镇获评省健康镇。加强民生保障，新增参保企业192家，净增参保人员1192人，累计参保企业1229家；住房公积金扩面991人，完成目标任务的110%；新增571名被征地农民纳入基本生活保障体系，农村社区股份制改革实现全覆盖。全年发放救助金、慰问金共885万元。实施精准扶贫，镇慈善分会向30个家庭发放救助金额39.2万元，每季度结对帮扶低收入人群158户310人。

【中舜生态登陆资本市场】　2018年12月5日，常州市中舜生态农业科技有限公司（简称“中舜生态”）在江苏股权交易中心挂牌，成为全省首批农业板挂牌企业。该公司位于遥观镇东方村倪家头80号，成立于2014年4月，是一家集生态农业技术研发、新品种农业种植推广、农业信息咨询服务和水产养殖、餐饮垂钓、休闲观光于一体的区级重点农业企业，占地面积10公顷，拥有无公害水产养殖面积3公顷、控温设施大棚3300平方米和农家乐餐饮面积2500平方米，实现绿色、无公害农产品的种养殖与网上实体两条渠道销售的生产经营模式。2018年，完成销售额450万元。

【遥观2个市级重点工业项目开（竣）工】

新华昌智能化工厂及海关监管仓项目　由新华昌集团有限公司实施，新增用地9.17公顷建设新厂区，同时改造老厂区。该项目于10月开工建设，建成投产后可形成年产20万个标准箱的生产能力，具有堆存2万个集装箱的综合服务自由出口资质的现代化监管区，为生产、储存、报关、江海联运出口提供全套流程服务。

光大环保Ⅲ期项目　由光大环保技术装备（常州）有限公司实施，新增用地3.71公顷，新建钢结构厂房和电力服务运营大楼等建筑面积2万余平方米。

宋剑湖湿地公园　　供稿／遥观镇

该项目于5月开工建设，达产后可形成年产垃圾焚烧炉、生物质焚烧炉及其他环保装备100台套以上的生产能力。

【遥观6个区级重点工业项目开（竣）工】

恒益风机数控生产线项目　由常州恒益电机有限公司实施，用地2.8公顷，新建厂房面积4.5万平方米，购置数控加工中心HNC-32、自动绕线机KR-12、动平衡机B米-3242和生产线测试等主要设备120台套，建设风机生产线。该项目于7月开工建设，建成后可形成年产燃气挂壁炉风机300万台、洗衣机风机250万台的生产能力。

新树汽车零部件及电机项目　由常州新树金属科技有限公司实施，用地1.07公顷，新建厂房、办公房1万平方米，购置数控加工中心等设备28台套。该项目于12月开工建设，建成后可形成年产汽车零部件和电机配件50万件的生产能力。

蝈象气弹簧项目　由常州市蝈象智能科技有限公司实施，用地1.33公顷，新建车间2.5万平方米，购置气弹簧生产线15条以及精加工生产设备50台套。该项目于12月开工建设，建成后可形成年产气弹簧3000万支、精加工件200万件的生产能力

雷利智能化组件项目　由江苏雷利电机股份有限公司实施，整合低效用地1.67公顷，新建研发中心、家电智能组件生产车间2.6万平方米，购置自动化流水线等主要设备986台套。该项目于12月竣工投产，可形成年产洗衣机精准组件、冰箱智能制冰组件900万台的生产能力。

宏达数控刀架丝杠项目　由江苏宏达数控科技有限公司实施，用地2.87公顷，建设厂房、办公楼等5万平方米，购置数控刀架、丝杠生产专用设备。该项目于12月竣工投产，可形成年产液压电动刀架5000套、电机铁芯10亿片的生产能力。

强力新材新型复合材料制品研发生产项目　内容参见《工业》栏目P105相关条目。

【遥观新增高新技术企业14家】　2018年，遥观镇有14家企业被省科技厅、省财政厅、省国税局、省地税局联合认定为高新技术企业。

常州恒益电机有限公司　位于遥观镇钱家工业园区，成立于2003年，占地面积1.46公顷，建筑面积8235.5平方米。专业从事小型风机和交流电机设计、制造、销售，年生产能力超过350万台，产品应用于空调暖通、新风净化、食品加工、医疗卫生等领域，出口欧洲、美洲和日本。通过ISO 9001质量管理体系认证和中国CCC、德国VDE、欧盟CE、美国UL等认证。2018年，实现产值2.7亿元。

常州市雷利压力控制器有限公司　位于遥观镇新南村，成立于1994年，占地面积2.2公顷，建筑面积1.5万平方米。主要生产汽车空调压力控制器、家用空调/气动工具压力控制器、压力传感器三大系列产品，拥有生产、检测、试验设备500多台，年生产能力750万个，通过IATF 16949、ISO 14001和美国UL、德国VDE、欧盟CE、CQC等认证。2018年，实现产值5400万元。

江苏达莱特照明电器科技有限公司　位于遥观镇勤新工业园，成立于2010年，占地面积ч.1公顷，建筑面积1.8万平方米。专业生产灯具及镇流器，产品涵盖LED路灯、LED区域照明、LED投泛光照明、LED工厂和特种场合照明以及太阳能应用类照明产品，通过ISO 9001质量管理体系认证和ISO 14004、美国UL、欧盟CE认证。2018年，实现销售收入6000多万元。

江苏宏亿钢管有限公司　位于遥观镇新南村，成立于2006年，前身为常州市宏仁精密制管有限公司，占地面积8公顷，建筑面积4.8万平方米。主要产品有冷轧和冷拔精密无缝钢管、汽车专用精密钢管、汽车用精密焊管、冷拔焊管等，供应采埃孚、AUTOLIV、奥地利钢铁集团等世界知名企业。获得国家特种设备制造许可证，通过ISO 9001质量管理体系认证、TS 16949质量管理体系认证、挪威DNV及美国ABS船级社认证。2018年，实现产值5亿元。

常州市毅力搬运设备有限公司　位于遥观镇薛墅巷村（长虹东路396号），成立于2002年，占地面积3.98公顷，建筑面积1.79万平方米。专业生产液压托盘车，年产量20余万台。获得德国莱茵公司GS/CE证书，通过ISO 9001质量管理体系认证，生产的蚁霸牌液压托盘车系列产品远销50多个国家和地区。2018年，实现产值17190万元。

江苏金典高科数码有限公司　位于遥观镇新南村，2017年由常州市津派克斯电器有限公司、北京迪士比科技有限公司、金典高科（北京）科技有限公司共同组建而成，占地面积0.67公顷，建筑面积6000平方米。专业从事智能办公设备、保密设备等产品的研发、制造、销售与应用服务。2018年，实现产值7000万元。

常州恒锌禹晟智能装备股份有限公司　位于遥观镇勤新村，成立于2012年，占地面积0.42公顷，建筑面积3000平方米。主要从事高精密涂布机的研发、生产，产品有双面陶瓷/PVDF隔膜涂布一体机、水性PVDF隔膜点状特种涂布机、油性PVDF隔膜水处理涂布机等，应用于新能源锂电池、光伏背板、光学级导电板等。通过ISO 9001质量管理体系认证。2018年，实现产值4500万元。

常州华亚铝业有限公司　位于遥观镇渔庄村，成立于2003年，占地面积3公顷，建筑面积2万平方米。主要从事铝合金焊丝及铝型材的研发、生产、销售，年产量2万吨以上。产品广泛应用于集装箱、轻轨地铁列车、工程机械、家具装潢和船舶维修建造等领域，铝焊丝获得德国莱茵TUV、DB、CE认证。2018年，实现产值8600万元。

常州市一马机械有限公司　位于遥观镇郑村村，成立于1994年，占地面积4.46公顷，建筑面积4万平方米。专业从事钢管制造，拥有各类加工机床100多台，是国内专业生产冷轧管机、配件的知名企业之一，国内市场占有率达50%。2018年，实现产值1.6亿元。

常州合泰电机电器股份有限公司　位于遥观镇勤新村，成立于1999年，占地面积1.79公顷，建筑面积1.2万平方米。从事微电机生产、制造，产品有伺服电机、直流无刷电机、混合式步进电机、驱动器等，应用于机器人、包装机械、纺织机械、医疗器械、印刷机械、智能物流等。通过ISO 9001、ISO 16949质量管理体系认证和安全标准化管理体系认证，获得出口产品安全许可证欧盟认证，2015年在“新三板”挂牌。2018年，实现产值6000万元。

常州市震华干燥设备有限公司　位

于遥观镇钱家工业集中区，成立于1999年，占地面积1.5公顷，建筑面积2500平方米。主要从事制药、化工、食品领域机械制造，是中国制药装备行业、中国医药工程协会会员单位，拥有干燥、混合、制粒、灭菌、微波五大系列40多个产品。通过质量管理体系认证和环境管理体系认证，获得高新技术产品4个。2018年，实现产值2700万元。

江苏舒意达机械有限公司　位于遥观镇桥南村，成立于2006年，占地面积2.8公顷，厂房面积1.8万平方米。专业从事家具五金的研发设计、生产制造及销售。2018年，实现产值2400多万元。

江苏安普特能源装备股份有限公司　位于遥观镇华昌路5号，成立于2006年，占地面积1.6公顷，建筑面积1.1万平方米。主要从事橇装加氢站、阻隔防爆材料、橇装加油装置、LNG橇装加气装置的研发和生产，获得安全生产许可证、石油化工工程总承包（三级）、A2压力容器制造许可证、GC2压力管道安装许可证等。2018年，实现产值1亿元。

灵通展览系统股份有限公司　位于遥观镇长虹东路333号，成立1986年，占地面积12公顷，建筑面积7.3万平方米。主要从事展览器材开发、研制和生产、设计服务，主导产品有构件式展览展示器材、拼装式方柱组件、展览架用连接锁、整体墙板等。拥有核心产品有效专利65件，其中发明专利10件、PCT专利6件、计算机软件著件权1件。2018年，实现销售收入2.3亿元，出口创汇1076万美元，产品出口102个国家（地区）。

【今创集团入选全国制造业单项冠军示范企业】 参见《工业》栏目P100相关条目。

【江苏雷利获得省级认定2项】 2018年8月、9月，江苏雷利电机股份有限公司（简称“江苏雷利”）先后被省工信厅认定为江苏省隐形冠军企业、江苏省工业互联网发展示范企业（五星级上云企业）。该公司位于遥观镇钱家塘路19号，创建于1993年，下辖5个分公司，总占地面积超过14公顷。主要从事家用电器微特电机及智能化组件的研发、生产与销售，包括空调电机及组件、洗衣机排水泵、洗衣机排水电机、冰箱电机及组件等产品。专注细分产品创新、产品质量提升和模式创新，增强核心竞争力，巩固行业领先地位。早在2015年就开始采用“以私有云为主、以公有云为辅”的方式，逐步实现IT基础设施上云、研发上云、制造上云、管理业务上云和分析决策上云。2017年6月2日，在深交所挂牌上市，股票代码“300660”。2018年，实现产值16.6亿元、主营业务收入15.8亿元，上缴利税2.03亿元。

【“新观点”众创空间被认定为省乡镇电子商务特色产业园区】 参见《商贸服务业》栏目P124相关条目。

【光大环保首台套850吨/日炉排下线】 参见《园区建设》栏目P73相关条目。

【今创集团上交所挂牌上市】 参见《金融业》栏目P138相关条目。

【新材料产业园开园】 6月22日，新材料产业园开园，常州市康捷特种无纺布有限公司、常州瑞冉新材料科技有限公司、常州万隆拓普泰克自动化科技有限公司、江苏峰众智能装备有限公司4家企业签约入驻。该产业园是常州经开区化解要素制约、优化产业布局、加快经济发展的八大产业园区平台之一，位于遥观、横林、洛阳三镇交界处。整个园区规划总面积11.3平方千米，在空间布局上主要规划产业片区、公共配套片区、居住片区3个功能区以及主干道路网。先期启动区位于武进港以南、戴洛路以东、纬四路以北，占地22.8公顷，以宋剑湖科技产业园的名义，由东方投资控股有限公司投资4.6亿元，建成标准厂房面积19万平方米，包括单层厂房10幢、二层厂房5幢、三层厂房5幢、研发楼2幢及配套设施楼3幢，厂房区域配套机动车停车位。

【灵通展览获评国家知识产权优势示范企业】 7月17日，经企业自愿申请、各省（市、区）和计划单列市知识产权局择优推荐、国家知识产权局组织评审或核查，国家知识产权局网站公布2018年度国家知识产权优势示范企业评审结果，灵通展览系统股份有限公司（简称“灵通展览”）名列其中。该公司认真贯彻《企业知识产权管理规范》国家标准(GB/T29490—2013)，从知识产权的管理、创造、保护、运用四方面，完善企业相关知识产权管理制度，开展知识产权战略研究和实施，加大知识产权培训力度，建立科学的知识产权管理流程，根据企业自身发展需求每三年调整制定企业的知识产权发展战略规划；坚持专利与商标相结合的知识产权市场布局。至2018年7月，先后获得“江苏省常州市企业知识产权（专利）工作示范单位”“江苏省知识产权标准化管理示范企业”等称号，于2016年获评“国家知识产权优势企业”，累计申请专利（商标）311件，其中发明专利10件、国际PCT专利6件)、国际商标30件。

【上市公司党建联盟成立】 6月28日，上市公司党建联盟在遥观镇组建成立，

6月28日，遥观镇成立全市首家上市公司党建联盟　供稿/遥观镇

成为常州首家上市公司党建联盟，首批成员有今创集团股份有限公司、江苏雷利电机股份有限公司、常州强力电子新材料股份有限公司、常州长海股份有限公司4家上市企业，及常州市运控电子股份有限公司、灵通展览系统股份有限公司、常州合泰电机电器股份有限公司、江苏宏达数控科技股份有限公司4家“新三板”挂牌企业。该联盟成立后，整合党建资源，组织互看互学互补；总结梳理有益的成果，形成党建品牌；找准非公企业党建的“痛点”“难点”，同向发力、多向共赢，提升联盟的组织力、影响力。年内，组织党建结合共建活动4次。

【《窑光》出版】 12月，《窑光》由凤凰出版社出版发行。该书由常州武进媒体优秀记者历时6个月精心采编而成，收录19位遥观优秀企业家的发展故事，全书约13万字，著名经济学家吴敬琏为该书题词。遥观是武进工业重镇，有工业企业1800多家，2018年位列全国综合实力百强镇第60位。改革开放以后，遥观镇抢抓机遇发展，推动转型升级，一举奠定工业强镇的基础，也涌现出了一批勇于创新、艰苦奋斗的遥观企业家。《窑光》一书，是遥观企业家实践“苏南模式”的历史印记，记录着企业家群体的创新创业，也见证企业家精神的成长成熟。

【“天隽峰荟杯”首届“寻味遥观”美食评选大赛】 4—8月举行。首届“寻味遥观”美食评选大赛面向遥观镇各餐饮单位，分为三个阶段：第一阶段为美食海选，评出入围美食参与网络投票；第二阶段为网络投票，在“遥观微生活”微信公众号上公布海选入围美食，接受大众投票；第三阶段为现场决赛，入围厨师现场开展厨艺大比拼。8月6日，“寻味遥观”十大美食揭晓，金鼎鱼糊羹、巧手酿百叶、香糟扣肉、现炒肉丝蔬菜面、清蒸宋剑湖大鳊鱼、原生态大鱼头、鳞香鲫鱼、沈记大麻糕、蒜香老鹅、遥观鱼籽冻入围。

【勤新村创成省级健康村】 2018年12月，勤新村被省爱卫办评为江苏省健康村。该村位于遥观镇北部，为常州经开区规划商业副中心，总面积2.5平方千米，有村民小组23个，村民860户2801人，外来务工人员4800余人。有工商企业132家，其中产值超亿元企业6家、“新三板”挂牌企业1家。该村从2018年起创建省级健康村，建立健全村民健康档案，建有正式档案2808人，规范档案2599人，建档率达79.76%；定期开展健康教育和义诊活动，年服务200余人次；全面落实社会保障各项政策，新型农村合作医疗保险应保尽保，新型农村养老保险全覆盖；完善体育健康设施，举办“勤新杯”男女羽毛球赛、“勤新杯”篮球赛、“勤新杯”广场舞比赛等文体活动，丰富群众文体生活。

【钱家塘社区创成省级绿化示范村】 2018年10月，钱家塘社区通过省级绿化示范村——三化示范村考核验收。钱家塘社区位于遥观镇中心部，总面积134.4公顷，居民1596人。该社区注重绿化建设和管理，对照省级绿化示范村创建要求，将建设绿色村庄、提升生态环境作为工作目标，于2017—2018年投入120万元，加强村庄各项绿化建设和美化提升工作。全村公共绿地、道路绿地、河道绿地、村庄绿地等有效增加，先后建成广场绿地5处，村庄绿化覆盖率达38.5%，道路、河道、房前屋后应绿尽绿，形成村容整洁、环境优美、景色宜人的绿色村庄，村民对全村绿化工作满意度达98%。

表79

2018年遥观镇各村（社区）基本情况表

村（社区）名	户数（户）	户籍人口（人）	党组织书记	村委（社区居委会）主任	集体经济收入（万元）
渔庄村	338	1567	周　斌	周利钢	122
桥南村	610	2011	吴政国	白新南	224
塘桥村	760	2375	黄建国	杨建新	230
东方村	934	3012	黄建国（1—7月） 居学良（7—12月）	梅　佳	184
洪庄村	529	1733	董国华	张彐峰	353
建农村	630	2014	周海良	周海良（兼）	292
东村村	686	2315	居震民	郑　勇	302
遥观村	1330	3655	刘华伟	刘华伟（兼）	246
薛墅巷村	561	1937	吴景伟	吴景伟（兼）	190
通济村	480	1805	吴南武	顾斌洲	326
剑湖村	1000	3331	邹　文	张志钢	222
前杨村	635	2035	杨　军	李春凯	372
新南村	1250	3870	王　赟	王　赟（兼）	518
勤新村	860	2801	周建明	周建明（兼）	542
郑村村	542	1886	杜骏华	朱雨生	281
印墅社区	580	1851	徐雪伟	戴　勤	194
芳庄社区	530	1482	张中海	张中海（兼）	193
留道社区	480	1796	戚建平	戚建平（兼）	504
钱家塘社区	537	1596	奚赛明	奚赛明（兼）	281
遥观社区	967	2195	刘建春	刘建春（兼）	—
剑苑社区	61	140	胡纯娟	胡纯娟（兼）	—
剑湖社区	3039	1159	徐仁苟	徐仁苟（兼）	—

（周　银）

横山桥镇

【概况】 横山桥镇位于武进区东北部，东临无锡市，西接潞城街道，南靠横林镇，北依天宁区郑陆镇，总面积58.23平方千米，辖行政村19个、社区4个，2018年年末户籍人口60333人。境内横山旅游风景区形成大林寺、白龙观等景点15处。有“横山”百页、“横山”肉松、“横山”芹菜、“常润”栝楼籽、日本砂梨、“芙蓉”鲜螺、“芙蓉”珍珠等名特农产品。先后获“全国重点镇”“全国小城镇综合改革试点镇”“全国农业旅游示范点”“全国环境优美镇”等称号。

2018年横山桥镇主要经济社会指标完成情况表

表80

指　　标	单　位	数　值	比2017年(%)
地区生产总值	亿　元	180.08	7.8
公共预算收入	万　元	55701	14.2
农业总产值	亿　元	2.36	15.6
多种经营产值	亿　元	2.24	17.7
粮食总产量	万千克	327.9	−15.9
工业销售收入	亿　元	406.4	5.0
实际利用外资及港澳台资	万美元	2017	33.8
自营出口额	亿　元	13.55	18.3
第三产业增加值	亿　元	90.56	11
居民人均可支配收入	元	32070	8.8

产业发展　全镇有工业企业1960家，年内新增规模以上企业28家，累计172家，完成规模以上工业产值381.08亿元，占全镇工业总产值的97%。实施超千万元工业投资项目71个，全年完成投资28.5亿元，占全镇工业投入的59%以上。通达万锦贵金属合金线项目厂房封顶，薛巷元件传感器、昊坤装配式建筑预制构件项目竣工投产，华硕智能连接系统、大澳电器伺服电机、康南新能源电机壳等项目开工建设，常州经开区军民融合产业园落户。承办“2018涂料新技术、新材料创新国际技术对接交流会”，推介横山涂料产业链，引导企业走技改创新、管理升级、绿色生产之路。规模以上企业研发投入5.4亿元，新增高新技术企业7家，累计27家；获专利授权420件、有效发明专利176件。镇政府与中铁第五勘察院设计院集团有限公司常州分院开展战略合作，江苏日盈电子股份有限公司获得省科技成果转化专项资金奖励，实现全镇重点企业及规模以上高新技术企业的研发机构全覆盖。康利国际控股有限公司在香港联交所主板上市，江苏永葆环保科技股份有限公司被中国联塑收购。发展现代服务业，盘活神农商贸城资产，城镇综合体——芙蓉新天地建设启动。全年完成第三产业增加值90.56亿元，增长11%。

镇村建设　完善村庄规划、村土地利用规划和土地整治规划，开展土地复垦和村庄精细化整治，入库农用地65公顷。完善基础设施，华喜路改扩建集镇东段、龙锦路东延横山段完工，新沟河沿线桥梁及其连接线基本完工，潞横河沿线5座桥梁改建完成；芳茂、省庄等排涝站设施完善，潞横河、新安环山河险工隐患消除，芙蓉、新安、东风等村修复驳岸1.83千米，新沟河沿线15.8千米护岸堤防建成。推进征迁安置，签约拆迁面积5万余平方米，新庄安置区（山水花苑二期）开工启动，横麓雅居商品安置房基础工程完工。保护生态环境，实施水环境治理，完成老旧污水管网整改5.8千米，接管企事业单位203家；金丰、奚巷等4个村5个自然村农村环境综合整治全面完工，五一、蓉湖、东周等9个村21个自然村农村生活污水点源治理完成；污水处理厂提标改造工程土建部分基本完工，剑横站、采菱站、新安大桥站、横山大桥站等重点河道自动监测站竣工投用；革新河支浜、大沟河等河道整治全面完工，黄家浜、下圩河黑臭河道整治完成，疏浚河道22条、河塘118个。加强大气防控，完成企业VOCs整治99家，化工企业专项整治累计签约75家，取缔“散乱污”企业（作坊）248家。实施生态修复，新增绿化面积27.67公顷，恢复林地2600平方米，芳茂山宕口地质灾害隐患处置工程基本完工。加强城镇管理，推广垃圾分类，在五一、奚巷、东城湾、金丰4个村试点生活垃圾分类，建设垃圾分类收集亭49座；完成垃圾转运站改造、集镇区9座

美丽乡村——五一村　　　　供稿/横山桥镇

垃圾收集“房改亭”，新（改）建公厕18座；推进232省道综合整治，实现通行能力提升、路域环境优化的成效。

社会事业 推进民生工程，横山实验幼儿园主体建成，新安幼儿园新建工程主体、横山卫生院改（扩）建工程主体均封顶。实现教学质量提升，横山高级中学获区特等奖，横山初级中学与横山中心小学均获区素质教育一等奖，新安小学与清英外国语学校牵手共建。开展非法托幼机构、校外培训机构专项整治行动，促进校外教育环境安全有序。推广家庭医生免费签约服务，签约居民54280人；镇卫生院手外科被省卫计委确认为江苏省基层医疗卫生机构特色科室。推进文明创建，扩大文化名镇影响，首届“美丽横山行”文化节和“悦动横山”全民运动会、“品味横山”美食名肴评选、“风雅横山”诗词大赛等成功举办，全年开展“书香横山”阅读季、“横山杯”门球赛、“新安杯”乒乓球赛、“芙蓉杯”篮球夏季联赛等文体活动18场，举办社区天天乐70场、戏曲村村行36场，放映电影276场。横山社区和省庄村通过市级文明（和谐）单位验收，梅鹤康获评“为常州改革开放作出突出贡献的先进个人”。加强社会保障，新增参保人员3606人，社保登记企业达1847家；住房公积金新增人员936人，累计6838人。全镇退役军人信息采集完成，纳入全国优抚数据库统一管理。全年发放低保金、慈善救助金等补助资金265万元和尊老金136万元、残疾人两项补贴321万元，以及义务兵家属优待金、退伍军人安置费486万元。

【横山桥2个工业重点项目建成投产】

薛巷电阻元器件和温度传感器项目 由常州市薛巷电讯元件有限公司利用企业原有生产车间5000平方米，对其中2000平方米生产车间实施净化提升改造，购置喷雾造粒机、球磨机、粉料成型压机、割片机、划片机等设备58台套，形成年产负温度系数热敏电阻元器件2亿个及温度传感器1亿条的生产能力。该项目于2017年9月开工，2018年12月竣工投产，完成投资8000万元。

昊坤装配式建筑PC预制构件项目 由江苏昊坤新材料科技有限公司实施，对租用常州盈润管业有限公司3万平方米生产厂房作适应性改造，购置养护窑、

芳茂山色 供稿／横山桥镇

存取机、布料机、钢筋开孔网焊机器人等国产设备58台套，新建全自动PC预制构件生产线3条，达产后形成年产10万立方米装配式PC预制构件的生产能力。该项目于2018年2月开工，12月竣工投产，完成投资1.8亿元。

【横山桥新增高新技术企业7家】 2018年，横山桥镇有7家企业被省科技厅、省财政厅、省国税局、省地税局联合认定为高新技术企业。

江苏江南精密金属材料有限公司 位于横山桥镇五一村工业园区，成立于2003年，占地面积12公顷，建筑面积6.5万平方米。主要生产热镀锌钢卷、彩涂卷、彩涂PCM板、压花镀锌板，通过ISO 9001质量管理体系认证、ISO 14001环境管理体系认证、ISO 45001职业健康安全管理体系认证和两化融合管理体系评定，是安全生产标准化二级企业，成为长虹美菱、海信等知名家电企业的优秀供应商。2018年，完成产值15亿元。

江苏江南创佳型材有限公司 位于横山桥镇五一村工业园区，成立于1999年，占地面积20公顷，建筑面积15万平方米。专业从事铝合金型材研发、生产、销售，产品由建筑类铝型材拓展到工业型材、轨道交通、汽车制造、电子电器、IT等领域，通过ISO 9001:2008、ISO 14001:2004等质量管理体系认证，产品和商标分别获评中国名牌、中国驰名商标。2018年，完成产值6.2亿元。

常州海登赛思涂装设备有限公司 位于横山桥镇东洲村，成立于2013年，占地面积2.5公顷，建筑面积1.72万平方米。结合国际先进技术和国内客户需求，交付先进的生产线工程，是国内少数能提供汽车涂装全过程生产系统的总承包商和服务商之一，通过ISO 9001:2015质量管理体系认证，获得“江苏省民营科技企业”称号。2018年，完成产值2.7亿元。

江苏江南电机有限公司 位于横山桥镇五一村，成立于1999年，占地面积11公顷，建筑面积8.8万平方米。主要从事汽车起动机和发电机及相关零部件的研发、制造，成立常州市重型汽车电机工程技术研究中心，通过ISO/TS 16949:2009质量管理体系认证，拥有Delco Remy、Mahle、APY、BBB、JN等世界知名车用电器企业客户，于2018年成为车用电器制造商日本电装（DENSO）公司在国内的第一家配套供应商。2018年，完成产值1.36亿元。

常州安澜电气有限公司 位于横山桥镇芙蓉村李象工业园，成立于2010年，占地面积6.67公顷，建筑面积1.6万平方米。主要生产漆包线、漆包绞线、镀锡线、镀锡绞线、镀银线、镀银绞线，实施生产过程全部在线检验，推行严格的品质控制体系和严格的出厂质量检验，获得环境管理体系认证、质量管理体系认证、电子与电器元件和产品有害物质过程管理体系认证，是FOXCONN、AAC Technologies、LEONI的优质供货商。2018年，完成产值7300万元。

常州迈特运控电机有限公司 位于横山桥镇星辰工业园区，创建于2002年，

占地面积2公顷多，建筑面积1.5万平方米。专业从事BLDC、DC、AC马达研发、生产和销售，高转速空心杯电机、直流无刷电机、直流有刷电机、串激电机等系列产品广泛应用于机械传动、工业控制、汽车、风扇、家用电器等领域，通过ISO 9001、TS 16949质量管理体系认证，获得“江苏省民营科技企业”称号，年生产电机500余万台，产品80%以上配套整机出口。2018年，完成产值2800万元。

常州市和丰罗晶机械有限公司　位于横山桥镇星辰工业园区，成立于2001年，占地面积1.52公顷，建筑面积7800平方米。主要从事内燃机及配套机械、机电成套设备机械零部件、金属冷加工，通过EPA、欧Ⅱ、CE、ISO 9001等国际认证，拥有自主品牌“LOBEN”“RB”“RobenTrisun”等商标。2018年，完成产值2162万元。

【车用多功能传感控制智能集成系统的研发及产业化】 内容参见《科学技术》栏目P194相关条目。

【康利国际控股香港联交所主板上市】 参见《金融业》栏目P138相关条目。

【横山桥镇通过省生态文明建设示范镇验收】 2018年12月，横山桥镇创建省生态文明示范镇通过省环保厅验收。该镇按照“江苏省生态文明示范镇”要求，编制完成《武进区横山桥镇生态文明建设规划》，组织实施“产业提升、环境整治、生态人居、生态文明和体制机制保障”五大工程，特别是从2017年起，以全面落实《武进区生态文明建设三年行动计划》为契机，开展“263”专项行动，深化生态文明建设。依托省级农村环境连片整治工程，构建分散式生活污水处理设施34套。推进污水管网接管工程建设，全面完成3个工业集聚区污水接管工作。建成垃圾分类收集亭49座，安装农村易腐垃圾处理设备3台，垃圾压缩站升级改造工程建成投用，生活垃圾处理无害化处理率达100%。推进“减化”“减煤”工作，共关停化工、印染企业75家，完成55家化工企业、16家汽修企业VOCs整治。开展畜禽养殖场专项整治，签约拆除养殖场66家5.3万平方米，投入资金1980余万元。加大植树造林力度，东城湾村民义务植树基地总面积33.33公顷，阳城化工西侧、江南路西侧、京沪高铁沿线、精细化工厂等地块绿色化处理完成，金丰村通过省级森林生态村验收。

11月19日，康利国际控股在香港联交所主板上市　供稿/横山桥镇

2018年横山桥镇各村（社区）基本情况表

表81

村（社区）名	户数（户）	户籍人口（人）	党组织书记	村委（社区居委会）主任	集体经济收入（万元）
东洲村	753	2399	任华强	黄志刚	269
横山桥村	780	2269	杨剑波	何仁龙	258
芳茂村	640	2218	李网度	是国炳	812
西崦村（社区）	652	2212	殷金兴	殷克强	364
星辰村	650	2141	王银瑞	金晓勇	505
省庄村	812	2620	周志军	方晓军	734
金丰村	845	2964	金文华	高忠度	449
奚巷村	643	2278	章晓伟	张岳忠	1276
五一村	1499	4710	梅鹤康	朱才兴	1659
新安村	1303	3825	刘志叶	范本东	2643
东城湾村	526	1678	刘秋平	徐志刚	259
东风村	857	2625	程　金	丁耀强	1441
双庙村	906	3125	岳阳波	赵海平	154
东周村	1270	4129	许　杰	奚金洪	301
东柳塘村	580	1991	单立波	刘国忠	206
西柳塘村	730	2363	刘建群	刘兴春	233
梁家桥村	750	2351	梁晓东	刘永红	234
芙蓉村	889	2926	汤建斌	陆志强	482
蓉湖村	873	2930	钱小平	殷文杰	383
朝阳村	871	2870	高炳敏	张中华	482
横山社区	1528	3062	刘常羽	刘常羽（兼）	—
新安社区	616	1144	管建本	管建本（兼）	—
芙蓉社区	843	1421	张建刚	陆海峰	—

（冯越超）

潞城街道

【概况】 潞城街道东临横山桥镇，西接天宁区青龙街道，南靠丁堰街道、戚墅堰街道，北依天宁区郑陆镇，总面积16.77平方千米。2018年，新成立社区1个，辖行政村4个、社区2个，年末户籍人口23287人、常住人口4万余人。

经济发展 有工业企业583家，其中规模以上企业60家，全年完成规模以上工业产值145.22亿元，占全街道工业总产值的96.04%。推进重点项目建设，年内签约入驻项目30个，其中总投资10亿元（1亿美元）以上重特大项目4个，分别是江苏星源超级涂覆项目、信承瑞安凯特项目、凯宇电器项目和卡福智能交通项目；轨道交通产业化基地一期于6月开园，蓝沛科技、帝斯博医疗等优质企业入驻，整体出租率达80%；20个省、市、区和常州经开区重点项目进展顺利，全年完成投资126.4亿元。江苏戚墅堰轨道交通产业园获批国家高端装备制造业标准化试点、首批江苏省特色创新（产业）示范园区。推进招才引智，入选常州市第十批“龙城英才计划”C类人才项目3个、B类项目1个，辅助申报省民营科技企业8家、高新技术企业6家，扶持企业成立省工程技术中心2家、市工程技术中心2家。推进企业股改上市，帝斯博（常州）医疗用品股份有限公司在“新三板”挂牌，常州市三协电机电器有限公司、常州多博特机器人科技有限公司等4家企业完成股改。

城市建设 完善基础设施，实施有轨电车T1线配套工程、潞横北路、110千伏东青变出线工程、110千伏青东线迁改工程。推进征收安置，完成潞城燃气设备、华佳纺织、常燕电缆等6家企业拆迁和芯片载带二期、青年公寓、东方高科工业园等7个项目地块的“钉子户”拔除，分配青洋花苑安置房673套。推进环境整治，实施东方公寓、潞城花园安置小区整治提升工程和潞横路等主干道两侧环境美化提升，开展万都义乌小商品市场、华丰路、青洋菜场等重点区域集中整治和辖区拆迁工地、收储地块围挡围栏建设。推行生活垃圾分类，建成垃圾分类亭32座、房改亭31座。

表82 2018年潞城街道各村（社区）基本情况表

村（社区）名	户数（户）	户籍人口（人）	党组织书记	村委（社区居委会）主任
政新村	839	3300	王国飞	刘佳良
光明村	745	2414	潘国联	潘国联（兼）
曙光村	514	2039	陈维格	陈维格（兼）
东升村	1088	3121	彭晓忠	朱小刚
公园壹号花园社区	1493	3903	高婉萍	—
曙兴社区	992	2517	陈维格	—
潞城村	1089	3056	赵伟刚	赵伟刚（兼）

保护生态环境，推进“263”专项行动，加强大气污染防治、水环境整治，超额完成减煤减化任务，严格管理建筑工地、拆迁地块、绿化项目等44个地块，严格管控67家企业停限产工作，取缔“散乱污”企业（作坊）85家，完成85家企事业单位污水接管和政新河、陈墅河4条黑臭河道整治，共计清理淤泥32302.30立方米，疏浚河道7124米。

社会事业 启动撤村建居工作，完成政新、光明、曙光、东升、潞城5个村清产核资工作，于5月成立曙兴社区。组织开展文化惠民活动，举办“诗韵武进”诗词大赛潞城分赛、职工歌手大赛等文体活动70余场次。潞城街道创成全国社区教育示范街道。推进网格化社会治理，街道网格化服务管理中心于8月闭环运作，全年办理事项情况13104件。落实民生保障政策，开展慈善救助，全年发放低保金49万元、残疾人两项补贴154万元和慈善救助款50余万元。住房公积金扩面净增604人，完成净增加比例120%。

【戚墅堰轨道交通产业园获批国家高端装备制造业标准化试点和首省特色创新（产业）示范园区】 内容参见《园区建设》栏目P72相关条目。

【潞城街道创成全国社区教育示范街道】 2018年年初，潞城街道被中国成人教育协会社区教育专业委员会评为全国社区教育示范街道。潞城街道高度重视社区教育工作，将其纳入街道经济社会发展规划，依托街道社区教育委员会、社区教育中心，进一步健全组织机构，在各行政村、社区和规模企业建立社区教育培训点，形成以“党政统筹领导、教育部门主管、有关部门配合、社会积极支持、社区自主活动、群众广泛参与”的社区教育管理体制和运行机制。完善社区教育工作制度，按照常住人口人均

潞城夜景 供稿/潞城街道

2元标准设立社区教育经费，保障社区教育持续发展。巩固教育阵地，先后建成图书阅览、书画、舞蹈、讲堂等功能室和社区教育信息网站、24小时智能自助图书馆和亲子绘本馆，创建赋闲女性创业培训基地、未成年人教育基地、流动人口继续教育基地。壮大师资队伍，有专职管理人员3人和兼职教师60余人、志愿者100多人。围绕“以满足人的发展需求，积极构建终身教育体系，加快学习型社区建设”的目标，创新教育载体，丰富教育内容，结合富民工程开展职业技能培训，结合和谐社会建设、文明城市创建开展流动人口素质教育，结合思想道德建设开展未成年人教育，结合科普宣传开展健康教育，组织“全民终身学习活动周”活动、书香潞城读书月系列活动、“社区邻里节”等活动，促进居民文化素养、技能水平、法制和环保意识等方面的提升。

（孙　江）

戚墅堰运河公园鸟瞰　　供稿／丁堰街道

丁堰街道

【概况】 丁堰街道地处常州东部新老城区交接段，总面积10.18平方千米，辖行政村4个和社区3个（含筹建2个），2018年年末户籍人口14137人、常住人口约3万人。

产业发展　出台《丁堰产业创新发展三年行动计划》《关于进一步加快工业经济发展的奖励意见》《关于招商引资工作考核办法的实施意见》，促进产业发展。有工业企业300余家，其中央企有中国南车集团戚墅堰机车车辆厂（简称“戚机厂”）和江苏华电戚墅堰发电有限公司（简称“戚电厂”），年内新增规模以上企业11家，累计48家，全年完成规模以上工业产值151.49亿元，占全街道工业总产值的87.96%。推进项目建设，11项重点项目完成投资19.57亿元，其中工业项目投资2.15亿元、服务业项目投资15亿元，完成率分别达114%、111%。推进科研创新，新增高新技术企业5家，累计15家；常州市神力电机有限公司、常州威克医疗器械有限公司分别设立省企业研究生工作站，常州戚墅堰机车车辆配件工业有限公司省科技副总项目入驻，常州海恩德智能电力科技有限公司等5家企业获评省民营科技企业。发展现代服务业，白金汉爵大酒店于6月18日建成投运。

城市建设　按照常州经开区总体规划，布局主城片区——漕上片区、沿运河两侧片区规划，推进上东科技园、戚墅堰运河公园、天虹大明创意园等重点项目建设，提升城市功能。推进征迁安置，完成神力电机、运河文化带（二期）、丁堰集镇区、运河南侧新运河西侧、漕上路周边等地块涉及企业、民房征迁面积12.5万平方米，挂牌出让艾普尔地块。完善基础设施，配合建成华丰路、东方二路、漕上路、常青路、朝霞路等道路，完成6座排涝站、4块洼地提升改造工程。保护生态环境，深化“263”专项行动，关停电镀、染料化工厂，精细化工废气整治通过验收；推进大气污染防治，实施重点排放企业限产、停产，整治大气污染企业25家；推进水环境整治，疏浚河道4条，治理黑臭河道2条，治理农村生活污水点源3处，新建污水支管网3400米，分批实施漕上路、中吴大道等主干道沿线70家企业污水接管；开展“散乱污”企业（作坊）整治，关停取缔企业（作坊）111家；加强绿化建设，实施闲置地块覆绿提升14个，完成华丰路沿线、观墩小区、运河公园绿化绿道提升总面积约3万平方米；加强综合管控，完成中央环保督察“回头看”和省环保督察组交办信访8件。推进环境长效管理，成立常州经开区综合行政执法大队丁堰中队，集中开展漕上路沿线环境综合整治工程、京杭运河常州老运河段沿线两侧市容专项整治（丁堰段）项目；整治“两违”行为，拆除违章37处、违建4866平方米，整治占道经营2800多起；开展垃圾分类，建成垃圾分类亭24座，投放垃圾分类桶317个，完成垃圾“房改亭”和公厕改造任务，实施有机生活垃圾无害化处理项目，农村“老旧破、脏乱差”面貌得到改变。

社会事业　均衡发展文教事业，街

2018年丁堰街道各村（社区）基本情况表

表83

村（社区）名	户数（户）	户籍人口（人）	党组织书记	村委（社区居委会）主任	集体经济收入（万元）
常丰村	1718	4176	刘小芳	刘小芳（兼）	304
丁堰村	1223	3076	徐建洪	陈　蓉	85.02
梅港村	1147	2801	吴文进	毛伟平	180
芳渚村	1292	3474	吴志亮	俞卫国	196
蓝山湖社区（含亨达、港龙）	2710	6116	—	—	—
观墩社区（筹）	610	2775	何国祥	—	—

道综合文化服务中心挂牌成立，丁堰小学改扩建项目、丁堰新建幼儿园项目稳步推进，“全民健身月”暨街道第二届全民运动会、2018年巅峰国际全国跆拳道文化交流赛成功举行。推行社会治理网格化，形成“一个窗口办审批”“一个平台总调度”“一张网格全覆盖”“一支队伍管执法”的格局，有效化解社会矛盾纠纷。加强社会保障，社保扩面净增750人，住房公积金净增406人；居家养老服务中心投入运行，残疾人无障碍设施全面落实，全年发放各类补助330万元。发展慈善事业，成立武进区慈善总会丁堰街道慈善分会，年内“慈善一日捐”和社会捐赠共计160余万元。

【丁堰新增高新技术企业5家】 2018年，丁堰街道有5家企业被省科技厅、省财政厅、省国税局、省地税局联合认定为高新技术企业。

常州天虹纺织有限公司　位于常州市延陵东路388号，成立于1979年1月，占地面积14.22公顷，厂房面积9.06万平方米。主要从事服装用包芯氨纶纱的研制、生产，开发形成八大系列180余个新产品，部分新产品出口美国、日本、韩国和欧洲、东南亚等国家。2018年，完成产值4.16亿元。

常州乔邦仓储设备有限公司　位于丁堰街道梅港村庄基路11号，创建于2004年3月，拥有三价铬环保电镀锌全自动挂镀生产车间。专业从事网格桥架及各类仓储设备的生产、销售，严格执行ISO 9001:2008质量管理体系CE认证要求，导入UL认证体系。2018年，实现销售收入794万元。

常州龙邦润滑油有限公司　位于丁堰街道华丰路16号，成立于2008年5月，专业从事工业润滑油研制、生产和销售，已上市三大类200多种产品，广泛适用于汽车制造、金属机械、电子五金和钢铁工业等行业。建立覆盖全国的销售网络，在杭州、苏州、天津、东莞、重庆、泉州等设有办事处。2018年，完成产值5511万元。

常州市兴诚高分子材料有限公司　位于丁堰街道常丰村，前身为丁堰化工厂，于2002年由常州正信氟塑料织品有限公司更为现名，是中国氟塑料加工专业委员会副理事长单位。专门从事氟塑料制品研制、生产，具备包括粘胶法、切裂法、膜裂法和熔融法等工艺手段和技术，形成氟树脂纤维类品种100多个，填补国家PTFE载体复丝、复合密封条、低高密度膜、超细短纤、高强超细长纤、可熔性氟树脂长丝等十多项生产技术空白，获国家级科技型企业、江苏省科技型企业等称号。2018年，完成产值6.9亿元。

江苏雷科德轨道交通科技有限公司　位于常州市经开区华丰路17号，成立于2016年。主要从事轨道交通车辆机械铸造部件的研发、制造、加工和有色合金材料精密铸造，合金材料及其制品的研发、制造、加工，拥有专利11件，通过ISO 9001质量管理体系认证和ISO 16949质量管理体系认证，获评江苏省民营科技企业、江苏省高新技术企业。2018年，实现销售收入3500万元。

【天虹大明1921创意园开园】 2018年9月21日，天虹大明1921创意园开园，常州天虹伟业纺织有限公司“江苏省跨国公司功能性机构”揭牌。该创意园位于天虹纺织集团下属子公司常州天虹伟业纺织有限公司厂区内，前身是著名实业家刘国钧于1949年创办的大明纺织厂，由天虹纺织集团本着“修旧如旧”的原则，传承民国文化、运河文化，实施对工业遗存老厂房的提升改造，于2016年启动建设，2018年6月完工，总投资近1.2亿元，总占地面积3.66公顷，包括纱线、胚布、面料服装办公区和产品展示厅、会议接待中心、历史文物陈列中心等建筑21幢，是集办公、研发、经贸、时尚、文化、艺术等功能于一体的创意产业平台。

（何　斐）

戚墅堰街道

【概况】 戚墅堰街道位于常州经开区中心地带，总面积4.73平方千米，下辖社区7个，2018年年末户籍人口37213人、常住人口4.5万人。

产业发展　推进现代服务业发展，金贸大厦于6月23日开业，高铁商务区修建性详规初稿完成。推进戚大街特色街区建设，挖掘戚墅堰历史资源、人文优势、现状业态、功能配套等要素，形成街区现状分析与产业发展的初步成果。全年完成服务业增加值10.5亿元，实现社会商品零售总额1.59亿元、限上贸易总额5.56亿元、规模以上服务业收入1.04亿元，分别增长10%、20%、25%。

城市建设　优化居住环境，实施河苑东村老小区整治工程，新增停车场3个，河苑新村创成省级宜居示范居住区。提升防汛排涝能力，完善荷花苑、梅港新村、金贸大厦等片区防汛设施，改造泵站电力设备2个。保护生态环境，

天虹大明创意园　　供稿/丁堰街道

金贸大厦鸟瞰　　供稿/戚墅堰街道

推进大气污染防治、水环境治理，启动鹅颈湾生态修复提升工程，关停取缔“散乱污”企业（作坊）32家，彻底清除废旧家电拆解一条街，整治烧烤店12家，取缔戚大桥露天夜排档，实施宛沿河、陈储河、潢河3条黑臭河道综合治理和运河北侧万安桥泵站、黑木桥泵站截污改造，完成收储地块和零星绿化共计2.2万平方米。加强城市长效管理，开展“我爱我家”专项行动、城际火车站集中整治等，有效遏制乱堆放、乱出摊、乱张贴等行为。

社会事业　实施文化惠民工程，2018圩墩文化节暨桃花花会成功举行，全年举办社区天天乐125场次、书画展5次，编发《花开·幸福》500余册。推进网格化管理，街道网格化管理服务中心于6月中旬运行，年内受理各类事项8751条，办结率99.5%，戚墅堰街道被推荐为省社会治理创新示范街道。创新为民服务模式，于11月率先建成街道为民服务中心，在站北社区开展社区服务综合受理试点，全面提升为民服务效能。加强社区建设，建设提升河苑社区日间照料中心及戚大街、站北社区便民服务中心，以项目化推进服务特色化，拓展居家养老、社区管家等服务，深化“一居一品”。花苑社区、东方社区创成省级创业型社区，花苑社区创成省级健康社区，戚墅堰街道获评市社区教育示范街道。加强社会保障，登记就业创业897人次，促进城镇失业人员再就业506人；落实民政政策，开展慈善救助，发放低保和慈善救助金共计987万元。

【金贸大厦开业】 6月23日，金贸大厦开业。该大厦位于延陵东路170号，层高21层，是一座集时尚生活、特色餐饮、商务办公功能于一体的综合性大楼。年内，1～5层入驻餐饮休闲、文化娱乐、生活体验等商户9家，6～17层落户电子商务、科技信息、咨询服务等企业25家，实现商业入驻100%、办公入驻45%。

【戚墅堰街道为民服务中心建成】 11月，戚墅堰街道为民服务中心建成，并投入使用。该中心位于戚墅堰街道办事处一楼大厅，由原社区服务中心改造而成，建筑面积500平方米，统一设置10个受理服务窗口，年内启用民政、残联、人社、卫计、住房保障5个服务窗口，入驻事项68项，基本实现全街道公共服务事项集中办理。

【花溪党建文化公园建成】 10月，花溪党建文化公园建成，成为全市首家党建文化公园。该公园位于常州经开区中心城区，由戚墅堰街道党工委依托花溪公园，紧扣“旗帜的力量”主题，融入党建文化和“工匠精神”特色，打造“红色引擎、百年匠心、时代列车、先烈广场、红领家园、花溪廉韵、记忆长廊”党建八景，设置“不忘初心、峥嵘岁月、牢记使命、红领家园、崇德践行、匠心铸就、清廉修身”等功能区域，建设成为集党员教育、绿色生态、休闲健身于一体的党建文化主题公园。此外，采取线上浏览和线下游园相结合的方式，进一步丰富党建文化公园内容，让党员群众在休闲娱乐的同时，学习党的知识、感悟党性教育。该项目被列入常州市党员教育“3211”工程，受到省、市、区各级部门关注。年内，承接参观学习人员16批1000余人次。

【2018圩墩文化节暨桃花花会】 3月24日，2018圩墩文化节暨桃花花会在圩墩遗址公园开幕。该活动由常州市委宣传部、常州市园林绿化管理局、常州经开区管委会等共同主办，推出“人面桃花相映红”桃花仙子游园、“走进桃源、感受春天”春季徒步游园、常州经开区“文明社区天天乐”文艺精品展演等活动9项；桃花花会从3月24日持续到4月7日，展示迎春、探春、白碧桃、早丹红等观赏桃品种43个1000余株。此外，常州经开区举办以“生态文明、绿色转型”为主题的绿色发展论坛，邀请国内生态环保、绿色能源和可持续发展领域知名专家、学者和企业代表，共同探讨可持续发展产业转型的新路径，推动常州绿色发展、绿色生活、绿色消费方式。其间，吸引游客20万人次。

2018年戚墅堰街道各社区基本情况表

表84

社区名	户数（户）	户籍人口（人）	党组织书记	村委（社区居委会）主任
花苑社区	2633	5726	朱　琴	朱　琴（兼）
花溪社区	2268	5440	朱丽英	朱丽英（兼）
站北社区	1756	3675	曹　玉	曹　玉（兼）
东方社区	3021	7211	陈卫华	陈卫华（兼）
戚大街社区	2340	5434	方　雷	方　雷（兼）
河苑社区	2219	5626	恽建美	恽建美（兼）
圩墩社区	1707	4206	戚静亚	戚静亚（兼）

（费　颖）

南夏墅街道

【概况】 南夏墅街道位于武进区湖塘镇南，总面积70平方千米，辖行政村14个、社区9个，2018年年末户籍人口60112人、外来人口149255人。

城乡建设 推进拆迁安置，完成常宜高速、桐庄片区开发地块、夏城南路、武南污水处理厂扩建、海湖路西侧工程等项目拆迁面积约35万平方米，涉及企业44家、民房238户；分配南隆北侧（二期）、南河小区安置房共570户、12万平方米，涉及港桥、胜西、南夏墅、万塔、原孙家等村；为有特殊困难的拆迁户提前安置安置房57套、共6280平方米，为2户拆迁户妥善解决拆迁历史遗留问题；完成高新区14个重点项目场地清表和学府家苑、学府东苑、南隆小区安置房产权证办理等前期工作。建设基础设施，完成镇级道路全面维修工程，涉及南蒋线、塘坊线、震农线、西环线等10余条乡村道路。保护生态环境，加强农业面源污染控制，完成水稻增施有机肥面积66.67公顷，实施休耕轮作面积57.33公顷，拆除滆湖围网养殖面积90公顷；开展“散乱污”企业专项整治，取缔“散乱污”企业（作坊）75家；推进水环境整治，完成14条镇村级河道和62个村庄河塘疏浚工程，取得石坝浜、东西十字河等7条黑臭河道水体整治阶段性成效；推进雨污分流，完成40个自然村和293家企业雨污分流接管，建成7个安置社区雨污分流二次截污设施。加强环境整治，管控已征未用闲置土地1066.67公顷，绿化商贸板块153.33公顷；规范整改废品收购、旧建材经营户20户，取缔无证废品收购站21个；整治三河村高架西侧种植大棚40公顷，取缔种植户102户；实施大学城夜市大排档功能提升工程，开展乱设摊整治，新建新仪路光宝疏导点、南湖路瑞声科技疏导点；开展生活垃圾治理，建成集镇区、6个住宅小区和2个村的垃圾分类设施建设。全街道拆迁区域、主干道沿线、集镇区环境面貌明显好转。

表85

2018年南夏墅街道各村（社区）基本情况表

村（社区）名	户数（户）	户籍人口（人）	党组织书记	村委（社区居委会）主任	集体经济收入（万元）
戴家村	585	2035	朱玉明	朱文明	221
港桥村	479	1768	王如平	卢中兴	413
河东村	712	2463	朱玉峰	万志伟	191
华阳村	744	2956	陆　高		211
九华村	1132	3969	周　新	周　新（兼）	455
庙桥村	1122	3550	莫炳伟	庄伟新	275
南夏墅村	699	2118	胡德岳	胡德岳（兼）	122
三河村	1015	3420	岳建波	岳建波（兼）	248
胜西村	869	2734	卞小中	卞小中（兼）	157
石柱村	645	2280	李建伟	杨　凯	128
塘洋村	1110	3375	蒋雪峰	邵华明	136
桐庄村	1017	3636	薛志寅	田秋兴	165
万塔村	661	2118	陈永俭	岳加峰	251
新联村	628	2155	杨同庆	潘小平	114
庙桥社区	210	315	庄浩杰	莫小国	—
南苑社区	3744	5498	时进锋	时进锋（兼）	—
南河社区	1868	4865	潘　林	潘　林（兼）	—
学府东苑社区	2736	6243	周曙光	周曙光（兼）	—
南湖家苑社区	386	1350	恽钰虎	赵建伟	—
大学新村三社区	1547	4462	岳效忠	钱国强	—
南夏墅社区	928	2590	朱效平	朱效平（兼）	—
南淳社区	4475	5902	褚小英	褚小英（兼）	—
学府家苑社区	1269	3621	李　健	李　健（兼）	—

农村和社区建设 加强农村“三资”平台管理，大宗集体资产租赁期满后，均采用公开竞标方式开展新一轮租赁，大幅度提高集体资产收益，农村产权交易站全年成交项目17宗，成交标段60笔，成交金额1.5亿元。推进农村集体资产股份合作制改革，量化集体经营性净资产24.16亿元，界定股东50123人。做好失地农民保障工作，年内办理庙桥村南庄组失地农民基本保障291人，累计45084人次。实施社区管理创新提升工程，重点开展对大三社区、南河社区、学府东苑、学府家苑等小区基础设施改造，完善社区服务功能。加强法治建设，在全市首个全面推行基层“法律诊所”服务，由区司法局协调派驻律师到各村（社区）定期“坐诊”，为群众提供法律服务，预防和化解社会矛盾。试点建设“一社一品”特色文化，全年举办“文化融入我们生活”主题活动22场次，庙桥社区、戴家头村等5家单位通过常州市村（社区）综合性文化服务中心建设达标验收。

社会事业 实施校园环境提升工程，改善办学条件；发挥“钱伯显教育发展基金”作用，资助奖励贫困学生197人和优秀教师48人；组织辖区3所公办幼儿园与4家简易幼托机构结对帮扶。南夏墅街道创成市学前教育现代化街道。武进人民医院高新区院区打造特色科室——江苏省人民医院消化病分中心胃肠动力室，消化内科全年住院1820人次，完成胃镜检查4202台、肠镜检查2446台，分别增长40%、29%、55%。发挥社会组织培育发展中心功能，全年开展为老服务、助残服务、帮困服务、青少年服务及居民融合服务等400余次。加强社会保障，办理被征地农民基本生活保障54327人，新增社保人员5486人，参加城乡居民基本医疗保障28705人；住房公积金新开户单位42家，净增参保人员6364人。落实民政政策，发放退伍军人安置费155.3万元、现役士兵

12 月，开展庆祝改革开放 40 周年活动　　供稿 / 南夏墅街道

家属优待金 114.9 万元、优抚对象困难补助 4 万元，向 1515 户困难家庭发放救助资金 305.6 万元，向 503 名重度残疾人发放补助 482.88 万元。

【大学新村三社区网格化社会治理经验在全省推广】 2018 年，南夏墅街道大学新村三社区以创新网格化社会治理机制为契机，树立“诚善致远，福泽万家”的工作理念，探索和实践社区网格化管理。将网格内成员细分为“一长十员”，每个网格配置网格长、专职网格员、城管巡查员等 11 人组成的工作组，实现多元参与、各方联动，确保各类问题第一时间发现、处置、反馈。强化走访机制，规定网格长每天上班 20 分钟后必须带队进入网格，了解网格卫生管理、人员流动、居民意见建议等，每天走访居民不少于 5 户。党委创新工作机制，根据党员分布和居住情况，以网格化管理为依托重新设置支部，把支部建在片区，并由网格长出任支部书记。推行“五善”工作法（党群“善”联、网格“善”细、治理“善”新、民生“善”为、文化“善”享），集成助推“防范重大风险、维护安全稳定、深化扫黑除恶、保障公共安全”等工作，将网格打造成为基层党建堡垒、政务服务前线、社会治理高地与综合执法阵地，实现了由“乱”到“治”的华丽转变。年末，其做法及经验得到省、市领导高度好评，被江苏省创新网格化社会治理机制工作领导小组办公室采纳并在全省推广。

（徐松华）

西湖街道

【概况】 西湖街道位于武进区西太湖畔，东临牛塘镇、武进高新区，西接花木之乡嘉泽镇，南靠西太湖，北依钟楼区邹区镇，总面积 48.21 平方千米。2018 年新增社区 1 个，辖行政村 4 个、社区 4 个，年末户籍人口 26489 人、常住人口 5.7 万人。

产城融合　围绕保障园区发展，推进拆迁安置，完成塔下游艇俱乐部地块等拆迁剩余户 9 户、面积 2850 平方米拆迁，石墨烯小镇地块红升减速机厂等 5 家企业和中波塔迁建项目签约拆除，全年拆迁评估量 78350 平方米。加强土地管理，实现土地管控率 93 %，完成小牛电动、常达汽配、物流园、绿化景观等近 20 个项目清表面积 65.67 公顷和滨湖片区地块绿化清理约 100 公顷。保护生态环境，实施河湖环境整治工程，完成园区河、西中沟河、长汀浜黑臭河道整治和礼河、东中沟河清淤总长 8 千米；加强秸秆禁烧巡查，实行划片区管理、田块包干责任到人，未发生大面积焚烧现象。推进城市精细化管理，开展全域生活垃圾分类试点，建成 16 个住宅小区、2 个村、20 个企事业单位及道路和公园等公共区域垃圾分类设施，完成原富杉路垃圾中转站改造工程，奠定垃圾分类系统化运作良好基础；加强违法建设治理，查处违法建设 94 起。西湖街道城市长效综合管理工作位列武进城区板块考核前茅。

民生事业　发展村级经济，推进资产资源清查，完成鑫河置业公司专项审计及资产清查、各安置小区商铺清查和礼河小商品市场的清退、拆除；清理区域内外预征土地，统一办理权证，把所有权上升至街道。实施民生工程，更新孟津河以南及苏澳合作园区范围内交通标线及慢行绿道近 8 万平方米，完成沥青修补 8450.31 平方米，建成湖滨花苑农机具停放和建筑垃圾收集房工程、湖滨大排档升级改造工程及鑫河新苑、长顺家园雨污水管道疏通 4 个民生项目，塔下安置区公交回车场、红白事房、健身广场等建成投用。维护公共安全，完善园区、街道、村（社区）食品安全监管网络，开展易积水路段安全隐患整治，创成省级和谐劳动关系示范园区。发展文教事业，举办“迎新春、送春联”、羽毛球赛、社区天天乐、送电影下乡等文体活动 188 场，开展“悦享阅读，书香西湖”阅读活动 8 场；星韵学校优惠入学政策惠及 71 人，礼河实验学校积分

2018 年西湖街道各村（社区）基本情况表

表 86

社区名	户数（户）	户籍人口（人）	党组织书记	村委（社区居委会）主任	集体经济收入（万元）
聚新社区	3600	8964	曹志健	张洪大	610
湖滨社区	4191	3498	翁金良	邓　达	—
鑫河社区	1845	5563	钱伟明	蒋志凯	373
滆湖社区	1917	218	强　霏	—	—
塔下村	659	2235	黄小平	王佳可	163
河头村	511	1980	徐才炳	蒋纪春	160
仕尚村	617	2479	展　毅	吴伟连	175
长汀村	630	2188	吴　辉	周玉龙	870

入学学生205人，哈佛蓓蕾星河丹堤幼儿园开园。加强社会保障，净增社保人员2217人。落实救助、帮扶政策，发放救助金、补助金共800余万元，救助5000余人次。

【西湖街道滆湖社区成立】 8月27日，西湖街道滆湖社区获批成立。该社区范围为延政西大道以南、滆湖北岸以北、云杉路（嘉泽镇界）以东、霞飞路（牛塘镇界）以西，包括星河丹堤花园、天安别墅、湖畔春秋花园、临湖世家别院、翡丽湾花苑、澜月湾中心6个住宅小区，总规划建筑面积215.4万平方米，已建面积135.1万平方米，居民总户数3804户，实际居住1917户。年内，滆湖社区完善内部管理机制，营造互助共享治理氛围，搭建"枢纽型"社会组织服务平台，消除社区服务与管理的盲区，努力实现社区便民服务和公共资源的优化配置，完善城市基层政权建设。

【西太湖科技产业园网格化集成管理中心成立】 5月，常州西太湖科技产业园成立网格化集成管理工作领导小组，建设网格化服务管理中心，印发《常州西太湖科技产业园网格化集成管理实施意见》等12项管理制度和办法，划分基础网格39个、专属网格15个，其中土地综合管理专属网格6个，配备网格长30人、专职网格员33人、兼职网格员102人。年内，该中心联动指挥平台运转流畅，服务管理事项上报、审核、处置、派单流程顺畅，33个专职网格员账号全部实现每日事项上报，单日上报事项300余条，上报量增长幅度大且保持稳定。

【省级和谐劳动关系示范园区创成】 2018年12月，西太湖科技产业园（西湖街道）通过省级和谐劳动关系示范园区创建验收。西太湖科技产业园（西湖街道）积极响应省、市区关于构建和谐劳动关系的号召，于5月出台创建省级和谐劳动关系示范园区方案，围绕"党政牵头、多方参与，重点突破、整体提升，打造平台、优化环境"的主线，全面推进创建工作。加强组织领导，建立健全多方联动机制、企业欠薪预警机制，提升治理劳动关系矛盾的能力和水平，有效落实企业和劳动者构建和谐劳动关系的主体责任。强化服务意识，免费提供企业劳动关系诊断服务，定期组织HR普法沙龙活动，科学发布企业工资指导线，促进企业法律意识不断提高、用工行为逐渐规范、劳动者维权意识逐步形成、社保缴纳制度严格落实，劳资矛盾发生率总体下降，成功调解率达85.6%，仲裁结案率达100%，无因恶意欠薪导致重大集体劳动争议案件发生。强化责任意识，推进工会组建，实施企业集体合同制度，建设劳动争议调解仲裁机制，开展企业和谐劳动关系评估，企业工会组建率、职工入会率均达100%，已建工会企业集体合同签订率在95%以上，符合劳动关系和谐标准的企业数占已建工会企业数的85%以上。强化共享意识，通过新闻宣传、政策解读、案例分析的方式加强创建和谐劳动关系宣传，开展"春送岗位、夏送清凉、秋送助学、冬送温暖"活动，帮助职工排忧解难。劳动关系和谐达标企业队伍不断壮大，江苏海鸥冷却塔股份有限公司等6家企业获评常州市级和谐劳动关系企业，常州山由帝杉防护材料制造有限公司被推荐为江苏省优秀劳动关系和谐企业。

【首届繁星公益节】 12月5日，在西湖街道鑫河公园举行。此次活动由区文明办、区妇联联合主办，西湖街道、常州繁星公益基金承办，以"关爱他人，关爱社会，关爱自然"为主题，武进开放大学、武进农行、常州大学石油化工学院、星辰实验学校2016级4班家委会和2018级5班家委会、湟里中心小学四（5）班家委会、常州自然湖畔学校、前行地带摄影俱乐部、绿康推拿所、西湖街道太极拳协会、百年老店兴隆园、时尚造型、恒轩美发美妆、莱卡造型名店小丁工作室、发拉丽烫染15支志愿服务团队共200名志愿者参加，推出爱心驿站、健康环保、盲人推拿、点亮微心愿、衣暖人心、爱上阅读、公益理发、微笑时刻等10个公益项目，积极倡导"志愿服务人人可为、时时可为、处处可为"的理念，让"奉献、友爱、互助、进步"的志愿精神深入人心。

（蒋 娜）

西湖街道滆湖社区一瞥　　供稿／西湖街道

武进高新区北区

【概况】 武进高新技术产业开发区北区（简称"高新区北区"）位于武进中心城区东北部，总面积10平方千米，辖社区10个（含涉农社区7个），2018年年末总人口90357人（含暂住人口40162人）。

城市建设　完善市政设施，完成马杭老街改造、阳湖小区及中苑小区改造、夏城花园别墅区雨污分流建设、邱高路杆线入地等工程和状元路道路改造，建成公朴路智能化停车场，配合推进降子路改造、公朴路建设、古方路改造等工程。推进拆迁安置，基本完成公朴路、状元路地块拆迁，完成龚巷河北闸扩建工程拆迁，兴勤电子、火炬路小学地块交付，以及紫廷名苑定向商品房分房，办理安置小区3000余套安置房不动产

表 87

2018 年武进高新区北区各社区基本情况表

社区名	户数（户）	户籍人口（人）	党组织书记	村委（社区居委会）主任	集体经济收入（万元）
贺北社区	1633	4826	蒋瑞坤	贺文龙	1032
十里社区	626	1685	周小平	周建春	836
邱墅社区	1855	5001	华建坤	马　益	1354
古方社区	2965	4223	周萍华	张未荣	408
龚家社区	680	2280	龚文忠	龚文忠（兼）	558
东庄社区	7432	7226	崔济安	华建刚	295
马杭社区	1557	2799	蒋元兴	蒋元兴（兼）	405
喜盈门社区	5851	4765	管洪达	吴寅峰	—
新城域社区	4459	4500	孙春玲	杨　春	—
香溢澜桥社区	7412	5016	贾　建	孙　燕	—

权证。保护生态环境，实施“散乱污”企业（作坊）整治、大气污染防治管控、水环境整治，关停取缔“散乱污”企业（作坊）125 家，持续推进餐饮单位油烟专项治理、VOCs 排放单位整治和工地扬尘监管，完成奚家桥雨污分流、贺北新村雨污分流等工程和 109 家企业接管任务，沈家浜、方家浜、乐购南长沟河、余家浜、蒋塘浜生态治理，以及龚巷南河二次截污、沈家浜泵站建设、白家浜及灵角墩清淤和截污整治、下沿浜整治等工程。推进生活垃圾分类，完成 13 个小区、3 个单位垃圾分类配置工作。加强城市长效管理，将工作重心从结果评定向过程管理转化，形成“白天以社会综合治理为主，夜间以社会治安为主，平时以城市管理为主，战时以应急处置为主”的运作模式，重点开展主要道路市容环境专项整治、学校周边市容秩序专项整治、马路市场专项整治、社区环境专项整治、夜间市容专项整治等，依法开展“两违”整治，取得城市长效管理明显成效。

社区建设　发展集体经济，各涉农社区集体经济收入平均达 698 万元。实施为民办实事工程，完成贺北社区及马杭社区片区天然气管道安装、邱墅南园改造提升、邱墅社区牛巷组健身广场建设、古方社区丁沟片提升改造、龚家社区河西工业园整体环境提升、东庄社区自然村环境提升、十里社区网格管理公示制度建设等工程。推进“一社一品”品牌建设，形成龚家社区“暖心 110”、东庄社区“老崔说事儿”、十里社区“十里春风”、贺北社区“便民服务 360”、马杭社区“幸福动吧”、邱墅社区“老杏在行动”等创建品牌。龚家社区创成省级健康社区，十里社区创成市级美丽示范小区。

社会事业　加强社会治理，开展网格化集成管理，完成基础网格划分、网格人员配备、事项清单梳理、管理平台建设，实现事项办结率 98.5%。加强教育管理，开展无证托幼机构专项整治，完成校外培训机构排查；办理流动人口子女积分入学登记 1163 人，录取 1109 人。加强社会保障，城镇失业人员再就业 612 人，就业困难人员再就业 63 人；完成社会保险五险扩面 669 人，城镇居民社会养老保险和护理险参保对象 18082 人，参保率 100%；按时发放老年居民基本生活补贴，为 80 周岁以上老人发放尊老金 45 万元；落实民政救助政策，发放各项救助资金 236 万元。建设居家养老服务体系，武进高新区居家养老服务中心及龚家社区居家养老服务站建成运行。实施“同心向党——北区精准助残”“幸福彩虹桥”项目，为残疾人、未成年人及家长提供义诊、心理咨询、培训讲座等服务。

【居家养老服务体系建设】 武进高新区北区有 60 岁及以上户籍老年人口 6300 余人，占总人口的 15%，常住老年人 1 万余人。2018 年，面对老年人口比例不断增加、城镇养老服务资源日趋紧张的形势，武进高新区北区加快推进养老服务体系建设，建成武进高新区居家养老服务中心和龚家社区居家养老服务站，在此基础上投入 100 余万元，依托新城域指挥中心，开通养老公益服务热线、采集和录入老年人基本数据、组织老年人生活能力评估和老年人智能设备发放、维护等，采用“公建民营”的社会化运作方式，为老年人提供生活照料、助餐服务、健康保健、精神慰藉、文体娱乐、读书学习等八大类 16 项服务，逐步建成以居家为基础、社区为依托、机构为补充，医养融合、功能完善、监管到位、覆盖城乡的养老服务体系，到 2020 年形成“十站一中心”（10 个社区居家养老服务站、1 个居家养老服务中心）的智慧养老服务模式。

（冯墨紫）

2019 年 2 月 26 日，武进高新区居家养老服务中心揭牌　供稿 / 高新区北区

组织机构与负责人名录

Organizations and Name List of Leaders

（2018.4.1—2019.3.31）

栏目编辑　万向阳

中共常州市武进区第十二届委员会

书　　记　史志军（—2018.9）
　　　　　李　林（2018.11 任）
副 书 记　戴士福　顾伟国　叶明华
常　　委　（书记、副书记在常委中不重复列名）
　　　　　华　飞　孙金才　郑政平　杨国成
　　　　　徐　萍※（—2019.1）唐家中（2019.1 任）
　　　　　陆秋明　石旭涌　卜宪沛（2018.8 任）
　　　　　钱文华（—2018.12）
委　　员　（按姓氏笔画为序）
　　　　　卜宪沛（2018.8 任）石旭涌
　　　　　史志军（—2018.9）叶明华　吉晓阳※
　　　　　任志清　华　飞　刘　团※　刘志峰
　　　　　江建文　孙金才　孙泽新　杨国成
　　　　　李　林（2018.11 任）陆秋明　郑政平
　　　　　是　峰　施小平　秦汉明　贾　东
　　　　　顾伟国　唐家中（2019.1 任）
　　　　　徐　萍※（—2019.1）蒋　丽※　蒋志龙
　　　　　蒋国强　臧建中　薛红霞※　薛建忠
　　　　　戴士福
候补委员　（按姓氏笔画为序）
　　　　　张征宇　张卫星　徐　宁　何　勇
　　　　　秦春华　万如生

常州市武进区第十六届人民代表大会常务委员会

主　　任　臧建中
副 主 任　陈　虎　张　美※　蒋国强　蒋红英※
委　　员　（按姓氏笔画为序）
　　　　　丁　坤　王元兵　王爱军※　石剑舫
　　　　　许岳兴　许勤丰　李　荣（—2019.3）
　　　　　吴晓东　沙　芳※　张亚萍※　张伟贤
　　　　　陆为农　陈方根　陈建荣　尚金萍※
　　　　　季文斌　金　刚　周培根　周　萍※
　　　　　赵晓青※　俞建东　贾国建　顾　群
　　　　　徐成大　徐晓杰　谈　胜　黄盛英※
　　　　　曹志健　符　伟　蒋志刚　蒋新明
　　　　　强　雨※　潘志峰　薛亚清

中共常州市武进区人大常委会党组

书　　记　臧建中
副 书 记　陈　虎

常州市武进区人民政府

区　　长　戴士福
副 区 长　陆秋明　张　强　薛建忠　是　峰
　　　　　刘志峰　薛红霞※　徐治国　张小虎
　　　　　钱文华（—2018.12）许让磊（—2019.3）
　　　　　刘荫梅※　张承祖　吴　飞（—2018.12）
　　　　　宋　歌※（2018.6 任）

中共常州市武进区人民政府党组

书　　记　戴士福
副 书 记　陆秋明

政协常州市武进区第十四届委员会

主　　席　江建文
副 主 席　单骏初　杜　强（—2019.1）
　　　　　陆雅芬※　万卫新　刘云英※
常　　委　（按姓氏笔画为序）
　　　　　万琴凤※　王云芬※　王中元
　　　　　王唱东※（—2019.1）王　燕※　计小良
　　　　　方沛琪　冯旭江　朱志伟　朱宏英※
　　　　　杜国栋　杨康健　杨鑫才　李　婷※
　　　　　吴文英※　狄旭东　汪立平　张　云
　　　　　张兰平　张军亮　张克强　陆惠萍※
　　　　　陈飞燕※　陈　凌　陈　新　岳翠军

金宏平　周义红　周建清　茹正伟
赵丽君※　俞　瑜※　夏荣伟　钱　臣
徐世中　徐国忠　陶　可　桑　遥※
梅泽锋　萧剑波　黄小国　曹　毅
龚　黎※　戚国强　韩家兴　蒋建明
蒋南春　鲁　培※　路军方　慧　闻
薛红良
秘书长　刘宗凉

中共常州市武进区政协党组

书　　记　江建文
副书记　单骏初

中共常州市武进区纪律检查委员会

书　　记　徐　萍※（—2019.1）
　　　　　唐家中（2019.1任）
副书记　朱志伟　符毅梅※
常　　委　（书记、副书记在常委中不重复列名）
　　　　　姜震宇　杨云飞　莫建刚　周　栋
委　　员　（按姓氏笔画为序）
　　　　　朱志伟　许　斌　杨云飞　张　勇
　　　　　张居一　张继洪　周　栋　周仲华
　　　　　周庆中　单虎林　姜震宇　莫建刚
　　　　　徐　萍※（—2019.1）唐家中（2019.1任）
　　　　　符毅梅※

常州市武进区监察委员会

主　　任　徐　萍※（—2019.1）
代理主任　唐家中（2019.1任）
副主任　唐家中（2019.1任）朱志伟　符毅梅※
委　　员　姜震宇　杨云飞　顾忠泽
　　　　　丁文柯（2018.6任）

常州市武进区人民法院

院长、党组书记　任志清
党组副书记　张居一
副院长　张居一　许中伟　徐　光　邵建荣
政治处主任　金　峰
执行局局长　陈　波（2018.6任）
专职委员　薛向阳※（—2019.2）刘志鹏

常州市武进区人民检察院

检察长、党组书记　朱文俊
党组副书记　陈兴福（—2018.6）
副检察长　陈兴福（—2018.6）
　　　　　杨康健　吴汉忠　唐黎刚
专职委员　陈志东
政治处主任　唐黎刚（—2018.12）

中共常州市武进区委工作机构及直属单位

区委办公室

主　　任　贾　东
副主任　左燕钢（—2019.2）
　　　　孔令君（—2019.2）
　　　　王卫洪（2019.2任）周嫣倩※

区委研究室

主　　任　左燕钢（—2019.2）

区委机要局

局　　长　袁　涛（—2019.2）
副局长　王卫洪（—2019.2）

区委督查室

主　　任　陶春健（—2019.2）
副主任　严　超（—2019.2）

区委改革办

副主任　黄晓铭（—2019.2）

区委组织部

部　　长　华　飞
常务副部长　王元兵（2019.2任）
副部长　莫健新（—2019.2）张　群※
　　　　冯　宇（2019.2任）
部务委员　冯　宇（—2019.2）钱　涛

区委党的建设工作领导小组办公室

主　　任　王元兵

区委非公有制企业和社会组织工作委员会

书　　记　张　群※

区委区级机关工作委员会

书　　记　张　群※（2019.2任）

区委宣传部

部　　长　郑政平
常务副部长　陶　可
副部长　薛亚清　戚清萍※

区精神文明建设指导委员会办公室

主　　任　戚清萍※
副主任　朱岳明

区委对外宣传办公室（区政府新闻办公室）

主　　任　薛亚清（—2019.2）
副主任　程　锦※（—2019.2）
　　　　何泽宇（—2019.2）

区政府新闻办公室

主　　任　薛亚清
副主任　何泽宇

区新闻出版局（区版权局）

主　　任　薛亚清（2019.2任）

区委统一战线工作部

部　　长　杨国成

常务副部长　龚　黎※
副　部　长　陈月波※　蒋金标
　　　　　　杨美英※（2019.2任）　赵忠明

区民族宗教事务局

局　　长　蒋金标
副 局 长　薛怀德（—2019.2）
　　　　　皇甫海鸥※（2019.2任）

区委台湾工作办公室
区政府台湾事务办公室

主　　任　陈月波※
副 主 任　李　新

区政府侨务办公室

主　　任　杨美英※
副 主 任　许晓东

区委政法委员会

书　　记　孙金才
常务副书记　袁　涛（2019.2任）
副 书 记　张　强（兼）　沈振华（兼）
　　　　　张永璧（—2019.2）
　　　　　徐晓东（—2019.2）
　　　　　蒲启城（2019.2任）
专职委员　朱智华（2019.2任）
　　　　　徐小江（2019.2任）
　　　　　吴　焰（2019.2任）

区社会管理综合治理委员会办公室

主　　任　张永璧（—2019.2）
副 主 任　朱智华（—2019.2）

区依法治区领导小组办公室

副 主 任　潘宏光（—2019.2）

区国家安全领导小组办公室

副 主 任　徐小江（—2019.2）

区网格化服务管理中心

主　　任　袁　涛（2019.2任）
副 主 任　朱智华（2019.2任）

区委农村工作办公室

主　　任　夷建良（—2019.2）
副 主 任　周建定（—2019.2）
　　　　　姚志平（—2019.2）
　　　　　周小宇（—2019.2）

区机构编制委员会办公室
（区事业单位管理局）

主　　任　戴小方（—2019.2）
副 主 任　奚向宁（—2019.2）

区委区级机关工作委员会

书　　记　单虎林（—2019.2）
副 书 记　沈　叶※（—2019.2）
　　　　　杨育才（—2019.2）
纪工委书记　许　斌（—2019.2）

区委研究室

主　　任　孔令君（2019.2任）

区委全面深化改革委员会办公室

副 主 任　黄晓铭

区委网络安全和信息化委员会办公室

主　　任　左燕钢（2019.2任）

区委机构编制委员会办公室
（区事业单位登记管理局）

主　　任　戴小方（2019.2任）

区委巡察工作办公室

主　　任　符毅梅※（兼）
副 主 任　周　栋
专职副主任　蒋轶佶
巡察组组长　恽　伟　王明源　陆　浩
　　　　　　胡新诚（2019.2任）
　　　　　　邵　彦※（—2019.2）陈　斌
巡察组副组长　秦黎亮　陈建纲　刘　毅
　　　　　　徐寒芬※　龚留钢　郑小悟※
　　　　　　胥仲华（—2019.2）　管勇钢
　　　　　　朱庆中　邹利红※

区委老干部局

局　　长　莫健新（—2019.2）
　　　　　冯　宇（2019.2任）
副 局 长　丁映宇

区委离退休干部工作委员会

书　　记　莫健新（—2019.2）
　　　　　冯　宇（2019.2任）
副 书 记　纪佩来※

区档案局（馆）

局（馆）长　高国华（—2019.2）
副局（馆）长　张晓燕※（—2019.2）

区档案馆

馆　　长　高国华（2019.2任）
副 馆 长　张晓燕※（2019.2任）

区信访局

（2019年2月机构改革，调整区信访局管理体制，调整为区政府工作部门）

局　　长　李　荣（—2019.2）
副 局 长　陈永康（—2019.2）
　　　　　蒲启城（—2019.2）
　　　　　芮　洋（—2019.2）

区委党史工作委员会
区地方志办公室

主　　任　陈　刚
副 主 任　朱建刚　罗　燕

区委党校

党委书记、校长　查伟明
副　校　长　李素君※（—2018.6）　陆茹英※

区行政学校

校　　长　查伟明
副 校 长　李素君※（—2018.6）　陆茹英※

武进日报社

社长、党委书记　孙泽新
武进日报总编辑、党委副书记　顾枫华
副　社　长　钱小松
纪 委 书 记　吴旭东

武进日报副总编辑 葛长青 陆卫东 王 燕※

区广播电视台

台长、党委书记 顾 芳※
副 台 长 杨富春 陈伟强 姚汗龙
纪委书记 张乃佳※

常州市武进区人大常委会工作机构

办公室

主 任 符 伟
副主任 沙 芳※ 强 雨※

研究室

主 任 沙 芳※

财政经济工作委员会

主 任 陈建荣
副主任 潘一沁※

农业和农村工作委员会

主 任 许勤丰

法制和内务司法工作委员会

主 任 许岳兴

环境资源城乡建设工作委员会

主 任 陈方根
副主任 周亚明

教科文卫工作委员会

主 任 陆为农
副主任 徐晓燕※

人事代表工作委员会

主 任 俞建东
副主任 黄盛英※

民族宗教侨务工作委员会

主 任 张亚萍※

常州市武进区人民政府工作部门及直属单位

区政府办公室

主任、党组书记 蒋志龙
副 主 任 荆 成（—2019.2）
陈建东 钱勤东
程 锦※（2019.2 任）
陆建松 王亚杰
葛永丰（—2019.2）

区政府法制办公室

副主任 严 征（—2019.2）

区政府金融工作办公室

主 任 黄学贤（—2019.2）
副主任 王阿娣※（—2019.2）
罗君贤（—2019.2）
庄 巍（—2019.2）

区政府新闻办

副主任 程 锦（—2019.2）

区应急管理办公室

副主任 张志平（—2019.2）

区接待办公室

主 任 蒋志龙（兼）
副主任 袁丽萍※

区政府外事办公室

副主任 荆 成（2019.2 任）

区电子政务中心

主 任 曾文军
副主任 沈惠芬※

区发展和改革局

（2019 年 2 月党委改为党组）

局长、党委书记 吉晓阳※（—2019.2）
局长、党组书记 夷建良（2019.2 任）
副 局 长 潘一航 周振浩 张庆九 宦庆辉
汤 焱 万宣东 谢 健

区经济和信息化局

（2019 年 2 月，区经济和信息化局更名为区工业和信息化局，党委改为党组）

局长、党委书记 恽益明（—2019.2）
副 局 长 陈 敏（—2019.2）
陈伟平（—2019.2）
李晋浦（—2019.2）
周法根（—2019.2）

区中小企业局

（2019 年 2 月，不再保留区中小企业局）

局 长 陈 敏（—2019.2）

区工业和信息化局

局长、党组书记 恽益明（2019.2 任）
副 局 长 陈 敏（2019.2 任）
周法根（2019.2 任）

区委教育工委

工委书记 郑全伟
工委副书记 王腊美※

区教育局

局 长 郑全伟
副局长 钱文玉（—2019.2）
万琴凤※ 谢建伟 李昇学

区科学技术局

局 长 李 婷※
党组书记 张志华（—2019.2）
张卫星（2019.2 任）
党组副书记 胡国忠（—2018.6）
副局长 胡国忠（—2018.6）
尤霄峰（—2019.2）
张利萍※（—2019.2）
欧毅华※（2019.2 任）
张卫星（2019.2 任）

常州市公安局武进分局

局长、党委书记 张 强
党委副书记、政治委员 张继洪
副 局 长 彭尧平 耿昌华
周立夫（—2019.2）
王敏东 张冬琴※ 苏建中

张建伟（2019.2 任）
副政治委员 胡文光（—2019.2）
徐建方（2019.2 任）
督察长 张强
政治处主任 徐建方（—2019.2）
张曙光（2019.2 任）

区维护社会稳定工作领导小组办公室

副主任 刘建中（—2019.2）
姜荣佳（—2019.2）

区民政局

（2019 年 2 月党委改为党组）
局长、党委书记 夏建飞（—2019.2）
局长、党组书记 夏建飞（2019.2 任）
党委副书记 虞钟清（—2019.2）
党组副书记 虞钟清（2019.2 任）
副局长 许如新 姚绍洋（—2019.2）
陆俊阳 陈鹰※

区老龄工作委员会办公室

副主任 姚绍洋（—2019.2）

区慈善总会办公室

主任 陈鹰※（—2019.2）

区司法局

局长、党组书记 韩毅伟（—2019.2）
李荣（2019.2 任）
副局长 沈隽 赵铁军
严征（2019.2 任）

区财政局

局长、党组书记 周庆中
副局长 胡文伟 单志伟
叶青（2019.2 任）

区国有资产监督管理办公室

副主任 叶青 沈彬 王伟国

区人力资源和社会保障局

（2019 年 2 月党委改为党组）
局长、党委书记 周仲华（—2019.2）
局长、党组书记 周仲华（2019.2 任）
党委副书记 顾中琪（—2019.2）
朱丽莎※（—2019.2）
党组副书记 朱丽莎※（2019.2 任）
副局长 陈志华（—2019.2）
赵忠明 冷亚春
徐建龙（—2019.2）

区住房和城乡建设局

局长、党委书记 张征宇
党委副书记 管向阳
副局长 张建明（—2019.2）
张晓宇 贺军 李媛※
郭建军 唐昊骏（2019.2 任）

区人民防空办公室

副主任 吴元明（2019.2 任）
梁强（2019.2 任）

王伟（2019.2 任）

区城市管理局

（2019 年 2 月党委改为党组）
局长、党委书记 金旭兵（—2019.2）
局长、党组书记 金旭兵（2019.2 任）
副局长 徐建峰 何国栋 周志华
刘培良 吴丹萍※

区交通运输局

局长、党委书记 周俊
党委副书记 倪璟叶 凌光旭
副局长 凌光旭 顾青 严伟俊 张晓军

区水利局

（2019 年 2 月党委改为党组）
局长、党委书记 刘建荣※（—2019.2）
局长、党组书记 刘建荣※（2019.2 任）
党委副书记 王卫东（—2019.2）
党组副书记 王卫东（2019.2 任）
副局长 徐芳※ 夏坚远 马建平 朱献军

区农业局

（2019 年 2 月组建区农业农村局，不再保留区农业局）
局长、党委书记 诸东海（—2019.2）
党委副书记 顾海平（—2019.2）
副局长 顾海平（—2019.2）
顾文（—2019.2）
奚宝良（—2019.2）
蒋小刚（—2019.2）

区农业农村局

局长、党组书记 诸东海（2019.2 任）
副局长 顾文（2019.2 任）
蒋小刚（2019.2 任）
姚志平（2019.2 任）
周小宇（2019.2 任）

区委农村工作领导小组办公室

副主任 周小宇（2019.2 任）
周建定（2019.2 任）

区商务局

局长、党组书记 吴嫔※
副局长 王保华 徐宏杰 周志青

武进投资促进服务中心

副主任 马洁※

区文化广电新闻出版局

（2019 年 2 月机构改革，不再保留区文化广电新闻出版局）
局长、党组书记 范正洪（—2019.2）
副局长 吴海涛（—2019.2）
周晓东（—2019.2）
叶馨远（—2019.2）

区文体广电和旅游局

（2019 年 2 月组建）
局长、党组书记 李洪兴（2019.2 任）
副局长 陈海明（2019.2 任）
薛鑫（2019.2 任）

吴海涛（2019.2 任）
陈亚娣※（2019.2 任）
卞曙光（2019.2 任）
沈　叶※（2019.2 任）
叶馨远※（2019.2 任）

区卫生和计划生育局

（2019 年 2 月机构改革，组建区卫生健康局，不再保留区卫生和计划生育局）

局　　长　王洪新（—2019.2）
党委副书记　何　东（—2019.2）
王洪新（—2019.2）
副　局　长　顾东武（—2019.2）
杨春玲※（—2019.2）
狄旭东（—2019.2）
左朝辉（—2019.2）

区卫生健康局

局长、党委书记　王洪新（2019.2 任）
副　书　记　何　东（2019.2 任）
副　局　长　顾东武（2019.2 任）
姚绍洋（2019.2 任）

区退役军人事务局

（2019 年 2 月组建）

局长、党委书记　张军亮（2019.2 任）
副　局　长　杨育才（2019.2 任）
葛永丰（2019.2 任）

区应急管理局

（2019 年 2 月组建）

局长、党组书记　曹雄伟（2019.2 任）
党组副书记　黄　莹（2019.2 任）
副　局　长　巢鸿泉（2019.2 任）
尤霄峰（2019.2 任）
杨志海（2019.2 任）

区审计局

局长、党组书记　朱鹏程
副　局　长　王泽南　陈国仁（—2019.2）
毛　兴

区政府研究室

（2019 年 2 月组建）

主　任　冯　民（2019.2 任）

区行政审批局

局长、党组书记　张　琪
副　局　长　聂亚玉※　王　芳※　赵匡吉

区公共资源交易中心

主　任　张　琪
副　主　任　吴文英　顾　峰（2018.6 任）

区市场监督管理局

（2019 年 2 月党委改为党组）

局　长　朱小平
党委书记　朱小平（—2019.2）
党组书记　朱小平（2019.2 任）
党委副书记　朱正东（—2019.2）
朱文贤（—2019.2）
党组副书记　朱正东（2019.2 任）
朱文贤（2019.2 任）
副　局　长　王金熔　濮文伟　孙东彧（—2018.6）
张宝康　叶文华　陆　俊
张利萍※（2019.2 任）　束建刚

区统计局

局　　长　刘云英※（—2019.2）
王　勇（2019.2 任）
党组书记　王　勇
副　局　长　王　勇（—2019.2）
陆亚健　谢伟洪
总统计师　石兰生（—2019.2）

区信访局

局　　长　徐晓东（2019.2 任）
副　局　长　李　俊（2019.2 任）
芮　洋（2019.2 任）

区地方金融监督管理局

（2019 年 2 月组建）

局　　长　张文伟（2019.2 任）
副　局　长　王阿娣（2019.2 任）
罗君贤（2019.2 任）

市医疗保障局武进分局

局　　长　左朝辉（2019.2 任）

常州市武进环保局

局长、党组书记　张卫星（—2018.11）
周建江（2018.11 任）
副　局　长　周建江（—2018.11）　宫春晖
朱　军　马　旦（—2018.11）

区生态文明建设办公室

主　　任　张卫星（—2019.2）
周建江（2019.2 兼）
副　主　任　林春雷　王今丰

区安全生产监督管理局

（2019 年 2 月机构改革，组建区应急管理局，不再保留区安全生产监督管理局）

局长、党组书记　曹雄伟（—2019.2）
党组副书记　黄　莹（—2019.2）
副　局　长　巢鸿泉（—2019.2）
杨志海（—2019.2）
欧毅华※（—2019.2）

区体育局

（2019 年 2 月机构改革，组建区文体广电和旅游局，不再保留区体育局）

局长、党组书记　李洪兴（—2019.2）
副　局　长　陈海明（—2019.2）
卞曙光（—2019.2）

区旅游局

（2019 年 2 月机构改革，组建区文体广电和旅游局，不再保留区旅游局）

局长、党组书记　顾树民（—2019.2）

副　局　长　薛　鑫（—2019.2）
陈亚娣※（—2019.2）

区侨务办公室

（2019年2月机构改革，不再保留单设的区侨务办公室）
主　　任　杨美英※（—2019.2）
副 主 任　许晓东（—2019.2）
张　影※（—2019.2）

区民防局

（2019年2月机构改革，不再保留区民防局）
局长、党组书记　冯　民（—2019.2）
党组副书记　吴元明（—2019.2）
副　局　长　梁　强（—2019.2）
王　伟（—2019.2）

区级机关后勤管理服务中心

主任、党委书记　顾琴仙※
副　主　任　王锁法　钱平南

区房屋征收与补偿办公室

主　　任　姚铭泽
副 主 任　雍　军　沈　轲※　胡　鹤

江苏常州经济开发区

书　　记　顾伟国
主　　任　周永强
副 书 记　周永强　李文涛（—2018.10）
副 主 任　李文涛（—2018.10）
张云逸　赵天晟　储小平　马建立
何　勇　冯旭江　王旭锋　沈振华
纪工委书记　张　勇
纪工委副书记　陈　斌　钱莉芳※

武进高新技术产业开发区

书　　记　史志军（—2018.9）
李　林（2018.11任）
主　　任　戴士福
副 书 记　戴士福　石旭涌
副 主 任　石旭涌　祝正庆　王伟华
罗文祥　谢群丰　杨鑫才
李　磊※　孙　洋　姚　祥
纪工委书记　龚青大
纪工委副书记、监察局局长　柏琴雪※

常州西太湖科技产业园（江苏武进经济开发区）

书　　记　施小平
主　　任　戴志华
副 书 记　戴志华　沈　涛　潘　琪
副 主 任　沈　涛　张　铭
胡延红※（2019.2任）
许春英※　黄哲斌
张文伟（—2019.2）　徐新波
纪工委书记　刘荣光
纪工委副书记、监察局局长　严建平

武进绿色建筑产业集聚示范区

书记、主任　徐　宁
副 主 任　沈晓伟　贺　军（兼）

武进太湖湾旅游度假区

书　　记　闵伟明
主　　任　许文涛
副 书 记　许文涛　薛　锋
副 主 任　李云辉　吴小杰　殷正良
纪工委书记　车勤峰

武进中国春秋淹城旅游区

书记、主任　谈正刚
副 书 记　居敏俊
副 主 任　张志杰　刘　坚
纪委书记　居敏俊

江苏省武进现代农业产业园区

书　　记　施小平（—2019.2）
朱剑波（2019.2任）
主　　任　薛健峰
副 书 记　薛健峰　蒋松明（—2018.12）
副 主 任　李　俊（—2019.2）　吕　威
纪委书记　张小英※

江苏武进经济发展集团公司

董事长、总经理、党委副书记　李建平
党委书记　刘祝全
党委副书记　何雪峰
副总经理　何雪峰　薛泽孟　羊晓清
路　锦　冯剑玉※
纪委书记　赵寅洁※

江苏武进先行控股集团有限公司

董事长、总经理　谈　胜
党委书记　梅可佳
副总经理　诸小平　钱　岗　谢　健
王建松　王　鸣
纪委书记　蒋黎国

江苏武进国经控股集团有限公司

董事长、总经理　徐亚娟※
党委副书记　翟华萍※
副总经理　王中方
纪委书记　翟华萍※

武进工贸资产经营管理有限公司（供销合作总社）

党委书记　秦明方
董事长、总经理　徐亚娟※
党委副书记　徐亚娟※　黄文耀
纪委书记　黄文耀

开放大学、国家级重点职业高中、省重点高中、医院

武进开放大学

校　　长　张伟贤
党委书记　臧自安（—2018.6）
张伟贤（2018.6任）

江苏省前黄高级中学
校　　长　黄惠涛
党委书记　秦春华

江苏省武进高级中学
校　　长　谢建伟
党委书记　杨云逸（—2019.2）

江苏省武进职业教育中心校
校　　长　张伟贤
党委书记　张伟贤

武进人民医院
院长、党委书记　周培根

武进中医医院
院　　长　杨　波

中共常州市武进区委协助管理的单位

常州市国土资源局武进分局
局长、党委书记　卢中英
副　　局　　长　庄　铿　曹　荣　卢翼波　贾建东
纪　委　书　记　张碗忠

常州市规划局武进分局
局　　长　孔和生
党支部书记　孙春生
副　局　长　汪志南※　蔡　剑　宰　娟※

常州市住房公积金管理中心武进分中心
主　　任　陈丽君※
副 主 任　董瑞峰

武进区国家税务局
局长、党组书记　曹　忠
副　　局　　长　陈志斌　王贤方　陆玉学
纪　检　组　长　张宝明

常州市武进地方税务局
局长、党组书记　狄欣荣
副　　局　　长　李克平　孙永义　金　红※
　　　　　　　　杜　俊　张　良
纪 检 组 组 长　许震宇

国家税务总局常州市武进区税务局
局长、党组书记　狄欣荣（2018.9 任）
副　　书　　记　张志杰（2018.9 任）
副　　局　　长　张志杰（2018.9 任）
　　　　　　　　陈志斌（2018.7 任）
　　　　　　　　金　红※（2018.7 任）
　　　　　　　　杜　俊（2018.7 任）
　　　　　　　　王贤方（2018.7 任）
　　　　　　　　陆玉学（2018.7 任）
　　　　　　　　张　良（2018.7 任）
纪　检　组　长　张宝明（2018.7 任）

常州市武进区邮管局
局　　长　周　蓉※

武进电信局
局　　长　张建军

副 局 长　戎文杰　王建刚　周　倜

武进烟草专卖局
局　　长　潘春庚
副 局 长　钱汉新　吴亚东（—2018.7）
　　　　　王　娟※（2018.7 任）

常州海关武进办事处
主　　任　蒋　勇（—2018.12）
副 主 任　虞国锋（—2018.12）

常州出入境检验检疫局武进办事处
主　　任　毛福群（—2018.12）
副 主 任　陶小伟（—2018.12）

常州海关驻武进办事处
主　　任　毛福群（2018.12 任）
副 主 任　钱　进（2018.12 任）
　　　　　虞国锋（2018.12 任）
　　　　　沈文杰（2019.1 任）

中国人民银行常州市武进支行
行　　长　翟晓佳
副 行 长　高立华　戴　晏
纪检组长　高立华

政协常州市武进区委员会工作机构

办公室
主　　任　张军亮（—2019.2）
　　　　　陶春健（2019.2 任）
副 主 任　张　磊　闻　洁※

研究室
主　　任　张军亮（—2019.2）
　　　　　陶春健（2019.2 任）

提案委员会
主　　任　周建清

学习与文史委员会
主　　任　王云芬※
副 主 任　徐金荣（—2019.2）

经济科技委员会
主　　任　夏荣伟

社会事业和法制委员会
主　　任　岳翠军
副 主 任　鲜艳梅※

港澳台侨委员会
主　　任　韩家兴

委员工作委员会
主　　任　蒋建明
副 主 任　陈飞燕※（—2019.2）

群众团体

武进区总工会
主席、党组书记　金　刚
副　　主　　席　陆惠萍※　陆维剑※　张　勇

共青团武进区委员会

书记、党组书记　刘　团※
副　　书　　记　赵丽君※　徐　敏

武进区妇女联合会

主席、党组书记　蒋　丽※
副　　主　　席　朱宏英※　赵　英※

武进区科学技术协会

主席、党组书记　周　萍※（—2019.2）
主　　　　　席　刘云英※（2019.2 任）
副　　主　　席　金华兴（—2019.2）
　　　　　　　　汤淑娟※（—2019.2）
　　　　　　　　张建刚（—2019.2）
　　　　　　　　曹法南（2019.2 任）

武进区青年联合会

主　　　　席　刘　团※
副　　主　　席　赵丽君※　徐　敏　梅泽锋　徐　锋

武进区工商业联合会

主　　席　桑　遥※
党组书记　赵忠明
副 主 席　赵忠明　朱国庆（—2018.6）

武进区文学艺术界联合会

主　　席　夏征征※
副 主 席　周晓东（2019.2 任）　羌云庆

武进区归侨侨眷联合会

主　　席　杨美英※
副 主 席　张　影※（2019.2 任）

武进区残疾人联合会

名誉主席　郑政平
主　　席　张小虎（兼）
副 主 席　胡延红（—2019.2）
　　　　　顾树民（2019.2 任）
　　　　　钱国金（—2019.2）　赵美娟※
党组书记　胡延红（—2019.2）
　　　　　顾树民（2019.2 任）
理 事 长　胡延红（—2019.2）
　　　　　顾树民（2019.2 任）
副理事长　钱国金（—2019.2）　赵美娟※

武进区红十字会

会　　长　张小虎（兼）
常务副会长　杨亚萍※（—2019.2）
副 会 长　王伟国（—2019.2）
　　　　　狄旭东（2019.2 任）

镇、街道

雪堰镇

书　　　　记　王宏强
副　　书　　记　武华忠
人 大 主 席　蒋志刚
镇　　　　长　武华忠
副　　镇　　长　周岳生　董才新　李治国
　　　　　　　　梁云波　殷旭东
纪 委 书 记　杨文杰

礼嘉镇

书　　　　记　丁亚英※
副　　书　　记　朱慧峰　吴小铭
人 大 主 席　王爱军※（—2019.2）
镇　　　　长　朱慧峰
副　　镇　　长　秦能达　何庆伟　冯冠华
　　　　　　　　曹法南（—2019.2）
政协工委主任　吴小铭
纪 委 书 记　郑东明（—2018.6）
　　　　　　　　陈　鹏（2018.6 任）

前黄镇

书　　　　记　裴晓冬
副　　书　　记　陈　江　钱颖旦※
人 大 主 席　姚国强
镇　　　　长　陈　江
副　　镇　　长　陈忠平　王全华　孙　俊　蒋　轩
政协工委主任　钱颖旦※
纪 委 书 记　李国栋

湖塘镇

书　　　　记　蒋金明
副　　书　　记　樊　烨　庄　铓　孙震文
人 大 主 席　贾国建
镇　　　　长　樊　烨
副　　镇　　长　时培红　王　丹　王　芳※　张建军
　　　　　　　　殷海峰
政协工委主任　庄　铓
纪 委 书 记　贾少波

牛塘镇

副　　书　　记　严晓国　杨志明（2018.7 任）
　　　　　　　　任争辉
人 大 主 席　潘志峰
镇　　　　长　严晓国（—2018.6）
　　　　　　　　杨志明（2018.7 任）
副　　镇　　长　周　波　冯云娟※
　　　　　　　　杨志明（—2018.7）　马东方
政协工委主任　任争辉
纪 委 书 记　朱　宇

洛阳镇

书　　　　记　朱红兴
副　　书　　记　龚新宇　潘宏杰
人 大 主 席　朱红兴
镇　　　　长　龚新宇
副　　镇　　长　朱国清　查亚新　王小虎　高　军
纪 委 书 记　许　芸※

湟里镇

书　　　　记　武为锋
副　　书　　记　朱军华　祁　斌　丁　涛
人 大 主 席　王志坚
镇　　　　长　朱军华

副　镇　长　路正峰　王　乾　薛晓波　眭岳明
政协工委主任　祁　斌
纪委书记　蔡兰芬

嘉泽镇

书　　记　施小平（—2019.2）
　　　　朱剑波（2019.2任）
副书记　薛健峰　胡新诚（—2019.2）
人大主席　蒋新明
镇　　长　薛健峰
副镇长　马建忠　张　颗※　宋丹峰
政协工委主任　胡新诚（—2019.2）
纪委书记　吴奋明

横林镇

书　　记　江春明
副书记　蒋政剑　张毋左
人大副主席　姚　鸿
镇　　长　蒋政剑
副镇长　张晓强　吴志建　潘　俊　王美姣※
政协工委主任　张毋左
纪委书记　荆　涛

遥观镇

书　　记　冯　晖
副书记　王伟强　叶　平
人大主席　丁　坤
镇　　长　王伟强
副镇长　高　明　诸立群　刘伟强　邹　优
政协工委主任　叶　平
纪委书记　王明菊※

横山桥镇

书　　记　徐　海
副书记　乔　强　孙亚明　章春军
人大主席　是　建
镇　　长　乔　强
副镇长　陆冬芳※　董　庆　陈建波　顾宏亮
　　　　庄　跃（2019.2提名）
政协工委主任　孙亚明
纪委书记　刘　健

潞城街道

书　　记　赵文明
副书记　周　茹※　薛　康※　林　霄※
人大工委主任　薛　康※
主　　任　周　茹※
副主任　魏　胜　胡秋元　钱哲峰　沈齐乐
政协工委主任　林　霄※
纪工委书记　王永斌

戚墅堰轨道交通产业园

党工委书记　赵文明
副书记　赖岩松
管委会主任　赖岩松
管委会副主任　殷　清　钱　瑜
　　　　黄可人（—2019.3）
纪工委书记　王永斌

丁堰街道

书　　记　费　晔※
副书记　袁　康　符　涛　石剑虹
人大工委主任　袁　康
办事处主任　符　涛
办事处副主任　朱忠明　唐昊俊（—2019.2）
　　　　陈益伟　刘　敏※
政协工委主任　石剑虹
纪委书记　赵　飞

戚墅堰街道

书　　记　梁文菊※
副书记　李　江　顾　群　陈　尧
人大工委主任　顾　群
办事处主任　李　江
办事处副主任　符锡宝　杨永清　刘晓莲※
政协工委主任　陈　尧
纪委书记　梁晓波

南夏墅街道

书　　记　朱剑波（—2019.2）
副书记　张永波　蒋黎明
人大工委主任　吴晓东
人大工委副主任　武　佳※
办事处主任　张永波
办事处副主任　唐晓明　臧伟良　杨振宇　朱　敏※
政协工委主任　蒋黎明
纪委书记　陆晓忠

西湖街道

书　　记　潘　琪
副书记　董云峰　黄铁梅※
主　　任　董云峰
副主任　沈可南　贺鹏岳　高　波
人大工委主任　高兴国
人大工委副主任　金小庆
政协工委主任　黄铁梅※
纪工委书记　万家东

高新区北区

书　　记　杨华夏※
副书记　周文彬　蒋旭东
主　　任　周文彬
副主任　张　念　蒋海珍※　庄春潮※　周　军
纪委书记　雷　成

说明：①中共××镇纪律检查委员会书记，简称纪委书记。
②局和镇党委下的基层和村级党委不收其领导名录。
③各银行、保险公司、电信、国税、地税、烟草、国土、规划等部门的领导，由其上级业务主管部门任免，区委协助有关部门管理。
④带※号者为女性。

（吴　城）

人 物

Characters

栏目编辑　蒋　聆

新任区级领导

李　林

2018年11月，任中共常州市武进区委员会书记、武进国家高新技术产业开发区党工委书记。2019年1月，任武进区人民武装部党委第一书记。

山东荣成人，1971年2月出生。东南大学交通运输工程系公路与城市道路工程专业本科毕业。1992年8月参加工作，任常州市高速公路建设指挥部监理。2000年12月加入中国共产党。1996年9月至2007年11月，历任常州市交通局工程处科员、工程处副处长、工程处处长、规划计划处处长、局长助理、副局长。2006年12月，兼任常州市港务管理局副局长。2007年11月，任金坛市委常委、市政府副市长。2009年7—12月，兼任金坛经济开发区党工委书记。2010年6月任常州市戚墅堰区委副书记、区政府代区长，2011年1月任常州市戚墅堰区政府区长。2012年1月，任常州市戚墅堰区委书记、区人大常委会党组书记，2012年3月任常州市戚墅堰区人大常委会主任。2015年5月，任常州市政府党组成员（正处级）。2016年1月至2017年4月，任常州市政府秘书长、市政府办公室党组书记，2017年2月任常州市政府副市长。

卜宪沛

2018年8月，任中共常州市武进区委员会常委、武进区人民武装部党委书记。

山东微山人，1971年11月出生。蚌埠坦克指挥学院军需管理专业本科毕业。1990年12月参加工作，任山东省军区内长山守备师一团二营七连战士。1993年9月，武汉军事经济学院军需管理专业大专学习。1994年12月加入中国共产党。1996年7月至2010年5月，历任第十二集团军某坦克团排长、团服务中心主任、师政治部保卫科副连职干事、连政治指导员、师政治部保卫科正连职干事、师政治部保卫科副营职干事、营代理政治教导员、营政治教导员、师政治部保卫科科长。2010年5月，任江西省星子县人民武装部政治委员。2013年3月，任江苏省阜宁县人民武装部政治委员。2017年6月，任常州市武进区人民武装部政治委员。

（吴　城）

先进个人

朱天亮

常州市公安局武进分局团委副书记、政治处宣传科副科长，中共党员。2018年5月，被团中央评为全国优秀共青团员。

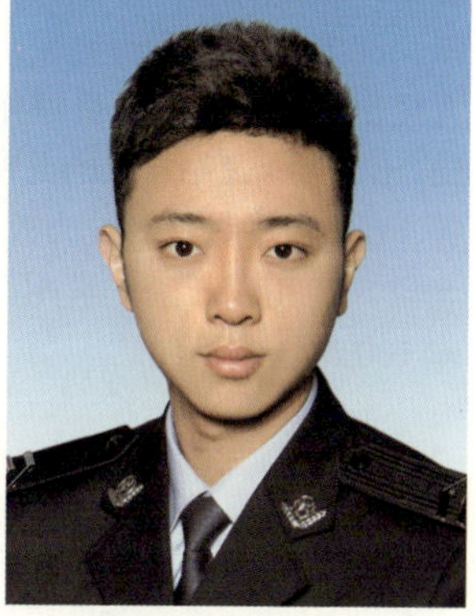

江苏滨海人，1990年5月出生。2011年8月参加工作。朱天亮创新开设武进区阿亮警官护雏工作室，担任武进区少年儿童法制教育总辅导员、武进区电视台《阿亮警官说警事》栏目主持人。牵头负责的“阿亮警官护雏工作室为青少年平安成长护航项目”开展200余场，教育青少年5万人次，先后得到团中央书记处书记徐晓、尹冬梅肯定，项目相继获得共青团中央“全国机关事业单位‘团建优品汇’十佳精品项目”“第二届全国基层团建创新典型案例”等荣誉。朱天亮曾获个人三等功1次、嘉奖3次，江苏省好青年等省市级荣誉10余项。

（吴柯霖）

朱智华

武进区委政法委政法委员、区网格化服务管理中心副主任，中共党员。2018年10月，被省委、省政府授予2015—2018年度社会治安综合治理个人二等功。

常州钟楼人，1983年1月出生。2006年9月参加工作。从事政法综治工作后，认真学习贯彻中央和省、市、区委重大会议精神与决策部署，始终坚持“民生优先、服务优先、基层在先”工作理念，深入推进全区综治和平安建设工作。朱智华曾获常州市委市政府个人三等功、武进区政府个人嘉奖。

（李大岭）

庄惠芬

武进区星河实验小学教育集团校长，中共党员，中学高级教师。2018年，被共青团中央、中国关工委授予全国青少年“中华美德”读书教育活动特别指导奖。

武进礼嘉人，1973年10月出生。1992年7月江苏省武进师范学校毕业。2010年12月获扬州大学教育硕士学位。从2007年1月起，历任湖塘桥中心小学副校长、星河小学校长、星河实验小学教育集团校长。庄惠芬从事小学教育工作20多年，一直在一线带班上课，曾获全国优秀教育工作者、江苏省特级教师、江苏省五一劳动奖章、江苏省小学数学特级教师、武进区有突出贡献的科技人员等称号。在省级以上刊物发表论文百余篇，出版专著《站起来的儿童数学》《儿童创想课程的生命远行》等4部，校本教材《魅力数学》6册，先后在江苏、山西、山东、北京、四川、云南、贵州等30多个省市执教公开课和专题讲座100多场。

（陆　琪）

刘云清

中车戚墅堰机车车辆工艺研究所有限公司（简称“中车戚墅堰所”）维修工，高级技师，中车戚墅堰所首席技能专家，中共党员。2018年4月，被全国总工会授予全国五一劳动奖章。

江苏南京人，1976年9月出生。1996年，中专毕业进入中车戚墅堰所工作。从一名普通的机械维修工成长为智能装备的研发人员，在国家级刊物发表论文3篇。刘云清主持研制的高速浮动式HM系列数控珩磨机获评第八届江苏省职工十大科技创新成果、常州市创新创业大赛一等奖。累计举办数控设备操作、维修、管理、TPM等培训100余场，共培训2000余人次，培养数控设备维修人才20余人，其中高级技师1人、技师7人。以其名字命名的“刘云清劳模创新工作室”开展重点攻关项目20余项，获评江苏省示范性劳模创新工作室，共取得科技成果40余项、专利17件，其中发明专利4件，自主研发设备200余套，设计建造机器人自动化产线7条，节约设备采购费用4200余万元，直接创造产值1.5亿元。刘云清曾获中国质量工匠、江苏省企业首席技师等称号和全国五一劳动奖章。

（陈爱娣）

刘饮海

武进区司法局牛塘司法所所长，中共党员。2019年1月，被司法部评为全国模范司法所长。

常州武进人，1971年10月出生。1992年1月，在武进县公安局工作。2013年3月，任牛塘司法所所长。刘饮海在工作中以高度的责任感践行全心全意为人民服务的宗旨，认真学习业务知识，服务基层群众，为群众办实事500余件，调解矛盾纠纷400余起，化解群众集体上访事件10余起，为维护群众利益、维护一方平安做出应有的贡献。曾获“六五”普法先进个人、武进区十佳政法干警等称号。

（王　煜）

陆伊丽

常州市武进区疾病预防控制中心血防科科长，副主任医师，农工民主党党员。2018年11月，被中华预防医学会授予“全国血防卫士”称号。

常州武进人，1971年12月出生。本科学历，1991年参加工作。从事血防工作28年中，做好武进区血吸虫病防治工作草案起草、基层相关业务培训，指导各乡镇开展血防查灭螺、查治病、健康教育等工作。在省级及国家级杂志上发表血防论文2篇。被江苏省血吸虫病防治研究所评为2011年度血防基础数据库工作先进个人，被常州市政府血地防领导小组评为血吸虫病防治先进个人5次，获常州市武进区人民政府嘉奖2次。

（张雪平）

沈益锋

江苏华怡明都酒店管理有限公司董事长，中共党员。2018年12月，被中国烹饪协会评为中国餐饮企业家文化传承突出贡献人物。

常州武进人，1963年出生。沈益锋于1996年参与筹建明都大饭店，从1997年起开启明都大饭店连锁发展之路，使明都大饭店于2003年成为金陵饭店品牌旗下第一家特许经营酒店，先后管理明都枫泽山庄、明都国际会议中心、奥体明都国际饭店与镇江明都大饭店等。2011年，成立江苏华怡明都酒店管理有限公司。到2018年，该公司下辖连锁酒店22家、高端物业管理单位74个，年营业额超5亿元。

（张博勋）

费叶青

武进区洛阳镇总工会主席，中共党员。2018年，被全国总工会评为全国优秀工会工作者。

常州武进人，1972年1月出生。1989年9月参加工作，本科学历。费叶青团结带领职工围绕企业发展做贡献，围绕服务抓维权，创建“为党政分忧、为企业服务、为职工解难”工会工作品牌，在非公企业中大力开展“三专合一”工会办公室建设，以“有人、开门、办事、活动”为基层企业工会规范化建设的基本要求，推进职工之家建设。对照“工会组织活动正常、劳动合同制度健全、职工权益得到保障、安全生产措施落实、经营管理规范诚信”的要求，加大和谐企业创建力度，落实职工权益相关政策，维护职工权益，推动企业民主管理、职工五险三假落实、矛盾纠纷调处、困难职工救助等工作。每年调查了解困难职工，及时救助重大疾病、突发性灾难的职工。开展各项文化体育活动，丰富职工生活，扩大工会影响力，增强凝聚力，曾获省“双学双比”工作先进个人、省优秀工会工作者、常州市优秀工会工作者、常州市五一劳动奖章等荣誉。

（储家浩）

贺渝雅

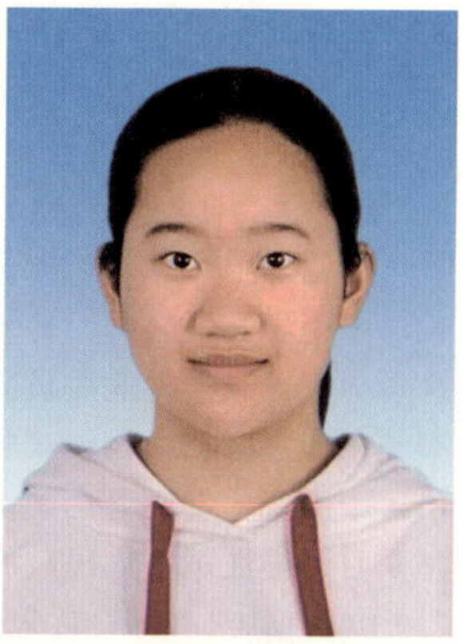

武进区星韵学校学生，五(4)中队宣传委员。2018年12月，被共青团中央、教育部、全国少工委联合授予“全国优秀少先队员”称号。

常州武进人，2006年11月出生。贺渝雅热爱阅读、刻苦钻研，协助老师创建“小书虫动感中队”，并经常动手做一些创造发明。每学期都被评为“全面发展好学生”“品学兼优学生”。曾获《少儿书苑》第20届国际少儿书画作文大赛“铜奖”，撰写的《关于京沪高铁常州北站交通布局的现状调查和对策研究》获得红领巾创造竞赛小学高年级组一等奖，2018年被评为“江苏省少年科学院十佳小院士”“常州市龙城好少年”。

（吴柯霖）

钱爱芙

武进区实验小学教育集团校长，中国民主促进会会员，中学高级教师，江苏省小学校长和学校发展专业委员会副理事长。2018年，被共青团中央、中国关工委授予全国青少年“中华美德”读书教育活动特别指导奖。

武进芙蓉人，1971年8月出生。2007年，任武进清英外国语学校校长。2013年，任湖塘桥中心小学教育集团校长。2017年，组建武进区实验小学教育集团，任该教育集团校长。钱爱芙曾获中国教育创新杰出人物、江苏省优秀教育工作者、常州市首届特级校长等称号。出版专著《善：文化中的幸福相遇》，主编《幸福学校的愿景与行动》《影响孩子一生的人格教育》等专著，并到西藏、新疆、贵州等地作专题报告30多场。

（陆　琪）

殷榴娣

常武太湖医院主管护师，2018年8月17日，被中国麻风防治协会授予“全国麻风防治优秀护理工作者”称号。

常州武进人，1964年6月出生。1982年江苏高淳卫生学校毕业，8月到常武太湖医院工作。殷榴娣从事麻风病护理工作

36年中，用妈妈般的慈爱、女儿般的贴心，护理每一位麻风病患者，在平凡的岗位上，用爱心、耐心、细心和责任心诠释了南丁格尔精神。

（张雪平）

梅建芬

武进区湖塘实验中学副校长，中小学高级教师，常州市教育学会物理教学专业委员会副理事长，武进区初中物理兼职教研员，中国民主促进会会员。2018年9月，被江苏省人民政府授予“初中物理特级教师”称号。

常州武进人，1971年5月出生。1992年苏州大学物理实验专科毕业。2016年8月任湖塘实验中学副校长。梅建芬在教育教学过程中遵循教育规律，研究教法学法，取得教育教学突出业绩。曾获全国网络教研一等奖、全国初中物理名师展示课一等奖、教育部部级优课、江苏省物理名师评优课一等奖。作为研究人员参与的“尝试教学法实验研究与推广应用”项目获国家级教学成果一等奖，作为核心成员参与的研究项目获江苏省基础教育成果二等奖、常州市基础教育成果一等奖，多篇文章在省级及以上刊物发表或获奖。先后获全国教育信息化发明创新奖、常州市优秀教育工作者、常州市师德标兵、武进区三八红旗手、武进区巾帼标兵等荣誉。

（陆　琪）

中国好人

林小生

常州新华联服装商场总经理。入选2018年1月份“中国好人榜”诚实守信好人。

常州人，1959年10月出生。林小生自1980年在迎春步行街销售服装起，坚持诚信经营38年，销售量超过500万件无投诉，是武进服装经营界的“金字招牌”。信守“诚信为本，价格惠民”，每次进货都亲自选货验货、商谈价格，确保货真物美价实。商场多次获得“全国诚信经营示范单位”“江苏省放心消费示范单位”“江苏省价格诚信单位”等称号。林小生多次被评为武进区“爱国敬业诚信守法贡献”先进会员。2017年，被常州市文明办评为“常州市十大诚信标兵”，入选12月份“江苏好人榜”。

俞金坤

今创控股集团董事局主席，中共党员。入选2018年12月份“中国好人榜”诚实守信好人。

武进遥观人，1943年2月出生。俞金坤创建的今创控股集团资产市值200亿元，年销售近130亿元，厂房超100万平方米，员工万余名。所持有商标“KTK”是中国乃至世界轨道交通装备配套产品中的第一品牌，生产涵盖高速动车组、城市轨道交通车辆和普通列车内饰装备系列、列车控制系统、娱乐系统和站台屏蔽门等系列1000余个产品，多次获江苏省省长质量奖。在企业发展的同时，俞金坤不忘回报社会，出资200万元成立今创教育奖励基金，出资10万元用于母校南塘桥小学的建设和提升，2003年成立全区首个百万光彩基金，2006年向区慈善总会捐款1000万元，2008年为遥观镇新农村建设捐赠1000万元，2013年向区慈善总会捐款301万元，2015年为遥观镇教育提升光彩行动捐款500万元，捐款累计超亿元。

（陈　伟）

改革开放40周年“武进十大风云人物”

邹兴华

江苏省中学物理特级教师，江苏省首批教授级高级教师，享受国务院政府特殊津贴。2018年11月，入选改革开放40周年“武进十大风云人物”。

常州武进人，1947年5月出生。1982年7月江苏师院物理系毕业。历任江苏省前黄高级中学校长、江苏省前黄高级中学国际分校校长。先后主持国家级、省级“八五”“九五”“十五”规划课题，改革、创新师资队伍建设，实施“形象工程”“青蓝工程”“名师工程”“安居工程”和考核激励评价机制，促进学校高质量发展。2002年在武进新城区建设省前黄高中新校区，2004与澳大利亚南澳州高考局合作开办国际高中课程班（SAM课程），推进教育国际交流和合作。曾获省“全心全意依靠教职工办学的好校长”、省“红杉树”园丁奖银奖、省教育系统关心下一代工作先进个人、市教师“华英奖”一等奖、市劳动模范、市优秀共产党员、区有突出贡献的科技人员等荣誉。

汪立平

江苏恒立液压股份有限公司董事长、恒立投资执行董事、志瑞机械董事长、上海立新董事、恒立液压科技董事长、高级经济师。江苏省政协第十一届委员会委员，武进区第十五届人民代表大会代表。2018 年 11 月，入选改革开放 40 周年“武进十大风云人物”。

江苏无锡人，1966 年 2 月出生。汪立平创建的恒立公司，从一家投资仅 5 万元、7 名工人的小作坊，发展成大型跨国上市公司。公司总股本 8.82 亿股，资产 65 亿元，员工 3500 名，拥有四大海外研发中心、七大制造基地、市值近 200 亿元。通过自主研发，恒立公司打破中国高端液压设备市场长期由国外企业垄断的格局，实现从单一元器件供应商向高端液压系统供应商的转型。汪立平曾获全国机械工业劳动模范、工程机械配套件行业风云人物、常州市明星企业家、武进区优秀企业家、投资武进十大功臣、武进光彩事业爱心奉献奖等荣誉。

沈惠兰

国家一级演员，武进锡剧团团长、中国剧协会员、江苏省剧协常务理事、常州市文联副主席、常州市剧协主席、武进区无党派联谊会副会长，江苏省第十届、第十一届人大代表。2018 年 11 月，入选改革开放 40 周年“武进十大风云人物”。

常州武进人，1964 年 12 月出生。沈惠兰自幼酷爱锡剧，师承锡剧大师梅兰珍，表演精湛细腻，唱腔优美、委婉、纯真，在《风流母女》《浣纱谣》《玉兰花开》等大型现代剧目和多部传统戏中担任主角。曾获国家级、省级奖项 10 余个，多次受政府嘉奖。沈惠兰任武进锡剧团团长后，几乎放弃了所有节假日休息，每年送戏下乡超过 200 场。组建武进戏迷协会，亲临辅导，策划各类活动。该协会有会员 500 多名、十多个演出队，常年活跃在村、镇、社区，连续四届成功举办武进锡剧节，积极推进锡剧进校园，免费为福利院、敬老院慰问演出。剧团连续多年被评为市、区文明单位，市、区文化系统先进集体，市三八红旗集体，第七届全国服务基层文化先进集体。

张 忠

中车戚墅堰机车有限公司电焊工高级技师，中共党员。2018 年 11 月，入选改革开放 40 周年“武进十大风云人物”。

常州武进人，1969 年 8 月出生。张忠在电焊岗位上大胆实践，先后总结编写了两万多字的《DF11 制动缸体环焊缝焊接》《和谐 5 机车构架焊接》等操作方法，在国内燃机车制造业得到广泛推广和运用，并指导一线操作员工运用于实践，大大提高了企业的生产效率和产品质量。2011 年 8 月，“张忠大师工作室”正式成立，通过搭建研修平台、传授技艺，攻坚克难，给企业及社会带来了强大的辐射效应。首创“1+1+2”工作模式，用“传、帮、带”方式，培训更多的岗位操作能手，满足企业对技能人才的需要。张忠曾获全国技术能手、中华技能大奖、中央企业劳动模范、全国劳动模范等荣誉。

陈 静

常州市公安局武进分局三级警长，中共党员。2018 年 11 月，入选改革开放 40 周年“武进十大风云人物”。

常州武进人，1966 年 7 月出生。陈静从警 30 多年，一直扎根在基层派出所，主要从事“法律难处理，公安推不掉，百姓又需要”的矛盾纠纷调处。在身患脑垂体肿瘤的情况下，2007 年在武进区公安系统内首先挑起警民联调的重任，默默用真心、真情、真意调解每一起纠纷。先后总结出调解工作程序“六步法”“调解工作六法”。其所在联调室被武进公安分局命名为“陈静联调室”，成为常州市首个婚姻家庭矛盾纠纷调处对接点，是全省妇联条线妇女儿童权益保障家庭矛盾调处的服务品牌，到 2018 年共受理各类民事纠纷超过 1.2 万起，调解成功率达 99.8% 以上。陈静曾获全国公安机关优秀人民警察、爱民模范和全国维护妇女儿童权益先进个人、中国好人、全国三八红旗手、全国巾帼建功标兵、江苏省三八红旗手、江苏省文明职工、江苏省先进工作者等荣誉，记个人一等功 1 次、二等功 1 次、三等功 2 次。陈静工作室被命名为常州市劳模创新工作室。

钮中一

江苏（武进）水稻研究所总农艺师，推广研究员，中共党员，享受国务院政府特殊津贴。2018 年 11 月，入选改革开放 40 周年“武进十大风云人物”。

常州武进人，1946 年 7 月出生。钮中一始终奋斗在水稻育种科研第一线，先后育成武香粳一号、武运粳 7 号、武运粳

21号、武运粳23号、武运粳30号等20余个水稻新品种，种植覆盖江、浙、沪、皖、豫等省市，累计推广应用面积逾666.67公顷，增加社会经济效益数十亿元。先后主持国家、省级等重大科研项目10余项，获国家科技进步一等奖、江苏省科技进步一等奖各1次，被授予江苏省农业科技功臣、江苏省优秀共产党员、江苏省粮食生产突出贡献农业科技人员、全国农村优秀人才、全国离退休干部先进个人、全国老有所为楷模等称号。

（谈亚东）

俞金坤

今创控股集团董事局主席，中共党员。2018年11月，入选改革开放40周年“武进十大风云人物”。内容参见“中国好人”分目P300相关条目。

（周　银）

徐成大

常州新奥燃气发展有限公司名誉董事长，中共党员。2018年11月，入选改革开放40周年“武进十大风云人物”。

常州武进人，1949年10月出生。徐成大作为武进燃气事业的奠基人，在武进燃气事业的发展过程中始终坚守“对社会尽责，为百姓造福”的初心，打造“保供、保安、惠民、创新、回报”五张名片，优化能源结构，改善生态环境，提高幸福指数，回报社会，造福武进人民。23年中，武进燃气事业从无到有、从小到大，已建成“西气东输”和“川气东送”天然气门站各1座，敷设管道4800多千米，覆盖人口160余万人，建有天然气汽车加气站8座，下设8个服务中心和办事处，为38万多户居民用户、4000多家工商企事业单位、4000多辆天然气汽车提供清洁能源服务，累计供应天然气超过32亿立方米，减少排放二氧化碳1000多万吨，二氧化硫、氮氧化合物、粉尘等污染物10万余吨，为武进经济社会发展及生态建设做出了重要贡献。

梅鹤康

横山桥镇五一村委书记，江南实业集团原董事长，中共党员。2018年11月，入选改革开放40周年“武进十大风云人物”。

常州武进人，1952年4月出生。1987年，时任村干部的梅鹤康带领着7名乡亲创办了村里第一家工厂，之后发展成为销售超百亿元的江南实业集团。同时带领群众实干兴村，多次被评为常州市优秀党务工作者，是江苏省“吴仁宝式”优秀村书记，获得江苏省道德模范、中国好人称号。

潘中来

江苏远宇电子投资集团有限公司董事长、瑞声科技控股有限公司荣誉主席，中共党员。江苏省第十一届、第十二届人大代表。2018年11月，入选改革开放40周年“武进十大风云人物”。

常州武进人，1944年11月出生。潘中来作为江苏远宇集团的掌舵人与领军人，通过30多年的艰辛创业与自主创新，不断发展壮大企业，做优做强。2017年，集团（包括瑞声科技）完成总销售200多亿元，实现利税超50亿元。曾获江苏省劳动模范、江苏省优秀乡镇企业家、常州市劳动模范、常州市先进科技工作者、常州市科学技术杰出贡献奖等荣誉。

（谈亚东）

逝世人物

顾银培

（1931.3—2018.11）

常州武进人。1954年3月加入中国共产党，1951年9月参加工作。1951年9月至1967年1月，历任舜山乡人民政府财粮员、焦溪区公所文书、武进县委办公室文书、武进县委办公室档案员、武进县档案馆副馆长。1960年3月至1967年1月，历任郑陆人民公社党委副书记、代书记，社教工作队队长、副团长。1967年1月，任郑陆区整党复查组组长。1969年9月至1980年7月，历任礼河人民公社党委书记、革委会主任，卜弋区工委副书记，卜弋区工委书记。1980年7月至1987年6月，历任武进县人民检察院检察长、党组书记、政法委副书记。1987年4月，任武进县政协副主席。1992年5月退休。

（何启华）

荣誉栏

Honor Roll

栏目编辑　蒋　聆

先进集体

武进区获得的综合荣誉（省级条线以上）

荣誉名称	授予单位
全国综合实力百强区第三名	中国城市经济学会中小城市经济发展委员会、中国小城市发展战略研究院
全国投资潜力百强区第一名	中国城市经济学会中小城市经济发展委员会、中国小城市发展战略研究院
全国科技创新百强区第一名	中国城市经济学会中小城市经济发展委员会、中国小城市发展战略研究院
全国绿色发展百强区第三名	中国城市经济学会中小城市经济发展委员会、中国小城市发展战略研究院
全国新型城镇化质量百强区第三名	中国城市经济学会中小城市经济发展委员会、中国小城市发展战略研究院
第三批国家级农村职业教育和成人教育示范县	教育部、科技部、农业农村部、国家林业和草原局、国家粮食和物资储备局
2015—2018 年度全省社会治安综合治理先进集体	省委、省政府
江苏省 2016—2017 年度法治建设示范县（市、区）	省委、省政府
江苏省第十一届双拥模范城（县、区）	省委、省政府、省军区
2017 年度综治工作（平安建设）先进县（市、区）	省综治委
2017 年度平安县（市、区）	省综治委
2017 年度兽医工作先进县（市、区）	省农委

全国（条线）先进集体

荣誉名称	获得单位	授予单位
全国模范职工之家	新誉集团工会联合会	全国总工会
全国模范职工之家	中天钢铁集团有限公司工会委员会	全国总工会
全国工人先锋号	中天钢铁集团有限公司第一烧结厂机修工段	全国总工会
2016—2017 年度全国“安康杯”竞赛优胜班组	江苏洛凯机电股份有限公司安技部求真组	全国总工会
2017 年度全国市级工会财务工作先进单位	区总工会	全国总工会
国家卫生镇	遥观镇	全国爱卫委
国家卫生镇	雪堰镇	全国爱卫委
2018 年基层畜牧（草原）技术推广示范站	区畜牧兽医站	全国畜牧总站
2017 年国防教育特色学校	潘家小学	教育部
2017 年国防教育特色学校	横林高级中学	教育部
2017 年国防教育特色学校	前黄高级中学	教育部
2017 年国防教育特色学校	武进职业教育中心校	教育部
2017 年国防教育特色学校	东安实验学校	教育部

荣誉名称	获得单位	授予单位
2017 年国防教育特色学校	湖塘实验学校	教育部
2017 年国防教育特色学校	淹城初级中学	教育部

省级（条线）先进集体

荣誉称号	获得单位	授予单位
全省机关事务管理系统先进集体	区级机关后勤管理服务中心	省人社厅、省机关事务局
全省政府债务审计先进集体	区审计局	省审计厅
全省宣传工作先进单位一等奖	区妇联	省妇联
江苏省档案宣传工作先进集体特等奖	区档案局（馆）	省档案局、省档案学会
江苏省五一劳动奖状	江苏恒立液压股份有限公司	省总工会
江苏省五一劳动奖状	区地税局	省总工会
江苏省工人先锋号	区国税局征收管理科	省总工会
江苏省工人先锋号	江苏明都汽车集团有限公司常州福尔特 4S 店售后服务部	省总工会
江苏省工人先锋号	三鑫重工机械有限公司热处理班组	省总工会
江苏省工人先锋号	常州金鼎电器有限公司漆包线班组	省总工会
江苏省模范职工之家	新誉集团有限公司工会	省总工会
江苏省模范职工之家	江苏龙城精锻有限公司工会委员会	省总工会
江苏省模范职工之家	常州市武进广宇花辊机械有限公司工会委员会	省总工会
江苏省模范职工之家	洛阳镇总工会	省总工会
江苏省模范职工之家	湟里镇香泉村工会联合会	省总工会
江苏省模范职工之家	常州市春秋淹城建设投资有限公司工会委员会	省总工会
江苏省模范职工之家	江苏天启控股集团工会委员会	省总工会
江苏省模范职工之家	常州市规划局武进分局工会委员会	省总工会
江苏省模范职工之家	常州戚墅堰机车车辆配件工业有限公司工会委员会	省总工会
江苏省模范职工之家	常州市西太湖科技产业园总工会	省总工会
江苏省模范职工小家	今创集团股份有限公司涂装车间工会小组	省总工会
江苏省模范职工小家	常州市苏润机械有限公司油箱车间下节工会小组	省总工会
江苏省模范职工小家	柳工常州机械有限公司总装厂调试工段工会小组	省总工会
江苏省模范职工小家	东源旅游用品有限公司第二车间工会小组	省总工会
江苏省模范职工小家	常州明都紫薇花园酒店餐饮前厅工会小组	省总工会
江苏省模范职工小家	顺丰运输（常州）有限公司工会委员会城北工会小组	省总工会
江苏省模范职工小家	嬉戏谷乐园餐饮部工会小组	省总工会
江苏省模范职工小家	常州经开区地税局工会	省总工会
2017 年度江苏省安康杯竞赛优胜单位	今创集团股份有限公司	省总工会
2017 年度江苏省安康杯竞赛优胜单位	江苏舜通路桥工程有限公司	省总工会
2017 年度江苏省安康杯竞赛优胜班组	常州凯达重工科技有限公司设备部焊工班组	省总工会
2018 年江苏省工会“最美职工书屋”	嬉戏族集团有限公司	省总工会
2018 年江苏省工会“职工书屋”示范点	常州市武进湖塘科技产业园投资管理有限公司	省总工会
2017 年度全省信访系统“群众满意窗口”	区信访局人民来访接待中心	省信访局
全省交通运输行业模范职工小家	区航道管理处	省交通运输厅
2017 年全省整治非法营运客车百日集中行动先进集体	区运输管理处	省交通运输厅、公安厅
2018 年度江苏省知识产权宣传培训工作成绩突出单位	区知识产权局	省知识产权局
2018 年度江苏省知识产权行政执法工作成绩突出单位	区知识产权局	省知识产权局

荣誉称号	获得单位	授予单位
2018 年度江苏省知识产权政务信息工作成绩突出单位	武进高新区科技局	省知识产权局
江苏省生态文明建设示范镇	嘉泽镇、牛塘镇、前黄镇、礼嘉镇、横山桥镇	省生态环境厅
江苏省生态文明建设示范村	湟里镇葛庄村、嘉泽镇晨山村、牛塘镇丫河村、雪堰镇城西村、雪堰镇太滆村	省生态环境厅
江苏省第三次全国农业普查先进集体	区第三次全国农业普查领导小组办公室	省第三次全国农业普查领导小组办公室、省统计局、国家统计局江苏调查总队
江苏省第三次全国农业普查先进集体	湟里镇农业普查领导小组办公室	省第三次全国农业普查领导小组办公室、省统计局、国家统计局江苏调查总队
江苏省第三次全国农业普查先进集体	横山桥镇农业普查领导小组办公室	省第三次全国农业普查领导小组办公室、省统计局、国家统计局江苏调查总队
乡镇（街道、园区）统计规范化建设百佳单位	湟里镇统计科	省统计局
2017 年度全省和谐社区建设示范乡镇（街道）	西湖街道	省民政厅
2018 年度全省和谐社区建设示范乡镇（街道）	遥观镇	省民政厅
江苏省健康镇	湖塘镇、洛阳镇、湟里镇、遥观镇、雪堰镇	省爱卫委
江苏省健康村	嘉泽镇观庄村	省爱卫委
江苏省健康社区	嘉泽镇嘉新社区	省爱卫委
江苏省健康单位	戚墅堰街道社区卫生服务中心	省爱卫委
全省红十字会基层组织工作先进集体	横山桥镇红十字会	省红十字会
全省农工办工作优秀奖	区农工办	省农委
全省农委信息报送先进单位	区农工办	省农委
江苏省农业丰收一等奖	区园艺工作站	省农委
全省信息联播工作先进单位	区农业局	省农业信息中心
江苏省第九届森林消防技能竞赛第二名	区森林消防专业队	省林业局
2017 年度团结管湖先进集体	区渔政监督大队	省太湖渔业管理委员会办公室
2018 年度江苏省农机推广工作先进单位	区农机推广站	省农机推广站
全省住房和建设行业先进基层党组织	常州新奥燃气工程有限公司党支部	中共江苏省住房和城乡建设行业委员会
2017 年度江苏省重点职业病监测与职业健康风险评估工作先进单位	区疾控中心	省疾控中心
2017 年度江苏省五四红旗团委	江苏省前黄高级中学团委	团省委
2017 年江苏省十佳中学共青团组织	江苏省前黄高级中学团委	团省委、省教育厅
省“青年演说家”优秀组织奖	武进开放大学	团省委、江苏广播电视总台
青少年科技教育先进学校	星辰实验学校	省教育厅、省科技厅、省科协、省精神文明委员会
青少年科技教育先进学校	潘家小学	省教育厅、省科技厅、省科协、省精神文明委员会
“十三五”省科学教育综合示范学校	洛阳中心小学	省科协、教育厅
绿色学校	星河实验小学	省环保厅、教育厅

市级先进集体

荣誉名称	获得单位	授予单位
为常州改革开放作出突出贡献先进集体	瑞声（中国）投资有限公司	市委、市政府
为常州改革开放作出突出贡献先进集体	江苏恒立液压股份有限公司	市委、市政府
先进基层党组织	常州经开区党工委	市委

荣誉名称	获得单位	授予单位
五一劳动奖状	区城市管理局	市政府
五一劳动奖状	区抗旱排涝总队	市政府
五一劳动奖状	区国税局	市政府
五一劳动奖状	区就业服务中心	市政府
五一劳动奖状	江苏雷利电机股份有限公司	市政府
五一劳动奖状	碳元科技股份有限公司	市政府
五一劳动奖状	常州市新城光大热处理有限公司	市政府
五一劳动奖状	江苏恒泰华洋医药有限公司	市政府
五一劳动奖状	区人社局就业中心	市政府
五一劳动奖状	江苏南方通信科技有限公司	市政府
五一劳动奖状	江苏东方龙机车集团有限公司	市政府
五一劳动奖状	常州旷达威德机械有限公司	市政府
五一劳动奖状	江苏超凡标牌股份有限公司	市政府
五一劳动奖状	中车戚墅堰机车有限公司气阀分公司	市政府
五一劳动奖状	中车戚墅堰机车车辆工艺研究所有限公司	市政府
五一劳动奖状	今创集团股份有限公司	市政府

先进个人

全国（条线）先进个人

姓　名	单位职务	荣誉名称	授予单位
费叶青	洛阳镇总工会主席	全国优秀工会工作者	全国总工会
刘云清	中车戚墅堰机车车辆工艺研究所有限公司维修工	全国五一劳动奖章	全国总工会
刘饮海	区司法局牛塘司法所所长	全国模范司法所所长	司法部
沈　超	湟里镇民政科工作人员	第二届全国残疾人专职委员知识竞赛个人赛“学习之星”二等奖	中国残联
庄惠芬	星河实验小学教育集团校长	全国青少年“中华美德”读书教育活动特别指导奖	共青团中央、关工委
钱爱芙	实验小学校长	全国青少年“中华美德”读书教育活动特别指导奖	共青团中央、关工委
朱天亮	常州市公安局武进分局团委副书记	优秀共青团员	共青团中央
贺渝雅	武进区星韵学校五（4）中队宣传委员	全国优秀少先队员	共青团中央、教育部、全国少工委

省级（条线）先进个人

姓　名	单位职务	荣誉名称	授予单位
朱智华	区综治办副主任	2015—2018 年度社会治安综合治理个人二等功	省委、省政府
梅建芬	湖塘实验中学副校长	初中物理特级教师	省政府
许仲仪	常州经开区综治办副主任	全省涉法涉诉信访工作先进个人	省委政法委
李世锋	区委政法委执法督查科科员	全省涉法涉诉信访工作先进个人	省委政法委
石志平	区级机关后勤管理服务中心维修服务处主任	全省机关事务管理系统劳动模范	省人社厅、省机关事务局
朱亮理	区档案局（馆）业务指导科（行政服务科）科长	江苏省档案宣传工作先进个人	省档案局、省档案学会
陆一平	星辰实验学校校长	江苏省五一劳动奖章	省总工会
庄龙兴	江苏龙城精锻有限公司董事长	江苏省五一劳动奖章	省总工会
韩　刚	常州市盖特硬质合金工具有限公司车间主任	江苏省五一劳动奖章	省总工会

姓　名	单位职务	荣誉名称	授予单位
Karl Peter Meyer（德国）	卡尔迈耶（中国）有限公司制造总监	江苏省五一劳动荣誉奖章	省总工会
Mouritzen Jesper 叶世博（丹麦）	江苏恒立液压股份有限公司全球海事海工、能源业务总监	江苏省五一劳动荣誉奖章	省总工会
金　刚	区总工会主席、党组书记	江苏省优秀工会工作者	省总工会
田　维	常州山由帝杉防护材料制造有限公司工会主席	江苏省优秀工会工作者	省总工会
贺　茹	湖塘镇总工会副主席	江苏省优秀工会工作者	省总工会
金富军	雪堰镇总工会主席	江苏省优秀工会工作者	省总工会
张　英	区住建局工会副主席	江苏省优秀工会工作者	省总工会
黄　华	江苏洛凯机电股份有限公司工会主席	江苏省优秀工会工作者	省总工会
高庆亚	江苏旷达汽车织物集团股份有限公司工会主席	江苏省优秀工会工作者	省总工会
钱兴年	常州凯达重工科技有限公司工会主席	江苏省优秀工会工作者	省总工会
潘琳琳	潞城街道东升村工联会主席	江苏省优秀工会工作者	省总工会
陈伟平	区总工会保障部部长	江苏省优秀工会积极分子	省总工会
王晓燕	区航道管理处工会委员	江苏省优秀工会积极分子	省总工会
王丽华	区教育局工会委员	江苏省优秀工会积极分子	省总工会
邹东平	江苏鑫和泰机械集团有限公司工会委员	江苏省优秀工会积极分子	省总工会
吴震方	江苏明都汽车集团有限公司凯歌 4S 店分工会主席	江苏省优秀工会积极分子	省总工会
许丽群	江苏恒诺园林建设有限公司工会委员	江苏省优秀工会积极分子	省总工会
朱宇迪	礼嘉镇总工会女工委员	江苏省优秀工会积极分子	省总工会
周　斌	中车戚墅堰机车有限公司工会常委	江苏省优秀工会积极分子	省总工会
季苏云	区地税局局长、党组书记	江苏省优秀工会之友	省总工会
龚青大	武进高新区纪工委书记	江苏省优秀工会之友	省总工会
蒋国祥	区公路管理处党总支副书记	全省公路系统“两聚一高”擎旗手	中共江苏省交通运输厅公路局委员会
姚再兴	区公路管理处副处长	2017 年度全省公路工作先进工作者	省交通运输厅公路局
姚再兴	区公路管理处副处长	2018 年全省公路系统“大雪无痕”除冰雪保畅通先进个人	省交通运输厅公路局
张利萍	区知识产权局	2018 年度江苏省知识产权成绩突出个人	省知识产权局
殷亚红	区知识产权局	2018 年度江苏省知识产权行政执法工作成绩突出个人	省知识产权局
方　亮	区知识产权局	2018 年度江苏省推进企业知识产权工作成绩突出个人	省知识产权局
贾晓东	武进高新区科技局科长	2018 年度江苏省知识产权试点示范园区工作成绩突出个人	省知识产权局
李海燕	武进高新区经济发展局综合科科长	2018 年度全省开发区统计工作先进个人	省商务厅
施文杰	武进高新区经济发展局局长助理、经济运行科（统计科）科长	江苏省第三次全国农业普查省级先进个人	省第三次全国农业普查领导小组办公室、省统计局、国家统计局江苏调查总队
薛亚东	湟里镇统计科科长	江苏省第三次全国农业普查省级先进个人	省第三次全国农业普查领导小组办公室、省统计局、国家统计局江苏调查总队
杨　雯	湟里镇统计科工作人员	江苏省第三次全国农业普查省级先进个人	省第三次全国农业普查领导小组办公室、省统计局、国家统计局江苏调查总队

姓 名	单位职务	荣誉名称	授予单位
薛红霞	武进区副区长	江苏省第三次全国农业普查省级先进个人	省第三次全国农业普查领导小组办公室、省统计局、国家统计局江苏调查总队
刘云英	区政协副主席、区统计局局长	江苏省第三次全国农业普查省级先进个人	省第三次全国农业普查领导小组办公室、省统计局、国家统计局江苏调查总队
陆亚健	区统计局副局长	江苏省第三次全国农业普查省级先进个人	省第三次全国农业普查领导小组办公室、省统计局、国家统计局江苏调查总队
朱育忠	区统计局科长	江苏省第三次全国农业普查省级先进个人	省第三次全国农业普查领导小组办公室、省统计局、国家统计局江苏调查总队
董蓓菊	区统计局科员	江苏省第三次全国农业普查省级先进个人	省第三次全国农业普查领导小组办公室、省统计局、国家统计局江苏调查总队
杨 瑛	区统计局科长	江苏省第三次全国农业普查省级先进个人	省第三次全国农业普查领导小组办公室、省统计局、国家统计局江苏调查总队
高 波	区统计局科长	江苏省第三次全国农业普查省级先进个人	省第三次全国农业普查领导小组办公室、省统计局、国家统计局江苏调查总队
蒋利金	区统计局办公室主任	江苏省第三次全国农业普查省级先进个人	省第三次全国农业普查领导小组办公室、省统计局、国家统计局江苏调查总队
李 倩	区统计局副科长	江苏省第三次全国农业普查省级先进个人	省第三次全国农业普查领导小组办公室、省统计局、国家统计局江苏调查总队
路正峰	湟里镇红十字会会长	2016—2018 年度江苏省红十字会基层组织工作先进个人	省红十字会
储 晓	湟里镇武宜村妇女主任	五星级红十字志愿者	省红十字会
沈 超	湟里镇民政科工作人员	第二届全省残疾人专职委员知识竞赛个人赛一等奖	省残联
王志刚	礼嘉镇畜牧兽医站助理兽医师	江苏省技术能手一等奖	省人社厅
张 敏	区生态农业服务站兽医师	2017 年度江苏省青年岗位能手	团省委
周小宇	区委农工办副主任	2017—2018 年度“两刊”宣传工作成效显著个人	省农委
周旭东	区委农工办科员	2017—2018 年度“两刊”宣传工作成效显著个人	省农委
施燕平	区林业工作站副站长	全省农林农经系统先进工作者	省林业局
张新卫	区委农工办农村发展研究科副科长	2017 年度全省扶贫工作先进个人	省扶贫工作领导小组办公室
顾建国	区农业管理综合行政执法大队副大队长	2017 年度团结管湖先进个人	省太湖渔业管理委员会办公室
李亚俊	区农业管理综合行政执法大队副大队长	2018 年度江苏省农机安全监理示范岗位标兵	省农机局
王志春	区农业管理综合行政执法大队科员	2017 年度江苏省农机安全监理宣传信息工作先进个人	省农机安全监理所
何 魏	区司法局北区司法所所长	全省法治建设先进个人	省政法委、依法治省领导小组办公室、省人社厅、公务员局
张征宇	区住建局党委书记、局长	全省住房和建设行业优秀共产党员	中共江苏省住房和城乡建设行业委员会

姓名	单位职务	荣誉名称	授予单位
陈云娟	区妇幼保健计划生育服务中心主任	江苏省妇幼健康服务工作突出贡献个人（三等功）	省卫计委、省人社厅
彭　婷	横山桥镇卫生院护士	江苏省优秀红十字志愿者	省红十字会、省文明办、团省委
刘伟琴	牛塘镇卫生院检验科职工	2018 年江苏省寄生虫病防治技能竞赛个人技能操作二等奖	省卫计委
嵇大帅	武进开放大学团委副书记	“青年演说家”第四季优秀指导老师奖	团省委、江苏广播电视总台
梅　馨	星辰实验学校教师	江苏省优秀青少年科技辅导员	省教育厅、省科协、省精神文明委员会、省科学技术厅
兰秀成	庙桥小学校长	优秀青少年科技教育校长	省教育厅、省科协、省精神文明委员会、省科学技术厅
殷立新	洛阳中心小学信息中心主任	江苏省青少年普及机器人大赛优秀科技辅导员	省教育厅、省科协
瞿志坚	洛阳中心小学信息中心副主任	江苏省青少年普及机器人大赛优秀科技辅导员	省教育厅、省科协

市级先进个人

姓名	单位职务	荣誉名称	授予单位
梅鹤康	横山桥镇五一村党委书记	为常州改革开放作出突出贡献先进个人	市委、市政府
俞金坤	今创集团股份有限公司董事局主席	为常州改革开放作出突出贡献先进个人	市委、市政府
董才平	中天钢铁集团股份有限公司董事局主席	为常州改革开放作出突出贡献先进个人	市委、市政府
胡必兵	江苏立华牧业股份有限公司电工	常州市五一劳动奖章	市政府
龚立新	江苏圣贤锻造有限责任公司车间主任	常州市五一劳动奖章	市政府
余　涛	区环境保护局太湖湾环境监察中队中队长	常州市五一劳动奖章	市政府
周　洁	常州亿家乐早餐工程有限公司工会主席	常州市五一劳动奖章	市政府
李　杰	常州市武进广宇花辊机械有限公司钳工	常州市五一劳动奖章	市政府
金　琰	今创集团股份有限公司工会主席	常州市五一劳动奖章	市政府
朱玉英	常州绿色动力环保热电有限公司工会主席	常州市五一劳动奖章	市政府
孟凡挺	中天钢铁集团有限公司工长	常州市五一劳动奖章	市政府
赵明辉	中天钢铁集团有限公司职工	常州市五一劳动奖章	市政府
李　涛	光大环保技术设备（常州）有限公司部长助理	常州市五一劳动奖章	市政府
李　平	江苏南方卫材医药股份有限公司董事长	常州市五一劳动奖章	市政府
钱晓春	常州强力电子新材料股份有限公司董事长	常州市五一劳动奖章	市政府
高炳敏	凯旋薄板（常州）有限公司总经理	常州市五一劳动奖章	市政府
李建安	北汽新能源汽车常州有限公司总经理	常州市五一劳动奖章	市政府
王卫星	江苏阳湖建设项目管理有限公司总监	常州市五一劳动奖章	市政府
杜赛军	常州祥明智能动力股份有限公司研发组长	常州市五一劳动奖章	市政府
杨　钧	新誉集团有限公司研究院运管中心 CAE 主管	常州市五一劳动奖章	市政府
许　健	常州凯达重工科技有限公司技术副总经理	常州市五一劳动奖章	市政府
张　磊	江苏华电戚墅堰发电有限公司职工	常州市五一劳动奖章	市政府
陈士华	中车戚墅堰机车车辆工艺研究所有限公司	常州市五一劳动奖章	市政府
恽文荣	区水利工程建设管理中心主任	常州市五一劳动奖章	市政府
马新征	常州市公安局武进分局巡特警大队警长	常州市五一劳动奖章	市政府
叶　锋	区总工会科员	常州市五一劳动奖章	市政府
皇甫海鸥	区委统战部副主任科员	常州市五一劳动奖章	市政府
栾方洺	区地税局职工	常州市五一劳动奖章	市政府
陈　荣	江苏省前黄高级中学年级部主任	常州市突出贡献人才	市政府

栏目编辑　万向阳

深化改革开放，决胜三年行动，奋力争当高质量明星城建设排头兵

——在区委十二届六次全会上的报告（摘要）

常州市副市长、中共武进区委书记　李　林

（2018 年 12 月 30 日）

区委召开十二届六次全会主要任务是：以习近平新时代中国特色社会主义思想为指导，全面贯彻中共十九大和中央经济工作会议精神，认真落实中共中央总书记习近平视察江苏重要讲话精神和省委、市委全会精神，回顾总结 2018 年经济社会发展和党建工作成绩，研究部署明年工作任务，动员全区各级党组织和广大党员干部，持续解放思想、深化改革开放，坚定信心、接续奋斗，决战决胜“产业创新发展、城乡精细管理、生态保护引领、教育卫生事业均等化和特色强镇建设”五个三年行动计划，奋力推动武进高质量发展走在前列，加快建设“强富美高”（经济强、百姓富、环境美和社会文明程度高）新武进。

一、解放思想、克难攻坚，实现高质量发展关键性突破

2018 年，全区上下认真贯彻落实习近平新时代中国特色社会主义思想和中共十九大精神，以及省委“六个高质量”、市委“种好幸福树，建好明星城”部署要求，突出围绕项目增效、企业股改、特色平台、高效用地、生态引领、教育均等、增收节支、高效服务 8 个方面的重点难点，深入解放思想，狠抓改革创新，五个三年行动计划实现了有效突破，高质量发展迈出了坚实步伐。全年预计完成地区生产总值 2380 亿元，可比价增长 6.8%；一般公共预算收入 178.5 亿元，增长 9%，税比 88%；工业开票销售收入 4640 亿元，增长 14.2%；实际到账外资及港澳台资 7.6 亿美元，产业类占比超 90%；进出口总额 777 亿元，增长 5.4%；城乡居民人均可支配收入 45780 元，增长 8.4%。武进区连续六年荣获中国中小城市综合实力百强区第三名、投资潜力百强区第一名，被评为全国科技创新百强区第一名。

1. 抓改革、强创新，发展动能得到新增强。全面开展解放思想大讨论活动，先后开展了三次集体学习、三次集中调研和三次交流研讨活动，对征集到的 190 多个重点难点问题拿出了具体解决方案，解放思想改革实践的文章 4 次被省刊物录用，活动成效获省委领导肯定。“千企大走访、服务再加力”活动扎实开展，支持服务企业的举措进一步落到实处。制订改革创新项目清单，统筹推进一大批重点改革任务，取得了实实在在的改革成效。农村土地制度改革通过精细化综合整治新增农用地 966.67 公顷，盘活集体建设用地 1333.33 公顷，以出让、租赁、作价入股等方式完成集体经营性建设用地入市 5333.33 公顷，实现土地增值收益超 30 亿元，入市规模超过其他 32 个试点地区的总和。水稻收入保险试点深入实施，经验做法被农业农村部全国推广。“放管服”改革持续深入，全区“2345”改革目标基本实现，不见面审批（服务）事项占比达到 95.8%。网格化集成管理改革构建形成了“四梁八柱”总体框架，区镇两级联动指挥平台全面建立并实体化运行，日均流转服务管理事项 4600 余件、开展走访服务 5800 余次。工业用地绩效评价及成果应用改革、综合行政执法体制改革等重点改革也都有序有效开展。

2. 抓项目、强转型，产业水平迈上新台阶。产业质量效益同步提升，成功引进欣盛、国科微等 2 个超 100 亿元、2 个超 50 亿元、5 个超 30 亿元项目，十大产业链完成规模以上产值 1620 亿元，增长 14%；4 家企业入选国家工业强基项目，占全省的一半；新增省级专精特新小巨人企业 11 家，列全省第一；成立了科技创新创业联盟，与科教城合作更加紧密，全区新增省级创业创新平台50个，净增高新技术企业90家；工业企业亩均开票销售、亩均税收均增长10%以上；武进英才荣誉工程深入实施，12名“武进工匠”脱颖而出，新增省双创人才项目20个、领军人才项目92个。绿建区、津通被评为省生产性服务业集聚示范区，太湖湾露营谷、白金汉爵大酒店等建成迎客，服务业增加值首破千亿元。农业现代化步伐加快，培育新型农业经营主体2700家，成功创建国家农产品质量安全区，7家农企在江苏股权交易中心农业板正式挂牌。企业上市工作再获佳绩，新增今创集团、小牛电动、康利国际控股、新城悦4家上市企业，新增3家“新三板”挂牌企业。园区发展能级不断提升，常州经开区成功实现三年跨越，一般公共预算收入实现翻番，在全省省级经开区中排名上升47位，列第13位；武进高新区的综合排名上升至全国第45位，继续保持全省县级国家高新区第1位，并以全省第一的成绩顺利通过国家知识产权试点园区验收；西太湖成功获批江苏省石墨烯创新中心，石墨烯小镇被评为首批江苏优秀特色小镇，常州市委、市政府与以色列经济部签署新一轮中以常州创新园共建计划，中以常州创新园发展成效得到国家副主席王岐山的充分肯定。苏澳合作园区即将获批，总体规划和产业规划已形成初步成果，园区筹建取得了阶段性成效。

3.抓保护、强引领，生态质量获得新改善。以坚决态度抓好环保督察问题整改，一大批环境信访问题及时有效整改到位。扎实推进污染防治攻坚战和生态保护引领区建设，构建了完善的生态保护建设责任落实体系，率先成立生态环境犯罪侦查大队，保持环保执法的高压态势。两年来，全区累计关停化工、印染、电镀企业284家，提前一年并超额完成三年减化总任务；滨湖污水处理厂建成投运，农村分散式生活污水处理工程一期PPP项目全面竣工，全区新增污水主、支管网305千米；治理黑臭水体103条，城区黑臭河道基本消除；“企业河长”入选江苏环境保护十大典型案例；“散乱污”企业整治全面启动，关停取缔2244家，改造规范989家。武进成为首批省级生态文明建设示范区。

4.抓建设、强管理，城乡发展焕发新活力。乡村振兴实施意见、五年规划和一系列配套政策相继出台，“1+1+N”的政策体系逐步健全。特色强镇建设持续深入，雪堰镇顺利实施中心镇管理体制改革，马杭、夏溪、寨桥等被撤并乡镇焕发新颜，陡门塘省级特色田园乡村和市级美丽乡村建设试点全面完成，武进美丽乡村展现新貌，嘉年华活动开幕式当日吸引游客万余人，全区村集体经营性收入平均增长6%，年内创成省、市级美丽乡村示范村（点）3个，康居村庄达标率达到71.2%。中心城区核心区拆迁遗留问题得到全部化解。城乡精细化管理向纵深推进，试点推行路长制和流动红、黄旗制度，深入开展垃圾分类收集处置、路面本色化保洁、公厕家居式清洁等专项行动，健全实施区镇联动“防违控违”五大机制，城乡面貌有效改善，文明城市评测排名全市前列。

5.抓均等、强特色，民生服务实现新提升。“两促三优三提升”民生实事高标准完成，各类社会保障稳步提标，在全市率先制定出台长期护理保险制度，老年助餐点实现城市社区全覆盖。教育资源日趋均等，教师“区管校聘”效应持续释放，武进开放大学与职教中心资源整合工作启动实施，常州大学西太湖校区、常州经开区小学、火炬路幼儿园等13所学校竣工投用，17所城区学校与26所乡镇学校结对共进，集团化办学取得明显成效。医疗卫生服务体系更加健全，武进人民医院外科大楼、中医医院综合大楼基本竣工，新改扩建村卫生室20个，建成紧密型医联体3个、专科共建型医联体26个，区疾控中心建成全省县级唯一南京医科大学实践教学基地，国家卫生镇实现全覆盖。卫生综合改革持续深入，创新试行药品耗材集中采购价格谈判制度，采购成本大幅降低。“阳光扶贫”工作扎实推进，多措并举做好低收入农户的开支减法和增收加法，低收入人口脱贫率达到98.8%。

6.抓队伍、强担当，从严治党开创新局面。区委坚决贯彻落实中央决策部署，深入开展习近平总书记对江苏重要指示批示贯彻落实情况“回头看”，紧抓不懈落实巡视反馈问题整改，扎实推进全面从严治党，有效引领和保障了全区高质量发展。积极支持人大、政协依法依章程监督履职，较好发挥了建言献策、凝心聚力作用。不断加强党对意识形态工作的领导，进一步推动各级党组织全面落实意识形态工作责任制，牢牢掌握领导权、管理权、话语权。组织开展改革开放40周年成果图片展、十大风云人物评选等庆祝改革开放40周年系列活动，在全社会营造了勇创新业的浓厚氛围。结合机构改革，开展了新一轮“走进基层、走近干部”工作，系统梳理了各部门职能职责和人力资源配置情况，选派43名区级机关青年干部赴基层一线交流任职、挂职锻炼、服务企业。创新明确村（社区）党组织战斗堡垒作用考核评估“三双”标准，不断增强基层党组织的战斗力。制定出台鼓励激励、容错纠错、能上能下实施办法，创新落实省委“三项机制”，编制形成42个情景案例，为广大干部进一步解放思想、创新举措指明方向、撑腰鼓劲。绘制武进区基层党组织、第一责任人、班子成员“三项责任清单”，深化“两个责任”项目化管理，真正让“清单立起来，责任落下去”。积极推进纪检监察体制改革，实现党内监督和国家监察全覆盖。聚焦突出问题开展政治巡察，全年四轮巡察104个党组织，有效发挥了政治“探照灯”“显微镜”作用。深入开展作风建设，突出整治形式主义、官僚主义，创新实行党政领导干部月度专项工作落实情况自我评估制度，着力解决“表态多调门高、行动少落实差”等“四风”问题，促进全区各级以钉钉子精神抓好工作落实。成立武进区新的社会阶层人士联合会，开创“1+4+X”联合会工作模式。出台《关于营造企业家健康成长环境，弘扬优秀企业家精神，更好发挥企业家作用的意见》，实施营商环境提质计划、法治护航计划、创业守护计划、政企共进计划和新一代企业家培养计划。开展同心惠民、生态共建等光彩行动，全年投入光彩资金3552万元，实施光彩共建项目192个。督实压紧党政一把手法治建设第一责任人职责，有效发挥“关键少数”推进法治建设关键作用。全面深化平安武进、法治武进建设，连续十四年获评全省平安区，再次获评全省法治建设示范区、综治工作先进区，并成为全市唯一获评2015—2018年全省社会治安综合治理先进集体的辖市（区）。同时，人武、党史、档案、新闻、双拥、宗教、对台、群团、老干部、援疆援陕、关心下一代等工作也都取得了新成绩。

在肯定成绩的同时，我们也要清醒地认识到发展还存在着不充分、不平衡的地方，主要是：产业集聚度不够高，园区平台承载功能还不够强，创新发展能力有待进一步提升；民生欠账仍然较多，教育、医疗、养老等方面仍有短板；体制机制的活力不够足，改革的广度和深度需要进一步拓展；党员干部思想作风、能力水平与新时代要求相比还有待提高，基层基础工作仍需久久为功、持续用力。

二、接续奋斗、决战决胜，夯实高质量发展决定性基础

明年是新中国成立70周年，也是决胜高水平全面建成小康社会的关键之年，还是确保“五个三年行动计划”圆满收官的决胜之年。面对新形势新任务，我们必须按照“变中求稳有‘进’的信心、优化结构有‘稳’的定力、走在前列有‘新’的作为、解放思想有‘深’的拓展”的要求，审时度势、顺时应势，激扬斗志、接续发力。

*一是要进一步增强发展信心。*尽管国内外环境的不确定性和经济下行压力持续加大，改革发展稳定的任务艰巨繁重，武进面临着“既要发展经济又要保护环境”“既要保障投入又要化解债务”等诸多挑战，但我们也要看到，结构调整的积极因素增多、支撑转型升级的内在动力增强这个态势没有变，改革开放40年的发展也为武进打下了坚实基础，武进已成为长三角最为重要的先进制造业基地之一，拥有一大批高质量的企业和一支充满激情活力的企业家队伍，常州科教城坐落武进区，三大开发区、中以、苏澳等一批能级较高的重点平台前景广阔、广受关注，农村土地制度、省级相对集中行政许可权等一批带来崭新动力的重点改革成功实施，“两高两铁”等一批能够改变武进历史的重大交通基础设施正在加快建设，武进仍处在大有可为的黄金机遇期。我们一定要辩证看待当前形势，在增强忧患意识的同时，进一步增强信心、坚定决心，把握进的态势、用好进的条件，奋力在变中求稳、在稳中求进，让武进的基础优势充分转化为走在前列的有力支撑。

*二是要进一步高举改革大旗。*历史实践证明，惟改革者进，惟创新者强，惟改革创新者胜。武进就是靠吃“改革饭”发展起来的。从缔造名扬华夏的“苏南模式”，到释放民营经济的蓬勃活力，到赢得农村土地制度改革“十二项全国率先”，我们正是通过不断的改革创新，把许多不可能变为可能。当下，武进发展正呈现出“大潮奔涌逐浪高”的壮阔，也正进入“船到中流浪更急”的关口，啃“硬骨头”的攻坚战多了，动“奶酪”的硬仗多了，取舍“两难”的矛盾多了，愈进愈难、愈进愈险而又不进则退、非进不可。我们唯有坚持改革不停顿，以人民为中心，以效果为导向，把新时代改革的旗帜举得更高、措施抓得更实，善于创造性集成运用各地成功改革经验，推动“放管服”改革、机构改革、农村土地制度改革、网格化集成管理改革等纵深拓展，才能有力助推武进高质量发展的巨轮不断破浪前行。

*三是要进一步展现开放胸襟。*有多宽广的视野，就有多壮阔的道路。40年来，武进的发展之路在积极推进对外开放中越走越宽。现在，“长三角区域一体化发展”上升为国家战略，长江经济带、扬子江城市群、苏南国家自主创新示范区等多个重大战略规划在武进交汇，“一带一路”、上海自贸区扩建新片区等开放合作机遇日益彰显，习近平总书记在首届中国国际进口博览会开幕式上，豪迈宣示“中国开放的大门只会越开越大”。我们一定要坚定不移地把深化对外开放作为推动武进高质量发展的关键举措，进一步放大三大开发区对外开放的“主阵地”优势，充分发挥中以、苏澳等对外合作平台的“先行示范”作用，以开放来倒逼改革，以开放来激发创新，以开放来汇聚资源，以开放来促进共赢。

*四是要进一步强化担当作为。*围绕“打造苏南模式转型升级试验区、当好常州明星城建设排头兵”，区委全力实施五个三年行动计划，全区上下付出了艰辛的努力，也取得了显著的成效，现在正进入最后一年的决战阶段。越到最后关头，各界的期望就越高，我们面临的困难就越多、阻力也越大，每进一步都需要付出更大的努力。但是形势任务可以变，铁肩担当不能改。我们一定要以“功成不必在我”的胸襟和“功成必定有我”的担当，接好改革发展的接力棒，咬定目标、接续奋斗，攻克生态保护、教育卫生等民生关注、发展急需的突出短板，确保五个三年行动计划决战决胜，努力创造出无愧于武进历史、更好满足武进人民美好生活需要的一流业绩。

明年工作的指导思想是：以习近平新时代中国特色社会主义思想为指导，全面贯彻中共十九大精神，坚持新发展理念，坚持以人民为中心的发展思想，按照“推动武进高质量发展走在前列”的总体要求，落实市“重大项目攻坚年”工作部署，紧紧围绕“五个三年行动计划决胜年”主题，持续深化改革，全力扩大开放，全面从严治党，统筹推进稳增长、促改革、调结构、惠民生、防风险各项工作，确保五个三年行动计划圆满收官，奋力在“打造苏南模式转型升级试验区、当好常州明星城建设排头兵”进程中迈出坚实步伐，为决胜高水平全面建成小康社会打下决定性基础，以优异成绩庆祝中华人民共和国成立70周年。

明年工作的主要目标是：地区生产总值增长7%左右，服务业增加值占GDP的比重提高0.5个百分点；固定资产投资增长7%左右；一般公共预算收入增长7%左右；实际利用外资及港澳台资7.6亿美元；全体居民人均可支配收入增长8%左右；节能减排等环境质量指标全面完成上级下达目标。

明年工作的重点是：

1. 坚定不移支持实体经济。把实体经济放到更加突出的位置抓实抓好，进一步推动资源要素向实体经济集聚、政策措施向实体经济倾斜、工作力量向实体经济加强，筑牢实体经济发展根基。要激发企业活力。把握“亲、清”要求，经常性主动联系服务企业，以稳定预期的“决心”换取企业发展的“信心”，以主动服务的“热度”换取企业环境的“温度”。聚焦当前企业发展面临的突出问题，围绕把企业负担降下来、让金融之水活起来、把市场空间打开来、让法治护航强起来，落实好常州市企业“减负”38条和武进区促进产业创新发展五大类政策，拿出真金白银，体现真情实意，切实帮助企业跨越市场冰山、融资高山、转型火山。对正常生产经营的企业，切实做到“无事不扰、有求必应”，坚决防止因简单化、“一刀切”导致企业出现新的困难。持续深化“放管服”改革，扎实推进“不见面审批”标准化建设，加快推广“一窗通办”的集中高效服务模式，更高质量实现“2345”目标，倡导“店小二”精神，落实“首问负责制”，用政务服务的高效率赢得企业发展的加速度。高度重视企业家迭代传承，引导新生代企业家传承弘扬好老一辈企业家的创新创业精神。大力宣传企业家的先进事迹和突出贡献，切实关心企业家成长，让企业家有更多的荣誉感、成就感和自豪感。要深耕智能制造。进一步加快武进区智能制造发展步伐，为常州打造高质量工业明星城市增创突出优势。坚定不移聚焦“十大产业链”，不断提升轨道交通、智电汽车、高端装备、机器人等重点产业的规模和质效，形成新的“高原”。继续提升两化融合创新，着力加快工业互联网建设，更大力度推进机器换人，打造更多智能车间、智能工厂。着眼于提升制造业的自主可控力，更充分地借助发挥常州科教城核心优势，强化科技创新引领作用，促进创新链与产业链加速耦合，培育更多国家级、省级企业技术中心，推动“新能源汽车能源与信息创新中心”和“石墨烯创新中心”加快跻身国家级。支持重点骨干企业不断做大做强，培育、打造一批具有全球影响力的标杆企业。要提升旅游质效。以创建国家全域旅游示范区为抓手，加快建设富有吸引力的旅游目的地，彰显常州高质量旅游明星城市中的“武进魅力”。坚持整体规划、科学布局、因地制宜，统筹发展滨湖休闲、乡村旅游、研学文创、康体养生等旅游业态，有针对性地开发顺应需求、彰显特色、效益明显的旅游产品。高起点编制好西太湖旅游度假区规划，加强研究论证，适时启动项目建设。通过运营模式、营销方式、管理机制创新，着力提升春秋淹城和太湖湾运营效益。有机串联景点景区，丰富完善旅游配套，把更多游客“留”在武进。

2. *一以贯之优化生态环境*。认真贯彻落实习近平生态文明思想和全国、全省生态环境保护大会精神，以建设全省生态保护引领区为统领，狠下决心、持续用力，推动全区生态环境质量明显有效改善。要更大力度攻坚污染防治。高标准落实水、气、土污染防治任务，着重加快污水处理厂、主支管网、固废处置设施等环境基础设施建设，突出抓好主要入太湖河道全流域治理，落实省政府关于武澄沙地区大气污染防治攻坚行动，继续强化重点排污企业治理，深化“散乱污”企业整治，坚决打赢污染防治攻坚战，年内要基本消除城乡黑臭河道，力争国家和省级考核断面全面达标，大气质量实现明显改善。以最坚决的态度、最果断的行动，不折不扣抓好环保督察问题的整改并及时向社会公开，确保问题个个有着落、措施条条见成效。要更高水平重塑生态优势。严格落实生态优先，全面实施更加积极的环境经济政策和更大力度的绿色调整措施，重点实施好常州市绿色制造三年行动计划，鼓励推动企业创建绿色生产标杆企业，加快建立具有地方特色的绿色产业体系。积极发展“静脉”产业，大力推广绿色能源，进一步打响垃圾资源化利用和绿色建筑特色品牌。以生态河湖行动计划为抓手，强化河长履职和全民参与，推动河（湖）长制工作取得更好实效。统筹实施山水林田湖生态保护和修复工程，加快促进农业“生产、生活、生态”功能拓展，继续深化“生态绿城”创建，全面提升武进生态大气的品牌内涵。要更严标准强化监管执法。严格落实环保工作“党政同责、一岗双责”，确保各板块、各部门守土有责、守土尽责。进一步完善体现生态文明建设要求的目标体系、考核办法、奖惩机制，健全网格化监管执法体系，落实群众参与、板块部门协同、行政司法联动机制，以“零容忍”的态度保护生态环境。

3. *更高水平推进开放开发*。解放思想、抢抓机遇，突出项目、平台、人才等关键要素，全力增创开放型经济新优势。要全力落实“重大项目攻坚年”要求。始终把重大项目建设摆在经济工作最突出的位置，坚决以项目攻坚的实效提升经济发展的质效。在加力招商引资的同时更加注重招商选资，精准聚焦重点地区、重点产业和重点企业，着力引进一批核心竞争优势更大、投入产出水平更高、辐射带动能力更强的高质量产业项目，促进招引项目的总量和质量“双提高”，全年力争招引总投资超100亿元项目不少于1个、超50亿元项目不少于2个、超30亿元项目不少于3个。紧盯项目落地建设每一个环节，严格落实工作机制，做到领导在一线指挥、工作在一线落实、问题在一线解决。要加速融入区域发展一体化。抓住长江经济带、苏锡常一体化等战略落地实施的现实机遇，加快苏锡常南部通道、常宜高速等重大交通基础设施建设步伐，精心论证苏南沿江铁路武进站建设方案，深入研究上海自贸区扩建新片区等新动向，强化区域间产业对接、交通连接，推动武进加速融入区域发展一体化格局。配合实施好城市轨道交通工程建设，结合线网规划，进一步优化城区功能布局，有序实施片区开发，加快推动城市更新。要着力提升开发园区竞争力。按照“一特三提升”要求，持续推动三大开发区提档升级。常州经开区要以更高质量推动国家级创建为中心，持续攻坚产业转型升级和东部新城建设两大核心任务，在提升规划建设水平、突破生态文明短板、优化产业层次结构、激发体制机制活力上争取更大突破，进一步提升在全市的贡献和在全省的位次。武进高新区要牢固树立“产城融合”理念，结合区域交通建设，进一步完善园区规划，加快南夏墅副中心改造提升步伐，建设一批高品质城市功能项目，提升功能承载能级，促进人才、企业、资金、物流等更好地集聚，助推产业转型升级，形成产城融合、产城俱兴的发展新格局。西太湖科技产业园要以重大项目引进带动重点产业集聚，尤其要进一步发挥石墨烯小镇平台优势，以四方共建的江苏省石墨烯研究所等高端研发平台为载体，着力推动石墨烯产业向中高端应用、大规模量产方向迈进，加快建设西太湖畔的“现代宜居城、科技创新城、生态文明城”。要创新打造对外合作示范区。苏澳合作园区要抢抓即将挂牌的契机，积极推进体制机制创新和改革先行先试，尽快启动核心区开发建设，主动承接新一轮国际高端服务业转移，全力争当内地与澳门互利合作的示范表率。中以常州创新园要认真贯彻落实国家副主席王岐山指示和中以创新合作联委会第四次会议精神，着力破解难题障碍，全面完善政府服务体系，高效落实“共建计划”，努力把中以常州创新园打造成为我国引进、吸收、转化以色列先进技术的“桥头堡”和示范区。要努力开创外经外贸新局面。加快“走出去”步伐，加强对进出口企业的服务，积极培育外贸自主品牌，鼓励有实力的企业到境外投资并购，更大范围统筹市场、集聚资源。瞄准行业科技前沿和企业发展紧缺，拓宽人才工作的国际视野，进一步发挥人才政策的综合效应，吸引更多国内外高层次人才（团队）前来创新创业。

4. *精准务实加力民生建设*。牢固树立“以人民为中心”的理念，坚持“兜底线、保基本、促均衡”的总体思路，持续改善民生福祉，让武进的老百姓拥有更多获得感。要全力优化公共服务。坚持“既尽力而为，又量力而行”，落实好既定民生改革，顺应群众需要办好民生实事。贯彻落实全国教育大会精神，加大教育投入力度，突出抓好新一轮教育专项规划的修编和落实，整合资源，补长短板，深入推进积分入学工作，提升武进教育综合发展水平。突出加快区、镇、村三级医疗体系的改造提升，深化医疗体制改革，切实保障全区百姓的医疗需求。要全面推进乡村振兴。贯彻“五个振兴”要求，压实区、镇、村三级“书记抓乡村振兴”的责任，统筹抓好全区乡村振兴战略规划的落实。高质量推进扶贫开发工作，坚决打赢打好脱贫攻坚战，全面完成精准脱贫任务。研究出台新一轮村级集体经济发展意见，促进村级集体经济持续增收。以省级特色田园乡村为标杆，以创建市级美丽乡村示范为动力，深入实施农村人居环境整治三年行动，全域推进美丽乡村建设，全新打造一批美丽宜居乡村和精品村，让武进乡村更强更美。要全民共建社会文明。按照攻坚重点问题的工作要求，纵深推进扫黑除恶专项斗争；加快建设升级版技防城市暨社会治理视频云平台，继续深化系列平安创建，确保公众安全感不低于93%。着力推进覆盖城乡的公共法律服务体系建设，打造新时代普法宣传“融媒体”“新矩阵”，在全区进一步营造尚法守制、诚信文明、安定有序的良好氛围。扎实推进新时代文明实践中心建设，长效化加强文明城市建设，广泛宣传文明标兵、阳湖先锋等先进典型，促进居民素质和城乡文明程度持续提升。

5. 全面深入强化精细管理。抓住“管理”重点，深化“精细”内涵，促进区域管理整体水平迈上新台阶，为常州打造高质量管理明星城市多作贡献。要提升行政管理水平。稳妥有序推进机构改革，对上级明确的改革任务，要以严明的纪律抓好贯彻落实。要统筹使用各类编制资源，加大部门间、地区间编制统筹调配力度，做到职责平稳过渡、工作无缝衔接。高度重视做好干部工作，充分保护、调动每一名同志的工作积极性。要提升城乡管理水平。全域实施区域综合执法，扫除无人管、无法管、重复管等监管盲区和漏洞。深化网格化集成管理改革，深度整合各类平台资源，提升网格队伍专业化水平，不断提高提交事项的办结率、解决问题的统筹力。深入践行城市管理“绣花”精神，重点提升住宅小区、道路容貌、绿化园林等管理水平，争取跻身全市城市长效管理第一梯队。要提升债务管理水平。进一步加强政府性债务管控，在科学有序推进土地经营开发、大力盘活国有资产、积极优化存量债务的同时，妥善处理债务和投入之间的关系，精准使用有限的财政资金，重点保障生态、民生等必须投入的项目，既提高政府资金使用绩效，又有效防范政府债务风险。深化国有企业经营机制创新，加快推进区镇联动运营和市场化运作，不断提升国有企业资产经营水平和投资增值能力。要提升土地管理水平。抢抓农村土地制度改革三项试点再次延期的机遇，全面激活农村土地资源和企业厂房资产，进一步挖掘土地制度改革红利。加大闲置土地、低效用地整合盘活力度，进一步提升节约集约用地和单位土地投入产出水平。

三、严治厚爱、固本强基，形成高质量发展强有力保障

事业兴衰，关键在党。全区各级党组织要进一步树牢“最大政绩”“首要之责”理念，全面提高新时代党的建设质量，尽可能凝聚起全区上下的智慧和力量，有力保障武进高质量发展大局。

1. 要坚定践行“两个维护”。政治建设是党的根本性建设，政治纪律是最根本、最重要的纪律，每一位党员领导干部都必须始终把政治建设摆在首位。要以理论上的清醒确保政治上的坚定，全面深化武进讲坛、“阳湖精神”干部讲坛等理论阵地建设，围绕“不忘初心、牢记使命”的主题，广泛深入开展理想信念教育，坚定不移用习近平新时代中国特色社会主义思想和中共十九大精神武装头脑，树牢“四个意识”，增强“四个自信”，践行“两个维护”，始终同以习近平同志为核心的党中央保持高度一致。要以中央查处西安违建别墅问题为镜鉴，坚决杜绝“不敬畏、不在乎、喊口号、装样子”，不折不扣贯彻执行中央和省、市、区委的决策部署，时刻做到令行禁止。要增强落实党章党规党纪的意识，依法依规办事，不踩“红线”、守住底线，绝不阳奉阴违、搞两面派。要牢牢掌握意识形态工作领导权，严格落实意识形态工作责任制，切实维护意识形态安全。要把巡视整改成效作为检验“四个意识”“两个维护”的“试金石”，高标准、严要求抓好省委巡视武进、中央巡视江苏、省委巡视常州等各类巡视反馈问题的整改，确保所有问题整改到位，使整改的过程成为治病根、强体魄，增强免疫力、提升战斗力的过程，成为推动武进高质量发展迈向更高台阶的过程。

2. 要切实鼓足精神干劲。要牢牢锁定“全市挑大梁、全省当先行、全国占前位”的发展追求，扎实开展好庆祝新中国成立70周年系列活动，切实以“事事当争第一流、耻为天下第二手”的阳湖精神为引领，进一步激发广大干群争领先、当率先的斗志激情，勇于攻坚克难、开拓创新，努力以各条线、各板块、各方面的领先率先实现武进的新跨越。要创新执行“三项机制”，突出抓好情景案例的落实，特别是在容错纠错上要加强研究，真正把改革创新过程中出现的“失误”与违规违纪违法的“错误”区分开来，大胆容、果断容，切实为作风正派、敢于担当、踏实做事的干部撑腰。要驰而不息改进作风，有效整治“痕迹管理”中存在的形式主义、官僚主义问题，切实纠正凡事要求基层“工作留痕”的简单做法，坚决杜绝“重痕不重绩、留迹不留心”，把干部从一些无谓的事务中解脱出来，让干部把更多时间用在抓落实上。

3. 要筑牢夯实组织基础。全面落实新时代党的组织路线，系统加强组织体系建设，切实提升推动高质量发展的组织力。要聚焦造就忠诚干净担当的高素质干部队伍，坚持事业为上、依事择人、人岗相适的用人导向，严把德才标准，真正把政治过硬、敢于担当、实绩突出的优秀干部选出来、用起来。要加大年轻干部培养使用力度，让更多年轻干部在经受锻炼、克难攻坚中成长成才。要结合“能上能下”，探索“能多能少”，强化正向激励，持续完善公职人员保障措施，激发干部活力。要在进一步提升基层党组织覆盖质量的同时，以打造“最美的风景”为主题，深入开展“五星联建创五优”活动，整体推进基层党建阵地提档升级。要贯彻落实好新颁布的中国共产党支部工作条例，推动形成大抓基层、大抓支部的良好态势。要充分运用“三双”考评机制“指挥棒”，以两委换届为契机，进一步建强村（社区）党组织带头人队伍，推动村（社区）党组织更好地发挥战斗堡垒作用。

4. 要从严净化政治生态。要深化纪检监察体制改革，推动构建党统一指挥、全面覆盖、权威高效的监督体系。要严格落实“两个责任”，严格履行党组织书记“第一责任人”责任和班子成员“一岗双责”，切实把责任扛在肩上，落到实处。要有力削减存量、有效遏制增量，巩固发展反腐败斗争压倒性胜利，坚决整治群众身边的腐败和作风问题。要统筹联动纪律监督、监察监督、派驻监督、巡察监督工作力量，准确运用监督执纪“四种形态”，开展经常性纪律教育，做到强化监督有态度、执纪问责有力度、治病救人有温度，为实现“山清水秀”的良好政治生态提供坚强纪律保证。

5. 要广泛凝聚发展合力。要实现全年目标任务，必须更广泛地发扬团结和民主，把全社会力量都凝聚到服务保障发展的具体实践中来。要充分发挥党委领导核心作用，有效加强党对各个领域的领导，支持同级人大、政府、政协和法院、检察院依法履行职能，更好地协调各方关系、凝聚多方力量。要充分发挥统战凝心聚力作用，以“梧桐同心”品牌建设为平台，创新强化民族宗教事务管理，深入拓展海外统战、知名人士数据库建设等工作，扎实推进新时代“两个健康”先行区建设，持续加大服务民企、光彩共建力度，落实好“12511”党外人才培养工程，把党外各界人士牢牢团结凝聚在党的周围。要充分发挥群团桥梁纽带作用，更好地运用职工帮扶服务平台、青少年事务服务中心、妇女儿童活动中心等载体设施，面对面、心贴心、实打实地为广大群众排忧解难，最大限度调动起全社会的共建共享积极性，为武进的高质量发展加油助力。

政府工作报告（摘要）

——在武进区第十六届人民代表大会第三次会议上

武进区区长　戴士福

（2019 年 1 月 9 日）

2018 年工作回顾

2018 年是改革开放 40 周年，也是实施“十三五”规划承上启下的关键一年。区政府坚持以习近平新时代中国特色社会主义思想为指导，在中共武进区委的坚强领导下，紧紧围绕“五个三年行动计划突破年”主题，全面落实上级各项决策部署，统筹抓好稳就业、稳金融、稳外贸、稳外资及港澳台资、稳投资、稳预期等各项工作，经济社会发展取得崭新业绩，较好地完成了区十六届人大二次会议确定的各项目标任务。

——三大攻坚战开局良好。精准脱贫工作扎实推进，就业增收、医疗保障等帮扶措施不断完善，低收入人口脱贫率达到 98.8%。污染防治攻坚战全面打响，生态保护引领区建设 103 项重点工程稳步实施，“企业河长”入选全省环境保护十大典型案例，武进区成为第一批省级生态文明建设示范县（市、区）。重大风险得到防范化解，互联网金融风险专项整治有效开展，区镇国有企业联动改革深化推进，政府债务化解“三控两分”措施、十项纪律规定全面落实，年度任务如期完成。

——高质量发展迈出新步。预计（下同）完成地区生产总值 2380 亿元，可比价增长 6.8%；实现一般公共预算收入 178.5 亿元，增长 9%；税收收入占一般公共预算收入的比重达到 88% 以上；净增企业法人单位近 8800 个。今创集团、小牛电动、新城悦、康利国际控股挂牌上市，全区上市企业突破 30 家，位列全省县（市、区）第二位。瑞声精密制造等 4 家企业实施方案中标国家工业强基工程，占全省的一半。“两促三优三提升”民生实事高标准完成，全体居民人均可支配收入达到 45780 元，增长 8.4%。

——重点改革成果显著。农村土地制度改革三项试点红利持续释放，精细化综合整治新增农用地 966.67 公顷（其中耕地 666.67 公顷），盘活集体建设用地 1333.33 公顷；集体经营性建设用地入市 5333.33 公顷，走在全国前列；水稻收入保险试点经验被农业农村部全国推广。“放管服”改革深入开展，政务服务“一张网”建设、不见面审批改革、“证照分离”改革稳妥推进，行政审批“一窗通办”模式全面启动，“2345”改革目标基本实现，镇级为民服务中心实现全覆盖；武进区获批全省县域综合行政执法体制改革试点地区。网格化集成管理改革启动实施，区镇两级联动指挥平台建成运行，日均流转各类服务管理事项 4600 余件、开展走访服务 5800 余次。

——对外影响力持续增强。连续六年荣获全国综合实力百强区第三名、全国投资潜力百强区第一名；被评为全国工业百强区第八名、全国科技创新百强区第一名、2017 年度中国知识产权领域最具影响力县域第二名。中以常州创新园成为中国和以色列两国政府间创新合作新亮点，集聚中以合作项目 81 个，得到各方高度评价。苏澳合作园区总体规划、产业规划加快编制，中葡平台及合作合资研究工作成效显著。阳湖精神凝聚合力、充分弘扬，文明城市创建列全市前位，政府网站获得中国政务网站领先奖。

主要做了以下六个方面工作：

1. 稳步提升经济发展质效。深入开展“重大项目增效年”活动，更加注重营造企业家健康成长环境、弘扬优秀企业家精神、更好发挥企业家作用，大力推动减税降费各项政策措施落地见效，扎实推进第四次全国经济普查。欣盛载带、国科微芯片、晶品 LED 外延片、星源材质、新科人居智能等重大项目成功落户；完成实际到账外资及港澳台资 7.7 亿美元，进出口总额 790 亿元；备案境外投资项目 37 个，协议投资额 3.8 亿美元。区重点项目完成投资 546 亿元，全区固定资产投资、工业投资分别增长 7.5% 和 7%，技改投入占工业投资的比重达到 59%。工业经济稳定向好，工业企业资源集约利用综合评价工作扎实推进，“千企大走访、服务再加力”活动有序开展，完成规模以上工业总产值 4230 亿元，工业企业亩均开票销售和亩均税收均增长 10% 以上；“五新三高两智能”十大产业链完成规模以上工业总产值 1620 亿元，绿色建筑产业产值达到 730 亿元。新增市长质量奖企业 2 家，参与制修订国家、行业标准 12 项，国茂减速机等 22 家企业通过国家级两化融合管理体系达标评定，精锻爪极被认定为制造业单项冠军产品，三鑫重工、马拉兹导轨、同泰高导被工业和信息化部认定为绿色工厂；瑞声光电、恒立液压、今创集团被工业和信息化部认定为制造业单项冠军示范企业，数量居全国县（市、区）首位；新增省级专精特新小巨人企业11家，位列全省第一。服务业实现扩容提质，服务业增加值突破千亿元大关，达到1040亿元；爱琴海购物公园建成开业，完成社会消费品零售总额641亿元，增长10%。万帮充电获批国家中小企业公共服务示范平台，新增省级农村电子商务示范村2个、省级乡镇电子商务特色产业园（街）区3个。国家级全域旅游示范区创建工作全面启动，太湖湾露营谷、嬉乐湾研学营地、白金汉爵大酒店建成投运；全年旅游接待1900万人次、旅游总收入255亿元。农业现代化步伐明显加快，国家农产品质量安全区创建工作圆满完成，阳湖水蜜桃成为首家通过中国森林认证的水蜜桃，4个水稻品种通过国家、省级审定，7家农业企业在江苏股权交易中心农业板挂牌。

2. 持续增强创新驱动能力。深入推进全国双创示范基地建设，组织开展“创响中国”系列活动，成立科技创新创业联盟，加快打造“创新 + 资本 + 开放”的新苏南模式。新能源汽车能源与信息创新中心、石墨烯创新中心获批省级制造业创新中心试点，戚墅堰轨道交通产业园获批国家高端装备制造业标准化试点，固高数控精密制造创新中心落户武进，智能照明联合实验室、中汽研汽车工程研究院建成投用，净增高新技术企业90家，新增市级以上企业技术中心21家，万人有效发明专利达到43.5件，研发经费支出占地区生产总值的比重提高到2.91%。常州经开区加快发展三年行动计划圆满收官，在全省省级经济开发区科学发展综合考核评价中跃升至第13位，三年提升47位。武进高新区在全国国家级高新区中排名第45位，比上年提升6位，通过国家知识产权试点园区验收，机器人及智能装备产业园获评中国优秀机器人产业园区，瑞声科技小镇列入省级特色小镇创建名单。西太湖科技产业园承载能级不断提升，省产业技术研究院石墨烯材料研究所达成改制共建协议，常州国药医学检验实验室建成运行，石墨烯小镇荣获首批江苏优秀特色小镇。金融业协会组建成立，金融支持乡村振兴战略、民营经济发展和金融惠企大走访活动深入开展，新设立金融机构6家，新增创投机构30家、创投资本14.3亿元，武高新担保公司注册资本增加到10亿元。“三池一社区”人才工程深入实施，新增省双创人才项目20个、省双创博士5人、领军型创业人才项目92个，入选科技部创新人才推进计划4人，首届“武进工匠”12名顶尖技术骨干脱颖而出，全区每万名劳动力中高技能人才达到1083人。

3. 全面深化生态文明建设。制定出台生态保护引领区建设责任落实改革方案和责任追究办法，严肃开展中央环保督察“回头看”、省环保督察交办问题整改，率先成立生态环境犯罪侦查大队，探索实施绿色生产标杆企业评定，全面开展“散乱污”专项整治，减少化工、印染、电镀企业数量53.9%。26项治太工程全面完成，滆湖网围养殖基本完成整治，滨湖污水处理厂、农村分散式生活污水处理工程一期建成投用，漕桥、太湖湾污水处理厂完成提标改造，新增污水主、支管网305千米，39个集镇排水片区全面实施雨污分流改造，315个村庄生活污水实现集中收集处理，20个工业集中区企业污水做到“应接尽接”。21个重点水功能区水质进一步改善，治理黑臭水体103条，清淤镇村河道270千米，洛阳镇戴溪片区小流域水环境整治一期项目高质量完成；三级河（湖）长累计巡河3.3万次。加大大气污染防治力度，开展第二次全国污染源普查，实施内河码头、预拌混凝土搅拌站专项整治，完成610家企业挥发性有机物整治任务。生活垃圾分类设施建设有序推进，夹山危废焚烧处置中心、大件垃圾分拣中心、有害垃圾临时收储中心投入运行，餐厨垃圾规范收运深入实施；建筑装潢垃圾资源化处置能力持续提升，管理体系在全省示范领先。开展“生态共建”光彩行动，社会力量投入1000余万元参与生态文明建设。6个镇、5个村成为省生态文明建设示范镇、村。

4. 大力改善城乡环境面貌。完成重大交通设施、村土地利用等专项规划，多规融合更加深入。常宜高速、苏锡常南部通道建设加快推进，青洋快速路建成通车，大明路、长虹路高架互通改造完成主体工程，轨道交通1号线武进段完成车站主体结构施工；新沟河、永安河工程主体基本完工，新孟河工程进展顺利。房地产市场稳定有序，成立资源办统筹城市资源经营管理工作，最大化发挥土地资源效益，出让经营性土地19宗，面积87.47公顷。化解征迁历史遗留问题43个，中心城区核心区征迁遗留问题全部得到解决，完成征迁签约132万平方米。城乡精细管理取得突破，推行路长制和流动红、黄旗制度，开通微信公众号“随手拍”功能，府北等消费品综合市场整治到位，住宅小区、“两违”、户外广告和交通干线沿线环境整治行动高频率开展，重点区域“脏乱差”现象得到有效解决。海绵城市建设全面展开，新增绿色建筑面积250万平方米、装配式建筑面积180万平方米。完成湿地修复面积340公顷、造林绿化面积626.67公顷，戚墅堰运河风光带建成开放。竣工人防工程面积10.2万平方米。乡村振兴实施意见、五年规划和一系列配套政策相继出台，“1+1+N”的政策体系逐步健全，十项工程启动实施。特色强镇建设重点领域有效突破，“三强一高”评价得分稳步提升。农村综合改革深入实施，土地经营权入股发展农业产业化经营试点主体有序增多，累计建立村级股份合作社252个。武进美丽乡村在嘉年华活动上精彩亮相，陡门塘省级特色田园乡村建设全面完成，创成省、市级美丽乡村示范村（点）3个，康居村庄达标率达到71.2%。村级集体经济实现提速增效，村集体经营性收入增长6%，收入超千万元村22个。农村“三资”管理水平进一步提高，村务“e阳光”平台实现镇级全覆盖，农村产权交易金额名列全省县（市、区）榜首。

5. 切实提高群众生活质量。民生类财政支出增长7.6%，占一般公共预算支出的比重达到77.1%。新增就业2.4万人，城镇登记失业率1.68%。各类社保待遇水平稳步提高，常武社保一体化工作有序推进，在全市率先制定出台长期护理保险制度，医保智能审核系统实现区域定点医药机构全覆盖。完成住房公积金扩面5万人，投放公积金贷款24亿元，解决6000户职工家庭购房资金需求。安置房办证工作加力推进，办理安置房不动产权证5300套。慈善救助力度持续加大，发放慈善救助金3800万元，惠及1.2万人次以上；投入光彩资金3552万元，实施共建项目192个。积极探索医养融合、居家养老模式，老年助餐点实现城市社区全覆盖，机构养老床位达到6863张。教育卫生资源配置日益均衡，常州大学西太湖校区、经开区小学、火炬路幼儿园等13所学校建成投用，武进开放大学与职教中心职教资源全面整合，教师“区管校聘”效应持续释放，17 所城区小学与 26 所镇级学校实行结对共进，义务教育阶段实现集团化办学全覆盖，高考本科上线率稳步提升；公民具备科学素质的比例达 13.6%；武进人民医院外科大楼、中医医院综合大楼基本竣工，国家卫生镇实现全覆盖，新改扩建村卫生室 20 家，建成紧密型医联体 3 个、专科共建型医联体 26 个，家庭医生实现重点人群签约 34 万人。庆祝改革开放 40 周年系列活动丰富多彩，第六届市民艺术节圆满举办，建成基层综合性文化服务中心 64 个；全民健身活动内涵不断拓展，成功承办西太湖马拉松赛、全国女曲锦标赛、第 23 届女曲世界冠军杯赛等重大赛事。扫黑除恶专项斗争取得阶段性成效，升级版技防城建设进展良好。法宣中心建成投用，信访积案得到有效化解，各类矛盾纠纷调处率达到 99%。安全生产执法提升年活动深入开展，应急管理体系不断健全，危化品、出租屋等领域专项治理扎实推进，全区安全生产事故起数和死亡人数实现“双下降”。食品安全保障水平持续提升，抽检各类食品 7200 批次，建成“阳光餐饮”单位 810 家、“安心菜场”25 个。武进区连续第十四年获评全省平安区，被省委省政府授予全省法治建设示范区、2015—2018 年度全省社会治安综合治理工作先进集体，实现省级双拥模范区“八连冠”。民族宗教、侨台、妇女儿童、关心下一代、红十字、残疾人、地方志、档案、对口协作等工作取得新进展。

6. 不断加强政府自身建设。切实增强“四个意识”，坚决做到“两个维护”，深化党风廉政建设责任制，大力开展解放思想大讨论活动，政务环境持续优化。坚持重大事项向区人大及其常委会报告、向区政协通报制度，主动接受司法、审计和社会舆论监督，认真听取各界意见建议，高效办理区人大代表建议 170 件、政协委员提案 239 件。严格落实法治建设职责规定，坚持区政府常务会议集体学纪学法制度，完善法律顾问委员会工作机制，全面推开行政执法公示、执法全过程记录、重大执法决定法制审核等“三项制度”。扎实推进政务公开，建立公平竞争审查机制，精准解读政策，及时传递权威信息，主动公开政府信息 2.5 万条。有序启动政府机构改革，着力构建系统完备、科学规范、运行高效的机构职能体系，环保、税务等机构改革按要求推进。完善政府、国有企业投资项目管理制度，完成工程类、政府采购类项目 909 个，国有产权交易项目 57 个，武进公共资源交易中心被评为年度全国县级十佳公共资源交易机构。推进机关办公用房集中统一管理，实现公务用车统筹利用，公务出国（境）团组数量大幅压缩。制定出台鼓励激励、容错纠错、能上能下实施办法，编制形成 42 个情景案例。巩固落实中央八项规定精神成果，严肃查处不担当、不落实、不作为问题，政府作风建设迈出坚实步伐。

一年中，我们取得的进步来之不易，赢得的成绩令人振奋，愈发坚定了我们沿着高质量发展的方向大踏步前进的信心和意志。这些成绩的取得，离不开上级党委、政府和区委的正确领导，离不开区人大及其常委会与区政协的监督支持，离不开全区人民的共同努力。与此同时，我们也清醒地看到，武进区经济社会发展还存在一些不平衡不充分的地方，主要是：重大项目引进力度有待加大，土地节约集约利用水平不高，新旧动能转换需要付出艰苦努力；实体经济运行困难增多，民营企业的投资意愿和投资信心不足；城市内涵品质和管理精细化程度还有较大提升空间，环境治理尤其是大气污染防治压力巨大；公共服务供给与群众期望还有差距，安全生产、企业风险仍需高度重视；部分干部改革意识、担当精神有所欠缺，专业水平、行政效能仍需加强。

2019 年工作安排

2019 年是新中国成立 70 周年，是决胜高水平全面建成小康社会、打好三大攻坚战的关键一年。从武进区实际情况看，虽然面临“促转型、优环境、保增长”以及区域竞争日趋激烈的压力，但我们拥有前所未有的发展机遇。当前的武进，不仅面临新一轮科技革命、产业变革的重大机遇，还拥有苏南模式焕发崭新活力的历史机遇，更拥有地铁、高铁、高速等重大交通设施加快建设的现实机遇和中以、苏澳等平台腾飞的战略机遇。我们将认真落实区委各项决策部署，全力以赴决胜五个三年行动计划，在新一轮发展中赢得新优势、取得新成效。

2019 年政府工作的指导思想是：高举习近平新时代中国特色社会主义思想伟大旗帜，坚持新发展理念，坚持稳中求进工作总基调，按照“推动武进高质量发展走在前列”的总体要求，紧紧围绕“五个三年行动计划决胜年”主题，振奋精神、勇争一流，促进产业创新，深化改革开放，提升城市品质，优化生态环境，增进民生福祉，确保五个三年行动计划圆满收官，打造苏南模式转型升级试验区、当好常州明星城建设排头兵，为决胜高水平全面建成小康社会打下决定性基础，以优异成绩庆祝中华人民共和国成立 70 周年。

2019 年全区经济社会发展主要预期目标为：地区生产总值增长 7% 左右，其中，规模以上工业增加值增长 6.5% 左右，服务业增加值占 GDP 比重提高 0.5 个百分点；固定资产投资增长 7% 左右；一般公共预算收入增长 5% 左右；社会消费品零售总额增长 8% 左右；进出口总额增长 3% 左右；实际到账外资及港澳台资 7.6 亿美元；全体居民人均可支配收入增长 8% 左右；城镇登记失业率控制在 3% 以内；节能减排完成上级下达目标。

为实现上述目标，我们将重点做好以下六个方面工作：

一、聚力转型升级，紧紧把握实体经济优势，筑牢高质量发展的坚实根基

攻坚重大项目。强化招商引资“一号工程”地位，开展“重大项目攻坚年”活动，境内紧盯“北上广深”，境外聚焦欧美、日韩、港澳台等地，积极开展以民引外、以外引外，发挥基金招商、金融助商的促进作用，寻求与国企、央企、军企及世界 500 强企业、上市公司、优质投资公司合作，全力引进一批龙头型、创新型、税源型、富民型、资源节约型大项目。融入“一带一路”倡议，鼓励企业并购国外高新技术企业，开展跨国经营，建立境外研发机构、生产基地；鼓励区内企业引进国际先进技术、管理经验和营销模式，支持外资及港澳台资参与本土企业优化重组。加强投入强度、产出效益等综合评价，鼓励企业加大技改和设备投入，引导项目建设从看规模向重质效转变。强化抓项目的力度、热度，提高实体项目投资效率，切实抓好已签约项目的转化落地，优化省、市、区重点项目组织推进机制，确保信承瑞轨道交通装备、世特科汽车发动机装置、新纶锂电池材料等项目开工建设，90 个区重点项目建成投产，加快形成具有爆发力的新增长点。

*提振实体经济。*大力发展高端装备、新材料等战略性新兴产业，培育发展芯片、新能源汽车等未来产业，建设自主可控的先进制造业体系。积极争创新时代“两个健康”先行区，完善武进300强企业培育机制，倾力打造单项冠军、隐形冠军，加快形成一批“专精特新”中小企业和排头兵企业，促进民营经济高质量发展。深化智能制造应用推广，培育更多智能车间(工厂)，提高智能制造普及率，推动武进制造迈向武进智造。加强工业互联网建设，推进企业核心业务“上云”，构建工业互联网生态体系，新增1160家上云企业。以“标准化+”“品牌+”“机器人+”为主要抓手，改造提升传统产业，加快向数字化、高端化、绿色化方向攀升。积极发展电子商务、信息服务、研发设计、智慧物流等现代服务业，推动服务业与制造业深度融合。坚持全域旅游发展战略，积极拓展研学旅游、工业旅游、乡村旅游、养生度假等新业态，打造长三角知名旅游目的地。促进建设用地集约化利用，单位建设用地税收收入增长8%。实施外贸优进优出战略，加强武进综保区跨境电商平台建设，增强出口产品定价话语权，支持成套设备、高新技术产品“出海”，一般贸易进出口占货物进出口总额比重达到83%。做好第四次全国经济普查和第三次全国国土调查工作，为推动高质量发展提供有力支撑。

*优化营商环境。*落实各级关于鼓励支持民营经济发展、减轻企业负担的政策措施，激发和弘扬企业家精神，持续开展“千企大走访、服务再加力”活动，切实当好“店小二”，进一步优化服务举措、解决难点问题。以环节最简、材料最少、时间最短为目标，更大力度简政放权，优化纳税服务、获得信贷和水、电、气接入、知识产权保护、通关便利等措施，高质量全面实现“2345”目标。普及推广政务服务“一张网”使用，持续加强“不见面审批”标准化建设，抓紧解决群众办事堵点问题，最大限度便企利民。整合行政审批局“一窗通办”窗口，形成“一窗综合受理、后台分类审批、一窗综合出件”模式，实现无差别化服务。积极深化“互联网+政务服务”，建成区镇村三级政务服务体系，制定标准化服务清单和办事指南，提高镇村政务服务“一网通办”的能力和水平。优化政策执行方式，避免环保处置措施简单粗暴，保护企业合法权益。推进跨部门“双随机”机制建设，充分发挥信用监管在事中事后监管中的作用，探索建立跨部门区域化信用信息共享互通机制，形成“一处失信、处处受限”的良性格局，确保营商环境指数跻身全省第一方阵。

二、加速动能转换，充分激发战略要素活力，构建富有竞争力的经济体系

*以重点领域改革增强动能。*牢固树立“亩产论英雄”的价值导向，强化工业企业资源集约利用综合评价结果运用，合理配置用能、用地、排污、信贷等要素。坚持政企分开、政资分开、所有权与经营权分离，加快国有企业管理改革，强化区镇国企联动运行，支持国企培育主营业务，加快形成能盈利、可持续的商业模式。依托苏澳合作园区，积极向上争取国家级区域金融改革试点，探索构建与园区体制机制相适应的金融投资中心、金融服务中心和金融创新中心。加强政府性债务管理，优化存量债务结构，积极争取专项债券。创新社会事业项目经营管理方式，探索公建民营、民建民营、民建公办等新模式。放大农村土地制度改革的积极效应，探索和完善集体土地抵押、租赁、转让等多种权能实现方式，提炼出可复制、可推广的经验做法。

*以加强科技创新积蓄动能。*继续推进全国双创示范基地建设，打造机制活、平台优、氛围浓、活力足的创新创业名城。加强创新载体建设，推动新能源汽车能源与信息创新中心、石墨烯创新中心争创国家级，加快石墨烯材料研究所建设步伐，培育市级以上企业技术中心25家，新增高新技术企业78家。依托常州科教城“创新之核”功能，推进科教城与三大开发区的深度融合，促进科教城创新成果在武进落地转化，支持常州大学建设高水平大学和一流学科，倾力打造科教城与武进区一体化的双创新格局。实施新一轮“武进英才计划”，逐步建立市场化人才考核评价机制，全面激发人才创新活力。加强人才服务体系建设，推进人才公寓连锁化、品牌化建设，增创筑巢引凤新优势。

*以建设平台载体培育动能。*常州经开区集聚资源打造3平方千米核心区，加快完善城市功能，做精做优现代交通、新型特种材料、绿色家居、绿色电机等特色产业，进一步提升对全市的贡献和在全省的位次，全力争创国家级经济技术开发区。武进高新区以产城融合增强城市功能，推进瑞声科技小镇、固高数控精密制造创新中心等特色载体建设，擦亮机器人、智电汽车、新一代信息技术等产业名片，创建国家知识产权示范园区。西太湖科技产业园深耕细作石墨烯、医疗器械大健康、智能装备制造等优势产业，加快培育平台经济，集聚更多人气；借鉴以色列高效创新机制，精益求精建设中以常州创新园，推进中以产业技术创新研究院、中以国际创新村等平台建设，打造以色列技术、项目和资本在国内合作的“桥头堡”和示范区。苏澳合作园区落实总体方案要求，尽快签署苏澳政府间合作协议，组建园区管理机构和联合投资实体，推进合作合资、改革创新、政策争取等重点工作，正式启动园区建设，确保一批标志性项目落地。

*以完善金融体系激活动能。*加快企业股改上市步伐，密切关注上交所科创板和注册制试点进展情况，分类指导企业赴国内各类资本市场或境外挂牌，新增上市挂牌企业5家以上。鼓励已上市企业实施再融资、并购重组和控股等资本运作，整合产业链条，增强核心竞争力。综合运用基金、担保、授信、上市、并购等工具，满足企业融资需求。积极搭建银企对接平台，化解银企之间信息不对称矛盾。大力发展创业投资、股权投资、私募基金等新金融业态，推行企业债、公司债等直接融资工具，推广知识产权质押、投贷联动等融资方式，推动金融资本与优质项目更好对接。

三、狠抓建管结合，不断提升区域功能形态，打造形神兼具的品质城市

*优化城市功能布局。*树立精品理念，加强规划引领，结合城市空间规划修编，搭建武进新发展区域构架，研究城区重点片区更新、环滆湖地区空间、城区重点区域公共空间品质提升等规划，塑造城市特色风貌。加强城市资源经营，按序推进旧城改造，加快长沟河西等片区开发建设步伐。立足构建现代综合交通运输体系，全面提速常宜高速、苏锡常南部通道等项目建设，配合启动江苏南沿江城际铁路建设，优化设计沿江城际铁路武进综合枢纽方案，将其打造为常州南部一体化交通运输组织中心。优化公交线网、加大班次密度，推动公交与地铁站无缝衔接，满足群众出行需求。全面实施新孟河延伸拓浚工程，推进南延段、太滆运河、漕桥河等46千米河道及沿河桥梁建设工程。加强太湖湾、西太湖、高铁武进站等重点片区的规划

研究，打造承载优质项目落户的“深水良港”。

加强城乡精细管理。坚持文明城市建设和城乡精细管理一体化推进，严格践行“绣花精神”，全力推进新时代文明实践中心建设，下大力气提升住宅小区、道路容貌、绿化园林等重点领域管理水平，保持城市文明程度全市第一方阵地位，确保城市长效管理在全市实现争先进位。加大生活垃圾分类宣传和设施建设力度，筹建城区可回收物综合处置中心和园林绿化垃圾处置中心，打造建筑垃圾治理“减量化、无害化、资源化”的武进品牌升级版。加强环卫基础设施建设，有序推进城乡“厕所革命”，加大生活垃圾转运站新建改造力度。实施中心城区道路沿线规范停车管理和户外广告整治两大专项行动，提升市容环境整体面貌。开展精品、亮点街景创建，打造城市风景线。

加快乡村振兴发展。按照产业兴旺、生态宜居、乡风文明、治理有效、生活富裕总体要求，全面实施乡村振兴战略十项工程，确保各镇基本达到特色强镇建设预期目标，加快让农业成为有奔头的产业、农民成为有吸引力的职业、农村成为安居乐业的家园。加强农业产业化联合体建设，提升农地适度规模经营比重，打造一批具有地域特征、文化底蕴的特色农产品，绿色优质农产品比重提高到60%。强化村级集体经济物业帮扶和财政支持，拓宽农民增收渠道，激发低收入群体主动脱贫的内生动力，全区建档立卡低收入人口全部脱贫，户人均年收入达到1万元以上。以省级特色田园乡村为标杆，深入实施农村人居环境整治三年行动，全域推进美丽乡村建设，打造一批美丽宜居乡村和精品村，展现江南水乡的高颜值。

四、厚植绿色基因，切实打好污染防治攻坚战，建设生态宜居的美丽家园

力促节能减排。坚持源头预防和末端治理相结合，积极化解过剩产能、淘汰落后产能，持续开展“散乱污”整治，巩固化工企业整治成效，完成印染、电镀企业整治任务，健全长效管理机制。调整优化运输结构，加大老旧车辆淘汰力度，在公交、环卫、出租车等行业率先推广使用清洁能源和新能源汽车，所有新建港口配备岸电设施。加快建筑产业现代化发展步伐，新增绿色建筑、装配式建筑超300万平方米。扎实开展绿色生产标杆企业评定工作，凸显超低排放导向，提高企业绿色生产能力。积极培育节能与循环经济项目，激发企业实施节能技术改造的积极性。

加强环境治理。更大力度开展大气污染防治，推动燃煤机组烟气实现超低排放，编制挥发性有机物重点监管企业“一企一策”方案，开展主城区餐饮业达标整治，全年空气质量优良天数比率大幅上升，PM2.5平均浓度大幅下降。更高标准实施水环境治理，推进污水网管建设和片区改造，提升城镇污水收集率；按照建管一体化要求实施农村分散式生活污水处理二期项目，启动武南污水处理二厂一期项目建设，扩建改造前杨、横林、漕桥、湟里等污水处理厂；强化各级河长高效履职，继续开展河道清淤和黑臭河道整治，想方设法提升城区7条主要河道水质，力争国考、省考断面水质达标，地表水达到或好于三类水体比率达到26.7%。加强污染土地治理修复，开展土壤污染综合防治先行区建设。探索新型绿色水产养殖模式，加强畜禽养殖长效管理。争创“国家级节水型社会达标县”。

推进生态保护。践行“绿水青山就是金山银山”的理念，更大力度建设全省生态保护引领区，严格落实主体功能区规划，编制生态红线区域“一区一策”保护与提升方案。积极创建生态园林城市，以增核、扩绿、联网为主要内容，启动吴韵公园、永安河绿化等生态绿城项目建设，林木覆盖率达到26.4%，着力打造“处处皆绿、人人可享”的宜居城市。优化水质自动监测站点布局，重点行业排污单位全部安装自动在线监控设备，深入开展环境执法专项行动。积极倡导绿色生产生活方式，综合运用经济、法律、行政等手段，引导企业争做绿色生产者、市民争做绿色消费者。狠抓中央和省级环保督察交办问题整改，确保整改到位，加强长效管理，严防反弹回潮。

五、立足普惠共享，全面繁荣各项社会事业，创造幸福和谐的美好生活

加大富民增收力度。坚持就业优先战略，积极化解结构性用工矛盾，精心组织实用性更强的专场招聘活动，对就业困难人员实行分类帮扶和实名动态管理，新增城镇就业2.3万人。浓厚全民创业氛围，开展创业项目征集与推广、项目路演、创业大赛、创业标兵评选等“创富武进”系列活动，打好政策激励、金融扶持、市场指导等组合拳，支持在外企业家、大学生返乡创业兴业。创新技能人才培养方式，推进产教深度融合，办好新型学徒制校企合作培训班，营造劳动光荣、技能宝贵、创新伟大的社会氛围。

织密社会保障网络。加大财政资金投入，精心办好“两促三优三提升”为民实事项目，让武进“幸福树”更加枝繁叶茂。稳步提高各类社会保障标准，持续扩大社保覆盖面，人均拥有社会保险福利总额超6250元。启动实施长期护理保险制度。为全区持证残疾人办理30种重大疾病保险和意外伤害险。继续扩大住房公积金制度覆盖面，发放公积金贷款18亿元。基本完成中心城区安置房不动产权证办证工作，并向镇、开发区延伸。发放慈善救助金3800万元，惠及困难群众1.1万人次。深入实施同心惠民光彩行动，投入光彩资金3000万元。吸引民营资本、社会组织参与养老事业，加快区级智慧养老平台建设，推进公办敬老院运营机制改革，深度扩展医养融合。

优化公共服务供给。大力促进学前教育优化提升、义务教育集团化办学、高中教育多元化改革，支持省前中创建全省首批高品质示范高中，完成省武高新校区建设，加快推进府北幼儿园、人民路初中等项目建设；加大名校长、名教师培养力度，壮大教育优秀人才队伍，义务教育优质均衡比例达到65%。加快建立现代医院管理制度，探索三级医院与基层医疗机构开展共建病区合作模式，建成投用武进人民医院外科大楼、中医医院综合大楼和横山桥镇卫生院门诊住院大楼，确保武进中西医结合医院病房大楼基本竣工，培育6家基层医疗中心，新增全科医生30人。继续完善现代公共文化服务体系，完成所有村（社区）基层综合性文化服务中心建设任务，精心办好全民阅读月、市民艺术节、锡剧艺术节等文化活动，让更多群众享受优质的精神文化大餐。推进大运河文化带武进段建设，展现运河风情、城市记忆和武进烙印。增加公园绿地体育设施，加大现有公共体育场地设施开放力度，承办首届世界女曲超级联赛和2019年全国女曲锦标赛。

提升社会治理能力。创新基层治理方式，推动政府治理和社会调节、居民自治良性互动，引导社区、社会组织、社工优势互补，促进共建共享共治。深化网格化集成管理改革，加大各类平台系统整合力度，加强网格队伍能力建设，优化运行管理和考核激励机制，提高网格提交事项办结率、镇街解决问题统筹力。按照“重点问题攻坚年”要求，全面纵深推进扫黑除恶专项斗争；完善立体化、现代化治安防控体系，推动平安建设纵深开展，确保公众安全感稳步提升。畅通群众诉求表达渠道，健全多元化纠纷解决机制，集中力量持续攻坚化解信访积案。高度重视风险防控，提高应急处置和防灾减灾能力。从严落实安全生产责任，提高员工安全意识和技能，深化工贸重点行业、危化品等领域专项治理，确保安全生产形势平稳向好。加强食品安全监管，继续开展“安心菜场”和“阳光餐饮”单位建设，持续推进非洲猪瘟疫情防控工作，保障群众“餐桌上的安全”。

六、牢记职责使命，继续转变职能改进作风，展现勤廉务实的良好形象

建设法治政府。自觉接受区人大法律监督、工作监督和区政协民主监督，坚持重大事项向人大报告和向政协通报制度，认真办理人大代表建议和政协委员提案。密切与民主党派、工商联、无党派人士和人民团体沟通联系，广泛接受群众、媒体和社会监督。严格落实重大行政决策程序规定，认真做好行政机关负责人出庭应诉工作，深化政府法律顾问制度，强化决策实施效果评估，发挥社会力量参与公共治理的重要作用。不断提高政务公开的质量和实效，加强政策解读，及时准确回应社会关切。深化行政执法体制改革，全面实施区域综合执法，强化镇、开发区执法职责，提升执法效率和监管水平。

提升服务效能。统筹推进政府机构改革，优化机构设置和职能配置，确保有序衔接、平稳过渡，提高工作效率和服务质量。加快推进雪堰镇经济发达镇改革，构建“镇村治理一张网、政务服务一窗口、综合执法一队伍、指挥调度一中心”的基层政府治理架构。进一步增强为民意识，推出更多暖心政策措施，切实为群众办实事、为企业解难事。加强智慧政府建设，促进跨层级、跨部门信息互联互通，推进大数据在政府管理、决策和公共服务领域的广泛应用。倡导简洁高效的工作作风，改进文风会风，减少繁文缛节，优化行政流程。对照全省高质量发展监测评价考核体系，优化考核评价方式，落实“首问负责制”，确保各项目标任务落到实处。

强化担当精神。强化目标意识、责任意识、担当意识，以踏石留印、抓铁有痕的劲头，全力破解改革发展中的难题。发挥鼓励激励、容错纠错、能上能下“三项机制”作用，关心关爱基层一线干部，为担当者担当、让改革者有为，营造干事创业的良好氛围。加大年轻干部培养使用力度，提升政府工作人员的专业能力，打造一支想干事、真干事、会干事、干成事的干部队伍。

加强廉政建设。加强政府系统党风廉政建设，切实履行“一岗双责”，强化重点领域、重点项目、重点环节的监督检查，防范廉政风险。深入落实中央八项规定精神，紧盯隐形变异“四风”新动向，严肃查处光说不做、畏难怕事、消极履职等现象。深入推进审计全覆盖，加强公共财政、政府投资、民生资金和经济责任等重点领域审计，持续提升审计效果。强化预算执行刚性，规范“三公”经费管理，提升政府性投资项目资金使用绩效，着力打造节约型政府。

缩略语注释：

1. *网格化集成管理“四梁八柱”总体框架*：“四梁”指党建引领、社会治理、综合执法、为民服务四大功能模块；“八柱”指社会治安、公共安全、城市管理、环境保护、民生服务、综合执法、政务代办、综合管理等八类服务管理事项。

2. *“防违控违”五大机制*：高效的查违拆违处理机制、严格的物管企业考核机制、实时的违法建设曝光机制、严肃的责任主体问责机制、畅通的合理诉求解决机制。

3. *村（社区）党组织战斗堡垒作用考核评估“三双”标准*：经济和管理“双强”、生态和家园“双美”、口袋和脑袋“双富”。

4. *“1+4+X”联合会工作模式*：以武进区新的社会阶层人士联合会总会与民企和外企高管及技术人员分会、社会组织和中介行业分会、新媒体从业人员分会、自由职业者分会四个分会为架构，以“梧桐新叶”新的社会阶层人士工作示范点和各基层地域分会为平台的新的社会阶层人士统战工作机制。

5. *“两高两铁”*：“两高”指常宜高速公路、苏锡常南部通道；“两铁”指苏南沿江铁路、泰锡常宜城际铁路。

6. *“五星联建创五优”*：以规范之星、活力之星、发展之星、服务之星、堡垒之星的“五星”标准加强基层党组织建设，积极创建主题内涵优、教学资源优、基础设施优、组织保障优、社会效应优的“五优”先锋示范点。

7. *政府债务化解“三控两分”措施*：控制财政预算支出、控制政府债务总量、控制政府投资规模，区和各镇、开发区对财政预算安排和政府投资项目进行分级管理，政府投资项目分别采取政府直接投资、PPP 模式、社会资本投资等方式进行。

8. *政府债务管理十项纪律规定*：定期专题研究、加强收入组织、强化支出管理、强化投资管理、强化资产管理、强化资金管理、加强融资管理、规范招商引资、统一扶持政策、强化债务管理。

9. *“2345”改革目标*：2 个工作日内企业注册开业，3 个工作日内获得不动产权证，45 个工作日内取得工业生产建设项目施工许可证。

10. *“三池一社区”人才工程*：项目池、政策池、资金池和人才社区体系。

11. *“五新三高两智能”十大产业链*：新能源汽车及汽车核心零部件、新材料、新一代信息技术、新能源产业、新医药及生物技术，高端轨道交通装备、航空装备、节能环保，智能制造装备和智能电网。

12. *特色强镇“三强一高”评价标准*：经济强、承载力强、竞争力强、群众满意度高四大类 18 项评价指标。

13. *新时代“两个健康”先行区*：新时代非公有制经济健康发展和非公有制经济人士健康成长先行区。

文件选录

武进区贯彻落实乡村振兴战略的实施意见

武发〔2018〕51 号

实施乡村振兴战略，是党中央作出的重大战略部署。根据中央和省、市要求，紧密结合武进实际，现就我区贯彻落实乡村振兴战略提出如下实施意见。

一、总体要求

（一）指导思想

以习近平新时代中国特色社会主义思想为指导，全面落实高质量发展要求，坚持把解决好“三农”问题作为重中之重，坚持农业农村优先发展，坚持系统思维、问题导向，按照“产业兴旺、生态宜居、乡风文明、治理有效、生活富裕”的总要求，围绕乡村产业振兴、人才振兴、文化振兴、生态振兴、组织振兴的目标和路径，以“五个三年行动计划”为抓手，建立健全城乡融合发展体制机制和政策体系，加快推进农业农村现代化，推进乡村治理体系和治理能力现代化，让农业成为有奔头的产业，让农民成为有吸引力的职业，让农村成为安居乐业的美丽家园。

（二）基本原则

——坚持党管农村、优先发展。坚持和加强党对农村工作的领导，确保党在农村工作中始终总揽全局，提供强有力的政治保障。坚持把实施乡村振兴战略摆在优先位置，凝心聚力，在资金、人才、政策等方面实行倾斜，加快补齐农业农村发展短板。

——坚持整体部署、统筹推进。准确把握乡村振兴的科学内涵，充分挖掘乡村的多种功能和价值，注重系统性、协同性，统筹谋划部署，整体协调推进农村经济、政治、文化、社会、生态文明的建设和党的建设。

——坚持城乡融合、共同繁荣。始终把改革创新作为乡村振兴的根本动力，创新乡村振兴工作方法，破除各种体制机制障碍，推动城乡各种资源要素自由流动、平等交换，推进新型工业化、信息化、城镇化、农业现代化同步发展，夯实农村产业发展基础，加快形成工农互促、城乡互补、全面融合、共同繁荣的新型工农城乡关系。

——坚持农民主体、尊重民意。充分发挥农民在乡村振兴中的主体作用，广泛调动农民的积极性、主动性、创造性，把维护和保障农民合法权益、促进农民共同富裕作为出发点和落脚点，不断提升农民的获得感、幸福感、安全感。

——坚持因地制宜、分类指导。树立城乡一体、多规合一理念，遵循乡村发展规律，坚持“因地制宜、一镇一品、一村一特色”发展导向，结合特色强镇建设重点工程，合理把握乡村的自然禀赋、现实状况和发展走势，注重规划先行、突出重点，分类施策、典型引路，循序渐进、确保实效。

（三）目标任务

巩固武进城乡发展一体化改革先发优势，在更高质量上协调推进农业农村现代化，打造新时代乡村振兴的“武进样本”，力争成为全国农村改革试验的引领区、全省实施乡村振兴战略的示范区。主要目标是：到 2020 年，乡村振兴的制度框架和政策体系基本形成，乡村振兴取得实质性进展。在全国率先实现农业现代化，农业综合机械化水平保持在 90% 以上；农村居民收入增速与经济增速同步，建档立卡低收入农户全部脱贫；农村人居环境显著改善，村庄环境整治达标率达 100%；城乡公共服务均等化水平明显提升，农村养老、医疗、失业三大保险覆盖率保持在 99% 以上。到 2035 年，农业农村现代化更高水平体现，城乡居民收入差距进一步缩小，城乡基本公共服务实现均等化，乡风文明达到新高度，乡村治理体系更为完善，美丽宜居乡村风貌展现，乡村振兴取得决定性进展。到 2050 年，农业强、农村美、农民富全面实现，乡村全面振兴。

二、主要任务

（一）提高农业产业质量，繁荣农业农村经济

1. 着力优化农业布局结构。加快调优农业产业结构，推动形成与资源环境承载力相匹配、生产生活生态相协调的农业发展格局。加快推进农业功能保护区划定，力争 2018 年完成 2733.33 公顷小麦生产功能区、7333.33 公顷水稻生产功能区、226.67 公顷大豆生产保护区和 233.33 公顷油菜生产保护区的划定任务。着力推进现代农业产业示范园建设，打造 2 ～ 3 个市级现代农业产业示范园，创建雪堰前黄片区省级现代农业产业示范园。

2. 加快推进农业高质量发展。按照“有标采标，无标制标”的原则，建立健全各类标准体系。积极组织“三品一标”申报，力争年增“三品一标”20 个，续展率稳定在 90% 以上，到 2020 年，种植业“三品”产量占比达 50%。大力发展农产品精深加工，重点建设 5 ～ 6 家农产品加工型龙头企业，扩大优质稻米精加工规模，打造南部冷链物流等农产品加工示范基地。加强农产品质量精细化监管，深入开展国家农产品质量安全区创建，以省级农产品质量安全追溯体系建设项目为抓手，完善农产品质量监管体系建设，全区农产品抽检合格率稳定在 98% 以上。

3. 持续培育新产业新业态。大力发展农产品电商，争创省级“一村一品一店”示范村 20 个左右，力争农产品电子商务线上线下销售额年均增长 30%，到 2020 年突破 12 亿元。开展创意休闲农业提升行动，到 2020 年，全区创建创意休闲农业重大田园景观项目 1 ～ 2 个、农业特色小镇 2 ～ 3 个。大力发展智能农业，围绕“农业 + 物联网”，推进数字养殖、智能种植，到 2019 年，智慧农机管理信息化工程如期完成。探索全域旅游模式下乡村新产业新业态的发展模式和路径。

4. 切实加强农业科技创新和推广。加快构建现代农业产业

体系，打造1～2个现代农业科技综合示范基地，巩固提升2个农技推广试验示范基地。扎实推进现代种业发展，着力构建武进粳稻、雪山草鸡等地方品种良种资源库。

（二）推进农村改革创新，激发乡村发展活力

1.巩固完善农村基本经营制度。全面完成土地承包经营权确权登记颁证，加强土地确权登记颁证成果应用，扩大承包经营权权能。健全完善农村承包土地“三权分置”机制，推广以村级农地股份合作社为主体的土地流转模式，深入实施土地经营权入股农业产业化经营改革，全面完成新一轮省改革试验任务。积极推进家庭经营、集体经营、合作经营、企业经营共同发展、深度融合，大力培育新型农业经营主体，积极推进国家和省、市级示范合作社、示范家庭农场创建，到2020年，共培育市级以上星级示范合作社、优秀家庭农场各28家。

2.统筹深化农村土地制度改革。深化土地征收制度改革，进一步完善住房、养老、医疗、就业、公共服务和要素配置等“六位一体”的多元化保障机制。深化集体经营性建设用地入市改革，2018年，各镇（开发区、街道）实现集体经营性建设用地有偿使用合同签订率100%，年租金收缴率达90%以上。深化宅基地制度改革，探索宅基地所有权、资格权、使用权“三权分置”的有效实现形式，完善宅基地自愿有偿退出和有偿使用机制。全面开展农村土地精细化综合整治，鼓励各地复合利用农业生产和村庄建设等用地，探索以出租、合作等方式盘活利用空闲农房及宅基地，优先用于发展休闲农业、乡村旅游等农村新产业、新业态。

3.全面深化农村集体产权制度改革。启动新一轮农村集体资产清产核资，到2019年，镇、村集体资产清产核资工作全面完成，全部纳入农村“三资”信息化管理。巩固和完善农村社区股份合作制改革成果，完善集体资产股权登记制度，积极探索赋予农民对集体资产股份的占有、收益及抵押、担保、继承权等权能的办法。全面开展农村集体不动产的确权登记颁证工作，明晰集体不动产权益，鼓励通过作价出资（入股）等多种入市形式，盘活农村集体资产。完善农村集体经济组织治理机制，指导合作社进一步建立健全工作制度。健全完善农村产权市场交易体系，不断拓展市场交易、监督、管理功能，促进农村集体资产保值增值。

4.提升金融服务“三农”水平。加快推进农村信用体系建设，建立健全农户信用评价体系，到2020年，实现有效农户评定全覆盖，鼓励金融机构开展多种形式的征信授信。打造差异化金融产品体系，开发适合农村的普惠金融和绿色金融产品，发挥好农村小额贷款公司对农村金融的补充作用。支持保险机构开展特色农产品保险、目标价格保险、收入保险、农业经营主体专属保险等，提高保险业服务现代农业建设的能力。

（三）推进生态绿色发展，打造美丽宜居环境

1.大力推动生态农业发展。深入推进化肥农药减量、畜禽养殖长效监管、滆湖网围整治等工作，到2020年，全区主要农作物测土配方施肥技术覆盖率达到90%，规模养殖场治理实现全覆盖，滆湖网围整治全面完成，化肥施用量较2015年削减5%，化学农药施用量实现零增长，太湖一级保护区化肥、化学农药施用量较2015年均削减20%。继续开展生态循环农业示范创建，建成病死动物无害化处理收运体系，全区规模化养殖场畜禽粪便综合利用率和秸秆综合利用率保持在96%以上。强化耕地质量建设，扩大绿肥种植和商品有机肥施用，力争每年完成1000公顷冬作耕地轮作休耕。深入推进森林城市建设三年行动计划，加强湿地修复与保护工程等建设，到2020年，全区林木覆盖率稳定在26%左右，新增湿地面积666.67公顷以上。

2.大力改善农村人居环境。完善村民住宅更新管理制度，引导村民依据规划实施旧房更新改造。深入推进农村生活垃圾治理，完善提升户投放、组保洁、村收集、镇转运、区处理的收集处理体系，逐步推行农村生活垃圾就地分类和资源化利用。大力提升农村水环境，强化建管一体，到2020年，全区规划发展村庄生活污水治理覆盖率达90%。深入实施河长（湖长）制，健全水生态建设、管理、保护机制，推进中小流域综合治理。全面推进交通干线沿线环境综合整治，主干道两侧200米以内保持整洁有序，到2019年，全区交通干线打造绿色廊道152千米。深入开展农村生态创建活动，到2020年，创成省级以上生态文明示范镇8个，生态文明示范村10个。

3.实施全域美丽乡村建设。全域推进产业特色鲜明、生态环境优美、设施配套完善、社会安定和谐、宜居宜业宜游的美丽乡村建设，根据新一轮村庄布局规划，对规划确定的一般村、重点村和特色村分类开展整洁型、康居型、美丽型“三型”村庄建设。加快城西村陡门塘特色田园乡村、嘉泽园艺风情小镇和礼嘉葡萄文化特色小镇的创建培育，形成特色品牌。强化组团打造，重点打造南部太湖湾片区、中部南环线片区、东部经开区片区、西部片区“四大片区”，形成美丽乡村示范带。继续推进农村绿地、林地、重要生态湿地、森林公园建设。

（四）聚焦强村富民增收，增创农民富裕生活

1.更高质量推动农民创业就业。加快推进全区就业信息系统和“互联网＋就业创业”服务平台建设。加强农民职业技能培训，分类指导建设一批布局合理、功能突出、高效实用的职业技能实训基地，实施以新生代农民工为重点的农民工职业技能提升计划，加强创业导师队伍建设。进一步落实鼓励农民就业创业政策，加强新型农民创业载体建设，鼓励和引导返乡下乡人员创业创新。落实城乡同等就业援助政策，确保农村零转移家庭劳动力至少1人实现转移就业。完善城乡劳动者平等就业制度，健全工薪收入稳定增长和保障机制。

2.发展壮大农村集体经济。出台新一轮加快村级集体经济发展的政策措施，到2020年，创成市级村集体经济发展综合实力五十强、发展活力五十优各20个村。积极探索建立乡村闲置资产管理中心，引导支持农村集体经济组织积极开辟资产租赁、企业股份、农业开发、生产服务、联合发展等增收途径，大力发展村级物业经济项目，支持村级联合体投资物业管理、工程建设等项目。鼓励整合集体积累资金、政府帮扶资金等，通过入股或参与农业龙头企业、村村合作、村企联手共建、扶贫开发等多种形式发展集体经济，拓宽集体经济发展路径，壮大集体经济实力，力争所有行政村集体年收入达200万元以上。

完善土地资源补偿机制，支持整合集体建设用地，实施异地置换、有偿使用发展集体经济。

3. 提升农村社会保障水平。构建基本保障全面覆盖、补充保障协调发展、兜底保障无缝衔接的农村社会保障体系，农村养老、医疗、失业三大保险覆盖率保持在99%以上。逐步提高城乡居民基础养老金标准，年均增幅不低于8%。统一城乡居民医疗保险筹资标准和报销水平，巩固城乡居民大病保险制度。统筹城乡救助体系，完善最低生活保障制度，提高农村困难群体，特别是符合条件的农村“五保”老人、残疾人基本生活保障补差标准。完善被征地农民基本生活保障制度，强化与基本养老保险制度的衔接。加快构建规范统一的社会保障基层服务平台和网上公共服务平台，稳步拓展异地就医联网结算工作。构建农村留守儿童、妇女、老年人关爱服务体系，引入社会工作人才和志愿者等，为“三留守”人员提供关爱服务。

4. 扎实推进农村脱贫攻坚。健全完善产业发展、就业服务、教育扶智、医疗保障、慈善救助“五位一体”的扶贫开发政策保障体系。推进“阳光帮扶”，到2019年，全面完成建档立卡低收入农户脱贫任务。探索以“财政补贴＋社会捐助＋个人出资”形式建立大病商业补充保险，全面落实好大病集中救治政策。加强扶贫开发与农村最低生活保障的衔接，将没有劳动能力、符合条件的低收入人口全部纳入低保范围，实现应保尽保。

（五）优化资源要素配置，推动城乡融合发展

1. 推动城乡要素流动和产业融合。推进产业向园区、居住向新型社区、土地向适度规模经营的集中，形成布局合理、分工有序、开放互通的城乡空间结构。积极推动城乡结对、村企挂钩、区镇共建，引导城市资金、技术、人才、管理等要素向农村流动。积极探索城乡土地资源配置市场化机制，推行年度用地计划指标、耕地占补平衡指标、城乡建设用地增减挂钩指标区镇调剂使用机制。完善工业企业集约用地信息化系统，开展亩均用地效益评价，探索差别化税收、差别化年租金和差别化用能等政策。深化雪堰镇等经济发达镇行政管理体制改革。按照高质量发展要求，培育创建一批市级特色小镇。

2. 推进农村基础设施提档升级。积极整合农业、水利、国土等各类资金和项目资源，加大高标准农田建设力度，力争年增高标准农田666.67公顷，到2020年，有效灌溉面积比重提高到95%以上。全面推进“四好农村路”建设，2018年创成江苏省“四好农村公路”示范县（区）。加快农村物流网络节点体系和设施建设，实施“快递下乡”工程。强化城乡一体化供水工程，提升城乡居民饮水“同源、同网、同质、同服务”。实施“光网乡村”工程，到2020年，实现光纤宽带网络、4G网络全覆盖，逐步开展5G网络建设和应用。健全农村综合信息服务体系，全面推进信息进村入户。实施农村电网改造升级工程，提高城乡电力保障均等化水平。更高水平推进农村公共服务运行维护标准化建设，落实管护主体、人员和经费，确保长效使用、长期受益。

3. 促进城乡公共事业均衡发展。加快推进教育卫生事业均等化三年行动计划，合理规划义务教育学校布局，着力推进义务教育学校标准化建设，到2020年，所有义务教育学校达到省定办学标准，全面消除大班额现象。深化集团化办学，推进城乡学校结对共进计划，切实提升农村学校教育质量。进一步深化教师人事制度改革，继续实施“区管校聘”管理，均衡配置城乡义务教育学校教师。深入实施卫生事业硬件环境提升工程、内涵能力提升工程、妇幼健康保障工程和互联网医疗工程，推动乡镇卫生院和村卫生室改善条件，推进区内外大中型医院与基层卫生机构组建医联体，到2019年，现代医疗卫生体系框架基本建成，覆盖城乡居民的基本医疗卫生制度基本建立，区域内就诊率提高到90%以上，城乡居民健康主要指标达到国际先进水平。加快发展农村体育事业，到2020年，全区各镇（街道）、行政村基本建成全民健身中心和多功能运动场地。构建以“互助居家养老”为主多层次农村养老保障体系，到2020年，全区各镇（街道）建立区域性养老服务中心，养老服务中心的床位使用率力争达到80%。鼓励非城市功能的公共事业、基础设施等进入乡镇。

4. 推动乡村人才振兴。实施各类优惠政策，加大创新创业引导，促进各类人才投身乡村振兴发展。到2022年，全区农村实用人才总量达到5000人，农村实用人才在三次产业分布的比例达1∶1∶1；全区农民培育师资库人数达到200人、区级新型职业农民培育实训基地20个，新型职业农民培育程度达72%，人数超4.85万人。积极充实乡镇农经、农技干部队伍，推进“定制村官”工程。建立完善干部到农村一线锻炼的培养机制，推进人才向农村基层一线流动。优化农村人才发展环境，大力宣传乡村人才科技致富、成才兴业的经验与事迹。

（六）推进乡风文明建设，实现乡村和谐善治

1. 加强农村基层党组织建设。实施基层党建创新提质工程，着力推动“六强六过硬”要求在农村落地生根，把农村基层党组织建成坚强战斗堡垒。持续开展村干部“青蓝工程”，严格按照懂农业、爱农村、爱农民标准加强“三农”干部队伍建设。深化村党组织书记“AAAAA”晋档升级管理，切实抓好村党组织带头人队伍建设。推进基层组织设置和活动方式创新，着力开展“党建工作好、服务群众好、制度建设好、发展运行好、社会和谐好”的“五好”农民合作社党支部建设。开设基层党组织书记工作讲坛。落实养老医疗保险、正常离职补偿等待遇保障。深入整顿软弱涣散农村基层党组织，选派机关优秀干部到镇村任职，选好用好“第一书记”。从严管理农村党员干部队伍，坚决查处发生在农民身边的腐败行为。

2. 提升乡风文明水平。深化农村道德讲堂建设，推动核心价值观融入农村日常生活场景和村规民约。推进农村精神文明建设，抓好宣传长廊、善行义举榜、精神文明宣传栏等宣传阵地建设，发挥好道德评议会、村民议事会、红白理事会、禁毒禁赌会作用，推选新老乡贤，评选好家风家训，引导传承淳风良俗。推动农村志愿服务制度化常态化，鼓励城乡志愿服务资源对接。开展文明村镇、特色文化村、农村精神文明建设示范村等创建活动，争创省级文明村25个左右。着力丰富群众文化供给。合理布局乡村公共文化设施，打造农村“十里文化圈”。构建乡村现代公共文化服务体系，到2019年，

在全省率先完成镇（街道）、村（社区）基层综合性文化服务中心全覆盖。整合优质文化资源，开展形式多样的文化惠民活动。深入挖掘武进境内非遗资源，开展内容丰富的非遗宣传活动。

3. 健全乡村现代治理体系。完善提升党委领导、政府负责、社会协同、公众参与、法治保障的现代乡村社会治理体制。探索网格化集成管理新模式，强化功能、事项、资源集成，着力构建党建引领、为民服务、社会治理、综合执法“四位一体”的管理新格局。加强农村法治建设，规范推进基层依法行政，深化行政执法体制改革，打造“全能经办型”执法队伍。在实现法律顾问全覆盖基础上，继续发挥“一村一顾问”工作机制作用，优化服务标准，完善服务网络。加强农村普法教育，提高农民法治素养。提升村级服务中心功能，打造“一站式服务”综合服务平台。推进“智慧社区”和平安乡村建设，完善农村维稳工作机制，农村和谐社会建设达标率达 100%。组织开展为期三年的扫黑除恶专项斗争，持续推进技防下乡入户工程，2018 年全区行政村规范化技防村建成率达 100%。

三、重点工程

围绕“农业强、农民富、农村美”整体目标，大力推进乡村振兴战略。在“农业强”方面，重点突出生态功能，有效发挥景观功能、农业生产功能，使乡村经济得到高质量发展；在“农民富”方面，重点突出“富口袋、富脑袋、富眼球”同频共振，使乡村居民得到高质量致富；在“农村美”方面，重点突出全域性美丽村庄建设，使乡村环境得到高质量提升。具体组织实施 10 项工程：

（一）依托产业融合，实现“农业强”

1. 产业融合提质工程。根据武进城乡发展规划，突出产业兴旺的重要地位，立足地方产业优势和自然资源禀赋，找准发展定位，以特色园区为载体，以产业项目为依托，以转型升级为动力，持续发展美丽产业、美丽经济，推动现代物流、科技金融、文化娱乐等现代服务业与乡村融合发展，巩固提升“一镇一品、一村一特色”的产业格局。坚持绿色农业就是大生态、大环境的理念，加大农村散、乱、污企业整治力度，做优农业生态环境，最大限度放大农业生态景观效应，推进城市功能向农村延伸，推动都市农业、生态农业、休闲农业、创意农业、健康产业等农村新业态、新产业发展，不断提高农业土地产出率。

2. 农业用地提效工程。结合武进创建生态保护引领区要求，按照农业用地生态优先的思路，突出生态效益，实现生产用地、生态用地和景观用地“一地三用”，到 2020 年全面建立现代产业体系、生态景观体系、农地监管体系。以大生态环境理念建设和发展“农村美”，彰显武进“一片片绿色森林、一片片设施农业、一片片沿河湿地、一片片生态景观”的现代江南水乡特色。

3. 农业品牌提优工程。以质量安全体系建设为抓手，培育一批地理标志农产品，逐步构建全区农产品品牌建设工程体系。整合区域优质农产品资源，推动国家农产品质量安全区创建，培育武进优质大米、主要果品、大众水产等区域性公共品牌，打造一批叫得响、有影响力的区域农业品牌，推动农业生产标准化建设、大力培育农业龙头企业，形成规模化、标准化、产业化的农业生产体系。

（二）提高增收质量，实现“农民富”

4. 就业创业增收工程。以高质量就业创业为突破口，促进农民收入持续增长。进一步加快推动农村土地流转，发展多种形式的适度规模经营，提升农业生产效益，释放农业劳动力。大力发展高端制造业、高端服务业，提供更多高质量的就业岗位，突出加强农民就业技能培训，有效提升农民就业质量。鼓励扶持新型农业经营主体提升发展，培育壮大“有文化、讲道德、懂技术、会经营、守法规”的新型职业农民队伍。实施乡村创业促进行动，营造良好的农民创业环境，重点打造一批新型农民创业载体，积极引导农民因地制宜、因势利导开展自主创业。

5. 改革创新增效工程。统筹推进农村土地制度改革、产权制度改革、金融制度改革，挖掘乡村振兴红利，确保村集体经济经营性收入年均增长 6% 以上。深化农村土地制度改革，高水平完成农村土地征收、集体经营性建设用地入市、宅基地制度改革国家级试点任务，释放农村土地权能，显化农民土地权益。深化农村产权制度改革，全面推行“量化到人、固化到户”的股权管理办法，健全股份经济合作社运行机制。深化农村金融制度改革，推动农村“三权”抵押贷款增量扩面，引导金融机构加大农村信贷支持，建立合理的水稻收入保险制度。

6. 人才引育增智工程。持续建强新型职业农民、专业人才、乡土人才 3 支农村实用人才队伍，选优配强农村带头人队伍，为农民增收致富提供基础人才支撑。完善优秀人才服务乡村机制，支持专业人才向农村基层流动，鼓励各类专家学者、领军人才到乡村投资创业，带动农村发展、农民致富。大力优化农村人才发展环境，完善待遇、保障等基础条件，建立农村人才激励专项政策，营造服务乡村、奉献乡村的良好氛围。

（三）做优农村环境，实现“农村美”

7. 农村人居环境整治工程。以全域覆盖为要求，扎实推进农村人居环境整治三年行动，建立投入、管理、考核新机制，坚决打好实施乡村振兴战略的第一场硬仗。加强规划引领，紧密结合“263”专项行动和农村土地精细化综合整治，以农村生活垃圾、生活污水处理和村容村貌提升为重点，大力推进农村分散式污水处理设施建设，推行农村垃圾就地分类和资源化利用，全面治理农村河塘沟坝，尽快消除农村黑臭水体，充分展现江南水乡高颜值，力争到 2019 年年底，全区村庄整治达标率 100%。大力实施“美丽武进 幸福家园”同心惠民光彩行动，充分发挥区光彩事业促进会公益平台作用。注重建管并重，以“适用、实用、管用”为原则，建立以村（社区）书记负主体责任，发挥农民主体作用，倡导村规民约等常态化、长效化管理新机制，解决好“无人管事、无钱办事、无章理事”等问题，动员农村各方力量，形成户户支持、人人参与的良好局面。

8. 美丽村庄建设工程。按照“点上出新、线上出彩、面上成景”的要求，聚焦“村强民富、景美人和”目标，以省级特色田园乡村、市区两级美丽村庄示范创建为抓手，以四大片区组团为重点，突出地域特色，注重历史传承，高标准、高质量推进美丽乡村示范建设。及时总结典型经验，加强宣传推广，形成以点带面的示范效应，切实把武进农村建设成为全域性的美丽乡村。

9. 淳美乡风兴盛工程。以推进乡村文化繁荣兴盛为目标，以建设特色文化村、农村精神文明建设示范村、传统村落等为载体，深入实施民俗复兴、民贤闪耀、民居拯救、民风培育四大行动，让武进乡村的民俗文化兴起来、乡贤名士靓起来、特色民居建起来、文明乡风树起来。

10.“三资三化”阳光工程。深化“三资三化”专项提升行动的经验和成果，推动权力在阳光下运行、资金在网络上监管、风险在流程中控制、资源在市场中配置，实现“家底清、过程明、制度全、管理严、队伍强”的“三资”管理目标。加强制度建设，实现制度管人、管事、管财。推动平台建设，提升“三资”监管平台、农村产权交易平台、村务“e阳光”平台、农村货币资金管理信息系统功能，用信息化手段服务于“三资”管理。健全会计服务站功能，完善村务监督委员会运行机制，建立村（居）派驻纪律监督工作组，强化职能监督和纪委执纪监督，构建立体监督网络，有效遏制基层“微腐败”，形成不敢腐、不能腐、不想腐的“三资”管理格局。

四、组织保障

（一）强化组织领导

落实好“五级书记抓乡村振兴”的要求，建立实施乡村振兴战略领导责任制，健全党委统一领导、政府负责、党委农村工作部门统筹协调的农村工作领导机制，成立区乡村振兴工作领导小组及其办公室。镇（开发区、街道）党（工）委书记要加强镇域统筹，整合资源、系统推进；村（社区）书记要充分发挥好战斗堡垒作用，对乡村振兴战略各项重点工作系统、全面抓好落实。建立实施乡村振兴战略年度报告制度，各镇（开发区、街道）党（工）委、政府（管委会、办事处）每年要向区委、区政府报告乡村振兴进展情况，区委、区政府每年向市委、市政府作出报告。

（二）加大政策扶持

坚持“工业反哺农业、城市支持农村”方针，千方百计增加“三农”资金投入。积极优化财政支出、固定资产投资、信贷资金投放结构，加快形成财政优先保障、金融重点倾斜、社会多方参与的多元化投入机制。健全财政投入稳定增长机制，明确和强化各级政府“三农”投入责任，公共财政更大力度向“三农”倾斜。推进财政资金统筹使用，实行“大专项＋任务清单”管理方式。深入实施特色强镇建设三年行动，安排专项资金1.5亿元，用于实施新一轮强镇兴村工程。发挥“三农”项目管理平台监管功能，优化“先建后补、以奖代补”资金管理模式。规范地方政府举债融资机制，积极向省、市争取政府债券额度支持乡村建设。调整完善土地出让收入使用管理办法，提高对农业农村的投入比例，让农民合理分享土地增值收益。

（三）营造良好氛围

广泛宣传实施乡村振兴战略的重大意义，引导社会各界各方面关心、支持乡村振兴伟业。积极动员农村本土力量，发挥乡贤引导作用，调动农民基础作用，突出村干部支撑作用，重点鼓励社会各界人士参与同心惠民光彩行动，共同为乡村振兴提供力量支持。及时总结推广乡村振兴的成功经验和先进典型，提振基层干部的精气神。把推进乡村振兴教育纳入干部培训课程，作为各级领导干部和公务员教育培训的重要内容，提高支持和指导乡村振兴的意识和能力。支持各类社会组织加强理论研究，积极开展实践活动，为全区推进乡村振兴提供智力支持。

（四）严格督查考核

建立乡村振兴工作实绩考核制度，考核内容纳入全区绩效考核体系，考核结果作为选拔任用领导干部的重要依据。各镇（街道）加大对村级两委班子的考核力度，把乡村振兴各方面工作纳入考核内容，强化考核结果的综合运用。建立督查通报制度，定期通报工作进展情况，表扬先进，激励落后。充分发挥巡察监督、监察监督、派驻监督在乡村振兴工作中的作用，对不履行或者不正确履行职责导致重大失误，造成严重损失，产生恶劣影响的，严格按照有关规定实施责任追究。切实加大农村政策落实力度，对乡村振兴工作的资金使用情况及时组织专项督查，确保干部干净、资金有效。

（2018.5.31）

关于进一步深化行政审批制度改革的实施意见

武政发〔2018〕66号

2018年是贯彻党的十九大精神的开局之年，也是决胜全面建成小康社会、实施“十三五”规划承上启下的关键之年。今年，全区深化行政审批制度改革工作的总体思路是：坚持以习近平新时代中国特色社会主义思想为指引，认真贯彻落实党的十九大和十九届一中、二中、三中全会精神，深化“放管服”改革，紧紧围绕区委、区政府中心工作，以“优化营商环境就是解放生产力、提高竞争力，要破障碍、去烦苛、筑坦途，为市场主体添活力，为人民群众增便利”为理念，着力抓好改革落地生根，着力提升人民群众获得感，以深化改革试点来挖掘红利，打造行政审批制度改革“武进品牌”，让“武进改革”成为区域竞争的“制胜王牌”。

一、规范权力运行，深化改革推进简政放权

1. 加快推行权力“瘦身”。加快政府职能转变，发挥市场机制作用，对不该由政府承担的事项，通过购买服务等方式，取消或转移给社会组织承担。持续开展“减证便民”，清理群众和企业办事的各类证明，没有法律法规依据的、能通过个人现有证照来证明的、能采取申请人书面承诺方式解决的、能通过网络核验的一律取消，进一步简化办事手续。（区编办、行政审批局牵头，区级相关部门按职责分工负责）

2. 推行权责清单规范管理。精心梳理、制定具体的事中事后监管责任清单，进一步完善权力清单和责任清单，按省、市统一要求开展责任清单的修订工作，开展清单标准化、规范化建设，强化权责清单执行情况的督查。动态管理权责清单，发挥权力清单、责任清单的基础性作用，探索与“三定”规定的有机结合。（区编办牵头，区级相关部门按职责分工负责）

3. 试行“证照分离”改革试点。根据省、市统一部署，在武进国家高新技术产业开发区开展“证照分离”改革试点，出台改革试点工作方案，按照“取消审批、审批改备案、实行告知承诺制、提升审批的透明度和可预期性、对涉及公共安全等特定活动加强市场准入管理”等改革要求，督促相关部门制定具体管理措施和加强事中事后监管办法，积极探索与“证照分离”改革相配套的措施。(区编办、法制办、行政审批局牵头，高新区、区级相关部门按职责分工负责)

4. 深入推进“2345”改革。不断简化优化企业开办、不动产登记、工业建设项目施工许可证办理流程，提升完善多部门信息共享机制，促进从培育案例到改革目标的全面实现，最大限度为企业群众提供便利，全力打造最优营商环境。结合 2017 年度简政放权创业创新环境评价结果，扬长避短，夯实举措，为 2018 年度评价做好准备。(区行政审批局、不动产交易登记分中心牵头，区住建局、市场监管局、环保局，规划局、消防大队，国税、地税、人行等相关部门按职责分工负责)

二、创新监管方式，联合互动强化放管结合

1. 创新网格化社会治理。创新监管方式，以网格化服务管理中心为枢纽，以服务管理为重点，以信息化手段为支撑，推动社会治理重心向基层下移，最大限度地整合基层服务管理资源，推动社会治理向末端延伸，实现社会矛盾及时防范管控、风险隐患及时发现整治、群众诉求及时得到解决，服务管理成本大幅减少、资源效能得到大幅提升。(区委政法委牵头，区编办、区城管局等相关部门按职责分工负责)

2. 建立有效的审批与监管联动机制。逐项或分类制定具体的事中事后监管责任清单，厘清审批部门、主管部门、综合执法部门的边界，明确职责分工，强化工作落实。加快建立信息互动、重大事项联合会商、联合勘察、信用联合惩戒等机制，完善行政审批支撑体系，保障审批与事中事后监管工作的整体性、连续性和协调性。(区行政审批局、法制办牵头，区相关部门按职责分工负责)

3. 全面建立以信用监管为核心的监管体系。加快构建以信用管理为核心的市场监管机制，加强市场主体信用信息收集、存储和应用，实现信用信息与行政许可、行政处罚和监管信息互联互通、有效衔接，充分发挥信用监管在综合监管中的基础性作用，加大企业信用信息公示力度，建立跨部门的联合惩戒和经营异常名录、失信黑名单等制度，形成覆盖全社会各行业的守信奖励、失信惩戒监管机制。(区市场监管局牵头，区发改局、经信局、行政审批局、区相关部门按职责分工负责)

4. 全面推开“双随机、一公开”监管制度。动态调整、公布随机抽查事项清单，进一步规范执法监管部门的自由裁量权，注重依据信用等级，合理调整年度随机抽查的比例和频次，完善检查对象名录库和检查人员名录库，细化随机抽查工作细则。严格落实事项、程序、结果公开制度，实行随机抽查全程留痕，切实提高执法检查透明度和公信力。积极探索在区级组建 5 ～ 7 支综合执法队伍，镇（街道）区域内“一支队伍管执法”，加强执法队伍建设，提高执法效能，减轻企业干扰和负担。(区法制办牵头，区市场监管局、编办、区相关部门，各镇、街道按职责分工负责)

三、提升服务效能，最大程度实现利企便民

1. 加快“不见面”审批(服务)落地。依托政务服务“一张网”，按照“外网受理、内网办理、全程公开、快递送达、网端推送、无偿代办”的方式开展审批服务。根据省统一口径，进一步梳理、规范和公开实施“不见面”审批和服务事项清单。实现政务服务事项在线办理路径通畅，证照、批文进电子证照库，全面开通政务服务 EMS 快递途径，努力实现材料受理、文书送达的快递模式。[区行政审批局（政管办)、编办牵头，区相关部门按职责分工负责]

2. 深入推进相对集中行政许可权改革试点。以全面实现“2345”为目标，进一步扩大改革试点成果，打造行政审批“武进品牌”。推行行政审批标准化，逐项制定申请条件、受理材料、办理流程标准化清单，实现公开规范。优化再造审批流程，推进五联合一简化、数字化联合审图等改革举措，推行集中高效审批。切实规范涉审中介服务，动态调整行政审批中介服务事项和收费目录清单，打造线上、线下“中介超市”，实现企业自主选择，进一步降低企业制度性交易成本。(区行政审批局牵头，区发改局、编办、区相关部门按职责分工负责)

3. 推进雪堰镇经济发达镇行政管理体制改革。根据雪堰镇行政管理体制改革方案，做好经济社会管理权限赋权、精简高效组织架构的构建及相关配套措施的推进等工作，按照便民服务“一窗口”、综合执法“一队伍”、镇村治理“一张网”的要求，推进构建“集中高效审批、强化监管服务、综合行政执法”的基层政府治理架构，为全区镇级行政管理体制改革提供模板。(雪堰镇牵头，区编办、行政审批局、区相关部门按职责分工负责)

4. 加快基层政务服务体系建设。以经济发达镇行政管理体制改革为蓝本，加快推进开发区、镇（街道)、村（社区）政务（便民）服务体系建设。全面梳理政务服务和公共服务事项，编制事项目录清单。整合各镇（街道）现有资源，建设实体服务大厅，探索全科社工政务服务模式，实行“一窗式”受理。推进政务服务一体化平台区、镇（街道)、村三级互联互通，实现“小事不出村，大事不出镇”，提升服务效能。[区行政审批局（政管办）牵头，区编办、电子政务中心、区相关部门、高新区、西太湖、各镇、街道按职责分工负责]

各级各部门要把进一步深化行政审批制度改革列入重要议事日程，主要负责同志亲自负责，专题研究，精心组织，扎实推进。各牵头部门要加强与其他部门的会商联动，建立沟通协调机制，密切协作配合，及时解决改革中出现的重大问题，保障改革顺利进行。区委、区政府将切实加大督查推进力度，对行政不作为、乱作为、慢作为，不能按时优质完成任务的单位，将严肃追究责任。

(2018.5.11)

附 录

Appendix

栏目编辑　蒋　聆

统计资料

表 88

2018 年武进区国民经济主要指标统计表

指　　标	单位	2018 年	2017 年	指　　标	单位	2018 年	2017 年
年末户籍总人口	万人	96.96	96.01	工业总产值	亿元	4959.49	5207.28
年末常住人口	万人	145.04	144.32	工业销售收入	亿元	5414.18	5598.77
社会劳动者	万人	88.07	87.92	工业利税总额	亿元	467.56	468.64
第一产业	万人	6.47	6.62	工业利润总额	亿元	313.91	321.16
第二产业	万人	50.37	51.57	年末工业固定资产原值	亿元	1613.97	1550.25
第三产业	万人	31.23	29.73	社会消费品零售总额	亿元	645.43	586.48
地区生产总值	亿元	2380.13	2260.27	实际利用外资	万美元	77003	72085
第一产业	亿元	39.67	41.68	自营出口总额	亿元	565	516.05
第二产业	亿元	1292.04	1234.85	一般公共预算收入	亿元	178.48	163.75
工　业	亿元	1237.7	1184.33	一般公共预算支出	亿元	171.06	156.56
第三产业	亿元	1048.42	983.74	金融机构年末存款余额（本外币）	亿元	2875.28	2629.44
人均地区生产总值	元	164510	156789	个人存款（本外币）	亿元	1130.72	1042.82
粮食总产量	吨	64745	75995	金融机构年末贷款余额（本外币）	亿元	2277.32	2019.48
肉类产量	吨	13838	20101	城镇居民人均可支配收入	元	56610	52320
水产品产量	吨	37995	48737	农村居民人均纯收入	元	29826	27566
年末耕地面积	万亩	46.80	47.44	城乡居民年末人均个人存款（本外币）	元	77957	72257
机械总动力	万千瓦	25.42	25.56				

表 89

2018 年武进区社会发展主要指标统计表

指　标	单位	2018 年	2017 年	指　标	单位	2018 年	2017 年
科技项目及经费				全民健身工程（点）	个	1326	1280
立项数	项	821	802	年末等级社会体育指导员	人	3654	3226
资助金额	万元	15542	20969	业余体校数	个	1	1
高新技术产业				专职教练数	人	13	13
国家认定的高新技术企业数	家	537	447	体育彩票销售额	万元	112700	60000
科研成果				企业养老保险			
科技进步奖	项	5	10	已参保单位数	个	21993	18762
专利申请及授权				已参保职工人数	人	525864	502253
当年申请数	件	16506	14346	基本养老保险费实际收缴额	万元	423594	369862
当年授权数	件	11030	7959	基本养老保险费支出额	万元	314207	284591
已认定民营科技企业	家	3963	3694	机关事业养老保险			
学校数	所	100	98	年末参保单位数	个	553	541
教职工数	人	10468	10165	年末参保职工人数	人	20488	8462
在校学生数	人	172207	168237	基本养老保险费实际收缴额	万元	193469	12130
幼儿园数	所	79	75	基本养老保险费支出额	万元	280733	14397
影剧院	个	14	14	城乡居民社会养老保险			
电影放映单位	个	14	14	年末参加城乡居民社会养老保险人数	人	61258	67494
剧团	个	1	1	年末领取基础养老金人数	人	146263	144914
文化馆	个	1	1	城镇职工医疗保险			
区级图书馆	个	1	1	年末已参保人数	人	586935	558656
博物馆	个	1	1	基本医疗保险费实际收缴额	万元	194290	175965
新华书店	个	24	24	基本医疗保险费支出额	万元	158266	139868
电视台	座	1	1	城乡居民医疗保险			
广播电台	座	1	1	参保人数	人	493116	500034
有线电视用户	万户	33.3	33.8	合计筹资（包括市级财政投入）	万元	72124	63140
区属卫生机构合计				失业保险			
机构数	个	37	54	参加失业保险职工人数	人	369635	349564
床位数	张	4340	5647	失业保险费实际收缴额	万元	14826	14340
卫生从业人员	人	5978	7330	失业保险费支出额	万元	13715	15049
诊所、卫生室、医务室				工伤保险			
机构数	个	156	126	参加工伤保险职工人数	人	377036	354969
卫生从业人员	人	722	647	年内工伤保险费实际收缴额	万元	17857	16176
社区卫生服务站				工伤保险费支出额	万元	14042	11823
机构数	个	183	183	生育保险			
卫生从业人员	人	352	358	参加生育保险职工人数	人	376885	354841
体育场	个	1	1	生育保险费实际收缴额	万元	12091	9991
室内游泳池	个	38	38	生育保险费支出额	万元	13007	13410

表 90 武进的一天

指标	单位	2018年	2017年	指标	单位	2018年	2017年
一、每天创造的财富				肉类	吨	96	99
地区生产总值（当年价）	万元	65209	61925	蔬菜	吨	475	449
第一产业增加值	万元	1087	1142	家禽	吨	36	34
第二产业增加值	万元	35398	33832	蛋类	吨	36	39
工业增加值	万元	33910	32447	食糖	吨	6	6
第三产业增加值	万元	28724	26952	酒	吨	28	26
一般公共预算收入	万元	4890	4486	卷烟	箱	238	221
钢	吨	30967	33604	电力	万千瓦时	5337	5009
钢材	吨	30742	36713	工业用	万千瓦时	4429	4219
电子元件	万只	178	213	三、每天其他经济活动			
地板	平方米	186542	220794	社会消费品零售额	万元	17683	16068
金属集装箱	立方米	12317	8437	实际利用外资及港澳台资	万美元	211	197
液晶电视机	台	926	1626	自营出口额	万元	15479	14138
电动工具	台	5136	5976	旅客运输量	百人	507	496
布	万米	88	152	货物运输量	百吨	482	468
粮食	吨	177	208	四、每天户籍人口变动			
出栏生猪	头	294	378	出生人数	人	24	27
出栏家禽	万羽	0.96	1.17	死亡人数	人	19	19
水产品产量	吨	180	137	迁入人数	人	43	45
二、每天消费				迁出人数	人	22	9
粮食	吨	496	484				

图表 1 2014—2018 年全区地区生产总值

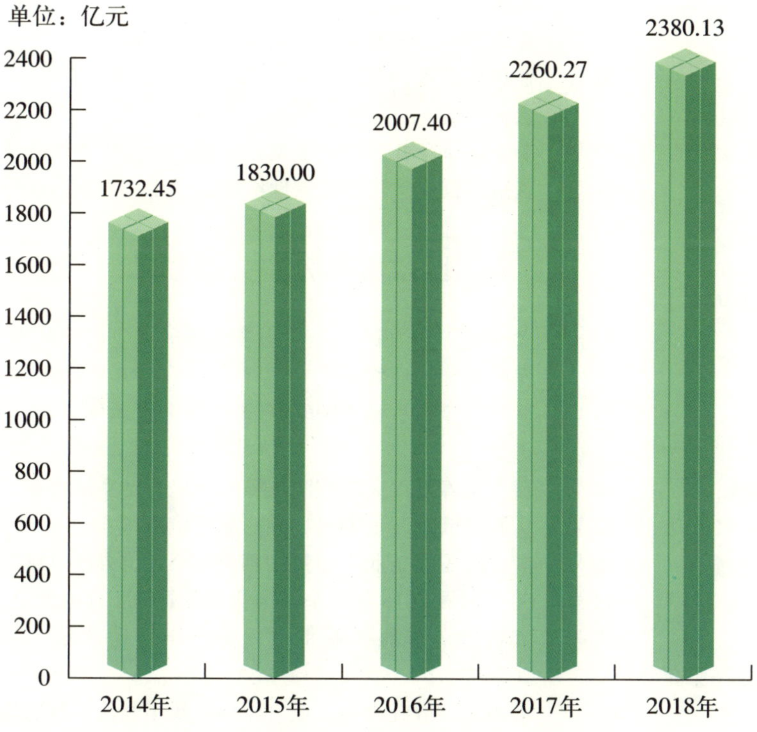

说明：2014 年数据已按照新行政区划作相应调整

图表 2 2014 年、2018 年全区三次产业构成

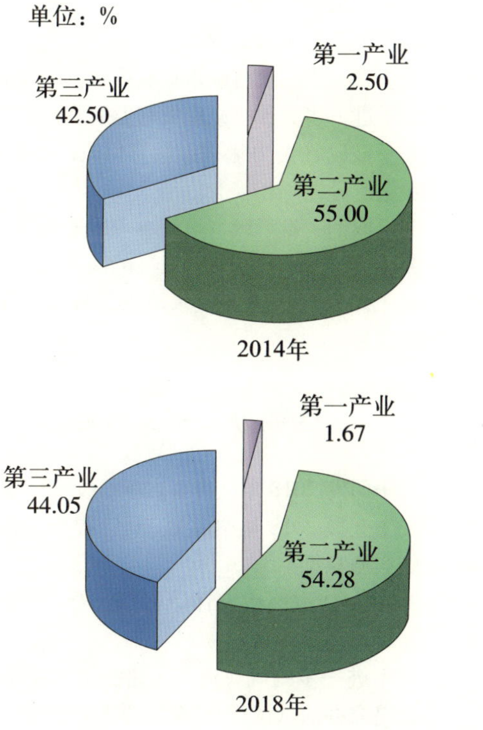

重要文件题录

区委文件题录

18 号　2018 年全区五个三年行动计划突破年实施意见的通知
19 号　开展 2018 年"重大项目增效年"活动的实施意见
42 号　《武进区文明城市建设三年行动计划（2018—2020 年）》的通知
47 号　深化教育改革创新加快实现武进教育现代化的若干意见
50 号　关于在全区开展解放思想大讨论活动的实施意见
51 号　《武进区贯彻落实乡村振兴战略的实施意见》的通知
52 号　2018 年武进区重点目标的通知
54 号　关于加强人民政协协商民主建设的实施意见
55 号　《关于加强村（社区）党组织战斗堡垒作用考核评估指导意见（试行）》的通知
57 号　武进区 2018 年大气污染防治攻坚行动方案的通知
60 号　《关于〈中央巡视工作专项检查组反馈巡察有关问题〉整改工作方案》的通知
75 号　常州市武进区乡村振兴战略实施规划（2018—2022 年）
76 号　打赢打好全区脱贫攻坚战三年行动的实施意见

区政府文件题录

1 号　关于印发《政府工作报告》目标任务分解落实方案的通知
13 号　关于表彰 2017 年度武进区区长质量奖和质量管理先进单位的决定
19 号　关于切实做好 2018 年国土资源管理工作的意见
57 号　关于印发武进国家高新技术产业开发区"证照分离"改革试点工作方案的通知
66 号　关于进一步深化行政审批制度改革的实施意见
78 号　关于进一步完善行政审批与监管联动机制的实施意见
107 号　关于鼓励社会力量兴办教育促进民办教育健康发展的实施意见
144 号　关于取消一批行政许可等事项的通知
181 号　关于表彰首届"武进工匠"的决定
189 号　关于印发武进区养殖水域滩涂规划（2017—2030 年）的通知

区委办公室文件题录

4 号　关于印发 2018 年区级重点项目投资计划表的通知
7 号　关于开展 2018 年"两促三优三提升"为民办实事活动的实施意见
8 号　2018 年武进区生态保护引领区暨"两减六治三提升"专项行动工作方案
19 号　关于进一步明确《武进区违法用地和违法建设监管责任追究办法（试行）》有关要求的通知
24 号　2018 年武进区督查工作重点
26 号　常州市武进区贯彻落实《关于建立健全村务监督委员会的指导意见》实施办法（试行）
27 号　关于贯彻落实党的十九大精神 进一步健全改革推进落实机制的意见
28 号　中共常州市武进区委全面深化改革领导小组 2018 年工作要点
32 号　关于鼓励和支持青年干部赴基层锻炼、在一线成才的实施意见
35 号　武进区生态保护引领区建设责任落实改革方案
39 号　关于印发武进区生态农业生产体系改革方案的通知
40 号　关于实施 2018 年全区人才工作十大重点项目的意见
43 号　关于在全区开展"美丽武进 幸福家园"同心惠民光彩行动的实施意见
46 号　关于加强债务管理防范债务风险的通知
48 号　常州市武进区网格化集成管理实施意见
51 号　武进区政法机关党委（党组）向区委请示报告重大事项的实施细则
53 号　关于营造企业家健康成长环境弘扬优秀企业家精神更好发挥企业家作用的意见
60 号　关于武进区政法机关服务保障企业上市发展的实施意见（试行）
61 号　关于实行中央环保督察组交办案件领导包案制度的通知
62 号　关于印发武进区生态农业生产体系改革配套政策的通知
63 号　关于深入推进"基本解决执行难"攻坚决战分工方案
66 号　关于继续组织开展"万人帮万户 共同奔小康"援疆帮扶活动的通知》的通知
67 号　关于加强全区湖长制工作的实施方案
73 号　关于印发武进区升级版技防城总体建设方案的通知
83 号　关于印发《武进区党政干部鼓励激励实施办法》《武进区进一步健全容错纠错机制的实施办法》《武进区推进党政领导干部能上能下实施办法》的通知
86 号　武进区监委向镇（街道）综合派出监察员办公室工作实施方案
89 号　关于在全区开展形式主义、官僚主义集中整治的通知
97 号　武进区公立医院法人治理结构改革工作方案（试行）

区政府办公室文件题录

9 号　关于进一步修订完善常州市武进区城乡居民基本养老保险制度的通知
16 号　常州市武进区病死动物无害化处理收运体系建设实施方案
26 号　武进区春夏火灾防控四项整治攻坚行动实施方案
30 号　常州市武进区太湖（　湖）湖泛应急预案
43 号　武进区工业企业资源集约利用综合评价办法（试行）
52 号　关于加强 2018 年度全区国资国企管理工作的意见
58 号　武进区养老服务业重点任务三年行动计划（2018—2020 年）
66 号　武进区"散乱污"企业（作坊）集中整治工作方案
71 号　武进区推进基层政务服务工作方案

79 号 关于推行行政执法公示制度执法全过程记录制度重大执法决定法制审核制度的实施意见

82 号 关于进一步完善全区公共资源交易工作的意见

86 号 2018 年常州市武进区法治政府建设工作要点

88 号 武进区粮食生产功能区和重要农产品生产保护区划定工作实施方案

93 号 武进区加强市场监管领域事中事后监管工作实施方案

94 号 武进区工业废水接入城镇生活污水处理厂管理办法（试行）

96 号 关于加强和落实绿色建筑管理相关工作的意见

106 号 关于进一步规范全区公共资源交易相关中介机构服务采购的实施办法（试行）的通知

124 号 关于对接争取国家和省相关激励政策的通知

125 号 武进区金融支持乡村振兴实施方案

130 号 武进区创建江苏省“四好农村路”示范县（区）实施方案

134 号 关于成立武进区校外培训机构专项治理工作联席会议的通知

137 号 关于印发加强林地保护管理意见的通知

149 号 常州市武进区 2018 年度地质灾害防治方案

153 号 关于开展全区防范船舶碰撞桥梁专项整治活动的通知

160 号 常州市武进区 2018 年政务公开工作要点实施方案

165 号 武进区技术经纪人奖励实施办法

177 号 关于建立武进区长期护理保险制度的实施方案（试行）

182 号 常州市武进区装配式建筑管理办法（试行）

186 号 常州市武进区天然气供应应急预案

187 号 武进区安全生产工作考核办法

197 号 关于进一步明确武进区耕地占补平衡工作有关事项的通知

调研报告辑录

乡村振兴战略的武进实践

内容提要

● 自中共十九大以来，武进区紧扣习近平总书记提出的“五个振兴”科学论断，坚持以城乡统筹发展为引领，不断厚植“三农”发展优势，为实施乡村振兴战略奠定了坚实基础。

● 尽管武进在实施乡村振兴战略的起步阶段拥有许多优势，但是对照乡村振兴的新要求以及人民群众日益增长的美好生活需要，依然面临环境承载力不足、产业竞争力不足、人才驱动力不足等挑战。

● 针对目前存在的短板不足，建议重点从农业产业提升、乡村环境保护、政策机制完善、治理体系构建等四方面着手，加力打造新时代乡村振兴的“武进样本”。

一、背景

乡村振兴战略的提出有其特定的时代背景。中国特色社会主义进入新时代，我国社会主要矛盾已由“人民日益增长的物质文化需要同落后的社会生产力之间的矛盾”转化为“人民日益增长的美好生活需要和不平衡不充分的发展之间的矛盾”，而发展的不平衡在很大程度上表现为乡村和城市之间的不平衡，发展的不充分更多地表现为乡村发展的不充分。在工业化和城镇化快速推进中，农村、农业和农民受到了前所未有的冲击，农村人才流失、环境破坏等乡村“衰败”的现象随之出现。“农村空心化”“农业边缘化”“农民老龄化”成为了新时期的“新三农”问题，也成为了全面建成小康社会的短板。

中共十九大强调要始终把解决好“三农”问题作为全党工作重中之重，并首次提出实施乡村振兴战略，明确了“产业兴旺、生态宜居、乡风文明、治理有效、生活富裕”的总要求。自中共十九大以来，武进区紧扣习近平总书记提出的“五个振兴”科学论断，由区委、区政府主要领导带队开展多层次、多领域的座谈调研与学习考察，明确了思路、目标与举措，并在全区农村工作会议上对相关工作进行了部署。

二、现状及存在问题

改革开放 40 年以来，常州市武进区一直处于苏南发展“第一方阵”，不仅是乡镇企业发源地之一，也是享誉全国的花都水城。“十一五”规划以来，武进坚持以城乡统筹发展为引领，不断厚植“三农”发展优势，为实施乡村振兴战略奠定了坚实基础。

1. 从全区来看，武进拥有城镇化先发优势

截至 2017 年底，武进区常住人口总计 144.32 万人，其中城镇人口 96.87 万人，为全市第一，城镇化率达到 67.12%，位列全市第三，仅次于天宁、钟楼两个老城区。城镇化对实施乡村振兴战略具有十分重要的意义，一是城镇化能吸纳大量的农村劳动力，使得农业从业者的人均资源份额提高，从而提高农业从业者的人均收入；二是城镇化过程中增加的城市人口能为农产品提供更大的市场，能更好地实现其价值；三是工业化和城镇化能支撑现代农业技术、设备等的升级和生产。所以，较高的城镇化水平是武进实施乡村振兴战略的有力保障。

2. 从各镇村来看，武进农村拥有集体经济基础优势

实施好乡村振兴战略离不开村集体组织这一关键主体。2017 年，武进全区村均集体经营性收入增长 6%，收入超 1000 万元的村达 20 个，村均集体收入达 519 万元。近年来，不仅岑村村、五一村等传统强村经济总量持续增长，以绣衣村、跃进村、西墅村等为代表的原经济薄弱村也纷纷通过充分利用闲置土地、调整农业产业结构、提高农业种植技术、创新农产品销售模式、挖掘改革试点红利等途径摘掉了“贫困帽”，走上了“致富路”。这些经济基础牢固的村集体是实施乡村振兴战略的重要推动力。

3. 从人均数据来看，武进农民拥有收入及生活保障优势

农民收入水平也是衡量乡村振兴的关键标准。2017 年武进农村居民人均可支配收入达 2.76 万元，增长 8.6%，是全省平均水平的 1.44 倍，城乡居民收入比为 1.89:1，小于全省和全国水平。在全区农业经济保持增长的同时，各种惠民政策也拉动了武进农民转移净收入的增长：2017 年武进区被征地农民保养金标准由 670 元调至 750 元，城乡居民社会养老保险基础养老金补贴标准由 210 元调至 230 元，失业保险金发放最低标准由 871 元 / 月提高到 949 元 / 月。除此以外，近年来通过大力推进公共服务均等发展，武进区的医疗、养老等保障标准稳步提高，医保制度不断改革和完善，对困难居民的慈善救助力度也不断加大。

尽管武进在实施乡村振兴战略的起步阶段拥有许多优势，但是面对乡村振兴战略的新要求，面对人民群众日益增长的美好生活需要，尚有一些实际困难和薄弱环节急需破解，包括村集体增收渠道减少、农业经济效益和竞争力不高、生态环境不容乐观等方面，总的来看主要面临三大挑战：

1. 农村面临环境承载力挑战

（1）土地开发强度逼近上限。从目前区内的实际情况来看，土地总体开发强度已达30%以上，个别镇村开发强度超过50%，逼近生态临界点。结合守住永久基本农田红线、生态保护红线的原则要求，武进区可用土地的存量与乡村发展对土地资源的需求存在一定矛盾。同时，随着周边地区发展意识的增强，跨地区调取用地指标已渐不可行，如何更好地利用土地已成为武进乡村振兴路上的一道难关。

（2）农村环境污染问题仍然存在。目前武进区各镇村中的各类环境问题仍屡见不鲜，黑臭支浜、河塘仍然存在，企业偷排污水、垃圾堆场污染、畜禽养殖污染等问题时有反复，垃圾分类收集处理设施利用率不高，尤其是各村过去农业施肥、农药使用及农村生活垃圾、生活污水所造成的污染积淀已久，治理难度较大。

（3）农村的人口承载力不足。农村的人口承载力不仅体现在人口数量上，还体现在对追求高质量生活人群的吸引力上。调研小组在走访过程中了解到，受公共资源、工作收入、生活环境等因素影响，武进区农村青年一代多数选择在城市工作生活，农村老宅主要为家中老人居住，这就不可避免的造成了农村老龄化、空心化，且农村老龄化、空心化又会反作用于农村医疗、教育、环境卫生等公共服务领域，使其供应成本增加、服务质量下降，进一步降低农村的人口承载力。

2. 农业面临产业竞争力挑战

（1）基础设施薄弱。近年来，武进区加大了对农业基础设施的投入，但是对照现代化农业生产的需求还有很大差距，如田间的节水灌溉设施、农机棚库、防灾设备等配备还较少，农业生产受冰雹、大风、暴雨等灾害天气影响依然很大。此外，涉及农业与二三产业融合发展基础设施的建设，如农产品加工过程所需的冷藏保鲜库、农村旅游景点设施配套等也是薄弱环节。

（2）品牌优势缺乏。武进区农业稻麦、花木、林果、蔬菜、水产和畜牧等六大基础产业中名优品牌比重仍然不高，以大宗农产品为主，不能满足市场对农产品多样化、优质化和精细化的需求，尚存在一定程度地重复、低档生产和无序竞争现象，无法在市场上形成足够的品牌优势。

（3）业态发展落后。目前武进区农林牧渔产业适度规模经营程度仍然较低，虽然已有部分村集体和农户开始尝试采用精品化生产、线上销售等新模式，但是大多数经营户还停留在以传统渠道出售初级产品的阶段，难以进一步扩大规模、提质增效。

3. 农民面临人才驱动力挑战

（1）农村劳动力减少趋势。截至2017年底，武进区乡村实有从业人员合计37.8万人，比2016年减少0.07万人，同比下降0.18%，其中一产从业人数仅有6.62万人，更为重要的是，随着城镇化和农村人口老龄化的继续发展，武进区农村劳动力数量的总体下降趋势还将长期持续。

（2）高素质农业人才短缺。目前武进区农业从业人口老龄化、农业兼业化问题突出，农业经营主体综合素质仍有待提高，高素质、高技能的农业人才十分短缺。在此次调研中，80%的受访村民教育程度为中学文化及以下，其技能和素质难以适应现代化农业发展需要，30岁以下的青年农村居民文化水平相对较高，但是其成长过程中接受的教育内容与农业关联度不高，择业意愿也偏向二三产业，使得这些有文化、有潜力的青年劳动力正逐渐丧失从事农业生产的技能。

（3）村级带头人青黄不接。武进区现有村197个，村书记195名，平均年龄为50.6岁。由于村书记来源渠道不多、人选储备不足及待遇吸引力不足等原因，造成村干部平均年龄越来越大，总体素质不高，综合能力与周边苏州、无锡等地差距显著。并且村书记队伍的老龄化和观念陈旧等问题还使得一些具体工作出现推进难、效果差的情况，如阳光扶贫App数据录入不精准、农村堆场整治完毕后出现反复等问题。

三、措施建议

1. 促农业产业提升，改“单脚跳”成“合力驱动”

长期以来，工业一直是武进镇村经济发展的主导力量，农业地位呈现不断弱化状态，但是随着政策及乡村整体环境的变化，过去的发展模式已走入瓶颈。因此，要实现乡村振兴必须先实现农业产业转型提升，改变农业低效发展趋势，加快形成工农互促、城乡互补、一二三产业融合发展的现代农业体系。一是推进农业供给侧结构性改革，瞄准新方向、新技术、新主体、新业态，突出发展功能型、生态型、服务型农业，加快构建现代农业产业体系，打造现代农业科技综合示范基地，培育区域性创意农业园。二是重点突出发展优质稻米、精品林果等优势主导产业，稳定花卉苗木、健康水产、生态畜牧等产业，提高“一村一品一店”建设水平，强化农业信息数据采集，打造特色农产品产业链建设，全面提升农产品精深加工水平。三是加快发展农村电子商务，密切与阿里巴巴、京东、苏宁等电商平台的联系合作大力开展农产品网上销售、大宗交易、订单农业等业务，推动农产品电子商务发展。应以都市现代农业为主攻方向，走精致农业的道路，发挥现代农业的生态功能、供给功能和富民功能。

2. 抓乡村环境保护，变“脏乱差”为“村净景美”

农村生态环境关系到农村居民的生命健康和生活质量，优美的环境也能大大增加人民群众的获得感，增加乡村对人才的吸引力，因此要实现乡村振兴需要更加注重农村生态环境优化。一是扎实推进农村人居环境整治三年行动。以加强农村突出环境问题综合治理为主攻方向，紧密结合省市“263”专项行动和武进区农村土地精细化综合整治，以农村生活垃圾、生活污水处理和村容村貌提升为重点，大力推进农村分散式污水处理设施建设，推行农村垃圾就地分类和资源化利用，全面治理农村河塘沟坝，尽快消除农村黑臭水体。二是突出抓好美丽乡村建设工程。以城西村、何墅村等省、市、区级美丽乡村示范建设为抓手，组团推进雪堰太湖湾片区、南环片区、经开区东部片区、西部片区四大片区美丽村庄建设，在高标准、高质量建设全域美丽村庄的同时，建立长期长效的管理机制也是重点。三是充分发挥农业用地生态效益。结合武进创建生态保护引领区要求，按照农业用地生态优先的思路，实现生产用地、生态用地和景观用地“一地三用”，全面建立现代产业体系、生态景观体系、农地监管体系。

3. 重政策机制完善，解“增收难”谋“民富人和”

实现乡村振兴离不开政策创新、制度改革的支撑保障，应当针对武进乡村发展中出现的土地、人才等制约农业发展和农民增收的瓶颈问题进一步健全完善相关政策措施，以机制改革突破乡村振兴制约点，以政策供给夯实乡村振兴动力源。一是统筹推进农村制度改革。深化农村土地制度改革、产权制度改革、金融制度改革。以农村土地征收、集体经营性建设用地入市、宅基地制度改革等国家级试点任务为重点，积极挖掘改革红利，显化农民土地权益，提升集体资产运营水平和收益能力。确保村集体经营性收入增长。二是充实乡村人才队伍。持续建强新型职业农民、专业人才、乡土人才 3 支农村实用人才队伍。实施农民工等人员返乡创业培训，引导各类专家学者、领军人才到乡村投资创业。优化农村人才发展环境，完善优秀人才服务乡村激励机制，大力宣传乡村人才科技致富、成才兴业的经验与事迹，营造服务乡村的良好氛围。三是促进农民收入持续增长。进一步发展多种形式的适度规模经营，提升农业生产效益，鼓励扶持新型农业经营主体提升发展，培育壮大新型职业农民队伍。加强农民就业技能培训，加大企业用工对接服务，有效提升农民就业质量。营造良好的农民创业环境，重点打造一批有特色的新型农民创业载体，积极引导农民因地制宜、因势利导开展自主创业。

4. 建乡村治理体系，从“管理难”到“乡村善治”

乡村治理是国家治理体系的基础，是乡村振兴的政治保障。要实现武进乡村的振兴，构建起具有地区特色的乡村治理体系是其中关键一环。一是提升农村基层党建水平。选优配强村党组织书记，创新组织设置和活动方式，持续整顿软弱涣散村党组织，引导农村党员发挥先锋模范作用，全面提升农村党组织的战斗力、凝聚力。同时，加强“三资三化”监管平台和制度建设，实现用制度管人、管事、管财，防范化解矛盾，有效遏制基层“微腐败”。二是探索农村网格化集成管理模式。依照村落及人口分布科学划分网格，对人员经费等管理资源实现充分统筹，精准配置。在网格内指定专人管理和采集信息，及时反映网格动态，解决农村出现的问题，提供村民需要的服务。强化村级服务中心功能、事项、资源集成，打造“一站式服务”综合服务平台。三是培育文明乡风实现自治德治。推进农村精神文明建设，深化农村道德讲堂、宣传长廊等宣传阵地建设，推动核心价值观融入农村日常生活场景和村规民约。发挥好村民议事会作用，推选新老乡贤，评选好家风家训，引导传承淳风良俗。开展文明村镇、特色文化村、农村精神文明建设示范村等创建活动。

（区委办调研组）

打造现代工业智造强区、引领苏南模式转型升级

内容提要

● 武进作为长江经济带中心的老牌工业强区，凭借雄厚的工业基础、齐全的产业门类、丰富的配套资源，近年来工业经济发展迅猛，但是当前也面临着资源要素瓶颈凸显、工业经济结构偏重、内生增长动力不强等问题。

● 在发展新形势下，只有打破思想束缚、强化高点定位、立足产业特点、加速动能转换、倡导绿色发展，才能在新一轮竞争中突出重围，为打造苏南模式转型升级试验区提供足够的支撑。具体来说就是要把握一个原则，做好两个转变，练好三项内功，处理四个矛盾，推进五项工作。

武进地处长江经济带中心位置，是苏南地区制造业“苏南模式”的发源地之一。20 世纪 80 年代，武进农民自力更生发展乡镇企业，走出了一条先工业化再市场化的发展路径，奠定了全国领先的制造业基础。近年来，武进区连续多年名列中国中小城市综合实力百强区第三名、最具投资潜力百强区第一名。今年 3 月，常州市委书记汪泉在调研武进时强调，作为苏南模式的发源地之一，武进拥有改革创新的优良基因，在新的发展征程中，武进区要继承和弘扬武进精神，强化高点定位，彰显特色优势，当好苏南模式转型升级试验区。

一、时代背景

1. 打造现代工业智造强区、引领苏南模式转型升级是适应新常态经济的必然之举

2017 年以来，以美国为代表的西方国家推行的“逆全球化”思潮影响逐步扩大，制造业回流对钢铁、石油、天然气等资源消耗的拉动，导致全球大宗商品走势坚挺，市场对流动性的需求处于近年来的高峰。同时，以美国缩表为重要标志，全球性宽松货币政策正酝酿渐次退出，全球市场包括国内市场流动性趋紧，2017 年全年和 2018 年一季度国内 M2 增速均维持在个位数。因此，依靠要素驱动和投资拉动实现经济增长的做法将难以为继，对于武进而言，意味着单纯依靠招引大项目、投资大项目来实现高速增长的时代已经过去，加速转型升级，转换发展动能，实现内生增长，打造智造强区将成为下一步发展的主题。

2. 打造现代工业智造强区、引领苏南模式转型升级是实现高质量发展的必由之路

在 2017 年 12 月的中央经济工作会议上，习近平总书记提出，我国经济已由高速增长阶段转向高质量发展阶段。推动高质量发展，是保持经济持续健康发展的必然要求，是适应我国社会主要矛盾变化和全面建成小康社会、全面建设社会主义现代化国家的必然要求，是遵循经济规律发展的必然要求。武进正处于率先实现现代化的攻坚期，迫切需要贯彻创新、协调、绿色、开放、共享五大发展理念，降低经济增长对资源、资本、人口的高度依赖，减轻重工业为主的产业结构对环境承载的压力，通过转变发展方式、优化经济结构、转换增长动力来推动高质量发展，从而满足武进人民日益增长的美好生活需要。

3. 打造现代工业智造强区、引领苏南模式转型升级是向制造强区迈进的内在要求

制造业是武进强大的根基，依靠数以万计制造业企业的勇敢探路，武进在过去的快速发展中抢得了先机。而随着“中国制造 2025”目标的出台，在上一轮经济发展中积累了制造产业优势“家底”的武进，只有顺应发展趋势，加力夯实基础工业，全面推行智能制造，深度推进两化融合，构建质量优先、配套

完善、优势突出、竞争力强的先进制造业集群，才能在创新驱动的高速发展大浪中不掉队，才有可能在“互联网经济”的下半场中有所斩获，才能实现从制造大区向制造强区迈进的奋斗目标。

二、发展现状

武进作为长江经济带中心的老牌工业强区，在2017年12月新出炉的中国工业百强县区中名列第四，凭借雄厚的工业基础、齐全的产业门类、丰富的配套资源，吸引着数十家世界500强企业在武进蓬勃发展。从武进的工业经济来看，有很多方面可圈可点。

1. 工业经济发展质量持续改善

一是产销指标增长有力。2017年全区规上工业累计完成产值4649.21亿元，同比增长15%，全区规上工业总计实现销售收入5053.47亿元，同比增长16.1%；工业开票销售4170.14亿元，同比增长30.1%，增幅位列全市第一；工业用电153.98亿千瓦时，同比增长6.7%。二是工业投资量质提升。2017年全区完成工业投资650.8亿元，同比增长9.1%；全区全年完成固定资产增值税抵扣18.8亿元，同比增长48.5%，折合设备投入129亿元，为近三年来首次超过100亿元，占工业投入比重为19.8%，较上一年大幅提高4.3个百分点。三是经济效益明显提高。2017年全区累计实现工业增加值1087.64亿元，同比增长8.0%。全年全区规上工业总计实现利税426.37亿元，同比增长19.9%，累计实现工业入库税收152.70亿元，同比增长29.29%，占全口径入库税收259.79亿元的近60%。

2. 产业结构调整提升日渐向好

一是新兴产业强势增长。根据《武进区产业转型升级方案（2017—2019年)》部署，全力推动新材料、新能源企业等新兴产业快速发展，2017年全区9个省标战略性新兴产业完成工业总产值1482.31亿元，同比增长17.17%，占全区规上工业总产值的31.88%。二是主导产业健康发展。全区十大产业链发展态势良好，新能源汽车及汽车核心零部件、新材料、轨道交通和智能制造装备等四大主导产业链2017年分别完成72.36亿元、194.57亿元、224.94亿元和480.45亿元，其中新能源汽车及汽车核心零部件和智能制造装备产业同比增幅超过20%。三是智能制造推广有力。截至2017年底，武进已获认定的省级示范智能车间27个，占常州50%，市级智能车间44家。2018年企业大走访数据显示，武进正在进行智能化改造和有智能化改造意向的规上企业占全部规上企业的比重达到82.48%。

3. 供给侧结构性改革初显成效

一是过剩产能坚决淘汰。严格执行《产业结构调整指导目录》《江苏省工业和新兴产业结构调整限制淘汰目录和能耗限额》等产业政策文件，2015—2017年期间累计淘汰200万吨/年炼钢产能、60万吨/年水泥熟料产能，同时杜绝过剩产能行业新增产能项目的实施。二是低效产能提前退出。鼓励低端低效产能提前淘汰，2015—2017年期间，武进累计淘汰纺织产能700万米，印染产能1500万米+3.1万吨，铸造产能2万吨，化纤产能0.3万吨，铁合金产能4.1万吨。2018年将继续淘汰低效印染产能2000万米，电镀产能3万吨。三是减化工作推进有力。根据省“263”专项行动统一部署，全面推进减化工作和“散、乱、污”企业专项整治，明确整治范围、重点行业、整治要求、实施步骤，建立工作联络和部门联动机制。2017年，全区已停产化工、印染、电镀企业共计233家，已完成区两年总关停目标任务的88%,同时,正对排查出的“散乱污”企业（作坊）果断采取关停、取缔和治理改造等方式实施分类整治。

三、面临问题

传统的苏南模式以来料加工为典型生产形式，产业链并不完整，企业更多是发挥单纯“工厂”作用，不注重研发和技术积累，发展以扩产为主要形式，对土地资源、人力资源的依赖度高，模式不可持续。武进作为苏南模式的发源地之一，当前也同样面临着一些问题。

1. 资源要素瓶颈凸显

武进全区土地开发强度已超过30%，部分乡镇甚至超过50%，生态环境已无法继续承载粗放式增长带来的压力。同时苏南模式发展初期村村点火的发展模式导致工业用地分散，大大增加了土地整合和再使用的难度，工业企业发展的用地需求普遍难以得到满足。

2. 工业经济结构偏重

冶金、化工、纺织三大传统产业占比居高不下，2017年全区冶金、化工、纺织规上产值分别为1181.48亿元，746.02亿元和277.27亿元，占全区规上产值分别为25.41%、16.05%和5.96%，重工业占比72.42%。新兴产业虽迅速增长，但体量无法与传统产业相提并论，产业结构调整仍需努力。

3. 内生增长动力不强

大部分武进工业企业在产业链中处于加工配套角色，缺乏终端定价权和客户议价权，随着人民币汇率走低、贸易壁垒和贸易摩擦、市场需求疲软等各种因素影响，企业发展的信心持续受损，“守住阵地”甚至“边打边退”的思想在企业家群体中蔓延，老一辈企业家“高歌猛进”的豪气有所减退。

四、发展举措

过去十年，我们目睹了互联网企业以传统企业无法想象的方式获取了巨额利润，目睹了周边区、县以惊人的魄力率先完成了落后产业淘汰和新兴产业的置换。在互联网经济如狼似虎、周边竞争对手摩拳擦掌的形势下，只有打破思想束缚、强化高点定位、立足产业特点、加速动能转换、倡导绿色发展，才能在新一轮竞争中突出重围，为打造苏南模式转型升级试验区提供足够的支撑。具体来说就是要把握一个原则，做好两个转变，练好三项内功，处理四个矛盾，推进五项工作。

1. 把握一个原则：坚持制造业主导地位

立足地区特征，做强做精实体企业。苏南模式的固有缺陷是外资依赖程度高、产业链完整度低、人民参与分配少。所幸强大的民营制造业经济使武进区别于苏南地区其他城市，做到了产业兴旺、配套完善、藏富于民。因此武进要以做强实体引领苏南模式转型升级，最首要的就是立足本地工业经济特征，确立民营经济主导地位，以此来指导资源要素配置。

2. 做好两个转变：工业经济增长方式的转变和工业经济增长动能的转变

（1）工业经济增长方式的转变。工业经济增长方式由粗放型向集约型转变，通过有效规划、抬高门槛、提高价格等方式，控制有限的土地资源流向低端低效产能；通过全面开展用地综合效益评价工作，引导现有低端低效产能有序退出；全面依靠提高生产要素的质量和利用效率，提升工业产品质量和竞争力，来实现工业经济的下一步增长。

（2）工业经济增长动能的转变。利用首批区域示范“双创”基地政策优势，加快推进常州双创示范园建设工作；培育企业创新载体，以工程技术中心和企业技术中心建设为依托，打造企业自主创新平台，促进企业自主创新能力提升，加强对企业创新的指导和支持；以科技创新为核心、产城融合为目标、统筹协调为手段、特色环境为品牌、各方共赢为原则，突出“高新”特质和示范引领，打造创新发展新引擎。

3. 练好三项内功：基础制造、智能制造、绿色制造

（1）专注提升“基础制造”。基础制造包含基础产品、装备、部件，解决的是能做出什么产品的问题。制造业大区向工业强区的转变过程中，基础制造至关重要。近年来，武进企业先后多次承担国家工业强基工程项目，解决了多项“卡脖子”难题，应继续鼓励企业脚踏实地，注重基础研发，强化技术积累，主动承担基础材料、基础装备的国产化问题。

（2）全面推广“智能制造”。智能制造包含自动化工艺、信息化控制，解决的是怎样效率更高地把产品生产出来的问题。智能制造不仅解决了生产计划编排、物料配送、在线监测、自动检测、智能仓储等需求，也能避免人工工作效率的递减效应，大大提升产品的一致性和可靠性。要依托现有智能车间资源，发挥借鉴作用，同时加强方案对接，加快全区制造业智能化改造和普及进程。

（3）全面推行“绿色制造”。绿色制造是面向生态环境的制造，解决的是产品使用价值结束后是否可以重新利用的问题，是一个综合考虑环境影响和资源效益的现代化制造模式。中央提出“宁愿不要金山银山，也要守住绿水青山”的要求，在面对武进当前土地开发强度过高的问题时，全面推行绿色制造已成为武进工业经济健康发展的当务之急。只有在产品从设计、制造、包装、运输、使用到报废处理的整个产品生命周期中，都把减小对环境的负面影响放在首位，才能提高资源利用效率，才能使企业经济效益和社会效益协调优化，为工业经济下一步发展赢得空间和时间。

4. 处理四个矛盾：深化市场改革“抓”与“放”的矛盾、工业企业发展“专”与“散”的矛盾、工业经济发展“质”与“量”的矛盾、资源配置倾向“小”与“大”的矛盾

（1）深化市场改革“抓”与“放”的矛盾。苏南模式早期以“强政府”为主导的运行模式，在特定的时期中抢抓了发展先机，如今却成为经济进一步市场化运行的“绊脚石”。武进若能提前解读中央的改革信号，就理顺政企在市场经济中的关系方面作提前部署，加大简政放权范围和力度，把资源要素配置权还给市场，必然能充分激发企业发展潜力，推动地区经济抓住即将到来的下一波改革机遇，实现新的跨越。

（2）工业企业发展“专”与“散”的矛盾。从武进区实际情况来看，区内企业的主营业务以加工制造为主，企业家以销售和技术见长。因此，对于传统制造业企业，应更多鼓励企业专心将产品做精、技术做强、市场做大，提高自身在细分行业的地位和占有率。对于有多元化经营意愿的企业，应更多借助外力，通过合资、兼并等手段，利用他人的资源和经验来推动企业腾飞。

（3）工业经济发展“质”与“量”的矛盾。最近的五年，省标战略性新兴产业、十大产业链等概念较为热门，但本质上仍是依赖大项目招引来带动经济高增长的模式，考核指标依旧注重量的增长。当前中央释放的信号很明确，今后几年经济增速将维持在个位数增长，增量趋紧，而伴随着劳动力成本、资源成本和环境成本不断上升，只有在追求“质”的提升上作文章，才能维持武进工业经济持续发展的良好势头。

（4）资源配置倾向“小”与“大”的矛盾。集中政策扶持和培育大项目和大企业，是实现地区规模扩张、扩大区域影响的捷径，但与此同时，面广量大的中小企业也为地方发展作出了长期贡献。如果把引进的大项目看作增量，那么面广量大的中小企业就是武进工业经济的存量，应注重处理好增量与存量的关系，既集中资源办好大企业、大项目，也给予中小企业良好的发展空间，靠增量和存量的合力来推动地方经济发展。

5. 推进五项工作：推进综合效益评价、推进两化深度融合、加速推进企业上云、支持载体平台建设、鼓励特色企业发展

（1）推进综合效益评价。根据《武进区工业企业资源集约利用综合评价工作推进方案》，在原有“工业企业综合效益评价信息系统”的基础上，对软件系统的信息采集模块升级，加快数据信息对地块和企业的覆盖进度，以综合效益评价数据为依据，有效区分工业企业运行质量，指导全区工业经济转型升级。

（2）推进两化深度融合。现代企业规模化生产所产生的海量数据信息，无论是采集、分析还是反馈，都离不开信息化系统的支持，鼓励企业进行全流程信息化改造，将工业化和信息化深度融合，打通财务、生产、仓储、物流等多环节数据，通过大数据分析来反馈和指导企业生产和经营，能够提升企业家管理效率，提高企业运行质量和效率。

（3）推进企业上云。在德国工业 4.0 规划中，全社会化的在线分工是主要特征之一，其前提是企业上云。在线分工可以打破原有“工厂”单位，通过设备上云和大数据分析在线分配生产任务，有效解决以“工厂”为单位组织生产时，设备容易因订单不足闲置的缺陷。完善的本地配套链，使得武进有条件通过企业设备上云，实现设备运行数据上线，从而整合区域生产设备资源，实现产能最大化利用。

（4）支持载体平台建设。利用好开发区、孵化器、投融资公司等平台，从人才培育和引进、资金和资源支持、提供产业化方案等多角度、全方位为培育“四新经济”发展创造良好的条件；同时鼓励企业积极主导细分行业平台建设，通过互联网模式来实现生产向服务端延伸，从而巩固行业龙头地位，提升企业盈利能力，增加终端用户黏性。

（5）鼓励特色企业发展。按照《武进区特色企业培育实施方案（2017—2019 年）》部署，聚焦一批发展快、效益好、技术先进、行业领先的优质企业，实施动态培育，提升高端化、智能化、集约化、绿色化、服务化发展水平，打造武进工业智造样板，培育壮大一批引领和支撑全区工业经济发展的特色企业，把武进区建设成为国内一流的智能制造名区。

（区经信局调研组）

服务机构名录

表 91

信息、人才、劳务、就学、就业、民政服务机构

单位名称	电话	邮编	地址
武进区政务服务中心	86318000	213161	武进区花园街 1 号
常州市武进区劳动保障监察大队	86319006	213159	武进区行政中心 4 号楼 3 楼
常州市武进区社会保障服务中心	86529767	213164	武进高新区武南路 518 号
常州市武进区就业服务中心	86529781	213164	武进高新区武南路 518 号
常州市武进区退休人员社会化管理服务中心	86529073	213164	武进高新区武南路 518 号
常州市武进区引进外国智力服务中心	86318550	213159	武进区行政中心 4 号楼 3 楼
常州市武进区人力资源培训考试中心	86310911	213164	武进区委党校内
常州市武进区人力资源和社会保障档案管理中心	86529073	213164	武进高新区武南路 518 号
常州市武进区人力资源和社会保障信息中心	86527821	213164	武进高新区武南路 518 号
常州市武进区劳动人事仲裁院	86310606	213159	武进区行政中心 4 号楼 2 楼
常州市武进区人力资源市场	86529781	213164	武进高新区武南路 518 号
武进区职工服务中心	86554770	213159	武进区延政中大道 65 号
武进区民政局低保办公室	86310352	213159	武进区行政中心 4 号楼
武进区烈士陵园	86550823	213161	武进区淹城路
武进区殡葬管理所	86310343	213159	武进区行政中心 4 号楼
武进区横林殡仪馆	88720536	213101	武进区横洛路 1 号
武进区武南殡仪馆	86514868	213172	武进区武宜路 50 号
武进区民政局婚姻登记处	89615860	213159	武进区府南路 2 号
武进区慈善总会办公室	86318778	213159	武进区行政中心 5 号楼
武进区福利彩票管理中心	81169105	213159	武进区丰乐公寓二期 62 幢

表 92

科技、文化、医疗卫生、体育服务机构

单位名称	电话	邮编	地址
常州市武进区科创服务中心	81168109	213164	武进区常武南路 588 号天安数码城 C 幢 305
常州市武进区科技咨询信息服务中心	86312633	213159	武进区行政中心 5 号楼
武进国家高新技术产业开发区众创服务中心	86321791	213161	武进区人民东路 158 号
武进国家高新技术产业开发区市政服务中心	86220167	213164	武进区海湖路特 1 号
武进国家高新技术产业开发区规费征收中心	86220079	213164	武进区海湖路特 1 号
常州市武进区绿色建筑和建筑产业现代化推广办公室	81988010	231000	武进区延政西大道 8 号维绿大厦
武进区档案馆	86310455	213159	武进区行政中心 1 号楼东侧
武进日报社	86598210	213161	武进区花园街 155 号传媒大厦
武进区广播电视台	86571020	213161	武进区花园街 1200 号传媒大厦

续表 92

单位名称	电话	邮编	地址
武进书画院	86311237	213161	武进区延政中路凤凰谷
武进区文化馆	86311261	213161	武进区武宜路淹城服务区
武进区博物馆	86310992	213161	武进区武宜路淹城服务区
武进区图书馆	86311220	213161	武进区延政中路武进职工服务中心
武进区锡剧团	86311202	213161	武进区延政中路武进职工服务中心
晓园艺术馆	83756682	213161	武进区武宜路淹城服务区
武进区文化行政综合执法大队	86311229	213161	武进区行政中心 3 号楼 5 楼
武进区红十字会	86310364	213159	武进区行政中心 2 号楼
常州市武进区社会体育指导中心	86311150	213159	武进区环府路 26 号
常州市武进区体育彩票管理中心	89980011	213159	武进行政中心 5 号楼 3 楼
常州市武进区体育场馆管理中心	86339998	213159	武进区府南路 10 号
武进区妇幼保健计划生育服务中心	89856866	213164	武进区府南路 2 号
武进区卫生监督所	89856880	213164	武进区府南路 2 号
武进区疾病预防控制中心	89856905	213164	武进区府南路 2 号

表 93

经济开发、交通、旅游、建设服务机构

单位名称	电话	邮编	地址
武进区公路管理处	86712350	213001	常州市中吴大道 1289 号
武进区运输管理处	86503530	213161	武进区夏城北路 115 号
武进区航道管理处	86503518	213159	武进区府东路 7 号
武进区公路超限检测站	86927587	213102	武进区长虹东路 389 号
武进区交通建设工程质量监督站	86599725	213159	武进区府东路 7 号
武进区建设工程管理中心	86319855	213159	武进区行政中心西侧建设苑
武进区建设工程造价管理处	86310412	213159	武进区房地产管理处西辅楼五楼
武进区建设工程施工图设计审查中心	86312527	213159	武进区武宜南路 588 号淹城长乐坊 79 号
武进区城乡建设档案馆	86310401	213159	武进区行政中心西侧建设苑
武进区房地产管理处	86310428	213159	武进区行政中心西侧建设苑
武进区房地产开发管理办公室	86313101	213159	武进区行政中心西侧建设苑
武进区市政公用事业管理处	86502268	213159	武进区广电西路 178 号
武进区城建监察大队	86312806	213159	武进区行政中心西侧建设苑
武进区燃气管理站	86310609	213159	武进区行政中心西侧建设苑
武进区房屋安全鉴定所	86311396	213159	武进区行政中心西侧建设苑
武进区住房保障中心	86313516	213159	武进区行政中心西侧建设苑
武进区白蚁防治所	86310590	213159	武进区行政中心西侧建设苑
武进区墙体材料和散装水泥管理中心	86312590	213159	武进区行政中心西侧建设苑

表 94

司法、国土资源、物价管理服务机构

单位名称	电话	邮编	地址
常州市武进公证处	88310931	213161	武进区常武北路 10 号
武进区社会矛盾纠纷调处中心	86313809	213159	武进区环府路 22 号
武进区价格认证中心	86312627	213159	武进区行政中心 3 号楼 5 楼
常州市武进征地服务中心	89606337	213161	武进区延政中大道 17 号金源大厦
常州市武进土地收购储备中心	86558008	213161	武进区延政中大道 17 号金源大厦
常州市武进国土资源基础地理信息勘测中心	89856929	213161	武进区延政中大道 17 号金源大厦
常州市国土资源监察支队武进监察大队	86574799	213161	武进区延政中大道 17 号金源大厦

表 95

农业、水利、市场监督、环境监测、城市管理服务机构

单位名称	电话	邮编	地址
武进区农业管理综合行政执法大队	68212122	213161	武进区武南东路 600 号
武进区林业工作站（区湿地保护管理站、区森林植物检疫站）	85302437	213159	武进区府西路 2 号农业服务中心 3 楼
武进区动物疫病预防控制中心（区畜牧兽医站）	85335900	213159	武进区府西路 2 号农业服务中心 4 楼
武进区水产技术推广站（区水生动物疫病预防控制中心）	86313157	213159	武进区府西路 2 号农业服务中心 2 楼
武进区农业技术推广站（区种子管理站）	86313526	213159	武进区府西路 2 号农业服务中心 2 楼
武进区植保植检站	85307972	213159	武进区府西路 2 号农业服务中心 3 楼
武进区园艺工作站（区人民政府蔬菜办公室）	85778863	213159	武进区府西路 2 号农业服务中心 2 楼
江苏（武进）水稻研究所	89623800	213175	武进区前黄镇运村集镇东
武进区农业科技培训教育站	86311197	213159	武进区行政中心 2 号楼 5 楼
武进区农机推广站	69696182	213161	武进区武南东路 600 号
武进区生态农业服务站	85388050	213159	武进区府西路 2 号农业服务中心 4 楼
武进区动物检疫站	86057626	213161	武进区武南东路 600 号
武进区农产品质量动态监测站	86310547	213159	武进区行政中心 2 号楼 4 楼
武进区抗旱排涝总队	86596006	213161	武进区金鸡西路 166 号
武进区太湖堤闸工程管理处	86160987	213169	武进区新湖路 36 号
武进区水资源服务中心	67898808	213159	武进区延政中大道水务大厦 18−1 号
武进区水政监察大队	67898831	213159	武进区延政中大道水务大厦 18−1 号
武进区节水改水办公室	67898833	213159	武进区延政中大道水务大厦 18−1 号
武进区排水管理处	67898851	213159	武进区延政中大道水务大厦 18−1 号
武进区河道湖泊管理处	67898806	213159	武进区延政中大道水务大厦 18−1 号
武进区水利枢纽管理中心	86596006	213161	武进区金鸡西路 166 号
武进区水利工程建设处	67898998	213159	武进区延政中大道水务大厦 18−1 号
武进区环境监察大队	86310716	213159	武进区环府路 18 号
武进区环境监测站	86311029	213159	武进区环府路 18 号
武进区环境保护研究所	86312675	213164	武进区亚太财富中心 6 楼
武进区固废与辐射环境管理中心	86310767	213159	武进区环府路 18 号
武进区太湖水污染防治办公室	86316065	213159	武进区环府路 18 号

续表 95

单位名称	电话	邮编	地址
常州市武进区市场监督管理稽查大队	86310733	213159	武进区延政中大道 20 号
常州市武进区质量标准化服务中心	86318669	213159	武进区延政中大道 20 号
常州市武进区市场监督管理信息中心	86312637	213159	武进区行政中心五号楼 224 室
常州市武进区市场监督管理投诉举报中心	86311315	213159	武进区延政中大道 20 号
武进区环境卫生管理处	69879255	213161	武进区常武中路 23 号
武进区城市管理行政执法大队	67898656	213161	武进区延政中大道 18 号
武进区特种垃圾管理站	69879281	213161	武进区常武中路 23 号

表 96

部分机关事业单位微信公众号

单位	名称	微信号	单位	名称	微信号
政法委	平安法治在身边	pafzzsb	武进日报社	今日武进	wjrb2013
武进公安分局	网警鲁侠	wjwa2015		武进论坛	Wj001-com
检察院	武进检察	wujinjiancha		武进日报小记者	wjrbxjz
法院	武进法院	czwjfy		花园街驿站	zh-wj001
司法局	法治绽放幸福花	wj-fzxc		武进日报微金融	wjrbjr2014
人社局	武进人社	CZ_WJ_hrss	湖塘镇政府	今日湖塘	hutang-gov
环保局	生态武进	wjstb001	西太湖管委会	西太湖	xthkjcyy
水利局	武进水利	wujinshuili	武进高新区管委会	武进国家高新区	wiz0519
卫计局	武进疾控	wjjk_cdc	妇联	阳湖女声	wjfl86310047
妇幼保健计划生育服务中心	武进妇幼健康	—	南夏墅街道	魅力南夏墅	cznxsjd
			嘉泽镇政府	美丽嘉泽	gh_c7bfadd40a7e
武进中医医院	常州市武进中医医院	CZWJZYYY	湟里镇政府	幸福湟里	—
武进人民医院	常州市武进人民医院	—	前黄镇政府	新前黄	—
科技局	武进科技在线	wujinstb	区级机关工委	武进机关党建	wjjgdj
图书馆	武进图书馆	wujinlib	横林镇政府	横林情槐	czwjhlqh
文化馆	武进区文化馆	WJWHG111825	科协	武进科协	gh_a4bbae651854
博物馆	常州市武进区博物馆	wjmuseum		武进科普	gh_5b933f4d950e
经信局	常州政企通	cz_zqt	区委老干部局	武进桑榆	wjsangyu
	武进经信局服务直通车	wjjxj86310336	西湖街道	常州西湖街道	czxhjd
体育局	武进体育	wujintiyu	卫计局	健康武进	wj-jkwj
广播电视台	886 生活广播	wjfm886	潞城街道社区卫生服务中心	潞城街道社区卫生服务中心	lcjdsqwsfwzx
	微武进	wjdianshitai			
	生活连线	shlx86050111	总工会	武进工会	gh_bcfe9c0c1129
	乐活常州	WJTTXQX	党史工委	武进印记	gh_a642a968e152
	跟我出发	wjgwcf	经开区管委会	常州经开区	czjjkfq
教育局	武进教育	—	工商联	常州市武进区总商会	gh_cda127f0faa6
	武进教育督导	—	春秋淹城旅游区管委会	中国春秋淹城旅游区	—
	武进区青少年活动中心	wjqsnhdzx	武进区交通运输局	武进交通	gh_1b72e4c43ab2
	武进家长学堂	wjqwcnr	横山桥镇政府	美丽横山桥	gh_1f7d123a741b

索 引

Index

栏目编辑　万向阳　周小红　张怡菁

说　明

1. 本索引采用主题分析方法，按主题词汉语拼音顺序排列。
2. 标引词后的数字标示内容所在页码，字母 a、b、c 分别标示左栏、中栏、右栏。
3. 栏目、分目、子目标题款目用小五号黑体标示，正文款目用小五号书宋标示。
4. 本索引编有附见系统和参见系统，附见款目放在主款目下行缩 1 字编排；第二个页码开始为参见位置。
5. 索引标引词采用中心词简称，武进区区级党政机关、社会团体名称采用通行简称。

条目主题索引

数字、字母

A

B

D

H

K

L

M

N

P

R

S

T

W

X

Y

表格索引

B

C

D

G

H

J

L

M

N

随文图片索引

人名索引

书名索引

2020 财会基本技能实训（第二版） 戴桂荣 王生根 编

附历年真题、答案及评分标准

2020

CAIKUAI JIBEN JINENG SHIXUN

财会基本技能实训

（第二版）

戴桂荣 王生根 编

单招好帮手 学生必备书